Küche . Land . Menschen

Culinaria Deutschland

Küche . Land . Menschen

Culinaria Deutschland

Christine Metzger
Herausgeberin

Ruprecht Stempell
Christoph Büschel
Saša Fuis
Fotografie

h.f.ullmann

Hinweise zu den Rezepten

Die Rezepte in diesem Buch zeigen, wie die Speisen in den jeweiligen Regionen Deutschlands ursprünglich zubereitet wurden und in traditionsbewussten Haushalten auch noch werden. Hobbyköchen steht es selbstverständlich frei, nach modernem Gusto zu variieren.

Abkürzungen und Mengenangaben

1 g	=	1 Gramm = 1/1000 Kilogramm
1 kg	=	1 Kilogramm = 1000 Gramm
1 l	=	1 Liter = 1000 Milliliter
1 ml	=	1 Milliliter = 1/1000 Liter
1 EL	=	1 gestrichener Esslöffel
	=	15–20 Gramm bei trockenen Zutaten (je nach Dichte)
	=	15 Milliliter bei flüssigen Zutaten
1 TL	=	1 gestrichener Teelöffel
	=	3–5 Gramm bei trockenen Zutaten (je nach Dichte)
	=	5 Milliliter bei flüssigen Zutaten

Löffelangaben beziehen sich bei trockenen Zutaten immer auf die verarbeitete Rohware, beispielsweise:
1 EL gehackte Zwiebeln, aber: 1 Zwiebel, geschält und gehackt

Portionen

Wenn nicht anders angegeben, sind die Rezepte für vier Personen berechnet – ausgenommen Drinks (jeweils pro Person).

h.f.ullmann ist ein Imprint der Tandem Verlag GmbH

Studiofotografie: Food Foto Köln (Brigitte Krauth und Jürgen Holz) und TLC Fotostudio GmbH
Foodstyling für Food Foto Köln (Studio): Stephan Krauth
Foodstyling (on location): Ursula Virnich
Fotoassistenz (on location): Martin Kurtenbach, Sonia Büschel
Weinkarten: Astrid Fischer-Leitl
Kapitelübersichtskarten: Umberto d'Orsini
Rezeptlektorat: Marlein Auge
Aktualisierung: Claudia Boss-Teichmann (unter Mitarbeit von Christa Becker und Antje Elfrich)
Buchgestaltung: Hubert Hepfinger, Freising
Coverdesign: Anja Neuefeind, Ethel Strugalla für neubauerkommunikation
Coverfotografie: © Tandem Verlag GmbH/TLC Fotostudio GmbH
Projektleitung: Isabel Weiler
Herstellung: Sabine Vogt
Gesamtherstellung: h.f.ullmann publishing, Königswinter

Printed in China

ISBN 978-3-8331-5127-9

10 9 8 7 6 5 4 3 2 1
X XI VIII VII VI V IV III II I

Um sich über Neuerscheinungen von h.f.ullmann zu informieren,
fordern Sie bitte unseren Newsletter unter **www.ullmann-publishing.com** an.
h.f.ullmann, Im Mühlenbruch 1, 53639 Königswinter, Deutschland
newsletter@ullmann-publishing.com; Fax: +49(0)2223-2780-708

Inhalt

Rotkäppchen

BAHLSEN
LEIBNIZ
BUTTERKEKS

Saarland 304—321

Baden-Württemberg 322—385

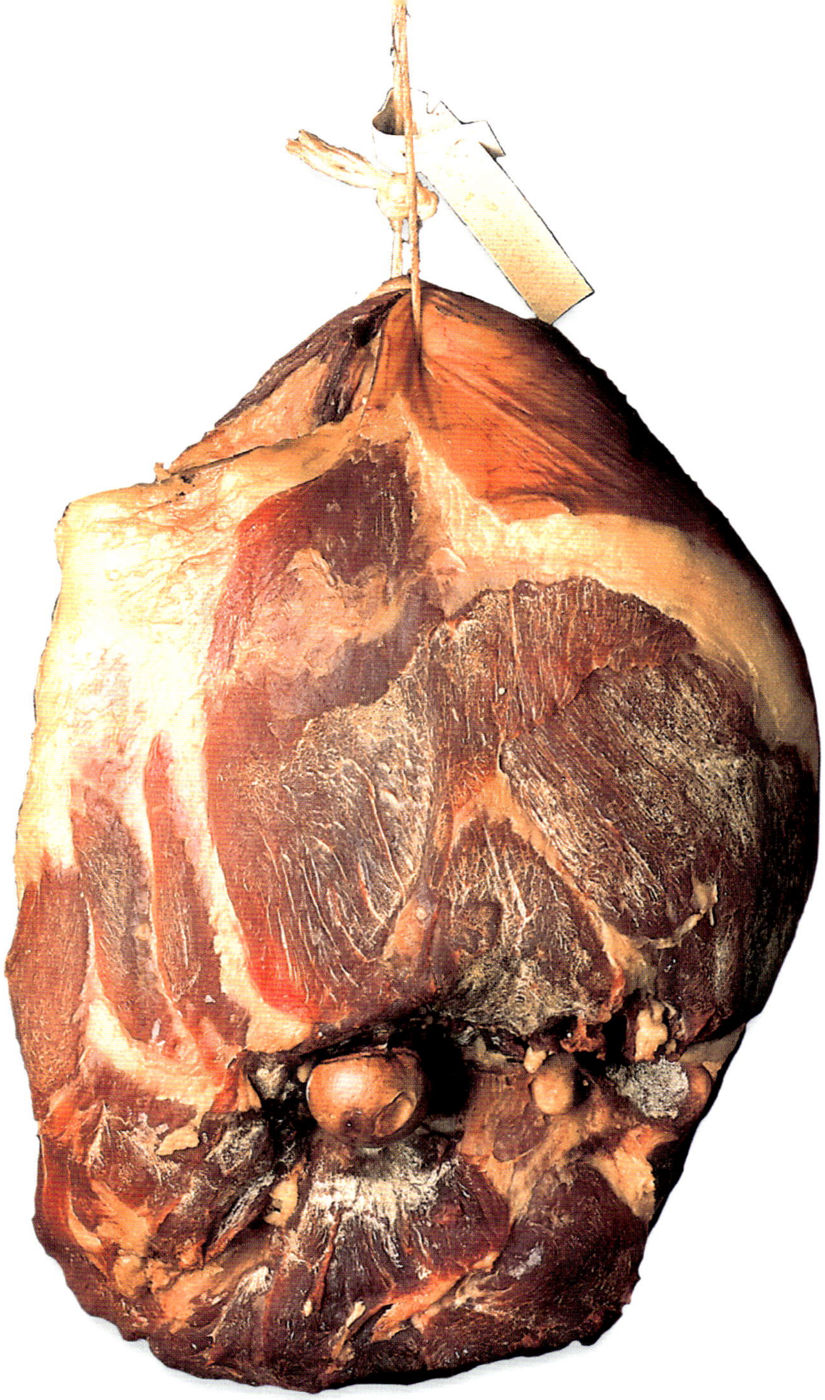

HULLMANN'S
Alter Korn
57537

Vorwort

Essen ist Leben. Das mag wie eine Binsenweisheit klingen, wenn man dabei nur ans »Über«-Leben denkt. Gewiss – wer nicht isst, verhungert. Ist das materielle Leben in einer Gesellschaft wie der unseren jedoch gesichert, darf man den Begriff ruhig weiter fassen: Essen ist mehr als Nahrungsaufnahme, es ist Leben in all seinen Dimensionen. Kein Tag vergeht ohne die Frage: »Was essen wir heute?«, kein soziales Ereignis, bei dem nicht eine zentrale Rolle spielt, was auf dem Tisch steht. Jeder Lebensabschnitt, von der Taufe bis zum Totenschmaus, wird durch – früher mehr als heute – ritualisierte Speisen begleitet, zum Geburtstag gibt es die Torte, zu Weihnachten die Gans.

Essen ist auch ein Thema in der Literatur – wer über Alltag und Feste schreibt, kommt daran nicht vorbei.

Komponisten schufen »Tafelmusik«, Künstler Gefäße und Porzellan zur Tischdekoration. Essen wird zum zentralen Thema, wenn es knapp wird. Während des Kalten Krieges musste eine ganze Stadt aus der Luft ernährt werden – Berlin. Im Essen und Trinken spiegeln sich politische, historische und soziale Aspekte wider: Erhöhungen der Brot- oder Bierpreise führten zu Aufständen, das Verlangen der mittelalterlichen Menschen nach Gewürzen war Triebkraft für die Entdeckung der Neuen Welt.

Welche Gerichte sich in den verschiedenen Gebieten Deutschlands zur »regional-typischen Spezialität« entwickelten, hing davon ab, was der Boden hergab, wie arm oder reich ein Landstrich war – und davon, welche Anregungen vom Nachbarn ausgingen. So prägte die böhmisch-österreichische Küche die bayrische, während der Norden skandinavische und englische Einflüsse aufnahm. Da die Grundprodukte, die zwischen Nord- und Ostsee und den Alpen zur Verfügung standen, bis auf wenige Ausnahmen identisch waren, zeigen sich Variationen in der deutschen Küche nur im Kleinen. So zum Beispiel in der außergewöhnlichen Vielfalt der Kartoffelgerichte. Sie spiegelt die Kreativität derer wider, die sich den Großteil des Jahres davon ernähren mussten. Dem Volk im wahrsten Sinne des Wortes »aufs Maul zu schauen« und dabei sämtliche Aspekte zu berücksichtigen, die das Thema Essen bietet, ist das Anliegen dieses Buches.

Christine Metzger

Thüringen

Ulla Rettig

Selten kam es vor, dass Johann Wolfgang von Goethe sich wiederholte. Doch angesichts der wunderschönen Landschaft bei Ilmenau im Thüringer Wald fehlten ihm fast die Worte. »Herrlich! Herrlich!« rief er und dichtete auf dem Kickelhahn »Wanderers Nachtlied«: »Über allen Wipfeln ist Ruh …«

Mit gutem Grund wird Thüringen nicht nur als Land der Klöße, des Kuchens und der Rostbratwürste bezeichnet, sondern auch als das grüne Herz Deutschlands. Wer einmal den Rennsteig bewältigt hat, weiß warum. Jahrzehntelang war der bekannteste Wanderweg Europas durch den Todesstreifen unterbrochen. Über 168 Kilometer erstreckt sich der Rennsteig auf dem Kamm des Thüringer Waldes, des Frankenwaldes und des Schiefergebirges. Doch auch das Kyffhäusergebirge, das Eichsfeld und das Biosphärenreservat Rhön haben ihre Reize.

Etwa die Hälfte des Freistaates wird landwirtschaftlich genutzt. Im Thüringer Becken mit seinen fruchtbaren Kalkverwitterungsböden und im Ostthüringer Lössgebiet gedeihen Getreide, Raps und Zuckerrüben; in den Vorgebirgslagen erntet man die hoch geschätzte Thüringer Braugerste. Gemüse wächst in dem Gebiet um die Landeshauptstadt Erfurt; aber auch am Westrand des Thüringer Beckens und in Ostthüringen sprießen Blumenkohl, Weißkohl, Brokkoli, Buschbohnen, Speisezwiebeln und Gurken.

Auf dem Boden des elftgrößten Bundeslandes, früher abfällig als »Flickenteppich von Fürstentümern« bezeichnet, wurde aber auch europäische Geschichte geschrieben: Auf der Wartburg bei Eisenach übersetzte Martin Luther das Neue Testament. An Jenas Universität lehrten Hegel, Fichte und Schelling.

Bach musizierte in Weimar, und mit Goethe und Schiller entwickelte sich die Stadt im 18. Jahrhundert zum Zentrum der deutschen Klassik. 1919 verabschiedete die Deutsche Nationalversammlung dort die Weimarer Verfassung.

Auch in kulinarischer Hinsicht hat Weimar Eindruck hinterlassen. So heißt es, Napoleons Truppen hätten das Rezept für Weimarer Zwiebelkuchen mitgenommen und daraus die berühmte Quiche Lorraine kreiert.

Oben: Die Wartburg bei Eisenach ist mit den wichtigsten Strömungen der deutschen Geschichte verknüpft: Hier übersetzte Luther das Neue Testament ins Deutsche, im 19. Jahrhundert wurde sie Schauplatz und Symbol der Einheits- und Freiheitsbewegung.

Links: »So schön wie der Thüringer Wald ist wohl kein anderer Wald auf dieser Erde. Wie eine Welt für sich liegt er da, hoch unter den Himmel emporgehoben, erdrückend düster oder auch festlich in weißen Schnee gekleidet.« Martin Andersen Nexö

Eine runde Sache: Klöße mit ...

Thüringer Topfbraten

Für 10 Personen

2 Schweinenieren
1/2 Schweinekopf
1 Schweinezunge
1 Schweineherz
Salz
2 große Zwiebeln, gespickt mit 1 Lorbeerblatt und 3 Nelken
1 Bund Suppengrün, grob gehackt
5 Pfefferkörner
100 ml Weinessig
100 g Honigkuchen
1 EL Pflaumenmus
1 TL Speisestärke
1 Prise Zucker
weißer Pfeffer
Zitronenscheiben zum Garnieren

Die Nieren putzen, waagerecht halbieren und die Harnstränge entfernen. Nieren 15 Minuten wässern. Den Schweinekopf, die Zunge und das Herz waschen. 3 l Wasser mit 1 TL Salz, den gespickten Zwiebeln, dem Suppengrün, den Pfefferkörnern und dem Essig zum Kochen bringen, den Schweinekopf einlegen und 1 Stunde kochen lassen. Dann das restliche Fleisch zugeben und nochmals 1 Stunde bei kleiner Hitze köcheln. Nach Ende der Garzeit das Fleisch aus der Brühe heben und die Brühe abseihen. 1/2 l Brühe wieder aufkochen, den Honigkuchen hineinbröseln und das Pflaumenmus einrühren. Die Soße 10 Minuten köcheln lassen. Inzwischen die Zunge häuten und die mageren Fleischteile vom Kopf lösen. Das Fleisch, Zunge, Herz und Nieren in Streifen schneiden. Die Speisestärke mit etwas Wasser verquirlen und unter die Soße rühren. Die Fleischstreifen hineingeben, mit Salz, Zucker und Pfeffer abschmecken und einige Minuten in der Soße ziehen lassen. Vor dem Servieren mit Zitronenscheiben garnieren. Dazu Thüringer Klöße reichen.

Thüringer Rotkohlwickel

1 Rotkohl
Salz
4 EL Weinessig
2 Gewürznelken
1 1/2 EL Zucker
1/2 altbackenes Brötchen
2 EL Butter
80 g durchwachsener Räucherspeck, in Würfel geschnitten
2 Zwiebeln, grob gehackt
50 g Champignons, gehackt
350 g mageres Rinderhackfleisch
abgeriebene Schale von 1 Zitrone
1 Ei
weißer Pfeffer
2 EL Butterschmalz
1/4 l Rotwein
350 ml Fleischbrühe
1 EL Crème fraîche
1 TL Mehl

Den Rotkohl waschen und den Strunk herausschneiden. 1 1/2 l Wasser mit 1 TL Salz, 3 EL Essig, den Nelken und 1 EL Zucker aufkochen. Den Rotkohl hineinlegen und 15 Minuten köcheln. Aus dem Wasser heben, abtropfen lassen und 8 große Rotkohlblätter ablösen. Das Brötchen in heißem Wasser quellen lassen. Die Butter in einer Pfanne zerlassen, den Speck darin auslassen. Die Zwiebeln und Champignons untermischen und 5 Minuten dünsten. Vom Herd nehmen und auskühlen lassen. Das Hackfleisch mit der Zitronenschale, dem ausgedrückten Brötchen, der Speckmischung und dem Ei gut verkneten, mit Pfeffer und Salz abschmecken. Die Masse auf die Kohlblätter verteilen, die Blätter über die Füllung schlagen und mit Küchengarn umwickeln. Das Butterschmalz in einem Bräter erhitzen und die Kohlwickel von allen Seiten gut anbraten. Mit Rotwein und Fleischbrühe ablöschen, den restlichen Essig und Zucker zugeben und zugedeckt im vorgeheizten Backofen bei 220 °C etwa 3/4 Stunde garen. Die Crème fraîche mit dem Mehl verrühren und nach Ende der Garzeit die Soße damit binden. Mit Serviettenknödel servieren.

Thüringer Topfbraten (oben) und Thüringer Klöße (unten)

Hammelbratenbrühe und Gurkensaft

»Das Gewicht, das er (Goethe) auf gutes Essen und Trinken legte, die Verstimmung und Kränkung, die er empfand, wenn er sich in dieser Beziehung einmal vernachlässigt sah, gehören zu diesem humoristischen Bild von Bürgerlichkeit, wie denn die Tatsache, dass Zeltner ihn regelmäßig mit den besonders bevorzugten Teltower Rübchen versorgte, zweifellos der Freundschaft mit ihm zugutegekommen ist. Dass bei Exzellenz Goethe ausnehmend schmackhaft gegessen wurde, ist ausgiebig bezeugt, und unfehlbar fällt mir dabei die kleine Geschichte ein, die mir sonderbarerweise seine Person nähergebracht hat als so manche Kundgebung höherer Ordnung. Der Literator und Islandfahrer Martin Friedrich Arendt hielt sich in Weimar auf, ein Bohemegelehrter von etwas wunderlichem Äußeren und nicht sehr gepflegten Gewohnheiten. Er ist bei Goethe zu Mittag geladen, wo er den Hausherrn und seinen engeren Freundeskreis mit Reiseabenteuern und antiquarischen Forschungsergebnissen unterhält und es sich gewaltig dabei schmecken lässt. Es gibt einen Hammelbraten mit Gurkensalat, und nach Verspeisung mehrerer Portionen bringt der gute Arendt es nicht über das Herz, die mit Gurkensaft vermischte Bratenbrühe umkommen zu lassen. Er fasst seinen Teller mit beiden Händen und hebt ihn zum Munde, erschrickt aber im letzten Augenblick und blickt um Erlaubnis bittend auf den Hausherrn. Und der große Wohlerzogene legt volles Verständnis für die Begierde seines Gastes an den Tag; mit der größten Bonhomie und Treuherzigkeit fordert er ihn auf, sich nur ja nicht zu genieren, und während er ihn schlürfen sieht, lässt er nicht etwa ein Schweigen aufkommen, das auf den Genießenden doch vielleicht bedrückend wirken könnte, sondern er spricht, er setzt mit wärmster Überzeugung das Leckere einer solchen Mischung von Bratenbrühe und Gurkensaft auseinander und schafft durch dieses Perorieren dem Schlemmer volle Freiheit, seine Lust zu büßen. Man muss ihn sich vorstellen dabei, wie er etwa auf dem Bild von George Dawe vom Jahre 1819 aussieht, einem Bild, das ich immer als besonders lebenswahrscheinlich empfunden habe, mit diesen Augen voll kindlicher Verschlagenheit, tiefer und gütiger Erfahrenheit, diesem wissenden Wohlwollen für das Menschliche, um der heiteren Szene ganz ansichtig zu werden und sich ihren Charakter ganz gegenwärtig zu machen.«
(Aus: Thomas Mann, Essays, 1932)

Klöße – nie ohne Soße

Frau Holle war offensichtlich nicht nur eine Expertin im Aufschütteln von Betten, sondern auch im Kreieren von Nationalgerichten. Die Thüringer jedenfalls verdanken ihr die Anleitung, wie man aus Kartoffeln köstliche Klöße herstellt. Frau Holle zeigte ihnen das Reiben und Pressen und Formen – körperlich eine recht beachtliche Leistung für eine schwache alte Frau – und dann überreichte sie ihnen das Rezept, und zwar mit den Worten: »Hier hast du es. Hüt' es!« Folglich heißen die rohen Klöße in Südthüringen »Hüts« oder »Hütes«. In Westthüringen erteilte sie dieselbe Lektion in Sachen Kochen, übergab ihr Rezept aber mit dem guten Rat: »Heb' es auf.« Etymologisch völlig klar, dass die Klöße dort »Hebes« heißen ...

Egal, ob »Hütes«, »Hebes« oder »Thüringer Klöße« – für die Einheimischen sind sie die beste Erfindung der regionalen Küche. Ein Sonntag ohne Klöße, so heißt es in der Mitte Deutschlands, ist kein Sonntag. Der gute Braten verkümmert neben den runden Köstlichkeiten zur Nebensache, allerdings zu einer nicht ganz unbedeutenden: Liefert er doch die Soße, ohne die der Genuss der Klöße nur der halbe wäre.

Das Kloßrezept schlechthin gibt es in Thüringen nicht. Viele verschiedene Anleitungen, seit Generationen von Müttern an ihre Töchter weitergegeben, kursieren in dem Freistaat, die Rezepte variieren ebenso wie die Namen von Region zu Region und von Familie zu Familie.

Klöße werden vor allem aus rohen und/oder gekochten Kartoffeln geformt, aber auch aus Weißbrot, Grieß oder Mehl. Am besten eignen sich mehlig kochende Kartoffeln. Benützt man keine Küchenmaschine – Kenner schwören, die »Handgeriebenen« seien die besten –, so ist die Herstellung des Teigs harte Arbeit und in vielen Familien sonntägliche Pflicht des Mannes. Die Klöße werden in der Regel in schwach siedendem Salzwasser gegart, auf keinen Fall dürfen sie gekocht werden, sonst zerfallen sie.

Es gibt aber auch Kloßteige, die man auf einem Blech oder, wie früher, in der Pfanne backt. Daher der Name »Pfannenklöße«. Zu ihnen gehören zum Beispiel der Rohe Detscher, den man süß oder deftig servieren kann, und der Aschkloß, bei dem Kartoffel-Kloßteig mit Brötchenscheiben belegt wird. Flockzammet besteht aus Flocken, die aus einer Kartoffel-Kloßmasse herausgezupft und auf einer Schicht aus Speckwürfeln gebraten werden.

Thüringer Klöße

Für 8 Personen

1,5 kg große, mehlige Kartoffeln
Essig
Salz
1 altbackenes Brötchen
1 EL Butterschmalz

Die Kartoffeln waschen und schälen. $^2/_3$ der Kartoffeln in eine Schüssel mit lauwarmem Wasser und 1 Schuss Essig reiben. Das Essigwasser zweimal abgießen und erneuern. Dann die Kartoffelmasse in ein Tuch geben, zubinden und in der Kartoffelpresse gut ausdrücken. Die Masse bis zur Weiterverarbeitung in der Presse lassen. Das Brötchen entrinden und würfeln. Die Brotwürfel in Butterschmalz goldbraun rösten. Die restlichen Kartoffeln in Salzwasser gar kochen, anschließend mit einem Teil der Kochflüssigkeit zu einem dickflüssigen Brei zerstampfen und noch einmal aufkochen. Die rohe Kartoffelmasse in eine Schüssel geben, etwas Salz und die am Boden der Kartoffelpresse abgesetzte Stärke unterkneten. Nach und nach den heißen Kartoffelbrei mit dem Handmixer unterrühren. Den Teig so lange schlagen, bis er sich vom Schüsselrand löst. Mit nassen Händen aus dem Kartoffelteig gleich große Klöße formen und in die Mitte jeweils einige geröstete Brotwürfel drücken. Die Klöße in siedendes Salzwasser einlegen und bei schwacher Hitze ca. 20 Minuten gar ziehen lassen.

1 Rohe und gekochte Kartoffeln und geröstete Semmelbröckchen – daraus macht man die Thüringer Klöße.

2 Die rohen Kartoffeln per Hand reiben – das ist viel Arbeit, aber man schmeckt den Unterschied.

3 Ein Job für starke Männer: Die geriebene Kartoffelmasse muss kräftig ausgedrückt werden.

4 Die geriebenen rohen Kartoffeln werden mit den gekochten und zerstampften zu einem Teig verarbeitet.

5 Im Zentrum eines jeden Thüringer Kloßes stecken die goldbraun gerösteten Semmelbröckchen.

6 In siedend heißem Wasser die Klöße ziehen lassen. Wenn sie an die Oberfläche schwimmen, sind sie gar.

1 Diebichen heißen Klöße aus Mehl, Milch, Ei, Salz und Zucker. Sie werden mit zwei Löffeln geformt. Unter die Masse kann man auch entkernte Zwetschgen oder Rosinen heben und die Klöße statt in siedendem Wasser in Milch garen.

2 Fauleweiberklöße gibt es in verschiedenen Varianten: Man kann sie – zu gleichen Teilen – aus rohen geriebenen und in reichlich Wasser weich gekochten Salzkartoffeln herstellen oder gekochte Kartoffeln mit Kartoffelstärke und Grieß vermengen.

3 Gemengte Klöße (Stärkemehlklöße, Gemengte Hüts) werden aus gekochten, zerstampften Pellkartoffeln gefertigt, denen Grieß, Mehl und Kartoffelstärke zugefügt werden. Die Masse wird mit kochender Milch und Eiern verknetet.

4 Halbseidene Klöße bestehen aus kochend heißem Kartoffelbrei, der mit Kartoffelstärke, Salz und Muskat vermengt wird. Man kann sie auch aus am Vortag gekochten Kartoffeln machen, die mit Mehl, Eiern und Kartoffelstärke zerstampft werden.

5 Hefeklöße (Mahlhüts) werden aus einem Hefeteig geformt und etwa 20 Minuten über kochendem Wasser gedämpft: Man spannt ein Tuch über den Kochtopf, auf das die Klöße gelegt werden. Das Tuch darf das Wasser nicht berühren.

6 Seidene Watteklöße bereitet man aus einer Masse aus gewürfelten, in Butter angebratenen Brötchen und gekochten, durch die Kartoffelpresse gedrückten Kartoffeln. Mit Eiern, Kartoffelstärke und Muskat verkneten.

7 Serviettenkloß wird aus gewürfelten Brötchen bereitet, die man mit Milch verquirlt. Die Masse verknotet man locker in einer Serviette und hängt sie etwa 40 Minuten in siedendes Salzwasser. Der Kloß wird mit einem Stück Zwirn in Stücke geschnitten.

8 Thüringer Klöße (auch Kindsköpfe, Rohe Klöße, Hütes, Hüts, Ruahne Hütes oder Hebes) bestehen zu zwei Teilen aus rohen, geriebenen und gepressten Kartoffeln und zu einem Teil aus dem Brei gekochter und pürierter Kartoffeln.

9 Aschkloß (ein Pfannenkloß) besteht aus einer Masse roher und gekochter Kartoffeln, die mit Mehl, Speck, Salz und Pfeffer vermengt werden. Teig in eine Backform geben, mit Brötchen belegen und mit einer Soße aus Milch, Eiern und Salz übergießen.

1

2

3

4

5

6

7

8

9

Alles hat seine Ordnung: Beim Thüringer Zwiebelzopf hängen die Kleinsten oben und die Größten unten.

Zum Zopf gezwiebelt

Das größte Volksfest Thüringens rührt zu Tränen. Trotzdem oder gerade deshalb strömen alljährlich rund 300 000 Besucher am zweiten Wochenende im Oktober auf den Weimarer Zwiebelmarkt. Schon von Weitem erschnuppern sie den Duft von Zwiebelsuppen und ofenfrischem Zwiebelbrot. Sie lassen sich Zwiebelkuchen und Zwiebelfleisch schmecken und warten gespannt auf die Krönung der Zwiebelmarktkönigin. Und flanieren gemütlich an den rund 500 Ständen entlang, die zwischen Nationaltheater und Frauenplan aufgebaut sind.
Viele Familien sind auf der Suche nach dem schönsten Zwiebelzopf als Dekoration für die eigenen vier Wände. Die Auswahl ist riesengroß: Rund 40 000 handgebundene Rispen – so der Fachausdruck – werden feilgeboten, zumeist angefertigt von etwa 130 Familien aus dem Städtchen Heldrungen. Ihr Handwerk hat Tradition: Am 4. Oktober 1653 hatten ihre Vorfahren zum ersten Mal Zwiebeln und anderes Gemüse ins 50 Kilometer entfernte Weimar zum »Vieh- und Zippelmarkt« gekarrt.
Die Zwiebelzöpfe waren später eine Erfindung schlauer Bauern, die möglichst viele Knollen an den Kunden bringen wollten. Geputzt, nach Größen sortiert und handlich um eine Docke aus Stroh gewickelt, verlockte das scharfe Gemüse zum Ankauf größerer Mengen, denn ein Zopf hält im Schnitt rund 60 Zwiebeln der Sorte »Gelbe Stuttgarter Riesen« und Rote Zwiebeln der Sorte »Braunschweiger Dunkelblutrote«.

»Gelbe Stuttgarter Riesen« und »Braunschweiger Dunkelblutrote« auf dem Zopf und im Sack.

Das Besondere am Thüringer Zopf: Die kleinsten Zwiebeln hängen oben, die größten ganz unten. Der wohl längste Zwiebelzopf wurde im Jahr 2007 auf der Bundesgartenschau präsentiert: Mit einer Länge von 10,78 Metern wog er 260 Kilogramm und bestand aus exakt 1024 Zwiebeln. Der Rekord-Zwiebelflechter Volker Schinköthe stammt natürlich aus Heldrungen.
Zu DDR-Zeiten mutierte der Weimarer Zwiebelmarkt offiziell zum sozialistischen Erntefest. Hinter den Kulissen änderte sich jedoch erstaunlich wenig, denn die vielen kleinen Zwiebelproduzenten in Heldrungen blieben von der Kollektivierung Ende der fünfziger Jahre verschont; aus dem einfachen Grund, weil sie im Durchschnitt nur einen halben Morgen Land ihr eigen nannten. Ab einem Besitz von vier Morgen wären sie abgabepflichtig gewesen. So aber profitierten sie davon, dass man denjenigen, die nur über wenig Land verfügten, also Industriearbeitern und deren Familien, die Möglichkeit geben wollte, sich ein kleines Zubrot zu verdienen. Und sie wurden noch subventioniert: Für die Zwiebeln, die sie an die staatliche »Obst-Gemüse-Speisekartoffeln« (OGS) abführten, zahlte man den Kleingärtnern den Endverbraucherpreis (EVP), also den Ladenpreis.

Kleine Zwiebelkunde

Unter den Zwiebelarten kommt der gelben Saatzwiebel – Haushalts- oder Küchenzwiebel – die größte Bedeutung zu. Küchenzwiebeln sind gut haltbar und besonders scharf und eignen sich für herzhafte Gerichte, wie zum Beispiel Zwiebelsuppen.
Frühlings- oder Lauchzwiebeln, die jungen Knollen der gelben Zwiebel, schmecken am besten roh oder gedünstet; ihre grünen Triebe verwendet man in Salaten oder zum Garnieren.
Weniger dominant im Geschmack als die Küchenzwiebel ist die gelbe oder weiße Gemüsezwiebel, die verglichen mit ihrer gelben Kollegin sehr groß ausfällt. Gemüsezwiebeln nimmt man für den Zwiebelkuchen, sie werden auch gerne roh gegessen, zum Beispiel auf Fischbrötchen oder in gemischten Salaten.
Rote Zwiebeln sind – je nach Sorte – süß oder scharf. Sie finden besonders in Salaten Verwendung.
Haselnussgroße Perlzwiebeln, auch Silberzwiebeln genannt, werden in der Regel sauer eingelegt.
Die kleinen eiförmigen Schalotten, die wie Knoblauch, Lauch und Schnittlauch ebenfalls zu den Zwiebelgemüsen gehören, finden in der Küche sowohl als Gemüse als auch als Gewürz Verwendung. Sie sind mild und eignen sich besonders für Soßen und Fischgerichte.
Zwiebeln sind äußerst gesund. Sie gelten als pflanzliches Antibiotikum. Neben Eiweiß, Vitaminen der B-Gruppe, Vitamin C, E und Provitamin A enthalten sie auch die Mineralstoffe Kalzium, Kalium, Phosphor und Zink sowie Spurenelemente wie das gegen Krebs schützende Selen. Auch wegen ihrer ätherischen Öle wirken Zwiebeln blutreinigend; sie beugen Herzinfarkten vor und helfen lindernd bei Husten und Heiserkeit.
Besagte Öle sind aber auch schuld daran, dass beim Zwiebelschneiden die Tränen fließen. Etwas besser wird es, wenn man die von den äußeren Schalen befreite Zwiebel kurz in kaltes Wasser legt und danach zerschneidet.
Beim Kauf sollte man darauf achten, dass sich die Zwiebeln fest und trocken anfühlen. Sie dürfen keine grünen Spitzen haben. Zwiebeln werden kühl und trocken gelagert, am besten im Korb oder im Netz, auf keinen Fall in der Plastiktüte. Anders als Haushaltszwiebeln sollten Gemüsezwiebeln binnen acht Tagen verzehrt werden.

Grünes Thüringen

Das klassische Gemüseanbaugebiet Thüringens liegt im Erfurter Raum. Rund um die Landeshauptstadt sprießen vor allem Blumenkohl (rund 250 Hektar), Kohlrabi (15 Hektar), Brokkoli (70 Hektar) und Kopfkohl (Rot-, Weißkohl und Wirsing; zusammen 10 Hektar). Doch auch in anderen Teilen des Landes wird Gemüse angebaut. Weitere wichtige Anbaugebiete sind der Raum Mühlhausen/Großengottern mit dem Anbau von Kopfkohl (180 Hektar) und Einlegegurken (50 Hektar) und der Raum Altenburg unter anderem mit dem Anbau von Buschbohnen (350 Hektar). Dank einer regenarmen Sommerperiode im Thüringer Becken erreichen auch Speisezwiebeln eine gute Qualität. Geschätzt wird zudem der heimische Spargel mit seinem kräftigen Aroma. Er wächst vor allem bei Kutzleben, Herbsleben, Kindelbrück, am Rand der Fahner Höhen und bei Altenburg (inzwischen auf insgesamt über 380 Hektar). Wachsender Beliebtheit erfreuen sich auch Speisepilze aus den Berggrotten bei Nordhausen.

Die Kultivierung von Gemüse unter Glas konzentriert sich auf Alperstedt und Laasdorf bei Jena. Dort gedeihen auf insgesamt rund 25 Hektar Fläche Gurken, Tomaten, Kopfsalat und anderes mehr. Nach Bayern ist Thüringen zudem die zweitwichtigste Anbauregion für Arznei- und Gewürzpflanzen. Aus ganz Deutschland kamen einst Kräuterproduzenten in das »Pfefferminzstädtchen« Kölleda, um den Anbau vor Ort zu studieren. Züge aus Kölleda erkannte man daran, dass sie mit Pfefferminzgirlanden geschmückt waren.

Wenn allerdings von den »Heiligenstädter Möhrenkönigen« im Eichsfeld die Rede ist, hat dies nichts mit dem Gemüseanbau zu tun: Eine Legende besagt, dass die Heiligenstädter ihren Spitznamen »Möhrenkönige« daher erhielten, weil sie das Stadttor einst mangels eines Holzriegels mit einer Möhre versperrten, um feindliche Heerscharen abzuwehren. Dabei rechneten sie nicht mit dem Appetit einer stattlichen Ziege – die fraß die Möhre einfach auf …

Gebackener Blumenkohl

1 Blumenkohl
Salz
3 Eier
weißer Pfeffer
1 Msp. gemahlene Muskatnuss
4 EL Mehl
125 g Semmelbrösel
Öl zum Frittieren

Den Blumenkohl waschen, putzen und in Röschen teilen. Die Röschen in kochendem Salzwasser etwa 10 Minuten bissfest garen, dann abschütten, in kaltem Wasser abschrecken und gut abtropfen lassen. Die Eier mit etwas Salz, Pfeffer und Muskat verquirlen. Die Blumenkohlröschen zuerst in Mehl, dann im Ei und abschließend in Semmelbröseln wenden. Portionsweise in heißem Öl frittieren und vor dem Servieren kurz auf Küchenpapier abtropfen lassen.

Zwiebelsuppe

500 g Zwiebeln
50 g Butter
1 Apfel
1 EL Mehl
1 l heiße Fleischbrühe
1/8 l Pilsner Bier
Salz und weißer Pfeffer
1/2 TL gerebelter Majoran
1 Bund Schnittlauch, in Röllchen geschnitten
75 g geriebener Emmentaler
oder 2 EL Croûtons

Die Zwiebeln abziehen, halbieren und in Scheiben schneiden. Die Butter in einem Topf zerlassen und die Zwiebeln darin dünsten, bis sie glasig sind. Den Apfel schälen, vierteln, entkernen und in dünne Scheiben schneiden. Unter die Zwiebeln mischen, kurz andünsten und mit dem Mehl bestäuben. Die Fleischbrühe und das Bier angießen, mit Salz, Pfeffer und Majoran würzen und etwa 20 Minuten bei mittlerer Hitze köcheln lassen. Kurz vor dem Servieren die Suppe mit Schnittlauchröllchen und geriebenem Emmentaler oder Croûtons bestreuen.

Schnippelsuppe

(Abbildung links)

1 Stange Lauch
2 Möhren
500 g Kartoffeln
1 EL Butter
1 Zwiebel, fein gehackt
1 l Fleischbrühe
1 Bund frischer Majoran, gehackt
Salz und Pfeffer
125 g durchwachsener Speck
evtl. 1 Ei

Das Gemüse putzen und waschen, die Kartoffeln schälen. Alles in feine Scheiben schneiden. Die Butter in einem Topf zerlassen und die Zwiebel darin glasig dünsten. Die Gemüse- und Kartoffelscheiben dazugeben, kurz andünsten und die Fleischbrühe angießen. Mit Majoran, Salz und Pfeffer würzen und 15–20 Minuten köcheln lassen. Den Speck fein würfeln und in einer trockenen Pfanne auslassen. Vor dem Servieren samt dem Bratfett unter die Suppe rühren. Nach Belieben die Suppe mit verquirltem Ei binden.

Links: Heldrunger Sauerbraten

Unten: Wer auf seinem Pirschgang solch ein Exemplar findet, kann sich glücklich schätzen. Der Steinpilz oder Herrenpilz gehört zu den begehrtesten Speisepilzen.

Wild und Wald

Thüringen gilt als traditionelle Jagdregion in Deutschland. Noch heute ist mit rund 550 000 Hektar ein Drittel der gesamten Landesfläche bewaldet. Dennoch konnte der »kleine Mann« bis vor wenigen Jahren von Wildbret nur träumen. Zu DDR-Zeiten lieferten die Staatsforstbetriebe die erlegten Tiere an Fleischkombinate ab. Wild war eine Delikatesse, die man nur selten im Laden erwerben konnte.
Besonders gute Jagdmöglichkeiten für Rotwild bieten der Thüringer Wald und das angrenzende Schiefergebirge, während im Thüringer Holzland vor allem Dam- und Muffelwild Fährten ziehen. Das Schleizer Oberland zeichnet sich durch Rot- und Rehwildbestände aus; der Südharz durch Rot- und Muffelwild. Reh- und Schwarzwild kommt in ganz Thüringen vor, besonders aber im Hügel- und Bergland der Rhön, in den Laubwäldern der Hessberge, von Hainich und Hainleite, Ohmgebirge und Kyffhäuser, Hoher Schrecke und Leinawald. Auch Hasen, Kaninchen, Fasane, Enten und andere Wildtiere stehen auf der Abschussliste, geschützt sind hingegen Auerhahn, Birkhahn und Haselwild.
Eine köstliche Ergänzung zu Fleisch- und Wildgerichten bilden Waldpilze wie Maronen, Steinpilze, Pfifferlinge oder Perlpilze. Pilze sind an sich gesund, wegen der hohen Schadstoffbelastung ist ihr Verzehr aber nur eingeschränkt zu empfehlen.
Pilze sammelte man früher für den Eigenbedarf, zum Beispiel für einen leckeren »Schwämmkuche«. Dessen Grundlage bilden kräftig schmeckende Speisepilze, die mit Gehacktem oder Speck, Zwiebeln und anderen Zutaten vermengt und gebacken werden.

Im Gegensatz zu Pilzen wurden Beeren früher für den Verkauf gesammelt. Noch in den sechziger Jahren des 20. Jahrhunderts verdienten Sammler aus den Walddörfern durch das Beerenpflücken ein kleines Zubrot.
Mittlerweile verleiten Heidelbeeren, Preiselbeeren, Himbeeren und Brombeeren auch zahlreiche Städter zu einem Waldspaziergang. Heidelbeeren, zu Kompott verarbeitet, schmecken hervorragend zu Klößen.

Gulasch mit Pilzen

750 g Jungrindgulasch
2 EL Butterschmalz
400 g Zwiebeln, grob gehackt
2 EL Tomatenmark
½ l helles Bier
1 EL Paprikapulver edelsüß
Salz und Pfeffer, 1 TL Thymian
200 g gemischte Waldpilze
1 Bund gehackte Petersilie
100 g Crème fraîche, 1 Prise Zucker

Das Gulasch im heißen Butterschmalz scharf anbraten. Die Zwiebeln dazugeben und glasig dünsten. Das Tomatenmark einrühren und kurz anrösten, dann mit dem Bier ablöschen, mit Paprika, Salz, Pfeffer und Thymian würzen und gut 1 Stunde zugedeckt bei mittlerer Hitze schmoren. Die Pilze putzen und in Scheiben schneiden. Wenn das Fleisch gar ist, die Pilze und die Petersilie untermischen und alles noch 10 Minuten köcheln lassen. Vor dem Servieren die Crème fraîche unterrühren und das Gulasch mit Salz, Pfeffer und Zucker abschmecken. Dazu passen Salzkartoffeln.

Rehgulasch mit Dörrobst

Für 6 Personen

250 g Dörrobst
200 g durchwachsener Speck
1 kg Rehgulasch
4 Zwiebeln, fein gehackt
2 Bund Suppengrün, fein gehackt
½ l Brühe
¼ l Rotwein
⅛ l Weinessig
1 TL Thymian
1 Lorbeerblatt
1 TL Korianderkörner
1 TL Wacholderbeeren
1 TL Pfefferkörner
2 Nelken
Salz
2 EL Johannisbeergelee
1 EL Tomatenmark
Zucker
125 g Sahne
1 TL Speisestärke

Das Dörrobst in etwas kaltem Wasser einweichen. Den Speck in feine Streifen schneiden und in einem Topf auslassen. Das Rehgulasch darin rundum anbraten. Die Zwiebeln und das Suppengrün dazugeben und kurz mitrösten. Mit der Brühe, Rotwein und Weinessig ablöschen und die Gewürze sowie ½ TL Salz zufügen. Zugedeckt ca. 1½ Stunden schmoren, dabei nach gut 1 Stunde das Dörrobst untermischen und mitschmoren. Nach Ende der Garzeit das Johannisbeergelee und das Tomatenmark in die Soße einrühren und mit Salz, Pfeffer und Zucker abschmecken. Die Sahne mit der Speisestärke verquirlen, unter die Soße rühren und noch einmal aufkochen. Zum Rehgulasch Spätzle, Salzkartoffeln oder Klöße reichen.

Fleischgerichte aus Thüringen

Links: Rehgulasch mit Dörrobst

Kindstaufschüssel

1 kg Kalbsbrust ohne Knochen
Salz und Pfeffer
2 EL Butterschmalz
2 Bund Suppengrün, grob gehackt
1/4 l trockener Weißwein
1 große Zwiebel, gespickt mit 1 Lorbeerblatt und 2 Nelken
1 TL Pimentkörner
75 g Rosinen
2 EL Mehl
2 EL Butter
2 EL Kapern
Saft und abgeriebene Schale von 1 Zitrone
1 TL gehackte Mandeln
100 g Sahne
Zucker
1 EL gehackte Petersilie

Die Kalbsbrust waschen, trocken tupfen und mit Salz und Pfeffer einreiben. In heißem Butterschmalz von allen Seiten anbraten. Das Suppengrün zugeben und kurz rösten. Mit dem Weißwein ablöschen, mit 1 1/2 l Wasser aufgießen und die gespickte Zwiebel und die Pimentkörner zufügen. Die Kalbsbrust gut 1 Stunde kochen. Nach Ende der Garzeit aus der Brühe heben, die Brühe abseihen. Das Fleisch etwas auskühlen lassen, das Fett entfernen und das Fleisch in mundgerechte Würfel schneiden. Die Rosinen in heißem Wasser etwas quellen lassen. Das Mehl in der Butter goldgelb anrösten, unter Rühren 1/2 l Fleischbrühe angießen und 10 Minuten köcheln lassen. Dann die Kapern, die abgetropften Rosinen, Saft und Schale der Zitrone und die gehackten Mandeln untermischen und die Fleischstücke wieder in die Soße legen. 10 Minuten in der Soße ziehen lassen. Die Sahne einrühren und die Soße mit Salz, Pfeffer und Zucker abschmecken. Vor dem Anrichten mit der gehackten Petersilie bestreuen.

Heldrunger Sauerbraten

1/4 l Rotwein
1/4 l Rotweinessig
2 Lorbeerblätter
1 Zitrone in Scheiben
8 Wacholderbeeren
4 Pimentkörner
1 TL Pfefferkörner
1 Bund Suppengrün, grob gehackt
2 Zwiebeln, grob gehackt
1 kg Rinderbraten (Schulter oder Keule)
Salz und Pfeffer
100 g durchwachsener Speck
50 g Butterschmalz
400 g gehacktes Röstgemüse (Zwiebel, Sellerie, Möhre, Lauch)
50 g kalte Butter
4 EL saure Sahne

Für die Marinade den Rotwein mit dem Essig, 1/2 l Wasser, den Lorbeerblättern, Zitronenscheiben, Wacholderbeeren, Piment- und Pfefferkörnern einmal aufkochen. Das gehackte Suppengrün und die Zwiebeln in die Marinade geben und abkühlen lassen. Das Fleisch waschen, Fett, Sehnen und Hautreste entfernen. Fleisch in eine Schüssel legen, mit der Marinade begießen und zugedeckt an einem kühlen Ort 2–3 Tage durchziehen lassen. Vor dem Braten das Fleisch aus der Marinade heben, abtrocknen und mit Salz und Pfeffer einreiben. Den Speck würfeln und im Butterschmalz auslassen. Das Fleisch darin von allen Seiten scharf anbraten, Röstgemüse zufügen, kurz mitbraten, dann die Marinade angießen. Den Braten bei mittlerer Hitze gut 2 Stunden zugedeckt schmoren. Den fertigen Braten aus der Soße heben und warm stellen. Die Soße durch ein Sieb passieren und etwas einkochen lassen. Die kalte Butter in kleinen Stücken in die Soße rühren, die saure Sahne untermischen und mit Salz und Pfeffer abschmecken. Den Sauerbraten in gleichmäßige Scheiben aufschneiden, auf einer vorgewärmten Platte anrichten und die Soße getrennt dazu servieren. Dazu schmecken Thüringer Klöße und Rotkohl.

Rechts: Kindstaufschüssel

Schusterpfanne

2 Salzheringe
800 g Kartoffeln
Salz
150 g roher Schinken, gewürfelt
1 EL Butter
1 große Gemüsezwiebel, grob gehackt
300 g Jungrindleber
Fett für die Form
250 g saure Sahne
1 Ei
Pfeffer
2 EL Semmelbrösel

Die Salzheringe wässern. Die Kartoffeln waschen und in der Schale in Salzwasser 15 Minuten kochen. Die Kartoffeln abschütten, ausdampfen lassen, schälen und in Scheiben schneiden. Die Schinkenwürfel in der Butter anbraten, die Zwiebel zufügen und glasig dünsten. Die Leber in Streifen schneiden. Die Heringe häuten, entgräten und in Stücke schneiden. Eine feuerfeste Auflaufform ausfetten, eine Schicht Kartoffeln einfüllen, dann lagenweise Schinken-Zwiebelmischung, Heringe, Leber und Kartoffeln, als letzte Schicht Kartoffelscheiben. Die saure Sahne mit dem Ei verquirlen, mit Salz und Pfeffer würzen und über die Kartoffeln gießen. Mit den Semmelbröseln bestreuen und im vorgeheizten Backofen bei 180 °C etwa 30 Minuten garen.

Wurst mit Würze

»Hol mal 'nen Teller«, trägt der Schlachter einem Knirps auf, und der flitzt eilfertig davon. Kaum ist er mit dem gewünschten Utensil zurück, wird eine aufgeblasene Schweinsblase auf dem Teller zerschnitten – »damit die Luft reingeht«. Solche und noch derbere Scherze werden Thüringer Hausschlachtern gern verziehen, denn auf das Würzen ihrer Würste verstehen sie sich mindestens so gut wie auf das Necken unbedarfter Zuschauer.

Etwa vom Martinstag an (11. November), wenn die Tiere von der Weide geholt werden, beginnen die Schlachtfeste auf Thüringer Höfen. Dann werden sowohl Koch- als auch Brüh- und Rohwürste hergestellt, und für die Freunde und Nachbarn gibt es eine deftige Wurstsuppe.

Rohwürste sind entweder streichfähig, wie Mett- und Teewürste, oder sie gehören zu den Hart- und Dauerwürsten, wie Salami und Zervelatwürste. Zu letzteren zählt der Eichsfelder Feldkieker. Sein Name rührt vermutlich daher, dass er früher mit aufs Feld genommen wurde und dabei aus der Kiepe schaute (kiekte). Feldkieker wird aus dem Besten vom Schwein (zum Beispiel Filet) hergestellt und mit Pfeffer, Salz und Knoblauch gewürzt. Wichtig ist, dass man das Fleisch unmittelbar nach dem Schlachten verarbeitet und noch warm in eine Schlacke (etwa 60 Zentimeter langer Mastdarm des Schweins) oder Kälberblasen stopft. Diese Warmverarbeitung ist typisch für das Eichsfeld, ebenso wie die anschließende Naturreifung. Zur Konservierung nimmt der Fleischer Salz, und für die Gärung sorgen Schnaps und Zucker. Optimal verarbeitet und gelagert bleibt ein Feldkieker bis zu zwei Jahren haltbar. Feldkieker werden mindestens sechs bis acht Monate luftgetrocknet, am besten in einer Lehmkammer, in der die Temperatur konstant bei rund 15 Grad liegt. Klassisch isst man die Wurst mit Brot und Schmand.

In anderen Teilen Thüringens werden die meisten Rohwürste geräuchert. So auch die Greußener Salami, die »klassisch« aus magerem Schweinefleisch, Rindfleisch und kernigem Speck besteht. Andere Varianten enthalten auch Puten- oder Hirschfleisch. Das Klima im Greußener Becken ist ideal für die sechswöchige Langzeitreifung der geräucherten Salami, die bekannt ist für ihre leichte Pfeffernote.

Brühwürste, wie die berühmte Thüringer Rostbratwurst, werden nach dem Stopfen in etwa 80 Grad heißem Wasser gebrüht.

Zu den Kochwürsten zählen zum Beispiel Leber- und Blutwürste, für die bereits gekochtes Fleisch verwendet wird und die selbst noch einmal erhitzt oder eingekocht werden. In Thüringen gehört der Presskopf dazu, eine großformatige Sülzwurst vom Schwein, der Blut beigemengt wurde. Über die Landesgrenzen hinaus bekannt ist die Thüringer Rotwurst, im Eichsfeld auch Garwurst genannt. Sie besteht aus Schweinefleisch, Speckgrieben und Blut, wird mit Pfeffer, Salz, Muskatnuss, Piment und Majoran gewürzt und in Naturdarm abgefüllt.

Rechts: Die Thüringer Metzger sind Meister im Würzen und stolz auf die Qualität und Vielfalt ihrer Produkte.

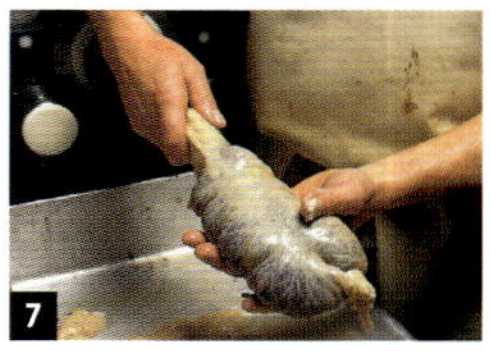
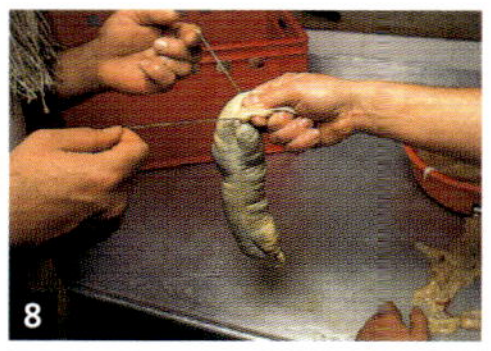

1 In die Thüringer Rotwurst kommen gekochte Schweineschwarten, die durch den Wolf gedreht werden.

2 Außerdem verwendet man gekochtes, in Würfel geschnittenes Fleisch. Die Würzmischung ist das Geheimnis des Metzgers.

3 Die gewolften Schweineschwarten werden der Wurstmasse beigegeben und in der Mengmaschine untergerührt.

4 Das Blut, das vorher mit dem Holzlöffel gerührt werden muss, damit es nicht gerinnt, wird zugefügt.

5 Der Metzger schmeckt die fertige Wurstmasse ab, bevor er sie in Därme füllt. Gegebenenfalls wird nachgewürzt.

6 Der Schweinedarm wird auf Wurstgarn aufgefädelt und auf der einen Seite abgebunden. Die andere Seite bleibt offen.

7 Durch diese Öffnung füllt der Metzger die Wurstmasse in die Därme ab. Er benützt dabei eine Wurstabfüllspritze.

8 Zwei Helfer binden die Wurst ab und formen dabei eine Schlaufe, damit die Würste aufgehängt werden können.

9 Nachdem die Würste zwei bis drei Stunden lang gegart haben, werden sie aus dem Kessel gehoben.

10 Zum Abkühlen geht's ins kalte Wasserbad. Dort lässt der Metzger die Würste etwa eine halbe Stunde lang liegen.

11 Fertig für die Räucherkammer. Dort hängen die Thüringer Rotwürste etwa fünf bis acht Stunden im kalten Rauch.

12 Beim Erkalten erstarrt die Gallertmasse und das Bluteiweiß verfestigt sich. Dadurch werden die Würste schnittfest.

Gerichte mit Wurst

Blutwurst mit sauren Linsen
Gegarte, pikant abgeschmeckte Linsen mit angebratener Blutwurst

Brotsuppe mit Leberwurst
Gemüsesuppe mit Schwarzbrot und Leberwurst-Würfeln

Eichsfelder Weckewurst mit Pellkartoffeln und grünem Salat
Gericht mit einer Hausmacherwurst aus Gehacktem, Zwiebeln, Weißbrot, Schwarten, Fett und Gewürzen

Salami auf Sondershäuser Schärpplätzle

Sauerteigbrötchen mit Salami

Stolzer Heinrich
Thüringer Rostbratwürste in einer sauren Soße mit Kapern und Zitrone

Topfwurst-Sauerkraut
Verschiedene Wurstsorten, zusammen mit gekochtem Sauerkraut erwärmt

Mühlhäuser Schlachtfestsuppe
Ein typisches Essen am Schlachttag: würzige Wurstbrühe mit Gemüse, Leberwurst und Blutwurst

Thüringer Leberwurst, sauer
Die grobe Kochstreichwurst wird in einer pikanten Soße aus Essig und Öl, Zwiebeln, Schnittlauch, Senf, Pfeffer und Salz eingelegt

Erfurter Kachelwurst
Ein »Wurstgericht«, das keine Wurst enthält: Frisches Gänse- oder Schweineblut wird mit Milch, Semmelbröseln, feingehackten Zwiebeln und Gewürzen verrührt und im Ofen gebacken, bis sich an der Oberfläche eine Kruste bildet

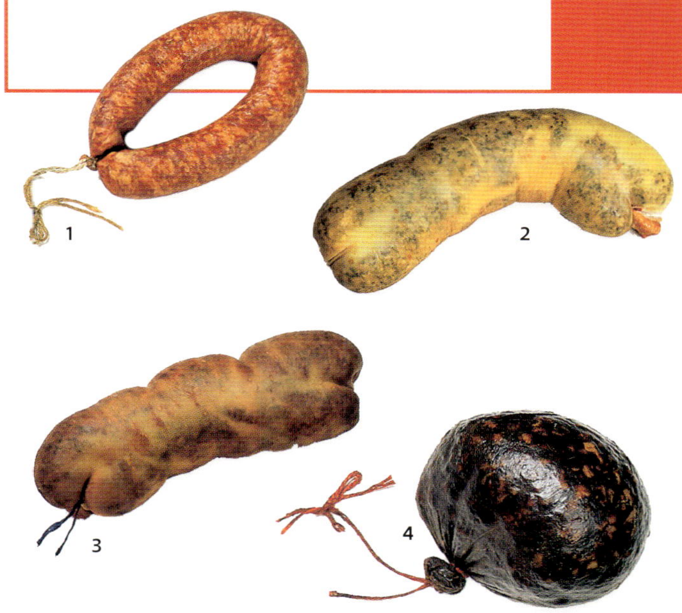

1 Die Thüringer Mettwurst zählt zu den streichfähigen Rohwurstsorten.
2 Die Thüringer Leberwurst gehört zu den Kochwürsten.
3 Ebenfalls eine Kochwurst: die bekannte Thüringer Rotwurst.
4 Rotwurst einmal anders: statt im Darm in der Blase.

Thüringer Bratwurst

Wenn der »Thüringer Weihrauch« über die Gärten zieht, dann ist Sonntag. Oder einfach nur ein lauer Sommerabend, an dem sich Freunde und Nachbarn zusammenfinden. Denn dieser Weihrauch gehört nicht zum kirchlichen Ritual. Er bedarf keiner Priester und Ministranten. Nur eines Kundigen, der aus Holzkohle und Kiefernzapfen die rechte Glut zaubert, Bier und Wasser in Maßen und segenspendend einsetzt, sodass der Rauch aufsteigt und sich das köstliche Aroma entfalten kann, das die Thüringer Bratwürste im Freien auf dem Rost entwickeln.
Jeder Grillmeister hat da seine eigenen Tricks. Die einen fetten den Rost mit einer Speckschwarte ein, damit die Würste nicht kleben bleiben. Manche wenden häufig und schwören auf die Bierdusche, andere begießen mit Wasser. Die einen lieben ihre Würste dunkelbraun und knusprig, die anderen heben sie bereits vom Feuer, wenn sie einen zartbraunen, gestreiften Teint haben.
Über das Speise-Ritual hingegen gibt es keine Diskussionen: Der Kenner vertilgt seine Wurst ohne Messer und Gabel. Er klemmt sie vielmehr zwischen die Hälften einer Semmel, die nicht vollständig aufgeschnitten wurde. Kartoffelsalat (ohne Speck!), Rotkohl und Sauerkraut munden vorzüglich zur Wurst. Vom Senf lassen viele Genießer lieber die Finger, es sei denn, es handelt sich um Born-Senf aus Erfurt, der intensiv und ausgesprochen gut nach Senfkörnern schmeckt.

Obwohl es Nachahmer auf der ganzen Welt gibt, sind sich die Thüringer einig, dass die echten Thüringer Rostbratwürste nur aus ihrer Heimat kommen. Die Geschichte gibt ihnen dabei recht: Die Tradition der rustikalen Mahlzeit reicht nachweislich bis ins Jahr 1613 zurück.
Bei der Herstellung folgen Thüringens Fleischer allerdings keinem einheitlichen Rezept. Verwendet wird mageres Schweinefleisch von Bauch und Schulter. Häufig kommen auch Kalb- und Rindfleisch hinzu. Die feinen Bestandteile werden in einem Schneidmischer gekuttert (zerkleinert) und mit Gewürzen und anderen Hilfsstoffen zu einem Brät verarbeitet. Zusammen mit den zerkleinerten Grobbestandteilen wird dieses in Schweine- oder Schafdärme gefüllt und dann entweder roh oder gebrüht verkauft. Rohe Rostbratwürtse müssen noch am selben Tag verzehrt werden, gebrühte halten sich im Kühlschrank bis zu vier, luftdicht verpackte bis zu 14 Tagen.
Kochsalz sorgt für die graue Färbung der Wurst. Was sonst noch hineinkommt – frischer Knoblauch, Kümmel und Muskatnuss –, bleibt streng gehütetes Familiengeheimnis. Einige Fleischer geben Zitrone hinzu. Wieder andere verwenden Majoran – außer, wenn sie im Eichsfeld leben. Dort ist es nämlich verpönt, Majoran in der »echten Thüringer« zu verwursten.

Thüringer Rostbratwurst

Für 20 Würste

5–6 m Schafssaitling (Darm)
1 kg mageres Schweinebauchfleisch
1 kg Schweineschulter ohne Schwarte
2 Eier
40 g Salz
8 g weißer Pfeffer
1/2 TL gemahlene Muskatnuss
1/2 TL gemahlener Koriander
1/2 TL gemahlener Kümmel
2–3 EL gerebelter Majoran
abgeriebene Schale von 1/2 Zitrone

Die Därme mit Wasser durchspülen und dann 15–20 Minuten in lauwarmem Wasser einweichen. Inzwischen das Fleisch waschen, trocken tupfen und in grobe Stücke schneiden. Durch den Fleischwolf drehen und mit den Eiern und den Gewürzen gut durchkneten, bis die Masse gebunden hat. Die Wurstmasse in die Därme füllen und ca. 15–20 cm lange Würste abdrehen.

Der Köhler und die Holzkohle

Wie jeder weiß, der einmal vergessen hat, sie einzukaufen, ist Holzkohle essenzieller Bestandteil jedes gemütlichen Grillabends. Ohne sie geht nichts. Weniger augenfällig ist hingegen, dass zum Beispiel auch der Schnaps, den man nach dem Genuss von Würsten und Rostbrätel trinkt, sein Sein unter anderem der Holzkohle verdankt: Sie wird als Aktivkohle beim Filterungsprozess eingesetzt. Und nimmt man, so man zu viel des Guten genossen hat, eine Kohle-Tablette, um den Magen wieder einzurenken, so hat man deren Wirkung ebenfalls der Holzkohle zu danken. Es geht sogar noch weiter: Bei der Produktion des Stahls für den Grill spielt Holzkohle ebenfalls eine Rolle.
Bevor man Holzkohle industriell herstellte, war die Köhlerei ein Beruf, der regelmäßig Menschenleben forderte. Allein den mannshohen Meiler zu bauen, war eine Kunst für sich und dauerte Wochen. Die Köhler verwendeten lange abgelagertes und angespaltenes Buchenholz, das kreisförmig um einen Holzpfahl aufgeschichtet wurde. Diesen Mast zogen sie später heraus und schufen so einen Rauchabzug. Das Buchenholz wurde mit Reisig, Rasenlappen und Erde abgedeckt und dann entzündet.
Während des Brandes entstanden im Innern des Meilers Temperaturen von bis zu 1000 Grad Celsius. Alle zwei Tage musste der Köhler auf den Meiler steigen, um von oben Holz nachzufüllen – eine äußerst gefährliche Arbeit, da das verbrannte Holz beständig in sich zusammenfiel. Selbst erfahrene Köhler kamen ums Leben, wenn die innerlich glühende Konstruktion einstürzte. Zudem musste der Meiler Tag und Nacht im Auge behalten werden, um einem Großbrand vorzubeugen. Nach drei bis vier Wochen war der Brennprozess beendet. Das Ergebnis: 50 bis 80 Kubikmeter Holzkohle.
Heute haben Betonmeiler und Blechretorten die alten Erdmeiler ersetzt. So können größere Mengen Holzkohle binnen zwei bis drei Tagen hergestellt werden, und das Köhlerhandwerk hat an Schrecken verloren.

Rostbrätel

Rostbrätel sind ebenso wie die Rostbratwürste ein Muss auf Thüringer Volksfesten. In der Grundversion werden Schweinekamm-Scheiben mit Salz, Pfeffer und Bier bestrichen und auf einem Holzkohlegrill knusprig gebrutzelt. Auch beim Grillen selbst gibt man immer wieder Bier dazu. Am Schluss sollten die Rostbrätel deshalb noch ziemlich nass sein und am Rand leicht von der Holzkohle geschwärzt. Scharfer Senf und frisches Graubrot oder ein Kartoffelsalat runden den kräftigen Geschmack ab. Rostbrätel können auch in der Pfanne gebraten werden. Es ist außerdem möglich, sie zunächst zu würzen und dann mehrere Stunden in eine Marinade aus Öl, Bier, Senf, Pfeffer, Knoblauch und Petersilie einzulegen, ehe sie auf den Rost kommen.

Stolzer Heinrich

8 Thüringer Bratwürste
2 EL Butter
2 EL Mehl
1/4 l Bier
1/4 l Fleischbrühe
1 EL Essig
1 Lorbeerblatt
Salz
Pfeffer
1 TL Kapern
Saft und abgeriebene Schale von 1 Zitrone

Die Bratwürste in der Butter braun anbraten, dann die Würste herausheben und das Mehl in dem Bratfett hellbraun anschwitzen. Mit dem Bier und der Fleischbrühe ablöschen. Den Essig angießen, das Lorbeerblatt hinzugeben und die Soße 10 Minuten einkochen. Die Soße mit Salz, Pfeffer, Kapern und Zitronensaft und -schale würzen, die Bratwürste einlegen und bei kleiner Hitze noch 5 Minuten in der Soße ziehen lassen.

Am besten schmecken die Thüringer Rostbratwürste, wenn sie im Freien gegrillt werden. Eine Bierdusche verleiht das besondere Aroma.

Süßes Thüringen

Ohne Kuchen läuft in Thüringen gar nichts. Er ziert den Frühstückstisch, ist Mittelpunkt der Kaffeetafel und wird Partygästen als mitternächtlicher Imbiss gereicht. Wahre Meister sind die Thüringer in Sachen »trockene« und »nasse« Blechkuchen. Als »trocken« gelten zum Beispiel der klassische Streusel- und der Wellen schlagende Prophetenkuchen (auch Welleneierkuchen), der etwa so viel Eigelb und braunen Schnaps oder Rum enthält wie Mehl. Er wird hauptsächlich in der Osterzeit gebacken.
Für Feuchtigkeit im »nassen« Kuchen sorgen die Quarkmasse, die auf den Teig gestrichen wird, sowie Obst und Pudding. Außerdem wird meist ein Guss aus süßem Rahm oder Schmand über die ganze Pracht gegeben, angereichert mit Eiern und Zucker. In deftigeren Varianten, die oft mit Brotteig hergestellt werden, verleihen Zwiebeln und/oder Speck die saftige Konsistenz. Solche Kuchen kommen warm auf den Tisch. Zum Ausgleich gibt es ein kühles Bier.

Nach dem beliebtesten Volksfest der Thüringer ist der Kirmeskuchen benannt. In manchen Orten heißt er auch Hochzeitskuchen. Seine Merkmale: dünner Boden aus Hefeteig, wuchtiger Belag mit Pudding und Obst und eine Decke aus Eiern, Zucker, Butter und häufig einem Schuss Rahm. Zu DDR-Zeiten gab es Schneewittchen- und LPG-Kuchen. Schneewittchenkuchen heißt deshalb so, weil der dunkle Teig und die Schokoladenglasur an Schneewittchens schwarzes Haar, die roten Kirschen an ihre Lippen und die Vanillecreme an ihren blassen Teint erinnern. LPG-Kuchen wird mit Buttercreme und Butterkeksen belegt, die mit Weinbrand beträufelt und mit einem Schokoladenguss verziert werden.
Noch heute ist es in Thüringen üblich, Blechkuchen daheim vorzubereiten und dann zur Bäckerei zu bringen. Weniger als zwei Bleche trägt man dabei selten aus dem Haus. Häufig beginnt das Backen schon mehrere Tage vor einem festlichen Ereignis. Den Kuchen schadet es nichts, ein paar Tage zu stehen – sie schmecken dann noch besser.

Tafelrunde bei Anna Amalia

Er kam 1775 nur auf Besuch und blieb – der Stadt zum ewigen Ruhm. Was Johann Wolfgang von Goethe in Weimar hielt, war nicht nur seine Freundschaft zu Herzog Karl August und die feste Stellung bei Hofe, die ihm jener bot, es war auch das geistige Klima der Stadt, das ganz entscheidend von Anna Amalia, der Herzoginmutter, bestimmt wurde. Literarisch interessiert und selbst Komponistin – sie schrieb die Musik zu Goethes »Erwin und Elmire« –, verstand sie es, die geistigen Größen der Zeit an ihrem »Musenhof« zu versammeln.
Weimar bot Aufführungsmöglichkeiten, 1791 wurde das Hoftheater eröffnet, der Hof förderte die Künstler – nicht zuletzt auch finanziell – und gab den Intellektuellen Gelegenheit zu geistigem Austausch und Diskurs.
Der bedeutendste von vielen geselligen Kreisen in der Residenzstadt war dabei die »Tafelrunde«, zu der Anna Amalia lud. Anders als bei ihren Tee- oder Schokoladengesellschaften, zu denen Sandtörtchen, Petit Choux, Baisers, Mazarines, Blätterteig- und Aprikosentorten, Hirsch-Zungen, Berliner Zuckerbogen und anderes feine Backwerk gereicht wurde, ließ Anna Amalia die Gäste der Tafelrunde bewirten, bevor das eigentliche Treffen begann. Dabei kamen die famosen Küchenkenntnisse des herzöglichen Mundkochs François Le Goullon zur Geltung, der sein Wissen später in Schriften wie »Der elegante Theetisch« oder »Der neue Apicus« zusammentrug.
Anna Amalia saß der Tafelrunde persönlich vor. Das Wesen des Treffens, dessen Grundstock die Hofgesellschaft bildete, prägten drei von vier »Weimarischen Riesen«: Christoph Martin Wieland, der 1772 als Prinzenerzieher nach Weimar berufen worden war, Gottfried Herder und natürlich Goethe, der diesen Kreis ebenso dominierte wie zahlreiche andere Gesellschaften. Der vierte »Riese«, Friedrich Schiller, kam erst nach 1802 als Gast hinzu.
An der wuchtigen Tafel im Lese- und Speisezimmer des herzöglichen Wittumspalais nahmen auch Besucher von nah und fern Platz, darunter Heinrich von Kleist, Jean Paul und Madame de Staël. Weimar entwickelte sich zu Deutschlands Kulturmittelpunkt, zum inspirierenden Reiseziel für Intellektuelle aus ganz Europa.
Man las aus den neuesten Werken der Schriftsteller, diskutierte über wissenschaftliche Probleme, malte, musizierte, komponierte oder spielte gemeinsam Theater.
In Weimar wurden Goethes »Iphigenie auf Tauris« (1787) uraufgeführt – Goethe selbst spielte dabei den Orest – sowie Schillers gesamte Meisterdramen bis auf die »Jungfrau von Orléans«.
Nach Anna Amalia, der Frau, die zu all dem beitrug, ist heute die einstige Fürstliche Bibliothek in Weimar benannt.

Thüringer Obstkuchen vom Blech

Für 24 Stück

Hefeteig:
1/8 l Milch, 80 g Butter
375 g Mehl
50 g Zucker
1 Prise Salz
abgeriebene Schale von 1 Zitrone
1 Ei
25 g Hefe

Quarkmasse:
500 g Quark
1/8 l Milch
1 Ei
3 EL Mehl
75 g Zucker
1 Päckchen Vanillezucker
2 EL Zitronensaft
1 EL Rum

Belag:
1 kg Obst, z. B. Äpfel, Zwetschgen, Rhabarber

Guss:
500 g Sauerrahm
2 Eier
1 EL Mehl
2 EL Zucker

Milch und Butter erwärmen. Die anderen Zutaten in eine Schüssel geben, Milch und Butter hinzufügen und einen Teig kneten. Den Hefeteig an einem warmen Ort ruhen lassen, bis sich sein Volumen verdoppelt hat. Inzwischen für die Quarkmasse alle Zutaten zu einer cremigen Masse verrühren. Den Hefeteig ausgerollt auf ein Backblech geben und einen kleinen Rand hochziehen. Die Quarkmasse darauf streichen. Mit vorbereiteten Obst belegen. Für den Guss die Zutaten verrühren und ihn über das Obst verteilen. Den Blechkuchen im vorgeheizten Backofen bei 200 °C etwa 30 Minuten backen.

Links: Die Vielfalt der Thüringer Blechkuchen kennt keine Grenzen. Für die Feuchtigkeit bei den »nassen Kuchen« sorgen eine Quarkschicht, die auf den Teig aufgetragen wird, und der Sahne- oder Schmandguss, der über den Belag kommt. Die Kuchen werden in kleine rechteckige Stücke geschnitten und zu einem Kuchenberg aufgeschichtet, der jede Thüringer Kaffeetafel krönt.

Oben: Martinstag in Erfurt. Am Abend eines jeden 10. Novembers verwandelt sich der Domplatz in ein Lichtermeer. Die Kinder fiebern schon dem Moment entgegen, wo sie losziehen und singend möglichst viele Gaben erheischen können.

Martinshörnchen

Normalerweise gilt als Martinstag der 11. November, in Erinnerung an den vom Papst heiliggesprochenen Bischof von Tours, der als junger Soldat einem Bettler die Hälfte seines Mantels schenkte. Anders in Erfurt, Eisenach, Wittenberg und anderen »Lutherstädten«: Dort feiern Protestanten und Katholiken gemeinsam bereits am 10. November eine ökumenische Martinsfeier und den Martinimarkt, um sich gemeinsam an den heiligen Martin und an Martin Luther, der am 10. November 1483 geboren wurde, zu erinnern.

Bei den Bäckern in Erfurt herrscht dann Hochkonjunktur. In den Auslagen stapeln sich Hunderte Martinshörnchen. Das Traditionsgebäck wird mindestens zweimal am Tag aufgetischt, und zwar zum Frühstück und zum Abendbrot. Manche Bäckereien öffnen bereits um 5 Uhr früh, damit sich Berufstätige vor der Arbeit mit dem gebogenen Backwerk eindecken können. Allein 25 000 Martinshörnchen stellt die Bäckerei und Konditorei Rüger am Gutenbergplatz her. Das Original besteht aus einem Hefe- oder Plunderteig, der mit Marmelade oder Konfitüre gefüllt wird.

Moderne Abwandlungen des Traditionsgebäcks enthalten Marzipan, Pflaumenmus oder Sultaninen. Manchmal findet statt Hefe- auch Blätterteig Verwendung. Mit dem ursprünglichen Rezept hat all dies nach Ansicht lokaler Experten jedoch nichts mehr zu tun.

Die Hörnchen sind aber nicht das einzig Besondere an diesem Tag. Tagsüber kommen die Erfurter und ihre Gäste zum großen Martinimarkt auf dem Domplatz zusammen, und am Abend trifft man sich dort beim Gottesdienst, wo Tausende Laternen im Dunkeln leuchten. Anschließend ziehen die Kinder vom Dom aus mit ihren Lampions durch die Stadt, um zu »heischen« oder zu »schnorren«, wie es in Erfurt heißt. Sie gehen singend von Haus zu Haus und werden dafür mit Süßigkeiten und anderen kleinen Gaben belohnt. Viele Familien treffen sich an diesem Abend, und so manche Runde lässt sich eine Martinsgans schmecken.

Und das alles am Geburtstag Martin Luthers, der an der Erfurter Universität den Magistergrad erwarb und sich 1505 in die dortige juristische Fakultät einschrieb. In demselben Jahr trat er ins Erfurter Augustiner-Eremitenkloster ein. Angeblich soll er in dieser Stadt auch zum ersten Mal überhaupt einen Blick in die Bibel geworfen haben.

Zigtausende von Martinshörnchen versüßen den Geburtstag des Reformators Martin Luther.

Sachsen

Ulla Rettig

Als »Koffein der deutschen Nation« bezeichnen ausländische Beobachter die Sachsen, nicht nur wegen deren sprichwörtlicher Vorliebe für das anregende Getränk. Zu DDR-Zeiten war klar: »Wenn Sachsen Schnupfen hat, bekommt die ganze Republik die Grippe.« So geschehen im Oktober und November 1989, als die friedlichen Leipziger Montagsdemonstrationen die Wende zur deutsch-deutschen Wiedervereinigung einleiteten.

Leipzig, die alte Messe-, Universitäts- und Verlagsstadt ist das wirtschaftliche Zentrum Sachsens, sein Schaustück heißt Dresden. August der Starke hatte die Stadt Anfang des 18. Jahrhunderts zu einem europäischen Kunst- und Kulturzentrum ausgebaut. Allmählich erinnert die Silhouette der Landeshauptstadt, die kurz vor Kriegsende völlig zerbombt wurde, wieder an das barocke »Elbflorenz«: Zwinger und Semperoper wurden rekonstruiert, und auch die Frauenkirche, das Symbol Dresdens, wurde wieder errichtet. 2005 konnte sie nach ihrem zu zwei Dritteln aus Spenden finanziertem Wiederaufbau offiziell eingeweiht werden. In Leipzig wirkte Johann Sebastian Bach als Thomaskantor, 1743 wurde das Gewandhausorchester gegründet.

Sachsens geografisches Rückgrat bilden die Gebirgsregionen im Süden. Sie reichen vom Vogtland über das Erzgebirge und die Sächsische Schweiz bis nach Niederschlesien. Diese steinernen Wälle konnten jedoch nicht verhindern, dass Sachsen bei kriegerischen Auseinandersetzungen immer wieder zu den Verlierern zählte und nach der Völkerschlacht bei Leipzig 1813 sogar fast die Hälfte seines Territoriums an Preußen abtreten musste.

Höchster Punkt des Landes ist der 1214 Meter hohe Fichtelberg im »Weihnachtsland« Erzgebirge.

Ein »Osterland« gibt es auch: die Oberlausitz, im Osten Sachsens. Dort prägen sorbische Traditionen Brauchtum und Küche, in Niederschlesien mit dem Zittauer Gebirge sind Einflüsse aus der böhmischen Küche unverkennbar.

Was das Essen betrifft, so steht Sachsen synonym für Dresdner Stollen, Leipziger Allerlei, Kaffee und eine Fülle süßer Kuchen. Für die nötige Schärfe sorgt die »Leipziger Pfeffermühle«, ein spritziges Kabarett, das in guter alter Leipziger Tradition das seine an politischer Würze hinzugibt.

Oben: Das Symbol Dresdens, die im Zweiten Weltkrieg zerstörte Frauenkirche, wurde nach der Wende wieder aufgebaut, zum größten Teil durch Spendengelder finanziert.

Links: Die Sächsische Schweiz gehört zu den Hauptsehenswürdigkeiten des Bundeslandes. Von der Bastei, dem 200 Meter steil zur Elbe abfallenden Felsen, bietet sich ein herrlicher Rundblick über die Region.

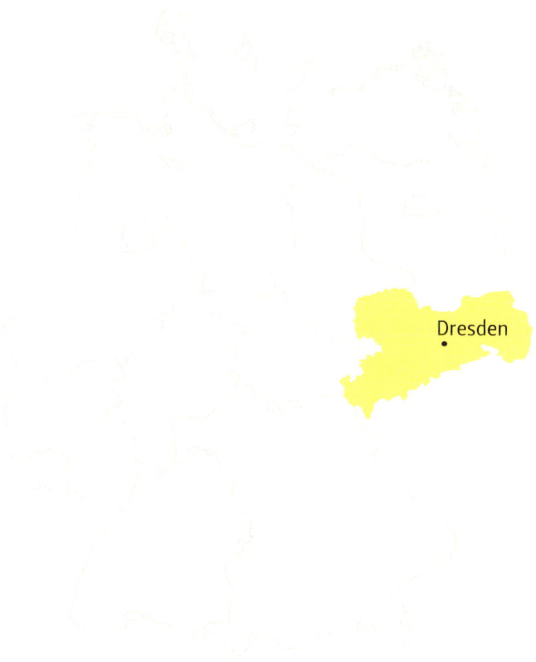

Kaffee

Im 17. Jahrhundert gelangte der Kaffee nach Europa und erfreute sich bald großer Beliebtheit in allen Schichten und bei beiden Geschlechtern. Er wurde von den Herrschenden als der große »Ernüchterer« begrüßt, löste er doch das Bier als Volksgetränk ab. Erst Mitte des 18. Jahrhunderts änderte sich diese positive Haltung der Machthaber: Kaffee wurde für »undeutsch« erklärt, die Rückkehr zum Bier propagiert. Es ergingen sogar Kaffeeverbote, wie zum Beispiel in Preußen. Der Grund war ein ökonomischer: Deutschland, das keine Kolonien besaß, musste die Bohnen von den Franzosen oder Holländern kaufen, und damit floss eine enorme Geldmenge aus dem Land.

In dieser Zeit der Agitation gegen Bohnenkaffee wurde der Kaffee-Ersatz populär, der aus Getreide oder Zichorie hergestellt wurde.

Dass sich der sächsische Ausdruck »Blümchenkaffee« auf dieses Surrogat bezieht, wie manche Quellen behaupten, ist demnach anzuzweifeln. Denn das Wort war bereits 1729 bekannt. Im »Dreßdnischen Mägde-Schlendrian« heißt es: »Blümgen-Cofféе, so nennen die Leipziger den Cofféе, wenn er allzu dünne ist, weil man die Blümgen auf dem Boden der Cofféе-Tasse dadurch sehen kann.«

Dass man gerade die »Kaffeesachsen« mit dem Blümchenkaffee in Verbindung bringt, ist denen ein Dorn im Auge. Denn sie lieben den Trank zwar süß, aber nicht »labberig«, sprich schwach. 15 Kaffeebohnen für 16 Tassen, von denen man im Zusammenhang mit dem Blümchenkaffee liest – das ist ihre Sache nicht, und die Brühe, die aus mehrfach genutztem Kaffeesatz stammt, nennen sie verächtlich »Plempe« oder »Lorke«. Stolz hingegen sind sie darauf, dass es eine Sächsin war, die den Kaffeefilter erfand: Die Dresdnerin Melitta Bentz stieß anno 1908 Löcher in den Boden eines Topfes und legte ihn mit einem Löschblatt aus. Dann füllte sie Kaffeepulver hinein und übergoss es mit siedendem Wasser. Diese Neuentdeckung wurde zum Renner auf der Leipziger Messe.

Die Stadt Leipzig spielt überhaupt eine wichtige Rolle in der Kaffeegeschichte Deutschlands. Schon 1694 wurde hier Kaffee öffentlich ausgeschenkt, wobei dies in den Anfangsjahren die übliche Art war, das neue Getränk zu genießen: in der Öffentlichkeit, in einem Kaffeehaus. Den Weg in die Bürgerzimmer, wo er morgens oder nachmittags in der beschaulichen Idylle der Privatheit serviert wurde, fand der Kaffee erst später. In Leipzig, der alten Messe- und Verlagsstadt und einem Zentrum der deutschen Aufklärung, entwickelte sich eine ausgeprägte Kaffeehauskultur, die mit wenigen Ausnahmen in Deutschland ihresgleichen suchte. Ähnlich wie die berühmten Vorbilder in London oder in Paris, bildeten Leipzigs Kaffeehäuser kommerzielle und kulturelle Kommunikationszentren für das aufstrebende, räsonierende Bürgertum. Hier wurden die neuesten Zeitungen gelesen, Nachrichten und Klatsch ausgetauscht, Geschäfte gemacht und nicht zuletzt über Politik diskutiert. In »Richters Caffee Haus« entstand im 18. Jahrhundert der Börsenverein des Deutschen Buchhandels, und schon 1698 erschien in Leipzig die vermutlich erste in einem deutschen Café verfasste Zeitung.

Frauen blieb der Zutritt zu den Leipziger Cafés zunächst per Verordnung verwehrt. Begründung: In den Kaffeesalons werde angeblich Prostitution betrieben. Doch das weibliche

Oben: Kaffeehauskultur hat in der alten Messestadt Leipzig Tradition. Sie begann allerdings nicht so bürgerlich-beschaulich, wie sie sich hier auf einem Foto des Cafés Panorama aus dem Jahr 1915 darstellt.

Unten: Die Zeiten haben sich geändert, das Getränk ist geblieben: Bei jungen Leuten ist Kaffee wieder sehr beliebt, so natürlich auch in Leipzig.

Armes Preußen: Kaffeeriecher

Drakonisch waren die Maßnahmen für ein doch recht harmloses Vergnügen, die Friedrich der Große 1780 in der »Vossischen Zeitung« verkünden ließ. Per Dekret sollte dem Volk der Preußen schon der bloße Gedanke an Kaffeefreuden gründlichst ausgetrieben werden: »Ihr solltet den reichen Halbbrüdern Deutscher Nation Holz und Wein, aber kein Geld mehr für Kaffee schicken: alle Töpfe, vornehme Tassen und gemeine Schälchen, Mühlen, Brennmaschinen, kurz alles, zu welchem das Beywort Kaffee zugesetzt werden kann, soll zerstört und zertrümmert werden, damit dessen Andenken unter unseren Mitgenossen zernichtet sey. Wer sich untersteht, Bohnen zu verkaufen, dem wird der ganze Vorrath confiscirt und wer sich wieder Saufgeschirre dazu anschaft, kömmt in Karren.«

Friedrich der Große, obschon selbst ein leidenschaftlicher Kaffeegenießer, wollte keine Devise zu viel an die ausländische Bohne verschwendet wissen. Drastisch wurden die Steuern erhöht. Der Kaffeehandel wurde unter staatliche Regie gestellt, das Kaffeerösten im Privaten rigoros verboten und nur noch in offiziellen Brennhäusern erlaubt. Behördlich versiegelt und gestempelt kamen die Kaffeepäckchen zu Höchstpreisen auf den Markt, unerschwinglich nunmehr für die Normalbürger. Sie sollten sich nach Meinung des Königs mit Ersatzerzeugnissen begnügen. Kartoffel- und Roggenkaffee wurde angepriesen und besonders die Zichorie (Wegwarte), aus deren gerösteten und gemahlenen Wurzeln der falsche Kaffee, der »mocca faux« oder Muckefuck, aufgebrüht wurde, von den Hugenotten auch »café prussien« oder »café allemand« genannt. Doch die Berliner, einmal auf den Geschmack gekommen, ließen sich die Lust auf Bohnenkaffee nicht nehmen. Ein florierender Schwarzmarkthandel entstand mit grünen Bohnen, die dann im Geheimen in den Privathäusern gebrannt wurden. Um dem illegalen Treiben Einhalt zu gebieten, ersann der König seine spezielle Methode. Er stellte Veteranen des Siebenjährigen Krieges als Kaffeeriecher ein. In ihren alten Uniformen mit Dreispitz durchstreiften sie die Straßen und Gassen der Stadt, schnüffelten an allen Ecken, Hauseingängen und Plätzen, um den gesetzwidrigen Duft aufzuspüren und die frechen Kaffeesünder auf frischer Tat zu überführen.

Der Siegeszug der Kaffeebohne aber war letztlich selbst in Preußen nicht aufzuhalten. Nach dem Tode Friedrichs des Großen (1786) wurde die staatliche Monopolstellung aufgegeben. Einen Meilenstein in der Geschichte des Kaffeegenusses setzte 40 Jahre später der Wiener Georg Kranzler, der 1825 in Berlin sein später weltberühmt gewordenes Café an der Ecke Friedrichstraße eröffnete, dessen Zweitniederlassung am Kudamm heute noch ein beliebter Treffpunkt ist.

Geschlecht wusste sich zu helfen. Die Damen organisierten etwa seit 1715 private Treffs in den eigenen vier Wänden: die Kaffeekränzchen. Diese neue Mode ergriff von Leipzig und Hamburg aus ganz Deutschland. Im 20. Jahrhundert schließlich hielten die »Kaffeetanten« Einzug in die Cafés – für den Soziologen Wolfgang Schivelbusch »eine späte Rache an der patriarchalischen Kaffeehauskultur«.

Wer heute in Leipzig ein »Schälchen Heeßen« genießen möchte, der trifft auf eine lebendige Kaffeekultur. Beispielsweise wurde das 1694 gegründete „Coffe Baum" vor einiger Zeit wieder eröffnet. Im dritten Stock des Cafés und Restaurants kann man sich zudem in einem Museum über 300 Jahre sächsischer Kaffee- und Kulturgeschichte informieren. Doch nicht nur historische Stätten wurden wiederbelebt – Kaffeetrinken ist gerade auch bei der jungen Generation »in«. In Leipzig mit seinen zahlreichen Gastronomiemeilen und Szenetreffs – beispielsweise im »Drallewatsch« oder am Ufer der Wasserwege im Stadtteil Plagwitz – mangelt es nicht an trendigen oder alternativen Café-Bars. Daneben bieten wie eh und je traditionsreiche Konditoreien eine große Kuchen- und Tortenauswahl in bester Qualität. Und wer das Thema systematischer angehen möchte, kann sich mit einem Leipziger Gästeführer auf den zweistündigen Stadtrundgang »Ey, wie schmeckt der Coffee süße …« begeben.

Schwarzwälder Kaffee **(1)**: Kalter Kaffee mit ein bis zwei Gläschen Kirschwasser und zerstoßenem Eis.

Eiskaffee **(2)**: Kalter Kaffee mit Vanilleeis und Schlagsahne.

Gewürzkaffee **(3)**: Kaffee mit Nelken, Kardamom, Zimt und einer Sahnehaube.

Dithmarscher Kaffee **(4)**: Kaffee mit Eigelb, hier verfeinert mit Rum und Sahne.

Vogelfrei: Leipziger Lerchen

»So frisst's Würmlein frisch Keimlein Blatt. / Das Würmlein macht das Lerchlein satt, / Und weil ich auch bin zu essen hier, / Mir das Lerchlein zu Gemüte führ.«

Wie gut, dass Johann Wolfgang von Goethe das Jahr 1876 nicht mehr erlebte. Denn von da an war es aus mit »Lerchlein-zu-Gemüte-führen«: Die Naturschützer setzten ein Verbot der Feldlerchenjagd durch. Bis zu diesem Zeitpunkt waren jährlich Hunderttausende der Vögel in sächsische und internationale Töpfe gewandert – mit Gewürzen gespickt, in Speckstreifen gehüllt und dann gebraten. Leipziger Kaufleute verschickten die gerupften und gefüllten Tierchen sogar bis nach Moskau und Spanien. »Geschwungene Lerchenbrüstchen mit Trüffeln« zählten zu den Delikatessen am sächsischen Hof. Kritikern, die von »barbarischen Essgewohnheiten« sprachen, soll Kurfürstin Anna erwidert haben, dass auch Rehe, junge Ferkel und Kälber anmutige Tiere seien und dennoch verspeist würden. Außerdem könne sie ihren Gemahl doch nicht zum Vegetarier machen.

Vielleicht hätte die Frau Kurfürstin die Konditoren bemühen sollen, um die Essgewohnheiten des Herrn Gemahls zu ändern. Denn denen gelang es, nach dem Verbot der Lerchenjagd einen garantiert vogelfreien und noch heute populären Ersatz für die gebratenen Lerchen zu finden: Die Leipziger Lerche, ein Mürbeteigtörtchen mit feiner Marzipanfüllung.

Diese Lerchen verschickten sie nun in die Welt, die auf die Delikatessevögel wartete. Das Gebäck ähnelt entfernt einem Vogelbalg. Zwei Mürbeteigstreifen, die über Kreuz aufgelegt werden, sollen den Faden symbolisieren, mit dem die echten Lerchen früher zusammengehalten wurden. Mit dieser Lösung war beiden gedient: den Feinschmeckern und den Lerchen. Letztere konnten sich nun wieder ungehindert in die Lüfte schwingen – von den Dichtern besungen und nicht gegessen.

Leipziger Lerchen

Für 12 Stück

Teig:

250 g Mehl
125 g zimmerwarme Butter
85 g Puderzucker
1 Ei
1 Prise Salz
1 EL Cognac

Füllung:

125 g Butter
170 g Puderzucker
1 Eigelb
100 g gemahlene Mandeln
½ Fläschchen Bittermandelaroma
75 g Mehl
1 EL Speisestärke
3 Eiweiß
Mehl für die Arbeitsfläche
Butter für die Förmchen
Eigelb zum Bestreichen

Das Mehl auf die Arbeitsfläche sieben, in die Mitte eine weite Mulde drücken, die Butter in Würfeln, den Puderzucker, das Ei, Salz und Cognac hineingeben. Alles rasch zu einem glatten Teig verkneten. Den Teig zu einer Kugel formen und im Kühlschrank mindestens 30 Minuten ruhen lassen. Währenddessen die Füllung zubereiten. Dazu die Butter mit dem Eigelb und Puderzucker schaumig schlagen. Nach und nach die Mandeln, Bittermandelaroma, Mehl und Speisestärke unterrühren. Das Eiweiß sehr steif schlagen und vorsichtig unterheben. Den Teig auf der bemehlten Arbeitsfläche ca. ½ cm dick ausrollen. 12 runde Förmchen von 8 cm Durchmesser mit Butter ausfetten und mit dem Teig auskleiden, den Teigboden mehrmals mit einer Gabel einstechen. Die vorbereitete Mandelmasse einfüllen und glatt streichen. Aus dem Restteig schmale Streifen schneiden und kreuzförmig über die Füllung legen. Mit Eigelb bestreichen und im vorgeheizten Backofen bei 180 °C ca. 35 Minuten backen.

1 Mehl, Butter, Zucker, Ei, Salz und Cognac rasch zu einem glatten Teig verarbeiten.

2 Nach dem Ruhen wird der Teig auf der bemehlten Arbeitsfläche ausgerollt.

3 Der Teig wird über die Förmchen gelegt und vorsichtig hineingedrückt.

4 Unter Zuhilfenahme eines Spritzbeutels wird die vorbereitete Mandelmasse eingefüllt.

5 Aus dem restlichen Teig werden schmale Streifen geschnitten.

6 Die Teigstreifen legt man kreuzförmig über die Mandelmasse.

7 Mithilfe eines Brettes werden die Förmchen nach dem Backen gestürzt.

8 Die Leiziger Lerchen werden aus den Formen befreit.

Die Kuchensachsen

Deutschlands Backstube liegt in Sachsen. Die »Kuchensachsen« haben sich als äußerst erfinderisch erwiesen im Entwerfen und Perfektionieren immer neuer süßer Gaumenfreuden. Und sie haben ihre ganz eigene Art entwickelt, sich Kuchen und Gebäck schmecken zu lassen: Sie »ditschen« oder tauchen sie in ihr »Scheelchen Heeßen«, den Bohnenkaffee.

Dass die »Kaffeesachsen« in Personalunion mit den »Kuchensachsen« auftreten, ist übrigens kein Zufall, sondern historisch zu erklären: Als die neuen Heißgetränke Kaffee, Kakao und Tee Mitte des 17. Jahrhunderts nach Europa kamen, zogen sie zunächst als Luxusartikel in die adeligen Kreise ein und wurden dort mit einem anderen Genussmittel kombiniert, über das der Hof bereits seit dem 16. Jahrhundert verfügte: dem Zucker.

Kaffee, Tee und Kakao wurden gezuckert – dass dies keine Selbstverständlichkeit ist, zeigen Beispiele anderer Länder. Um nur eines zu nennen: In Nordskandinavien, wo das Vorbild der Höfe fehlte, salzte man den Kaffee. Außerdem stellte der Hof die Regel auf, dass man zu Kaffee, Tee oder Kakao süße Gebäcke serviert. Das Bürgertum übernahm mit den Produkten auch die Verzehrgewohnheiten des Adels: Kaffee, Zucker und Kuchen wurden ein Dreigestirn. Und das Kaffeeland Sachsen zum Kuchenland.

Von der Fülle der Backwerke seien nur einige erwähnt: zum Beispiel die Dresdner Eierschecke mit ihrer zartbraunen Deckschicht über saftigem Quark- und Hefeteig. Oder die zahlreichen Streusel- und Mohnkuchenvarianten (z. B. Prasselkuchen und Mohnstrietzel), die deutlich böhmische und schlesische Einflüsse verraten.

Ebenso erfindungsreich wie beim Backen sind die Sachsen auch bei der Namengebung für ihre Kreationen: »Bäbe« heißt ein Napfkuchen, in dem Rosinen nicht fehlen dürfen. »Leipziger Räbchen« sind mit Marzipan gefüllte Pflaumen, die in einen Teig aus Mehl, Öl und Zucker getaucht und in Fett ausgebacken werden.

Zum krönenden Abschluss hüllt man sie in ein Mäntelchen aus Zimtzucker. Hinter dem Namen »Meißner Fummel« verbirgt sich ein luftiges Gebäck, das an eine Riesensemmel erinnert. Kurfürst August von Sachsen ließ das Backwerk im Jahr 1710 für einen besonders »trinkfreudigen Kurier« herstellen. Fortan musste der Schluckspecht auf sein Gläschen Wein verzichten, denn um den zerbrechlichen »Fummel« heil von Meißen zum Kurfürsten zu bringen, musste er alle Sinne beisammenhaben.

Die Farben für die Dekore werden im Farblabor der Firma Meissen hergestellt. Jedes Stück wird von dafür speziell ausgebildeten Mitarbeiterinnen von Hand bemalt.

Die älteste Porzellanmanufaktur Europas

Seit fast einem viertel Jahrtausend ziert es die Tische oder Vitrinen bürgerlicher Haushalte. Zerbricht es, fließen Tränen. Erbt man es, ist die Freude groß.

Die Rede ist vom Meissener Porzellan, genauer von dem berühmten mit dem Zwiebelmuster. Seit 1739 ist es im Handel und hat nicht nur Generationen von tellerzerschmeißenden Dienstmädchen und geschirrfressenden Spülmaschinen überlebt, sondern auch den Wandel des Geschmacks in den letzten Jahrhunderten. Wobei es die Liebhaber des klassischen Designs nicht zu stören scheint, dass das »Zwiebelmuster« gar keine Zwiebeln zeigt, sondern Granatäpfel und Pfirsiche, die aber in der Kombination wie Zwiebeln aussehen. Die beiden Früchte sollen Fruchtbarkeit und langes Leben symbolisieren, und Letzteres haben die Produkte der Porzellanmanufaktur zu Meißen ja nun wirklich erreicht.

Gegründet wurde sie 1710 auf der Albrechtsburg von Kurfürst August dem Starken. August hatte das Rennen um das Herstellungsgeheimnis des »weißen Goldes« gewonnen, allerdings mit wenig eleganten Methoden. Damals war ein Mann namens Johann Friedrich Böttger auf der Flucht, der behauptete, er könne Gold machen. Als er in Sachsen Schutz vor dem Preußenkönig suchte, nahm ihn August gefangen und behielt ihn fast bis zu seinem Tod in Haft. Denn so einen lässt man nicht laufen: Böttger hatte in Sachsen zwar nicht das Goldmachen, dafür aber das weiße europäische Hartporzellan erfunden. Und damit war Europa endlich in der Lage, selbst Porzellan herzustellen – vorbei die Zeiten, in denen edles Geschirr für ein Vermögen aus dem Fernen Osten importiert werden musste!

1865 wurde die Manufaktur in das Meißener Triebischtal verlegt. Seit 1991 gehört der ehemals volkseigene Betrieb dem Freistaat Sachsen. Bis heute aber steht die sächsische Marke mit den gekreuzten blauen Schwertern für brillante Farben und kostbare Dekors. Das kobaltblaue »Zwiebelmuster« und der »volle grüne Weinkranz« sind die bekanntesten Dekors aus der »Wiege Sachsens«. Doch auch Blumenmotive sowie chinesische Fabelwesen, Drachenmuster und märchenhafte Gestalten zieren die Service aus der »Staatlichen Porzellan-Manufaktur Meissen«. Als das umfangreichste gilt das Schwanenservice mit rund 2000 Teilen.

Die gesamte Meissener Sammlung umfasst mehr als 20 000 Porzellane, darunter auch Fingerhüte, Vasen, Kandelaber, Figuren und Tierplastiken. Rund 3000 von ihnen sind in einer regelmäßig variierenden Ausstellung in der manufaktureigenen Schauhalle zu sehen. In der Schauwerkstatt wiederum können die Besucher kunsthandwerkliche Fähigkeiten bewundern – noch heute wird in Meißen jedes Stück von Hand gefertigt.

Dresdner Stollen

Sachsens bekannteste kulinarische Spezialität begann vermutlich im 14. Jahrhundert als kärglicher Adventskuchen, einem trockenen Weißbrot aus Mehl, Hefe und Wasser, dessen Teig zudem mit Öl statt mit Butter auskommen musste, da die Kirchenmänner in Rom anlässlich des Adventsfastens ein »Butter-Verbot« verhängt hatten. Das ließ sich leicht aussprechen, wenn man in Italien saß, wo es das köstlichste Olivenöl gibt – die Sachsen hatten nur Rübenöl, und das war nun weiß Gott nicht geeignet, feines Backwerk genießbar zu machen. Das Öl und die Situation müssen derart zum Himmel gestunken haben, dass der Kurfürst eingriff. Von ihm ließ sich der Papst überreden, in Sachen Butter einzulenken; ein erkleckliches Sümmchen für den Bau des Freiberger Doms versüßte dem Heiligen Vater die Entscheidung. Und so erlaubte er den Sachsen »inkraft dieses Briefes, dass ihr, eure Weiber, Söhne und Töchter und alle eure wahren Diener und Hausgesind der Butter statt des Oehls ohne einige Pön und ziemlich gebrauchen möget.«

»Ohne Pön«, straffrei, durften die Sachsen nun also an der Verfeinerung ihres Stollens arbeiten; ob es dabei immer »ziemlich« zugegangen ist, mag bezweifelt werden. Denn die Zutaten wurden immer üppiger; je reicher eine Region war, desto raffinierter gestaltete sie ihr Weihnachtsgebäck. Nachdem es sogar zu regelrechten »Stollenkriegen« zwischen konkurrierenden Städten kam, gelang es schließlich den Dresdnern, ihre Position auf dem Markt zu festigen: Sie erwirkten im 17. Jahrhundert, dass nur noch Dresdner Hersteller ihre Waren auf dem alljährlich in der Stadt stattfindenden Weihnachtsmarkt anbieten durften.

Der »Dresdner Striezelmarkt« ist seit 1434 belegt und damit der älteste deutsche Weihnachtsmarkt. »Strutzel« oder auch »Striezel« ist das mittelhochdeutsche Wort für einen länglichen Hefeteig. Das Wort »die Stolle« oder »der Stollen«, das in manchen sächsischen Gegenden gebraucht wurde, kommt, so das »Etymologische Wörterbuch der Deutschen«, aus dem »Vergleich mit einem Pfosten, Klotz«, also dem Stützpfosten, der beim bergmännischen Stollenbau Verwendung fand.

Dresdner Stollen

Für 30–40 Scheiben

400 g Rosinen
8 EL Rum
1 kg Mehl
½ l lauwarme Milch
2 Würfel Hefe
200 g Zucker
1 Prise Salz
abgeriebene Schale von 1 Zitrone
gemahlene Muskatblüte
500 g Butter
100 g gehackte Mandeln
150 g Zitronat, fein gehackt
100 g Orangeat, fein gehackt
Butter zum Bestreichen
Puderzucker zum Bestäuben

Die Rosinen über Nacht im Rum ziehen lassen. Aus Mehl, Milch, Hefe, Zucker, Salz, Gewürzen und Butter einen Hefeteig zubereiten. Mandeln, Zitronat, Orangeat und Rosinen nacheinander in den Teig einarbeiten und nach jedem Arbeitsvorgang gut kneten. 1 Stunde ruhen lassen. Dann wieder kneten, in 2 Hälften teilen, zu Stollen formen und im vorgeheizten Backofen bei 180 °C ca. 1 Stunde backen. Nach dem Backen die warmen Stollen mit Butter bestreichen und dick mit Puderzucker bestäuben.

1

2

3

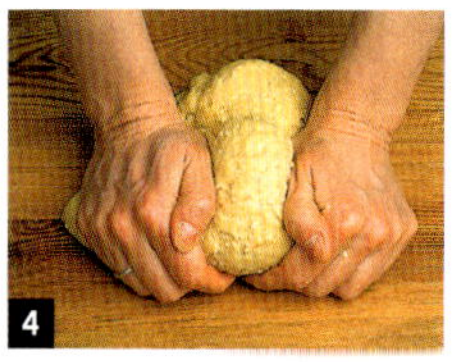
4

5

6

7

8

9

10

1 Die Rosinen über Nacht in etwas Rum einweichen.

2 Mehl, Milch, Hefe, Zucker, Salz und Butter zu einem Hefeteig verkneten.

3 Die gehackten Mandeln werden dem Teig zugefügt.

4 Den Teig gut kneten, damit sich die Mandeln gleichmäßig verteilen.

5 Das Orangeat und danach das Zitronat hinzugeben, den Teig wieder durchkneten.

6 Zum Schluss kommen die in Rum eingeweichten Rosinen dazu.

7 Nun heißt es noch ein letztes Mal kräftig durchkneten.

8 Dann dem Teig die Form eines Stollens geben.

9 Nach dem Ruhen wird der Teig mit der Faust und dem Handrücken flach gedrückt.

10 Durch das Falten der Teigplatte erhält der Dresdener Stollen seine typische Form.

Pfefferkuchen

Jedes Kind weiß, dass Pfefferkuchen nicht nach Pfeffer schmeckt. Trotzdem gab das teuerste und schärfste Gewürz im Mittelalter dem würzigen Naschwerk seinen Namen. »Pfeffer« wurde zum Oberbegriff für alle exotischen Gewürze, die aus fernen Ländern eingeführt wurden. Für den Pfefferkuchen waren dies vor allem Zimt, Kardamom, Macis, Anis, Nelken, Muskatnuss, Ingwer, Koriander, Piment, Fenchel, Mandeln, Zitrusschalen, Vanille, schwarzer und weißer Pfeffer und anderes mehr. Roggen- und Weizenmehl sowie Honig und Sirup, später auch Zucker, bildeten die Grundbestandteile für das beliebte Backwerk.

Bevor man aus diesen Zutaten sattbraun gebackene Pfefferkuchenherzen, Spitzkuchen oder auch kantige »Pflastersteine« formen konnte, musste der Grundteig oft jahrelang in wuchtigen Gefäßen reifen. Von einem Meister aus der »Pfefferkuchenstadt« Pulsnitz in der Westlausitz wird berichtet, dass er zur Geburt seines Sohnes einen Grundteig anfertigte und diesen erst anlässlich der Geschäftsübergabe an seinen Sprössling freigab.

Seit 1558 genießen die Pulsnitzer das Privileg, Pfefferkuchen backen zu dürfen. Über Generationen vererbten sie ihre Geheimrezepte mündlich weiter. Heute gibt es noch acht Handwerksbetriebe und eine GmbH, die dafür sorgen, dass über der Stadt der Duft schwebt, der Weihnachtsstimmung verbreitet.

Wer einen Blick hinter die Kulissen werfen möchte, kann dies im Museum »Alte Pfefferküchlerei« in Weißenberg in der Oberlausitz tun. Der als Backhaus und hauswirtschaftlicher Arbeitsraum genutzte Hausflur beherbergt einen altdeutschen Backofen mit vorgelagertem häuslichen Herd und Löschkessel. In den kühleren Räumen wurden einst Vorräte und der sogenannte Lagerteig aufbewahrt.

Zur Verarbeitung erwärmten die Pfefferküchler den Teig und kneteten ihn in einer hölzernen Teigbreche durch. Die bestand aus einer Brechbank und einem gezackten Brechbaum, der sich mit Wucht in die harte Masse grub. Je nach Rezept wurden verschiedene gelagerte Teige mit jungem Teig vermischt und dann in der warmen Backstube weiterverarbeitet.

Pfefferkuchen galten wegen ihrer gesunden Ingredienzen auch als Heilmittel. Noch in den dreißiger Jahren stellte man im Erzgebirge Wurm-Pfefferkuchen her, die angeblich gegen die lästigen Parasiten helfen sollten.

»Dresdner Kindheit«

»Als ich ein kleiner Junge war, trabte ich, morgens vor der Schule, zum Konsumverein in der Grenadierstraße. ›Anderthalb Liter Petroleum und ein frisches Vierpfundbrot, zweite Sorte‹, sagte ich zur Verkäuferin. Dann rannte ich – mit dem Wechselgeld, den Rabattmarken, dem Brot und der schwappenden Kanne – weiter. Vor den zwinkernden Gaslaternen tanzten die Schneeflocken. Der Frost nähte mir mit feinen Nadelstichen die Nasenlöcher zu. Jetzt ging's zu Fleischermeister Kießling. ›Bitte, ein Viertelpfund hausschlachtende Blut- und Leberwurst, halb und halb!‹ Und nun in den Grünkramladen zu Frau Kletsch. ›Ein Stück Butter und sechs Pfund Kartoffeln. Einen schönen Gruß, und die letzten waren erfroren!‹ Und dann nach Hause! Mit Brot, Petroleum, Wurst, Butter und Kartoffeln! Der Atem quoll weiß aus dem Mund, wie der Rauch eines Elbdampfers. Das warme Vierpfundbrot unterm Arm kam ins Rutschen. In der Tasche klimperte das Geld. In der Kanne schaukelte das Petroleum. Das Netz mit den Kartoffeln schlug gegen das Knie. Die quietschende Haustür. Die Treppe, drei Stufen auf einmal. Die Klingel im dritten Stock und zum Klingeln keine Hand frei. Mit dem Schuh gegen die Tür. Sie öffnete sich. ›Kannst du denn nicht klingeln?‹ ›Nein Mutterchen, womit denn?‹ Sie lacht. ›Hast du auch nichts vergessen?‹ ›Na, erlaube mal!‹ ›Treten Sie näher, junger Mann!‹ Und dann gab's, am Küchentisch, eine Tasse Malzkaffee mit Karlsbader Feigenzusatz, und den warmen Brotkten, das ›Ränftchen‹ mit frischer Butter. Und der gepackte Schulranzen stand im Flur und trat ungeduldig von einem Bein aufs andre.«

(Aus: Erich Kästner, Als ich ein kleiner Junge war, 1957)

Links: Das Haus des Pfefferküchlers Tobias Thomas in der alten Pfefferkuchenstadt Pulsnitz.

Unten: Alte Model und neuere Ausstechformen, mit deren Hilfe die Pfefferkuchen »in Form gebracht« werden.

Allerlei Grün

Dass die »süßen Sachsen« nicht nur von Kaffee und Kuchen leben, stellen sie durch ein Gericht unter Beweis, das Karriere gemacht hat, wenn auch zeitweise eine traurige. Denn tiefer als das »Leipziger Allerlei« kann ein an sich köstliches Gericht nicht sinken. Karotten, Erbsen und Spargel, in Dosen verpackt und aus denselben auf die Teller gekippt, manchmal noch mit etwas Mehlschwitze angedickt – so erfreute es sich in vergangenen Jahrzehnten in der Bundesrepublik großer Beliebtheit als Gemüsebeilage in mittelmäßigen Restaurants und bei eiligen Hausfrauen.

Zum Glück hat das wachsende Gesundheitsbewusstsein dem Gemüse wieder eine wichtigere Stellung verschafft, und so kommt auch das Leipziger Allerlei wieder zu Ehren. Es war ursprünglich ein Frühsommergericht und sogar einmal ein billiges, denn die Flüsse waren früher voller Krebse und die Wälder voller Morcheln. Heute muss man schon tief in die Tasche greifen, um ein Original Leipziger Allerlei herzustellen, doch es lohnt sich!

Das Leipziger Allerlei zeigt deutlich, dass es aus einem traditionsreichen Gemüseanbaugebiet stammt. Im fruchtbaren sächsischen Elbtal zwischen Riesa und Pirna gedeihen vor allem Salate, Kohlrabi, Gurken, Tomaten und Küchenkräuter. Aber auch im Gebiet um Zittau sowie südlich von Leipzig und um Torgau sprießt in großen Mengen schmackhaftes »sächsisches Grün«. Neben Erbsen, Bohnen, Spinat, Weißkohl und Rotkohl werden nun auch Rettich, Lauchzwiebeln, Spargel, Tomaten und Radieschen verstärkt angebaut. Immer mehr der rund 1100 sächsischen Gemüseanbauer setzen auf einen integrierten, ökologisch kontrollierten Anbau.

Leipziger Allerlei

30 g getrocknete Morcheln
500 g Spargel
250 g junge Möhren
½ kleiner Blumenkohl
½ l Fleischbrühe
50 g Butter
Salz
1 Prise Zucker
200 g tiefgekühlte Erbsen, sehr fein
1 EL Mehl
125 g Sahne
30 g Krebsbutter
weißer Pfeffer und Muskat
300 g gekochte Krebsschwänze

Die Morcheln in 200 ml Wasser 1 Stunde einweichen, dann abgießen und den Sud aufbewahren. Spargel, Möhren und Blumenkohl putzen und waschen, Spargel und Möhren in 5 cm lange Stücke schneiden, Blumenkohl in Röschen teilen. Die Brühe mit 1 EL Butter, Salz und 1 Prise Zucker aufkochen. Die Möhren hineingeben und 5 Minuten garen. Blumenkohl und Spargel hinzufügen und weitere 8 Minuten köcheln lassen. Die Erbsen und die Morcheln untermischen und alles weitere 10 Minuten dünsten. Anschließend das Gemüse abgießen, die Brühe auffangen. Das Mehl in der restlichen Butter anschwitzen, die Brühe angießen und den Morchelsud dazugeben. Sahne und die Krebsbutter einrühren und die Sauce etwas einkochen. Das Gemüse und die Krebsschwänze hineingeben und in der Sauce erwärmen, nicht kochen. Mit Salz, Pfeffer und der gemahlenen Muskatnuss abschmecken, in eine vorgewärmte Schüssel füllen und sofort servieren.

Die Gärten des Doktor Schreber

Die kleinbürgerlichen Oasen, die nach ihm benannt sind, hat Dr. Daniel Gottlob Moritz Schreber (1808–1861) nie gesehen. Als sein Freund Ernst Innozenz Hausschild 1864 in Leipzig den ersten »Schreberverein« gründete – damals noch ein Erziehungsverein – war der Arzt schon gut zwei Jahre tot. Und um ganz ehrlich zu sein, hatte nicht Schreber, sondern Vereinsmitglied Karl Gesell die Kleingartenidee. 1870 wurde sie in Leipzig erstmals verwirklicht. Doch der Impuls stammte von Schreber, und das genügte: Er hatte dazu aufgerufen, Kinderspielplätze in der freien Natur einzurichten. Am Rand eines solchen Spielplatzes entstanden 1886 zunächst Kinderbeete, zur »Körperertüchtigung« der jungen Rangen. Daraus entwickelten sich Familienbeete, denn ohne Mithilfe der Eltern gediehen die Pflänzchen nicht so gut, und später besagte Kleingärten.

Ihr Zweck ist ein doppelter: Hier können Städter Obst und Gemüse für den Eigenbedarf anbauen und an der frischen Luft ein erholsames Plätzchen für ihre ganze Familie schaffen. Besonders aus industriellen Ballungsgebieten sind die Anlagen nicht mehr wegzudenken. Heute frönen vier Millionen Deutsche dem Schrebergärtnerdasein. Ihre Parzellen sind meist zwischen 150 und mehr als 400 Quadratmeter groß. Wege, Spielflächen und Vereinshäuser werden gemeinsam genutzt.

Soweit zu dem Positiven, das man mit Schreber verbindet. Äußerst umstritten sind hingegen die pädagogischen Ansichten des Leipziger Arztes und die Mittel, mit denen er seine volksgesundheitlichen Studien betrieb. Seine eigenen Kinder sollen die Opfer gewesen sein. Um ihnen eine »gute Haltung« anzuerziehen, benutzte er Hilfsmittel, die wie mittelalterliche Foltermethoden anmuten. Schrebers älterer Sohn beging später Selbstmord. Der jüngere verbrachte viele Jahre in psychiatrischen Anstalten – und wurde zum Forschungsobjekt für Sigmund Freud.

Zum Schrebergarten gehören ein Häuschen zum Feiern und Beete für Blumen und Nutzpflanzen.

Oben: Etwa vier Millionen Deutsche sind glückliche Besitzer von grünen Schrebergärten.

Rechts: Der Gartenzwerg – er ist die beliebteste Insignie der deutschen Kleingartenkultur.

Fürst-Pückler-Eis

Hermann Fürst von Pückler-Muskau (1785–1871) war ein tollkühner sächsischer Bonvivant. Unter Einsatz seines gesamten Vermögens gestaltete er großartige Landschaftsparks, und nebenbei schrieb er faszinierende Reiseberichte. Dass sein Name – im wahrsten Sinne des Wortes – »in aller Munde« ist, hat jedoch profane Gründe: Nach ihm wurde das dreifarbige Fürst-Pückler-Eis benannt.
Wie die kühle Erfrischung zu Pücklers Namen kam, ist nicht ganz klar. Eine Quelle besagt, der Fürst habe das Rezept aus Arabien mitgebracht; eine zweite, er habe die Eisbombe selbst kreiert und eine dritte, der Lausitzer Konditormeister Schulz habe dem adligen Feinschmecker die kühle Erfrischung gewidmet. Jedenfalls nutzte Pückler das Eisrezept als Grundlage für einen leidenschaftlichen Liebesbrief an das Wirtstöchterchen Caroline:

»Nehmen Sie für
Gute Laune: Schokolade,
Körperliches Wohlgefallen: Zucker,
Neugier: Himbeergelee,
Reisestimmung: Makronen,
Lebenslust: Eis,
Treue: Weiße Gelatine,
Seelische Zuneigung: Vanillezucker,
so haben Sie das Rezept für mein erst
vor einigen Tagen komponiertes Eis.«

Caroline soll damals sehr geweint haben, weil Pücklers »Treue« äußerst dürftig ausfiel: Nur vier Gramm Gelatine hatte er dafür eingeplant.

Seine abenteuerlichen Frauengeschichten standen auf dem einen Blatt, Pücklers wahre Liebe auf einem anderen: Sein Herz schlug für den Plan, in Muskau (Oberlausitz) nach englischem Vorbild einen der schönsten Landschaftsparks Europas zu gestalten. 1815 machte er sich in seiner Standesherrschaft ans Werk, aber bereits ein Jahr später ging ihm das Geld aus, weshalb er die vermögende Gräfin Lucie von Pappenheim heiratete. Und wirklich gelang es ihm, aus dem sandigen und lehmigen Boden eine paradiesische Landschaft zu zaubern, mit künstlichen Seen und Wasserfällen, mit aufgeworfenen Hügeln und mehr als 3000 verschiedenen Bäumen und Sträuchern, die er zum Teil im ausgewachsenen Zustand aus fremden Gärten ankaufte. Der 600-Hektar-Park zeigte die Natur »in ihren schönsten Augenblicken«. 1845 musste der hoch verschuldete Pückler Muskau verkaufen, doch schon wenig später gestaltete er eine neue Gartenlandschaft in Branitz bei Cottbus. Dort, in einer 60 Fuß hohen »Seepyramide«, liegt sein Herz begraben.

Fürst-Pückler-Eis
Für 8 Personen

250 g Erdbeeren
125 g feiner Zucker
100 g Mandelmakronen
6 EL Maraschino
400 g süße Sahne
75 g geriebene Schokolade

Die Erdbeeren waschen, entstielen und abtropfen lassen. Mit 50 g Zucker im Mixer pürieren. Die Makronen zerstoßen und mit 4 EL Maraschino tränken. Die Sahne steif schlagen, nach und nach den Zucker einrieseln lassen und die Sahne in 3 gleiche Teile teilen. $\frac{1}{3}$ Sahne mit den pürierten Erdbeeren und $\frac{1}{3}$ der Makronen verrühren, in eine verschließbare Eisbombe füllen und 10 Minuten ins Gefrierfach stellen. Das zweite Drittel mit dem restlichen Maraschino und $\frac{1}{3}$ der Makronen verrühren, auf die Erdbeermasse streichen und wieder für 10 Minuten ins Gefrierfach stellen. Die restliche Sahne mit der Schokolade und den restlichen Makronen verrühren und als letzte Schicht in die Eisbombe streichen. Die Form verschließen und 4 Stunden tiefkühlen. Vor dem Servieren die Form in heißes Wasser tauchen und das Eis auf eine Platte stürzen.

Rechts: Hermann Fürst von Pückler-Muskau – sächsischer Bonvivant, genialer Gartengestalter und Eiserfinder.

Rechts unten: In dem Park, den Fürst von Pückler-Muskau in Branitz schuf, liegt sein Herz in der Seepyramide begraben.

Speiseeis und seine sieben Grundsorten

Grundzutaten für Eis sind Milch, Sahne und Butter. Hinzu kommen Zucker sowie Früchte in Form von Fruchtfleisch, -mark oder -saft. Für ein besonderes Aroma sorgen Kaffee oder Kakao, ein Schuss Alkohol (Rum, Weinbrand, Wein, Kirschwasser etc.) sowie Nüsse, Nougat, Mandeln, Vanille, Rosinen und anderes mehr. In Deutschland werden sieben Speiseeis-Grundsorten unterschieden:

Milchspeiseeis muss zu mindestens 70 Prozent aus Milch bestehen.
Rahmeis (Sahneeis) enthält wenigstens 60 Prozent Schlagsahne.
Eiscreme wird mit einem Milchfettgehalt von 10 und mehr Prozent hergestellt.
Für Fruchteiscreme reichen 8 Prozent aus.
Einfacheiscreme weist einen Milchfettgehalt von wenigstens drei Prozent auf.
Cremeeis enthält mindestens 270 Gramm Vollei oder 100 Gramm Eidotter pro Liter Milch.
Fruchteis besteht zu 20 Prozent und mehr aus frischem Obst, Fruchtfleisch oder -mark. Für Zitroneneis müssen es wenigstens zehn Prozent Zitronenmark oder -saft sein.
Kunstspeiseeis darf im Gegensatz zu den anderen Eissorten gesundheitlich unbedenkliche künstliche Farb- und Aromastoffe enthalten. Viele Eishersteller verzichten jedoch freiwillig darauf.

Die Hochzeit ist eine der Gelegenheiten, zu der die Sorben ihre Trachten anlegen. Die Kinder spielen die Welt der Erwachsenen bei der Vogelhochzeit nach.

Die Sorben

Zwischen Spreewaldidyll und Lausitzer Bergland betritt der Reisende eine andere Welt. Orts- und Straßenschilder sind zweisprachig bedruckt, und Anwohner grüßen mit einem freundlichen »dobry dzen!«, was so viel heißt wie »guten Tag«. Hier sind die Sorben zu Hause, das kleinste slawische Volk und vermutlich auch das kleinste Volk Europas. Sie haben einst den Spreewald urbar gemacht und Fürst Pückler beim Bau seines Landschaftsparks in Muskau unterstützt.

Noch immer pflegen rund 60 000 Angehörige des westslawischen Volksstamms in der sächsischen Ober- und der brandenburgischen Niederlausitz ihre eigene Sprache, Kultur und Küche. Ihre farbenfrohen, regional verschiedenen Trachten mit den prächtigen Hauben und ihre folkloristischen Feste haben die ganze Region geprägt.

Kulturelles Zentrum ist heute Bautzen. Die Kleinsten besuchen sorbisch- und zweisprachig geführte Kindertagesstätten, wechseln später auf sorbische Schulen und Gymnasien. In Leipzig kann am einzigen Institut für Sorabistik in Deutschland die sorbische Sprache und Kultur studiert werden. Sorbische Zeitungen, sorbischer Rundfunk und Fernsehen gehören ebenso zum Alltag wie Tanz- und Theatergruppen.

Ein für Deutschland einmaliges multikulturelles Phänomen, wenn man bedenkt, dass die Sorben (»Serby«, »Serbja«) nie durch eigene Staatsgrenzen geschützt waren. Dennoch lebten sie mehr als 1000 Jahre weitgehend friedlich mit ihren germanischen Nachbarn zusammen, ohne separatistische Absichten. Trotz wiederholter Versuche, die sorbische Sprache mundtot zu machen, entwickelten sie sogar (um 1700) eine eigene Schriftsprache. »Ein in vielfacher Hinsicht nachdenkliches Gebiet«, urteilt denn auch der Schriftsteller Arno Schmidt über die »Wasserpfütze«, wie die Lausitz zu Deutsch heißt.

Von den Nationalsozialisten wurden die Sorben allerdings brutal unterdrückt, ihr Dachverband »Domowina« schon 1937 verboten. Sie durften ihre Sprache nicht mehr sprechen, und bedeutende sorbische Persönlichkeiten wurden aus der Heimat vertrieben oder ermordet. Außerdem gab es Pläne, die Sorben nach dem »Endsieg« umzusiedeln. Zu DDR-Zeiten benutzte die SED die Sorben als »Vorzeigevölkchen« für eine tolerante Nationalitätenpolitik. Zwar ging es den Sorben in jener Zeit besser als unter Hitlers Regime, Voraussetzung war jedoch politische Anpassung.

Die meisten Sorben sind heute katholisch oder evangelisch, was sich in ihrem umfangreichen Brauchtum niederschlägt: dem Osterreiten zum Beispiel oder der Vogelhochzeit, einem Kinderfest, das am 25. Januar vor allem im Raum Bautzen/Kamenz/Hoyerswerda gefeiert wird. Ähnlich wie am Nikolaustag stellen die Kinder Teller aufs Fensterbrett oder vor die Tür. Die Elster und ihr Bräutigam, der Rabe, legen dann Süßigkeiten hinein, allen voran die »sroki« (zu deutsch »Elstern«), das sind kleine Vögel aus Milchbrötchenteig mit Zuckerguss und Rosinenaugen, sowie gebackene Vogelnester und Baiservögel.

Später am Tag verkleiden sich die Kinder als Vögel oder feiern in ihrer alten Tracht Hochzeit. Da dürfen Festumzug, Tanz und Hochzeitsschmaus nicht fehlen. Der feierliche Marsch durchs Dorf wird traditionell von einem »Hochzeitsbitter« in schwarzem Anzug und Zylinder angeführt. Es folgen Braut und Bräutigam, zwei Patinnen, die Brautjungfern und der Rest der Gesellschaft. Während die Kinder ihren Vogelfestschmaus ausschließlich mit Süßem bestreiten, wartet das »echte« sorbische Hochzeitsmenü auch mit zahlreichen deftigen regionaltypischen Speisen auf.

Sorbisches Hochzeitsmahl

Mohnkuchen

Für 24 Stück

Hefeteig:
500 g Mehl
1 Würfel Hefe
1/4 l lauwarme Milch
50 g Zucker
1 Ei
1 Prise Salz
Butter für das Backblech

Belag:
1 Vanilleschote
1 l Milch
150 g gemahlener Grieß
250 g gemahlener Mohn
50 g Zucker
2 Eier, getrennt
abgeriebene Schale von 1 Zitrone
Puderzucker zum Bestäuben

Aus Mehl, Hefe, Milch, Zucker, Ei und Salz einen Hefeteig zubereiten, den Teig so lange gehen lassen, bis er sein Volumen verdoppelt hat. Danach ein Backblech mit Butter einfetten und den Hefeteig auf das Blech drücken. Inzwischen für den Belag die Vanilleschote halbieren, auskratzen und in der Milch aufkochen. Den Grieß einrühren und

Rindfleisch mit Meerrettich

ausquellen lassen. Die Vanilleschote entfernen und den Mohn unter den heißen Grießbrei mischen. Abkühlen lassen. Den Zucker mit dem Eigelb und der Zitronenschale zu einer dicklichen Creme aufschlagen und unter den Mohnbrei rühren. Das Eiweiß steif schlagen und vorsichtig unterheben. Die Masse auf den Teigboden streichen und im vorgeheizten Backofen bei 180 °C ca. 40 Minuten backen. Den Kuchen vor dem Servieren in Stücke schneiden und mit Puderzucker bestäuben.

Sorbische Biersuppe

Für 8 Personen

- 1/4 l helles Bier
- 1/4 l Malzbier
- 1/2 l Milch
- 2 EL Mehl
- 100 g süße Sahne
- Zucker
- 1 Prise Salz
- 1 Eigelb
- 100 g Rosinen

Die Biere zusammen in einem Topf erhitzen. In einem zweiten Topf die Milch zum Kochen bringen und das Bier hinzugießen. Das Mehl mit der Sahne verquirlen und die Suppe damit binden. Noch einmal aufkochen und mit Zucker und Salz abschmecken. Vom Herd nehmen und das verquirlte Eigelb unter die nicht mehr kochende Flüssigkeit rühren. Die Suppe in tiefen Tellern anrichten und mit den Rosinen bestreut servieren.

Rindfleisch mit Meerrettich

- 1 kg Rindfleisch
- 2 Suppenknochen
- 1 Bund Suppengrün
- 1 Zwiebel, gespickt mit 1 Lorbeerblatt und 2 Nelken
- 1 EL Butter
- 1 EL Mehl
- 2 Eigelb
- 1/8 l Milch
- 50 g frisch geriebener Meerrettich
- Salz und Pfeffer
- 4 EL zerlassene Butter

Das Rindfleisch und die Knochen waschen. 2 l Wasser mit dem Suppengrün und der gespickten Zwiebel zum Kochen bringen, das Rindfleisch und die Knochen einlegen und zugedeckt bei kleiner Hitze ca. 2 Stunden sieden lassen. Fleisch aus der Brühe heben, die Brühe abgießen. Die Butter zerlassen, das Mehl darin anschwitzen und 400 ml Brühe angießen. Soße etwas einkochen lassen. Die Eigelb mit der Milch verquirlen. Die Soße vom Herd nehmen und die Eiermilch sowie den Meerrettich unter die nicht mehr kochende Sauce rühren. Mit Salz und Pfeffer abschmecken. Das Fleisch in gleichmäßige Scheiben schneiden, auf vorgewärmten Tellern anrichten und mit der Meerrettichsoße und der zerlassenen Butter übergießen.

Osterbräuche

Heißes Wachs, Gänsefederkiele, Messer, Feilen, Feuer und ätzende Salzsäure – sind das Mittel, mit denen man unschuldige weiße Hühnereier traktieren sollte? Die Sorben tun's, und mit wunderbarem Erfolg: Die sorbischen Ostereier zählen zu den schönsten Produkten der deutschen Volkskunst.
Traditionelle Dekorationselemente sind geometrische und symmetrische Muster. Eine Aneinanderreihung von Dreiecken wird »Wolfszähne« genannt. Striche rund um einen Punkt heißen »Sonnenrad« oder »Strahlenbündel«. Neuerdings werden auch Blumen und Ranken, Namen, Glückwünsche oder kleine Sprüche auf die ovalen Fruchtbarkeitssymbole aufgetragen.
Kein Ei gleicht dem anderen. Dafür sorgen allein schon die vier verschiedenen Arbeitsmethoden: das Ätzen (mit Gänsefederkiel und Salz- oder Salpetersäure), das filigrane Kratzen (mit Messer oder Feile), die farbenprächtige Wachsreservetechnik (das Ei wird mehreren Farbbädern unterzogen, wobei immer mehr Stellen gezielt mit Wachs geschützt werden) und die Wachsbossiertechnik (Wachs bleibt dabei als Verzierung auf dem bereits gefärbten oder naturbelassenen Ei zurück). Besucher können alle Facetten dieser runden Pracht auf den Ostereiermärkten in Kamenz, Weißwasser und Bautzen bewundern.
Ihren Ruf als »Osterland« hat sich die Oberlausitz jedoch nicht nur durch die Kunst des Eierbemalens erworben. Ebenfalls berühmt ist das Osterreiten. Neun Prozessionen machen sich am Ostersonntag in der sorbisch-katholischen Gegend zwischen Bautzen, Kamenz und Wittichenau auf den Weg, um den benachbarten Kirchspielen die Botschaft von der Auferstehung Jesu zu bringen. Bis zu 1300 Reiter in Gehrock und Zylinder sind dann hoch zu Ross unterwegs; allen voran die Träger der Kirchenfahnen und des Kreuzes. Das Fell der Pferde glänzt unter bestickten weißen Seidenschleifen, Blumenranken und geflochtenen Zopfen. Das Zaumzeug ist mit weißen Kaurischnecken oder -muscheln übersät.
Der Brauch des Osterreitens beruht auf den vorchristlichen Traditionen der Flurumritte. In Ostro finden sie noch heute am frühen Ostermorgen statt; und so mancher Sorbe zieht bereits in der Osternacht mit einer »Karbidkanone« durch Wälder und Felder. Der ohrenbetäubende Lärm, den das selbst gebaute Geschoss aus einer alten Blechkanne, Karbid und einem Gummideckel erzeugt, wird bestimmt auch die letzten bösen Geister vertreiben.

Sachsen-Anhalt

Ulla Rettig

Das Bundesland Sachsen-Anhalt strotzt vor Geschichte und Geschichten. Könige, Künstler und Querdenker prägten von diesem Landstrich aus eine ganze Nation. Dennoch fällt es den Einheimischen schwer, eine gemeinsame Identität zu finden. Schließlich sind Altmärker, Harzer und ihre Nachbarn in den Regionen Halle-Saale-Unstrut, Anhalt-Wittenberg und Elbe-Börde-Heide erst seit dem 14. Oktober 1990 wieder als Sachsen-Anhalter vereint. Zuvor existierte ihr politisches Verwaltungsgebiet nur zwischen 1947 und 1952.

Ein zeitliches Fingerschnipsen also im Vergleich zu dem, was sich in vergangenen Jahrhunderten hier abspielte: In Quedlinburg wurde der Sachse Heinrich 919 zum deutschen König gekrönt. Unter Kaiser Otto I. mauserte sich Magdeburg im 10. Jahrhundert zu einem der großen christlichen Zentren auf dem Globus, und der Reformator Martin Luther brachte ein ganzes Weltbild ins Wanken, als er 1517 seine 95 Thesen ans Portal der Wittenberger Schlosskirche schlug. Dichter und Musiker gaben sich auf sachsen-anhaltischem Boden die Klinke in die Hand, darunter Goethe, Heine, Fontane, Telemann, Bach, Händel und Schütz.

Dennoch: Sinn für Gemeinsames lässt sich offenbar am ehesten über Gaumenfreuden wecken. Stolz eint die Sachsen-Anhalter auf das, was ihr Boden hergibt: Zucker und Korn aus der fruchtbaren Magdeburger Börde, Zwiebeln aus Calbe, Spargel und Milch aus der Altmark, Aprikosen, Wein und Sekt aus dem Saale-Unstrut-Gebiet, Käse aus dem Harz. Findige Köche tragen dazu bei, der regionalen Küche wieder einen Stellenwert zu geben. Alte Rezepte werden zurate gezogen und liefern die Grundlage für die Zubereitung deftig-herzhafter Speisen.

Dieses wiedererwachte Selbstbewusstsein wurde bereits sechs Jahre nach der Gründung des Bundeslandes offensichtlich: In Umkehrung der »Care«-Paketaktion aus Zeiten des Kalten Krieges schickten Sachsen-Anhalter hunderttausende Päckchen mit Rotkäppchen-Sekt, Halberstädter Würstchen und anderen regionaltypischen Spezialitäten in den Westen. Auch so lässt sich Geschichte schreiben: Zwei der Pakete landeten im Deutschen Historischen Museum in Berlin.

Oben: In Wittenberg entwickelte Martin Luther seine Thesen, die zur Reformation führten und das Gesicht Europas verändern sollten. Die Lutherstatue vor der Stadtkirche erinnert an diese historischen Ereignisse.

Links: Die alte Stadt Quedlinburg mit dem Schlossberg und der Stiftskirche. Die Altstadt mit mehr als 1600 Fachwerkbauten steht unter Denkmalschutz.

Zucker und Korn

Seit jenem Tag in den dreißiger Jahren, als die Reichsbodenschätzer auf ihrem Acker gegraben hatten, zählte die Witwe Haberhaufe aus Eickendorf zu den stolzesten Witwen des Landes. Hatte sie doch volle 100 Bodenpunkte und damit die offizielle Bestätigung erhalten, dass ihr Flurstück in der Magdeburger Börde optimales Agrarland sei. Die hohe Fruchtbarkeit des Lösslehmbodens, kombiniert mit der optimalen Verkehrsanbindung des witweschen Grundstücks setzten Maßstäbe für alle anderen Äcker in Deutschland.

Auch sonst weist die rund 930 Quadratkilometer große Börde Superlative vor: Sie ist eine der großen Kornkammern und das bedeutendste Zuckerrübenanbaugebiet Deutschlands. Rübensamen aus Klein Wanzleben sorgten zudem für energiereiche Sprösslinge in aller Welt. Schon um 1914 stammte jede dritte Zuckerrübe von Züchtungen aus der Börde ab.

Heute bedecken Getreidefelder 57 Prozent der Anbaufläche. Hier gedeihen Weizen, Gerste, Hafer und, in den Randgebieten, Roggen für das berühmte Burger Knäckebrot, das seit 1931 hergestellt wird. Zuckerrüben nehmen nur noch 7 Prozent der Anbaufläche ein, spielen aber in der Geschichte der Börde eine wichtige Rolle: Mit dem Bau der Zuckerfabriken in der zweiten Hälfte des 19. Jahrhunderts erfuhr die Region einen enormen wirtschaftlichen Aufschwung. Die seit 1870 eingesetzten Dampfpflug-Lokomobilen, die ursprünglich für die Baumwollfelder in Übersee entwickelt worden waren, revolutionierten den Zuckerrübenanbau, der in Handarbeit ein denkbar schweres Geschäft gewesen war, und trugen entscheidend zur Ertragssteigerung bei.

Der neu gewonnene Reichtum prägte auch den Baustil der Gegend: Es entstanden die sogenannten »Rübenpaläste« – herrschaftliche Gutshäuser, die Gestaltungselemente von Gründerzeitvillen zur Schau stellten und mit noblen Herren-, Damen- und Musikzimmern ausgestattet waren.

Treu blieben die Bördebauern hingegen der derben, kräftigen Regionalküche, allem voran dem heiß geliebten Sauerkraut. Ganz nach dem Motto: »Wodurch ward ihm wieder wohl? – Durch Magdeburger Sauerkohl!« Äußerst beliebt war eine Kombination aus Eisbein, Erbspüree und Sauerkohl, im Volksmund auch »Bötel, Lehm und Stroh« genannt. Fleisch, das in der prosperierenden Börde häufig auf dem Speiseplan stand, wurde in großen Mengen gepökelt. Rippchen, Speck und Schinken konservierte man in separaten Räucherkammern und bewahrte sie im Rauchfang der Küche auf.

Viele traditionelle Bördegerichte stehen noch heute auf dem Speiseplan. Andere, wie der »warme Salat«, haben den Gaumentest nachfolgender Generationen nicht bestanden. So isst man Eierkuchen heutzutage wohlweislich ohne jenen Kopfsalat, von dem eine säuerliche, warme Mehltunke tropfte. Schon um 1900 urteilten Kenner, dass »ein moderner Magen« ein derart behandeltes Grünzeug »absolut nicht mehr verträgt«.

Zwischen 1870 und 1965 prägten die Silhouetten der Dampfpflug-Lokomobilen das Bild der Magdeburger Börde. Paarweise stampften und fauchten sie am Ackerrand entlang und zogen dabei mit Seilwinden einen Balancier- oder Kipp-Pflug im Zickzack übers Feld. Die mehrscharigen Pflüge wendeten den schweren Lößboden bis zu 40 Zentimeter tief um. Die Dampfrösser brachten 70 bis 150 PS Leistung und bestellten bis zu 9 Hektar Ackerland pro Tag.

Klump und Grude

»Kool un Klump füllt den Buren den Rump«, »Kohl und Klump füllen des Bauern Rumpf«, lautet ein altes Sprichwort aus der Magdeburger Börde. Kaum ein Gericht kam ohne diese Beilage auf den Tisch. Ursprünglich handelte es sich beim Klump um eine Hefeteig-Schicht, die quasi wie ein Deckel auf Speisen gelegt und dann im Grudeherd gegart wurde. Als »Löffelklump« wurden Teigstückchen auch als Suppeneinlage verwandt.

Man unterscheidet zwischen Jestklump (aus Hefe), Mehlklump, Bollenklump (mit Zwiebeln), Kartoffelklump, Schotenklump (mit Erbsen) und Zwiebackklump, der auch »Kleine Klümpe« genannt und als Einlage in Gemüsesuppen verwendet wird. Jestklump wurde, mit Sultaninen, Zitronat oder Orangeat versüßt, auch als Kaffeegebäck gereicht.

Besonders beliebt als Sonntagsgerichte waren »Suern Kool und Klump« sowie »Bratgen und Klump«. Für letzteres wurden Bratgen – sprich getrocknete Pflaumen, Äpfel oder Birnen – zusammen mit Rosinen mehrere Stunden lang in Speck- oder Rippenfett geschmort. Anschließend setzte man den Klump obendrauf. Der Eisentopf wurde in den Grudeherd gestellt, wobei man Asche über den Topfdeckel häufte. Die Grude war eine eiserne, manchmal fest gemauerte Vorrichtung, in die wenig Luft dringen konnte. Stroh und Äste oder Grudekohle, ein feinkrümeliger Braunkohlenkoks, glommen darin mehrere Stunden am Topf entlang. Über Nacht nutzte man die Restwärme zum Dörren von Obst. Inzwischen hat die Kartoffel den Klump weitgehend verdrängt, und Grudeherde findet man kaum noch.

Braunkohl mit Klump

1 kg Grünkohl
Salz
750 g Schweinefleisch
1 Zwiebel, gehackt
1 EL Butterschmalz
Pfeffer
4 Birnen
750 g Kartoffeln
1 große Gemüsezwiebel
2 Eier, 80 g Butter

Den Grünkohl von den dicken Stängeln abstreifen, gründlich waschen und tropfnass in Salzwasser 2 Minuten blanchieren. Abgießen, abtropfen und etwas auskühlen lassen. Den Grünkohl grob hacken. Das Schweinefleisch in Würfel schneiden. Die Zwiebel in 1 EL Butterschmalz andünsten. Das Fleisch darin anbraten, den Grünkohl zugeben und 1 l Wasser angießen. Mit Salz und Pfeffer würzen und ½ Stunde zugedeckt garen. Die Birnen vierteln, entkernen und zum Kohl geben. Weitere 15 Minuten dünsten. Inzwischen die Kartoffeln schälen, waschen und mit der Zwiebel grob reiben. In ein Küchentuch wickeln und den Saft gründlich auspressen. Sofort in eine Schüssel geben und mit den Eiern und Salz verrühren. Den Grünkohleintopf in eine feuerfeste Form umfüllen und die Kartoffelmasse darüber verteilen. Die Butter in Flöckchen darauf setzen und im vorgeheizten Backofen bei 175 °C etwa 40 Minuten goldgelb backen.

Bötel, Lehm und Stroh

Bötel (Eisbein):
4 gepökelte Eisbeine à 400 g
1 Zwiebel, gespickt mit 1 Lorbeerblatt und 2 Nelken
1 Bund Suppengrün
1 TL Gewürzkörner (Pfeffer und Piment)

Stroh (Sauerkraut):
1 gehackte Zwiebel
1 EL Butterschmalz
500 g Sauerkraut
5 Wacholderbeeren

Lehm (Erbsbrei):
250 g geschälte, gelbe Erbsen, am Vortag eingeweicht
1 gehackte Zwiebel
2 Kartoffeln, geschält und in Würfel geschnitten
1 Bund Suppengrün, gehackt
Salz und Pfeffer
1 TL gerebelter Majoran
150 g Frühstücksspeck in Würfel geschnitten

Die Eisbeine abspülen. In einem großen Topf 3 l Wasser zum Kochen bringen und die Eisbeine einlegen. Die gespickte Zwiebel, Suppengrün und Gewürzkörner zufügen und im geschlossenen Topf bei kleiner Hitze etwa 1 ½ Stunden kochen. Die Eisbeine herausheben und die Brühe abseihen. Für das Sauerkraut die gehackte Zwiebel im heißen Butterschmalz glasig dünsten, das Sauerkraut und die zerdrückten Wacholderbeeren hineingeben, mit ½ l der Eisbeinbrühe aufgießen und 1 Stunde köcheln lassen. Während der letzten ½ Stunde die Eisbeine mitgaren. Inzwischen die abgetropften Erbsen mit ½ l Eisbeinbrühe, der Zwiebel, den Kartoffeln und dem Suppengrün zum Kochen bringen. Mit Salz, Pfeffer und Majoran würzen und zugedeckt bei mittlerer Hitze 1 Stunde kochen. Danach durch ein Sieb streichen. Den Speck in einer trockenen Pfanne auslassen und über den Erbsbrei und das Sauerkraut verteilen. Zusammen mit je einem Eisbein servieren.

Unten: Braunkohl mit Klump

Ganz unten: Bötel, Lehm und Stroh

Überlebensmittel Salz

»Ihr seid das Salz der Erde«, sprach Jesus zu seinen Jüngern: »Wenn nun das Salz seine Kraft verliert, womit soll man dann salzen?« Eine Frage, die gleichbedeutend steht für: »Wie soll man dann leben?« Denn Salz erfüllt im menschlichen Körper wichtige Aufgaben: Es sorgt für die Aufrechterhaltung der Gewebespannung, reguliert den Wasserhaushalt und die Erregbarkeit von Muskeln und Nerven, unterstützt den Knochenaufbau und bildet wichtige Bestandteile der Verdauungssäfte. Totaler Salzmangel würde zum Tod führen.

Gezielte Salzzufuhr erhielt für den Menschen Bedeutung, als er sesshaft wurde, also weniger Fleisch und mehr Feldfrüchte zu essen begann, in denen nicht genug Salz für den menschlichen Bedarf enthalten ist. Bereits die Kelten betrieben um 1000 vor Christus Salzabbau. Römische Legionäre erhielten Salzrationen. »Salaire« und »salary«, französisch und englisch für »Lohn, Gehalt« leiten sich vom lateinischen »sal« ab. Schon in der Antike durchzogen Salzstraßen die Länder. An ihnen gelegene Städte prosperierten, und bald sicherten sich die Mächtigen die Monopole und erhoben Salzsteuern. Es gab Salzkriege und Salzrevolten. Wer über Salzvorkommen verfügte, wurde reich, wer arm war, konnte »sich nicht mal das Salz in der Suppe leisten«. Brot und Salz schenkt man noch heute, wenn jemand eine neue Wohnung bezieht – als »Lebensmittel« im Sinne von »Mittel zum Überleben« kommt beiden dieselbe Bedeutung zu. Bis zur Erfindung der künstlichen Kälte war Salz auch zum Konservieren von Lebensmitteln wichtig. 50 bis 60 Prozent der produzierten Salzmenge wurden in vorindustrieller Zeit dazu genutzt, seit dem Mittelalter florierte vor allem der Handel mit gesalzenem Fisch.

»'Als«, gesprochen »hals«, heißt im Griechischen »Salz«, und Ortsnamen, die »Hall« enthalten, weisen darauf hin, dass Salz eine bedeutende Rolle spielte. So auch in Halle an der Saale. Schon etwa 1000 vor Christus wurde hier nachweislich Salz gewonnen. Spätestens im Mittelalter entwickelte sich Halle, das über vier große Solequellen verfügte, zu einer der berühmtesten Salinenstädte Europas. Auf zwölf Salzstraßen lieferte man das weiße Gold aus, Saale und Unstrut dienten ebenfalls als Transportwege. Auf dem Rückweg karrten die Fuhrleute Butter, Eier und Käse aus Kursachsen, Getreide aus Böhmen oder auch Eisen und Leinwand aus Schlesien heran.

Mit Kurfürst August von Sachsen schlossen die Hallenser 1582 einen besonderen Kontrakt: Sie tauschten Salz gegen Holz, das bei ihnen denkbar knapp war. Unmengen davon wurden für den Siedevorgang benötigt. Der fand in den Koten oder Siedehütten statt, von denen sich rund 100 im »Thal« aneinanderreihten. Dort standen die Salzwirker (Halloren) an den zweimal drei Meter großen eisernen Pfannen, die zum Eindampfen der Sole dienten. Nach dem Anheizen wurden 21 bis 22 Eimer des salzhaltigen Wassers eingegossen. Es folgten »ein Näpfgen voll Rindern Geblüte oder Farbe« und weitere 14 bis 17 Fülleimer Sole. Auf diese Weise sollten der Siedeprozess beschleunigt und die Sole gereinigt werden. Nach der »Stör-« kam die sogenannte »Soggphase«. Dabei wurde das Salz aus der gesättigten Lösung ausgeschieden. Die Sieder zogen das sedimentierte Salz an den Pfannenrand und füllten es in Körbe.

Im Zuge der Industrialisierung im 19. Jahrhundert wurde es ruhiger um die Salzquellen, andere Wirtschaftszweige gewannen an Bedeutung. 1964 schließlich wurde die Siedesalzgewinnung eingestellt. Auf dem Gelände der zwischen 1719 und 1721 errichteten Königlich-Preußischen Saline ist ein Museum entstanden, dass die Salzgewinnung anschaulich darstellt.

Auch das seit 1995 gefeierte Salzfest erinnert an die Vergangenheit: Seinen Mittelpunkt bildet das Fahnenschwenken der Halloren Brüderschaft. Als kulinarische Tradition aus der Salzwirkerzeit blieb der Hallorenkuchen erhalten. Er wurde zum »Pfingstbier und Fischerstechen« für die Frau des Salzgräfen gebacken. Wenn die Festivitäten mit Tanz und viel Gerstensaft vorbei waren, wurde der Salzgräfe von einem Hallorenehepaar nach Hause begleitet, das einen Glashumpen mit »Torgisch Bier« und einen Hallorenkuchen, gespickt mit Rosinen, Mandeln und Nüssen, trug.

Soleier

10 Eier
3 EL Salz

Die Eier in 10 Minuten hart kochen. Abschrecken und mehrmals leicht einschlagen, sodass die Schale springt, aber nicht abfällt. Das Salz in 1 l Wasser aufkochen. Die Eier in ein Glas- oder Tongefäß legen, dann mit der Salzlösung begießen und über Nacht darin ziehen lassen. Soleier schmecken besonders gut zu kräftigem Brot und Bier.

Hallorenkugeln: Die Süßen mit der salzigen Vergangenheit

Ausgerechnet nach Halles Salzsiedern ist eine zuckersüße Praline benannt: die prall gefüllte Hallorenkugel. Unter ihrem Schokoladenmantel verbirgt sich eine verführerische, aber kalorienreiche Sahne-Kakao-Creme. Das Naschwerk ist eine relativ junge Erfindung der ältesten Schokoladenfabrik Deutschlands – die Firmengeschichte der »Halloren Schokoladenfabrik GmbH Halle« reicht bis ins Jahr 1804 zurück. Für die rundliche Kreation ließen sich die Konditoren in den Fünfzigerjahren von den Silberknöpfen der Hallorentracht inspirieren.

Für viele DDR-Bürger galten die Süßen aus Halle als die Pralinen schlechthin. Heute sind die Hallorenkugeln bundesweit beliebt: In Deutschland werden inzwischen pro Jahr etwa 160 Millionen Kugeln abgesetzt – das macht zwei Stück pro Bundesbürger. Neben deutschen Schleckermäulern naschen inzwischen auch Osteuropäer, Skandinavier, US-Amerikaner und Japaner von den Kugeln mit der salzigen Vergangenheit.

Am gefragtesten sind nach wie vor die Original Hallorenkugeln mit Sahne-Cacao-Füllung. Wer nicht immer zum Klassiker greifen möchte, kann inzwischen aus elf weiteren Sorten wählen, beispielsweise Latte Macchiato, Orange Mohn oder als neueste Kreation Irish Cream.

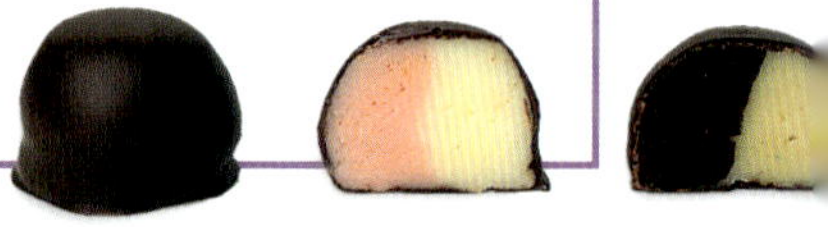

Hallorenkuchen

Für 12 Stück

250 g Rosinen
150 g Korinthen
1/8 l Rum
250 g Butter, 200 g Zucker, 4 Eier
abgeriebene Schale von 1 Zitrone
1 TL Zimt, 1 TL Kardamom
1/2 TL Muskatblüte
750 g feines Weizenmehl
1 Päckchen Backpulver
1/2 l Milch
150 g gemahlene Mandeln
100 g Zitronat, fein gehackt
Fett für die Form
Puderzucker zum Bestäuben

Die Rosinen und die Korinthen waschen, abtropfen und im Rum quellen lassen. Inzwischen die Butter mit dem Zucker schaumig schlagen. Die Eier, Zitronenschale, Zimt, Kardamom und Muskatblüte unterrühren. Nach und nach das Mehl, das Backpulver und die Milch einarbeiten, bis ein glatter Teig entstanden ist. Zuletzt die gemahlenen Mandeln, das gehackte Zitronat und die abgetropften Rosinen und Korinthen unter den Teig mischen.

Eine Kuchenform ausfetten, den Teig einfüllen und im vorgeheizten Backofen bei 200 °C etwa 1 Stunde backen. Den fertigen Kuchen auf ein Kuchengitter stürzen, auskühlen lassen und vor dem Anschneiden dick mit Puderzucker bestäuben.

Baumkuchen

So nah am Feuer gerät selbst ein Bäcker regelmäßig ins Schwitzen. Bei 80 Grad Raumtemperatur fertigen die Mitarbeiter der »Ersten Salzwedeler Baumkuchenfabrik Oskar Hennig« Baumkuchen-Rohlinge nach dem patentierten Originalrezept an. Die süße Delikatesse entsteht kunstvoll auf einer sich drehenden Buchenholzwalze über offener Flamme.

Dass die Kuchenbäcker so schwitzen müssen, daran ist Luise Lentz schuld. Sie war es, die den Altmärkern zu dem »König der Kuchen« verhalf. Eigentlich stammte das Geheimrezept von ihrem Großvater Ernst-August Gardes, der als Küchenmeister unter König Friedrich Wilhelm II. gedient hatte. Doch war es der Enkelin zu verdanken, dass die Anleitung nicht länger in der Mottenkiste verstaubte. Im Jahre 1808 grub sie das Rezept aus und machte sich ans Werk. Das Ergebnis servierte sie den Gästen im elterlichen Ratskeller »Schwarzer Adler« und erntete kräftigen Beifall.

Seine Majestät Friedrich Wilhelm IV. war entzückt, als er im Jahre 1841 bei einem Besuch der Jeetzestadt das lockerleichte Gebäck kennenlernte. Prompt ließ er für seine Gemahlin eine Kostprobe einpacken. Auf seine königliche Empfehlung hin häuften sich Bestellungen aus Berlin, Petersburg und Wien. Anno 1865 entdeckte auch König Wilhelm I. die süße Gaumenfreude für sich, als er zusammen mit Otto von Bismarck nach Salzwedel reiste. Zu jenem Zeitpunkt war Konditor Andreas Fritz Schernikow der führende Baumkuchenbäcker in der Jeetzestadt. Sein Zuckerwerk mundete derart gut, dass der Konditor zum königlichen Hoflieferanten avancierte. Schon bald hieß Salzwedel nur noch »die Baumkuchenstadt«. Die süße Spezialität entwickelte sich zu einem beachtlichen Wirtschaftsfaktor. Cafés und Privatleute aus ganz Deutschland orderten die Delikatesse, die längst auch mit Schokoladenglasur erhältlich war. Baumkuchenspitzen und -torten machten ebenfalls Furore. Gegenwärtig werben vier Salzwedeler Baumkuchenbäcker um die Gunst der Kunden im In- und Ausland.

Was in der Grundmasse des echten Baumkuchens steckt, bleibt freilich weiter ein Geheimnis. Nur soviel lässt der Bäckermeister durchblicken: Wie anno dazumal, als es noch keine Backtreibmittel gab, wird die Masse mit reichlich Eiweiß aufgelockert – 40 Eier finden pro Fünf-Kilo-Rohling Verwendung, dazu schaumig gerührte Butter, Zucker, Gewürze, Weizenmehl und Speisestärke.

Die charakteristischen Jahresringe in den Baumkuchenscheiben entstehen dadurch, dass die schaumig gerührte, erhitzte Masse in 12 bis 13 Schichten auf die Walze aufgetragen wird.

Außerdem bilden sich Teigringe aus, die für die Zacken am echten Baumkuchen sorgen. »Der Salzwedeler Baumkuchen wächst wild«, betont Hennig stolz.

Nach etwa 20 Minuten ist der Rohling fertig. Jetzt wird er abgeflämmt, um auch von außen goldbraunen Schimmer zu erhalten. Einen Tag muss der Kuchen auskühlen. Erst dann wird er entweder klassisch mit weißem Fondant oder modern mit Zartbitter-, Vollmilch- oder weißer Schokolade glasiert. Frisch schmeckt der Kuchen am besten. Gewiefte Fans allerdings frieren ihn ein, um im »Notfall« immer ein Stück parat zu haben.

Baumkuchenspitzen

250 g Butter
250 g Zucker
1 Päckchen Vanillinzucker
5 Eier, getrennt
2 EL Rum
abgeriebene Schale von 1 Zitrone
1/2 TL Zimt
1/2 TL gemahlener Kardamom
1 Msp. Nelkenpulver
150 g Mehl
100 g Speisestärke
3 TL Backpulver
Zuckerglasur und
dunkle Kuvertüre

Die Butter mit dem Zucker und dem Vanillinzucker schaumig rühren. Das Eigelb, den Rum, Zitronenschale, Zimt, Kardamom und Nelkenpulver zufügen. Nach und nach das Mehl, die Speisestärke und das Backpulver unterrühren. Das Eiweiß steif schlagen und vorsichtig unter den Teig heben. Ein tiefes Backblech mit Backpapier auslegen und eine dünne Teigschicht darauf streichen. Im vorgeheizten Backofen bei 190 °C in 10 Minuten hellgelb backen. Eine zweite Schicht Teig darauf verteilen und bei etwas kleinerer Hitze wieder 10 Minuten backen. So weitermachen, bis der ganze Teig verbraucht ist. Wichtig: jede Schicht 10 Minuten backen, dabei die Hitze immer weiter reduzieren. Den fertigen Kuchen auf ein Gitter stürzen und auskühlen lassen. In gleich große Rauten schneiden und die eine Hälfte mit der Zuckerglasur, die andere mit Kuvertüre bestreichen.

Fleischgerichte

Bernburger Zwiebelklump

500 g Hammelfleisch
3 große Zwiebeln, grob gehackt
2 Knoblauchzehen, fein gehackt
Salz und Pfeffer
1 TL Kümmel
750 g Kartoffeln
1 EL Speisestärke
2 Eier
2 EL geröstete Weißbrotwürfel

Das Hammelfleisch in mundgerechte Stücke schneiden und mit den Zwiebeln, Knoblauch, Salz, Pfeffer und Kümmel in 2 l Wasser zugedeckt ca. 1 Stunde kochen. Inzwischen die Kartoffeln schälen, waschen und grob reiben. In ein Küchentuch wickeln und den Saft gründlich auspressen. Sofort in eine Schüssel geben und mit der Speisestärke, den Eiern und etwas Salz verrühren. Aus der Kartoffelmasse mit nassen Händen kleine Klöße formen. In die Mitte jeweils einige Weißbrotwürfel drücken. Das Fleisch nach Ende der Garzeit aus der Brühe heben und warm stellen. Die Klöße in der Brühe gar ziehen lassen. Das Fleisch wieder einlegen und noch einmal erhitzen. Sehr heiß servieren.

Köthener Schusterpfanne

1 kg Kartoffeln
4 Kochbirnen
600 g Schweinebauch in ca. 2 cm dicken Scheiben
1 TL Kümmel
1 TL Beifuß
Salz und Pfeffer

Die Kartoffeln waschen, Kartoffeln und Birnen schälen. Die Kartoffeln in Scheiben schneiden, die Birnen vierteln und entkernen. Den Schweinebauch in ca. 4 cm breite Streifen schneiden. In eine Schmorpfanne mit Deckel zunächst die Hälfte der Kartoffeln, dann die Hälfte des Schweinebauchs geben. Darauf die Birnen legen und mit dem restlichen Schweinebauch bedecken. Als letzte Schicht die restlichen Kartoffeln einlegen, mit Kümmel, Beifuß, Salz und Pfeffer würzen und so viel Wasser angießen, dass alles knapp bedeckt ist. Zugedeckt 20 Minuten dünsten. Dann die Schmorpfanne ohne Deckel in den vorgeheizten Backofen stellen und das Gericht bei 220 °C garen, bis die Kartoffeln knusprig sind. Alternativ kann man das Gericht auch mit einer Scheibe gebratenen Schweinebauchs dekorieren.

Altmärkischer Tiegelbraten

Für 6 Personen

1 kg Rindfleisch
500 g Pansen
4 Markknochen
2 Zwiebeln, gehackt
2 Knoblauchzehen
1 Bund Suppengrün, grob gehackt
Salz
1 TL Pimentkörner
½ TL Pfefferkörner
½ TL gemahlener Ingwer
2 Lorbeerblätter

Das Rindfleisch und den Pansen abspülen und mit den Markknochen, Zwiebeln, Knoblauch und Suppengrün in 2 l Wasser aufsetzen, zum Kochen bringen und 1 Stunde garen, dabei mehrmals sorgfältig abschäumen. Dann das Fleisch, Pansen und Markknochen aus der Brühe heben und etwas auskühlen lassen, die Brühe abseihen. Fleisch und Pansen in mundgerechte Stücke schneiden, das Mark aus den Knochen drücken. Alles wieder in die Brühe geben, Salz und die anderen Gewürze hinzufügen und bei kleiner Hitze einkochen lassen. In einen Steinguttopf füllen und erkalten lassen. Vor dem Servieren in Scheiben schneiden.

Köthener Schusterpfanne

Harzer Wurzelfleisch

1 kg Rinderbrust
1 Zwiebel, gespickt mit 1 Lorbeerblatt und 2 Nelken
1 Bund Suppengrün
2 Zweige Majoran
Salz
5 Pfefferkörner
500 g Wurzelgemüse (Möhre, Sellerie, Lauch), in Juliennestreifen geschnitten
2 Zwiebeln, in dünne Scheiben geschnitten
2 EL Butter
1 TL Paprikapulver, edelsüß
2 EL Essig
½ Bund gehackte Petersilie
1 EL frisch geriebener Meerrettich

Die Rinderbrust waschen und mit der gespickten Zwiebel, Suppengrün, Majoran, Salz und den Pfefferkörnern in 2 l Wasser aufsetzen. Zum Kochen bringen und bei kleiner Hitze zugedeckt 2 Stunden sieden lassen. Nach Ende der Garzeit das Fleisch aus der Brühe heben, die Brühe abseihen und das Fleisch in etwas Brühe warm stellen. Das Wurzelgemüse in der Brühe bissfest garen. Inzwischen die Zwiebelscheiben in der Butter hell andünsten, leicht salzen, mit Paprikapulver bestäuben und mit Essig ablöschen. Die Rinderbrust in ca. 1 cm dicke Scheiben schneiden, die Gemüsestreifen und die Zwiebelringe darauf verteilen und mit der Petersilie bestreuen. Dazu frisch geriebenen Meerrettich reichen.

Die ältesten Dosenwürstchen der Welt

Eine Weltneuheit aus Halberstadt revolutionierte 1896 den Fleischmarkt: Pünktlich zur Einweihung des Kyffhäuserdenkmals wurden erstmals Würstchen aus der Dose feilgeboten, stolze 40 000 an der Zahl. Dem findigen Unternehmer Friedrich Heine war es gelungen, seine frisch über Buchenholz geräucherten Halberstädter Würstchen über Monate hinweg haltbar zu machen. Zittern musste er dennoch bis zur Premiere, denn zuvor hatte Heine schon einige peinliche Misserfolge erlebt. So waren 1895 all seine konservierten Knacker schlecht geworden, ehe er sie dem gespannten Fürsten von Wernigerode überreichen konnte. Das Problem bestand darin, die Temperatur auf über 100 Grad zu fahren und die Würstchen dennoch am Platzen zu hindern. Man orientierte sich schließlich am Verfahren der Spargelkonservierung und war damit erfolgreich.
Und nun florierte das Geschäft. Um die Jahrhundertwende standen die Halberstädter fast in jedem Bahnhofsrestaurant auf der Speisekarte. Heines Firma mauserte sich bis 1913 zur größten Fleisch verarbeitenden Fabrik Europas. 1930 holte sein Spitzenprodukt den Grand Prix auf der Weltausstellung in Antwerpen. Weitere Auszeichnungen folgten. Zu DDR-Zeiten galten die Halberstädter Würstchen als heiß begehrte Bückware. Wer Glück hatte, konnte dem Mitropapersonal im sogenannten »Würstchenexpress zwischen Halberstadt und Stralsund eine Dose abschwatzen.
Im Westen waren die Würstchen seit 1971 nicht mehr erhältlich: Wegen Versorgungsproblemen im eigenen Land hatte die DDR-Führung den Export in das »nicht-sozialistische Wirtschaftsgebiet« eingestellt. Bis heute gelten Halberstädter Würstchen im Naturdarm als einzigartig in Europa, weil sie nach wie vor nach dem speziellen Kaminrauchverfahren des Friedrich Heine mit Buchenholz hergestellt werden. Anschließend reifen sie 24 bis 36 Stunden in Räumen mit spezieller Luftfeuchtigkeit und Raumtemperatur. Die genaue Rezeptur ist dabei natürlich Betriebsgeheimnis. Und so kann man sich nur daran orientieren, was auf der Dose geschrieben steht: Schweinefleisch, Rindfleisch, Speck, Trinkwasser, Nitritpökelsalz, Milcheiweiß, Stabilisator E 331, Gewürze, Zucker.

Harzer Wurzelfleisch

Prost aus dem Osten

Der Auerhahn setzte zum Steigflug an, und Boxprofi Henry Maske unterstützte ihn mit »schlagkräftigen« Werbeargumenten: Binnen weniger Jahre ist das Hasseröder Premium Pils, dessen Wappen besagter Vogel ziert, zur erfolgreichsten ostdeutschen Biermarken aufgestiegen. Zwar galt das kühle, goldgelb schäumende Bier vom Fuße des Brockens schon zu DDR-Zeiten als Geheimtipp. Mit einem derartigen Boom hatte die neue Geschäftsführung nach dem Mauerfall jedoch nicht gerechnet. Inzwischen füllt die Brauerei, die inzwischen zu InBev, dem vom Absatzvolumen her größten Braukonzern der Welt gehört, rund zweieinhalb Millionen Hektoliter pro Jahr ab und ist dabei, auch den gesamtdeutschen Markt zu erobern.

Ein märchenhafter Aufstieg in Zeiten, da das deutsche Braugewerbe insgesamt stagniert, die Deutschen tendenziell weniger Bier trinken und große Unternehmensberater zu einer Radikalkur raten. Dennoch ist »Hasseröder« kein Einzelfall Mit der Devise »zurück zur Brautradition« scheinen die Betriebe richtig zu liegen. Immerhin kann die Wernesgrüner Brauerei im sächsischen Vogtland auf eine Geschichte bis ins Jahr 1436 verweisen. Und das erste Bier, das in Deutschland nach Pilsner Brauart gebraut wurde, stammt aus Radeberg bei Dresden. Allerdings werden alte Brauverfahren nicht bedenkenlos übernommen: Das »Pubarschknall« aus Quedlinburg führt heute nicht mehr zu Darmrevolten, wie der Name eigentlich unterstellt, denn jetzt kommt das beliebte Braunbier fertig vergoren auf den Markt.

Nebenbei darf experimentiert werden, etwa mit Biermixgetränken aus Bier mit Zitronenlimonade oder Himbeerbrause aus der Garley Spezialitäten Brauerei in Gardelegen. Die Privatbrauerei Olbernhau braut das süffige »Erzgebirgische Weihnachtsfestbier«. Und in Leipzig prostet man sich wieder mit der guten alten Gose zu, einem obergärigen Bier.

Nicht nur der Brausektor, auch das nördlichste geschlossene Weinanbaugebiet Europas erlebt eine ungebrochene Nachfrage. Im Burgendreieck an Saale und Unstrut machen sich seit den Neunziger Jahren immer mehr große und kleine Winzer ans Werk. Sie führen eine 1000jährige Tradition fort, die 998 begann und ab 1137 mit den Zisterziensermönchen zu Kloster Pforta ihre erste Blüte erlebte.

Dass die Weine aus Bad Kösen, Freyburg, Naumburg und Umgebung längst mehr als ein Geheimtipp sind, bezeugt die wachsende Nachfrage in ganz Deutschland. Dieser kommt man mit einer zunehmenden Ausweitung der Rebflächen entgegen, die inzwischen bei über 650 Hektar liegen. Zudem soll eine extensive Hangnutzung die Qualität sichern. Durchschnittsertrag: rund 60 Hektoliter pro Hektar. Die Weine von Saale-Unstrut zeichnen sich durch ein feinfruchtiges und spritziges Bukett aus. Etwa ein Fünftel der Rebfläche nimmt der Müller-Thurgau ein. Doch auch Weißburgunder, Silva-

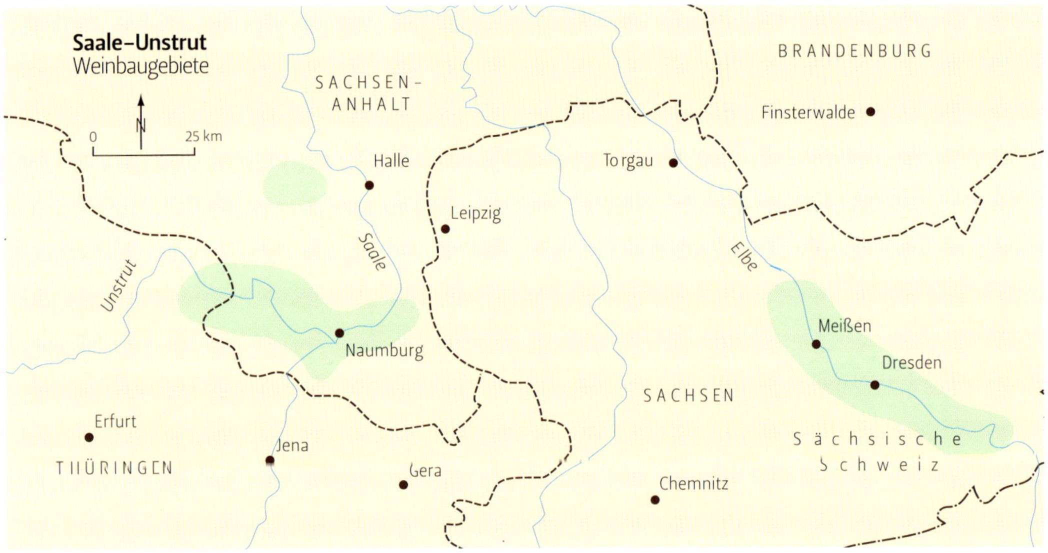

Unten: Das größte Cuvéefass Deutschlands (120 000 Liter) steht in der Rotkäppchen-Sektkellerei in Freyburg.

Die fünf wichtigsten Rebsorten aus dem Saale-Unstrut-Gebiet

Müller-Thurgau
Weicher, milder Wein mit dezenter Muskatnote. Meist geringer Säuregehalt; schmeckt jung am besten; Flaschenweine sollten nicht länger als drei Jahre gelagert werden. Bei Spätlesen kann das sortentypische Bukett ganz verschwinden und der Wein sogar einem Riesling ähneln. Dessen Qualität erreicht er aber nicht.

Silvaner
Von Gesteins- und Kiesböden, sehr elegant und fruchtig. Ansonsten geschmacksneutral, ohne herausragendes Bukett. Früher die wichtigste Rebsorte des Saale-Unstrut-Gebiets, in den letzten 40 Jahren jedoch vom Müller-Thurgau zurückgedrängt.

Morio-Muskat
Wuchtiger Wein mit ansprechendem, kräftigen Muskatbukett. Auf Muschelkalkböden gewachsen, kann er ausgesprochen spritzig sein. Gilt als Liebhabersorte; daher mit begrenztem Anbauwert.

Weißburgunder
Meist sehr elegant und harmonisch. Das sortentypische Bukett geht in Richtung Ruländer, aus dem er durch Mutation entstanden ist. Der Wein sollte nicht unter 80° Öchsle gelesen werden, um die nötige Fülle zu erhalten.

Riesling
Kräftig, rassig und elegant; das Bukett erinnert bisweilen an Pfirsiche. In mittleren Jahren sorgt der Riesling für einen anregenden Tischwein; bessere Jahrgänge schmecken sehr harmonisch, elegant und blumig. In besonders guten Jahren sind Spitzenweine bis hin zur Spätlese möglich.

ner, Riesling, Bacchus, Gutedel, Traminer, Morio-Muskat werden im Saale-Unstrut-Gebiet kultiviert. Und die »Roten« Portugieser, Spätburgunder, André, Dornfelder, Lemberger und die Zweigelt-Rebe erfreuen sich zunehmender Beliebtheit.

Muschelkalk- und Sandsteinböden sowie ein ausgesprochen günstiges Mikroklima an den Hängen der Flusstäler sorgen für den unverwechselbaren Charakter der Saale-Unstrut-Weine. Dennoch bleibt jede Lese ein Risiko, wenn mehr als ein Durchschnittsergebnis erzielt werden soll. »Wir sind hier nicht in der Pfalz«, betont Winzer Uwe Lützkendorf aus Bad Kösen. »Vom Kontinentalklima bekommen wir einen ziemlichen Schlag ab.« Deshalb gilt es, jeden Sonnenstrahl auszunutzen und im Zweifelsfall erst im November mit der Lese zu beginnen. Auslesen und Beerenauslesen sind da Seltenheiten.

Zu DDR-Zeiten wurden die Saale-Unstrut-Winzer ebenso wie ihre Kollegen zwischen Meißen und Pirna an der kurzen Leine gehalten. Private Weingüter gab es nicht. Hobbywinzer kelterten entweder nur für den Eigenbedarf oder lieferten ihre Trauben an die Winzergenossenschaft ab. An Rebmaterial war schwer heranzukommen. Selbst das Staatsweingut bei Bad Kösen (bereits 1899 als staatliche Weinbauverwaltung Naumburg durch den preußischen Staat gegründet), das rund 500 000 Liter Wein im Jahr produzierte, musste mit altersschwachen Maschinen arbeiten.

DDR-Bürger kamen selten in den Genuss des Saale-Unstrut-Weins. Fast nur zu Festtagen konnte man ihn in der Kaufhalle in Bad Kösen erstehen. Gäste hingegen erlebten in den exklusiven Interhotels einen Gaumenkitzel. Gegen harte Devisen versteht sich. Und zur Verbesserung der deutsch-deutschen Beziehungen schenkte Staatsratsvorsitzender Honecker Bundeskanzler Kohl schon mal ein Gläschen Riesling oder Müller-Thurgau ein. Vergangenheit. Heute hat allein die »Winzervereinigung Freyburg/Unstrut e. G.« rund 500 Mitglieder. Das Staatsweingut wurde 1993 vom Land Sachsen-Anhalt übernommen. Seitdem heißt es »Landesweingut Kloster Pforta«. Daneben etablierten sich rund 40 private Weingüter zum Teil äußerst erfolgreich.

Fast bescheiden wirken solche Erfolge gegen den enormen Aufschwung der Rotkäppchen-Sektkellerei in Freyburg. Schon Ende 2001 war »Rotkäppchen-Sekt« die erfolgreichste aller deutschen Sektmarken und ist seit 2003 die größte Sektkellerei Deutschlands. »Rotkäppchen-Sekt« perlt schon seit über 100 Jahren. Für die weißen Sekte wird eine traditionsreiche Cuvée klassischer Grundweine verwendet. Am beliebtesten ist heute die halbtrockene Geschmacksrichtung.

Wein, Weib und Gesang

»Wer nicht liebt Wein, Weib und Gesang, der bleibt ein Narr sein Leben lang.«

Ein schöner Sinnspruch, den Martin Luther da erfunden haben soll. In der Tat war der Reformator aus Wittenberg berühmt-berüchtigt für seine unverblümten Sprüche. Allerdings hat die Legende einen Schönheitsfehler: »Das Zitat stammt nachweislich nicht von Luther«, konstatiert der Wittenberger Historiker Dr. Volkmar Joestel.

Mit Akribie ist der Wissenschaftler Gerüchten um Luthers angeblich maßlose Genusssucht auf den Grund gegangen. Dabei stellte sich heraus: Luther liebte Wein, trank ab und an auch mal ein Bier, das seine Frau Käthe gebraut hatte. Und er bekannte ganz offen: »Ich fresse wie ein Böhme und saufe wie ein Deutscher.«

Ein exzessiver Trinker war Luther aber offenbar nicht. Sonst hätte er nicht immer wieder gegen den massiven Alkoholkonsum an deutschen Fürstenhöfen wettern können. Über maßlose Biertrinkerei ärgerte sich Luther ebenfalls: »Ich habe oft den ersten Bierbrauer verflucht. Es wird mit dem Bier so viel Gerste verdorben, dass man damit ganz Deutschland erhalten könnte, und soll es also verderben, dass wir so schändliche Jauche daraus machen, welche wir danach an die Wand pissen.« Nur auf den Wein ließ der Mönch nichts kommen: »Wein ist gesegnet und hat das Zeugnis in der Heiligen Schrift ...«

Der Historiker Volkmar Joestel hat nachgewiesen: Viele andere Aussagen wurden Luther von seinen katholischen Gegnern angedichtet oder im Mund herumgedreht, um ihn als völlig verkommenen Menschen hinzustellen.

Ein Körnchen Wahrheit steckt jedoch in den Vorwürfen, Luther sei ein Zechpreller gewesen: Im Wittenberger Stadtarchiv finden sich Notizen, wonach Luther zwischen 1525 und 1538 mehrere Rechnungen im Weinausschank des Rathauses offen hatte. Beispiel 1536: »18 Groschen für 2 Kannen Malvasierwein und eine Kanne Rennefall hat Doktor Martinus dieses Jahr im Stadtkeller holen lassen, ist aber unbezahlt geblieben.«

An anderer Stelle steht: »... und der Rat hat's für ihn bezahlt« oder »... der Rat hat ihn darum nicht mahnen wollen«. »Wer weiß«, meint Joestel: »Vielleicht betrachtete der Rat es auch als Ehre, die Weinrechnungen des berühmten Doktors bezahlen zu dürfen.«

Oben: So sehen sie aus, wenn man sie unter dem Mikroskop betrachtet: Hunderttausende dieser Milben sorgen dafür, dass aus Quark »Würchwitzer Milbenkäse« wird.

Unten: Probieren kann man den Milbenkäse alljährlich beim Milbenkäse-Frühschoppen im Juni. Statt Bier trinken manche Liebhaber der Delikatesse auch Kakao dazu.

Käse mit Milben

Der kurioseste Käse Sachsen-Anhalts wird in Würchwitz hergestellt. Dabei leisten gar nicht die Bewohner des 650-Seelen-Dörfchens nahe Zeitz die Schwerstarbeit am »echten Würchwitzer Spinnenkäse«, sondern 0,3 Millimeter kleine Verwandte der Hausstaubmilbe (Tyroglilphus casei L.). Hunderttausende dieser Wesen krabbeln munter über Quarkbällchen, aus denen binnen weniger Monate eine Delikatesse werden soll. Ein Einsatz, den man den achtbeinigen Tierchen schlecht dankt. Denn am Ende werden viele einfach mitverspeist.

Solch raue Sitten basieren auf einer gut fünfhundertjährigen Tradition. Nachdem jahrelang nur noch eine einzige Frau in Würchwitz den Milbenkäse hergestellt hatte, engagierte sich der Biologielehrer und gelernte Bauer Helmut Pöschel für die alte Tradition. Inzwischen hat er wieder zahlreiche Gleichgesinnte im Dorf gefunden. Jetzt wird in vielen frostsicheren Kellern des Dorfes wieder Milbenkäse hergestellt.

Das Rezept: Man nehme eine Holzkiste voller Käsemilben, füttere sie täglich mit Roggenmehl und reiche ihnen getrockneten Biokäse ohne Konservierungsstoffe. Die Ausscheidungen der Milben dringen durch Diffusion in den Käse ein. Die Fermente bewirken seine Reifung. Nach etwa einem Monat färbt sich die Außenhaut gelb, nach drei Monaten rotbraun. Liebhaber warten allerdings bis zu einem Jahr, damit sich ein schwarzer Klumpen bildet, und verspeisen ihn erst dann.

Der Geschmack geht in Richtung Harzer Käse, allerdings mit einer bitteren Note. Probieren kann man den Milbenkäse alljährlich beim Würchwitzer Käsemilbenfrühschoppen im Juni. Dazu werden Brot und Bier oder Kakao gereicht. Früher wurde die reife Variante auch wie ein Bonbon gelutscht. Einem Stalingradveteranen soll diese eiweißhaltige Leckerei sogar das Leben gerettet haben. Neuerdings interessieren sich auch Biochemiker für das winzige Getier. Auffällig ist nämlich Pöschel zufolge, dass niemand, der dem Milbenkäse verfiel, unter Hausstauballergien leidet. »Der Käse wirkt wie eine Schluckimpfung«, folgert der Biologe.

Damit auch die Tierchen fit bleiben, hat Helmut Pöschel Kontakte zu Milbenkäseproduzenten im nordspanischen Oviedo geknüpft. Nun werden deutsche und spanische Milben zur »Blutauffrischung« gekreuzt – der Weg für die kraftstrotzende Euromilbe ist frei!

Links: Die Milben sind anspruchsvoll: Sie fühlen sich nur von hochwertigem Bioquark angezogen.

Oben: Die Quarkröllchen werden mit Roggenmehl bestreut.

Mitte: Täglich muss den Käsemilben frisches Roggenmehl als Nahrung gereicht werden.

Unten: Nach drei Monaten ist der Käse reif. Nun wird er samt kribbeligem Getier verspeist.

Berlin

Christa Wachenfeld

STERN

Wenig schmeichelhaft, was der Völkerkundler Georg Forster Ende des 18. Jahrhunderts über die Berliner berichtete: »Berlin ist gewiss eine der schönsten Städte Europas. Aber die Einwohner! Gastfreiheit und geschmackvoller Genuss – ausgeartet in Üppigkeit, Prasserei, ich möchte fast sagen Gefräßigkeit.«

Schön ist Berlin mit seinen Prachtstraßen, den historischen Bauwerken und dem vielen Grün gewiss immer noch. Was die Gefräßigkeit betrifft, so ist dies ein überholtes Verdikt; ausgeprägt allenfalls die Neigung der Berliner, zwischendurch und nebenbei einen Imbiss zu verzehren, denn Zeit hat der Berliner keine, das schrieb schon Tucholsky. Einfach und deftig sind die Berliner Gerichte, solide Hausmannskost, die Einflüsse aus verschiedenen Küchenkulturen zeigt.

Bereits die Gründung der Stadt im 13. Jahrhundert, der Zusammenschluss des slawischen Dorfes Coelln mit dem germanischen Berlin, führte zur Verschmelzung unterschiedlicher Lebensformen. Früh nahm Berlin religiös Verfolgte aus anderen Ländern auf: 1671 fünfzig aus Wien vertriebene jüdische Familien, nach 1685 Tausende französische Hugenotten. Deren Salate und Gemüsesorten, die Brühwürste und Frikasseerezepte bereicherten nachhaltig das Küchenangebot. Mit der Gründung des Kaiserreichs 1871 avancierte die preußische Residenzstadt zur deutschen Hauptstadt. Die immens wachsende Industrie zog Arbeitsuchende aus allen deutschen Gebieten an, besonders aus Pommern und Schlesien kamen sie. Sprichwörtlich ist schon, dass jeder echte Berliner in Wahrheit aus Breslau stammt.

Ihre kulturelle Blütezeit erlebte die Stadt in den zwanziger Jahren: Sie entwickelte sich zum Mekka der Experimentierfreudigen. Legendar das Romanische Café als Treffpunkt der Künstler und Intellektuellen. 1933 endete diese Ära: Am 30. Januar zog der Fackelzug der Nazitruppen durch das Brandenburger Tor. Nach dem Zweiten Weltkrieg wurde die Stadt geteilt. Der Bau der Mauer 1961 riegelte bis zu deren Fall im Jahr 1989 den Ostteil der Stadt hermetisch vom Westen ab. 1991 entschied der Bundestag, dass Berlin Bundeshauptstadt werden solle. 1999 nahmen Parlament und Regierung ihre Arbeit in Berlin auf – rasch hat sich die Stadt als Schauplatz des Wechselspiels von Politik, Lobby und Medien etabliert und spielt längst mit entspannter Selbstverständlichkeit ihre internationale Rolle.

Oben: »Goldelse« nennen die Berliner die Siegessäule, die 1873 eingeweiht wurde. 285 Stufen führen hinauf und von oben hat man einen herrlichen Blick über die Stadt und das neue Regierungsgebäude.

Links: Die Museumsinsel inmitten der Spree ist ein einzigartiges Ensemble von Museen und gehört zum Weltkulturerbe der Unesco. Das Bodemuseum mit seiner neobarocken Kuppel prägt ihre Silhouette.

Die Hauptstadt der Currywurst

Alle Welt scheint ihr verfallen. Lieschen Müller und Otto Normalverbraucher lieben sie sowieso, obschon gelegentlich mit mächtig schlechtem Gewissen, der Kalorien wegen ... Im Kreise der zahllosen Fans offenbart sich aber auch so manche Prominenz. Hymnisch hat Herbert Grönemeyer sie in seinem gleichnamigen Song verewigt. Voll im Trend erweisen hohe Politiker ihr souverän die Reverenz und bekennen sich freimütig zu einer plebejischen Imbisspassion, dem »Jieper«, der wilden Gier, auf Currywurst. Dass allerdings Altbundespräsident Richard von Weizsäcker in seiner Zeit als Regierender Bürgermeister von Berlin den amerikanischen Präsidenten George Bush am Schöneberger Rathaus spontan an die nächste Currywurstbude gezogen hat, ist wohl doch nur ein Gerücht.

Angefangen hat alles in einer kleinen Imbissbude am Stuttgarter Platz am 4. September 1949. Es regnete in Strömen, kein Mensch war auf der Straße. Um sich die Zeit zu vertreiben und weil sie gern pikant aß, machte sich die Wurstbudenbesitzerin Herta Heuwer ans Experimentieren. Es wurde gemixt und probiert, mit allerlei Gewürzen hantiert, dann reichlich Tomatenmark dazugegeben und über eine gebratene, in mundgerechte Bissen geschnittene Dampfwurst gegossen – fertig war die Currywurst. »1. Currywurstbraterei der Welt« und »Eine von uns erdachte Berliner Spezialität« war fortan am Imbissstand der stolzen Erfinderin zu lesen.

Die echte Berliner Currywurst ist in Berlin keine Dampfwurst oder gar simple Brühwurst, wie in anderen deutschen Landen, sondern eine »fein gekutterte, gebrühte Bratwurst, die dazu bestimmt ist, mit Curry zubereitet zu werden«, so die Definition des Landesamtes für Veterinärmedizin und Lebensmittelhygiene. Nur noch selten wird exklusiv eine eigene Gewürzmischung kreiert, meistens serviert man fabrikfertige Tomatentunken. Ketchup ist die Basis. Die Originalmixtur indessen bleibt ein alchimistisches Geheimnis. Die Mutter der Currywurst ließ ihre Erfolgsrezeptur als »Chillup Soße« patentrechtlich schützen.

Freilich, selbst so einem simplen Genuss kann man sich nicht hingeben, ohne vorher eine existenzielle Frage beantwortet zu haben: mit oder ohne? Die Wurst mit oder ohne Darm – für eingefleischte Currywurstliebhaber ist das absolut keine Lappalie, sondern nahezu ein Glaubensbekenntnis.

Als Pendant zur Wurst darf an der Berliner Imbissbude die Currybulette nicht fehlen, der Bratklops mit der typischen Soße. Und eigentlich auch nicht die »Wiener«, denn sie ist in Wahrheit eine »Berliner«, die erstmals ein Fleischer im 19. Jahrhundert in der Wiener Straße in Kreuzberg hergestellt haben soll. Wäre da noch die Bockwurst – auch sie ein Berliner Produkt. Auf einem Kneipabend einer Gruppe trinkfreudiger Studenten ließ ein Budiker am Görlitzer Bahnhof im vorigen Jahrhundert einen Korb voll knubbeldicker Würste zum Bockbier reichen. Daher der Name.

Links: Die Imbissbude – ob wie hier an touristisch interessantem Ort oder an der Ecke im heimischen Kiez – ist beliebte Anlaufstelle für Touristen und Berliner.

Unten: Die Currywurst ist eine echte Berlinerin. Man weiß sogar auf den Tag genau, wann sie geboren wurde.

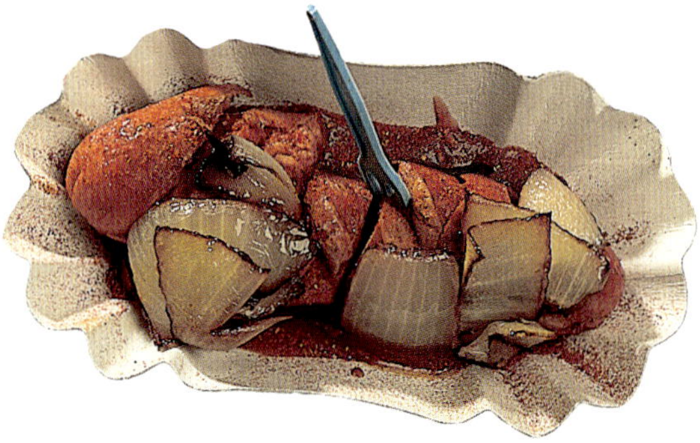

Dönerkebab

Er ist der König des Fast Foods in Deutschland – und Berlin ist seine Hauptstadt. Geschätzte zwei Millionen Portionen Dönerkebab werden täglich in Deutschland verkauft. Damit hat sich der Umsatz in den letzten zehn Jahren etwa verdoppelt. Und die gute alte Currywurst hat der Döner längst abgehängt: etwa hundertmal Portionen weniger werden von dieser verzehrt. Berlin kann sich nicht nur rühmen, dass hier 1971 im Lokal Hasir in Kreuzberg der erste Döner in Deutschland verkauft worden sein soll, es ist auch die Stadt mit den meisten Grillspießen: etwa 1300 drehen sich zwischen Spandau und Köpenick, Pankow und Tempelhof-Schöneberg. Die Bundeshauptstadt ist damit die unangefochtene Döner-Haupstadt Deutschlands und soll sogar eine größere Dönerdichte als Istanbul aufweisen.

Die Erfolgsgeschichte des »Fleisches vom Drehspieß« begann in den 70er Jahren des 20. Jahrhunderts, als türkische Einwanderer während der Wirtschaftskrise ihre Arbeit verloren und sich mit Imbissbuden selbstständig machten. Von Berlin-Kreuzberg aus eroberte das Gericht die ganze Republik und wurde nach dem Mauerfall auch sehr schnell in den neuen Bundesländern beliebt. Negative Schlagzeilen machte der Döner Ende der 80er Jahre: Mit der Quantität fiel die Qualität, So wurde ein überaus hoher Anteil Hackfleisch zugesetzt und das Ganze mit Paniermehl gestreckt und Diphosphaten (Lebensmittelzusatzstoff, E 450) versetzt. Als Reaktion darauf wurde die Zusammensetzung des Döners amtlich festgeschrieben und ist seit 2001 auch in den »Leitsätzen für Fleisch und Fleischerzeugnisse« fixiert: Danach besteht diese aus dünnen Fleischscheiben, die auf einen Drehspieß aufgesteckt sind. Der Döner darf nur aus grob entsehntem Schaffleisch und/oder grob entsehntem Rindfleisch bestehen, sein Hackfleischanteil darf höchstens 60 % betragen. Außer Salz und Gewürzen sowie gegebenenfalls Eiern, Zwiebeln, Öl, Milch und Joghurt darf er keine weiteren Zutaten enthalten. Trotzdem waren Behörden in den letzten Jahren mit der Dönerqualität nicht immer zufrieden: Untersuchungen zeigten, dass teilweise zu viel Fett oder das Fleisch anderer Tiere beigemengt wurden. Der Döner-Experte Eberhard Seidel empfiehlt deshalb, beim Dönerkauf die Schnäppchenmentalität beiseitezulassen und keinen Döner unter 2,50 € zu kaufen (taz-Interview vom 5.9.2006). Außerdem rät er, dort zu kaufen, wo viel umgeschlagen wird und viele Türken ihren Döner essen. Yaprak-Döner, der nur aus geschichteten Fleischscheiben besteht, sei generell empfehlenswerter.

Inzwischen sind neben dem klassischen Döner Varianten wie der Hähnchen-Döner, ja sogar der Fisch-Döner entstanden. Vegetarier können sich an vielen Imbissständen das Fladenbrot mit Falafeln (frittierten Kichererbsenbällchen), gegrillten Zucchini oder Käse wie Feta oder Halloumi füllen lassen. Zu allen Varianten gehören die klassischen Beilagen: Jogurt-Knoblauchsoße, Zwiebelringe, Tomaten und Salat, oft auch fein geschnittener Weiß- oder Rotkohl.

1 Döner verträgt sich nicht mit Schrippe. Die fein geschnittenen Fleischstücke vom Drehspieß werden in Weißbrot gerollt, das vorher angetoastet werden muss.

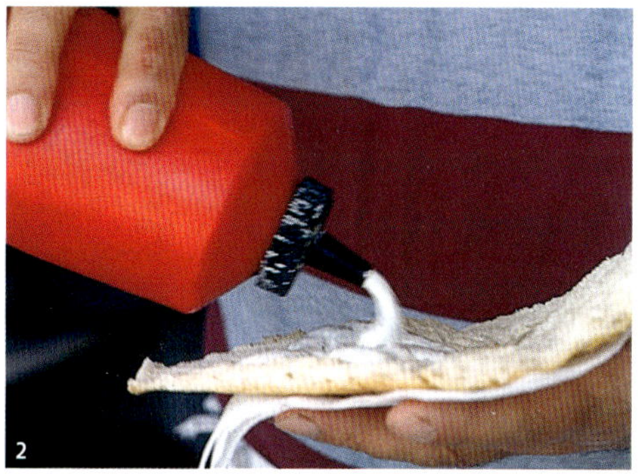

2 Jeder Dönerverkäufer hat seine eigene Zubereitungsart. Die einen geben eine Knoblauchsoße direkt aufs Brot, die anderen garnieren den fertigen Döner mit Zaziki.

3 Während sich der Spieß weiterdreht, schneidet der Dönerverkäufer mit einem scharfen Messer dünne Scheiben gebratenen Fleisches vom Kegel.

4 Die Fleischstücke bilden das Kernstück des Döners und werden auf das getoastete Brot gelegt. Verwendet wird Lamm-, Rind- oder heute auch Hühnerfleisch.

5 Bei der Gemüse- und Salatgarnitur sind der Fantasie des Anbieters keine Grenzen gesetzt: fein geschnittene Zwiebeln, Eissalat oder gehobelter Weißkohl.

6 Obendrauf Tomaten zur Zierde – und nun muss das Ganze nur noch gerollt werden. Und dann so geschickt verzehrt, dass einem nicht die Hälfte auf den Boden fällt.

Fleischgerichte

Oben: Königsberger Klopse

Unten: Berliner Kalbsleber

Königsberger Klopse

1 altbackenes Brötchen
$\frac{1}{8}$ l heiße Milch
500 g gemischtes Hackfleisch
1 kleine Zwiebel, fein gehackt
4 Sardellenfilets, fein gehackt
1 Ei
Salz und Pfeffer
1 l Fleischbrühe
1 EL Butter
2 EL Mehl
3 EL Kapern
2 EL Zitronensaft
1 Prise Zucker
2 Eigelb
125 g Sahne
1 EL gehackte Petersilie

Das Brötchen in Scheiben schneiden und etwa 15 Minuten in der heißen Milch quellen lassen. Dann mit Hackfleisch, Zwiebel, Sardellenfilets und Ei gut verkneten, mit Salz und Pfeffer abschmecken. Aus der Masse kleine Klopse formen. Die Fleischbrühe zum Kochen bringen, Klopse einlegen und 15 Minuten darin garen, dabei die Brühe nur sieden, nicht kochen lassen. Mit einem Schaumlöffel herausheben und die Brühe abseihen. Die Butter zerlassen, das Mehl darin anschwitzen, $\frac{3}{4}$ l Brühe unter Rühren angießen und die Kapern untermischen. 10 Minuten einkochen lassen. Die Klopse in der Soße erwärmen, mit Zitronensaft, Salz, Pfeffer und Zucker abschmecken. Das Eigelb mit der Sahne verquirlen, unter die Soße rühren, mit der gehackten Petersilie bestreuen und sofort servieren.

Berliner Kalbsleber

4 kleine Zwiebeln
2 säuerliche Äpfel
40 g Butter
4 Scheiben Kalbsleber à 150 g
Mehl
20 g Butterschmalz
Salz und Pfeffer

Die Zwiebeln in feine Ringe hobeln. Die Äpfel schälen, entkernen und in nicht zu dünne Scheiben schneiden. Die Butter erhitzen, Zwiebelringe und Apfelscheiben darin dünsten. Parallel dazu die Kalbsleber in Mehl wenden, überschüssiges Mehl abklopfen und die Leber im heißen Butterschmalz auf jeder Seite 3–4 Minuten braten. Die Leber salzen und pfeffern, auf vorgewärmten Tellern mit den Zwiebelringen und Apfelscheiben anrichten und mit Kartoffelpüree servieren.

Schürzenjäger

Egon Erwin Kisch gehört zu den Klassikern des deutschen Journalismus. Sein wohl bekanntestes Werk »Der rasende Reporter« erschien 1924 in Berlin, sein Titel wurde zum Synonym für neusachliche Literatur. Kisch wurde 1885 in Prag geboren, besuchte in Berlin die Journalistenschule und lebte von 1921 bis 1933 in der deutschen Hauptstadt. Kisch war Jude, Kommunist und Antifaschist und musste Deutschland 1933 verlassen.
Bei seinen Streifzügen durch Berlin stieß Kisch in den zwanziger Jahren auf eine höchst seltsame Sitte. Am Schlachttag hatten die Fleischer einen Stuhl mit darübergebreiteter weißer Schürze an ihrem Ladeneingang platziert. Nach Altberliner Brauch war den Kunden ohne weitere Ankündigung signalisiert: »Heute frische Blut- und Leberwurst.« Belustigt schildert der rasende Reporter den Ursprung der seit dem 18. Jahrhundert verbürgten Sitte. Sie geht zurück auf den Fleischermeister und Budiker Friebel am Molkenmarkt. Jeden Freitag, nach getaner Schlachtung, trat er mit strahlend weißer Schürze vor seinen Laden, um frische Luft zu schnappen und durch diesen Akt zugleich kundzutun: Jetzt sind die Blutwürste ganz frisch zu haben. Als den armen Friebel eine Lähmung befiehl, wurde seine Arbeit von der tüchtigen Ehefrau erledigt und ihr Mann an dem bewussten Tag in einem Stuhl buchstäblich vor die Tür gesetzt. Nach seinem Tode kam der gewitzten Witwe die Idee, zur Fortsetzung der Tradition nunmehr den leeren Stuhl samt weißer Schürze vor dem Laden zu postieren. Der Schürzenstuhl fand Nachahmung bei der Konkurrenz und wurde als Requisit bald von allen Fleischern der Stadt übernommen. Nur noch vage an diesen schönen Brauch erinnert die heutzutage vom Eisbeinwirt herausgehängte weiße Fahne, auf der in meist roten Lettern die frische Schlachtware angepriesen wird.

Schnitzel Holstein

4 Kalbsschnitzel à 120 g
Salz und Pfeffer
2 EL Rapsöl
4 Scheiben Toastbrot
1 EL Butter
4 Ölsardinen
4 kleine Scheiben Räucherlachs
8 Sardellenfilets
1 kleines Glas Seehasenrogen (15 g)
4 Eier
Cornichons und Zitronen zum Garnieren

Die Schnitzel salzen und pfeffern. In Öl auf jeder Seite 4 Minuten braten. Inzwischen die Brotscheiben toasten, dünn mit Butter bestreichen und jede Scheibe zweimal diagonal durchschneiden. Pro Portion je 1 Toastdreieck mit Ölsardinen, Räucherlachs, Sardellenfilets und Kaviar belegen. Die fertigen Schnitzel auf vorgewärmten Tellern anrichten und warm stellen. Im Bratfett 4 Spiegeleier braten, mit Salz und Pfeffer würzen und auf die Schnitzel setzen. Mit den Toastecken umlegen und mit Cornichons und Zitronenscheiben garnieren.

Hoppelpoppel

500 g gekochtes oder gebratenes Fleisch (Reste)
2 Zwiebeln, fein gehackt
20 g Butterschmalz
20 g Butter
750 g Pellkartoffeln
1 TL grob gehackter Kümmel
Salz und Pfeffer
8 Eier
1 Bund gehackte Petersilie

Das Fleisch in schmale Streifen schneiden und mit den Zwiebeln in Butterschmalz scharf anbraten. Die Pellkartoffeln in Scheiben schneiden und in einer zweiten Pfanne in Butter mit Kümmel, Salz und Pfeffer goldbraun braten. Das Fleisch unter die Kartoffeln mischen, mit den verquirlten Eiern übergießen und mit der Petersilie bestreuen. Vorsichtig umrühren, bis die Eiermasse gestockt ist und sofort servieren. Als Beilage kann man Kopfsalat reichen.

Eisbein und Kasseler

Im Kellerlokal »Zum strammen Hund« wurde es Liebe auf den ersten Biss. Hier, fast am Ende der Friedrichstraße in »einem Stück echten Berlinertums in den Boden verkrochen«, machte während seiner Studienzeit in Berlin der spätere Präsident der Bundesrepublik, der Schwabe Theodor Heuss, seine erste Bekanntschaft mit dem Eisbein, von dessen deftigem Gout er sich fortan gerne verführen ließ. Eisbein mit Erbspüree und Sauerkraut, des Berliners bevorzugte traditionelle Speise, war erklärtermaßen auch das Lieblingsgericht der gebürtigen Berlinerin Marlene Dietrich.

Glatteis, Frost und Kälte, so naheliegend es klingt, standen in der Tat Pate bei der Namenstaufe dieses herzhaften und kräftigen Mahls, wenn auch nur im übertragenen Sinne. In früheren Zeiten, als die Metallverarbeitung noch in ihren Anfängen steckte, wurden die Kufen der Schlittschuhe aus dem widerstandsfähigsten Knochen des Schweins hergestellt, dem Schienbein, das, folgt man der Küchengeschichte, gepökelt zubereitet erstmals im vorigen Jahrhundert in einer Budike in der Nähe des Görlitzer Bahnhofs vom Wirt als Eisbeingericht aufgetischt wurde.

Konservierungsnot macht erfinderisch. Etwa zur selben Zeit experimentierte der Fleischermeister Cassel aus der Potsdamer Straße mit einer eigenen Schweinefleischkreation. Er räucherte ein großes Stück Schweinerücken und legte es zum Reifen in eine Salzlake – die Geburtsstunde des berühmten Kasseler. Es wurde also nicht in der Stadt Kassel erfunden, sondern in Schöneberg, das seinerzeit noch ein selbstständiger Ort vor den Toren Berlins war. »Time is money«, heute wird das Fleisch zur Beschleunigung des Pökelns mit Salz gespritzt.

Eisbein mit Kraut

4 gepökelte Eisbeine à 400 g
3 Zwiebeln
4 Lorbeerblätter
5 weiße Pfefferkörner
5 Pimentkörner
Zucker
10 g Butterschmalz
800 g Sauerkraut
5 Wacholderbeeren

Die Eisbeine abspülen. In einem großen Topf 3 l Wasser zum Kochen bringen und die Eisbeine einlegen.

2 Zwiebeln abziehen und vierteln, 2 Lorbeerblätter, die Pfeffer- und die Pimentkörner sowie ½ TL Zucker zufügen. Im geschlossenen Topf bei kleiner Hitze etwa 1 ½ Stunden köcheln lassen.

Die Eisbeine herausnehmen und die Brühe abseihen. Die restliche Zwiebel fein hacken, im Butterschmalz glasig dünsten. Das Sauerkraut, die zerdrückten Wacholderbeeren und die restlichen Lorbeerblätter hinzufügen und mit ½ l der Brühe aufgießen. Die Eisbeine auf das Kraut legen und im geschlossenen Topf weitere 40 Minuten garen. Dazu passen Salzkartoffeln oder Erbspüree.

Kasseler mit Kraut

4 rohe Kasseler Rippchen à 200 g
1 Zwiebel, gespickt mit 1 Lorbeerblatt und 2 Nelken
1 Bund Suppengrün, grob gehackt
5 Pfefferkörner
10 g Butterschmalz
2 Zwiebeln, fein gehackt
800 g Sauerkraut
1 Prise Zucker
½ TL grob gestoßener Pfeffer
⅛ l Weißwein

Die Kasseler Rippchen abspülen. Die gespickte Zwiebel mit dem Suppengrün und den Pfefferkörnern in 1 l Wasser zum Kochen bringen, die Rippchen einlegen und zugedeckt bei kleiner Hitze 30 Minuten gar ziehen lassen. In der Zwischenzeit das Butterschmalz erhitzen und die fein gehackten Zwiebeln glasig dünsten. Das Sauerkraut hinzufügen, mit Zucker und Pfeffer würzen und ⅛ l der Kasseler Brühe angießen. Zum Schluss den Weißwein unter das Sauerkraut rühren. Sauerkraut und Rippchen auf vorgewärmten Tellern anrichten und Salzkartoffeln dazureichen.

Unten: Eisbein mit Kraut

Ganz unten: Kasseler mit Kraut

Zu einer Altberliner Budike oder Kneipe gehört der »Hungerturm«, ein ehemals offener Glaskasten mit Soleiern und Buletten, Rollmops und sauren Gurken, Hackepeterschrippen und Berliner Sülzkoteletts, der nach heute zwingenden Bestimmungen verschließbar sein und eine integrierte Kühlung haben muss.

Kneipen, Budiken & Co

Vorbild der typischen Berliner Eckkneipe war London. Gegen Ende des 18. Jahrhunderts hatten sich dort im Stadtteil Westminster und besonders an den Straßenecken der neu entstehenden Arbeiterviertel billige Porterkneipen etabliert. Anstelle der Ladentische wurden lang gezogene Tresen installiert, an denen Durstige schwatzend und trinkend sich festhalten oder auf die Schnelle einen kippen konnten. Etwa 50 Jahre später mit der dann auch in Deutschland einsetzenden industriellen Entwicklung entstanden im proletarischen Berlin die ersten Eckkneipen mit den modernen Tresen. Die Wohnungsnot war enorm. Arbeiterfamilien vermieteten in ihren oft feuchten Elendsquartieren Schlafstellen an unverheiratete Kollegen. Nicht selten mussten mehrere Schlafburschen sich schichtweise ein Bett teilen. Da lag es nahe, in die Kneipe zu gehen und in Ermangelung einer eigenen familiären Atmosphäre diese als öffentliche Wohnstube zu nutzen. Als Familienersatz wurde sie Teil der proletarischen Alltagskultur. Rund 13 000 Eckkneipen gab es um die Jahrhundertwende in Berlin, heute sind es noch etwa 500. Im statistischen Durchschnitt hatte in den Arbeiterbezirken im 19. Jahrhundert fast jedes Haus seine Gastwirtschaft.

Eine Besonderheit zu Beginn des 20. Jahrhunderts waren die »Bulljong-Keller«, die erst um 22 Uhr öffneten und neben der Bouillon eigentlich nur alkoholfreie Getränke ausschenkten. Doch wenn Stammgäste eine »kalte Bulljong« bestellten, war alles klar. Auf ihre Molle und 'nen Korn brauchten sie nicht zu verzichten.

Die Wörter Kneipe und Pinte sind keine Berliner Ausdrücke. Sie sind allgemein gebräuchlich. Kneipe hat seinen Ursprung in der Studentensprache aus der Blütezeit der schlagenden Verbindungen, als man sich noch inbrünstig ins Duellgefecht stürzte und auf dem »Kneipabend« mannesmutig die Degen kreuzte, um sich hernach zum »Kneipabend« auf ein Besäufnis zusammenzufinden. Pinte kommt vom lateinischen »pingere« (malen), nach dem aufgemalten Eichzeichen des Wirtshausschildes. Original Berliner Ausdrücke sind Budike, Destille und Kaschemme. Budike leitet sich ab aus der Sprache der Berliner Hugenotten, »boutique« bedeutet »Laden, Schankwirtschaft«. Die Destillen hatten das Recht, Schnaps zu destillieren und in eigener Wirtschaft auszuschenken, wobei heute die Unterschiede zu den Begriffen Budike und Kneipe fließend sind. Kaschemme ist die Bezeichnung für eine drittklassige, heruntergekommene Kneipe, ein Ausdruck aus der Gaunersprache.

Am Puls des Zeitgeists

Die Berliner Ausgehszene gilt immer noch als die bunteste und lebendigste in Deutschland. Das hat Tradition: Schon zu Zeiten, als die DDR noch existierte, besaß Westberlin Anziehungskraft für Aussteiger aller Couleur und junge Menschen aus der deutschen Provinz auf der Suche nach dem anderen, freieren Leben. So entstand im Zuge der 68er-Bewegung und danach mit der Friedens- und Ökobewegung neben zahlreichen politischen Initiativen auch eine Szene mit alternativen Kneipen. Kreuzberg und Schöneberg waren in den 70er- und 80er-Jahren »in«. Im Osten der Stadt trafen sich Intellektuelle und Oppositionelle in Prenzlauer Berg.
Heute ist die Szene unübersichtlicher, unpolitischer, sich rasch wandelnd. Und was in Reiseführern und Büchern beschrieben und von Touristen besucht wird, ist bei den Avantgardisten natürlich schon längst wieder out. Illegale Clubs, die jeweils nur an einem bestimmten Wochentag geöffnet haben, sollen gerade gefragt sein. Und natürlich wird heute jede originelle Idee schnell kommerzialisiert und damit zum Mainstream, wie Technopartys und Poetry Slams, die es in Berlin zuhauf gibt. Auch die Idee der Strandbars am Wasser mit Liegestühlen im Sand entstand in Berlin und hat sich bereits bundesweit verbreitet.
Wohin treibt es die Amüsierwilligen heute? In Berlin Mitte ist die Kneipendichte fast nicht mehr steigerbar. Der Hackesche Markt und die Oranienburger Straße sind längst keine Geheimtipps mehr und die Hackeschen Höfe fast immer überfüllt. Gleich daneben in Prenzlauer Berg sind die Lokale rund um den Kollwitzplatz und in der Kastanienallee beliebt, wenn auch das alternative Flair der Nachwendezeit schon längst verflogen ist. Friedrichshain ist dagegen ein etwas neueres, bei Studenten beliebtes »Szenegebiet«. Daneben erleben die in den »alten Zeiten« hippen Viertel ein Comeback: War Kreuzberg noch in den 90er Jahren völlig out, sind inzwischen alte Kneipen aus der früheren Hausbesetzerszene wieder gefragt. Die Schwulen- und Lesbenlokale in Schöneberg rund um den Nollendorfplatz sind schon ein Klassiker der Berliner Szene. Außerdem findet man in Schöneberg und auch Charlottenburg viele Bars und Cafés, die nicht von Touristen überlaufen sind und auch den »alten« (also über 30-Jährigen) Szenegängern Asyl bieten.

Oben: Zwar machen sich in Prenzlauer Berg schon längst gestylte Lokale breit, doch findet man noch immer unkonventionelle Treffpunkte.

Rechts: Kultur am Strand: Von der Strandbar Mitte aus hat man einen herrlichen Blick auf die Kuppel des Bode-Museums.

Suppen und Eintöpfe

Womit nur kann sie den reichen Onkel aus Schlesien bewirten, fragt sich die verarmte Majorswitwe in Fontanes Roman »Die Poggenpuhls« (1895/96). Die pragmatische Tochter weiß Rat: »Nun, ich meine: Weißbiersuppe mit Sago, die hat ihm das vorige Mal so gut geschmeckt.« Die Biersuppe ist also kein reines Armeleutegericht, sondern, wie die Literatur beweist, durchaus gesellschaftsfähig.

Seit dem Mittelalter war Biersuppe ein weitverbreitetes Volksgericht, allgegenwärtig bereits am morgendlichen Frühstückstisch. Auch seine königliche Hoheit höchstselbst, Friedrich der Große, wurde unter der Zucht und Askese am Hofe seines Vaters, des spartanischen Soldatenkönigs, mit Biersuppe aufgezogen. Was aber einst dick mit Mehl gebunden als sättigende Mahlzeit verspeist wurde, hat sich im Laufe der Jahrhunderte verfeinert: Zitronenschale, Zimt, Zucker, Rosinen und Eigelb geben der Suppe den Pfiff, den »richtijen Effee«.

Mit Ausnahme der Bouillon mit Markklößchen sind die typischen Berliner Suppen keine Vorspeisen. Nahrhaft müssen sie sein, sie müssen satt machen. Eigentlich sind sie ein Eintopfgericht. Ebenso wie seine Untertanen liebte der letzte Kaiser, ein berüchtigter Schnellesser, die mit Schinkenknochen gekochte Kartoffelsuppe. Während allerdings das Volk sich mit Würstchen als Beilage begnügte, ließ sich Wilhelm II. sein Lieblingsgericht mit Rinderbrust servieren.

Die berühmte Erbsensuppe – ob nun mit Öhrchen und Schnauze, ob mit Kasseler oder Speck – wurde im 19. Jahrhundert von Nachtschwärmern schon zum Morgengrauen goutiert. Heinrich Heine inspirierte sie während seines Berlinaufenthalts zu einem kleinen Gedicht:

Ich wollte meine Lieder das wären Blümelein:
ich schickte sie zu riechen
der Herzallerliebsten mein.
Ich wollte, meine Lieder das wären
Küsse fein:
ich schickte sie heimlich alle nach
Liebchens Wängelein.
Ich wollte, meine Lieder das wären
Erbsen klein:
Ich kocht eine Erbsensuppe,
die sollte köstlich sein.

Grüne Bohnen mit Hammel

500 g Hammelfleisch (Brust oder Rippe)
10 g Butterschmalz
1 Knoblauchzehe, fein gehackt
1 Zwiebel, fein gehackt
1 l Fleischbrühe
500 g frische grüne Bohnen
500 g Kartoffeln
Salz und Pfeffer
1 TL Bohnenkraut
1 Bund gehackte Petersilie

Das Fleisch in mundgerechte Würfel schneiden. Das Butterschmalz in einem großen Topf erhitzen und das Fleisch darin anbraten. Knoblauch und Zwiebel darin kurz andünsten, dann mit Fleischbrühe angießen und 30 Minuten kochen lassen. Inzwischen die Bohnen putzen, die Kartoffeln schälen, waschen und in kleine Würfel schneiden. Beides zum Fleisch geben, alles mit Salz, Pfeffer und Bohnenkraut kräftig würzen und weitere 20 Minuten garen. Vor dem Servieren mit gehackter Petersilie bestreuen.

Alles Gute kommt von oben

»Ihr Völker der Welt, ihr Völker in Amerika, in England, in Frankreich, in Italien! Schaut auf diese Stadt und erkennt, dass ihr diese Stadt und dieses Volk nicht preisgeben dürft und nicht preisgeben könnt!« Legendär ist die Rede, die Ernst Reuter auf einer Protestkundgebung von über 300 000 Berlinern während der Berliner Blockade hielt.

Als Antwort auf die Ausdehnung der in den Westzonen bereits durchgeführten Währungsreform auch auf die Westsektoren Berlins verhängten die Sowjets am 24. Juni 1948 eine Blockade und schnitten den westlichen Teil der Stadt von seinen Verbindungswegen zu Land und zu Wasser ab. Durch Aushungern der Bevölkerung wollte Stalin die Westalliierten in die Knie und zur Übergabe der Stadt zwingen. Erreicht hat er das Gegenteil, nämlich den triumphalen Sieg des Westens im Mächteringen des Kalten Kriegs. Nach Anordnung des amerikanischen Militärgouverneurs General Clay am 25. Juni begann das Abenteuer Luftbrücke offiziell am 26. Juni. Zwei Tage später erklärte auch Großbritannien seine Teilnahme.

»Rosinenbomber« im Anflug auf den Flughafen Tempelhof. Während der Berlinblockade 1948/49 versorgten die Westmächte die Stadt über die Luftbrücke.

Die Versorgung von fast 2,2 Millionen Einwohnern aus der Luft – eine in der Geschichte der Luftfahrt einzigartige logistische Aktion. Die Flugplätze Tempelhof und Gatow wurden ausgebaut. In Tegel entstand unter dem Einsatz von 19 000 Berliner Arbeiterinnen und Arbeitern ein neuer Flughafen in der Rekordzeit von drei Monaten. Die Steigerung der Leistungsfähigkeit war gewaltig: Von 500 Flügen im ersten Monat mit 1273,6 Tonnen zum Höchststand im Mai 1949 mit 27 718 Flügen und 227 532 Tonnen.

67 Prozent der gesamten Ladungen waren Kohlen, 24 Prozent Lebensmittel, 9 Prozent Industrie- und andere Güter. Im 90-Sekunden-Takt wurde in der Hoch-Zeit gestartet und gelandet. Am Himmel über Berlin ein unablässiges, nicht nachlassendes Dröhnen der Transportmaschinen, die von den Berlinern dankbar und mit treffsicherer Schnauze »Rosinenbomber« getauft wurden.

Die Kinderherzen eroberte der »Schokoladenflieger«, ein Leutnant, der in zu Fallschirmen geknoteten Taschentüchern beim Landeanflug Schokoladentafeln regnen ließ. Am 12. Mai 1949 gab sich die sowjetische Militärverwaltung geschlagen. Die Blockade wurde aufgehoben.

Berliner Kartoffelsuppe

750 g mehlige Kartoffeln
1 Bund Suppengrün
1 große Zwiebel
10 g Butterschmalz
1 l heiße Fleischbrühe
1 TL gerebelter Majoran
Salz und Pfeffer
125 g süße Sahne
2 Scheiben Toastbrot
100 g magerer Speck
20 g Butter
1 EL gehackte Petersilie

Die Kartoffeln waschen, schälen und in kleine Würfel schneiden. Das Suppengrün und die Zwiebel hacken. Butterschmalz in einem großen Topf zerlassen, Suppengrün und Zwiebel darin glasig dünsten. Die Kartoffeln dazugeben, kurz mitdünsten und mit der Fleischbrühe aufgießen. Mit Majoran, Salz und Pfeffer würzen und 20 Minuten kochen lassen. Dann die Sahne unterrühren und die Suppe mit dem Mixstab pürieren. Das Toastbrot und den Speck in kleine Würfel schneiden, Speck in der Butter auslassen und die Brotwürfel darin goldbraun rösten. Über die Suppe geben, mit der Petersilie bestreut servieren.

Erbsensuppe mit Speck

250 g geschälte, gelbe Erbsen
250 g Frühstücksspeck am Stück
2 Zwiebeln, grob gehackt
1 Möhre
1 Petersilienwurzel
$1/4$ Sellerieknolle
1 kleine Stange Lauch
250 g Kartoffeln
Salz und Pfeffer
$1\frac{1}{4}$ TL gerebelter Majoran
$1/2$ TL Bohnenkraut

Die Erbsen über Nacht in 2 l Wasser einweichen. Am nächsten Tag mit der Flüssigkeit zum Kochen bringen, den Frühstücksspeck einlegen und die Zwiebeln zufügen. Zugedeckt bei mittlerer Hitze 1 Stunde kochen. Das Wurzelgemüse und den Lauch putzen und grob hacken, die geschälten Kartoffeln in kleine Würfel schneiden. Das Gemüse unter die Erbsen mischen und mit Salz, Pfeffer, Majoran und Bohnenkraut würzen. Den Eintopf noch 20 Minuten kochen lassen. Vor dem Servieren den Frühstücksspeck herausheben, in feine Würfel schneiden und unter den Eintopf mischen.

Oben: Berliner Kartoffelsuppe

Unten: Erbsensuppe mit Speck

Fisch

»Die Havel ist ein aparter Fluss Das Blau ihres Wassers und ihre zahllosen Buchten – sie ist tatsächlich eine Aneinanderreihung von Seen – machen sie in ihrer Art zu einem Unikum.« Nun, blau, wie Fontane schreibt, sind sie so wohl nicht mehr, die Berliner Havelseen. Aber ein idealer Tummelplatz für den Hechtbarsch oder auch Zander, den bis zu einem Meter großen Raubfisch, den sein Beutedrang vor allem in die Flussunterläufe und großen Seen treibt. Als delikater Speisefisch wird der Havelzander in Berlin am liebsten ohne Schnickschnack, nur in Butter leicht braun gebraten und fein mit Zitronensaft beträufelt, genossen. In der Einfachheit liegt hier die Raffinesse der Zubereitung.

Traditionelles Weihnachts- und Silvestergericht ist der Berliner Karpfen, eigentlich Karpfen Polnisch. Wie diese Festtagsspeise nach Berlin kam, weiß man nicht genau. War es das Uraltrezept der slawischen Wenden aus dem früheren Fischerdorf Coelln oder waren es die zugewanderten Schlesier, die die Berliner auf den Geschmack brachten? Der Spiegelkarpfen wurde früher lebend gekauft und verbrachte seine letzten Tage auch schon mal in der Badewanne. Beim Schlachten fing man das Blut auf und verfeinerte damit die Soße, die außerdem durch Bier und Pfefferkuchen ihren besonderen Geschmack bekam.

Äußerst populär wurden im 19. Jahrhundert die Landpartien. Mit Kind und Kegel, per Dampfer, Bahn oder im Kremser, dem mehrsitzigen offenen Pferdemietwagen mit Verdeck, strömten die Familien an schönen Sonntagen hinaus ins Grüne in die Gartenlokale, ein besonderes Ziel dabei stets vor Augen: »Immer Richtung Aal Jrün«, so der Leitspruch der Sonntagsausflügler. Als Beilage zu dem Leckerbissen unentbehrlich Gurkensalat, reichlich mit gehacktem Dill bestreut.

Fisch, ob nun aus eigenen oder fremden Gewässern, war und ist in Berlin jederzeit ein willkommenes Essen. Das Feinschmeckerlokal »Borchardt« stellte vor über 100 Jahren seine Schlemmergäste vor die Qual der Wahl, unter dem opulenten Angebot von 60 Seezungendelikatessen zu entscheiden. Schon Herr von Czako in Fontanes »Stechlin« wusste: »Fische sollen außerdem viel Phosphor enthalten, und Phosphor, so heißt es, macht ›helle‹.« Und als helle, fürwahr, sind die Berliner bekannt.

Havelzander mit brauner Butter

4 Scheiben Zanderfilet à 200 g
Salz und Pfeffer
Zitronensaft
Mehl
125 g Butter
krause Petersilie zum Garnieren

Den Zander waschen, trocken tupfen, salzen, pfeffern und mit Zitronensaft beträufeln. Etwas ziehen lassen, dann in wenig Mehl wenden. 25 g Butter in einer Pfanne zerlassen und die Zanderscheiben auf beiden Seiten bei mittlerer Hitze jeweils ca. 3 Minuten goldbraun braten. Inzwischen die restliche Butter bräunen. Den Zander auf eine vorgewärmte Platte legen, mit Petersilie garnieren und die braune Butter getrennt dazu servieren.

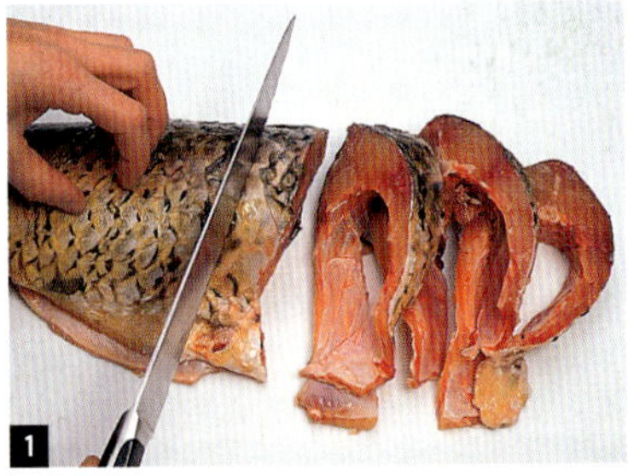

1 Der küchenfertige Karpfen wird in Portionsstücke zerteilt.

2 Fisch und Gemüse in der Form legen, Bier angießen und Gewürze hinzufügen.

3 Nach dem Garen die Fischstücke herausnehmen und warm stellen.

4 Für die Soße den Zucker in einer Pfanne erhitzen und karamellisieren lassen.

5 Den Essig angießen und später den Lebkuchen hinzufügen.

6 Den Sud aus der Form in die Pfanne gießen und danach aufkochen lassen.

7 Den Sud durch ein Sieb passieren und die Soße im Anschluss abschmecken.

8 Zum Karpfen Polnisch passen Salzkartoffeln und ein grüner Salat.

Karpfen Polnisch

1 küchenfertiger Karpfen, ca. 1,5 kg
Salz und Pfeffer, Zitronensaft
4 Möhren
2 Zwiebeln, fein gehackt
Butter für die Form
3/4 l dunkles Bier
2 Lorbeerblätter, 1 Nelke
1 EL Zucker
1/8 l Weinessig
100 g geriebener Lebkuchen

Den Karpfen waschen, in Portionsstücke zerteilen. Jedes Karpfenstück salzen, pfeffern und mit Zitronensaft beträufeln. 15 Minuten ziehen lassen. Inzwischen die Möhren waschen, putzen und in dünne Streifen schneiden. Möhren und Zwiebeln in eine mit Butter ausgestrichene feuerfeste Form schichten. Die Karpfenstücke darauf legen. Mit dem Bier übergießen, die Lorbeerblätter und die Nelken zufügen. Mit Alufolie zugedeckt im vorgeheizten Backofen bei 220 °C etwa 15 Minuten gar ziehen lassen. Dann Karpfenstücke herausheben und warm stellen. Den Zucker in einer trockenen Pfanne braun rösten, mit dem Essig ablöschen und den Lebkuchen unterrühren. Den Sud aus der Form dazugießen und die Soße etwas einkochen lassen. Die Soße durch ein Sieb passieren und noch einmal mit Salz, Pfeffer und Zucker abschmecken. Die Karpfenstücke portionsweise auf der Soße anrichten. Dazu kann man Salzkartoffeln und grünen Salat oder auch Rotkraut servieren.

Aal grün

750 g frischer Aal, ausgenommen und enthäutet
Salz
Saft von 1 Zitrone
1 Bund Suppengrün
1 Zwiebel, gespickt mit 1 Lorbeerblatt und 2 Nelken
1/8 l milder Weinessig
6 Pfefferkörner
20 g Butter
2 EL Mehl
1/8 l Weißwein
Pfeffer
1 Prise Zucker
200 g Sahne
2 Eigelb
3 EL Dill, fein gehackt

Den Aal waschen, abtrocknen und in Portionsstücke teilen. Salzen, mit dem Zitronensaft beträufeln und 10 Minuten ziehen lassen. Das Suppengrün mit der gespickten Zwiebel, 1 l Wasser, dem Essig und den Pfefferkörnern zum Kochen bringen. Dann die Aalstücke einlegen und bei kleiner Hitze ca. 20 Minuten ziehen lassen. Nach Ende der Garzeit die Aalstücke herausheben und abtropfen lassen. Den Fischsud abseihen. Die Butter zerlassen, das Mehl darin hellgelb anschwitzen, 1/2 l Fischsud und den Weißwein unterrühren und die Soße mit Salz, Pfeffer und Zucker abschmecken. 5 Minuten köcheln lassen. Anschließend die Soße vom Herd nehmen. Die Sahne mit dem Eigelb verquirlen und die Soße damit binden. Den Dill untermischen und die Aalstücke wieder einlegen. In der Soße erhitzen, nicht mehr kochen, und mit Pellkartoffeln servieren.

Unten: Ein Prachtstück von einem Karpfen

Links: Das Sortiment einer guten Konditorei hält zahlreiche Sahne- und Obsttorten bereit.

Rechts oben: Berliner Luft mit Beerensoße

Rechts unten: Armer Ritter

Süße Kunst

Das waren noch Zeiten, als Berliner Konditoren ihr Handwerk als Kunstfertigkeit zelebrierten und in ihren Caféhäusern neben der Fülle an Torten und Kuchen dem entzückten Publikum Figurenkreationen aus Zuckerguss präsentierten. Furore im Wettstreit der Meister machte der Konditor Fuchs, als er 1822 zum Besuch des russischen Großfürsten Nikolaus das Abbild einer höfischen Gesellschaft in Form von Zuckerpüppchen schuf.

Für zwei Groschen Eintritt konnte man sich am Anblick des süßen Kunstwerks ergötzen. Im prächtigen Spiegelsaal der Konditorei befand sich auch Heinrich Heine unter den Schaulustigen, dem es allerdings nicht gelang, »von dieser Herrlichkeit bei Fuchs etwas zu sehen, da die holden Damenköpfchen eine undurchdringliche Mauer vor dem Zuckergemälde bildeten«. Keinen spektakulären Augenschmaus, sondern nur schlicht Gaumengenuss bescheren die traditionellen Berliner Kuchenspezialitäten: Berliner Sandkuchen und der als Silvester- und Karnevalsgebäck beliebte »Berliner Pfannkuchen«, von den Berlinern selbst nur »Pfannkuchen« genannt. Die Legende erzählt von einem Berliner Soldaten, der 1756 zu Beginn des Siebenjährigen Krieges zur Artillerie eingezogen wurde, sich aber für den Waffendienst als untauglich erwies und in die Heeresbäckerei abkommandiert wurde. Aus Dankbarkeit, vom Frontdienst verschont zu sein, formte er aus einem Hefeteig kleine Kanonenkugeln, und so entstand der berühmte Pfannkuchen.

Äppelkähne

Ein malerisches Bild, das sich in den Herbstmonaten dem jungen Theodor Fontane bot: Große Schleppkähne, mit Obstkörben reich beladen, drängten sich in dichten Reihen an den Ufern der Spree. Die Luft war erfüllt vom Duft der Äpfel und Birnen, die direkt von den Schiffen verhökert wurden: »Jeden Morgen hatten wir Schüler ihren Stand zwischen Herkules- und Friedrichsbrücke zu passieren, und wir können uns nicht erinnern, je anders als mit ›Augen rechts‹ an der langen Front der Werderschen Kähne vorbeigegangen zu sein.« Zu Fontanes Zeiten, in der ersten Hälfte des 19. Jahrhunderts, wurde Berlin noch hauptsächlich auf dem Wasserweg mit Obst versorgt. Nicht nur aus dem nahe gelegenen Werder, auch aus der Lausitz, sogar aus dem entfernten Böhmen kamen die »Äppelkähne«, wie die Berliner die vollbepackten Schuten salopp nannten, angeschippert und gingen für Tage oder Wochen im Zentrum der Stadt vor Anker, um ihre Früchte zum Kauf en gros und en detail feilzubieten. Mit dem Bau der Stadtbahn wurden gegen Ende des 19. Jahrhunderts die Lieferwege schneller. Die real existierenden Äppelkähne wurden wegrationalisiert. Der Jargon aber ist geblieben. »Mensch, is det'n riesiger Äppelkahn!« Ein spontaner Ausruf, der bewunderndes Staunen signalisiert über das imposante Ausmaß eines soeben vorbeischwimmenden Lastkahns. Äpfel hat er heutzutage allerdings nicht mehr geladen.

Armer Ritter

- ¼ l Milch
- 3 Eier
- 1 EL Zucker
- abgeriebene Schale von 1 Zitrone
- 8 Scheiben altes Weißbrot
- 6 EL Semmelbrösel
- 75 g Butterschmalz
- Zimt- und Zuckermischung

Die Milch mit den Eiern, dem Zucker und der Zitronenschale verquirlen. Die Brotscheiben mehrmals in der Eiermilch, anschließend in Semmelbröseln wenden. Das Butterschmalz in einer großen Pfanne erhitzen und die panierten Brotscheiben auf beiden Seiten goldbraun ausbacken. Mit der Zimt- und Zuckermischung bestreuen und sofort servieren.

Berliner Luft mit Beerensoße

Für 6 Personen

Creme:

125 g Zucker
1 Päckchen Vanillinzucker
5 Eier, getrennt
Saft von 1/2 Zitrone
1/2 TL Zimt
5 Blatt weiße Gelatine
1/8 l Weißwein

Beerensoße:

500 g gemischte Beeren (zum Beispiel Erdbeeren, Himbeeren, Johannisbeeren, Brombeeren)
75 g Zucker

Den Zucker mit dem Vanillinzucker und dem Eigelb schaumig schlagen. Den Zitronensaft und den Zimt untermischen. Die Gelatine in 1/8 l kaltem Wasser einweichen, tropfnass im Weißwein erwärmen, unter Rühren auflösen und nach und nach unter die Eigelbmasse rühren. In den Kühlschrank stellen, bis die Masse zu gelieren beginnt. Das Eiweiß steif schlagen und mit dem Schneebesen unter die Weincreme heben. In eine Dessertschüssel umfüllen und im Kühlschrank mindestens 3 Stunden fest werden lassen. Inzwischen die Beeren mit dem Zucker in etwas Wasser einmal aufkochen, durch ein Sieb passieren und auskühlen lassen. Getrennt zur Berliner Luft servieren.

Die kühle Blonde

Genau wissen es selbst die Experten nicht. Fest steht nur, dass die weltberühmte »Berliner Weiße« aus fremden Landen zugereist ist. Ob nun ursprünglich aus England oder dem tschechischen Pilsen stammend, eingebürgert jedenfalls hat sich die Bierart zunächst in Norddeutschland, um dann ihren Weg an die Spree zu nehmen: 1575 wird sie erstmals als »Hamburger Weizenbier« erwähnt.

Was heute profan als maschinelle Flaschenabfüllung präsentiert und in alle Welt verschickt wird, hat seine ganz eigene Geschichte handwerklicher Braukunst und merkantiler Erfindungsgabe. Ebenso wie bei den gleichfalls berühmten süddeutschen Weizenbieren besteht die Stammwürze der »Berliner Weiße« aus Weizen- und Gerstenmalz – allerdings nehmen die Brauer an der Spree nur ein Viertel Weizenmalz – und es kommt zu einer Nachgärung in der Flasche. Im Unterschied zu den süddeutschen Verwandten wird bei der »Kühlen Blonden«, wie die Berliner ihr Weißbier nennen, durch den nachträglichen Zusatz von Milchsäurebakterien eine zweite Gärung in der Flasche herbeigeführt. Doch erst die Verbindung der Gärungserreger mit dem Berliner Wasser ergibt schließlich die leicht säuerliche, spezifische Würze, deren erfrischende Wirkung schon der Feldherr Wallenstein zu schätzen wusste.

»Champagne du Nord« tauften die eingewanderten Hugenotten den moussierenden Trank, der ihnen so vorzüglich mundete. Von ihnen soll die Idee mit dem »Schuss« stammen, die Mischung mit einem ordentlichen Spritzer Himbeersirup oder Waldmeisteressenz. Hocherfreut über die enorme Popularität dieses Bieres zeigte sich im 17. Jahrhundert der Große Kurfürst, gab sie ihm doch die schöne Gelegenheit, den lädierten Staatssäckel aufzustocken durch die Erhebung einer Sondersteuer für das Brauen von Weißbier.

Gewiefte Budiker fanden bald die Methode, den Prozess der zweiten Gärung zur Geschmacksverfeinerung zu nutzen, aber auch zum Wohle ihrer Kapitalvermehrung. Sie füllten die Weiße in Steinkrüge, verschlossen sie mit Korken, verbanden sie zur zusätzlichen Sicherheit mit Bindfäden fest mit dem Flaschenhals und verbuddelten sie tief im aufgeschütteten Sand ihrer Keller, damit sie nicht explodierten. Nach einem Jahr oder mehr Zeit der Lagerung konnte sie dann dem erwartungsfrohen Gast als »Sandweiße« offeriert werden, gegen entsprechenden Aufpreis natürlich. Erstklassige Weißbierbudiker schalteten noch einen Arbeitsgang zu. Vorsichtig wurde die naturtrübe Sandweiße in eine neue Kruke umgegossen, sodass der Heferückstand in der alten verblieb. Das Resultat, die Krönung der Weißbierveredelung – die »Champagnerweiße«.

Dem Kombinationsgeist waren und sind keine Grenzen gesetzt. Im 19. Jahrhundert kam der Kümmelschnaps in Mode. Serviert wurde er in langen, schmalen Gläsern, die die assoziationsfreudigen Berliner sogleich an die Bindfäden – berlinisch Strippe – der Weißbierkruken erinnerte. Der Kümmel, in die Weiße gekippt, wurde zur heute noch beliebten »Weiße mit Strippe«. Als Heilmittel gegen Erkältung gilt die heiße Weiße mit Zitronensaft und Zitronenscheiben. Ultimativer Hit in Schickimicki-Bars ist, die Weiße in allerlei Cocktailvarianten zu mixen.

Kredenzt wurde die Berliner Weiße anfänglich in hohen Stangengläsern mit buntem Deckel. Im 19. Jahrhundert änderte sich die Form in eine fußlose, drei Pfund schwere Wanne mit weißem Rand, mit dem exakt der Schaum des Bieres abschließen musste. Dann wusste der Gast, so »isset richtich«, es war »honett einjeschenkt«. Der Volksmund nannte diese Monstrosität »Klau-Weiße«. Denn einerseits konnte die gefüllte Wanne nur mit beiden Händen – berlinerisch Klaue – zu Mund geführt werden, andererseits waren die mehr als zwei Liter Inhalt meistens für einen Zecher zu viel, sodass sich noch weitere Durstige an dem Trank labten, also »klauten«. Der Wanne folgte ein flacher Kelch mit kurzem Fuß, ehe sich die heutige Form der tiefen Schale mit dem hohen Stil durchsetzte.

Besonders Touristen stürzen sich auf die Weiße »rot« oder »grün«, obwohl ihr Geschmack für fremde Kehlen durchaus gewöhnungsbedürftig ist. So berichtet der Zeichner Heinrich Zille, der in seiner Jugend gegen ein kleines Entgelt Besucher durch die Stadt führte, von deren Reaktionen auf den Genuss der Weißen. Meist, so schreibt er, schmeckte sie ihnen »zu herb, zu sauer – dann trank ich es aus, um den Ruf der ›kühlen Blonden‹ zu wahren.«

Die Berliner Weiße wird in einer tiefen Schale mit hohem Stil serviert und gilt als hervorragender Durstlöscher.

Geh in die Stampe und gieß Dir einen auf die Lampe

Eine kulinarische Tragödie als Slapstickkomödie: Sie will eben nur einen Happen essen gehen. Eine Stulle mit Griebenschmalz oder eine Bulette mit Mostrich. Pech gehabt, der Hungerturm in der Budike ist ratzekahl leergefuttert. Auch die Bouillon ist alle. Doch die Stimmung ist bonfortionös. In dieser Stampe wird wirklich honett eingeschenkt und »Bier is ooch Stulle«. Also eine Molle mit Korn bestellt. Aus einer werden zwei, werden drei, werden vier. Eigentlich aber will sie sich keinen auf die Lampe gießen.

Auf den ersten Blick scheint alles ganz einfach und klar, der viel beschworene französische Einfluss im Berliner Jargon (Kauderwelsch) ist nicht zu übersehen bei Wörtern wie »Bulette« (boulette = Fleischkügelchen), »Mostrich« (moutarde = Senf), »Budike« (boutique = Laden), »honett« (honnête = anständig, ehrlich). »Bouillon« als Synonym für Fleischbrühe ist ohnehin gesamtdeutsch in den Sprachgebrauch eingegangen. Auch »bonfortionös«, berlinerisch für »großartig, herrlich«, lässt das Französische noch erahnen (bonne fortune = viel Glück).

Doch der Sprachteufel steckt im etymologischen Detail und treibt seine Wurzeln im Verborgenen. Denn wer kommt schon auf die Idee, dass so harmlos urdeutsch klingende Wörter wie »Happen«, »Griebenschmalz«, »ratzekahl«, »ist alle«, »Stampe« und »auf die Lampe gießen« durchaus ihren Ursprung in der französischen Sprache haben? Der »Happen« leitet sich ab von »happée«, »Bissen«. Aus den in Speck gebratenen Fleischstücken, den »gribelettes«, werden Berlinerisch »Jrieben«, die notwendigen Zutaten für das Griebenschmalz. Und »ratzekahl« hat mit kahl geschorenen Ratten gar nichts zu tun. Der Ursprung ist vielmehr »radical«, »gründlich«, »von der Wurzel her« also. Wenn man dann hinter der »Bouillon«, die »alle« ist, das französische »c'est allé« (ist ausgegangen, nicht mehr vorrätig) erkennt, hebt sich auch die eigentliche Widersinnigkeit dieser Ausdrucksweise auf. »Estaminet« (kleine Gastwirtschaft) wird zur Berliner »Stampe«. Sich »einen auf die Lampe gießen« stützt sich auf das französische Verb »lamper« (übermäßig, in kräftigen Zügen trinken).

Aus fremden Töpfen

Restaurantkritiker urteilen, dass die Berliner Gastronomieszene in den letzten zwanzig Jahren einen gewaltigen Qualitätssprung gemacht hat. Vorbei sind die Zeiten, in denen der Gourmet, dessen Gaumen im Süden der Republik schon vor Jahrzehnten Sterneköche und eine sich auf frische Regionalprodukte zurückbesinnende Küche erfreuten, der Küche in Berlin Rückständigkeit bescheinigte. So findet man in Berlin jetzt immerhin zehn vom Guide Michelin 2008 mit einem Stern und eines mit zwei Sternen ausgezeichnete Restaurants (zum Vergleich: In Hamburg gibt es elf Ein-Sterne-Restaurants, in München eines mit zwei und sechs mit einem Stern).

Interessant ist die Berliner Restaurantszene für Genießer, die nicht in Gourmettempeln schlemmen können oder wollen, jedoch auch wegen ihrer großen Vielfalt und der Qualität der ethnischen Küchen. »Die Welt als Gastgeber in Berlin« – das wäre wohl etwas zu hoch gegriffen, denn nicht jeder Staat der Erde ist mit einer kulinarischen Botschaft in Berlin vertreten. Wohl aber ist es ein Leichtes, in Berlin eine kulinarische Weltreise zu machen: Von der tadschikischen Teestube über das österreichische Heurigenlokal bis zur karibischen Cocktailbar reicht die Palette. Auch Krokodilfleisch aus Südafrika oder Straußensteaks aus Australien findet man in Berlin ohne längeres Suchen. Viele Restaurants bieten neben der originalen Küche auch das entsprechende Ambiente.

Selbstverständlich gibt es auch in Berlin »den Italiener« – allerdings über 150 Mal, von der einfachen Pizzeria bis zum edlen Ristorante. Die chinesische Küche ist mit über 50 Betrieben in der Hauptstadt vertreten. Dabei gibt es neben den bundesweit verbreiteten Chinarestaurants mit sehr ähnlichen Speisekarten auch solche, die eine authentische Küche, z. B. aus Peking oder Sichuan, bieten, die Wert auf den Eigengeschmack der erstklassigen Zutaten legt. Schon sehr früh eröffneten hier die ersten Restaurants aus Fernost: 1967 das erste indische und 1976 das erste thailändische. In den letzten Jahren entstanden viele asiatische Restaurants mit innovativen Konzepten in hervorragender Qualität – Berlin ist damit die einzige europäische Stadt, die einen ähnlich großen fernöstlichen kulinarischen Einfluss aufweist wie London (Kai Röger in zitty Online, 22.07.2008).

Und nicht zuletzt: Auch die zahlreichen »Einwanderer« aus den deutschen Bundesländern müssen hier nicht auf ihre heimische Küche verzichten. Ob schwäbische Maultaschen, bayerische Weißwürste oder rheinischer Sauerbraten – natürlich gibt es in Berlin auch Gaststätten, die diese Spezialitäten liebevoll hausgemacht, zum Teil von Köchen aus der jeweiligen Region, anbieten. Von dieser Konkurrenz profitiert auch die Berliner Küche: Weitaus häufiger als früher findet man heute gut zubereitete Berliner Hausmannskost aus besten regionalen Zutaten.

Oben links und unten: Ob französische Brasserie oder spanisches Restaurante – in Berlin muss man nicht weit reisen, um den europäischen Nachbarn in die Töpfe zu schauen.

Oben rechts: Besonders groß ist in Berlin die Auswahl an sehr guten Restaurants aus Asien. Neben den bei Großstädtern beliebten Sushi Bars gibt es hier unter anderem thailändische, indische und vietnamesische Restaurants sowie chinesische mit authentischer Küche.

Brandenburg

Maren Hoffmann

»Wer in die Mark reisen will, der muss zunächst Liebe zu Land und Leuten mitbringen, mindestens keine Voreingenommenheit. Er muss den guten Willen haben, das Gute zu finden, anstatt es durch kritische Vergleiche totzumachen«, forderte Theodor Fontane, der berühmte Wanderer durch die Mark Brandenburg.

Die Mark, einst als »Streusandbüchse des Heiligen Römischen Reiches« verspottet, hat einen herben Charme – aber der ist Teil ihres Reizes. Ausgedehnte Kiefernwälder und Seen, lange Alleen und Backsteindörfer prägen das Bild des flachen, dünn besiedelten Landes: Nur 86 Menschen kommen statistisch gesehen auf einen Quadratkilometer. Potsdam, die Landeshauptstadt, hat knapp 148 000 Einwohner.

Die Mark war das Kernland Preußens, Potsdam seine wichtigste Garnisonsstadt. Kulturell hat ihr Friedrich II. mit seinem Schloss Sanssouci Bedeutung verliehen. Fürst Pückler gestaltete den Landschaftspark bei Cottbus, und Kurt Tucholsky war es, der das idyllische Rheinsberg in den Rang einer Wallfahrtsstätte für Verliebte erhob. Traditionen ganz anderer Art werden in der Niederlausitz gepflegt, zu der auch der Spreewald gehört; hier leben die Sorben, eine slawische Minderheit, die ihre eigene Sprache und Küche haben.

Mit Erfolg beharrten die Märker nach der Wiedervereinigung darauf, dass das zu DDR-Zeiten in drei Bezirke zerteilte Land zwischen Elbe und Oder wieder zu einer Einheit wurde. Das Gefühl der Zusammengehörigkeit hatte sich erhalten, obwohl sich die Grenzen Brandenburgs im Laufe der Geschichte immer wieder geändert haben: 1815 kam die Altmark zu Sachsen, nach dem Zweiten Weltkrieg gingen große Teile des Landes östlich der Oder und der Lausitzer Neiße verloren. Berlin wollten die Brandenburger allerdings nicht dabei haben: 1996 stimmten sie gegen die Fusion ihres Flächenlandes mit dem Stadtstaat.

In den Küchen Brandenburgs und Berlins jedoch finden sich Überschneidungen: Schließlich versorgte das Umland die Stadt mit Fisch, Wild, Obst und Gemüse. Quark mit Leinöl und Pellkartoffeln gehört zu den bodenständigen Spezialitäten der Region, über die Landesgrenzen hinaus bekannt sind Teltower Rübchen, Spreewaldgurken und Beelitzer Spargel.

Oben: Schloss Sanssouci, das »preußische Versailles«, ist die Hauptsehenswürdigkeit der Landeshauptstadt Potsdam. Friedrich II. ließ es Mitte des 18. Jahrhunderts als Sommerschloss im Rokokostil errichten.

Links: »Statt des Fußpfades ein Wasserstreifen, das gewölbte Laubdach über uns, so gleiten wir die Straße hinauf …«, so beschrieb Theodor Fontane eine Reise durch den Spreewald, »ein Wassernetz, das aus unzähligen Spreearmen und Spreekanälen geflochten wird …«

Ostalgie

»Aus gegebener Veranlassung weisen wir darauf hin, dass die Fruchtschale von Südfrüchten nicht zum Verzehr geeignet ist«, warnt ein Schild die Besucher des »letzten ostdeutschen Konsums« – ein Relikt aus Vorwendetagen, als exotisches Obst noch seltene Ware war. Die alltägliche Einkaufswelt der DDR ist im Burgmuseum Lenzen (Elbe) in der Prignitz konserviert. Kaufen kann man in dem kleinen Laden freilich nichts mehr. Die Urkunde »Verkaufsstelle der vorbildlichen Verkaufskultur« für »hervorragende Leistungen im sozialistischen Wettbewerb« ist längst Geschichte.
Die meisten Besucher kommen aus dem Osten, und ihre Reaktionen sind gemischt. Manche erinnern sich mit Grausen an pappigen Reis und allenfalls zum Saftpressen brauchbare Kubaorangen. Andere würden am liebsten noch mal zugreifen bei praktischen Tempolinsen, Backmischungen aus dem VEB Backmehlwerk Halle und dem beliebten Schokopuddingpulver, die mit dem Arbeiter- und Bauernstaat untergingen. Im Museum liegt auch »Bückware« offen aus: Zitronensaft, Werderaner Tomatenketchup, echter Honig, Kochbeutelreis – eine Vielfalt, wie sie zu DDR-Zeiten keiner der Läden bieten konnte. Viele, die in der DDR aufwuchsen, vermissen vor allem eins: die Brötchen. Wenig Verlangen gibt es dagegen nach grünen Tomaten im Glas, bröckligem »Speisekuchen« zum Soßenbinden oder Ingwer in Zuckersirup.

Nachdem nun die Sehnsucht nach den lange nur überteuert in Intershops und Delikatläden erhältlichen Westwaren gestillt war, besinnt man sich in den neuen Ländern auch auf alte Werte. Das Schlagwort »Ostalgie« tut vielen Produkten dabei unrecht. Einige gibt es weitaus länger als die DDR: etwa den Rotkäppchensekt, von »Wessis« lange als billige Ostbrause bespöttelt. Er wird seit mehr als hundert Jahren von der Freyburger Sektkelterei in Sachsen-Anhalt hergestellt. Die Hallorenkugeln kommen aus der ältesten Schokoladenfabrik Deutschlands in Halle. Auch Köstritzer Schwarzbier, Nordhäuser Doppelkorn, Spreewälder Gurken, Ketchup aus Werder, Burger Knäckebrot und Salzweder Baumkuchen haben sich, oft nach schweren Betriebskrisen oder erst nach der Übernahme in einen Westkonzern, ihren Platz in den Regalen zurückerobert. Obwohl für viele Unternehmen im Osten der Sprung in den Westen schwer war, haben sich so manche Lebensmittelhersteller und -marken heute auch in den alten Ländern etabliert.

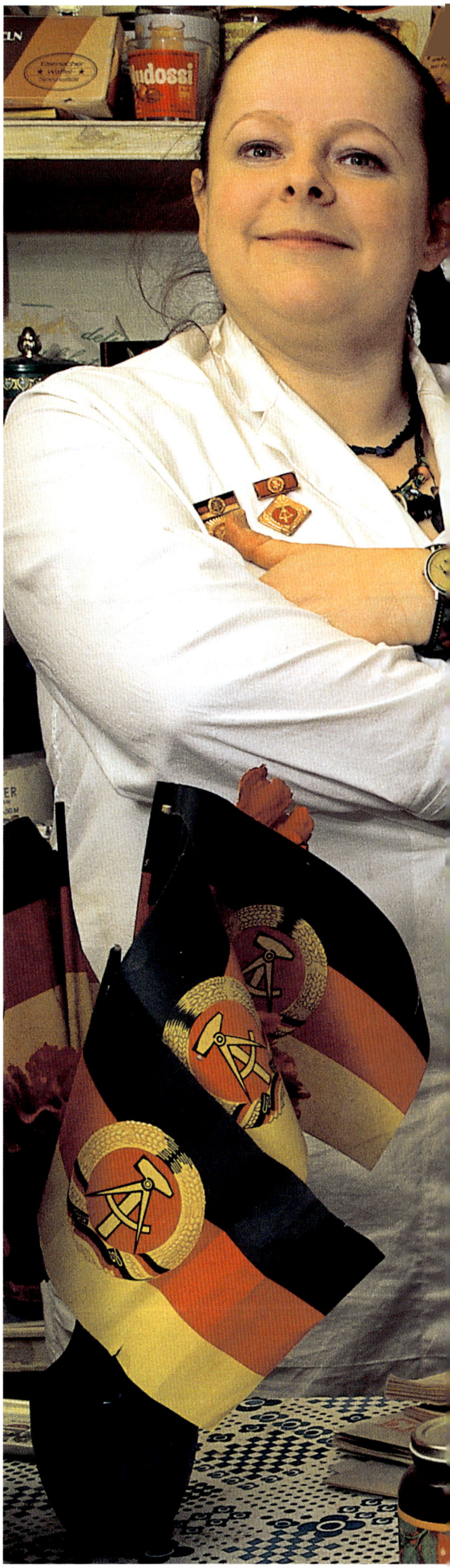

Rechts: Produkte in einer Fülle, wie sie zu DDR-Zeiten in keinem Laden zu finden waren, zeigt das Burgmuseum Lenzen.

DDR-Deutsch aus Küche und Gastronomie

Broiler: Masthähnchen aus den KIM. Steigerungsform: Goldbroiler.
Bückware: Mangelware, die von den Verkäufern unter dem Ladentisch gehortet wurde, um sie nur bevorzugter Kundschaft zuteilwerden zu lassen.
Delikat: Ladenkette, in der es zu höheren Preisen höherwertigere Waren gab; die Grundversorgung sicherte der Konsumladen.
Erichs Krönung: spöttischer »Markenname« für eine Mischung aus Bohnen- und Gerstenkaffee, die allerdings nur kurz während der Honecker-Ära auf dem Markt war.
Grilletta: die Antwort des Ostens auf den westlichen Hamburger – inhaltlich jedoch gleich: ein runder, flacher Fleischklops im Brötchen mit Soße und Garnitur.
Jägerschnitzel: in der DDR eben kein Schnitzel, sondern eine gebackene Scheibe Jagdwurst.
Kali: kam nicht aus dem Bergwerk, sondern aus der Flasche – der »Kaffeelikör«.
Ketwurst: vergleichbar dem amerikanischen »Hotdog«: eine Wurst kam in ein vorgestanztes Loch im Brötchen und wurde mit Ketchup versehen.
KIM: Abkürzung für »Kombinate industrielle Mastproduktion«, die fabrikartigen Heimstätten der Broiler.
Kiwi: ein besonders in Kneipen gern bestellter Likör – der Kirschwhisky.
Nudossi: als Brotaufstrich beliebte Nougatcreme.
Sättigungsbeilage: lag mit dem Hauptgericht auf dem Teller und konnte alles sein, was man im Westen nur als Beilage (ohne den offen ausgesprochenen Zweck der Sättigung) kannte: Kartoffeln, Reis, Nudeln, Brot, Gemüse.
Schlagersüßtafel: preiswerter Schokoladenersatz aus Pflanzenfett, wenig Kakao und Erdnüssen; die Tafel kostete 80 Pfennige und war mit Sammelbildchen versehen.
Tempolinsen: auch als -erbsen und -bohnen erhältlich: vorbehandelte Hülsenfrüchte für eilige Köche (werden seit der Wende von vielen vermisst).
Zückli: künstlicher Süßstoff, wurde mit dem Slogan: »Süßen ohne Sorgen« beworben.

Abführ-Tee
Knoblauch-Perlen
ATA
fein
Putz- und Scheuer mittel
300g 0,15 M
RIMO
Fewa
SLIPEINLAGEN
Sylvi
HSL 8222600
688 g · 0,55 M
NEUES DEUTSC
Festveranstaltung zum 40. Jahrestag der
Rote Bete
gewürfelt, gewürzt
BULGARIEN
GLOBUS
Bienen honig
Zitrona
Apfel Früchte mischung
Naschi
Der leckere, nußartige Aufstrich fürs Brot, für Keks, Zwieback
Reis

Kartoffeln für Deutschland

Für das Gesinde auf dem gräflichen Gut in Sorau, Niederlausitz, war klar: Diese komischen Knollen kommen uns nicht auf den Tisch. Selbst die Schweinemägde konnte Amtmann Leopold nicht dazu bewegen, wenigstens das Borstenvieh einmal von den Kartoffeln kosten zu lassen, die er aus dem Erzgebirge mitgebracht hatte. Das war 1730. Die »Pappas americanorum« war schon mehr als 150 Jahre lang in Europa, aber längst nicht überall im Volke bekannt.
Bereits im 16. Jahrhundert hatten die Spanier das Gewächs aus Peru und Chile mitgebracht. Die dortigen Einwohner kannten es schon lange als Nahrungspflanze. In Europa fand das botanische Mitbringsel zunächst nur Verbreitung in fürstlichen Lust- und Arzneigärten. Manche Mediziner erhofften von der »indianischen Zuckerwurtz« gar »eine Stärckung der ehelichen Wercken«. Hauptsächlich aber wurde die »Tartuffel« wegen ihrer hübschen Blüten angebaut. Kurfürst Friedrich Wilhelm etwa ließ die Kartoffel 1649 in seinem Berliner Lustgarten pflanzen. Allmählich fand sie ihren Weg aber immer öfter in die Hofküche. So notierte der kurfürstliche Leibarzt Johann Sigismund Elsholtz 1682 in seinem »Newen Tischbuch«: »Man isst diese Tartuffeln teils zur Lust und Veränderung, teils als eine nährende Speise, weil sie nunmehr ziemlich gemein bei uns worden.«
Als Speise fürs gemeine Volk setzte sich die Kartoffel zuerst in der Pfalz und dann im Vogtland durch, und zwar schon Mitte des 17. Jahrhunderts. In Sachsen traten Anfang des 18. Jahrhunderts die sogenannten »Knollenprediger« auf, die ihrer Gemeinde von der Kanzel aus nahelegten, Kartoffeln anzubauen. Wer sich an des Priesters Rat hielt, durfte bald reichen irdischen Lohn erwarten: Bei der Hungersnot 1719 erwies sich, welch ein Segen die Kartoffel war.
Den großflächigen Anbau der »Erd Gewächse« in Deutschland forcierte Friedrich der Große. Auch er hatte erkannt, dass darin eine große Chance lag, durch Getreidemissernten bedingte Hungersnöte zu verhindern. Am 24. März 1756 befahl er seinen sämtlichen Landräten und Beamten: »Es ist von Uns in höchster Person in Unsern andern Provintzien die Anpflantzung der sogenannten Tartoffeln, als ein sehr nützliches und so wohl für Menschen, als Vieh auf sehr vielfache Art dienliches Erd Gewächse, ernstlich anbefohlen.«
Diese entschiedenen Worte waren nötig. Zwölf Jahre zuvor war des Königs Versuch gescheitert, die Bauern freiwillig für den Anbau zu interessieren. Als er nach der großen Hungersnot 1743/44 kostenlos Knollen an pommersche Bauern hatte verteilen lassen, warfen die das fremde Zeug den Hunden vor, die es verschmähten. Und was nicht mal Hunde fressen wollten, konnte den Menschen ja wohl erst recht nicht gut tun. Nach dem »Kartoffelbefehl« Friedrichs zeigte sich der Nutzen der Knolle indes schon sehr bald. Im Siebenjährigen Krieg (1756–1763) trug die Kartoffel entscheidend dazu bei, das preußische Heer satt und bei Kampfeslust zu halten. 1774 setzte der König nach und wies die Kurmärkische Kammer an, darauf zu achten, dass der »Erdtoffelbau so viel als möglich poussiret und nicht negliegiret werde«. Die Hartnäckigkeit des Herrschers hatte Erfolg. Bereits Ende des 18. Jahrhunderts zählten Kartoffeln zu den gewinnbringendsten Feldfrüchten: 1794 erzielte ein Morgen Kartoffeln einen Reingewinn von 36 Reichstalern – mehr, als mancher Handwerkergeselle in einem halben Jahr verdiente.
Im späten 18. Jahrhundert wurde die Kartoffel endgültig zum Volksnahrungsmittel und verdrängte Getreidegerichte in vielen, vor allem den nördlichen, Regionen nahezu gänzlich vom Speiseplan. Die einstige Zierpflanze der Fürsten mutierte zur Armenspeise. Die Familien armer Landarbeiter ernährten sich den größten Teil des Jahres nahezu ausschließlich von Kartoffeln. So konnte die große Hungersnot der Jahre 1846/47 ausgerechnet durch die Feldfrucht hervorgerufen werden, die solche Nöte hatte lindern sollen: Die einseitige Ausrichtung auf den Kartoffelanbau führte dazu, dass es durch Pflanzenkrankheiten in beiden Jahren zu Versorgungsnotständen kam.
In der DDR avancierte der Kartoffelanbau in den fünfziger Jahren erneut zur Staatsangelegen-

Warenkunde Kartoffeln

Wer die klägliche Auswahl in den Supermärkten betrachtet, mag es nicht glauben: Es gibt in Deutschland über 150 verschiedene Kartoffelsorten. Einige davon freilich sind nicht zum Verzehr bestimmt: Die sogenannten Wirtschaftssorten dienen ausschließlich der Herstellung von Stärke und Alkohol, andere wurden speziell für Kartoffelfertigprodukte gezüchtet.
Unter den Speisesorten unterscheidet man nach Reifegruppen: Es kommen sehr frühe, frühe, mittelfrühe und mittelspäte bis sehr späte Sorten auf den Markt. Erntezeit ist von Ende Mai bis Ende Oktober.
Sehr frühe Sorten: zu den gängigsten gehören Arkula, Atica, Berber, Christa, Gloria, Hela, Karatop, Leyla, Rosara und Ukama. Die ersten Kartoffeln aus deutschen Anbaugebieten kommen bereits Anfang Juni auf den Markt. Sie reifen unter Folien heran und gelten als besondere Delikatesse. Diese Frühkartoffeln genießt man ungeschält und bürstet sie vor dem Kochen nur unter Wasser ab. Nur wenige sehr frühe Sorten sind zum Einkellern geeignet.
Frühe Sorten: zu den gängigsten gehören Arnika, Cilena, Cinja, Forelle, Karat, Rikea und Sieglinde. Sie sind von Anfang Juni bis Mitte August auf dem Markt und können bis zum Herbst gelagert werden.
Mittelfrühe Sorten: zu den gängigsten gehören Adretta, Agria, Exquisa, Grandifolia, Granola, Hansa, Koretta, Likaria, Linda, Liu, Nicola, Quarta, Roxy, Secura, Selma, Solara und Solina. Mittelfrühen Sorten kommt in Deutschland die größte Bedeutung zu, sie werden von Mitte August bis Anfang Oktober geerntet und besitzen gute Lagerfähigkeiten.
Mittelspäte bis sehr späte Sorten: die bekannteste ist Aula. Diese Sorten werden von Mitte September bis Ende Oktober geerntet. Sie sind zum Einkellern bestimmt, verlieren aber immer mehr an Bedeutung, da die wenigsten Haushalte Platz für die Vorratshaltung haben.

Je nach Sorte variieren Stärkegehalt und Inhaltsstoffe der Kartoffeln. Mit zunehmendem Stärkegehalt nimmt die Feuchtigkeit ab, die Kartoffel wird mehliger. Je früher die Kartoffel geerntet wird, desto weniger Stärke hat sie produziert und kocht daher fester. Nach der Handelsklassenverordnung für Speisekartoffeln unterscheidet man folgende Kochtypen: festkochend, vorwiegend festkochend, mehligkochend. Festkochende und vorwiegend festkochende Sorten erfreuen sich vor allem in Norddeutschland großer Beliebtheit, während man in Süd-, Mittel- und Ostdeutschland mehlige Kartoffeln bevorzugt.
Festkochende Sorten: zu den gängigsten zählen Cilena, Exquisa, Exquisita, Forelle, Hansa, Linda, Nicola, Selma und Sieglinde. Sie springen beim Kochen nicht auf und eignen sich besonders für Salate, Bratkartoffeln, Salz- und Pellkartoffeln.
Vorwiegend festkochende Sorten: zu den gängigsten gehören Agria, Arkula, Arnika, Atica, Berber, Christa, Cinja, Gloria, Grandifolia, Granola, Hela, Karat, Karatop, Koretta, Leyla, Liu, Quarta, Rikea, Rosara, Roxy, Secura, Solara, Solina und Ukama. Sie springen beim Kochen nur geringfügig auf und eignen sich für Salz-, Pell- und Bratkartoffeln sowie zur Herstellung von Rösti und Pommes frites.
Mehligkochende Sorten: zu den gängigsten gehören: Adretta, Aula und Likaria. Sie brechen beim Kochen auf und sind ideal geeignet für Suppen, Eintöpfe, Pürees und Klöße.

Oben: Nicht nur mit der Einführung der Kartoffel machte sich Friedrich II. (1712–1786) um den Ackerbau verdient: Ab 1747 ließ er das von Überschwemmungen heimgesuchte Oderbruch eindeichen und besiedeln. Die Region ist bis heute ein wichtiges Landwirtschaftsgebiet Brandenburgs.

Links: Die Kartoffel ist anspruchslos und wächst auch auf kargen Böden. Jahrhundertelang war sie die »Wunderwaffe« gegen Hunger.

heit höchsten Ranges. Der Kampf gegen den Kartoffelkäfer wurde im Kalten Krieg zum Politikum hochstilisiert: Amerikanische Flugzeuge hätten den sechsbeinigen Klassenfeind gezielt über genossenschaftlichen Feldern abgeworfen, um der Volkswirtschaft zu schaden, mutmaßte man und steckte Millionen in den Kampf gegen den »Amikäfer«.

Rund um die Knolle

Sie tragen Namen wie exotische Schöne: Leyla, Desirée, Marabel, Solara, Likaria. Doch diese blumigen Attribute trügen: Ihr Aussehen ist unscheinbar, ja beinahe gewöhnlich: rund bis oval, mal flache, mal tiefer liegende Augen, braun, nicht selten erdverschmiert. Doch die inneren Werte von Christa, Gloria und Artgenossen sind unübertroffen: anspruchslos, wohlschmeckend, reich an Eiweiß, Mineralien und Vitaminen.

Die Rede ist von den Kartoffeln, noch heute einem der wichtigsten Grundnahrungsmittel, auch wenn ihre Bedeutung in den letzten Jahrzehnten stark zurückgegangen ist. Bis 1914 gehörte Deutschland zu den größten Kartoffelproduzenten der Welt, zwischen 1900 und 1904 betrug der Pro-Kopf-Verzehr fast 286 Kilogramm pro Jahr. Nach dem Zweiten Weltkrieg war ein Zentner Kartoffeln noch begehrte Schwarzmarkt- und Tauschware, mit dem beginnenden Wirtschaftswunder sank die Knolle auf der Beliebtheitsskala: Wurden in den Jahren 1950/51 noch 186 Kilogramm pro Kopf verzehrt, so waren es 2006/07 nur noch 62,5 Kilogramm. Stark zugenommen hat allerdings der Verbrauch von Kartoffelerzeugnissen, wie Chips, Pommes frites, Püreepulver und dergleichen: 2006/07 konsumierte jeder Bürger rund 36 Kilogramm dieser Produkte. 1953 lag der Verbrauch unter einem Kilo pro Kopf.

Da die Kartoffel im 18. und 19. Jahrhundert nahezu ausschließliches Nahrungsmittel der unteren Schichten war, ist es kein Wunder, dass Kartoffelgerichte in der traditionellen regionalen Küche eine hervorragende Rolle spielen, wobei ihnen im Norden des Landes größere Bedeutung zukam als im Süden und sie in armen Gebieten öfter auf dem Speisezettel standen als in reichen. Wo Schmalhans Küchenchef ist, scheint man die Not durch Fantasie zu lindern: Die Zahl der deutschen Kartoffelrezepte ist Legion und die Namen für ein und dasselbe Gericht variieren von Landstrich zu Landstrich. Kartoffeln bilden die Grundlage für sättigende Eintopfgerichte, werden zu Suppen und Salat verarbeitet, zu Klößen geformt, zu Brei püriert, süß oder deftig, als Beilage oder Hauptgericht gegessen.

Kartoffelsorten

1 Agria, vorwiegend festkochend, flache Augen, gelbe Schale, gelbfleischig.

2 Arkula, vorwiegend festkochend, flache Augen, hellgelbe Fleischfarbe.

3 Atica, vorwiegend festkochend, gelbe Fleischfarbe, feine Struktur.

4 Aula, mehligkochend, intensiv gelbe Fleischfarbe.

5 Berber, gehört zu den sehr frühen Sorten, vorwiegend festkochend.

6 Bettina, gelbe, glatte Schale, flache Augen.

7 Christa, sehr beliebte Sorte, gelbe Fleischfarbe.

8 Cilena, birnenartige Form, feiner, milder Geschmack. Gilt als Delikatesssorte.

9 Cinja, frühe Sorte, vorwiegend festkochend, flache Augen, dunkelgelbes Fleisch.

10 Désirée, rote Schale, hellgelbes Fleisch, vorwiegend in Süddeutschland angebaut.

11 Exquisa, besonders feine Neuzucht, gelbes Fleisch.

12 Forelle, kräftiger Geschmack, zählt zu den Feinschmeckerkartoffeln.

13 Gloria, sehr frühe Sorte, vorwiegend festkochend.

14 Grandifolia, mittelfrühe Sorte, eignet sich gut zum Einkellern.

15 Granola, genetzte Schale, gelbe Fleischfarbe, mittelfrühe Sorte.

16 Grata, goldgelbe Fleischfarbe, mittelspäte Sorte.

17 Hansa, festkochend, Hauptsorte in Norddeutschland.

18 Leyla, sehr frühe Sorte, gelbe Fleischfarbe, glatte Schale, lange lagerfähig bei gutem Geschmack.

19 Likaria, mehlig kochende, mittelfrühe Sorte, groß und gut lagerfähig.

20 Linda, hervorragende Speisekartoffel, ovale Knollen, gelbe Fleischfarbe.

21 Nicola, weit verbreitete gelbfleischige Salatkartoffel, gut lagerfähig.

22 Rosara, sehr frühe Sorte, rotschalige, glatte Knolle, exzellenter Geschmack.

23 Selma, festkochend, besonders in Bayern beliebt, glatte Schale, flache Augen.

24 Sieglinde, altbewährte Frühsorte, festkochend, feinmilder Geschmack.

Kartoffelsalat

Die besten Feldstudien zum Thema Kartoffelsalat kann man auf jenen Partys anstellen, zu denen sparsame Gastgeber unter der Bedingung laden, dass »die Gäste das Buffet selbst mitbringen« und dies dann auch noch schlecht organisieren. Sodass Petra und Juliane, Ingrid und Paul (der Hobbykoch, und darum besonders stolz) mit großen Schüsseln Kartoffelsalat einziehen und damit das Buffet, das ansonsten aus fünf Variationen von Nudelsalat besteht, vortrefflich bereichern. Hat man Glück, ergibt sich aus dieser Missorganisation wenigstens ein Partygespräch: wie frau/man den Kartoffelsalat macht. Wie ihn die Großmutter gemacht hat, die aus Schlesien war. Wie man ihn einmal in Bayern gegessen hat – mit frischen Gurken statt mit Gewürzgurken … Und dann wird man probieren und feststellen, dass alle vier Kartoffelsalate ganz anders schmecken, obwohl Petra, Juliane, Ingrid und Paul nachweislich aus derselben Region des Landes stammen.
Nur Kochbuchautoren haben die Chuzpe, sich auf ein Rezept pro Region festzulegen und es »Kartoffelsalat Hamburger, Lausitzer, Harzer, Schwäbischer Art, …« zu nennen. Damit charakterisieren sie allenfalls gewisse regionale Vorlieben, nicht aber die ganze Vielfalt. Denn in Deutschland gibt es ungefähr so viele Kartoffelsalatrezepte, wie es Menschen mit den Familiennamen Müller, Schmidt, Schmitz, Schmied, Schmitt, Maier, Meier, Mayr, Mair und Mayer gibt.

Der kleinste gemeinsame Nenner all dieser Rezepte ist die Kartoffel. Sie muss gekocht sein, darin stimmen alle überein. Doch dann geht es schon los: Manche nehmen festkochende Kartoffeln, andere vorwiegend festkochende, die die Sauce besser aufnehmen. Einige schwören darauf, dass die Kartoffeln vom Vortag sein müssen, andere postulieren, dass man sie gleich nach dem Schälen lauwarm verarbeiten muss. Dann kommen die Feinheiten der Vinaigrette. Oder der Mayonnaise. Oder der Fleischbrühe. Schon hier wird's unübersichtlich. Und dann erst die verschiedenen Zutaten: Gurken, Lauch, Bärlauch, Äpfel, Weißkohl, Zwiebeln, Ei, Speck, Fisch, Fleischwurst – alles ist möglich. Unmöglich ist nur, was man an Imbissbuden auf Papptellern serviert bekommt. Kartoffelsalat als Fast Food, das ist der Untergang einer der größten Köstlichkeiten der deutschen Küche.

Kartoffelsalat

1 kg festkochende, kleine Kartoffeln
2 TL Kümmel
Salz
2 Zwiebeln
200 ml heiße Fleischbrühe
4 EL Weißweinessig
½ EL Zucker
schwarzer Pfeffer
2 EL Leinöl
150 g Frühstücksspeck

Die Kartoffeln waschen, gründlich bürsten und in Salzwasser mit dem Kümmel in ca. 25 Minuten gar kochen. Die Kartoffeln abgießen, etwas auskühlen lassen, pellen und in Scheiben schneiden. In eine Salatschüssel geben.
Die Zwiebeln abziehen und in fein hacken. Unter die Kartoffelscheiben mischen. Fleischbrühe, Weinessig, Salz, Zucker, Pfeffer und Öl in einem Topf erhitzen und über den Salat geben. Alles gut vermengen und zugedeckt bei Raumtemperatur mindestens 2 Stunden ziehen lassen.
Den Speck in kleine Würfel schneiden und in einer Pfanne ohne Zugabe von Fett auslassen. Die Speckwürfel unter den Kartoffelsalat heben und sofort servieren.

Zwölf typische Kartoffelgerichte

1 Thüringer Klöße (Rezept Seite 18) gehören zu den kulinarischen Säulen der Region. Auch in Bayern kann man sich keinen Sonntagsbraten ohne Semmel- oder Kartoffelknödel vorstellen.

2 Großbottwarer Kartoffelkuchen, ein Beispiel der Kombination von Mehl und Kartoffeln, die man im Schwäbisch-Allemanischen schätzt: Hefeteig bildet den Boden für die mit Eiern und Grieben vermengte Kartoffelmasse.

3 Kartoffelsuppe mit Speck und Backpflaumen, wie man sie in Mecklenburg-Vorpommern liebt. Die gekochten Kartoffeln werden püriert, dann fügt man die eingeweichten Backpflaumen und gebratenen Speck zu.

4 Hunsrücker Kartoffelwurst enthält Schweinebauch und Rindfleisch. Das Fleisch wird durch den Wolf gedreht, die gewürzte Kartoffel-Fleischmasse füllt man in Wurstdärme und lässt sie in warmem Wasser gar ziehen.

5 Buttermilchgetzen, eine Variante der in ganz Deutschland beliebten Kartoffelpuffer aus dem Erzgebirge: Dort bereitet man den Teig mit Buttermilch, Eiern, Zwiebeln und Speck zu.

6 Himmel und Erde, eine Mischung aus Kartoffel- und Apfelbrei, wird im Rheinland mit Blutwurst gegessen. In Mecklenburg bereitet man das Gericht mit Birnen statt Äpfeln zu.

7 Saures Kartoffelgemüse, ein bayerisches Gericht, bei dem Kartoffeln mit Wurzelgemüse gekocht und mit Zucker und Essig süßsauer abgeschmeckt werden.

8 Hoppelpoppel, eine Berliner Spezialität und ein typisches Resteessen. Fleisch wird in feine Streifen geschnitten und mit Zwiebeln, Kartoffeln und Eiern zusammen in der Pfanne gebraten.

9 Reibekuchen, man kennt sie unter unterschiedlichen Namen in ganz Deutschland, die knusprig herausgebackenen Kartoffelküchlein. Am bekanntesten ist die Version aus dem Rheinland (Rezept Seite 228).

10 Kerschdscher heißen sie im Saarland (Rezept Seite 308), im übrigen Land sind sie aber genauso als Beilage beliebt und werden schlicht und einfach Bratkartoffeln genannt.

11 Schleizer Bambser, eine süße Spezialität aus Thüringen. Ein Teig aus gekochten Kartoffeln, Apfelstücken, Eiern und Zucker wird zu Nudeln verarbeitet, die in der Pfanne angebraten und im Backofen mit Zimtzucker überbacken werden.

12 Pellkartoffeln mit Leinöl und Quark, das aus den Samen der Leinpflanze gewonnene gelbe Öl ist wichtiger Bestandteil dieses Gerichts. Die Spreewälder schwören auf diese Kombination: »Was macht den Spreewälder stark? Kartoffeln, Leinöl und Quark«, lautet eine Spruchweisheit.

Rechts: Die Standlfrau auf dem Münchner Viktualienmarkt hat sich ganz auf Kartoffeln spezialisiert.

1

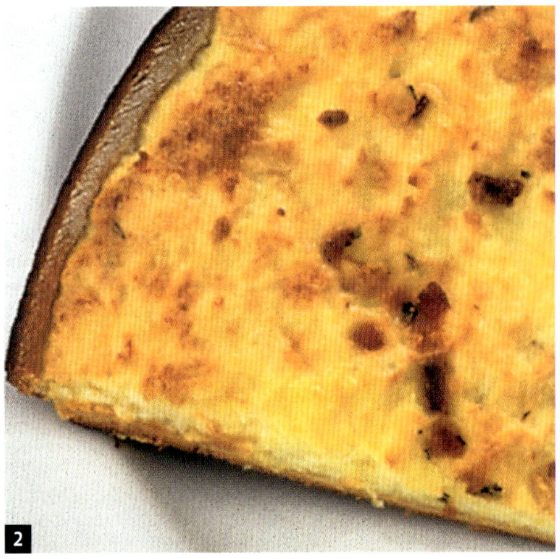
2

3

4

5

6

Speisefrüh-kartoffel I
Primura
vorwiegend festkochend
Italien
1 kg 3.-
Speisefrüh Kartoffel I
Moos-Sieglinde
festkoch. - Salatware
Deutschland
1 kg 2.80
CHRISTA
vorwiegend festkoch.
Deutschland
1 kg

7

8

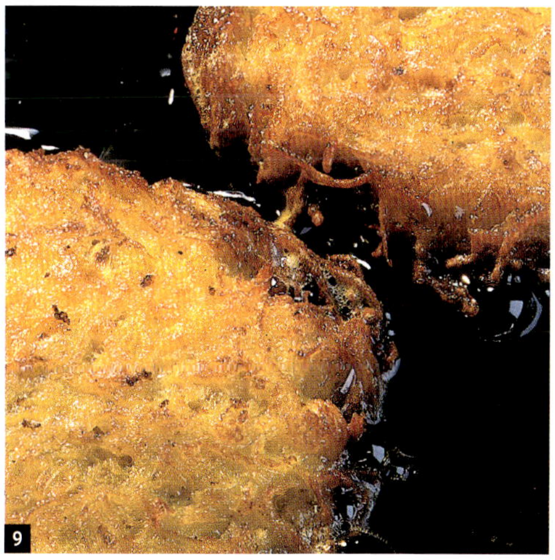
9

10

11

12

In der Abfüllanlage werden die Gurken in die Gläser verteilt. Sie finden sogar in Amerika Abnehmer.

Krumme Dinger

Mit Speck fängt man Mäuse, und mit Gurken kann man sie vertreiben: »Was mit dem pulver der langen gurcken besprentzt wirt, rüren die meuss nicht an«, schrieb ein deutscher Autor im 16. Jahrhundert. In derselben Epoche wurde die Gurke im Spreewald heimisch, wo man weitaus Besseres mit der krummen Frucht anzufangen wusste, als sie pulverisiert gegen Schädlinge einzusetzen. Flämische Tuchmacher, ursprünglich ins Land geholt, um die Leinenproduktion zu verbessern, brachten das grüne Kürbisgewächs in die wasserreiche Region. Früh erkannte der Volksmund, dass sich »Cucumis sativus« nicht nur vortrefflich in Salaten, Suppen und Soßen machte, sondern auch heilsam die Folgen durchzechter Nächte linderte: »Was klärt den Kopp bei Mann und Frau? Saure Gurken aus Lübbenau«, behaupten die Spreewälder. Die Berliner glaubten das gern und kamen auch bald auf den Geschmack – »allein an eingemachten Gurken, wovon die Stadt selbst eine unglaubliche Menge verzehrt, führt sie für mehrere Tausend Thaler nach Berlin ab, ja vor einigen Jahren erlöste sie allein aus Gurkenkernen diese Summe«, staunte der Reiseschriftsteller Bernoulli, der im Jahre 1779 nach Lübbenau kam. Erst 1874 entdeckte der Lübbener Kaufmann Schulz einen kleinen, aber wichtigen Küchenkniff: Man muss die essigsauren Gurken anstechen, um zu verhindern, dass sie hohl werden und in sich zusammenfallen. 1932 wurde der Weg frei für die industrielle Produktion, als erstmals sterilisierte Gurken eingeweckt werden konnten.

Was die Gewürze anging, so hatte jede Familie ihre eigene Zusammenstellung. Noch heute halten die Firmen der Region ihre Kombinationen streng geheim. Von Auguste Wilhelmine Fontane ist ein klassisches Rezept überliefert: »Man nimmt zu den Gurken, welche bis zu den nächsten Gurken dauern sollen, die schönsten ganz ohne Flecken, wäschet sie sauber ab und leget sie in ein Fass mit Weinranken, Kirschblättern und Dill lagenweise ein. Dann gießet man mit Salz abgekochtes Wasser kochend darauf. Wenn es kalt geworden, so wird dasselbe Wasser wieder kochend darauf gegossen; und so wird dreimal verfahren. Zum dritten Mal wird aber das Fass augenblicklich, so warm es ist, versperret und dann in den Keller gesetzt, wo es alle Tage umgekehret werden muss.« Wichtig ist, dass man die eingelegten Gurken nicht einfach mit der Hand aus der Lake holt – das würde die Haltbarkeit der übrigen mindern. Am besten verwendet man stilecht eine hölzerne Gurkenzange.

Die Spreewaldgurke, schon in früheren Jahrhunderten bis nach Bayern exportiert, ist nach einer ziemlichen Flaute kurz nach der Wende wieder auf dem Vormarsch. Über 700 Hektar umfasst die gesamte Anbaufläche für die grünen »Spreewaldbananen«. Mit den krummen Dingern lassen sich gute Geschäfte machen: Bis zu eine Million Gläser der »Sechsneuner« (zwischen sechs und neun Zentimeter dürfen sie lang sein) werden zu Spitzenzeiten täglich im größten Konservierungsbetrieb der Region eingeweckt – mehr als vier Tonnen Dill, drei Tonnen Senfkörner und sieben Tonnen Zwiebeln werden pro Tag dafür gebraucht. Auch Fenchel, Basilikum und Lorbeer kommen bei manchen Zubereitungsarten zusammen mit den Gurken ins Glas. Kunden finden sich selbst in Amerika. Geerntet werden sie von Anfang Juli bis Mitte September mit »Gurkenfliegern«: Wie Flugzeuge sehen die Traktoren mit den langen seitlichen Auslegern aus, auf denen je 34 Erntehelfer bäuchlings liegen. In Golßen werden die Gurken weiterverarbeitet – zu klassischen Gewürzgurken, süßsauren Gurkenhappen, gezwiebelten Dillschnitten, Salz-Dill- oder Senfgurken.

1 Bei der industriellen Gurkenverarbeitung wird erst das Fass ausgedampft.

2 Am Förderband arbeiten zwei Männer: Einer füllt das Fass …

3 … der andere sorgt für den Nachschub gewaschener Gurken.

4 Blick von oben ins wohlgefüllte Fass, bevor die Würze zugesetzt wird.

5 Im Fass lagern die Gurken in einer speziellen Essigwürzmischung.

6 Die Gurken werden entnommen und kommen in die Abfüllanlage.

Spreewälder Dillgurken

4 Zwiebeln, in Ringe geschnitten
1 l Weißweinessig
9 Lorbeerblätter
9 Nelken
2 EL Zucker
100 g Salz
3 kg kleine Einmachgurken
10 frische Weinblätter
1 Bund Dill mit Dolden

Die Zwiebeln in 3 l Wasser mit dem Weinessig, Lorbeerblättern, Nelken, Zucker und Salz einmal aufkochen und anschließend völlig erkalten lassen. Die Gurken gründlich abbürsten, unter fließendem Wasser abspülen und abtrocknen. Den Boden eines großen Steinguttopfs mit 5 Weinblättern und der Hälfte des Dills auslegen. Die Gurken einlegen und mit dem kalten Sud begießen, darauf achten, dass die Gurken vollständig bedeckt sind. Mit dem restlichen Dill und den restlichen Weinblättern abdecken und ein sauberes Brett auf den Topf legen. An einem kühlen Ort mindestens 4 Wochen ziehen lassen.

Gurkensuppe mit Pökelrippchen

4 Kasseler Rippchen à 200 g
1 Zwiebel, gespickt mit 1 Lorbeerblatt und 2 Nelken
5 Pfefferkörner
2 Salatgurken
4 Zwiebeln, gehackt
50 g Butter
1 EL Zucker
2 EL Mehl
200 g süße Sahne
weißer Pfeffer
½ Bund Petersilie, fein gehackt
2 EL Croûtons

Die Kasseler Rippchen mit der gespickten Zwiebel und den Pfefferkörnern in 1 ½ l Wasser zum Kochen bringen und etwa 1 Stunde kochen. Inzwischen die Salatgurken schälen, halbieren, die Kerne entfernen und das Gurkenfleisch in Scheiben schneiden. Die Zwiebeln in der Butter glasig dünsten. Mit dem Zucker bestreuen und leicht karamellisieren. Die Gurken untermischen, kurz anschwitzen und mit dem Mehl bestäuben. ½ l Kasseler-Brühe angießen und 10 Minuten köcheln lassen. Dann die Sahne unterrühren und das Gemüse mit Salz und Pfeffer abschmecken. Vor dem Servieren mit gehackter Petersilie und Croûtons bestreuen und getrennt zu den Rippchen servieren.

Gurkensuppe mit Pökelrippchen

Vom Garten in den Topf

Brandenburg ist ein Gemüseland. Die gesamte Anbaufläche für diesen Zweig der Landwirtschaft betrug 2007 rund 6800 Hektar, auf denen etwa 130 000 Tonnen Gemüse gezogen wurden, darunter immer mehr Spargel, Gurken, Spinat und Rote Rüben. Aufwendige Anbauformen, wie das Ziehen unter Glas, erfahren in den letzten Jahren eine deutliche Ausdehnung. Andererseits versuchen die Landwirte durch Direktvermarktung neue Absatzmöglichkeiten zu erschließen und bauen auch auf kleineren Bodenflächen Nischenprodukte an, um eine möglichst große Vielfalt bieten zu können.
Der Spreewald ist vor allem für Gurken und Meerrettich berühmt. Neben Bayern ist das von zahllosen Wasserarmen durchzogene Gebiet im Süden Brandenburgs eines der deutschen Hauptanbaugebiete für Meerrettich. Die dicken, fleischigen Wurzeln des Meerrettichs *(Armoracia lapathifolia)* enthalten hautreizende Allylsenföle, die zugleich den würzig-scharfen Geschmack erzeugen. Neben dem Spreewald hat sich auch die Gegend um Beelitz kulinarisch einen Namen gemacht – als Spargelregion. Seit 1861 dort angebaut, wird die »Königin der Gemüse« jährlich mit einem Spargelfest gewürdigt.

Im Spreewald, aber auch in den Beeten der Kleingärtner des Landes, wird auch der Kürbis angebaut. Er gilt als »typisch deutsches« Gemüse, was sich darin zeigt, dass ihn sogar Goethe erwähnt: Er zeiht jemanden, der ihn schelten will, einen »Kürbis«, also einen Hohlkopf. Dem Drang der Gärtner, ihre Nachbarn zu übertrumpfen, kommt der Kürbis durch seine Größe entgegen: Er kann bis zu 100 Kilogramm schwer werden, und das verlockt geradezu zu Wettbewerben, die durch Fotos in der Lokalpresse – »Der Mensch und sein Riesenkürbis« – gekrönt werden. In der Küche findet Kürbis meist eingelegt oder in Suppen Verwendung.
Einen nicht unerheblichen Anteil an der hohen Zahl der Gemüsearten im Land hatten die französischen Hugenotten, die Mitte des 17. Jahrhunderts ins Land kamen. Das Edikt von Potsdam sicherte ihnen 1685 Glaubensfreiheit und wirtschaftliche Unterstützung zu. Sie führten nicht nur neue Gemüsearten wie Endivien, Chicorée und Artischocken ein, sondern auch moderne landwirtschaftliche Methoden. Sie brachten auch den Tabak in die Uckermark, wo noch heute dank der hohen Luftfeuchtigkeit und des leicht lehmigen Sandbodens das größte zusammenhängende Anbaugebiet in Deutschland existiert. Die dafür nötigen Arbeitsgeräte zeigen den französischen Ursprung: Die Reihen werden mit dem »Markeur« gezogen, die geernteten Blätter auf »Bandeliers« gefädelt.

Gänsesuppe mit Bohnen

250 g getrocknete weiße Bohnen
400 g Gänsefleisch
10 g Butterschmalz
100 g Speck
2 Zwiebeln, fein gehackt
Salz und Pfeffer
3 Zweige Majoran
500 g Kartoffeln
Mehl und Butter für die Mehlschwitze
Zucker und Essig

Die über Nacht eingeweichten Bohnen mit der Einweichflüssigkeit zum Kochen bringen. Das Gänsefleisch in Würfel schneiden. Etwas Butterschmalz erhitzen, Speck darin auslassen. Gänsefleisch scharf anbraten, die Zwiebeln dazugeben. Die Bohnen unter das Fleisch mischen, mit Salz, Pfeffer und Majoran würzen und zugedeckt bei kleiner Hitze etwa 1 ½ Stunden kochen lassen. Inzwischen die Kartoffeln schälen und in kleine Würfel schneiden. In Salzwasser garen. Die Kartoffelwürfel in die Suppe geben. Aus Mehl, Butter und der Suppenbrühe eine Mehlschwitze herstellen. Zur Suppe geben, mit Zucker und Essig süßsauer abschmecken.

Gänsesuppe mit Bohnen

Teltower Rübchen

Der Papst bekam jedes Jahr einige Fässer voll geschickt. Goethe ließ sie sich per Postkutsche nach Weimar bringen, und findige Handelsleute exportierten sie bis nach Portugal. Die Stadt Teltow im Süden Berlins sei »das rechte Vaterland der schmackhaften Rübchen«, schwärmte ein Autor 1740. Das Geheimnis des frühen landwirtschaftlichen Markenartikels: Auf dem märkischen Sandboden wurden die weißen Rüben zwar lange nicht so groß wie andernorts, aber dafür herrlich zart. Seit 1998 haben sich Betriebe und Hobbygärtner in einem Förderverein zusammengeschlossen und versorgen den Markt in der Teltower Region mit einem großen Angebot an Teltower Rübchen.
Die Rübchen kann man gedünstet und mit einer hellen Mehlschwitze servieren oder man glasiert sie, indem man Zucker in Butter karamellisiert und dann eine Fleischbrühe zugießt, in der man die Wurzeln dünstet, bis die Flüssigkeit verdampft ist.

Kürbissuppe

500 g Kürbisfleisch
2 EL Butter
1 EL Zucker
Muskatblüte, Nelkenpulver
1/2 l Milch
1/2 l Gemüsebrühe
Salz und Pfeffer
evtl. Zucker

Den Kürbis halbieren, die Kerne entfernen. Kürbis schälen und das Fruchtfleisch in Würfel schneiden. Die Butter zerlassen, die Kürbisstücke darin andünsten. Mit dem Zucker bestreuen. Mit Muskatblüte und Nelkenpulver würzen. Milch und Gemüsebrühe angießen. Zugedeckt bei mittlerer Hitze ca. 30 Minuten köcheln lassen. Mit dem Pürierstab pürieren, mit Salz, Pfeffer und eventuell noch etwas Zucker abschmecken.

Hirsekohl

1 kleiner Weißkohl
250 g geräucherter Schweinebauch
1 Zwiebel, fein gehackt
Salz
1 TL Kümmel
250 g Hirse
1–2 EL Leinöl

Den Weißkohl putzen, vierteln und in Streifen schneiden. Den Schweinebauch würfeln und in einem Topf auslassen. Die Zwiebel darin glasig dünsten. Den Weißkohl hinzugeben und mit wenig Wasser aufgießen. Mit Salz und Kümmel abschmecken und leicht dünsten. Die Hirse waschen und bei kleiner Hitze etwa 15 Minuten quellen lassen. Dann die Hirse unter den Weißkohl mischen und mit Leinöl abschmecken.

Märkischer Topf mit Teltower Rübchen

750 g Teltower Rübchen
40 g Butter
1 EL Zucker
1/8 l heiße Fleischbrühe
300 g frische Steinpilze
2 Schalotten, fein gehackt
Salz und Pfeffer
500 g Rinderfilet
2 EL Rapsöl
1 EL Mehl
200 g saure Sahne

Die Rübchen putzen und halbieren. Die Hälfte der Butter zerlassen, den Zucker einrühren und karamellisieren. Die Rübchen hineingeben und die Fleischbrühe angießen. Bei kleiner Hitze in etwa 20 Minuten gar dünsten. Inzwischen die Pilze putzen und in Stücke schneiden. Die Schalotten in der restlichen Butter glasig dünsten, Pilze hinzufügen, salzen und pfeffern und 10 Minuten dünsten. Das Rinderfilet in dünne Scheiben schneiden, in Öl scharf anbraten, dann mit Mehl bestäuben. Die saure Sahne einrühren, die Rübchen samt Garflüssigkeit sowie die Pilze untermischen und mit Salz und Pfeffer kräftig abschmecken. Mit Kartoffelpüree oder Petersilienkartoffeln servieren.

1 Wasser mit den eingeweichten Bohnen für die Gänsesuppe zum Kochen bringen.

2 Das Gänsefleisch in Würfel schneiden, das Fett wegschneiden.

3 Butterschmalz erhitzen und Gänsefleischwürfel und Speck scharf anbraten.

4 Die fein gehackten Zwiebeln zum Fleisch geben.

5 Die Bohnen zum Fleisch geben, würzen und zugedeckt weiter kochen lassen.

6 Eine Mehlschwitze herstellen, während die Kartoffeln garen.

7 Kartoffeln und Mehlschwitze zur Suppe geben, noch einmal aufkochen.

8 Die Gänsesuppe mit Zucker und Essig süßsauer abschmecken.

Deutsches Gemüse

1

2

3

4

5

6

7

8

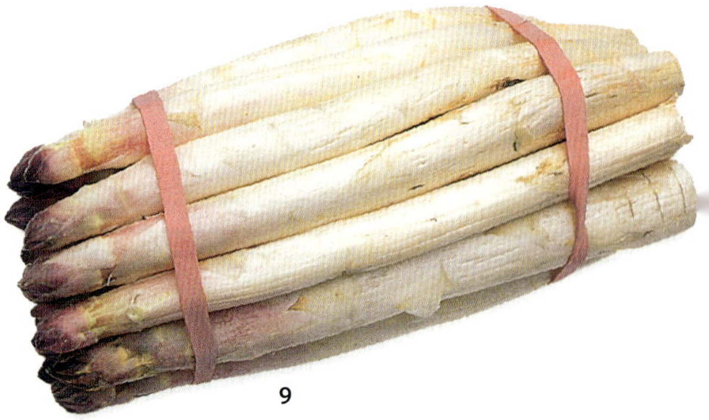

9

10

11

12

13

14

15

Die Möhren sind erntereif. Heute sind es in der Regel Maschinen, die das Gemüse am Kraut packen und aus der Erde ziehen.

16

1 Knollensellerie
2 Bleichsellerie
3 Buschbohne
4 Dicke Bohne
5 Stangenbohne
6 Erbse
7 Spinat
8 Radieschen
9 Spargel
10 Roter Rettich
11 Weißer Rettich
12 Schwarzwurzel
13 Lauch
14 Zwiebel
15 Gurke
16 Möhre
17 Teltower Rübchen
18 Gelbe Rübe
19 Rote Bete
20 Rhabarber
21 Blumenkohl
22 Kürbis
23 Kohlrabi
24 Weißkohl
25 Spitzkohl
26 Grünkohl
27 Rotkohl
28 Mangold
29 Rosenkohl
30 Wirsing
31 Brokkoli

17

18

19

20

21

22

23

24

25

26

27

28

29

30

31

Blütenrausch & Obstwein

Wenn in Werder die Bäume blühten, kam auf die Beamten des kaiserlichen Postamts eine turbulente Zeit zu. Vier bis fünf Zentner mit Ansichtspostkarten aus dem idyllischen Ort unweit von Potsdam und Berlin mussten an den »Blütensonntagen« abgefertigt werden. Schuld daran war der Obstzüchter Wilhelm Wils. Der hatte am 13. März 1879 auf einer Vorstandssitzung der Werderaner Obstbauern vorgeschlagen, den Höhepunkt der Baumblüte in allen Berliner Zeitungen bekannt zu geben. Knapp zwei Monate später kamen die Berliner in Scharen in Sonderzügen angereist, um sich unter rosa blühenden Pfirsichbäumen und weißen Apfel- und Birnenblüten ein gepflegtes Räuschlein mit dem berühmten Werderaner Obstwein anzutrinken. Der fruchtige Geschmack überdeckte den tückischen Charakter des süßen Gesöffs, das sich als »Bretterknaller« einen Namen machte und oft dafür sorgte, dass auch die Polizei beim Blütenfest etwas zu tun bekam, sei es, um eine Gaststätte zu räumen oder eine scherbenübersäte Straße abzusperren. Noch immer feiert Werder jedes Jahr, mittlerweile wieder etwas ruhiger, die Baumblüte und kürt zum Auftakt des Festes eine Blütenkönigin. Auf etwa 1500 Hektar wird heute im Havelland Obst angebaut; das ist circa die Hälfte der gesamten Obstfläche im Land.

Geht man in der Geschichte noch weiter zurück, ist nicht der Obstzüchter Wilhelm Wils der eigentliche Urheber des Blütenfestes, sondern ein gefürchtetes kleines Kerbtier: die Reblaus. Bis zur Mitte des 18. Jahrhunderts war der Weinbau neben der Fischerei eine der Haupterwerbsquellen der Werderaner. Im 13. Jahrhundert bereits hatten die Mönche des Lehniner Zisterzienserklosters mit dem Weinbau begonnen, 1740 gab es noch 130 Weinbergbesitzer. Das nahm schlagartig ein Ende, als die Reblaus den Reben den Garaus machte. Die Winzer stiegen auf den Obstbau um. Bereits um 1900 wurden 1448 Hektar um Werder für den Obstbau genutzt. Was die Obstzüchter nicht absetzen konnten, wurde zu Erdbeer-, Apfel- und Kirschwein, Johannis-, Stachel- und Himbeerwein und solchem aus Aprikosen, Pfirsichen und Pflaumen vergoren. Die genauen Rezepte sind Familiengeheimnisse — wer zur Obstblüte nach Werder kommt, kann einige probieren. Und auch der Weinbau erlebt eine Renaissance: Ein privater Betreiber kümmert sich um das Weinbaugebiet »Werderaner Wachtelberg« und lässt jährlich bis zu 60 000 Flaschen füllen.

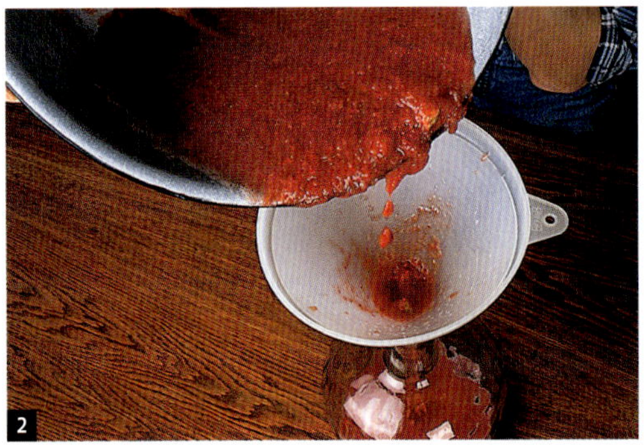

1 Dem Erdbeerbrei wird ein Antigeliermittel beigegeben, nach dem Verrühren fügt man Gärhefe zu.

2 Die derart aufbereitete Erdbeermaische wird mit einem Trichter in den Gärballon gefüllt.

3 Der in heißem Wasser aufgelöste Zucker wird ebenfalls in den Gärballon geschüttet.

4 Auf den verschlossenen Gärbottich kommt der Gäraufsatz, durch den die Kohlensäure entweicht.

Die meisten der heute gängigen Birnensorten wurden im 18. und 19. Jahrhundert in Frankreich und Belgien gezüchtet.

Birnen

»Herr Ribbeck auf Ribbeck im Havelland.
Ein Birnbaum in seinem Garten stand.«
So beginnt das berühmte Gedicht von Theodor Fontane über den alten Herrn Ribbeck, der die Kinder zur »goldenen Herbsteszeit« mit Birnen beschenkte. Als er starb, ließ er sich eine Frucht ins Grab legen, und aus der keimte und wuchs ein Birnbaum, der die Kinder im Herbst aufforderte, von seinen Früchten zu kosten und dabei genau dieselben Worte sprach wie der verblichene Alte.
Der berühmte Birnbaum des Herrn von Ribbeck steht schon lang nicht mehr. Am 20. Februar 1911 machte ein Orkan dem verfaulten Stamm an der Kirchenmauer des Dörfchens Ribbeck endgültig den Garaus. Heutige Kinder, an süßere Kost gewöhnt, hätten wohl wenig Freude an seinen Früchten: Der Birnbaumgreis trug, das ist historisch verbürgt, Zeit seines langen Lebens nur »Kodden«, saure Holzbirnen.

Zum Glück gedeihen auch süßere Sorten in den Obstgärten der Mark. Traditionelle Gerichte wie die vielen, regional verschiedenen Variationen von Klößen mit Birnen zeigen, dass die Frucht in den Küchen Brandenburgs schon lange beliebt war. Nicht nur als süße Nachtischdelikatesse, sondern auch als herzhafte Speise zum Hauptgericht – Salzbirnen wurden zum Beispiel mit Fenchel und Dill eingelegt, mit Zimt und Nelken abgeschmeckte Essigbirnen aus dem Steintopf gerne als Beilage zu Braten und Kartoffeln gegessen.
Nach Deutschland war die Birne von Persien und Armenien über Kleinasien und Italien gekommen. 1500 Birnensorten gibt es heute; nur ein Bruchteil davon wird allerdings in größerem Umfang angebaut. Einige Sorten zeichnen sich durch besonders possierliche Namen aus – wie die »Gräfin von Paris«, die süße »Vereinsdechantsbirne« und der »Katzenkopf«, der roh ungenießbar, aber gekocht köstlich ist.

Das Fruchtfleisch der Birne ist reich an Mineralstoffen wie Kalium, Magnesium, Kalzium und Phosphor. Da von weitaus geringerer Haltbarkeit als Äpfel, werden Birnen eingelegt, zu Mus, Kompott oder Likör verarbeitet. In einem Kochbuch aus dem Jahr 1724 findet sich das folgende Rezept für gebackene Birnenschnitze: »Nim geschehlte bieren, hacks klein, röste sie in schmaltz, thue handvoll kleine Weinbeer darein, Zucker, Zimmet, ein Wenig geröst brodt, ruhrs wohl durch ein ander, nim oblathen, streich darauf ziemlich hoch.«

1 **Boscs Flaschenbirne.** Saftige Tafel- und Konservenbirne.
2 **Pastorenbirne.** Tafelbirne mit gelblich weißem Fleisch.
3 **Nordhäuser Winterforellenbirne.** Gut lagerfähige süße Tafelbirne.
4 **Gräfin von Paris.** Spät reifende, lagerfähige Tafelbirne.
5 **Alexander Lucas.** Saftige, süß-säuerliche Tafelbirne

Wildschwein

Die Wildschweine benehmen sich säuisch. Sie buddeln in gepflegten Vorgärten, graben verzweifelten Bauern Wiesen um und wühlen ihnen kurz nach der Aussaat jedes einzelne Maiskorn aus dem Acker. In manchen Gebieten Brandenburgs, wie etwa den waldnahen Stadträndern der Landeshauptstadt Potsdam, sind die allesfressenden Schwarzkittel regelrecht zur Plage geworden. Nicht zuletzt, weil manch einer die niedlichen Frischlinge gerne füttert und sich dann wundert, wenn die Schweinerotte auch ausgewachsen wiederkommt. Durch die großen zusammenhängenden Feld- und Waldgebiete, einem Erbe aus der Zeit der landwirtschaftlichen Produktionsgenossenschaften der DDR, und die vielen Stilllegungsflächen aus ehemaligem Militärbesitz können sich die Tiere vielerorts ziemlich ungehindert bewegen. Jährlich werden mehr als 60 000 Wildschweine erlegt.

Das Mitteleuropäische Wildschwein, das den schönen lateinischen Namen *Sus scrofa scrofa* trägt und, wie Asterixleser wissen, mit Vorliebe »oink, oink« sagt, ist ein scheues, nachtaktives Waldtier. Die Keiler können bis zu 200 Kilogramm schwer werden. Sie sind Einzelgänger und gesellen sich nur zur Paarungszeit Ende Oktober zu der Rotte von Bachen und Jungtieren. Nach erbitterten Kämpfen mit den Rivalen in Sachen Liebe schreitet der siegreiche Keiler zur Paarung, bei der es angeblich recht liebevoll zugeht, wenn man kräftige Bisse in den Nacken der Angebeteten als Zeichen der Huld interpretieren will. Kurz vor der Niederkunft verlässt die Bache die Rotte und verbringt die erste Zeit mit ihren vier bis zwölf Frischlingen versteckt.

Obelix ist sicher die bekannteste historische Persönlichkeit mit einer Wildschweinbraten-Obsession, doch waren die Gallier längst nicht die ersten, die das schmackhafte Fleisch der wilden Schweine zu schätzen wussten: Knochenfunde und Höhlenmalereien beweisen, dass man den Tieren bereits in der Steinzeit nachstellte. Schon Mitte des 6. Jahrtausends vor Christus begann die Domestikation: Das Wildschwein ist die Stammform des Hausschweins. Heute wird Wildschwein als Delikatesse geschätzt: Keule und Rücken ergeben ausgezeichnete Braten, das Fleisch schmeckt kräftiger und ist magerer als das des Hausschweins.

Fleisch- und Wildgerichte

Wildschweinbraten

1,2 kg Wildschweinkeule mit Knochen
Salz und Pfeffer
1/4 l Rotweinessig
1 Bund Suppengrün
2 Zwiebeln, grob gehackt
2 Lorbeerblätter
4 Nelken
5 Pimentkörner
1 Zitrone, in Scheiben geschnitten
1 EL Zucker
150 g durchwachsener Speck, in Würfel geschnitten
1 EL Butterschmalz
1/4 l Rotwein
2 EL geriebenes Schwarzbrot

Die Wildschweinkeule waschen, trocken tupfen und kräftig mit Salz und Pfeffer einreiben. Für die Marinade den Essig mit dem Suppengrün, Zwiebeln, Lorbeerblättern, Nelken, Pimentkörnern, Zitronenscheiben und Zucker einmal aufkochen und abkühlen lassen. Das Fleisch mit der Marinade übergießen und zugedeckt an einem kühlen Ort 1–2 Tage ziehen lassen. Vor dem Braten das Fleisch aus der Marinade heben und gut abtropfen lassen. Den Speck im heißen Butterschmalz auslassen und das Fleisch darin von allen Seiten anbraten. Den Rotwein und die Marinade angießen. Zugedeckt bei kleiner Hitze ca. 1 Stunde schmoren. Nach Ende der Garzeit den Braten aus dem Topf nehmen und warm stellen. Den Schmorfond mit dem Schwarzbrot binden. Den Braten aufschneiden, mit der Soße, Kartoffeln oder Püree und Rot- oder Sauerkraut servieren.

Wildschweinbraten

Halali in Brandenburg

Mit mehr als 2,5 Millionen Hektar Jagdfläche und großen Beständen an nahezu allen Wildarten ist Brandenburg eines der wildreichsten Bundesländer. Jährlich werden 65 000 Rehe, fast 13 000 Damhirsche, 8000 Rothirsche und circa 800 Stück Muffelwild erlegt. Unweit nördlich von Berlin liegt eines der ältesten und größten Jagdgebiete Europas, die Schorfheide. Dort jagten schon Kurfürsten, Kaiser und Nazibonzen. 1962 erklärte die DDR den Landstrich am Werbellinsee zum streng bewachten Staatsjagdgebiet.
Waidmännisch ging es dort jedoch nicht immer zu. Staatsratsvorsitzender Erich Honecker und ähnlich privilegierte Genossen schossen auch schon mal vom Auto aus, ignorierten Schonzeiten und hielten sich wenig an die Grundsätze des Jägerhandwerks. So wurde der Rotwildbestand künstlich hoch gehalten, damit schießlustige Gäste immer etwas vor die Flinte bekommen konnten. In der Folge zeigten sich die Auswirkungen derart kurzsichtiger Bewirtschaftung: Kurz nach der Wende gab es in der Schorfheide große Waldschäden und kaum noch Heidekraut – die vielen Tiere hatten fast alles abgefressen, was in ihrer Reichweite wuchs. Mittlerweile hat sich durch gezielte Abschussquoten die Situation wieder gebessert. Seit 1996 gilt eine Verordnung, die Wilderei erschweren und damit auch Freunde des Wildbrets vor minderwertiger Ware schützen soll. Jeder Jäger muss das erlegte Wild vor dem Verkauf mit einer nummerierten Marke versehen; Abnehmerbetriebe sind verpflichtet, die Nummern in ihre Wildhandelsbücher einzutragen, sodass nachvollzogen werden kann, woher das Wild stammt.

Meerrettichlende

600 g Rinderlende
Salz und Pfeffer
3 EL Rapsöl
250 g Zwiebeln, in Ringe geschnitten
1/4 l Brühe
2 große Äpfel
1 EL Butter
1 EL Mehl
100 g Sahne
200 ml Milch
2 EL Johannisbeergelee
1/2 kleine Stange Meerrettich, frisch gerieben
1 EL Zitronensaft

Die Lende waschen, trocken tupfen und mit Salz und Pfeffer einreiben. Im Öl von allen Seiten scharf anbraten. Die Zwiebelringe zufügen, kurz anbraten und die Brühe angießen. Zugedeckt bei mittlerer Hitze ca. 1 Stunde garen. Die Äpfel schälen, vierteln und entkernen. In Stücke schneiden und in der Butter andünsten. Das Mehl mit der Sahne und der Milch verrühren, unter die Äpfel mischen und einige Minuten unter Rühren köcheln. Das Johannisbeergelee und den Meerrettich unter die Soße ziehen. Die Lende aus dem Bräter heben und den Bratfond durch ein Haarsieb zur Apfelsoße gießen. Soße mit Salz, Pfeffer und Zitronensaft abschmecken. Die Lende in Scheiben schneiden und auf vorgewärmten Tellern mit der Soße und Salzkartoffeln anrichten.

Brandenburger Kohlrouladen

1 Kopf Weißkohl
Salz
1 altbackenes Brötchen
150 g Frühstücksspeck, fein gewürfelt
350 g Hackfleisch
1 Ei
2 EL Schwarzbrotcroûtons
Salz und Pfeffer
200 g durchwachsener Speck, in Scheiben geschnitten
1 Dose geschälte Tomaten
300 ml Fleischbrühe
100 g saure Sahne
1 TL Paprikapulver, edelsüß
1 Bund Petersilie, fein gehackt

Den Weißkohl putzen, den Strunk ausschneiden und den Kohl in kochendes Salzwasser legen. 20 Minuten köcheln lassen, dann herausheben und gut abtropfen lassen.
Das Brötchen in heißem Wasser 10 Minuten quellen lassen. Das Hackfleisch mit dem Ei, dem ausgedrückten Brötchen und den Schwarzbrotcroûtons gut vermischen, mit Salz und Pfeffer würzen. Vom Kohlkopf die äußeren 8 Blätter ablösen und mit der Hackfleischmasse füllen. Die Blätter über die Füllung schlagen und mit Küchengarn umwickeln. Die Speckscheiben in einem Bräter auslassen, die Kohlrouladen darauf setzen und rundum anbraten. Die Tomaten in Würfel schneiden und zu den Rouladen geben. Die Fleischbrühe angießen und die Rouladen zugedeckt im vorgeheizten Backofen bei 180 °C ca. 1 Stunde schmoren. Nach Ende der Garzeit die Rouladen herausheben und warm stellen.
Den Bratfond mit der sauren Sahne verrühren und mit Salz, Pfeffer und Paprika abschmecken. Über die Rouladen gießen und mit der Petersilie bestreuen.

Brandenburger Kohlrouladen

Mecklenburg-Vorpommern

Monika Albrecht

»Wir haben unsere kleine Insel in dieser heute etwas stürmischen Welt gefunden … Wenn ein Flieger über diesen Teil des mecklenburgischen Landes fliegt, so sieht er Wälder und Seen, Seen und Wälder«, schrieb der Schriftsteller Hans Fallada, der sich 1933, in turbulenter Zeit, nach Carvitz bei Feldberg zurückzog.

Noch heute, viele Jahrzehnte und zwei politische Systeme später, vermittelt die Landschaft Mecklenburgs und Vorpommerns Ursprünglichkeit, Ruhe, Stille. Die Seen, die Flüsse, die Ostseeküste, die Bodden sowie das Haff, direkt an der Grenze zum Nachbarland Polen gelegen, machen immerhin zehn Prozent des Landesterritoriums aus. Das fruchtbare Festland wird von knapp 3560 landwirtschaftlichen Betrieben bestellt. Sie bauen auf rund 1,356 Millionen Hektar landwirtschaftlicher Nutzfläche vor allem Getreide, Ölfrüchte, Futterpflanzen, Kartoffeln und Rüben an. Im Frühsommer, wenn der Raps blüht, erstrahlen weite Flächen des Landes in leuchtendem Gelb.

Als gemeinsames Land existiert Mecklenburg-Vorpommern erst seit 1990. Es entstand aus den drei Nordbezirken Rostock, Schwerin und Neubrandenburg. Das 1000jährige Mecklenburg war seit 1815 Großherzogtum. Pommern dagegen gehörte zu Preußen, bevor es in Deutschland einging. Friedrich der Große schätzte seine Pommern als »Menschen mit einem geraden und schlichten Sinn«, die »etwas Ungekünsteltes haben«.

Über Jahrhunderte wurden beide Landschaften von starken Gegensätzen bestimmt. Die Ostseeküste mit ihren Inseln wie Rügen und Hiddensee zog Maler und Dichter an; das Bürgertum in den Hansestädten Wismar, Rostock, Stralsund, Greifswald, Demmin und Anklam sorgte durch den blühenden Handel mit Skandinavien für einen wirtschaftlichen Aufschwung, doch auf dem Land herrschte bis ins 19. Jahrhundert hinein die Leibeigenschaft. Teile des Gebiets befanden sich lange in schwedischem Besitz. Vermutlich beeinflusste dies auch die Küche des Landes. Die Vorliebe für das Süßsaure kennzeichnet die Kost, die ansonsten das Attribut kräftig und bodenständig verdient.

Oben: Die im gotischen Stil errichteten Giebelhäuser in der Altstadt Rostocks sind Zeugen des früheren Wohlstandes der Handelsstadt. Mit etwa 200 000 Einwohnern ist Rostock die größte Stadt Mecklenburg-Vorpommerns.

Links: Insgesamt 4374 Straßenkilometer in Mecklenburg-Vorpommern sind Alleen. Sie sind per Landesverfassung geschützt.

Inselküche

Rügen ist Deutschlands größte Insel, ein Mikrokosmos von Landschaftsformen: Küste, Heide, Wald, Salzwiesen, Felder, Felsen und sogar eine Hügelkette, die sich »Alpen« nennt. Die fruchtbaren Böden sowie Meer und Boddengewässer machten die Menschen über Jahrhunderte autark. Sie waren Fischer und Kleinbauern, besaßen zwar keine Reichtümer, doch zum Leben reichte es: »Unser Federhof lieferte Gänse, Puthähne, Enten, Hühner und Tauben und das gute Gewehr meines Vaters Hasen, Rebhühner, wilde Enten und die herrlichsten Schnepfen, wovon der Strand und seine weiten Wiesen wimmelten«, schrieb der Schriftsteller Ernst Moritz Arndt, gebürtig in Groß Schoritz auf Rügen, um das Jahr 1765 in seinen Jugenderinnerungen.

Viele traditionelle Gerichte der Inselküche sind Speisen, die sich neben der Feldarbeit oder auf den Fischerbooten ohne aufwendige Zubereitung herstellen ließen. Pommersche und mecklenburgische Einflüsse sind herauszuschmecken ebenso wie skandinavische. Schließlich gehörten Rügen und das benachbarte Hiddensee von 1648 bis 1815 zu Schweden. Dass in einer Inselküche Fisch eine wichtige Rolle spielt, liegt auf der Hand: Rügen besitzt 273 Kilometer Küste. Über besonderen Fischreichtum verfügen dabei die Bodden, die die gesamte Küste von Mecklenburg-Vorpommern kennzeichnen. Bodden sind unregelmäßig ge-

Elisabeth auf Rügen

»Wir gelangten gegen sechs Uhr in tiefster Harmonie nach Stubbenkammer, angenehm müde und heiß, sodass wir uns freuten, angelangt zu sein. Auf dem freien Platz vor dem Restaurant – denn natürlich gab es eines auf der höchsten Stelle des Weges – standen Tische unter den Bäumen, an denen Menschen aßen und tranken. Ein Tisch stand ein wenig abseits, mit dem schönsten Blick über die Felsen, er war mit einem weißen Tuch gedeckt und wartete offensichtlich auf Teetrinker. Es gab da hübsche Tassen aus dünnem Porzellan und Erdbeeren und eine Teekanne, und in der Mitte stand ein Krug mit Rosen darin, und als ich mich noch wunderte, für welche bevorzugten Leute hier gedeckt sein möchte, kam Gertrud aus dem Restaurant, von einem Kellner gefolgt, der dünne Brotscheiben und Butter trug. Da wusste ich, dass wir selbst diese bevorzugten Personen waren.
›Gestern habe ich mit Ihnen Tee getrunken, nun sind Sie an der Reihe, meine Gäste zum Tee zu sein.‹
›O wie entzückend‹, sagte Mrs. Harvey-Browne und sank mit einem Seufzer der Befriedigung in einen Stuhl und atmete den Duft der Rosen ein. ›Ihre Jungfer gehört offenbar zu jenen seltenen Juwelen, die gern etwas Besonderes für ihre Herrin tun.‹
Nun, Gertrud ist ein seltenes Juwel. Alles sah sauber und gepflegt aus neben diesen bierbefleckten Tischen, wo Kaffee getrunken und verschüttet worden war von Touristen, die ihre Gertruds daheim gelassen hatten. Der Ort war ganz wundervoll. Die weißen Klippen hoben sich rein und scharf vom Meer ab, die tiefen Schluchten waren mit vielerlei Grün bewachsen – mit niedrigen Bäumen, Farnkräutern, wilden Blumen. Tief unten ankerte ein Dampfer. ... Es war ein ziemlich großer Dampfer mit zwei Schornsteinen, doch er sah von oben aus wie ein winziges weißes Spielzeug.«
(Aus: Elisabeth von Armin, Elisabeth auf Rügen, 1904)

Ganz oben: Die Kreidefelsen sind das bekannteste Sujet von Rügen, Deutschlands größter Insel.

Oben: »Kreidefelsen auf Rügen« von Caspar David Friedrich gehört zu den wichtigsten Werken der Romantik.

formte Buchten, die von fast allen Seiten Land umgibt. Da sie nur eine enge Öffnung zum Meer aufweisen, ist der Salzgehalt des Wassers so gering, dass sogar Süßwasserfische hier leben können. Fische aus den Boddengewässern sind zarter und schmackhafter als ihre Artgenossen aus dem Meer oder Süßwasser.
Zu den Köstlichkeiten der Inselküche zählen gekochter Dorsch mit Senfsoße, Hiddenseer Aalsuppe oder Schmoraal. Und Kohlgerichte: Gemäßigte Temperaturen und viel Sonne lassen das Gemüse besonders gut gedeihen. Zu den traditionellen Gerichten reicht man Rügengeist, eine hochprozentige Mixtur aus Weizenbrand, Sanddornsaft und Kräutern, die brennend serviert wird.

Rügener Aalsuppe

800 g Kartoffeln
1 l Fleischbrühe
1 große Zwiebel, fein gehackt
1 Lorbeerblatt
5 Pfefferkörner
125 g Möhren
125 g Sellerie
200 g Räucheraal
Salz und Pfeffer
1/2 TL Majoran
1 Bund Schnittlauch

Die Kartoffeln schälen, waschen und in Würfel schneiden. Mit der Fleischbrühe, der Zwiebel, Lorbeerblatt und Pfefferkörnern zum Kochen bringen und ca. 30 Minuten köcheln. Dann das Lorbeerblatt entfernen und die Suppe mit dem Mixstab pürieren. Das Gemüse in feine Streifen schneiden und kurz blanchieren. Den Räucheraal ebenfalls in schmale Streifen schneiden, mit dem Gemüse in der Suppe erhitzen und mit Salz, Pfeffer und Majoran kräftig abschmecken. Den Schnittlauch in Röllchen schneiden und vor dem Servieren über die Suppe streuen.

Geschmorter Schweinekamm mit Backpflaumen

350 g entsteinte Backpflaumen
50 g Zucker
2 EL geriebene Pfefferkuchen
800 g Schweinekamm ohne Knochen (Halsgrat)
Salz und Pfeffer
2 EL Butterschmalz
1 Bund Suppengrün, grob gehackt
2 Zwiebeln, fein gehackt
1 TL Tomatenmark
1 EL Speisestärke

Backpflaumen in 1/4 l heißem Wasser mit dem Zucker 10 Minuten kochen, Pfefferkuchen unterrühren, noch mal aufkochen. Vom Herd nehmen und 1 Stunde ziehen lassen. Fleisch mit Salz und Pfeffer einreiben und im heißen Butterschmalz rundum scharf anbraten. Suppengrün und Zwiebeln zufügen und einige Minuten mitrösten. Tomatenmark einrühren, mit 1/2 l Wasser ablöschen und das Fleisch zugedeckt ca. 1 Stunde schmoren. Fleisch herausheben und warm stellen. Den Bratfond abseihen und noch mal aufkochen. Speisestärke mit etwas Wasser verquirlen, unter die Soße rühren und einige Minuten köcheln. Inzwischen Backpflaumen wieder erhitzen und den Schweinekamm in Scheiben schneiden. Das Fleisch auf einer vorgewärmten Platte anrichten, mit Soße überziehen und Backpflaumen anlegen. Dazu passen Klöße und Mischgemüse.

Filet vom Boddenbarsch

4 Boddenbarschfilets à 200 g
Salz und Pfeffer
5 EL Mehl
2 EL Rapsöl
1 Zwiebel, fein gehackt
1/8 l Weißwein
200 g pürierte Tomaten
200 g Sahne
200 g Krebsschwänze

Die Barschfilets waschen, trocken tupfen, salzen und pfeffern. In Mehl wenden und im heißen Öl von beiden Seiten goldbraun braten. Die Fischfilets aus der Pfanne heben und warm stellen. Die gehackte Zwiebel im Bratfond andünsten, dann mit Weißwein ablöschen und die pürierten Tomaten sowie die Sahne einrühren. Die Soße mit Salz und Pfeffer abschmecken, die Krebsschwänze und die Barschfilets einlegen und in der Soße einige Minuten ziehen lassen, nicht kochen. Mit frischem Buttergemüse (grünem Spargel und Zuckererbsen) servieren.

Frische Fische

»Wer das Küstenland aufsucht, wo immer es auch sein mag, im gemütlichen Katen Familiengeschichten erfährt, es sich in einer modernen Gaststätte wohl sein lässt oder im warmen Sand des Strandes die Sonne genießt, sollte nicht übersehen, dass alle Ortschaften, die Wiesen und Weiden, der Wald und die Dünen einen gefährlichen Nachbarn haben – das Wasser!« Fritz Meyer-Scharffenberg beschreibt in seinem Buch »Zwischen Meer und Bodden« die Urgewalten, die an der Ostseeküste herrschen und sich ganz anders entfalten als an der Nordsee, wo Ebbe und Flut den Ablauf bestimmen.

Die intensivste Bekanntschaft mit dem »gefährlichen Nachbarn« machten die Fischer, die seit Generationen hinausfuhren, um die Reichtümer der Meere auszubeuten. Das taten sie freilich vor allem in den letzten Jahrzehnten so gründlich, dass die Hochseefischerei heute ernsthafte Probleme hat. Der Dorsch, der Brotfisch der Ostseefischer, ist in seinem Bestand derartig reduziert, dass die Fangquoten für die deutschen Fischer auf wenige Tausend Tonnen festgelegt wurden. Die Bestände an Hering haben sich zwar wieder verbessert, aber Ostseeheringe sind kleiner als die aus der Nordsee und erzielen geringere Preise.

Die Mecklenburg-Vorpommersche Fangflotte besteht aus über 900 Schiffen. Über 100 Fischarten finden sich in ihren Netzen: Allen voran der Hering, gefolgt von Dorsch, Plattfischen, Aal, Hecht, Barsch, Zander und Weißfischen. Garnelenfanggründe sind Oderhaff, Peenestrom, Achterwasser, Greifswalder Bodden, Strelasund, Darßer Boddenkette, Wismarbucht und die Küstengewässer der Ostsee. Zu den häufigsten Süßwasserfischen zählen Barsch, Zander, Plötze, Hecht, Aal, Blei, Schnäpel (Blaunase), Lachs und Forelle, aber auch Maräne und etliche Futterfische.

Auf grünen Hering kann man sich zum Beispiel in Freest freuen. Der Fischereihafen mit zahlreichen Gaststätten und Restaurants sowie einer traditionsreichen Fischräucherei lockt Gäste von nah und fern. Zu Jahresbeginn lockt die Heringszeit, im Spätsommer die Aalsaison. In Rostock-Warnemünde fahren im Februar und März ganze Flottillen von Fischkuttern zum Heringsfang aufs Meer. In Tuckpartien, immer zwei Kutter, holen sie das Silber des Meeres aus dem Wasser, begleitet von Möwenschwärmen, die im Kielwasser nach Beute suchen.

In Rankwitz auf der Insel Usedom kann man die Fische am Achterwasser nicht nur kaufen, sondern gleich an Ort und Stelle verspeisen. Hier ist seit Ende des vergangenen Jahrhunderts die Fischerei Haupterwerbsquelle. Die Usedomer Feinfisch GmbH ist seit Langem ein Geheimtipp für Urlauber und Segler, denn eine kleine rustikale Gaststätte bietet Hering, Aal, Forelle oder Zander, Heilbutt, Lachs, Scholle sowie täglich ofenfrische Räucherfische an.

Während die Rügener auf ihren heimischen Barsch schwören, weil er im Brackwasser heranwächst und besonders zart ist, meinen die Ueckermünder, dass im Haff der beste Zander gefangen wird. Und noch eine Besonderheit kennen die Küstenbewohner: den Hornfisch oder Europäischen Hornhecht *(Belone belone)*. Er wird im Mai gefangen, und dann laden die Gaststätten an der Küste zum Hornfischessen. Die Überraschung kommt beim Zerlegen: Der Fisch hat neongrüne Gräten! Davon sollte man sich aber vom Genuss nicht abschrecken lassen: Vivianit, das die Färbung hervorruft, ist völlig unschädlich.

Gebratene Fischklopse Saßnitzer Art

500 g Fischfilet
2 Eier
1 Zwiebel, fein gehackt
75 g Semmelbrösel
Salz, weißer Pfeffer und Muskatnuss
Rapsöl zum Braten

Das Fischfilet durch den Wolf drehen und mit den Eiern, der Zwiebel und den Semmelbröseln zu einer festen Masse verkneten. Mit Salz, Pfeffer und gemahlener Muskatnuss abschmecken und aus der Masse kleine Klößchen formen. In heißem Fett portionsweise goldgelb ausbraten, dann mit dem Schaumlöffel herausheben und kurz auf Küchenpapier abtropfen lassen. Dazu reicht man Kartoffelsalat oder Mischgemüse und Salzkartoffeln.

Kak't Dösch

4 Dorschkoteletts à 250 g
Salz und Pfeffer
Saft von 1 Zitrone
3 EL Butter
1 Bund Suppengrün, grob gehackt
1 Zwiebel, gespickt mit 1 Lorbeerblatt
4 Pimentkörner
2 EL Mehl
250 g Sahne
3 EL scharfer Senf
2 Eigelb
etwas Weinessig
1 Prise Zucker

Die Dorschkoteletts waschen, trocken tupfen und mit Salz und Pfeffer würzen, mit dem Zitronensaft beträufeln und 15 Minuten ziehen lassen. Inzwischen 1 EL Butter schmelzen und das Suppengrün darin anrösten. Mit 1 ½ l Wasser aufgießen, die Zwiebel und die Pimentkörner zufügen

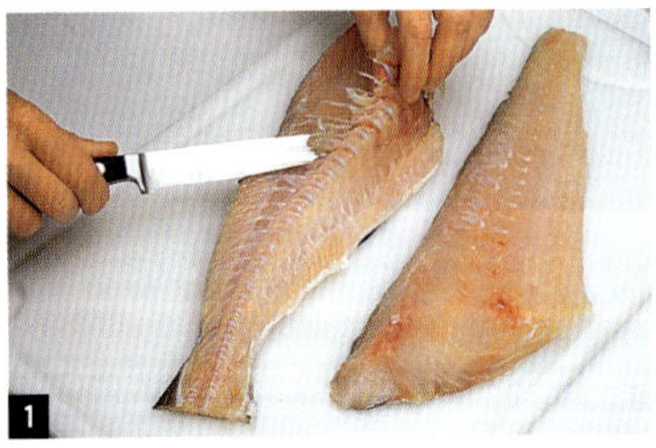

1 Um Dorsch zu filetieren, entfernt man zuerst die Mittelgräte aus der Fischhälfte.

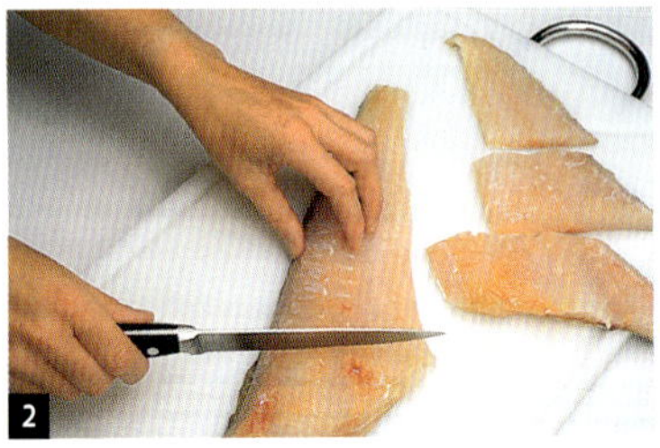

2 Danach wird das Fischfilet in etwa gleich große Portionsstücke geschnitten.

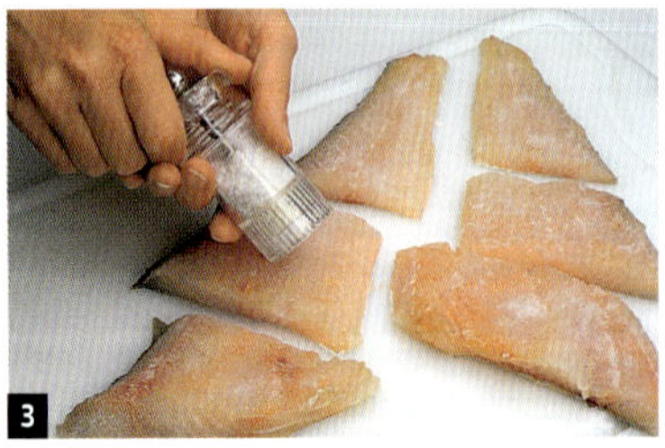

3 Salzen, pfeffern, mit Zitronensaft beträufeln und ziehen lassen.

4 Die Fischfilets werden gar gezogen, die Garflüssigkeit darf dabei nicht kochen.

und 10 Minuten kochen lassen. Dann die Dorschkoteletts einlegen und bei kleiner Hitze etwa 8 Minuten gar ziehen lassen. Anschließend den Fisch herausheben und warm stellen, den Fischsud abseihen. Die restliche Butter zerlassen und das Mehl unter Rühren anschwitzen. Mit $^1/_4$ l Fischsud ablöschen, die Sahne unterrühren und einige Minuten köcheln. Den Senf mit Eigelb und etwas Weinessig verrühren. Die Soße vom Herd nehmen, die Eigelbmischung einrühren und mit Salz, Pfeffer und Zucker abschmecken. Als Beilage Salzkartoffeln oder Buttergemüse reichen.

Links: Die sanft gegarten Dorschstücke werden aus dem Sud herausgehoben.

Unten: Gebratene Fischklopse Saßnitzer Art

Ganz unten: Kak't Dösch

Aal

»Schon stand der mit der Stauermütze ... breitbeinig über dem Stück Gaul, aus dem sich wütend hellgrün kleine Aale schleuderten. Der Mann hatte Mühe, sie zu fangen; denn Aale bewegen sich auf glatten, dazu noch feuchten Steinen schnell und geschickt. Auch waren sofort Möwen und Möwengeschrei über uns. Die stießen zu, schafften spielend zu dritt oder viert einen kleinen bis mittleren Aal, ließen sich auch nicht vertreiben; denn denen gehörte die Mole.«

Die Szene, die Oskar Matzerath, der Held von Günter Grass' »Blechtrommel« da beobachtet, ist nicht sehr appetitanregend – der Stauer hatte einen frischen Pferdekopf als Köder ins Wasser gesenkt –, aber zum Glück sind solche Fangmethoden nicht mehr Usus.

Der Aal, der heute in der Räucherkammer oder im Topf landet, wird entweder von professionellen Fischern gefangen oder von Hobbyanglern an Land gezogen. Knapp 100 000 Bürger des gewässerreichsten Landes der Bundesrepublik besitzen einen Angelschein und freuen sich auf die Aalsaison im Sommer. Der Aal ist ein Fisch der Finsternis, er schlängelt sich am Boden entlang und wird vor allem nachts oder in der Dämmerung vom Boot aus gefangen. Nicht immer hat man das Glück, dass der Fisch auch anbeißt. Bietet ihm doch seine natürliche Umgebung ein verlockendes Nahrungsangebot: Würmer, Weichtiere, Insektenlarven, Krebse, kleine Fische. Kurz, es gehört schon zu den Sternstunden im Leben eines Petrijüngers, wenn er einen Aal nach Hause trägt. Der kommerzielle Fischer kann auf solche Highlights nicht warten: Er arbeitet mit Langleinen oder Reusen, die reichere Beute garantieren. Da die Blankaale auf ihrer Wanderung zu den Laichplätzen durch die dänischen Küstengewässer ziehen, ist dort der Fang besonders lohnend.

In der DDR galt der Aal als Dreifarben-Fisch: Er wurde grün gefangen, braun geräuchert und schwarz, also unter dem Ladentisch und zu überhöhten Preisen, verkauft.

Neben dem hohen Eiweiß- und Vitamingehalt zeichnet sich der Aal besonders durch seine geringe Zahl der Gräten aus: Selbst der ungeübte Fischesser kann sich dem Genuss ohne Angst vor dem Ersticken widmen.

Roh allerdings sollten selbst Sushifans diesen Fisch nicht verzehren: Aal enthält ein starkes Nervengift (*Ichthyotoxin*), das erst durch Räuchern oder Kochen zerstört wird.

Aal in Sauer oder Marinierter Aal

1 kg frischer Aal, küchenfertig vorbereitet
Salz und Pfeffer
¼ l Weißweinessig
1 unbehandelte Zitrone in Scheiben
1 TL Salbei
2 grob gehackte Zwiebeln
2 Lorbeerblätter
1 TL Gewürzkörner (Piment-, Senf-, Pfefferkörner)

Den Aal in ca. 4 cm lange Stücke schneiden, salzen und pfeffern und 20 Minuten ziehen lassen. Den Essig mit ½ l Wasser, den Zitronenscheiben, Salbei, den Zwiebeln, Lorbeerblättern und Gewürzkörnern zum Kochen bringen und 10 Minuten köcheln. Dann die Aalstücke in den Sud geben und 15 Minuten bei kleiner Hitze gar ziehen lassen. Die Aalstücke entweder im Sud warm servieren oder in einem gut verschließbaren Gefäß erkalten lassen.

Das Leben ist eine Reise

In der Müritz, dem größten See Mecklenburgs, schlagen die Wogen hoch: Es sind neue Bewohner eingetroffen, gleich 70 000 an der Zahl. Nicht, dass es deswegen zu Platzproblemen unter Wasser kommen würde – der 117 Quadratkilometer große See kann die kleinen Satzaale schon verkraften, die alljährlich im Herbst in Spezialbehältern ankommen und kaum 25 bis 30 Gramm Gewicht auf die Waage bringen. Als neue Heimat wird ihnen der Schilfsaum des Ufers zugewiesen, damit sie vor den Räubern des Wassers und der Luft auf natürliche Weise geschützt sind. Denn daran, dass sie überleben, haben die Warener Müritzfischer Interesse. Schließlich wollen sie ihren Fischbestand erhalten, denn auch das, und nicht nur das Abfischen, gehört zu ihrem Job.

Die jungen Tiere haben einen langen Weg hinter sich; sie stammen aus den Nebenflüssen von Rhein und Maas. Doch diese Strecke war längst nicht die weiteste, die sie in ihrem Leben zurücklegten. Der Geburtsort von *Anguilla anguilla*, dem Europäischen Flussaal, liegt in der Sargassosee südlich der Bermudainseln, etwa 4000 Kilometer von Europa entfernt. Kaum aus den Eiern geschlüpft, also noch als Larven, beginnen die Aale ihre Reise, die im wahrsten Sinne des Wortes »babyleicht« ist: Sie lassen sich nämlich einfach vom Golfstrom tragen. Dass das Transportmittel langsam ist, nehmen sie billigend in Kauf: Es dauert zwei bis drei Jahre, bis sie an den Küsten Europas und Nordafrikas ankommen, streichholzdick und durchsichtig und daher mit Recht »Glasaale« genannt.

Nun steigen sie in den Ernst des Lebens ein: in die Flüsse. In dieser Phase des Erwachsenwerdens werden sie dunkel und bekommen einen neuen Namen: »Steig-« oder »Satzaale«. Die Flüsse hinaufsteigen müssen sie nun, um ihren neuen Lebensraum zu erreichen, und da dies wegen baulicher Veränderungen oft nicht mehr möglich ist, werden sie eingefangen und in neuer Umgebung ausgesetzt – wie zum Beispiel in der Müritz. Es gibt aber auch Tiere, die diesen Abschnitt ihres Lebens im Brackwasser verbringen.

Wann die Geschlechtsreife eintritt, hängt vom Nahrungsangebot und von den Wassertemperaturen ab; im Durchschnitt findet sie im Alter von acht bis zehn Jahren statt. »Im dicht bevölkerten Brackwasser oder in Gefangenschaft mit anderen Aalen neigt der Aal zum männlichen Dasein, bleibt faul und kurz, höchstens einen Meter lang. Strengt er sich aber an und kämpft sich einsam die Gewässer hoch, wird er zum Weibchen; das kann bis zu 1,50 Meter lang werden«, schreibt Jörg-Uwe Albig in »Geo«.

Nach der Geschlechtsreife nehmen die Tiere keine Nahrung mehr zu sich; im September und Oktober drängt es sie zurück ins Meer. Dabei wandern sie oft über Wiesen, wenn ihnen keine »Wasserstraßen« zur Verfügung stehen. Da sie jetzt eine silbrig glänzende Unterseite haben, nennt man sie »Blank-« oder »Silberaale«.

Nun wird die Reise wirklich anstrengend, denn sie geht zurück in die Sargassosee und diesmal gibt es keinen freundlichen Golfstromservice. Da heißt es Rudern und vom dicken Fettpolster zehren. Ein Aal kann bis zu vier Jahre ohne Nahrung leben. Man nimmt an, dass er für seinen Weg zurück zu den Laichgründen etwa ein halbes Jahr braucht.

Nachdem sie sich fortgepflanzt haben, verenden die Aale. Sie werden etwa zehn Jahre alt.

Diejenigen hingegen, denen die Rückkehr verwehrt ist, zum Beispiel, weil sie in Aquarien von Forschern landen, können 50 Jahre alt werden. Freilich, ohne die See ihrer Jugend je wiedergesehen, ohne den letzten Teil der Reise angetreten zu haben, der ja auch zu einem erfüllten Aalleben gehört.

Links: Hobbyfischer haben selten einen Aal an der Angel. Profis verwenden Reusen oder Langleinen.

Unten: Aal in Sauer oder Marinierter Aal

1 Der Arbeitstag der Aalfischer beginnt am frühen Morgen.

2 Die Reusen sind schwer, das lässt auf einen guten Fang hoffen.

3 Bei dem Gewicht kann's allerdings leicht kopfüber gehen!

4 Mal sehen, was drin ist – der Inhalt der Reusen wird an Bord gekippt.

5 Nun geht's an's Sortieren, und zwar schnell, denn ...

6 ... die Fische werden noch lebend in verschiedene Bottiche gepackt.

7 Der »Dreifarben-Fisch« in seinem ersten Stadium: grün.

8 Doch die Kammer, um ihn braun zu räuchern, ist schon vorbereitet.

9 Goldbraun glänzend verlässt der Aal die Räucherkammer.

10 Schwarz wird er heute nicht mehr verkauft, der fertig geräucherte Aal.

Gänse

»Martina« hieß das Gänsekind, das der Verhaltensforscher Konrad Lorenz kurz nach dem Schlüpfen adoptierte und von dem er in einer wunderbaren Geschichte berichtet, aus der man viel über das soziale Verhalten und vor allem über die Kommunikation der Gänse lernen kann. Martina war eine Graugans, und die Graugans ist die Stammform unserer Hausgans. Gänse wurden vermutlich schon seit der Jungsteinzeit als Haustiere gehalten, wobei sich die heutigen Gänserassen erst in den letzten 200 Jahren entwickelt haben. Zu den alten und heute gefährdeten Geflügelrassen zählen die Emdener Gans, die Diepholzer Gans und die Lippegans. Im Norden hält man vor allem die Pommersche Gans, die auch im Nachbarland Polen gezüchtet wird, allerdings vorwiegend für den Export nach Deutschland.

Gänse sind gute Wächter. Im alten Rom retteten sie das Capitol durch ihr Geschnatter, und mancher Ganter kann gefährlicher sein als ein Hofhund. Vor allem menschliche Waden sind ein beliebtes Angriffsziel.

Regionale Gänsespezialitäten

Schwarzsauer von Gänseklein

Es handelt sich um eine Mischung von Gänseklein (Flügel, Beine, Unterschenkel, Hals) und etwas Schweinefleisch (ungeräucherten und ungesalzenen Bauchspeck), die in Salzwasser mit Wurzelwerk und etwas Gewürz weich gekocht wird. Am Ende der Garzeit werden geviertelte, geschälte Birnen zum Fleisch gegeben. Und zum Schluss wird eine Mischung aus Gänseblut und Essig hinzugefügt und mit zerkleinerten Nelken, Pfeffer und Piment sowie etwas Zucker das Ganze abgeschmeckt. Das Ganze wird als ein Art Eintopf angerichtet und gegessen.

Sauer eingekochtes Gänsefleisch

Man zerteilt eine Gans in portionsgerechte Stücke. Darüber wird so viel mit Wasser verdünnter Weinessig gegeben, sodass das Fleisch bedeckt ist. Gewürzt wird es mit Lorbeerblättern, Piment, Pfeffer und Zwiebeln sowie viel Salz. In dieser Essigmarinade kocht das Fleisch gar. Das Gänsesauer lässt sich mit Weißwein verfeinern. Nach dem Kochen wird das Fleisch in einen Steintopf gelegt und die Brühe durch ein Sieb darüber gegossen.

Gebratenes saures Gänsefleisch

Von dem Gänsesauer wird das Gelee entweder bei schwacher Hitze abgeschmolzen oder mit heißem Wasser abgewaschen. Man überstreut das Fleisch mit ein wenig Zucker, legt es in braune Butter und lässt es darin heiß werden. Dann gibt man das Gelee wieder zur Soße und lässt das Fleisch unter fortwährendem Begießen noch etwa fünf Minuten braten.

Karamellisiertes Gänsefleisch

Die Gans zerlegen. Dann ¾ l Essig, 1 ⅛ l Wasser, 2 Lorbeerblätter, 4 Pimentkörner, 2 Gewürznelken, 2 Zwiebeln, 1 EL Salz, schwarze Pfefferkörner, einige Senfkörner, 1 Stange Lauch, 1 Möhre, 1 Petersilienwurzel für die Marinade in einem großen Topf aufkochen, die Gänseteile hineinlegen. Aufkochen und die Hitze reduzieren. Dann 2 Stunden schwach köcheln lassen. Die Brühe entfetten. Das Gänsefleisch in einen Steintopf legen, die entfettete, saure Brühe darüber gießen. Das Ganze mit flüssigem Kokosfett begießen, so ist der Inhalt luftdicht verschloßen. Das Fleisch lässt sich so etwa 2 Monate kühl lagern. Vor dem Verzehr das Kokosfett entfernen. Die Gänseteile aus der Brühe nehmen. Mit dem beiseite gestellten Gänsefett und Zucker zusammen in einen Bräter geben und bei nicht zu starker Hitze so lange braten, bis der Zucker hellbraun wird und Fäden zieht. Dann das karamellisierte Fleisch herausnehmen und warm stellen. Den Bratensatz mit Wasser und wenig saurer Brühe loskochen, mit angerührter Speisestärke oder Mehl binden. Dazu Salzkartoffeln und Rotkohl reichen. Den Kohl mit Gänsefett und schwarzem Johannisbeergelee zubereiten.

Gänseleber im Steintopf mit Sauerkraut

Eine Zwiebel in Scheiben schneiden und in Schmalz anschwitzen. Ca. 600 g Sauerkraut dazugeben, mit Wasser auffüllen. Nach Belieben darin einige Wacholderbeeren und Speckreste mitkochen, die gegen Ende des Kochprozesses wieder herausgenommen werden. Inzwischen die Gänseleber vorbereiten, mit Salz, Pfeffer und edelsüßem Paprika würzen und in einer Kasserolle zugedeckt mit ⅛ l Weißwein und Bratenfond 1 Stunde garen. Ist das Sauerkraut weich gekocht, mit Salz, Pfeffer und Zucker abschmecken und mit einer rohen, geriebenen Kartoffel binden. Nun 2 Äpfel schälen und in Scheiben schneiden. Diese Scheiben auf den Boden des Steintopfes legen und darüber in Scheiben geschnittene Gänseleber geben. Darauf das Sauerkraut. Den Gänselebertopf etwa 20 Minuten im Ofen dämpfen lassen. Den Gänseleberfond mit kalt angerührtem Kartoffelmehl binden und mit Salz und Pfeffer abschmecken.

Geriebener Gänsemagen

Etwa 600 g gepökelte Gänsemägen mit fein gehackten Zwiebeln, Kräuteressig, Pfeffer und Thymian vermengen. Die Masse zweimal durch den Fleischwolf geben und pikant abschmecken. »Geriebener« Gänsemagen passt zu Pellkartoffeln oder als Brotaufstrich.

Gänseschmalz

Die zu großen Würfeln geschnittenen 500 g Gänseflomen mit 125 g Schweineflomen langsam auslassen. Dann den von Stängel und Blütenansatz befreiten ganzen Apfel, eine große Zwiebel und einen Thymianzweig hinzugeben. Alles wieder herausnehmen, wenn die Zwiebel braun geworden ist. Das Gänseschmalz nun durch ein Sieb geben und zum Festwerden in einen Steintopf füllen.

Gänse-Weißsauer

In kaltem Salzwasser 1,5 kg Schweine- oder Kalbsfüße aufsetzen und eine Stunde kochen. Etwa 2,5 kg Gänse- oder Entenfleisch und Salz hinzufügen und so lange kochen, bis das Fleisch gar ist. Geputztes und zerkleinertes Wurzelwerk zusammen mit Lorbeerblatt, Pfefferkörnern und Essig oder Zitrone zum Fleisch geben und noch etwa 10 Minuten kochen lassen. Schichtweise in Gläser füllen. Die Brühe zum Entfetten durch ein Tuch abgießen und über das Fleisch in die Gläser gießen.

Die Gans gilt als das beste Geflügel und durfte früher bei keinem fürstlichen Mahl und bei keinem bürgerlichen Weihnachtsfest fehlen. Bei den Tagelöhnern stand Gänsebraten nur sehr selten auf dem Tisch, seit sich in der zweiten Hälfte des 19. Jahrhunderts die bis dato im Nordosten üblichen Tischgemeinschaften aufgelöst hatten. Vorher hatten der Bauer und seine Knechte aus derselben Schüssel gegessen. Die räumliche Trennung brachte auch die soziale Differenzierung der Tischsitten und der Speisen mit sich.
Früher führte die Gänsemagd oder der Gänsehirte die Tiere über den Stoppelacker, wo sie sich an den herabgefallenen Körnern dick fressen sollten, darum auch die Bezeichnung »Stoppelgänse«.Von großer wirtschaftlicher Bedeutung waren in der Zeit, bevor es Kunstfasern gab, natürlich auch die Federn der Gans, als wärmende Bettdeckenfüllung ebenso wie als Schreibgerät.
Eine selbst gezüchtete Gans vom Lande gehört zu den kulinarischen Kostbarkeiten im Nordosten Deutschlands. Dabei kann die Gans nicht groß genug sein. »Ein pommerscher Magen kann alles vertragen«, heißt es, und die Mecklenburger sagen: »Die Gans ist ein verrückter Vogel – für einen zu viel und für zwei zu wenig.« Wer allerdings normalen Essern einen Gänsebraten vorsetzt, kann damit rechnen, dass sich gut fünf bis sechs Personen daran satt essen können. Gefüllt wird der Vogel in Mecklenburg-Vorpommern natürlich mit dem landestypischen kulinarischen Trio: Backpflaumen, Äpfel und Brot.

Ganz Weihnachten, Gans festlich

230 Kalorien pro 100 Gramm. Das ist eine ganze Menge. Beim Genuss eines Brathähnchens brächte man nur die Hälfte auf die Hüften und damit auf die Waage. Doch wer möchte schon am ersten Weihnachtsfeiertag Familie und Freunde mit einem mageren Gockel bewirten? Nein, zum Fest gehört die Gans und zur Gans gehören Klöße – Kalorien hin oder her.
Traditionell ist eigentlich der 11. November der Tag, an dem es den Gänsen an die Krägen geht. Schuld daran sind sie selbst, sagt die christliche Legende, denn sie hätten den heiligen Martin verraten, der sich vor seiner Wahl zum Bischof in einem Gänsestall verbarg. Es ist anzunehmen, dass es den Gänsen auch ohne diesen schnöden Verrat nicht besser ergangen wäre. Denn sie sind nun mal im November schlachtreif, und ihr Fleisch ist um diese Zeit sogar noch besser, weil magerer, als zu Weihnachten. Zudem endete früher mit dem Martinstag das bäuerliche Wirtschaftsjahr. Die Tiere konnten nicht mehr im Freien weiden, und es war wirtschaftlicher, sie zu schlachten, als sie im Stall durchzufüttern.
Im bäuerlichen Jahreslauf war Sankt Martin ein wichtiges Datum. Die Feld- und Gartenarbeiten waren abgeschlossen, man bereitete sich auf den nahenden Winter vor. Durch Ernteeinnahmen und Viehverkauf war Geld im Haus. So konnten Rechnungen beglichen werden, Pacht, Zins und die Dienstboten wurden bezahlt. Letztere wechselten an diesem Tag traditionell die Stellung, nicht ohne ein paar freie Tage einzulegen und sich auf den Märkten zu vergnügen, die zu Martini abgehalten wurden.
Gefürchtet war dieses Datum bei denen, die zu arm waren, um ihre Pacht zu entrichten: »Martin ist ein harter Mann für den, der nicht bezahlen kann«, heißt es, oder »Wart bis Sankt Martin!« Dorfschullehrer erhielten am 11. November als Naturalgabe eine Gans, und insgesamt nahm man diesen Tag wahr, um vor der Weihnachtsfastenzeit noch einmal richtig zu essen und zu trinken. In Weinregionen kennt man den »Martinswein« oder »Märteswein« als den ersten Wein des jeweiligen Jahrgangs. Wer ihm zu sehr zusprach, wurde als »Martinsmann« verspottet. Auch ein besonderes Gebäck gab es zur Feier des Tages und als Geschenk für die Kinder und Dienstboten: Martinshörnchen, -wecken, -ringe und -küchle.
Als Jahreswendetermin spielte Martini auch eine wichtige Rolle für Weissagungen und Wetterregeln. Bei der Zukunftsschau wurde dann auch die gebratene Gans zurate gezogen. War ihr Brustbein rötlich, wurde der Winter hart. War es weiß, konnte man mit mildem Klima rechnen.

Deutsche Gans mit Innenleben

Bayerische Füllung
2 altbackene Brötchen in Scheiben schneiden und in 200 ml heißer Milch quellen lassen. Die ausgedrückten Brötchen mit 2 Bund gehackter Petersilie, 2 gehackten Zwiebeln, den klein geschnittenen Innereien der Gans, 250 g Hackfleisch, 3 Eiern, Beifuß, Kerbel und Majoran mischen.

Rheinische Füllung
500 g entsteinte Backpflaumen einweichen, 100 g Rosinen in Rum ziehen lassen. 1 kg säuerliche Äpfel schälen und in Würfel schneiden. Mit Majoran, Salz und Pfeffer mischen.

Pilzfüllung
500 g Mischpilze blättrig schneiden, mit 100 g Speckwürfeln, 100 g gehackten Walnüssen, 1 gehackten Zwiebel, 4 Esslöffeln Semmelbröseln, 2 Eiern, gehackter Petersilie, Salz, Pfeffer und edelsüßem Paprikapulver mischen.

Maronenfüllung
100 g gekochte und geschälte Esskastanien mit vier klein geschnittenen Äpfeln in Butter andünsten. 150 g Hühnerleber und die Gänseleber klein schneiden, hinzufügen und 5 Minuten dünsten. Mit Salz, Pfeffer, Zimt und Cognac abschmecken.

Apfel-Zwiebel-Füllung
4 säuerliche Äpfel würfeln und mit 250 g Schalotten in Butter 5 Minuten dünsten. Mit gerebeltem Majoran, Beifuß, Salz und Pfeffer kräftig würzen.

Nach dem Füllen die Gans mit Küchenzwirn zunähen. Das erleichtert man sich, indem die Öffnung vor dem Nähen mit Zahnstochern festgesteckt wird.

Gänsebraten Pommersch
Für 8 Personen

250 g entsteinte Backpflaumen
100 ml Cognac
1 Gans, ca. 4 kg
Salz und Pfeffer
500 g Äpfel
1/2 Bund Thymian
3 EL trockenes, geriebenes Schwarzbrot
1 TL Speisestärke
125 g süße Sahne

Die Backpflaumen im Cognac einweichen. Die Gans ausnehmen, säubern und trocken tupfen. Außen und innen mit Salz und Pfeffer einreiben. Die Äpfel schälen, vierteln, vom Kerngehäuse befreien und in Spalten schneiden. Mit den Backpflaumen und dem Cognac mischen, Thymian und Schwarzbrot unterrühren und die Masse in die Gans füllen. Die Öffnung mit Zahnstochern zustecken und mit Küchengarn kreuzweise verschnüren. Die Gans auf den Bratrost legen, unter den Bratrost eine Fettpfanne mit 1/4 l Wasser stellen. Im vorgeheizten Backofen bei 250 °C etwa 20 Minuten braten, dann die Gans unterhalb der Keulen mit einer Nadel einstechen, damit das Fett besser austreten kann. Die Hitze auf 190 °C reduzieren und die Gans weitere 3 Stunden braten. Während der Bratzeit alle 15 Minuten die Gans mit etwas Wasser begießen. Für die Soße den Bratfond entfetten, eventuell noch etwas Wasser angießen und die Soße aufkochen. Die Speisestärke mit der Sahne verquirlen und die Soße damit binden. Mit Rotkohl und Kartoffelklößen servieren.

Hering

»Runner von'n Disch, Mudder kaakt Fisch« – »Runter vom Tisch, Mutter kocht Fisch.« Das war früher ein gängiger Spruch, wenn ein ganz gewöhnliches Essen zubereitet wurde. Denn es gab damals meistens Fisch und in der Regel Hering, denn der war am billigsten.

Im Gegensatz zu seinem Artgenossen aus der Nordsee eignet sich der Ostseehering besonders gut zum Konservieren: Er ist zwar kleiner, aber fettreicher. Deshalb kamen die Fische, die im Binnenland verkauft wurden, bis zur Mitte des 19. Jahrhunderts überwiegend aus der Ostsee. Anfang des 19. Jahrhunderts war Hering infolge der zweiten großen Heringsperiode (1748–1808) besonders billig. In einer Quelle aus Rostock aus dem Jahr 1807 heißt es: »Die Häringe sind unter allem am wohlfeilsten, sie werden von dem gemeinen Mann sehr häufig im Frühjahr gegessen, zum Teil auch gedörrt und so ausgeführt, aber nicht eingesalzen.«

Dass man damals in Rostock kein Salz verwendete, ist erstaunlich, denn dies war seit Jahrhunderten die gängigste Konservierungsmethode. Im Jahr 1820 überließ der preußische Staat den Fischern sogar steuerfreies Salz, um sie wirtschaftlich zu fördern. Daraufhin entstanden überall an der Ostseeküste sogenannte »Salzhütten«, reetgedeckte Backsteinhäuser in Ufernähe, in denen die Fischer das Salz lagerten. Die meisten dieser Bauten wurden durch die Sturmfluten von 1872 und 1874 zerstört, nur sechs Häuschen stehen noch. In Koserow auf Usedom kann man eines als Minimuseum besichtigen.

Am besten schmeckt der Hering frisch vom Fischer, und da kann man ihn in der Zeit von Februar bis Mai kaufen, in der Hauptfangzeit für Heringe. In diesen Monaten besorgte die Hausfrau die Fische früher eimerweise. Sie wurden grün gebraten oder sauer eingelegt. Und bescherten der Großfamilie einige abwechslungsreiche Mahlzeiten.

Heute macht der Hering fast drei Viertel des Gesamtfanges bei Seefischen in Mecklenburg-Vorpommern aus. Aufgrund der Entwicklung des Internationalen Seerechts musste die deutsche Seefischerei ihre Flotte seit den Siebziger Jahren drastisch abbauen. Die große Hochseefischerei verfügt heute nur noch über 10 Fang-

Von oben nach unten: Kein Job für Langschläfer: Die Fischer treten schon im Morgengrauen an, um die Netze auszulegen, die sich in den folgenden 24 Stunden füllen sollen.

Reiche Beute, doch nicht so reich wie in früheren Zeiten. Der Bestand an Heringen ist in den letzten Jahrzehnten drastisch zurückgegangen.

Wenn die Fischerboote im Hafen ankommen, warten dort schon die Hilfskräfte, deren Arbeit es ist, die Heringe aus den Maschen des Netzes zu lösen.

Die Ware macht die Fischer nicht reich: Preisverfall und die geringen Anlandungen führen zu sinkenden Erlösen.

Heringsprodukte

Salz, Öl, Essig, Aspik, Zwiebeln, Gürkchen, hart gekochte Eier, Sahne, Rote Bete, Tomaten – kein anderer Fisch geht eine derartige Liaison mit den verschiedensten Gemüsen und Würzstoffen ein, keiner lässt sich so vielseitig zubereiten. Man kann ihn geräuchert als Bückling, im Glas und in der Dose, als Gabelhappen und Salat kaufen. In Salz eingelegt, versorgte er jahrhundertelang die Bewohner des Binnenlandes mit schmackhaften Fastenspeisen, und so manchem Zecher vertrieb er am Morgen danach den Kater. Einem Politiker hat er sogar den Nachruhm verschafft, von dem sie alle träumen: Bismarck. Seinen Namen führt jeder, der in ein mildes, mit Gewürzen in Essig eingelegtes Heringsfilet beißt, im Munde – und zwar im wahrsten Sinn des Wortes. Bismarck hat es vorausgeahnt: »Der Bismarckhering wird mir Unsterblichkeit schaffen«, sagte er.

Fischkur für Bismarck

»Er war groß und in seiner Jugend schlank, wurde aber später dick, da er ungeheuer viel aß und trank, sodass seine ausdrucksvollen Rundaugen den feuchten Glanz annahmen, den der Alkohol verursacht.« So porträtiert der Historiker Golo Mann, Sohn von Thomas Mann, Otto von Bismarck, den »eisernen Kanzler«, den »ersten Staatsmann Europas«, der die Politik und die Geschicke Deutschlands in den letzten Jahrzehnten des 19. Jahrhunderts bestimmte wie kein zweiter.

Otto von Bismarck wurde 1815 in Schönhausen an der Elbe geboren und war von 1871 bis 1890 Reichskanzler. Obwohl er ständig bei Hof verkehrte und sich dort bester französischer Küche erfreute, bekannte er sich zeit seines Lebens zur regionalen, bodenständigen Küche. Nicht umsonst trägt der Bismarckhering seinen hochpolitischen Namen. Kolportiert wird folgender Ausspruch des preußischen Politikers: »Wenn Hering genauso teuer wäre wie Hummer, dann gälte auch er als Delikatesse.«

Bismarck aß beides, Hummer wie Hering. Nicht selten verzehrte der Gründer des Deutschen Reiches 16 Eier zum Frühstück, wie sein Leibarzt berichtet. Häufig genug aß Bismarck alles durcheinander. Auf dem Berliner Kongress 1878 zum Beispiel wurde er beobachtet, »wie er mit der einen Hand Krabben in den Mund stopfte, mit der anderen Kirschen«. Kaum ein Politiker hat sich so zügellos lukullischen Genüssen hingegeben wie der altmärkische Junker. Und kaum einer hat so früh erkannt, dass Speisen eine elegante Fortsetzung der Politik mit anderen Mitteln bedeutet. Im Laufe der Jahre war der »eiserne Kanzler« jedoch gezwungen, seinen Lebenswandel gründlich zu überdenken. Es kam so weit, dass ihm sein Leibarzt ausgerechnet eine Heringsdiät verordnete. Offensichtlich mit gutem Erfolg, denn später bekannte Bismarck: »Diese Heringe haben mich gesund gemacht.«

schiffe. Ein neu erbautes großes Fischbearbeitungszentrum in Sassnitz-Mukran ist heute ein sicherer Absatzmarkt für die heimischen Fischer.

Der Hering (*Clupea harengus*) wird in verschiedene Rassen unterteilt. Die wichtigsten ostatlantischen sind der Weißmeerhering, der Murmahering, der winterlaichende Norwegische Hering und der kleinere Baltische Hering, der in der Ostsee lebt. Für die Fischerei ist vor allem der Norwegische Hering von größter Bedeutung. Heringsschwärme werden mithilfe echometrischer Geräte festgestellt, die auch die Angaben für die Berechnung der Größe des Schwarmes liefern.

Nachdem die Heringsbestände in den Siebziger und Achtziger Jahren dramatisch abgenommen hatten, haben sie sich inzwischen wieder etwas erholt; ein weiteres Anwachsen des Bestandes und damit erhöhte Fangmöglichkeiten sind für die Zukunft absehbar. Nach dem Alaska-Seelachs (25,9 Prozent) und vor dem Lachs (11,3 Prozent) ist der Hering heute mit 17,5 Prozent der zweitbeliebteste Speisefisch der Deutschen. Geschäft lässt sich mit diesem Fisch trotzdem keines mehr machen, und die Zeiten, als Hering noch Zahlungsmittel war und Städte wie Amsterdam und die Hansestädte Rostock und Greifswald mit Heringshandel reich und mächtig werden konnten, sind endgültig vorbei.

Grüne Heringe gebraten

8 frische Heringe, küchenfertig vorbereitet
Salz und Pfeffer
6 EL Mehl
125 g Speckwürfel
100 g Butter

Die Heringe gründlich säubern, trocken tupfen und innen und außen mit Salz und Pfeffer einreiben. 10 Minuten ziehen lassen, dann die Fische in Mehl wenden, überschüssiges Mehl abklopfen. Die Speckwürfel in einer großen Pfanne auslassen. Den Speck aus der Pfanne nehmen, die Butter zugeben und die Heringe darin auf jeder Seite etwa 5 Minuten goldbraun braten. Anschließend auf einer vorgewärmten Platte anrichten. Die Speckwürfel noch einmal im Bratfett erhitzen und über die Heringe verteilen.

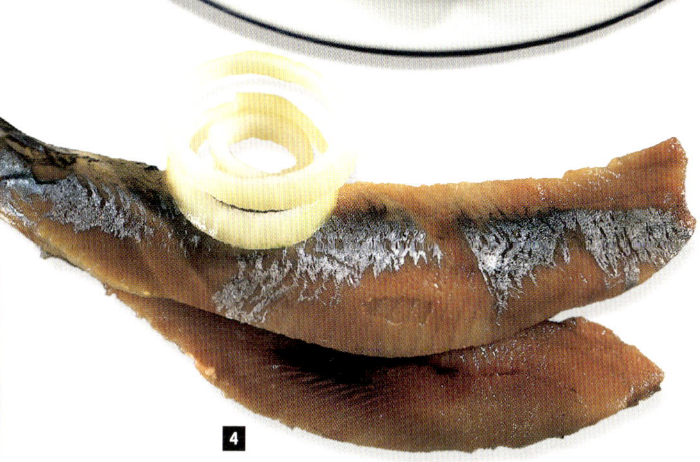

1 Bismarckhering wird in einem Essig-Salz-Bad mariniert und mit Gewürzen eingelegt.

2 Bratrollmops, ein Brathering in der Form und mit dem Innenleben des Rollmopses.

3 Rollmops, eine in Essig marinierte Heringshälfte wird um eine Gewürzgurke gerollt.

4 Matjes sind gekehlte Jungfische vor der Laichreife. Hauptfangzeiten sind Mai und Juni.

5 Sahnehering: Matjesfilets werden besonders zart, wenn man sie in Sahne einlegt.

6 Brathering ist ein grüner Hering, der paniert, gebraten und in Essig eingelegt wird.

7 Geleehering: Heringsfilet, mit Eierscheiben in einer Geleeschicht eingeschlossen.

8 Kronsild wird hergestellt wie Bismarckhering, allerdings aus ganz junge Fischen.

9 Kipper nennt man leicht gepökelte und mit der Haut kalt geräucherte Heringe.

Zusammengekochtes

Das »Mangkokt-Äten« (das Zusammengekochte) ist das Typische in der Küche Mecklenburg-Vorpommerns. Es wird als Fleisch-Gemüseeintopf gefertigt. Dazu nahm man vor allem Rüben, Mohrrüben, Weißkohl, sehr oft auch Erbsen oder andere Hülsenfrüchte. Grünkohl mit Grütze blieb auch nach dem Einzug der Kartoffel weiterhin eine wichtige Mahlzeit bei den Bauern und Tagelöhnern. Im Winter wurde ein großer Kessel auf Vorrat gekocht, und dann stand das Grünkohlgericht mehrmals in der Woche auf dem Tisch, oft auch dreimal am Tag. Dieses Mahl half, den Getreidevorrat über den Winter zu strecken. Der Drescher, der bei der Getreideernte die schwerste Arbeit zu erledigen hatte, aß Grünkohl bereits am frühen Morgen, um sich für den Tag zu stärken. Der deutsche Nationalökonom Wilhelm Roscher erklärte um 1890: »Ein Mecklenburgischer Tagelöhner isst beinahe doppelt so viel als ein thüringischer, aber er leistet auch beinahe doppelt so viel.«
Die derbe, kräftige, kalorienreiche Kost mit vielen Kohlenhydraten wurde vor allem auf dem Land gegessen. Nachdem die Kartoffel zum Volksgericht wurde, legte man beispielsweise in den kleinbürgerlichen Häusern der Städte Kartoffeln, Gemüse und Fleisch getrennt auf den Teller und nicht als »Zusammengekochtes«. Dagegen gab es auf dem Land auch in der zweiten Hälfte des 19. Jahrhunderts noch keine gesondert angerichteten Gemüsespeisen, alles kam in den Eintopf. Der Tagelöhner stellte, so wie er es über Jahrhunderte gewohnt war, die große Schüssel auf den Tisch, und jeder Essengast konnte sich daraus nehmen. Eigene Teller gab es in diesen Schichten erst zu Beginn des 20. Jahrhunderts.

Pommersche Erbsensuppe
Für 8 Personen

350 g geschälte gelbe Erbsen
200 g durchwachsener Speck
1 Schweineschwanz
1 Schweineohr
1 Bund Thymian
1 Bund Suppengrün, fein gehackt
1 Zwiebel, fein gehackt
1 kg Kartoffeln
Salz und Pfeffer

Die Erbsen über Nacht in 2 l Wasser einweichen, am nächsten Tag abschütten. Schweineschwanz, -ohr und Speck in 2 l leicht gesalzenem Wasser ca. 1 Stunde kochen. Erbsen, Thymian, Suppengrün und Zwiebeln hinzufügen und 40 Minuten mitkochen. Inzwischen die Kartoffeln waschen, schälen und in Stücke schneiden. Die Kartoffelstücke in die Erbsensuppe geben und weitere 25 Minuten kochen. Wenn die Erbsen und Kartoffeln gar sind, den Thymian Fleisch und Speck aus der Suppe nehmen. In mundgerechte Stücke schneiden, wieder zur Suppe geben und mit Salz und Pfeffer kräftig würzen.

Kliebensuppe

4 EL Mehl
4 EL Zucker
3 Eigelb
1 Prise Salz
2 l Milch
½ Vanilleschote

Das Mehl in eine Schüssel sieben, Zucker, Eigelb, 1 Prise Salz sowie 2 EL Milch hinzufügen. Alles mit einer Gabel zu einer festen, krümeligen Masse, den Klieben, zerdrücken. Die restliche Milch mit der Vanilleschote zum Kochen bringen, die Klieben nach und nach einrieseln lassen und noch einige Minuten köcheln lassen. Vor dem Servieren die Vanilleschote entfernen.

Kochbuchliteratur zu DDR-Zeiten: Mudder Schulten

Wer ist Mudder Schulten? In Mecklenburg und Vorpommern weiß das jedes Kind. Denn die historische Figur wurde durch Fritz Reuter (1810–1874) bekannt gemacht, den Mundartdichter, der so etwas wie eine Identifikationsfigur für die Mecklenburger ist. Der beschrieb in seinem Buch »Dörchläuchting« den Strelitzer Herzog Adolf Friedrich IV., der von 1752 bis 1794 in Mecklenburg-Strelitz regierte und auf dem Neubrandenburger Marktplatz die Bäckersfrau Mudder Schulten traf. Sie erinnerte ihn daran, dass die Bäckerei zu den Hoflieferanten des Herzogs zählte und Durchlaucht seit fünf Jahren seine offenen Rechnungen nicht beglichen hatte. Das war natürlich unerhört in der damaligen Zeit, dass sich eine Frau aus dem Volke gegenüber Durchlaucht auflehnte. Doch die couragierte Bäckersfrau fand die richtigen Worte und qualifizierte sich damit als Volksheldin.
Dass Mudder Schulten noch immer ein Begriff ist, verdankt sie der knapp siebzigjährigen Inge Schumacher aus Neubrandenburg. Sie trat Ende der sechziger Jahre in einem Stück des DDR-Schriftstellers Franz Freitag auf: Mudder Schulten und »Dörchläuchting« (Durchlaucht) spazierten durch das moderne Neubrandenburg. Voller Leidenschaft schlüpft die gebürtige Ziethenerin noch heute in diese Rolle. Die Einheimischen lieben es, wenn »ihre Mudder Schulten« kommt und »up Plattdütsch« ihre »Läuschen und Riemels« (Anekdoten und Reime) erzählt. Sie weiß viel über Fritz Reuter, gibt aber auch vieles aus der heutigen Zeit zum Besten. Im Lauf der Jahrzehnte wurde Inge Schumacher so zu einem Original Mecklenburg-Vorpommerns, und sie nützt diese Position, um die Traditionen des Landes aufrecht zu erhalten – auch die kulinarischen. So trug sie dazu bei, dass in Neubrandenburg zu DDR-Zeiten neun Mudder-Schulten-Kochbücher herausgegeben wurden, die Rezepte enthielten, die von Müttern, Großmüttern und Urgroßmüttern überliefert wurden. Auf den alljährlich stattfindenden Solidaritätsbasaren der Journalisten gehörten diese Bücher zu den Verkaufsschlagern und waren meist im Handumdrehen vergriffen.
Über die Küche des Landes urteilt Inge Schumacher, die eine Fachlehre für Hauswirtschaft und Hotelwesen absolvierte, folgendermaßen: »Mecklenburg-Vorpommern war das rückständigste Land in Deutschland, Fritz Reuter hat das in ›Kein Hüsung‹ beschrieben. Es gab zwei Küchen, eine für die armen und eine für die reichen Leute. Während die einen aus jedem Zipfelchen etwas machen mussten, konnten die anderen aus dem Vollen schöpfen, Rezepte anderer Länder ausprobieren.«
Ein Lieblingsrezept zu nennen, fällt der begeisterten Köchin schwer. »Für eine gute Pflaumensuppe oder eine schmackhafte Fischsuppe lässt man fast jeden Braten stehen«, sagt sie.
Für festliche Anlässe empfiehlt sie beispielsweise: Als Vorsuppe eine klare Fischsuppe, aus drei Karpfenköpfen gekocht, mit Möhren, Porree, Zwiebeln und ein paar bunten Nudeln. Als Hauptgang gepökelten Genickbraten, den sie mit viel Zwiebeln schmoren lässt; die Soße schmeckt sie ohne Sahne ab. Den gleichen Braten kann man auch zwei Tage vorher in Bier legen, dann schmeckt er ebenfalls hervorragend. Der Rotkohl, den sie dazu reicht, wird mit einem Stück Schinkenspeck gekocht, mit Johannisbeermarmelade und mit Äpfeln süßsauer abgeschmeckt. Ein Grießflammeri zum Nachtisch oder ein Schwarzbrotpudding mit Rum beträufelt bilden den krönenden Abschluss dieses landestypischen Menüs.

Fliederbeersuppe

500 g Fliederbeeren (Holunder)
75 g Zucker
1 Päckchen Vanillinzucker
1 Prise Salz
2 große säuerliche Äpfel
1 EL Speisestärke

Die Fliederbeeren mit 1 l Wasser, Zucker, Vanillinzucker und Salz langsam zum Kochen bringen und 10 Minuten köcheln lassen. Danach die Suppe durch ein Sieb passieren. Die Äpfel schälen, vierteln und entkernen. In nicht zu kleine Stücke schneiden und in der Suppe weich, aber noch bissfest garen. Die Speisestärke in wenig Wasser anrühren und die kochende Suppe damit binden. Vom Herd nehmen und eventuell mit Zucker nachwürzen. Die Fliederbeersuppe mit Schwemmklößchen servieren.

Fischsuppe

250 g Kartoffeln
3 Möhren
1 Stange Lauch
1/2 kleine Sellerieknolle
2 Zwiebeln, fein gehackt
2 EL Butter
1/4 l Weißwein
Salz und Pfeffer
500 g Fischfilet, z. B. Seelachs oder Dorsch
1/2 Bund Dill
1/2 Bund Petersilie

Die Kartoffeln waschen, schälen und klein würfeln. Das Gemüse putzen und in Würfel schneiden. Die Zwiebeln in der Butter glasig dünsten, dann Kartoffeln und Gemüse hinzufügen und einige Minuten mitdünsten. Den Weißwein und 1 l Wasser angießen, mit Salz und Pfeffer würzen und 15 Minuten köcheln lassen. Inzwischen das Fischfilet säubern, in nicht zu kleine Stücke schneiden und salzen. Die Fischstücke in die Suppe legen und 10 Minuten darin ziehen lassen. Vor dem Servieren mit Dill und Petersilie würzen.

Schweriner Suppe (Sommersuppe)

1 Salatgurke
2 Zwiebeln, fein gehackt
2 EL Butter
150 g junge Erbsen
250 g Zuckerschoten
4 Kopfsalatherzen
1 l Brühe
je 1 EL gehackte Petersilie, Kerbel, Pimpernell
Salz und Pfeffer
1 TL Speisestärke
3 Eigelb

Die Salatgurke schälen und in Würfel schneiden. Die Zwiebeln in der Butter glasig dünsten, die Gurke, die jungen Erbsen und die Zuckerschoten zufügen und mitdünsten. Die Kopfsalatherzen in Streifen schneiden, zum Gemüse geben und die Brühe angießen. Die Kräuter untermischen, mit Salz und Pfeffer würzen und 10 Minuten köcheln. Die Speisestärke mit etwas Wasser anrühren, in die kochende Suppe geben und noch einmal aufkochen. Vom Herd nehmen und mit dem verquirlten Eigelb binden. Mit Salzkartoffeln oder gerösteten Weißbrotwürfeln servieren.

Pommersche Erbsensuppe

Herbstfreude Tollatsch

Die herbstlichen Schlachtfeste waren auf den Dörfern oftmals Volksfeste, und dabei wurde als typisch pommersches Gericht der »Tollatsch« hergestellt. Er besteht aus frischem Schweineblut, aus Rosinen und Zucker. Das Wort »Tollatsch« stammt aus dem Slawischen und bedeutet so viel wie »runder Kuchen«. Obwohl sich die Gerichte in Mecklenburg und Vorpommern sehr ähneln, kennt man Tollatsch im westlichen und südlichen Teil Mecklenburgs kaum. In Vorpommern haben sich nach der Wende etliche Fleischereien dieser Spezialität zugewandt und stellen sie das ganze Jahr über her, nicht nur, wie es die Tradition verlangt, im Herbst. Will man Tollatsch essfertig machen, wird er aufgeschnitten, in der Pfanne gebraten und mit Zucker bestreut. Dazu gibt es einen großen Pott schwarzen Kaffee.

Fleisch kam in der armen Region früher nur am Sonntag auf den Tisch oder wenn es etwas Besonderes zu feiern gab: So wurde vor 100 Jahren bei Hochzeiten beispielsweise montags vor dem großen Fest geschlachtet. Das Hochzeitsmahl bestand meistens aus einer kräftigen Hühnersuppe, einem großen Hecht mit brauner Butter und einem frischen Schweinebraten. Zum krönenden Abschluss wurde Rote Grütze serviert. Oder es gab Aalsuppe, Entenbraten und einen Pudding.

Gebackener Schinken auf mecklenburgische Art

Für 6 Personen

1,2 kg Schweinekeule ohne Schwarte, aber mit Fettschicht
Gewürznelken
Salz
150 g geriebene Brotkruste
1 TL Nelkenpulver
2 EL Zucker

Die Fettschicht der Keule mit einem scharfen Messer in 8 bis 10 mm große Rauten teilen und in jedes Schnittkreuz eine Gewürznelke stecken. Mit Salz bestreuen, mit der Fettschicht nach oben in einen Bräter legen und 2 cm hoch Wasser angießen. Im vorgeheizten Backofen bei 200 °C die Keule ca. 2 Stunden braten, dabei ab und zu heißes Wasser angießen. Die geriebene Brotkruste mit Nelkenpulver und Zucker vermischen. Nach Ende der Garzeit den Bräter aus dem Ofen nehmen und die Nelken entfernen. Das Fleisch mit der Brotmischung bestreuen und nochmals in den Ofen geben, bis es eine feste Kruste hat. Den Braten vor dem Aufschneiden kurz ruhen lassen, dann in Scheiben schneiden und mit glasierten Möhren und Zwiebeln oder auch mit Kartoffeln servieren.

Rügenwalder und andere Würste

In Rügenwalde (Hinterpommern) traf sich im vorigen Jahrhundert die Zunft der Fleischer einmal wöchentlich beim Tee und einem Schnäpschen zum Plausch. Einer brachte eines Tages eine misslungene Cervelatwurst mit. Alle probierten davon und waren begeistert. Das war dann die erste Rügenwalder Teewurst. Das Originalrezept wird heute streng gehütet und ist geschützt, denn die Rügenwalder zählt mit zu den Wurstspezialitäten, die weit über die Grenzen des Landes bekannt sind. Ein Rezept für die Zubereitung der Rügenwalder lautet so: Zu 2 Kilogramm fettem Schweinebauchfleisch, klein geschnitten, kommt 1 Kilogramm mageres helles Fleisch, das durch die feine Scheibe des Wolfs gelassen wird. Gewürz pro Kilo Fleischmasse: 32 Gramm Salz, 4 Gramm Konservensalz, 2 Gramm weißer gemahlener Pfeffer, 1 Gramm edelsüßer Rosenpaprika. Mit der Fleischmasse gut vermengen, dann in schnellem Lauf durch die feine Wolfscheibe treiben. Ein scharfes Messer im Wolf ist dabei Hauptbedingung. Die Masse wird gut durchgerieben und in Cellophandärme gefüllt. Die Teewurst muss zwei bis drei Tage in mäßig warmem Rauch vorrösten, ehe sie endgültig in den Rauch kommt, wo sie im Kaltrauch goldbraun geräuchert wird.

Die Bauern sorgten beim Schlachten dafür, dass möglichst alles verwertet wurde. So entstand aus Herz oder Lunge das sogenannte Haschee. Zuvor aber wurden Lungwurst und Leberwurst produziert. Der typische heimische Geschmack wird durch Kräuter wie Thymian oder Majoran hervorgerufen.

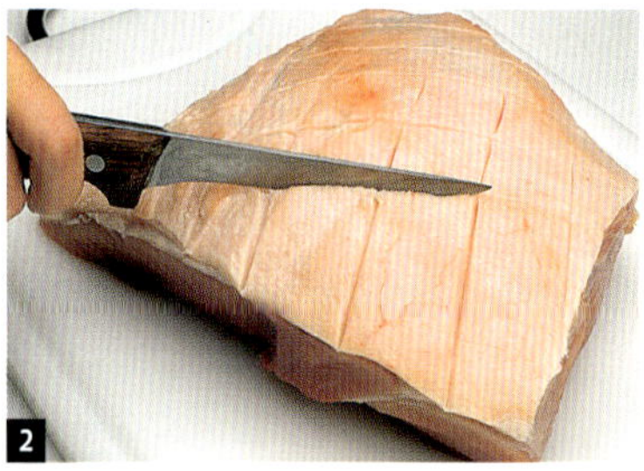

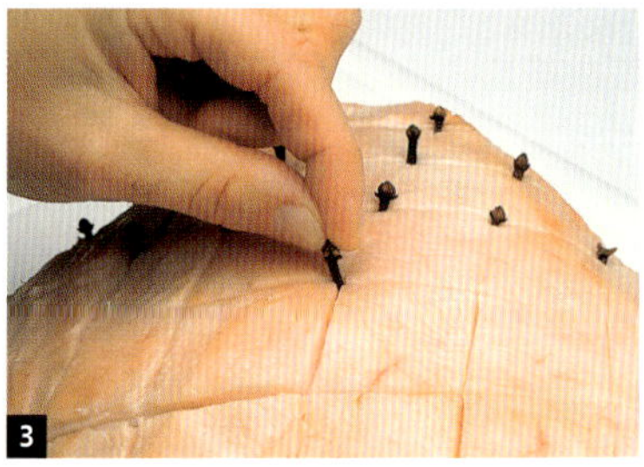

1 Wichtig beim gebackenen Schinken ist die Qualität des Fleisches.

2 Die dicke Fettschicht wird mit einem Fleischmesser rautenförmig eingeschnitten.

3 In jedes Schnittkreuz wird eine Gewürznelke gesteckt.

4 In einer Fettpfanne wird der Schinkenbraten mit etwas Wasser in den Ofen geschoben.

5 Nach dem Ende der Garzeit (ca. 2 Stunden) werden die Gewürznelken entfernt.

6 Das Fleisch wird mit der geriebener und gut gewürzter Brotkruste bestreut.

7 Nach erneutem Überbacken wird der Braten in Scheiben geschnitten.

Nachspeisen

Rhabarberkompott im späten Frühjahr, Rote Grütze mit Milch im Sommer oder Kartoffelpfannkuchen mit frischen Äpfeln im Frühherbst – das waren Standardgerichte, womit sich die Mecklenburger und Vorpommern das Leben versüßten. Früher wurde meistens Backobst für das entsprechende Kompott verwendet, denn Konservieren und Einmachen lernte man erst später kennen. So trocknete man Pflaumen, Äpfel, Birnen und sogar Kirschen, um für den Winter einen Vorrat zu besitzen. Besonders Pflaumen musste man aufbewahren, waren sie doch dringend nötig als Füllung für den zünftigen Enten- oder Gänsebraten. Birnen und Klöße, Suppen aus Backpflaumen standen des Öfteren auf dem Tisch, aber ebenso Rote Grütze, Kaltschale oder ein »anständiger Grießflammeri«.

Dabei nutzten die Leute alles, was Garten und Natur hergaben. Man sammelte im Wald Blaubeeren und Himbeeren, pflückte weiße Holunderblüten oder schwarze Holunderbeeren und nach dem ersten Frost Schlehen. Daraus zauberten die Hausfrauen die unterschiedlichsten Suppen oder Liköre.

Oftmals wurde das Obst für Kuchen verwendet. Zwar behauptete ein Chronist des 19. Jahrhunderts »von Kuchen weiß man bey uns nicht viel«, doch besonders der »Pottkauken« und der »Platenkauken« (Blechkuchen) wurden vielfach angerührt. Den Blechkuchen beispielsweise fertigten die Frauen auf dem Lande zu Hause und brachten ihn dann zum Bäcker im Dorf, um ihn dort backen zu lassen. Viele besaßen keinen Backofen in ihrem Haus. Oft war es der heute noch beliebte Hefekuchen, den man – ganze Bleche voll – für die Familie zu besonderen Feierlichkeiten backen ließ. Pottkauken dagegen wurde tatsächlich im Kochtopf und später in einer irdenen, runden Form gebacken.

Beschwipstes Birnenkompott
Für 6 Personen

1 kg Birnen
Saft von 2 Zitronen
1 Vanilleschote
1 Zimtstange
4 Gewürznelken
1/4 l Weißwein

Die Birnen schälen, vierteln und entkernen. In Spalten schneiden und mit dem Zitronensaft beträufeln. Die Vanilleschote der Länge nach halbieren und mit der Zimtstange und den Gewürznelken im Weißwein 10 Minuten kochen. Die Birnen und 1/4 l Wasser zugeben und weitere 10 Minuten köcheln. Heiß oder auch kalt servieren. Wer mag, bestreut den Birnenkompott mit Zucker und Zimt.

Brotpudding
Für 8 Personen

250 g Schwarzbrot
1/4 l Rotwein
100 g Rosinen
50 g Korinthen
6 Eier, getrennt
125 g Puderzucker
60 g Butter
1/2 TL Zimt
100 g Mandelstifte
1 Prise Salz
Butter und Semmelbrösel für die Form

Das Schwarzbrot fein zerkrümeln oder reiben und im Rotwein 20 Minuten quellen lassen. Die Rosinen und Korinthen in etwas heißem Wasser einweichen. Das Eigelb mit dem Puderzucker und der Butter schaumig schlagen, dann den Zimt einrühren und die Mandelstifte, das Schwarzbrot sowie die abgetropften Rosinen und Korinthen untermischen. Das Eiweiß mit 1 Prise Salz sehr steif schlagen und unter die Brotmasse heben. Eine verschließbare Puddingform ausfetten und mit Semmelbröseln ausstreuen. Die Masse einfüllen, die Form verschließen und 1 Stunde im Wasserbad kochen. Dann weitere 20 Minuten in der Form fest werden lassen. Den Pudding auf eine Dessertplatte stürzen und mit Weinschaumcreme servieren.

Götterspeise
Für 6 Personen

200 g geriebenes Schwarzbrot
2 EL Kakaopulver
2 EL Zucker
4–6 EL Cognac
150 g schwarzes Johannisbeergelee
1 EL Rum
200 g Sahne
1 Päckchen Vanillinzucker
abgeriebene Schale von 1 Zitrone

Das geriebene Schwarzbrot mit dem Kakao und dem Zucker vermischen und unter Rühren so viel Cognac angießen, bis die Masse zäh ist. 30 Minuten quellen lassen. Das Johannisbeergelee mit dem Rum glatt rühren. Die Sahne mit dem Vanillinzucker halbsteif schlagen und die Zitronenschale unterheben. In 4 Gläser jeweils etwas Brotmasse, Johannisbeergelee und Sahne einschichten.

Götterspeise

Schleswig-Holstein

Justus Steidle
Verena von Funke
Renate Schober

Bis Schleswig-Holstein seinen Bindestrich bekam, mussten Jahrhunderte vergehen – obwohl man sich bereits 1460 geschworen hatte, »up ewig ungedeelt«, »auf ewig ungeteilt«, zu sein. Doch erst 1946 ging dieser Wunsch in Erfüllung: Das Land zwischen den Meeren erhielt die politische Einheit.

Vorangegangen waren Zeiten der Wirrnis, gekennzeichnet von Kriegen, willkürlichen Teilungen, Fremdherrschaft. Lange hatten die Dänen das Sagen, später die Preußen, selbst Österreich und die Hansestadt Hamburg mischten mit. Manche Städte, wie Lübeck und Flensburg, profitierten von diesem politischen Ränkespiel, das Land aber blieb arm, Landwirtschaft und Fischerei waren die einzige Lebensgrundlage.

Das hat natürlich auch die Küche geprägt. Fast ausschließlich heimische Produkte kamen auf den Tisch. Doch davon möglichst reichlich. Und in kräftiger, oft sehr fetter Zubereitung: Eintöpfe, Schinken, riesige Mehlbüdel, Fisch in allen Variationen. Denn mächtig Brennstoff brauchte der Mensch früher, angesichts der Rauheit des Klimas, des ständigen Windes und der harten Arbeit im Freien.

Doch trotz des Bindestrichs: Es geht so etwas wie eine Grenze durchs Land. Gegensätze kennzeichnen die Menschen wie die Landschaft: die Vornehmheit der Insel Sylt und das Bauernland Angeln; die Wortkargheit der Ostfriesen und die Offenheit Lübecks oder Flensburgs; der Heimatdichter Theodor Storm aus Husum und Thomas Mann, der Mann von Welt, aus Lübeck; die Nordsee, das wilde, und die Ostsee, das im Gegensatz dazu milde Meer.

Schleswig-Holstein sei ein Land wie ein Schinken mit Speckseiten rechts und links, wurde geschrieben. Die Speckseiten, das sind die beiden Küsten mit ihrer neuen Tourismusindustrie. In der Mitte, auf dem Geestrücken, geht's bis heute meist noch bäuerlich-urwüchsig zu. Hier sind die Kirchen voll. Hier nutzt man jeden Anlass, von der Taufe bis zum Begräbnis, zu einem deftigen Festschmaus. Hier erweist sich auch die Küche noch am bodenständigsten. Selbst wenn sie nun, wie überall, ein wenig abgespeckt und verfeinert wird. Doch auch das ist – ganz im Sinne des Bindestrichs – eine gelungene Liaison.

Oben: Das Holstentor ist das Wahrzeichen Lübecks und neben dem Burgtor das einzige erhaltene Stadttor der ehemaligen Hansestadt. Heute dient es als Stadtmuseum.

Links: Die Insel Sylt mit ihren weiten Stränden zählt zu den beliebtesten Ferienzielen an der Nordseeküste.

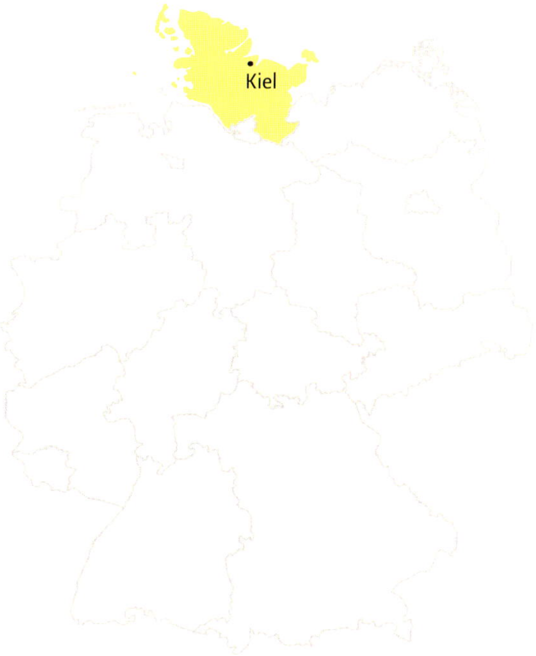

Kieler Sprotten

»Da plagen sich de Lüd herum mit luder leege Saken. In Eckernför verstaht de Lüd, ut Sülwer Gold to maken.« – »Da plagen sich die Leut' herum mit lauter dummen Sachen. In Eckernförd' verstehen die Leut', aus Silber Gold zu machen.«

Aus Silber Gold machen – um dieses alchimistische Wunder zu vollführen, müssen die Bewohner der kleinen Hafenstadt an der Ostsee keine Magier bemühen. *Clupea sprattus* ist ihr Medium, die zwölf bis 15 Zentimeter lange, silbrig glänzende Sprotte, die vor allem in der Ostsee lebt und zur Familie der Heringe zählt.

Sprotten werden vorwiegend in der Eckernförder Bucht, knapp 30 Kilometer nordwestlich von Kiel, vor der Halbinsel Fehmarn sowie vor der dänischen Küste gefischt. Hauptfangzeit sind die Wintermonate, da der Fettgehalt des Fisches dann am höchsten ist. Im letzten Jahrhundert noch waren Sprotten ein Armeleuteessen, preiswert und kalorienreich. Heute ist der Bestand stark reduziert und durch Überfischung gefährdet. Dabei geht es den Sprotten nicht anders als ihren Verwandten, den Heringen; beide Fischarten gehen meist gemeinsam ins Netz, weil sie sich in etwa gleicher Wassertiefe aufhalten.

Eigentlich wären Sprotten nicht besonders delikat – würde man sie nicht durch Räuchern veredeln. Und dafür hat man an Schleswig-Holsteins Ostküste spezielle, seit Generationen überlieferte Rezepte, die in den Räuchereien als Geheimnis gehütet werden. Nur Fangfrisches taugt zur Verarbeitung. Die Fische kommen deshalb sofort in die Räucherei, wo sie gesäubert und danach eine halbe Stunde in milder Salzlake gebeizt werden. Dann spießt man sie, Fisch für Fisch, durch Kiemen und Schlund auf. 40 solcher Eisenspieße mit je 25 bis 30 Sprotten passen in einen der Rahmen, die nun in den Räucherofen gehängt werden, in dem mehrere Tausend Sprotten Platz finden.

Nun beginnt die Kunst des Räuchermeisters. Zunächst geht es ums Trocknen. Dazu wird ein Feuer aus Buchenscheiten entfacht. Sobald sich die Haut der Sprotten leicht kräuselt, sind sie trocken. Das Räuchern kann beginnen: Erlenholz, zum Schluss manchmal noch etwas Eiche, kommt auf die brennenden Buchenscheite. Das Holz wird vorher angefeuchtet, damit es ordentlich qualmt. Etwa eine Stunde dauert die Veredelungsprozedur, sie muss exakt im rechten Moment beendet werden, sonst werden die Sprotten hart. Die richtige Mischung von Rauch und Hitze (60 bis 80 Grad) – das ist das Geheimnis. Sie verwandelt die Silberhaut der Fische in Gold.

Da es nun eindeutig die Eckernförder sind, die jene Kunst des »Goldmachens« beherrschen, bleibt die Frage offen, warum die geräucherten Sprotten »Kieler Sprotten« heißen. Diese Mogelpackung kam dadurch zustande, dass die Fische früher vom Bahnhof Kiel aus versandt wurden. Also bekam die traditionell in Holzkisten verpackte Ware den Absenderstempel »Kiel«. So entstand, ganz unverdienterweise, das bekannte Markenzeichen »Kieler Sprotten«.

Unerschrockene verzehren Kieler Sprotten im Stück, Kopf und Schwanz inklusive. Andere filetieren sie, verspeisen sie vom Teller, zum Beispiel mit Rührei. Immer aber gilt: Am besten schmecken dazu kräftiges Schwarzbrot und ein kühles Bier.

Fischspezialitäten

Scholle mit Krabben

4 Schollen
Saft von 1 Zitrone
Salz
2 Eier
5 EL Mehl
100 g geklärte Butter
250 g ausgelöste Krabben (Nordseegarnelen)

Die Schollen waschen, trocken tupfen, mit dem Zitronensaft beträufeln und salzen. Die Eier verquirlen. Dann die Schollen mit Küchenpapier abtupfen, zuerst im Mehl wenden und anschließend durch die Eimasse ziehen. In der Butter auf jeder Seite 5 Minuten goldbraun braten. Die Schollen herausnehmen und warm stellen. Die Krabben in der Butter erwärmen und vor dem Servieren auf den Schollen verteilen.

Pfannfisch

800 g Pellkartoffeln
50 g Frühstücksspeck
2 Zwiebeln
2 EL Butterschmalz
Salz und Pfeffer
500 g gekochter Fisch, z. B. Kabeljau oder Seelachs
1 Bund gehackte Petersilie

Die Pellkartoffeln in dünne Scheiben, den Frühstücksspeck in Streifen und die Zwiebeln in Ringe schneiden. Das Butterschmalz in einer großen Pfanne erhitzen, den Speck darin auslassen. Kartoffeln und Zwiebeln hinzufügen und scharf anbraten, mit Salz und Pfeffer kräftig würzen.

1 Nach dem Fang werden die kleinen Fische durch die Kiemen auf Stangen aufgespießt.

2 Ein Rahmen, der nun in die Räucherkammer wandert, fasst 40 Eisenspieße mit je 25 bis 30 Sprotten.

3 Die Produkte von der Goldküste, wie es der Tradition entspricht, noch immer in Holzkisten gepackt.

Den gekochten Fisch in mundgerechte Stücke zerpflücken, vorsichtig unter die Kartoffeln mischen und kurz mitbraten. Mit der Petersilie bestreuen und mit sauer eingelegtem Gemüse servieren.

Matjes mit grünen Bohnen

1 kg neue Kartoffeln
Salz
1 kg grüne Bohnen
½ Bund Bohnenkraut
8 Matjesfilets
200 g Frühstücksspeck in kleinen Würfeln
1 EL Butter
2 kleine Zwiebeln, fein gehackt
Pfeffer

Die Kartoffeln waschen und in Salzwasser etwa 20 Minuten kochen. Die Bohnen putzen, mit Bohnenkraut in wenig Salzwasser 15 Minuten garen. Die Matjesfilets kurz wässern, unter fließendem, kaltem Wasser abspülen, trocken tupfen und kalt stellen. Den Frühstücksspeck in einer trockenen Pfanne auslassen, die Butter zufügen und die Zwiebeln darin glasig dünsten, pfeffern. Die Kartoffeln und die Bohnen abschütten und kurz abschrecken. Kartoffeln nach Belieben schälen oder mit der Schale auftragen. Die Bohnen mit der Speck-Zwiebel-Mischung übergießen und mit den gekühlten Matjes servieren.

Links: In die Kiste geschichtet und mit einer Prise Salz gewürzt, so gehen die Sprotten auf die Reise.

Unten, von links nach rechts: Scholle mit Krabben, Pfannfisch, Matjes mit grünen Bohnen

Fischgründe

Wie sehr der Mensch seine Umwelt unter dem Aspekt der Nahrhaftigkeit betrachtet, macht ein Beispiel aus der Sprachgeschichte deutlich: Die Etymologen vertreten die Theorie, dass das westindogermanische Wort für »Fisch«, dessen Stammform in einigen Sprachen übrigens gleichbedeutend mit »Nahrung, Speise« ist, zunächst ausschließlich das Nahrungsmittel bezeichnete. »Fisch« war Synonym für »Zukost« zum Brot oder anderen Grundnahrungsmitteln und wurde erst später als Gattungsbezeichnung auf die Lebewesen im Wasser übertragen.

Ein proteinreiches Zubrot lieferten Fisch und Krustentiere schon den Jägern und Sammlern. Sie errichteten an der Küste Fischsperren und benützten Speere, um Fische zu fangen. Der Angelhaken gehört zu den ältesten Geräten des Menschen, schon in der Steinzeit wurden Bastnetze verwandt.

Obwohl Salzen und Trocknen bereits seit alters als Konservierungsmittel bekannt waren, spielte Fisch in der mitteleuropäischen Ernährung jahrhundertelang kaum eine Rolle. Die im Binnenland relativ billig erhältlichen Stockfische und Salzheringe kamen hauptsächlich als Fastenspeise auf den Tisch, Volksnahrungsmittel war Seefisch nur an den Küsten. Dort freilich war er weit mehr als nur Zubrot – wenn der Fang gut ausfiel, wurde die leicht verderbliche Ware zu Schleuderpreisen verkauft. Und dann gab's sogar bei den Armen tagtäglich Fisch, vor allem Hering.

Diese Situation änderte sich erst in den Achtzigerjahren des 19. Jahrhunderts. Durch den Ausbau der Verkehrswege und die Erfindung neuer Konservierungsmethoden, wie Eindosen oder Konservierung durch Kälte (um 1870 waren in den großen Städten die ersten Kühlhäuser gebaut worden), wurde es möglich, auch das Binnenland mit Seefisch zu beliefern. Dort bestand erhöhter Bedarf: Industrialisierung und Urbanisierung hatten zur Folge, dass viele Bauern ihr Land aufgaben. Sie konnten sich also nicht mehr selbst versorgen. Zudem wurden zahlreiche Gewässer trockengelegt, Flüsse begradigt und umgeleitet – der Lebensraum der Süßwasserfische war damit stark eingeschränkt. Hand in Hand mit der Industrialisierung nahm die Bevölkerung in Deutschland ab 1870 sprunghaft zu. Fleisch war für die Arbeiter unerschwinglich, in der Versorgung mit Seefisch sah man eine Lösung des Nahrungsproblems. Die technische Entwicklung, der Einsatz von Dampftrawlern mit maschinell angetriebenen Netzwinden, machte es möglich, die Fanggründe auszudehnen und die Erträge zu steigern. Und so konnte die Werbung schon um 1900 verkünden: »Was für Lukullus unmöglich war, wird heute dem Fabrikarbeiter aller Länder geboten. Frische Seefische bilden allwöchentlich den animalischen Teil der Nahrung sogar unserer Gefangenen.«

Heute beträgt der Fischverbrauch in Deutschland pro Kopf und Jahr rund 16,4 Kilogramm, nur 3,4 davon sind Süßwasserfische. Die »Eigenanlandungen«, also das, was aus heimischen Gewässern kommt, sind dabei seit den Siebzigerjahren drastisch zurückgegangen: So werden 85 Prozent der Fische, die auf deutschen Tellern landen, heute importiert.

Das liegt zum einen an der seerechtlichen Entwicklung – durch die Einführung der 200-Seemeilen-Fischereizonen gingen viele ertragreiche Fangplätze verloren –, zum anderen aber auch daran, dass Nord- und Ostsee schlicht überfischt sind. Die Gesamtentnahme ist seit den Achtzigerjahren zum Beispiel bei Kabeljau um 91 Prozent gesunken. Auch die Bestände von Seezunge, Scholle, Rotbarsch, Makrele und in bestimmten Gebieten dem Hering sind zum Teil stark zurückgegangen.

Schuld daran sind nicht zuletzt die Fangmethoden: Wegen zu enger Maschen gehen neben den Beutefischen auch viele andere Fischarten und vor allem Jungtiere ins Netz. Diese »Beifänge« werden entweder zurück ins Meer geworfen – »Greenpeace« geht davon aus, dass auf jedes Kilo gefangenen Fisches sechs Kilo tote Meerestiere kommen – oder zu Fischmehl und -öl verarbeitet. Höchst problematisch ist auch die sogenannte Baumkurrenfischerei, bei der der Meeresboden mit schweren Ketten regelrecht umgepflügt wird. Die Fischer wollen damit die auf dem Boden lebenden Plattfische aufscheuchen. Nebeneffekt jedoch sind schwere Schädigungen der Meeresflora und -fauna und damit das Aussterben bestimmter Tierarten. Zudem sind die Beifänge bei dieser Methode besonders hoch: Sie betragen bis zu 80 Prozent.

Durch verschärfte EU-weite Fangquoten und zeitliche Fangbegrenzungen will man heute erreichen, dass sich die Fischbestände wieder erholen. Umwelt- und Naturschutzorganisationen gehen diese Regelungen allerdings oftmals nicht weit genug.

Das Meer bereichert seit Urzeiten den Speiseplan des Menschen.

Fischkauf – der Frischetest

Die Frische der Fische – gleich, ob es sich um Süßwasser- oder Meeresfische handelt – kann an den unten genannten fünf Merkmalen deutlich erkannt werden. Das Fleisch von geangelten Fischen, die über Wasser sterben, ist generell fester.

Die Augen müssen klar und prall sein und glänzen; liegt der Fisch zu lange auf Eis, werden die Augen trüb und stumpf.

Die Kiemen müssen hellrot sein und fest anliegen; bei zu lange gelagerten Fischen werden sie blass und wirken verklebt.

Der Druckpunkt ist bei frischen Fischen, wenn man sie per Fingerdruck prüft, nur ganz kurz zu sehen; bleibt der Druckpunkt längere Zeit sichtbar, ist der Fisch nicht mehr frisch und das Fleisch nicht mehr fest.

Die Eingeweide weisen bei frischen Fischen scharfe Konturen auf und können klar auseinandergehalten werden; je länger der Fisch tot ist, um so undeutlicher sind die Umrisse zu erkennen.

Die Schleimschicht ist auf der Haut der Süßwasserfische ein Zeichen von Frische; wirkt ihre Haut stumpf, sind sie zu alt. Fische mit Schuppen haben keinen Schleim.

1

2

3

4

5

6

7

8

9

10

11

12

13

14

15

16

1 Blauleng. Lengfische haben einen lang gestreckten Körper und können über 1,5 m lang werden. Der Blauleng kommt unter anderem auch als Stockfisch in den Handel.

2 Dornhai. Er verdankt seinen Namen den zwei Dornen hinter den Rückenflossen. Feinschmecker schätzen seine geschnittenen und geräucherten Bauchlappen, die »Schillerlocken«.

3 Dorsch. Der Dorsch, ein junger Kabeljau, ist der Brotfisch der Ostseefischer. In der Küche findet er vielfache Verwendung, man genießt ihn gekocht, gedünstet oder gebraten.

4 Glattbutt. Er gleicht dem Steinbutt, ist aber schlanker als dieser. Als Speisefisch steht er qualitativ unter dem Steinbutt, ist aber auch sehr delikat und billiger als der Steinbutt.

5 Hering. Heringe leben in riesigen Schwärmen und waren früher so häufig, dass man sie wenig schätzte. Dabei sind sie eine Delikatesse – gebraten, geräuchert oder eingelegt.

6 Lachs. Kommt heute hauptsächlich als Zuchtlachs in den Handel. Er wird geräuchert angeboten, sein Fleisch kann pochiert, gegrillt, gebraten oder zu Mousses verarbeitet werden.

7 Makrele. Makrelen halten sich schwarmweise oft nahe der Wasseroberfläche auf. Ihr Fleisch ist relativ fett, sie werden im Ganzen geräuchert, gebraten oder gegrillt.

8 Meeraal. Der Meeraal unterscheidet sich vom Flussaal äußerlich durch die Rückenflosse und qualitativ dadurch, dass sein Fleisch weniger fett und weniger schmackhaft ist.

9 Merlan. Der Merlan oder Wittling findet sich oft als Beifang in Herings- oder Garnelenschleppnetzen. Sein Fleisch ist zart und schmackhaft, am besten bereitet man es pochiert zu.

10 Rotbarbe. Man muss nicht lange rätseln, wie dieser Fisch zu seinem Namen kam. Man bereitet ihn gegrillt, gebraten oder in der Folie zu, zum Pochieren ist er ungeeignet.

11 Rotzunge. Ein Plattfisch, der etwa 30 cm lang wird. Sein Fleisch reicht qualitativ nicht an das der Seezunge heran, es wird aber in der Küche ähnlich zubereitet wie das der Seezunge.

12 Scholle. Die Scholle ist einer der wichtigsten Nutzfische und lebt, wie die anderen Plattfische auch, am Meeresboden. Man brät sie im Ganzen oder bereitet ihre Filets zu.

13 Seehase. Dieses bizarr aussehende Wesen gehört zur Familie der Lumpfische. Sein teilweise schwarz gefärbter Rogen kommt als sogenannter »Deutscher Kaviar« auf den Markt.

14 Seezunge. Der ovale, längliche Plattfisch lebt auf sandigem oder schlammigem Grund. Er hat festes weißes Fleisch, das sich gut rollen lässt, und wird daher gerne gefüllt.

15 Steinbutt. Kann bis zu 1 m lang werden, erreicht in der Ostsee aber selten mehr als 50 cm Länge. Sehr guter Speisefisch. Wird filetiert zubereitet oder im Ofen ganz gebraten.

16 Stöcker. Auch Bastardmakrele oder Holzmakrele genannt. Der Fisch wird verarbeitet wie die Sardine und ist als Frisch- oder Räucherware im Handel. Das Fleisch ist relativ fett.

Harte Schale, weicher Kern

Da staunten die Archäologen: Bei Ausgrabungen in Dänemark stießen sie auf vorgeschichtliche Küchenabfälle, in denen sich Unmengen von Austernschalen fanden. Damit ist bewiesen, dass unsere Vorfahren nicht nur Feinschmecker waren, sondern sich auch gesund ernährten: Austern sind nährstoffreich und kalorienarm. Bei einem Eiweißanteil von zehn Prozent bestehen sie nur zu vier Prozent aus Kohlenhydraten, zu ein bis zwei Prozent aus Mineralstoffen und Vitaminen und zu ein bis zwei Prozent aus Fett, der Rest ist im Wesentlichen Wasser. Und, was für uns moderne Menschen wichtiger ist als für die prähistorischen: Der geringe Fettgehalt minimiert die Schadstoffbelastung auf nahezu null, weil sich Schadstoffe nur im Fettgewebe anreichern.

Austern sind zwittrige Meerestiere, die je nach Zeit und Temperatur ihr Geschlecht wechseln, mal männlich, mal weiblich sind. Ihre Fortpflanzung geschieht über Eier, die sich in freischwimmende Larven verwandeln, die sich dann nach etwa zwei Wochen an Steinen oder leeren Muscheln festsetzen und beginnen, die typisch schiefrige Schale zu bilden. Oft dauert es vier bis fünf Jahre, bis Austern ausgewachsen sind, je nach Wassertemperatur und Nahrungsverhältnissen. Sie leben von kleinsten Schwebeteilchen, dem Phytoplankton, die sie aus dem Wasser filtern. Bis zu 20 Liter Wasser verarbeitet eine Auster in einer Stunde.

Austern aus fünf bis zehn Metern Tiefe zu holen, war in früheren Zeiten ein schwieriges Unterfangen. Auch der Transport der verderblichen Meeresfrüchte war problematisch. Das brachte im 11. Jahrhundert Knut den Großen, Dänemarks und zugleich Englands und Norwegens König, auf die Idee, Austern auszusäen: Ganze Schiffsladungen voll wurden damals von England an die Küsten der seinerzeit dänischen Nordfriesischen Inseln, unter anderem auch nach Sylt, gebracht und dort ausgesetzt. Diese erste Austernzucht in der Nordsee stellte für Sylt lange eine bedeutende Einnahmequelle dar: In Holzfässern mit Salzwasser verpackt, wurden die Austern nach Bremen und Hamburg und bis an den dänischen Hof verschickt. Bis es Probleme gab. Das bereits seit dem 13. Jahrhundert übliche Fischen mit Streicheisen, die von Booten über den Meeresboden gezogen wurden, ruinierte ganze Austernbänke. Gab es deren 1870 bei Sylt noch 47, die einen Ertrag von rund fünf Millionen Austern pro Jahr brachten, so musste die kommerzielle Austernfischerei schon zwölf Jahre später dort praktisch aufgegeben werden. Das endgültige Aus kam dann vor dem Zweiten Weltkrieg.

Etliche Versuche, bei Sylt wieder Austern anzusiedeln, schlugen fehl. Bis die Bundesforschungsanstalt für Fischerei ein Experiment wagte. Sie probierte es Mitte der Siebzigerjahre statt mit der heimischen mit der widerstandsfähigeren Pazifischen Felsenauster – und hatte Erfolg. Fünf kleine Betriebe waren es anfangs, die sich auf den zunächst subventionierten Versuch einließen. Nach Wegfall der Unterstützung blieb einer: die Feinschmeckern wohlbekannte »Dittmeyer's Austern Compagnie« in List auf der Insel Sylt. Ihr und ihrem »Marinen Aquakulturbetrieb« ist die Wiedergeburt der Austernzucht in Deutschland zu verdanken.

Wenn Austern in den »Kulturbetrieb« integriert werden, so geht das folgendermaßen vor sich: Sie werden in Kunststoffsäcke (»Poches«) gesteckt, die auf im Watt verankerten Eisentischen festgezurrt sind. Und zwar entlang der Niedrigwasserlinie, dem Grenzbereich zwischen Ebbe und Flut. Dort wachsen die Tiere heran, und die Menschen können sie problemlos ernten: Man öffnet die Behälter (je 15 bis 25 Kilogramm) und sortiert die reifen, zwischen 70 und 90 Gramm schweren Austern heraus. Das klingt einfach, ist aber eine mühsame Sache. Zumal bei kalter Witterung, wenn Dittmeyers Leute stundenlang im Wasser zu arbeiten haben. Hart ist der Job auch vor Winterbeginn: Zum Schutz vor Eisgang, der die Austernplantage vernichten würde, werden alle Poches in mit Meerwasser versorgte spezielle Becken diesseits des Deiches gebracht. Zu Frühjahrsbeginn geht's dann zurück ins Wattenmeer – auf dass die »Friesenauster« weiter gedeihe. Sie trägt standesgemäß den Namen »Sylter Royal« und hat sich bei Blindverkostungen bestens bewährt, auch im Vergleich mit den klassischen Arten aus Frankreich. Inzwischen stammt jede sechste Auster, die in Deutschland verzehrt wird, aus Sylt, insgesamt sind es rund 80 Tonnen pro Jahr.

Ostrea edulis –
Europäische Auster

Crassostrea gigas –
Pazifische Felsenauster

Crassostrea angulata –
Portugiesische oder Felsenauster

Links: Unter den klassischen Austernarten ist die besonders widerstandsfähige Pazifische Felsenauster, die auch in Sylt gezüchtet wird, auf dem Vormarsch.

Gegenüber: Eine eiweißreiche Köstlichkeit, der Austernliebhaber auch noch die Fähigkeit zusprechen, dass sie sie zu besseren Liebhabern macht ...

1 Die Austern lagern in Säcken, die etwa 50 cm mit Wasser bedeckt sind.

2 Die Säcke sind in Eisentischen gestapelt, die im Watt festgezurrt werden.

3 Nachdem die Säcke entleert worden sind, werden die Austern gereinigt.

4 Die reifen, etwa 70 bis 90 Gramm schweren Austern werden aussortiert.

5 In Holzkisten verpackt, treten die Sylter Austern ihre Reise zum Verbraucher an.

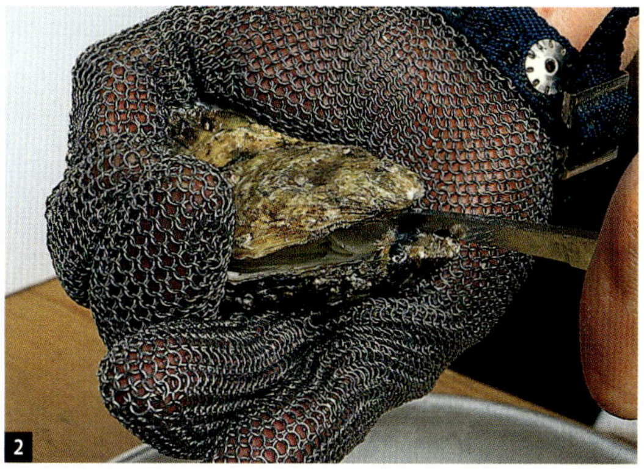

1 Um an den weichen Kern zu kommen, muss man erst die harte Schale öffnen, und zwar mit dem spitzen Messer.

2 Dabei empfiehlt sich ein schützender Handschuh. Wichtig ist auch die richtige Drehbewegung des Messers.

3 Gut gemacht! Nun liegt die Auster in der unteren Schale frei, aber lösen lässt sie sich noch nicht.

4 Jetzt gilt es, den Muskel mit einem Messerschnitt zu durchtrennen, bevor man zum Genuss schreiten kann.

Brachyura

»Brachyura« bedeutet »Kurzschwarzkrebs« oder schlicht Krabbe. Es gibt über 4000 Arten dieser Zehnfußkrebse, die meisten von ihnen leben im Meer; eine Unterordnung stellen die Garnelen dar, zu denen auch die Nordseegarnele gehört, die die Biologen *Crangon crangon* und die Einheimischen »Granat« nennen. Die Krabbe selbst legt auf solche Fachausdrücke keinen Wert, wohl aber auf gute Wasserqualität. Und die findet sie im Wattenmeer vor Büsum mit seinen stark wechselnden Temperaturen und Salzgehalten.

An der schleswig-holsteinischen Nordseeküste machen noch 123 Kutter zwischen Friedrichskoog und Hörnum Jagd auf die begehrte Krabbe. Die nordfriesischen Fischer wissen genau, welche Bedingungen optimal für einen guten Fang sind: Als Garanten gelten der Schutz der Nacht oder starke Strömung, bei der das Wasser trüb wird, sodass die Beute keine Möglichkeit hat, die Netzöffnung zu erkennen und ihr auszuweichen.

Im Fanggebiet werden die »Metallbäume« links und rechts vom Boot abgesenkt und die Netze bis auf den Meeresgrund herabgelassen. Die Krabben, die nachts am Boden ihre Nahrung suchen, werden durch den Lärm der am Grund entlangschleifenden Netze aufgeschreckt und enden in deren feinen Maschen. Die Wassertiefe im Fanggebiet schwankt zwischen vier und 13 Metern.

Der Kutter fährt nie schneller als 2,5 Knoten, wobei er die Netze an den über 50 Meter langen Schleppleinen hinter sich herzieht. Moderne Hilfsmittel wie Echolot, Satellitennavigator oder auch ein Tagessichtradar vereinfachen zwar die Arbeit an Bord, einen guten Fang kann aber auch die Technik nicht garantieren.

Werden schließlich die Netze wieder hochgezogen, staunt man nicht schlecht: Nur zehn Prozent der Beute sind Krabben. Und die sehen nicht einmal appetitlich aus, ähneln sie doch eher gräulichen, durchsichtigen Kellerasseln. Erst der zehnminütige Kochvorgang in Meereswasser an Bord lässt aus den unansehnlichen Zehnfüßlern die bekannten, rot-gekrümmten und appetitlich duftenden »Granaten« werden, die wesentlich würziger im Geschmack sind als ihre Verwandten, die blassrosafarbenen Nordmeerkrabben und Riesengarnelen. Die köstlichen Meerestiere werden nur zum Teil in Deutschland gepult. Neben Profipulern, die überwiegend in Polen gesucht werden, arbeitet in Friedrichskoog noch eine Krabbenschälmaschine. Doch wer ein wirklicher Feinschmecker ist, der lässt es sich nicht nehmen, seine Krabben selber zu pulen.

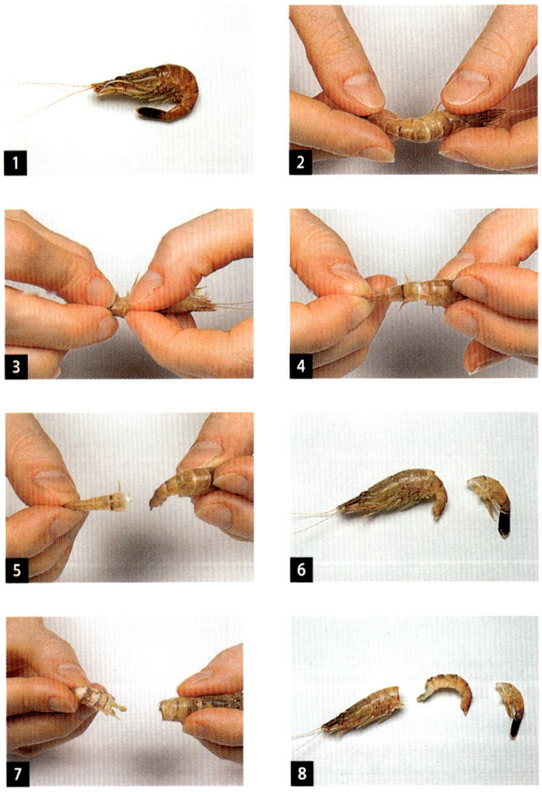

1 Um an ihr köstliches Fleisch zu kommen, muss man die Krabbe pulen.

2 Man fasst sie dazu mit den Fingern beider Hände an Kopf und Schwanz.

3 Die rasche Drehbewegung der rechten Hand will geübt sein.

4 Beherrscht man sie, kann man das Schwanzgehäuse leicht abziehen.

5 Nun liegt jedoch erst ein Teil des schmackhaften Krabbenfleisches frei.

6 Der Rest verbirgt sich noch im Kopfstück und will ausgelöst werden.

7 Das ist verhältnismäßig einfach: Kopfteil festhalten, am Schwanz ziehen.

8 Nur der mittlere Teil ist essbar. Der Rest endet in der Mülltonne.

Gerichte mit Meeresfrüchten

Krabben in Dillsoße

1 kleine Zwiebel, fein gehackt
2 EL Butter
4 EL Mehl
½ l Geflügelfond oder Gemüsebrühe
1 Prise Zucker
Salz und Pfeffer
gemahlene Muskatnuss
4 Blätterteigpastetchen
400 g ausgelöste Krabben (Nordseegarnelen)
1 Bund Dill, fein gehackt
2 Eigelb
125 g süße Sahne

Die Zwiebel in der Butter glasig dünsten. Das Mehl unter Rühren darin anschwitzen, den Geflügelfond angießen und mit Zucker, Salz, Pfeffer und Muskatnuss abschmecken. Die Soße 15 Minuten köcheln lassen. Inzwischen die Blätterteigpastetchen im Backofen erwärmen. Die Krabben und den Dill zur Soße geben, etwas ziehen lassen und nochmals mit den Gewürzen abschmecken. Eigelb mit der Sahne verquirlen. Die Krabbensoße vom Herd nehmen, die Eigelb-Sahne-Mischung unterrühren und die Masse in die Blätterteigpastetchen füllen. Sofort servieren.

Sylter Muschelsuppe

1,5 kg Miesmuscheln
250 g Möhren
1 Petersilienwurzel
¼ Sellerieknolle
2 Zwiebeln
75 g Butter
1 l Weißwein
Salz
2 EL Mehl
1 TL Rosenpaprikapulver
1 TL Tomatenmark
½ TL grob gestoßener Pfeffer
1 Prise Zucker
1 kleine rote Paprikaschote, fein gehackt
2 Schalotten, fein gehackt
Knoblauchcroûtons

Die Muscheln mehrmals gründlich waschen, bürsten und den Bart entfernen. Möhren, Petersilienwurzel und Sellerie waschen, putzen und klein würfeln, die Zwiebeln hacken. 1 EL Butter in einem großen Topf zerlassen und das Gemüse darin glasig dünsten. Die Muscheln hinzufügen und zugedeckt einige Minuten dünsten lassen, dann mit dem Wein ablöschen, etwas salzen und ca. 6 Minuten garen, bis sich die Schalen weit

geöffnet haben. Die Muscheln abschütten, den Muschelsud auffangen und die Muscheln aus den Schalen nehmen. 2 EL Butter zerlassen, das Mehl unter Rühren darin anschwitzen und den Muschelsud angießen. Mit Paprika, Tomatenmark, Pfeffer und Zucker abschmecken und 15 Minuten köcheln lassen. Inzwischen die Paprikaschote und die Schalotten in der restlichen Butter glasig dünsten.
Zur Suppe geben und kurz mitkochen, dann das Muschelfleisch zufügen und in der Suppe noch einmal erhitzen. Die Muschelsuppe vor dem Auftragen mit Knoblauchcroûtons bestreuen.

Helgoländer Hummer mit Schnüsch

Für 2 Personen

100 g frische Erbsen
100 g junge dicke Bohnen
4 Möhren
1 Bund Frühlingszwiebeln
1 Kohlrabi
200 g Steckrüben
1 Bund Suppengrün
½ TL Kümmel
Salz
20 g Butter
2 kleine lebende Hummer
150 ml Hummerfond
150 g süße Sahne
1 EL gehackte Petersilie

Das Gemüse einzeln auf den Punkt garen. Einen Topf mit Wasser aufsetzen, zum Kochen bringen und das Suppengrün, Kümmel und Salz zufügen. Die Hummer mit dem Kopf voraus in das kochende Wasser geben und 10 Minuten ziehen lassen. Herausnehmen, auslösen und warm stellen. Butter, Hummerfond und Sahne etwas einkochen lassen, das Gemüse hineingeben, darin wieder erwärmen und anschließend auf Tellern ringförmig anrichten. Den Hummer in die Mitte platzieren oder in Medaillons schneiden und außen herum anlegen. Am Schluss die gehackte Petersilie über das Gemüse streuen.

Unten links: Sylter Muschelsuppe

Unten rechts: Helgoländer Hummer mit Schnüsch

1 An beiden Seiten des Kutters sind »Metallbäume« angebracht. Die Netze werden über den Grund gezogen.

2 Ökologisch problematische Meeresbodenmischung: Der Beifang bei dieser Fangmethode ist sehr hoch.

3 Nachdem der Fang aussortiert wurde, werden die Krabben gleich an Bord etwa zehn Minuten lang gekocht.

4 Die gekochten Krabben werden in einen Korb gekippt und erhalten nach dem heißen Bad eine kalte Dusche.

5 Während der Kutter Kurs auf die Küste nimmt, hängt der Korb mit den Krabben zum Abtropfen an der Reling.

6 Frische Krabben, selbst gepult – eine Köstlichkeit, die Einheimische wie Touristen zu schätzen wissen.

Alles Kohl

Reihte man sie aneinander, könnte man damit die Strecke vom Nordpol bis zum Südpol auslegen. Die Rede ist von den rund 80 Millionen Kohlköpfen, die jedes Jahr in Dithmarschen, der »Kohlkammer Deutschlands«, geerntet werden. Insgesamt sind es 120 bis 240 Millionen Kilogramm Weiß-, Rot-, Rosen- und Blumenkohl sowie Wirsing, die jährlich auf annähernd 2000 Hektar, dem größten geschlossenen Kohlanbaugebiet Europas, eingebracht werden. Der Kreis Dithmarschen an der Westküste Holsteins galt seit jeher als fruchtbare Region. Dass sich die flache Marschlandschaft mit ihrem feuchtwarmen Klima hervorragend für den Kohlanbau eignet, ist aber erst seit etwas mehr als 100 Jahren bekannt: 1889 legte der Gärtner Eduard Laß aus Wesselburen das erste Kohlfeld an. Die Ernte fiel so gut aus, dass viele Bauern in der Gegend nachzogen. Bedeutsam für die deutsche Agrarwirtschaft wurde Dithmarschen in den Hungerjahren Ende des Ersten Weltkriegs. Etwa 50 000 Eisenbahnwaggons mit Kohl gingen seinerzeit in alle Teile des brachliegenden Landes.
Kohl war immer ein Armeleuteessen – schon die römische Unterschicht verspeiste ihn zum Getreidebrei, neben Bohnen und Hülsenfrüchten war er fester Bestandteil der Eintöpfe – und hatte daher keinen besonders guten Ruf. »Jedes Obst und jeder Kohl sind eine schlechte Nahrung, weil sie schlechtes Blut machen«, schrieb ein Arzt im 13. Jahrhundert. Heute sehen die Ernährungswissenschaftler das anders: Kohl senkt den Cholesterinspiegel und ist reich an Mineralstoffen, besonders Eisen. Sein Vitamin-C-Gehalt entspricht etwa dem von Zitrusfrüchten, auch Vitamin B ist reichlich enthalten, ebenso Kalzium. Zudem liefert er wichtige Ballaststoffe und hat – bei durchschnittlich nur etwa 30 Kalorien auf 100 Gramm – einen guten Sättigungseffekt.
Im Zuge zunehmenden Ernährungsbewusstseins hat sich auch das Image des Kohls gewandelt: Selbst in der »Haute Cuisine« haben die verschiedenen Kohlsorten heute ihren Platz. Allgemeiner Beliebtheit erfreut sich nach wie vor besonders das Sauerkraut, und so wandert auch ein großer Teil der dithmarsischen Weißkohlernte in die Fabriken, wo das Kraut verarbeitet und in Konserven abgefüllt wird.
In Dithmarschen gedeiht Kohl nahezu ohne Pflanzenschutzmittel. Zum einen, weil man auf Monokultur verzichtet und den Kohl im Rahmen einer geordneten Fruchtfolge pflanzt, im Wechsel vor allem mit Getreide. Zum anderen stellt der fast ständige Westwind eine natürliche Abwehr gegen Schädlinge dar. Die Ernte, die vorwiegend von September bis November stattfindet, bedeutet mühsame Handarbeit. Da Kohlköpfe äußerst druckempfindlich sind, verbieten sich mechanische Methoden weitgehend. Der größte Teil der Ernte (ausgenommen die frühe Sorte Blumenkohl) wird sogleich in riesige Kühlhäuser transportiert, wo die Kohlköpfe bei zwei Grad plus »in Schlaf« versetzt werden. So wird Kohl aus Dithmarschen zum beliebten Frischgemüse für nahezu das ganze Jahr.

Gefüllter Kohlkopf

1 großer Weißkohl
Salz
500 g geräucherter Bauchspeck
1 Zwiebel, gespickt mit 1 Lorbeerblatt und 2 Nelken
einige Piment- und Pfefferkörner
2 EL Butter
2 EL Mehl
200 g saure Sahne
Salz und Pfeffer, Muskatnuss
1 Prise Zucker

Die welken äußeren Blätter und den Strunk vom Kohl entfernen und den Kohlkopf in reichlich Salzwasser 10 Minuten dünsten. Den Kopf herausheben, abtropfen lassen und halbieren. Die inneren Blätter entfernen und die Kohlhälften aushöhlen. Den Bauchspeck durch die grobe Scheibe des Fleischwolfs drehen und in die Aushöhlungen füllen. Die Kohlhälften wieder zusammenfügen und mit Küchengarn zusammenbinden. Das Kohlwasser mit der gespickten Zwiebel und den Gewürzkörnern wieder zum Kochen bringen, den gefüllten Kohl einlegen und bei kleiner Hitze gut 1 ½ Stunden garen. Die Butter in einem Topf zerlassen, das Mehl unter Rühren goldbraun anschwitzen, ½ l Kohlwasser angießen und die Soße 10 Minuten köcheln lassen. Zum Schluss die saure Sahne unterrühren und die Soße mit Salz, Pfeffer, gemahlener Muskatnuss und Zucker abschmecken. Den Kohlkopf aus dem Wasser heben, abtropfen lassen, Küchengarn entfernen und die gefüllten Kohlhälften auf einer vorgewärmten Platte anrichten. Die Soße getrennt dazu reichen.

Sauerkraut mit Austern?

»Aus fein gehobeltem Weißkohle, vorzüglich aus dem herbstlichen Plattkohle, macht man durch Einsalzung und Gärung das allgemein bekannte Sauerkraut. Ein Fass, worin weißer Wein aufbehalten worden, schafft dem Sauerkraut eine leichtere Gärung und einen angenehmen, weinsäuerlichen Geschmack. Um die Wirkung bei einem neuen Gefäße zu ersetzen, tue man zerstoßene Weintrauben auf den Grund.
Sauerkraut wird häufig mit Fischen, Austern und anderen Fastenspeisen vermischt. Doch scheint es mir, dass es sich mit einem Brei von Kartoffeln, weißen Bohnen oder gelben Erbsen verbunden und mit einer Beilage von gesalzenem Schweinefleisch auf gut Deutsch am besten verzehren lässt.«
(Karl Friedrich von Rumohr, 1822)

1 80 Millionen Kohlköpfe werden jährlich in Dithmarschen, dem größten Kohlanbaugebiet Europas, geerntet.

2 Da Kohlköpfe äußerst druckempfindlich sind, müssen sie überwiegend mit der Hand geerntet werden.

Ganz oben: Üppige Kohlköpfe sins der ganz Stolz der Dithmarscher Bauern.

Oben links: In der ersten Septemberhälfte finden in Dithmarschen die Kohltage statt. Hier feiert man in Meldorf.

Oben rechts: Alles dreht sich um den Kohl, und natürlich werden Kohlspezialitäten in allen Varianten angeboten.

Links: Was einem Weindorf billig, ist dem Kohlanbaugebiet recht. Auch hier werden Königinnen gewählt.

3 Pralle, gesunde Kohlköpfe – der ständige Westwind stellt eine natürliche Abwehr gegen Schädlinge dar.

4 Vorsichtig werden die Kohlköpfe aufgeladen und sofort in Kühlhäuser oder Fabriken transportiert.

Kohlrollen

250 g Mehl
Salz
1 Prise Backpulver
250 g Quark
250 g Butter
500 g Weißkohl in feinen Streifen
1 Messerspitze gemahlener Kümmel
500 g Hackfleisch
2 große gehackte Zwiebeln
150 g geriebener Käse, z. B. Gouda
2 Eier
1 EL Tomatenmark
2 EL Semmelbrösel
Pfeffer
$^1/_2$ TL gerebelter Majoran
1 EL gehackte Petersilie
2 Eigelb
$^1/_8$ l Milch

Aus Mehl, 1 Prise Salz, Backpulver, Quark und Butter einen Quarkblätterteig herstellen und einige Stunden kalt stellen. Inzwischen die Weißkohlstreifen mit dem Kümmel kurz in Salzwasser blanchieren, abtropfen und auskühlen lassen. Hackfleisch, Zwiebeln, Käse, Eier, Tomatenmark und Semmelbrösel gut verkneten, mit Salz, Pfeffer, Majoran und Petersilie würzen und den Weißkohl untermischen. Den Blätterteig halbieren, jede Hälfte dünn ausrollen und in 6 Rechtecke schneiden. Jedes Teil mit etwas Hackfleisch-Kohl-Masse füllen, zu Rollen formen und mit der Naht nach unten auf ein mit Backpapier ausgelegtes Blech legen. Das Eigelb mit der Milch verquirlen und die Teigrollen damit bestreichen. Im vorgeheizten Backofen bei 220 °C ca. 35 Minuten goldbraun backen.

Die Beweidung der Deiche durch Schafe dient auch dem Küstenschutz. Boden und Grasnarbe werden gepflegt und gefestigt und können Sturm und Fluten dadurch besser standhalten.

Salzwiesenlämmer

Dieser Anblick begeistert jeden, der in Nordfriesland Urlaub macht: Schafe, die auf den Wiesenmatten der Deiche grasen — weißgelbe Wollknäuel auf tiefgrünem Grund vor graublauer See. Ab März, April, dem Höhepunkt der Ablammzeit, bevölkern unzählige Mutterschafe mit ihren ein bis zwei Lämmern Schleswig-Holsteins nördliche Westküste, die Inseln und die Halligen. Insgesamt werden hier knapp 362 000 Schafe gehalten.

Die Beweidung der Deiche dient zum einen dem Küstenschutz. Seit Jahrhunderten hat sich das bewährt: Boden und Grasnarbe werden so gepflegt und gefestigt, können Sturm und Fluten besser standhalten. Die andere Seite, gleichzeitig ein wichtiger Wirtschaftsfaktor in der Region, ist das Fleisch der Deichlämmer, auch Salzwiesenlämmer genannt. Besonders geschätzt wird es, weil es von Tieren stammt, die sich lebenslang im Freien aufhalten. Sobald die Lämmer ihrer Mutter folgen können, meist schon zwei, drei Tage nach der Geburt, geht es auf die Weide. Muttermilch und später zusätzlich das ungedüngte Deichgras sind ihr einziges Futter. Auf den windumtosten Deichen wächst das Gras allerdings nicht hoch. Die Lämmer müssen in den weiträumigen, abgezäunten Deichbereichen sehr viel laufen, um genügend Futter zu bekommen. Sie entwickeln sich daher ziemlich langsam — was wiederum der Fleischqualität zugutekommt: Der Fettanteil ist ungewöhnlich niedrig. Bei den Deichlämmern handelt es sich meist um eine Kreuzung aus deutschen Weißkopfschafen mit Texelschafen aus Holland; die Rasse ist besonders widerstandsfähig, was sie angesichts des rauen Nordseeklimas auch sein muss. Schlachtreif sind die Lämmer nach drei bis sechs Monaten, je nach Wachstum. Ihre Mütter bleiben übrigens das ganze Jahr auf der Weide. Nur die letzten zwei, drei Wochen ihrer fünfmonatigen Tragezeit verbringen sie im Stall. Kurz vor Wintereinbruch werden die Tiere auf Wiesen diesseits der Deiche gebracht, die sonst für Rinder genutzt werden.

Früher galt Schafzucht vor allem der Gewinnung von Wolle. Damit war etwa doppelt so viel zu erzielen wie mit dem Verkauf von Schaffleisch. Heute deckt der Erlös für die Wolle gerade noch die Scherkosten. Der Markt für Schaffleisch ist in Deutschland jedoch klein, auch für Hammel, das Fleisch kastrierter Böcke, das wegen seines intensiven Geschmacks nicht jedermanns Sache ist. Gefragt, und das zunehmend, ist allein Lamm, das Fleisch von Tieren also, die nicht älter sind als ein Jahr. Das Gütesiegel »Frisches Lammfleisch — Gutes aus unseren Landen« vergibt die Wirtschaftsvereinigung Deutsches Lamm allerdings nur, wenn die Tiere deutscher Herkunft sind, nicht älter als sechs Monate wurden und maximal 22 Kilogramm Schlachtgewicht haben.

Was zeichnet das Fleisch dieser Deichlämmer nun besonders aus? Nun, es ist magerer und spürbar zarter als das anderer Lämmer. Milder auch im Geschmack, gleichwohl deutlich gehaltvoller und würziger, aber keineswegs salziger. Beim Verzehr habe man sozusagen frische Seeluft auf der Zunge, behaupten Feinschmecker schwärmerisch. Schon bei der Zubereitung lässt sich solche Lobpreisung nachvollziehen: Da schrumpelt beim Schmoren, Braten oder Grillen kaum was zusammen, das Fleisch verliert nur wenig Saft.

Natürlich spielt Lamm in der nordfriesischen Küche eine große Rolle. Ob zarte Lammkoteletts, Lammeintopf mit Weißkohl, mit feiner Lammleber gefüllte Lammbrust, Lammgulasch mit grünen Bohnen oder Lammbraten in Kräuterkruste — all das und vieles mehr probiert man am besten vor Ort. Zum Beispiel während der »Nordfriesischen Lammtage«, die jedes Jahr im Mai stattfinden: ein mehrwöchiges Festival mit köstlichen Spezialitäten.

Die besten Stücke vom Lamm

Keule: ganz als Braten oder zum Schmoren. In Scheiben für Steaks, gewürfelt für Spieße, Gulasch oder fürs Fondue.
Rücken: ganz als Braten. Für doppelte Koteletts oder einzelne Stielkoteletts. Der Teil des Rückens, in dem das Filet sitzt, ergibt ausgelöst einen guten Rollbraten. Aus dem Rücken schneidet man auch die Lammchops, drei bis vier Zentimeter dicke Scheiben, die sich zum Kurzbraten eignen. Ebenso die Lammfilets, die aus dem hinteren Rücken ausgelöst werden. Vom Filet oder aus dem Rücken stammen auch die etwa zwei Zentimeter dicken Lammnüsschen.
Schulter: im Stück als Braten, mit oder ohne Knochen; wichtig ist, dass der äußere Fettbesatz abgetrennt wird. Das Fleisch findet auch in Eintöpfen und Gulasch Verwendung.
Hals: Dieses Stück (auch Nacken, Kamm) ist vor allem für Eintöpfe und Ragouts oder zum Kurzbraten (Halskotelett) geeignet.
Brust und Flanke: Die Brust hat relativ wenig Fleisch und ist etwas fettdurchwachsener als die anderen Teile; die Flanke ist ebenfalls dünn und mit verhältnismäßig viel Fett durchsetzt. Brust und Flanke sind preiswert und eignen sich für Ragouts oder Eintöpfe.

Lammrücken mit Kräuterkruste

Für 6 Personen

1 kg Kartoffeln
Salz und Pfeffer
250 g süße Sahne
1,2 kg Lammrücken, ohne Knochen
Rapsöl zum Braten
125 g Butter
2 Eigelb
1 TL scharfer Senf
2 Knoblauchzehen
2 Bund glatte Petersilie, fein gehackt
20 g frische Kerbelblättchen
2 EL Semmelbrösel
800 g Stangenbohnen, in Stücke geschnitten
100 g durchwachsener Speck, gewürfelt
2 EL Crème fraîche
½ Glas Quittengelee
200 g blättrig geschnittene frische Champignons
1 EL Butterschmalz

Die Kartoffeln in Scheiben schneiden, mit Salz und Pfeffer würzen, in eine Backform geben, mit Sahne begießen und 40 Minuten im Backofen bei 120 °C garen. Inzwischen den geputzten Lammrücken salzen und pfeffern, in Öl von allen Seiten etwa 20 Minuten goldbraun anbraten und etwas abkühlen lassen. Für die Kräuterkruste die Butter mit Eigelb und Senf schaumig schlagen, die Knoblauchzehen dazu pressen und die Kräuter sowie die Semmelbrösel untermischen. Den Lammrücken mit der Paste bestreichen und 15 Minuten bei mittlerer Hitze überbacken. Die Bohnen in Salzwasser garen. Den Speck in einer trockenen Pfanne auslassen, die gegarten Bohnen dazugeben und die Crème fraîche unterrühren. Den Lammbratenfond in einen Topf abseihen, das Quittengelee unterrühren und die Soße abschmecken. Die Champignons in heißem Butterschmalz anbraten und als Garnitur über den Lammrücken geben. Mit dem Kartoffelgratin und den Bohnen servieren.

Salzwiesenlamm mit Thymian, Schnippelbohnen und Heidekartoffeln

Für 6 Personen

1 Lammschulter ohne Knochen
Rapsöl zum Braten
Salz und Pfeffer
2 Zweige Thymian
2 Bund Suppengrün, grob gehackt
1 gehackte Zwiebel
1 EL Tomatenmark
2 gehackte Knoblauchzehen
1 l Fleischbrühe
1,2 kg kleine Heidekartoffeln
1 große Nuss aus der Lammkeule
1 EL scharfer Senf
500 g Stangenbohnen, in Stücke geschnitten
2 Zweige Bohnenkraut
½ l Béchamelsoße
50 g durchwachsener Speck, fein gewürfelt
100 g Zucker
Butterschmalz zum Braten

Lammschulter salzen und pfeffern, die Thymianzweige in die Mitte geben, rollen und binden. In Öl gut anbraten, Fleisch herausnehmen, das Suppengrün und die Zwiebeln im Bratsatz anrösten. Das Tomatenmark unterrühren und den Knoblauch zufügen, mit der Fleischbrühe aufgießen, die Lammschulter einlegen und 45 Minuten zugedeckt im Ofen schmoren. Inzwischen die Kartoffeln in Salzwasser gar kochen, schälen und auskühlen lassen. Die Lammschulter herausnehmen und warm stellen, die Soße mit dem Mixstab pürieren und mit Salz und Pfeffer abschmecken. Die Lammnuss mit Senf einreiben, salzen und pfeffern, von allen Seiten in Öl gut anbraten und im Ofen bei 250 °C in 15 bis 20 Minuten rosa braten. Die Bohnen in Salzwasser mit dem Bohnenkraut garen. Den Speck in einer trockenen Pfanne auslassen. Die Bohnen mit dem Speck in der Béchamelsoße etwas ziehen lassen. Den Zucker in einem Topf braun werden lassen, mit ¼ l Wasser ablöschen und zu Karamell einkochen. Die Kartoffeln im Butterschmalz braten, mit dem Karamell übergießen, durchschwenken und leicht salzen. Auf vorgewärmten Tellern jeweils 1 Scheibe Lammnuss und 1 Scheibe Braten auf der Soße anrichten, dazu die Bohnen und Kartoffeln geben.

Lammkoteletts

Für 2 Personen

6 Milchlammkoteletts
3 zerdrückte Knoblauchzehen
Salz und Pfeffer
Butterschmalz zum Braten
1 TL fein gerebelter Thymian

Die Koteletts abspülen und trocken tupfen. Auf beiden Seiten mit Knoblauch einreiben, salzen und pfeffern. Das Butterschmalz in der Pfanne erhitzen, die Koteletts in der Pfanne 1½ bis 2 Minuten braten, dann wenden. Die gebratene Seite mit dem Thymian bestreuen, die Koteletts auf der anderen Seite ebenfalls 1½ bis 2 Minuten braten. Auf vorgewärmten Tellern servieren. Dazu passen Bratkartoffeln oder gedämpfter Spinat bzw. grüne Bohnen.

Milch

Gut 4 Millionen Kühe sind es, die Deutschland jährlich mit 28,4 Millionen Tonnen Milch versorgen. Eine wichtige Rolle spielt dabei Schleswig-Holstein: Es steuert ein knappes Zehntel bei. Milch ist auch ein bedeutender Wirtschaftsfaktor des Bundeslandes, sie liefert rund ein Drittel der Erlöse aus der Landwirtschaft.

Vor allem im mittleren und nördlichen Landesteil bestimmen die Kühe auch das Landschaftsbild – grüne Weiden, oft bis zum Horizont reichend, mit schwarz-weißen Tieren als quasi wandelnden Mosaiksteinen. Hier im Norden stellt die Rasse der sogenannten »Schwarzbunten« den Hauptanteil, die für den Süden Deutschlands typischen »Rotbunten« machen lediglich ein Drittel aus.

Die idyllische Anmutung von Viehhaltung in Schleswig-Holstein täuscht freilich ein wenig darüber hinweg, dass es sich hier um eine der modernsten Milchwirtschaften Europas handelt. Es gibt zwar immer weniger bäuerliche Betriebe mit Milchkühen, dafür aber sind sie größer und effizienter. Der Milchertrag pro Tier stieg in den letzten 20 Jahren von 4700 Kilogramm auf fast 7000 Kilogramm pro Jahr. Hochleistungskühe bringen es sogar auf 15 000 Kilogramm und mehr. (In Kilogramm werden Milchmengen deshalb gemessen, weil 1 Liter Milch 1030 Gramm wiegt.)

Ganz nach marktwirtschaftlichen Aspekten sind auch die Molkereien organisiert. Vor 60 Jahren gab es quer übers Land noch 550, heute sind es 14 selbstständige Molkereigenossenschaften mit Verarbeitung. Diese Konzentration verbessert nicht nur die Marktchancen – zwei Drittel der Produktion müssen außerhalb der Landesgrenzen abgesetzt werden –, sondern sichert auch die Milchqualität. Schleswig-Holstein genießt da einen hervorragenden Ruf. Man prüft hier nicht, wie gesetzlich vorgeschrieben, nur die Milch, sondern kontrolliert monatlich sogar die Futtermittel. Ergebnis ist das Gütesiegel »Hergestellt und geprüft in Schleswig-Holstein«.

Das Weiterverarbeiten der Rohmilch in der Molkerei ist eine aufwendige Prozedur. Nachdem die Milch bereits auf dem Bauernhof gefiltert, entlüftet und auf vier bis acht Grad heruntergekühlt worden ist, wird sie in Spezialtankwagen in die Molkerei gebracht. Noch bevor sie dort in die Tanks wandert, testet man sie im Labor auf Frische, Fettgehalt, bakteriologische Unbedenklichkeit sowie auf spezifisches Gewicht und Geruch.

Erst nach bestandenen Prüfungen heißt es »Milch frei!« fürs weitere Prozedere. Im Sammeltank wird die Milch nun auf etwa vier Grad gekühlt, bevor sie in einer großen Zentrifuge, dem Separator, gereinigt und dabei in Rahm und Magermilch getrennt wird. Bei 6000 bis 8000 Umdrehungen pro Minute sammeln sich die Milchfettkügelchen (Durchmesser 2/1000 bis 6/1000 Millimeter) an der Drehachse der Zentrifuge, während die schwerere Magermilch durch die Fliehkräfte an die Außenwand geschleudert wird. Meist ist bei Konsummilch der Fettgehalt (auf jeder Flasche oder Verpackung angegeben) genau eingestellt. Dies geschieht, indem man der Magermilch wieder entsprechende Mengen an Rahm zusetzt beziehungsweise weiter entzieht.

Beim anschließenden Homogenisieren wird die Milch unter enormem Druck (150 bis 200 bar) durch enge Düsen gepresst; dadurch werden die Fettkügelchen so zerkleinert, dass sie nicht mehr an die Oberfläche steigen und sich als Rahm absetzen können. Sie sind nun so winzig, dass sie in der gesamten Milch im Schwebezustand verteilt bleiben. Das ergibt zum einen vollen Geschmack, macht die Milch aber auch besser verdaulich.

Milch ist ein leicht verderbliches Lebensmittel und kann auch Keime enthalten. Deshalb schreibt das Gesetz vor, dass alle Milch, die in der Molkerei zu Trinkmilch oder zu anderen Milcherzeugnissen verarbeitet wird, wärmebehandelt werden muss.

Für diese Erhitzungsverfahren (Pasteurisierung) gibt es vier Methoden:

Kurzzeiterhitzung: Bei dieser schonenden Erhitzung wird die Milch für 15 bis 30 Sekunden auf 72 bis 75 Grad gebracht. Der Nährwert bleibt erhalten, Geschmack und Geruch verändern sich nicht. Sie hält sich im Kühlschrank acht bis zehn Tage. Die Milch kommt unter der Bezeichnung »Frischmilch« in den Handel.

Hocherhitzung: Hier erfolgt die Erhitzung über einige Sekunden auf 85 bis 127 Grad. Gekühlt hält sich die Milch drei Wochen. Die so behandelte Milch wird im Handel mit dem Hinweis »länger frisch« angeboten.

Ultrahocherhitzung: Dieses Verfahren (3 bis 10 Sekunden Erhitzen auf 135 bis 150 Grad) macht die Milch nahezu keimfrei, der Nährwert bleibt jedoch weitgehend erhalten. Die so gewonnene H-Milch, ebenfalls in den drei Fettstufen auf dem Markt, wird sofort wieder gekühlt und unter sterilen Bedingungen abgefüllt. Ungeöffnet bis zu sechs Wochen haltbar, auch bei Zimmertemperatur.

Sterilisation: Dieses nur noch selten angewendete Verfahren macht die Milch bis zu einem Jahr haltbar. Sie wird in bereits verschlossener Flasche 10 bis 30 Minuten auf 110 bis 120 Grad erhitzt und so völlig keimfrei. Nährwert und Geschmack werden dadurch allerdings erheblich beeinträchtigt.

Außer nach Erhitzungsverfahren unterscheidet man Milch nach ihrer Fettstufe (siehe »Die verschiedenen Milchsorten«).

Im Norden liebt man's schwarz-weiß und nennt die Kühe die »Schwarzbunten«. Sie liefern die Milch und damit einen wichtigen Teil der Erlöse aus der Landwirtschaft.

Milchprodukte

Sauermilchprodukte

Für die Herstellung von Sauermilchprodukten wird die Milch zunächst erwärmt, um die Bakterien zu eliminieren. Dann fügt man bestimmte Milchsäurebakterien zu. Sie führen zu einer Gärung und wandeln einen Teil des Milchzuckers in Milchsäure um, die das Kasein, einen Eiweißbestandteil in der Milch, gerinnen lässt. Folge: Die Milch wird dick.

Joghurt: Entsteht meist durch Zusatz von *Lactobacillus bulgaricus* und *Streptococcus thermophilus*. Der Säuerungsprozess bei 42 bis 45 Grad dauert zwei bis drei Stunden, wird danach durch Kühlung abgebrochen. Joghurt gibt es in verschiedenen Fettstufen: Sahnejoghurt mindestens 10 %, Joghurt mindestens 3,5 %, fettarmer Joghurt zwischen 1,5 und 1,8 % und Joghurt aus entrahmter Milch mit höchstens 0,3 %. Normaler Joghurt säuert im Becher, Trinkjoghurt in großen Tanks. Viele Sorten sind auch mit Fruchtzusätzen erhältlich. »Bioghurt« wird mit anderen Bakterienkulturen hergestellt und schmeckt besonders mild.

Kefir: Sauermilchgetränk, das aus dem Kaukasus stammt, mit leicht moussierendem, säuerlichem Geschmack. Kefir enthält in geringen Mengen Alkohol, aber selten mehr als 0,1 %. Hier werden nicht nur Milchsäurebakterien, sondern auch gärende Hefen (Kefirkörner) zugesetzt. Wie Joghurt ist Kefir in vier verschiedenen Fettstufen erhältlich und wird mit verschiedenen Fruchtzusätzen angeboten.

Dickmilch: Durch Zusatz von Bakterienkulturen eingedickte gesäuerte Milch. Entweder stichfest als Dickmilch oder flüssig als Sauermilch. Ebenfalls in vier verschiedenen Fettstufen auf dem Markt.

Buttermilch: Entsteht bei der Butterproduktion. Hoher Eiweißgehalt, viel Kalzium und Lecithin, aber sehr wenig Kalorien und Fett (höchstens 1 %). Zu unterscheiden sind die dickflüssigere »Reine Buttermilch« und »Buttermilch«, der Magermilch und Wasser zugefügt werden können. Wird auch mit Fruchtzusätzen angeboten.

Sahneprodukte

Sie werden aus dem Rahm hergestellt, der beim Zentrifugieren der Milch abgetrennt wird. Im Handel sind frische sowie ultrahocherhitzte und sterilisierte Erzeugnisse, die dann wesentlich länger haltbar sind.

Sahne/Süßrahm: mindestens 10 % Fett.
Schlagsahne: mindestens 30 % Fett.
Schlagsahne extra: mindestens 36 % Fett.
Crème double: Süßrahm mit ca. 43 % Fett.
Crème fraîche: mild gesäuert, 30 bis 40 % Fett.
Schmand: gesäuertes Sahneprodukt, meist ultrahocherhitzt hergestellt, Fettgehalt um 24 %. Auch als »löffelfester Sauerrahm« erhältlich.
Saure Sahne/Sauerrahm: hergestellt durch Aufrahmen und Säuern mit Milchsäurebakterien, anschließend homogenisiert. Fett zwischen 10 und 15 %.

Frischkäseprodukte

Auch bei der Frischkäseproduktion wird pasteurisierte Milch mit Milchsäurebakterien gesäuert und auf diese Weise verdickt. Oft wird Lab, ein aus Kälbermagen gewonnenes Ferment, zugefügt. Der Fettgehalt wird bei diesen Produkten wegen des unterschiedlichen Wassergehalts in Prozent »i. Tr.« angegeben. Das bedeutet: Fettanteil in der Trockenmasse. Der tatsächliche Fettanteil ist bei all diesen Produkten also deutlich geringer als der auf der Packung angegebene Fettgehalt »i. Tr.«.

Speisequark: durch Säuerung eingedickte Milch, nochmals zentrifugiert. Dabei wird weitere Molke abgetrennt, jene Flüssigkeit, die aus geronnener Milch abläuft. Danach passiert und eventuell mit Rahm angereichert. In drei Varianten: Magerstufe (unter 10 % i. Tr.), Halbfettstufe (20 % i. Tr.) und Fettstufe (40 % i. Tr.).

Rahmfrischkäse: aus Sahne und gesäuerter dicker Milch, durch längeres Zentrifugieren mit noch festerer Konsistenz als Quark. Rahmfrischkäse mit 50 % Fett i. Tr., Doppelrahm-Frischkäse mit 60 bis 85 % Fett i. Tr.

Körniger Frischkäse: Dafür wird zerschnittener Säure-Lab-Quark noch einmal erwärmt – es entstehen feste, kleine Körnchen. Meist mit 10 oder 20 % Fett i. Tr.

Die verschiedenen Milchsorten

Rohmilch: unbehandelte Milch frisch von der Kuh, Verkauf direkt beim Bauern. Die Vorschriften der Milchverordnung für die Milch-ab-Hof-Abgabe müssen streng eingehalten werden. Sie muss vor dem Trinken kurz aufgekocht werden.

Vorzugsmilch: naturbelassene Rohmilch aus streng überwachten Bauernhöfen, dort auch abgefüllt. Es gelten höchste Anforderungen an Tiergesundheit, Personal, Hygiene und Milchqualität. Sie ist im Handel erhältlich und sollte ebenfalls vor dem Verzehr abgekocht werden.

Vollmilch mit natürlichem Fettgehalt: in der Molkerei gereinigt und geprüft. Fettgehalt mindestens 3,5 %, er darf nicht eingestellt werden. Der Fettgehalt liegt aber je nach Jahreszeit und Fütterung zwischen 3,8 und 4,2 %.

Vollmilch mit eingestelltem Fettgehalt: Fettanteil wird in der Molkerei eingestellt – meist 3,5 %.

Teilentrahmte (fettarme) Milch: Fettgehalt mindestens 1,5 %, höchstens 1,8 %.

Entrahmte Milch (Magermilch): höchstens 0,5 % Fett.

Laktosefreie Milch (Minus-L-Milch): Für Menschen, die an einer Laktose-(Milchzucker-)unverträglichkeit leiden, wird die Laktose in ihre Bestandteile aufgespalten und so besser verdaulich.

Kondensmilch: Der Fettgehalt von 7,5 oder 10 % wird durch den Entzug von Wasser erreicht, es gibt sie gezuckert oder ungezuckert.

Bis die köstlichen Milchprodukte auf dem Tisch stehen, muss das Naturprodukt Rohmilch eine ganze Reihe von Verarbeitungs- und Kontrollphasen in der Molkerei durchlaufen.

Die hohe Kunst des Räucherns

Der Schwarzwälder Schinken kommt aus dem Schwarzwald, der Westfälische aus Westfalen – und der Holsteinische? Aus der Kate. Katen sind kleine Bauern- oder Landarbeiterhäuser, die mit ihren schornsteinlosen Reetdächern das Bild Schleswig-Holsteins ebenso prägen wie die schwarz-weißen Kühe. Von außen sieht man diesen Häuschen ihr mehr als hundertjähriges Alter nicht an, das Innenleben vieler jedoch verrät, dass hier seit Generationen geräuchert wird: Die Wände der niedrigen Räume sind rußig, fast schwarz, und der Himmel hängt voller Schinken, dem zart-würzigen Holsteiner Katenschinken.

Natürlich wird der Schinken heute nicht mehr ausschließlich in Katen geräuchert. Seinen besonderen Geschmack verdankt er Wissen und Erfahrung der Räuchermeister ebenso wie der Qualität des Fleisches, die wiederum vom Alter und vor allem von der Aufzucht der Schweine abhängt. Nur jede zweite Hinterkeule findet den Weg in die Räucherei: Das Tier wird nach dem Schlachten an einem Bein aufgehängt und dadurch reißen die Muskelfasern. Das Ergebnis: »Gummischinken« und damit nicht tauglich für erstklassigen Holsteiner Katenschinken.

Vor dem Räuchern salzt der Meister die Schinken trocken und am Knochen unter Verwendung einer Spezialmischung aus Salz, Kräutern und Senfkörnern ein, brennt sie nach und wässert sie schließlich unter fließendem Wasser 36 Stunden. Erst dann erhält der Schinken in der Räucherkate seinen Platz und nimmt dort über kaltem Buchenholzrauch bei 18 bis 20 Grad seinen vollen delikat-würzigen Geschmack an. Ein Schinken kann bis zu 13 Wochen im Rauch hängen; wird noch in einer Kate geräuchert, so ist deren allabendliche Lüftung während dieser Zeit unerlässlich.

Die Wahl des Holzes entscheidet über den Geschmack des Schinkens, Erle und Buche eignen sich hierbei wunderbar, Tanne verdirbt die Gaumenfreude. Statt mit Spänen wird vornehmlich mit trockenen Buchenscheiten geräuchert. Vertrauen erwecken die Späne aus offensichtlichem Grund nicht: Imprägnierstoffe und damit Giftstoffe verbergen sich oft im Holz, von dem täglich drei Waschzuber voll verbrannt werden. Das regelmäßige und rechtzeitige Umhängen der Stücke je nach Größe in verschieden heiße Räume gehört ebenfalls zur holsteinischen Räucherkunst. Zum Schluss wandert die Räucherware ganz nach oben, um dort ihren erlesenen Spitzengeschmack zu erhalten. Geräuchert wird im Winter, vom Gallustag am 15. Oktober bis zum Büdeltag am 15. Mai. Neben dem Rauch und der Luft, so erklären die Räucherer, darf die Bedeutung des Salzes nicht unterschätzt werden. Ein Zuviel beeinträchtigt die Qualität des Schinkens deutlich.

Broken Sööt

Wie es einem Süddeutschen ergeht, wenn er mit gewissen Spezialitäten des Nordens konfrontiert wird, kann man in Thomas Manns »Buddenbrooks« lesen. Die Tochter Tony hat nach München geheiratet und serviert ihrem Gatten »manches von unseren heimatlichen Gerichten, so gestern zum Beispiel Sauerampfer mit Korinthen« – mit dem Effekt, dass ihr Mann den ganzen Nachmittag nicht mehr mit ihr spricht.

Birnen und Bohnen mit Speck, Schweinerippe mit Backpflaumen, Aal mit Rhabarberkompott sind nur einige der typischen Gerichte Schleswig-Holsteins. »Broken Sööt«, »aufbrochene Süße«, nennt man das, und meint damit mehr als süßsauer, nämlich die Kombination von Deftigem mit fruchtigem Süß. Warum sich die Vorliebe für Süßsaures im Norden durchsetzte, während der Süden diese Kombination heftig ablehnt, lässt sich nicht klären. Auch nicht mit dem Hinweis, dass schon die Wikinger Fleisch und Fisch mit Beeren und Obst schätzten. Oder mit Theorien über englische oder skandinavische Einflüsse. Es ist einfach so. Und über Geschmack soll man nicht streiten und auch nicht theoretisieren.

Wenn in Schleswig-Holstein vom »Büdel« oder vom »Großen Hans« die Rede ist, ist damit ein Mehlkloß gemeint, der hier, je nach Region, in verschiedensten Varianten und Größen auftaucht. Der »Mehlbeutel« wird ohne Treibmittel und mit Eiern oder geschlagenem Eiweiß zubereitet. Er kann ein Mahl für sich sein, dann wird er mit Kartoffeln und Soße und als Süßspeise mit Kompott oder Backobst gereicht, oder als Begleiter von Fleischgerichten auftreten – immer groß genug, damit kein Tropfen der wertvollen Soße verloren geht, die man mithilfe des Mehlbeutels auftunkt. Früher war es auch üblich, den Mehlbeutel aus Brotresten zuzubereiten.

Birnen, Bohnen, Speck
Für 6 Personen

1 kg Schweinebacke
1,5 kg Brechbohnen
Salz und Pfeffer
2 Stängel Bohnenkraut
4 festkochende Birnen

Die Schweinebacke in ca. 1 ½ Stunden gar kochen. Das Fleisch herausheben und warm stellen. In der Hälfte der Brühe die Brechbohnen mit Salz, Pfeffer und Bohnenkraut garen. Die Birnen halbieren, das Kerngehäuse herausschneiden und die Birnen in einem zweiten Topf in der restlichen Brühe dünsten. Die Schweinebacke in Scheiben schneiden. Auf vorgewärmten Tellern zuerst die Bohnen, darauf das Fleisch und die Birnen anrichten. Salzkartoffeln getrennt dazu servieren.

Rechts: Lübecker National

Fleischgerichte

Lübecker National

750 g rohes Kasseler ohne Knochen
Salz
750 g Steckrüben
2 Gemüsezwiebeln, grob gehackt
750 g kleine Kartoffeln
1 EL Speisestärke
250 g Sahne
Salz und Pfeffer
1/2 Bund gehackte Petersilie

Das Fleisch mit 1 TL Salz in 1 1/2 l kaltem Wasser aufsetzen, zum Kochen bringen und 30 Minuten köcheln lassen. Inzwischen die Steckrüben schälen und in mundgerechte Stücke schneiden. Steckrüben und Zwiebeln zum Kasseler geben und weitere 30 Minuten garen. Die Kartoffeln waschen, schälen, in Stücke schneiden und in Salzwasser bissfest kochen. Das Fleisch aus der Brühe heben und warm stellen. Die Speisestärke mit der Sahne verquirlen und unter das Rübengemüse rühren. Einige Minuten köcheln lassen, dann mit Salz und Pfeffer abschmecken. Kartoffeln mit Petersilie bestreuen. Kasseler und Salzkartoffeln getrennt zum Rübengemüse reichen.

Schwarzsauer

1 kg Schweinefleisch (Pfoten, Halsfleisch, Schnauze)
1 l Wurst- oder Fleischbrühe
1 Zwiebel, gespickt mit 1 Lorbeerblatt und 2 Nelken
Salz und Pfeffer
5 Pimentkörner
100 ml Weinessig
1/2 l Schweineblut

Das Schweinefleisch in mundgerechte Stücke hacken. In der Brühe mit der gespickten Zwiebel, Salz, Pfeffer und den Pimentkörnern und dem Essig zum Kochen bringen. Bei kleiner Hitze in ca. 1 1/2 Stunden gar kochen. Das Fleisch herausheben und warm stellen. Die Brühe abseihen und wieder zum Kochen bringen. Das Blut einrühren und die Soße dicklich einkochen. Nochmals mit Salz, Pfeffer und Essig abschmecken und über das Fleisch gießen. Mit Salzkartoffeln oder Mehlklößchen und Backobst servieren.

Links: Schwarzsauer

Unten: Husumer Ochsenkuchen

Husumer Ochsenkuchen

1 Ochsenschwanz
Salz und Pfeffer
2 EL Rapsöl
1 Zwiebel
1 Möhre
1/2 Sellerieknolle
2 EL Tomatenmark
200 ml Rotwein
2 Knoblauchzehen
1 Lorbeerblatt
200 g Poulardenfleisch
150 g süße Sahne
je 50 g Möhre, Sellerie und Lauch, klein gewürfelt
1 EL Schnittlauch, in feine Röllchen geschnitten
1 Schweinenetz
Butterschmalz zum Braten

Den Ochsenschwanz in die einzelnen Glieder zerteilen, salzen und pfeffern und im heißen Öl anbraten. Zwiebel, Möhre und Sellerieknolle hacken und kurz mitrösten. Das Tomatenmark unterrühren, mit Rotwein ablöschen, zerdrückte Knoblauchzehen und Lorbeer hinzufügen und so viel heißes Wasser zugeben, dass die Fleischstücke bedeckt sind. Im geschlossenen Topf ca. 2 Stunden schmoren lassen, dabei ab und zu etwas Wasser nachgießen. Dann die Ochsenschwanzstücke herausnehmen, abtropfen und auskühlen lassen. Inzwischen das Poulardenfleisch in kleine Stücke schneiden und im Mixer mit Sahne, Pfeffer und Salz zu einer homogenen Masse verarbeiten. Die Gemüsewürfel in kochendem Wasser kurz blanchieren und mit dem Schnittlauch unter die Masse heben. Die Ochsenschwanzstücke von Knochen und Knorpel befreien, auf das gut gewässerte Schweinenetz legen, mit der Füllmasse in die ursprüngliche Form bringen und ganz in das Schweinenetz einschlagen. Den gefüllten Ochsenschwanz in wenig Butterschmalz leicht anbraten, mit dem entfetteten Schmorfond auffüllen und in ca. 20 Minuten gar schmoren. Als Beilage Sahnewirsing und Petersilienkartoffeln reichen.

Federwild

Salopp formuliert versteht man unter der Bezeichnung »Federwild« alles, was Federn hat und jagdbar ist. Also Hühnervögel, Tauben, Gänse- und Entenvögel, Wat- und Möwenvögel, Kranicharten, Greifvögel und Sperlingsvögel, kurz, alles, was fliegt und auf den Boden fällt, wenn man es mit einer Ladung Schrot durchbohrt.

Darüber, welcher Vogel wann ungestört seine Kreise ziehen darf, entscheiden Gesetze, die Schonzeiten festlegen. So ist zum Beispiel der Auerhahn in Deutschland ganzjährig geschont und entkommt damit dem Schicksal, als ausgestopfte Trophäe an die Wand gehängt oder als ausgefallene Speise gebraten zu werden. Andere Vögel leben fröhlich vor sich hin, weil sie sowieso keiner essen will, zumindest in guten Zeiten. Früher war es zum Beispiel in armen Gegenden durchaus üblich, Krähen zu braten. Auch Singvögel werden in unseren Breiten nicht mehr gegessen; Lerchen galten noch im vorigen Jahrhundert als Delikatesse, doch schon damals versalzten die Tierschützer den Feinschmeckern den Braten.

Obwohl es eigentlich ein Widerspruch in sich ist, kommt vieles Wildgeflügel heute aus Zuchten und ist damit ganzjährig im Handel erhältlich. Generell sind Wildformen, ob Gänse, Enten oder Tauben, im Geschmack kräftiger und gehaltvoller als ihre domestizierten Artgenossen. Ganz besonderer Beliebtheit unter Feinschmeckern wie Jägern erfreut sich dabei der Fasan. Die Gourmets schätzen ihn gefüllt und mit Speck umwickelt als Braten, an dem sich gut zwei Leute laben können, die Jäger lieben ihn wohl, weil er so schön ist – vor allem das Männchen mit seinem bunten Federkleid macht sich prächtig in der Strecke – und es eine sportliche Herausforderung darstellt, den schnell fliegenden Vogel zu erlegen. Dass es dabei vor der Jagd wenig sportlich zugeht, scheint sie nicht zu stören. Anfang der Achtzigerjahre bis Mitte der Neunzigerjahre war die Zahl der erlegten Fasane in Schleswig-Holstein aufgrund der Veränderungen von Landschaft und Umwelt stark zurückgegangen. Danach hat sich diese Zahl aber wieder erhöht. Um die Bestände weiter zu vergrößern, werden Tiere in Fasanerien aufgezogen und dann ausgewildert. Nach schleswig-holsteinischem Jagdrecht müssen die Vögel aber mindestens sechs Monate lang die Freiheit genossen haben, bevor sie erlegt werden dürfen.

Der Fasan kommt ursprünglich aus Asien; sein Verbreitungsgebiet erstreckt sich vom Schwarzen Meer bis nach Korea und Japan. Der Sage nach haben ihn die griechischen Argonauten aus dem Land Kolchis am Kaukasus entführt und in ihre Heimat gebracht. Der Name »Fasan« leitet sich aus der Herkunftsgegend des Vogels ab, dem Fluss Phasis zwischen Kleinasien und Kolchis.

Fasane zu züchten, zu jagen und zu verspeisen hat Tradition in Europa. Die Griechen und die Römer sahen ihn gerne auf der Tafel, und von Karl dem Großen ist überliefert, dass er den Vogel regelmäßig verspeiste. Aus dekorativen Gründen wurden die gebratenen Fasane bei fürstlichen Gelagen mit ihren bunten Federn bedeckt aufgetragen. Auch auf Stillleben und Jagdgemälden findet man den prächtigen Vogel immer wieder als Motiv.

Seit dem 13. Jahrhundert gab es an den Fürstenhöfen »Fasangärtlein« oder »Fasanerien«, in denen die Vögel als Prunkobjekte gehalten wurden und sich, ähnlich wie die exotischen Pfaue, großer Verehrung erfreuten. Zum Jagdwild wurden die Fasane erst nach dem Dreißigjährigen Krieg.

Wildentenbrust mit Schmorkohl

1 Bund Suppengrün
1 Zwiebel, gespickt mit 1 Lorbeerblatt und 2 Nelken
Salz und Pfeffer
1 TL Zucker
1 EL Wildgewürz
1/8 l milder Weinessig
4 Entenbrustfilets
2 Eigelb
150 g süße Sahne

1 l Wasser mit dem Suppengrün, der gespickten Zwiebel, den Gewürzen und dem Essig zum Kochen bringen. Die Entenbrustfilets einlegen und in etwa 20 Minuten bei kleiner Hitze gar ziehen lassen. Nach Ende der Garzeit die Entenbrüste aus dem Fond heben und warm stellen. Den Fond durch ein Sieb in eine Kasserolle gießen und auf die Hälfte einkochen. Eigelb mit der Sahne verquirlen und die Soße damit legieren, nicht mehr kochen. Die Entenbrustfilets schräg aufschneiden und auf vorgewärmten Tellern mit Schmorkohl und Kartoffelpüree anrichten. Die Soße nach Belieben zum Fleisch auf die Teller geben oder getrennt dazu reichen.

Das hübsch gesprenkelte Perlhuhn wird fast so groß wie das Haushuhn.

Goethe aß auf seinen Reisen durch Deutschland täglich zwei Rebhühner.

Ringeltauben bilden große Schwärme, um ihre Feinde zu verwirren.

Gefüllter Fasan

1 küchenfertiger Fasan
Salz und Pfeffer
125 g Champignons
75 g gekochte Schinkenwürfel
1 Ei
1 EL Semmelbrösel
½ TL Rosmarin
1 EL gehackte Petersilie
2 Scheiben Speck
2 EL Butterschmalz
¼ l Brühe
200 ml Rotwein
1 TL Speisestärke
100 g süße Sahne

Den Fasan waschen, trocken tupfen und mit Salz und Pfeffer einreiben. Die Champignons putzen und fein hacken. Mit den Schinkenwürfeln, dem Ei, den Semmelbröseln, Rosmarin und Petersilie mischen und den Fasan damit füllen. Fasan mit den Speckscheiben umwickeln, den Speck mit Küchengarn festbinden. Den Fasan in einen Bräter legen. Das Schmalz erhitzen und über den Fasan gießen. Im vorgeheizten Backofen bei 220 °C ca. 40 Minuten braten. Während dieser Zeit gelegentlich mit etwas Brühe begießen. Nach Ende der Bratzeit den Fasan aus dem Bräter heben und warm stellen. Den Bratfond mit der restlichen Brühe ablöschen, durch ein Sieb in einen Topf gießen, entfetten, mit Rotwein aufgießen und zum Kochen bringen. Die Speisestärke mit der Sahne verquirlen, in die Soße rühren und mit Salz und Pfeffer abschmecken. Den Fasan tranchieren, mit der Füllung auf einer vorgewärmten Platte anrichten und die Soße getrennt dazu reichen.

Die Stockente ist die in Europa am häufigsten vorkommende Ente.

Die Wachtel, das kleinste Feldhuhn, kommt nur gezüchtet auf den Markt.

Oben: Der Fasan wird seit dem Mittelalter in Europa gezüchtet. Die Adligen hielten ihn früher auch aus dekorativen Gründen in »Fasangärtlein« oder »Fasanerien«.

Raps

In Schleswig-Holstein spricht man von der »leuchtend gelben Jahreszeit«, wenn Anfang Mai der Raps zu blühen beginnt und sich die Felder in goldgelbe Teppiche verwandeln. Bei dieser Pracht mag man an den süßen Rapshonig denken, an klares Öl, das über frische Salatblätter fließt – brummende Dieselmotoren oder gar Schmieröl assoziiert wohl niemand. Und doch, auf Deutschlands schönsten Ölfeldern gedeiht auch das Ausgangsprodukt für Biodiesel und andere industriell verwertbare Alternativprodukte.
Doch bleiben wir beim nahrhaften Aspekt: Raps ist die wichtigste Ölsaat, die in Europa angebaut wird, weltweit steht er an zweiter Stelle in der Rangliste der Ölfrüchte. Er enthält 45 Prozent Öl und besonders viel Eiweiß. Aufgrund seiner Zusammensetzung zählt Rapsöl zu den hochwertigsten Speiseölen. Sein Fettsäuremuster mit fast 60 Prozent einfach gesättigter Ölsäure und über 30 Prozent mehrfach ungesättigten Fettsäuren ist besonders für eine Herz und Kreislauf schonende Ernährung wichtig.
Aufgrund seiner ernährungsphysiologischen Eigenschaften und seines neutralen Geschmacks eignet sich raffiniertes Rapsspeiseöl hervorragend für die Lebensmittelverarbeitung: Es wird für die Herstellung von Margarine, Mayonnaise oder auch Feinkostsalaten verwendet. Heute ist Rapsöl in unterschiedlichen Varianten ein selbstverständlicher Bestandteil des Angebots im Einzelhandel: Kalt gepresst eignet es sich für Salate, als feines Rapsöl zum Braten.

Raps ist ein Kreuzblütler; man unterscheidet Winter- und Sommerraps, wobei der Sommerraps mit einem Anteil von nur 0,6 Prozent von geringer Bedeutung ist. Seit einiger Zeit wird ausschließlich 00-Raps angebaut, dessen Werte an Erucasäure und Glucosinolaten fast gegen null gehen.

Zum Tanken aufs Feld?

Autos fahren mit umweltfreundlichem Biodiesel. Die Industrie verwendet natürlich abbaubare Schmierstoffe und Hydrauliköle. Häuser werden mit Pflanzenöl beheizt.
Seit Beginn des neuen Jahrtausends sind dies keine Utopien mehr: In Deutschland werden bereits 5,3 Prozent des Energiebedarfs durch Bioenergie gedeckt. Raps hat sich dabei als Rohstoff für Biokraftstoffe bewährt. Sein Öl lässt sich unter Einsatz von Methanol zu Rapsmethylester (RME), kurz: zu Biodiesel verarbeiten. Dessen Vorteile: durchschnittlich zwei Drittel weniger Treibhausgase (Kohlendioxid, Kohlenwasserstoff) als herkömmliche Treibstoffe. Er enthält keinen Schwefel, und der Rußpartikelausstoß ist vermindert.
Auch Heizen kann man mit Rapsöl: In sogenannten Biomasse-Blockheizkraftwerken werden Strom und Wärme gleichzeitig erzeugt. Pflanzenöltaugliche Dieselmotoren produzieren Strom, aus der Motorabwärme wird Wärme gewonnen.
Auf Rapsbasis hergestellte Schmierstoffe und Hydrauliköle weisen hervorragende Eigenschaften auf. »Verlustschmieröle« , also Öle, die bei der Anwendung an die Umwelt verloren gehen, können durch umweltfreundliche Rapsölprodukte ersetzt werden. Auch in Farben und Lacken kann Rapsöl enthalten sein.
Trotz der anfänglichen Euphorie ist man sich heute auch der Nachteile bewusst: Der Rapsanbau erfordert eine intensive Stickstoffdüngung, die wiederum mit einem hohem Lachgasausstoß verbunden ist. Lachgas wiederum besitzt eine dreimal höhere Treibhauswirkung als Kohlendioxid. Auch muss über die Verwendung von Ackerflächen zum Anbau von Energiepflanzen vor dem Hintergrund einer rasant wachsenden Weltbevölkerung mit zunehmendem Nahrungsbedarf nachgedacht werden.

Links und gegenüber: Auch Bienen tummeln sich gern in den Rapsfeldern und liefern den aromatischen Rapshonig.

Unten: Rapsöl ist cholesterinfrei und reich an Vitaminen.

Nachspeisen

»Erfahrungsgemäß essen alle Poeten gern Kuchen«, schreibt der aus Husum stammende Dichter Theodor Storm, der seiner Heimat mit der 1888 erschienenen Novelle »Der Schimmelreiter« ein literarisches Denkmal setzte. Storm spricht davon, dass ihn Süßes »wieder auf die Beine« bringe, wenn er sich »halb tot« fühle. Ähnliches scheint für viele Schleswig-Holsteiner zu gelten: Ohne eine ordentliche Portion Nachspeise ist für sie das Leben kaum vorstellbar.

Besonders beliebt ist die »Rode Grütt«, die Rote Grütze, die ja inzwischen schon landesweit die Nachspeisenbüfetts erobert hat. Ihr Name verrät, wie sie entstand: Die übliche Gersten- oder Hafergrütze wurde verfeinert, indem man sie mit dem Saft von eingemachten Johannisbeeren, Himbeeren oder auch Kirschen oder Brombeeren kochte. Heute bevorzugt man frisches oder eingefrorenes Obst. Früchte bilden auch die Grundlage etlicher anderer Desserts, wie zum Beispiel der »Deern im Schleier«, einer Kombination von klein geschnittenen Äpfeln, zerbröseltem Schwarzbrot und Sahne. Die Vorliebe für süßsauer macht übrigens auch vor den Nachspeisen nicht halt: Beim »Birnenbeschlag« wandern Birnen zusammen mit Speck in einen Auflauf. Die Nähe zu England brachte auch den Pudding auf den Tisch. Der berühmteste ist der von Thomas Mann so geschätzte »Plettenpudding«. Theodor Storm dagegen hielt es eher mit den »Förtchen«, dem einzigen Schmalzgebäck der schleswig-holsteinischen Dessertküche. Oder mit Napf- und Butterkuchen, die man nachmittags – England lässt auch hier grüßen – gerne zum Tee nahm.

Rote Grütze
Für 6 Personen

250 g Rote Johannisbeeren
250 g Sauerkirschen
250 g Himbeeren
1/4 l schwarzer Johannisbeernektar
1/4 l Kirschsaft
40 g Speisestärke
2 EL Zucker
1 Päckchen Vanillezucker

Die Früchte verlesen und putzen, Johannisbeeren von den Stielen streifen, Sauerkirschen entsteinen. Den Johannisbeernektar mit dem Kirschsaft aufkochen. Die Speisestärke in etwas kaltem Wasser verquirlen, in die Fruchtsäfte rühren und einmal aufkochen. Früchte, Zucker und Vanillezucker hinzufügen und kurz darin erwärmen, in eine Dessertschale umfüllen und erkalten lassen. Dabei die Rote Grütze mehrmals umrühren, damit sie nicht steif wird. Dazu passt kalte Vanillesoße oder flüssige Schlagsahne.

Beeren aller Art wandern in die Rote Grütze, die man mit Vanillesoße serviert.

1 Rote Beeren und Früchte sowie Obstsäfte und Johannisbeernektar bilden die Grundlage der Roten Grütze.

2 Beeren werden gewaschen und entstielt, Kirschen zusätzlich entsteint.

3 Obstsäfte und -nektar aufkochen und die in kaltem Wasser angerührte Speisestärke einrühren.

4 Nachdem der Zucker und der Vanillezucker zugefügt wurden, kocht man die Flüssigkeit noch einmal auf.

5 Nun werden die vorbereiteten frischen Früchte vorsichtig untergemischt.

6 Die Rote Grütze wird in Dessertschalen umgefüllt; sie wird kalt mit Vanillesoße oder Sahne serviert.

Geistige Speise

Lübeck was not amused. Die feine Gesellschaft der Freien Reichsstadt rang mit mäßigem Erfolg um Fassung, hinter den Fassaden der vornehmen Patrizierhäuser wurden höchst unvornehme Ausdrücke laut und sogar die rituellen Tafelfreuden der Hanseaten litten unter dem Unerhörten:

Es hatte ihnen einer in die Suppe gespuckt. Im Sommer 1901 waren bei Fischer in Berlin die »Buddenbrooks« erschienen, ein mehr als 1000 Seiten umfassender Kaufmannsroman, für den der Autor 1929 mit dem Nobelpreis ausgezeichnet werden sollte. Ein literarisches Ereignis. Und als solches für Lübeck eigentlich nicht von Belang: Denn an der Trave widmete man sich von jeher lieber seinen Kontobüchern als den Hirngespinsten irgendwelcher hergelaufener Schreiberlinge. Unglücklicherweise aber war der Autor der »Buddenbrooks« ein weggelaufener Schreiberling. 1875 in Lübeck geboren, als zweiter Sohn eines hoch angesehenen Großkaufmanns und Senators, verfügte er über Insiderkenntnisse, die seinem Roman Kontobuch-Bedeutung verliehen. Das musste ernst genommen werden, das waren keine »Hirngespinste«, das war Realität. Der »ausbeutende Appetit der armen Verwandten« ebenso wie das traurige Schicksal des zuckerkranken Senators James Möllendorpf, der sich in einer unstandesgemäßen Absteige seiner todbringenden Tortenleidenschaft hingab: »... und dort fand man auch den Entseelten, den Mund noch voll halb zerkauten Kuchens.«

Man erkannte sich wieder. Und der Autor galt fortan als Fahnenflüchtiger und Nestbeschmutzer, der seine Herkunft verraten hatte. Was zum Teil durchaus stimmte: Thomas Mann war der »Haft der engen Vaterstadt« tatsächlich entflohen. 1894, mit 19 Jahren also, übersiedelte er nach München, wo Mutter und Geschwister nach dem frühen Tod des Vaters bereits 1893 ein neues, lichteres Zuhause gefunden hatten. Hier, in wechselnden Schwabinger Quartieren, entstanden die »Buddenbrooks«. Die Lebensstimmung des jungen Schriftstellers, der eigentlich zum Firmenerbe bestimmt gewesen war, setzte sich damals »aus Indolenz, schlechtem bürgerlichen Gewissen und dem sicheren Gefühl latenter Fähigkeiten zusammen«.

Von schlechtem bürgerlichem Gewissen konnte jedoch schon bald keine Rede mehr sein. »Ich werde mich fotografieren lassen«, schrieb der 26-Jährige, als der Roman glücklich beendet und angenommen war. Das Bild ist erhalten: Wir sehen einen ernsthaften jungen Mann aus gutem Hause, der soeben bewiesen hat, dass Leistung kein Privileg der nüchternen Tat- und Rechenmenschen ist. Und, das war ganz wichtig, dass eine künstlerische Leistung auch gesellschaftlich honoriert werden kann. Von der »Sonne der öffentlichen Gunst und Achtung« bestrahlt, durfte er nun endlich anknüpfen an die scheinbar verratene patrizische Herkunft. Während Lübeck schäumte, gab sich Thomas Mann in München eine »Verfassung«. Seinen homosexuellen Neigungen zum Trotz heiratete er 1905 die schöne, kluge und standesgemäße Katja Pringsheim, zeugte mit ihr ein Kind nach dem anderen und etablierte sich und die Seinen in immer nobleren Behausungen. In diesem Rahmen fühlte er sich sicher, das »Würdig-Bürgerliche« gab ihm Halt und Mitte: »Man ist als Künstler innerlich immer Abenteurer genug. Schließlich soll man sich gut anziehen, zum Teufel, und sich benehmen wie ein anständiger Mensch.«

Unten, von links nach rechts: In Lübeck kocht man in verschiedenen Lokalen das sogenannte »Buddenbrocks Menü« nach, das mit einer Kräutersuppe mit kräftiger Fleischbrühe (**1**) beginnt.

Schinken Lütsche Art (**2**) : »Ein kolossaler, ziegelroter, panierter Schinken erschien, geräuchert, gekocht, nebst brauner, säuerlicher Schalottensoße«, so Thomas Mann.

»Der Gourmet des geschriebenen Wortes«, wie Thomas Mann bezeichnet wurde, schwärmte für feine Genüsse und war auch dem Seezungenfilet (**3**) nicht abgeneigt.

Ebenfalls in den »Buddenbrooks« beschreibt er den köstlichen Plettenpudding (**4**): »ein schichtweises Gemisch aus Makronen, Himbeere, Biskuits und Eiercreme ...«

1

Es ging gepflegt zu bei den Manns – was selbstverständlich auch eine angemessene Verpflegung mit einschloss. Wer in der Poschingerstraße 1 eingeladen war, konnte wie die Gäste der »Buddenbrooks« immer »eines nahrhaften Bissens gewärtig sein«, also nach alter Lübecker Sitte im Durchschnitt fünf Gänge erwarten. Und der Hausherr selbst klagte zwar stets über Magen- und Darmbeschwerden, aß aber zeitlebens tapfer dagegen an. Seine Tagebücher dokumentieren es: Ein Frühstück, bestehend aus »Hors d'œuvres, Milchnudeln, Kalbsbraten, Käse und Erdbeeren« war nichts Außergewöhnliches; und wenn in diesen Aufzeichnungen von einem »kleinen Imbiss« die Rede ist, sollte sich der Leser getrost eine Reihe von sättigenden Leckerbissen vorstellen. Gutes Essen gehörte zu den wenigen erlaubten Sinnesgenüssen im Leben Thomas Manns, da war ihm der Segen der hanseatischen Ahnen gewiss.

Und was die hanseatischen Zeitgenossen betraf, so ließen auch sie sich immer mehr besänftigen mit der Zeit. Der weggelaufene Schreiberling hatte es ja offenkundig doch noch zu was gebracht, sein Lebensstil war respektabel und sein Marktwert schien, wenn man den Nobelpreis in Mark und Pfennig umrechnete, nicht unbeträchtlich. Die Anerkennung wuchs, aber Strafe musste dennoch sein: Erst im Mai 1955, drei Monate vor seinem Tod, wurde Thomas Mann Ehrenbürger seiner Heimatstadt Lübeck.

Dass dort bisweilen auch früher schon Verständnis aufblitzte für die befremdenden Bedürfnisse des Schriftstellers, zeigt eine Episode, von der Katja Mann berichtet. Einige Jahre nach der Hochzeit, so erzählen ihre »Ungeschriebenen Memoiren«, seien sie zum ersten Mal gemeinsam in Lübeck und – angesichts eines Anwesens aus der Mann'schen Erbschaft – sogar in Versuchung gewesen, sich hier niederzulassen. Woraufhin ein alteingesessener Großvetter ihres Mannes bedächtig Einspruch erhoben habe: »Ach, ich denke, Sie würden die geistige Speise doch etwas vermissen.«

Ganz links: Szenenfoto aus dem Film »Buddenbrooks« (Regie Alfred Weidenmann). Gerda und Thomas feiern Hochzeit, die Familie stößt auf das Wohl des jungen Paares und den wachsenden Wohlstand des Hauses an.

Links: Thomas Mann im Jahr 1905. Mit den »Buddenbrooks« hatte er sich keine Freunde in Lübeck gemacht.

2

3

4

Links: Das Qualitätsprodukt Lübecker Marzipan findet seinen Markt in der ganzen Welt.

Rechts: Die aus der Rohmasse geformten Produkte müssen trocknen, bevor sie weiterverarbeitet werden.

Marzipan

Thomas Mann nannte es eine »üppige Magenbelastung«. Vermutlich ahnte er nicht, dass Marzipan früher nicht allein als Leckerei, sondern ebenso als Arznei geschätzt wurde. Unter anderem ausgerechnet gegen einen »bösen« Magen, wie ein aus dem Jahr 1571 erhaltenes »Receptum« für eine Karlsbader Kur beweist.
Marzipan als angebliches Heilmittel – das mag damit zu tun haben, dass bis ins 18. Jahrhundert hauptsächlich Apotheker den teuren Zucker verkauften und Konfekt, Marzipan und andere Zuckerwaren herstellten. Kuchenbacken und Zuckerbäckerei galten seinerzeit als »Freie Kunst« und waren damit nicht durch zünftiges Recht privilegiert.
Die Kunst, Marzipan aus Mandeln und Zucker herzustellen, ist über 1000 Jahre alt und stammt aus dem Vorderen Orient, von wo aus sie mit der arabischen Herrschaft nach Spanien und ins übrige Europa gelangte. Dort avancierte Marzipan rasch zur begehrten Nachspeise an fürstlichen Tafeln. Denn nur die Reichen konnten sich wegen der enormen Preise für Zucker derlei kostbare Köstlichkeiten leisten. Erst mit der industriellen Gewinnung von Rübenzucker zu Beginn des 19. Jahrhunderts wurde Marzipan einigermaßen erschwinglich. Zu dieser Zeit beginnt auch die Geschichte Lübecks als »Hauptstadt« des Marzipans. Sie ist eng verbunden mit dem Namen Johann Georg Niederegger, der 1806 die Konditorei am Markt übernahm und wenig später die erste fabrikmäßige Herstellung von Marzipan begann. Damals war Marzipan allerdings noch ein Saisonprodukt, man genehmigte es sich vorwiegend als süßen Festschmaus in der Weihnachtszeit.
Grundstoffe der Marzipanherstellung sind süße Mandeln und Zucker. Im ersten Arbeitsgang wird die sogenannte Marzipanrohmasse hergestellt. Das geschieht heute vollautomatisch: Die meist aus dem Mittelmeerraum stammenden Mandeln werden gereinigt und sortiert, anschließend durch Brühen enthäutet, gewaschen und zusammen mit Zucker (zwei Teile Mandeln, ein Teil Zucker) in mehreren Walzstühlen immer weiter zerkleinert, bis eine pastenartige Masse entsteht. Hinzugefügt werden Rosenwasser oder ähnliche Ingredienzen. Was und wie viel das im Einzelnen ist, bleibt streng gehütetes Geheimnis jedes Herstellers.
Anschließend wird die Rohmasse etwa 45 Minuten auf über 100 Grad erhitzt. Das lässt den Zucker schmelzen, verbessert die Bindung der Mandel-Zucker-Paste, verstärkt das Aroma und macht Marzipan haltbarer (je nach Produkt sechs bis zwölf Monate). Nach dem Abkühlen in speziellen Kesseln verlässt das Rohmarzipan in Blöcken, die 30 bis 40 cm breit und 25 cm hoch sind, die Maschine. Es ist jetzt form- und knetbar – der Veredelungsprozess kann beginnen: Die Rohmasse wird nun mit gesiebtem Puderzucker aufbereitet. Bei Lübecker Marzipan, übrigens eine geschützte Bezeichnung, dürfen maximal 30 Teile Puderzucker auf 70 Teile Rohmasse kommen, bei Edel-Marzipan sind es nur zehn Prozent.
Bis zu 30 Tonnen Marzipan stellt allein der bekannteste Produzent, die Firma Niederegger, täglich her. Mehr als 70 Meter messen die elektronisch gesteuerten Formstraßen, auf denen sich das Marzipan in die verschiedensten Formen und Sorten verwandelt, abgekühlt und schließlich verpackt wird.

Marzipan in 200 Variationen

Weiße Marzipanbrote, mit Kuvertüre überzogene schwarze, in Kakaopulver gewälzte Kartoffeln, Pralinen verschiedenster Art, Pasteten mit Ananas, Himbeere, Erdbeere, Apfel, Aprikose, Kirsche, Ingwer, Walnuss, Haselnuss, Pistazie, Mokka, Cappuccino, Rum oder Rotwein – das ist nur eine kleine Auswahl aus den über 200 Variationen, in denen in Lübeck Marzipanprodukte hergestellt werden. Für jeden Anlass und jede Jahreszeit gibt's passende Motive und Figuren: Glücksschweine und Schornsteinfeger, Ostereier, Häschen und Hühnchen, Mai- und Junikäfer, Dinos und Trolle, Bärchen, Affen, Elefanten. Besonders beliebt ist sogenanntes Vexiermarzipan: täuschend echt aussehende Äpfel, Birnen, Orangen, Pfirsiche, Bananen, Zitronen, Karotten, Tomaten und manches mehr – alles in Originalgröße. Seit alters her gilt Weihnachten als Marzipan-Hochzeit. Also dürfen Schneemänner, Nussknacker, Nikoläuse, Zimtsterne und Engel für den Baum sowie der Marzipanstollen im Angebot nicht fehlen. Ein Augenmerk hat man auch auf die Touristen in Schleswig-Holstein, die Marzipanerinnerungen mit nach Hause nehmen können. Zum Beispiel Seehunde, Seesterne, Aale und andere Fische sowie das berühmte Lübecker Holstentor als Marzipantorte. Auch eine andere traditionelle Sorte wird in Lübeck produziert, das bekannte Marzipan nach Königsberger Art – winzige Marzipansemmeln, extra geflämmt.

1 Mandeln und Zucker durchlaufen mehrere Walzstühle, wobei sie immer weiter zerkleinert werden.

2 Die pastenartige Masse wird in Kupferkesseln verrührt und mit verschiedenen Aromen angereichert.

3 Es gibt über 200 verschiedene Marzipanprodukte. Hier werden die Laibe mit Schokolade überzogen.

4 Fingerfertigkeit und Konzentration sind nötig, wenn man schöne runde Marzipanäpfel rollen will.

Rum

»Fünfzehn Mann auf des toten Mannes Truh, Johoho, und 'ne Buddel voll Rum!« So grölt der Kapitän in »Die Schatzinsel« von Robert Louis Stevenson, und Kapitän Hans Hinrich Pott sang auf seiner Überfahrt von Dänisch-Westindien wahrscheinlich ein ähnliches Lied, während er genüsslich von dem auf dem Schiff mitgeführten Rum probierte. Dieses Getränk muss ihm so sehr gemundet haben, dass er 1848 vor dem Nordertor Flensburgs mit der Rumfabrikation begann. So nahm »Der gute Pott« seinen Anfang.

Als erstes Flensburger Schiff segelte 1755 die »Neptunus« nach Dänisch-Westindien. Die Stadt gehörte seit 1460 zum dänischen Königreich und hatte es bereits zu beträchtlichem Reichtum gebracht. 1755 erlaubte der dänische König seinen Untertanen, sich an dem lukrativen Westindienhandel zu beteiligen und so prosperierte die Stadt weiter: Die Flensburger Flotte verdreifachte sich im 18. Jahrhundert, die Einwohnerzahl stieg beträchtlich an.

Rum war auf den Seglern, die auf den karibischen Inseln Zucker, Tee, Kaffee, Tabak, Baumwolle und Edelhölzer luden, anfangs nur als Beifracht deklariert. Die in der Altstadt ansässigen Branntweinbrenner, von denen es 1794 bereits 150 selbstständige Betriebe gab, machten sich jedoch schnell daran, den noch ungenießbaren »Pure-Rum« in ein beliebtes Getränk zu verwandeln, wobei die Qualität des Flensburger Wassers entscheidend zur Veredelung beitrug.

Der »Pure-Rum« wurde unmittelbar nach der Ernte des Zuckerrohrs auf den karibischen Inseln hergestellt. Die schnelle Verarbeitung des Zuckerrohrs war wichtig, da der Saft leicht verdarb. So wurde das Rohr möglichst noch am Erntetag in die plantageneigenen Zuckermühlen gebracht und dort durch Walzen gedreht. Über eine Rinne gelangte der Saft ins Zuckerhaus, wo er durch Erhitzen eingedickt wurde. Der so entstandene Sirup tropfte durch Fässer, deren Böden mit Löchern perforiert waren, ins Melassebecken. Am Fassboden sammelte sich der braune Rohrzucker.

Die Kolonialherren der britischen Karibikinseln verschifften gewöhnlich die Melasse und destillierten den Rum im Nordosten der heutigen USA. Der diente als wertvolles Tauschmittel: Für Rum bekam man in Afrika Sklaven, die dann wiederum in die Karibik verschifft wurden, wo man sie gegen Melasse tauschte. Das war der sogenannte Dreieckshandel, der enorme wirtschaftliche Bedeutung für die Kolonien hatte.

Der »Pure-Rum«, der nach Flensburg kam, wurde bereits auf den Karibikinseln hergestellt: Melasse, Zuckerschaum sowie die Rückstände vorangegangener Destillationen wurden als Rum-Maische angesetzt und dann destilliert. Das so entstandene Getränk war jedoch nahezu ungenießbar. Das änderte sich erst durch die Überfahrt. Die dauerte damals Monate und in dieser Zeit reifte der Rum in den Fässern aus und entfaltete sein Aroma. Die Kunst der Verfeinerung – der Rumverschnitt entsteht im Wesentlichen durch Zusatz von Wasser, reinem Alkohol und Aromen – war dann die Sache der Flensburger.

1

2

3

4

5

6

1 Eiergrog: Eidotter und Zucker werden schaumig gerührt; dazu kommen ein Gläschen Rum und heißes Wasser.

2 Eisbrecher: Ein Glas wird zu $^2/_3$ mit kochendem Wasser gefüllt. Dazu kommen Zucker, Rotwein und Rum.

3 Pharisäer: Starker, heißer Kaffee wird in eine spezielle Tasse gefüllt. Dazu Zucker, Rum und Schlagsahne.

4 Zitronensprudel, Eis und Rum gehören in den kalten **Anglermuck**, einen guten Sommerdrink.

5 Fünf Zutaten gehören in den **Punsch:** Rum, Zitronen- oder Orangensaft, Zucker, diverse Gewürze und Wein.

6 Teepunch: Schwarzer Tee, Orangen- und Zitronensaft, Gewürze (Nelken, Zimt, Vanilleschote) und natürlich Rum.

Der Pastor und der Pharisäer

»Wer keen Pharisäer drunk, kennt nicht Nordstrand!« – »Wer keinen Pharisäer getrunken hat, kennt Nordstrand nicht«, behaupten die Bewohner der Insel Nordstrand bei Husum und unterhalten ihre Gäste gerne mit der Geschichte, wie die Köstlichkeit mit der luftigen Sahnehaube erfunden wurde:

Im Jahr 1872 fand eine Kindstaufe mit anschließender Feier statt, zu der selbstverständlich auch der Herr Pastor geladen war. Wie damals üblich wurde starker Kaffee mit geschlagener Sahne gereicht, von dem man, um den Gastgeber nicht zu beleidigen, mindestens zehn bis zwölf Tassen trinken musste. Bekannt – und dem Pfarrer ein Dorn im Auge – allerdings war die Trinkfreudigkeit der Nordstrander. Die hätten liebend gerne »etwas Anständiges« getrunken, um das freudige Ereignis gebührend zu begehen. Allein, dem stand die Anwesenheit des hohen geistlichen Herrn entgegen.

Es gab Kaffee, und sonst nichts.

Der Herr Pastor wiederum sah in dieser Feier eine gute Gelegenheit, seinen Schäfchen eine Lektion in Sachen »man kann auch ohne Alkohol fröhlich sein« zu erteilen, und unterhielt seine Gemeinde mit witzigen Anekdötchen – offensichtlich mit gutem Erfolg: Die Gäste wurden zusehends ausgelassener und fröhlicher. Entgangen war dem Mann Gottes allerdings, dass der Gastgeber in der Küche angeordnet hatte, man möge Zucker und Rum in den Kaffee geben und diesen mit einer besonders hohen Sahnehaube abdecken, damit der Pastor den Alkohol nicht rieche. Sorge sei zudem dafür zu tragen, dass der hohe Herr immer nur den richtigen Kaffee und nicht etwa auch ein Tässchen des hochprozentigen Getränks serviert bekomme. Die Gäste genossen dieses Spiel, und die Stimmung wurde immer heiterer, besonders wenn sich vielsagende Blicke der Eingeweihten trafen.

Auch in der Küche wurde die Neukreation ausgiebig getestet, und so kam es schließlich, wie es kommen musste: Der Pastor erhielt einen Hochprozentigen! Er bemerkte den Betrug sofort, sprang auf und rief empört: »Ihr scheinheiliges Volk! Ihr Pharisäer!« Die Geschichte verbreitete sich wie ein Lauffeuer. Und alle wollten die Neuschöpfung probieren. So wurde der »Pharisäer« zum Nationalgetränk der Nordstrander.

Rumtopf

Die Zubereitung dieser hochprozentigen Köstlichkeit dauert einen ganzen Sommer lang, so wie Mutter Natur die Früchte reifen lässt. Für einen gelungenen Rumtopf braucht man neben Geduld ein Gefäß aus Steingut oder glasiertem Ton mit Deckel (gibt es im Fachhandel), Früchte, Zucker und mindestens 40-prozentigen Rum. Da frische Früchte nicht ganz billig sind, lohnt es sich, auch beim Rum nicht zu sparen und beim Kauf auf gute Qualität zu achten.

Für das Ansetzen eines Rumtopfs gilt die einfache Faustregel: Auf 500 Gramm Früchte kommen 250 Gramm Zucker und so viel Rum, dass die Früchte stets bedeckt sind. Da Früchte, die oben schwimmen, schimmeln können, sollte man einen Teller auf die Früchte legen. Während der Rumtopf auf das Reifen neuer Früchte wartet, sollte er kühl, dunkel und zugedeckt stehen. Nach dem Einlegen der letzten Fruchtsorte muss er mindestens noch zwei Monate ziehen.

Die Früchte müssen vollreif, aber noch fest und makellos sein, damit der Rumtopf haltbar bleibt. Rumtopf kann man pur mit halbsteif geschlagener Sahne servieren, er schmeckt aber auch sehr gut zu Vanilleeis, Vanillepudding oder Grießflammeri.

Rechts: Vanillepudding mit Rumtopf

Rum-Terminologie

Pure-Rum: Der in Fässern nach Flensburg verschiffte wasserklare »Pure-Rum« wird seit 100 Jahren vorwiegend aus Jamaika eingeführt. Er ist ein hochprozentiger Branntwein (Typ German-flavoured Rum) von 76 bis 80 Vol.-%, der ausschließlich durch die Gärung und Destillation von Melasse oder Zuckerrohrsaft gewonnen wurde.

Rum-Verschnitt: Wenn Rum Alkohol anderer Art beigemischt wird, muss er die Bezeichnung »Rum-Verschnitt« tragen. Der Rumanteil des im Fertigprodukt enthaltenen Alkohols muss dabei mindestens 5 % betragen, der Mindestalkoholgehalt liegt bei 37,5 Vol.-%. Die Flensburger entwickelten den »Rum-Verschnitt« Ende des 19. Jahrhunderts. Durch die Beimischung von Wasser, reinem Alkohol und Aromastoffen verfeinerten die Hersteller den noch ungenießbaren »Pure-Rum« und entwickelten ihre eigenen Markenprodukte. Was sie jeweils zum Verfeinern zugeben, bleibt streng gehütetes Betriebsgeheimnis.

Original-Rum: »Original-Rum« darf nur ein Erzeugnis genannt werden, das aus dem Ausland eingeführt ist und im Inland keinerlei Veränderungen erfahren hat.

Echter Rum: »Echter Rum« ist ein »Original-Rum«, der im Inland auf Trinkstärke herabgesetzt wurde. Handelt es sich um eine Mischung aus Rum verschiedener Herkunft, so muss ein übergeordneter geografischer Begriff verwendet werden, wie etwa »Echter Übersee-Rum«.

Weißer Rum: »Weißer Rum« ist ein leichter Rum, der in Edelstahltanks gelagert und auf Trinkstärke herabgesetzt wird. Er kommt ungefärbt auf den Markt, im Gegensatz zu den anderen Rumsorten, die ihre braune Färbung durch den Zusatz von Zuckercouleur oder Karamell erhalten.

Hamburg

Stefan Siegert

Für eine Hafenstadt liegt Hamburg ziemlich weitab vom Meer. Über hundert Kilometer flussaufwärts beginnt erst der am Ende fünfzehn Kilometer breite Trichter der Elbmündung. Seine Binnenlage bringt Hamburg doppelte Wasseranbindung: Die Hansestadt mit ihren über 1,7 Millionen Einwohnern, dem einzigartigen Binnensee der gestauten Alster und mehr Wasserstraßen als Venedig liegt zwischen zwei Meeren und war in ihrer Geschichte der Nord- wie der Ostsee gleichermaßen verbunden, wobei sich die Nordsee in der Neuzeit als der dynamischere Verkehrsweg für den Austausch mit der Welt erwies.

Der hat die Hamburger geprägt, seit Kaiser Barbarossa ihnen 1189 die Schifffahrtsprivilegien verlieh. Die freie Reichsstadt wurde 1321 zur Hansestadt, deren Kaufleute es verstanden, ihre Verbindungen zum Welthandelsspitzenplatz London durch die Jahrhunderte so auszubauen, dass Hamburg sich wie keine andere deutsche Stadt an der frühkolonialen Ausbeutung der Welt beteiligen konnte.

Mit Gewürzen und Tee, Kaffee und Tabak kamen auf den Seglern der Ostindienkompanie und auf Hamburger Koggen und Viermastern nicht nur Güter aus aller Welt, sondern auch Kenntnisse von fernen Ländern und Rezepte fremder Küchen. Es schmeckte den Hamburgern, sie wandten sich, nicht zuletzt kulinarisch, der Welt zu, obwohl ihnen der Ruf einer gewissen Steifheit bis heute anhaftet.

Besonders zugeknöpft hat sich Hamburgs Geldaristokratie traditionell der Kultur gegenüber verhalten. So versuchte Lessing am Gänsemarkt vergebens, ein deutsches Nationaltheater zu etablieren, Bach bemühte sich in der Stadt ebenso erfolglos um Anstellung wie der Hamburger Brahms. Allerdings, fürs gute Essen und Trinken hatten Hamburgs Geld leute immer einen offenen Beutel.

»Man kann zu Hamburg englisch, französisch und deutsch speißen«, heißt es in einer alten Lobrede, »im Ganzen speißt man doch immer Hamburgisch.«

Das Hamburgische an der hanseatischen Küche, soll das heißen, ist ihre Weltläufigkeit. Bei so einer Fülle nimmt es wunder, dass originär Hamburger Spezialitäten rar sind. Genau genommen gibt es nur eine Einzige, die berühmte Hamburger Aalsuppe.

Oben: Hamburg trägt seinen Beinamen »Das Tor zur Welt« immer noch zu Recht: Sein Hafen ist der drittgrößte Europas und besonders als Umschlagplatz für Container von Bedeutung für den globalen Handel.

Links: Tee, Tabak, Kaffee, Gewürze – Importgüter, die Hamburg reich machten. Sie wurden früher in der Speicherstadt gestapelt.

Hamburger Fischmarkt

»Dreißig Euro... draaa-iii-ßich-Eurooooooo, Leute!«, schreit es, und alle drehen sich um. »Noch'n Aal und noch'n Aal!« Der kleine alte Mann im schmuddeligen Weißkittel packt Stück für Stück vom Räucherfisch ins Papier auf seiner Linken und brüllt mit einer Stimme, als sei er mindestens zwei Meter größer: »Hier noch zwei Plattfisch' und da« – eine zarte Anspielung auf die aphrodisiakische Wirkung einer Räucherforelle – »ein Potenzbomber – alles für dreißig Euro, draa-iii-ßich-Eurooooooo, Leute!« Die Leute lachen und bleiben stehen. In der ersten Reihe zücken einige ihre Portemonnaies, legen rote und blaue Scheine auf den Tresen und schieben sich dann, in der Plastiktüte Räucherfisch für zwei Monate, weiter durch das Gedränge, das allsonntäglich zwischen fünf und halb zehn Uhr über 100 000 Menschen auf dem Hamburger Fischmarkt verursachen.

Ein paar Meter weiter fliegen Bananen durch die Luft. Neben den Fischverkäufern sind die Männer auf den LKW-Ladeflächen voller Bananenkartons, Ananas- und Orangenkisten die Stars unter den Marktschreiern. Mit ihrem Hochleistungsentertainment drehen sie noch Zitrusallergikern Kisten voller Apfelsinen und Pampelmusen an. Ihre Kundschaft, egal ob aus Seoul oder Helsinki, Rom, San Francisco oder Hamburg-Eimsbüttel, teilt sich exakt in zwei Lager: die Nachtschwärmer und die Frühaufsteher, die einen erkennbar an schiefen Krawatten und abgestürzter Frisur, die anderen am frisch geputzten Morgenblick und den blitzblanken Schuhen. Unterschiede auch im Kaufverhalten: Schleppen die einen schon mal einen Plüschteddybären mit sich herum oder eine veritable Zimmerpalme, trifft man die anderen eher mit Gartenzwerg oder Kaninchen unterm Arm. Leckeren Matjes und geräucherten Steinbutt, Krabbenbrötchen und Lachs gibt's nur noch nebenbei. Alle möglichen anderen Lebensmittel auch. Längst ist der Fischmarkt Touristensache. Man bekommt alles, vom Allzweckputzmittel bis zum Jesus-liebt-Dich-Sweatshirt, von Lammfellschuhen bis zu Wellensittichfutter. Das gibt es zu kaufen ganz oben auf dem ansteigenden Dreieck zwischen den großen alten Backsteinhäusern, dem eigentlichen Fischmarkt, wo die Tierhändler ihre Stände haben, immer dem Hahnenschrei nach.

Genau genommen ist der Hamburger Fischmarkt der Altonaer Fischmarkt, denn er liegt auf dem Gebiet von Altona, das im Unterschied zu Hamburg bis 1938 preußisch war. Noch lange Zeit nach Eröffnung des ersten Fischmarkts 1703 gab es an der Elbe zwei Anleger und zwei Marktplätze. Die Konkurrenz war erbittert bis in die Gründerjahre hinein, als mit dem Wechsel von Seglern zu Fischdampfern und mit der Erfindung der Konservendose Fischfang und Fischhandel einen immensen Aufschwung nahmen. Man ging vom Verhökern der Ware gleich von Bord der Fischkutter über zum Anbieten auf großen Auktionen. Die Fischauktionshalle wurde gebaut, Altonas Fischereihafen avancierte zum Hauptanlegeplatz der deutschen Nord- und Hochseeflotte.

Heute sieht man während des Fischmarkts durch die Fenster der Fischauktionshalle die Unermüdlichen des Clubbings letzte Küsse und Adressen tauschen. Um die Halle herum drängen sich die Schaulustigen zwischen den Budenreihen, mittendrin der kleine alte Mann im weißen Fischverkäuferkittel. »Hier, einen Goldfisch leg' ich euch oben 'auf, einen Goldfisch mit 585er Goldauflage!«, brüllt er und drückt noch einen geräucherten Hering auf einen Haufen Räucheraale. Neben seiner Bude ein offener Container voller Fischköpfe. Oben in der Hamburger Luft kreisen geduldig die Möwen.

Unten, von links nach rechts: Um die Fischauktionshalle drängen sich die Budenreihen. Frühaufsteher und Nachtschwärmer stärken sich hier für den Tag oder nach einer langen durchbummelten Nacht.

Längst geht es am Fischmarkt nicht mehr fleischlos zu. Marktschreier verhökern auch Würste – mit ebenso deftigen Sprüchen wie ihre Kollegen von der Fischfraktion.

Wer hier Geschäfte machen will, muss auch über ein gewisses schauspielerisches Talent verfügen. Denn ohne Show geht nichts auf dem Hamburger Fischmarkt.

Frischer geht's nicht. Das Boot ist Verkaufstheke, Makrelen, Schollen, Sardinen und andere Meereskötlichkeiten wandern direkt in die Taschen der Käufer.

Links: Die Menge staut sich und staunt. Nicht so sehr über die Räucherware, die der Marktschreier anbietet, sondern über seine Sprüche, die nicht immer jugendfrei sind.

Oben: So sah sie früher aus, die Fischauktionshalle am Hamburger Fischmarkt in Altona.

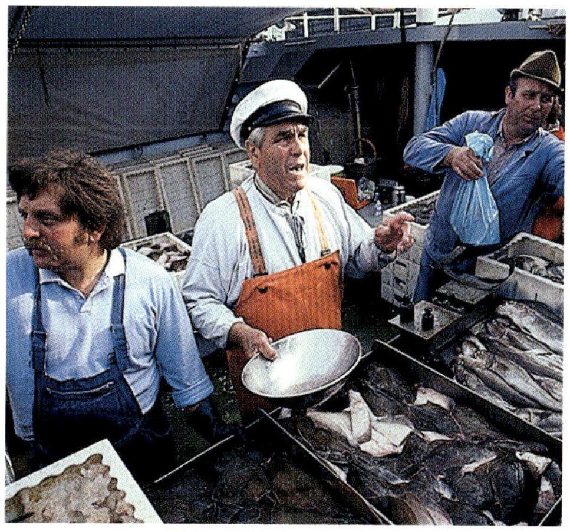

Gutes aus der Ferne

Ob die Israelis sich mit den Arabern vertragen, ob in Ecuador die politische Lage stabil ist oder von aktuellen Umbrüchen erschüttert – kaum ein anderer Bereich ist von der sprichwörtlichen Hamburger Weltoffenheit so unmittelbar betroffen wie der Südfruchthandel. Bananen, Kiwis, Johannisbrot oder Ananas müssen frisch angeboten werden, die Importeure haben keinen Spielraum, und also ist Zeit im Fruchtgeschäft mehr als anderswo Geld.

Die weißen Fruchtdampfer mit den exotischen Namen, die im Hamburger Hafen ein- und auslaufen, sehen darum auch nicht zufällig elegant und schnittig aus im Vergleich zu den massigen Containerfrachtern. Sie sollen ja vor allem schnell sein, die empfindliche Ladung in ihren Kühlräumen muss schließlich in Rekordzeit von anderen Kontinenten nach Hamburg gelangen.

Im Jahr 2007 wurden über den Seeverkehr im Hamburger Hafen 1,2 Millionen Tonnen Obst, Bananen und Zitrusfrüchte importiert. Durch die Importmöglichkeiten gibt es heute alle Obst- und Südfrüchtesorten ganzjährig. Der Unterschied zwischen Himbeeren aus Neuseeland im Dezember und Vierländer Himbeeren im Juni ist allerdings deutlich zu schmecken.

Schon die für den Export einzig wirtschaftliche Massenproduktion – Tomatenstauden, die einst nicht größer als 1,30 Meter waren, messen heute 2,50 Meter und tragen entsprechend mehr Früchte – hat Geschmackseinbußen zur Folge. Darüber hinaus gibt es eigens für den Export gezüchtete Sorten:

Sie müssen besonders haltbar sein, damit sie die lange Reise und die ebenfalls langen Lagerzeiten in Kühlhallen und Supermärkten überstehen. Wer je eine Papaya oder Feige dort gegessen hat, wo sie wächst, wird gern auf jene kleinen, unreifen Großplantagenerzeugnisse verzichten, die bei uns als Papayas oder Feigen angeboten werden.

1

2

3

4

5

6

7

8

9

10

11

12

13

14

Unten: Tropische Früchte sind heute auch bei uns das ganze Jahr über gängige Handelsware. Doch so gut wie im Herkunftsland – hier Malaysia – schmecken sie nicht mehr, wenn sie nach dem langen Transport im Hamburger Hafen und später in den Geschäften landen.

1 **Kiwis** stammen ursprünglich aus Neuseeland. Sie sind reich an Vitamin C.

2 Die **Guave** gehört zu den Exoten, die viel Phosphor und auch Calcium enthalten.

3 Die **Kakipflaume** enthält Vitamin A und C sowie Calcium.

4 Die **Sternfrucht** wächst vor allem auf den Kanarischen Inseln. Sie ist eine Zierde für jedes Dessert.

5 Der **Granatapfel** birgt im Inneren sehr schmackhafte knallrote Kerne.

6 Die **Chirimoya** ist ursprünglich in den Anden zu Hause. Man genießt sie frisch oder als süßen Likör.

7 Die **Kaktusfeige** ist die Frucht des aus Lateinamerika stammenden Opuntienkaktus.

8 Die **Zitrone** wird gern in der Küche benützt, vor allem für Salate und Fischmarinaden.

9 Die **Ananas** hat, wenn reif geerntet, ein unübertrefflich süßes Aroma und ist reich an Vitamin C.

10 Die **Papaya** ist besonders reich an verdauungsfördernden Enzymen (Papain).

11 Hinter der unscheinbaren Schale der **Passionsfrucht** verbirgt sich äußerst schmackhaftes Fruchtfleisch.

12 Die **Mispel** gilt als sehr magenschonende und verdauungsfördernde Frucht.

13 Die wichtigsten Melonenarten sind Wassermelone und die hier abgebildete **Honigmelone**.

14 Die **Physalis** oder Kapstachelbeere ist eine Kirschfrucht und wird mit ihrer pergamentenen Hülle verkauft.

Blatt für Blatt

»Preußischer Adler« hieß der Segler, den der Chronist der Teehandelsgesellschaft G. W. A. Westphal & Sohn 1848 in die Firmengeschichte eintrug: 8065 Kisten duftender Teeblätter hatte er aus Kanton in die Lagerräume der Hamburger Firma gebracht. Es war die Zeit, da der Teekonsum in Deutschland zu steigen begann. Mitte des 17. Jahrhunderts wurde der Tee dort erstmals erwähnt, man konnte ihn als Medizin in Apotheken kaufen. Von 1722 bis 1772 hatte es der aufbrühbare Import, hauptsächlich in Norddeutschland, von einer Sorte auf 60 gebracht. Hauptursache dafür war die 1752 gegründete »Königlich-preußisch-asiatische Handelskompanie zu Emden«, mit deren Hilfe Friedrich II. (1740–1786) noch schnell an den fetten Kolonialkuchen heranzukommen versuchte. Schon vier Jahre später fiel diese preußische Variante der Ostindienkompanie dem Siebenjährigen Krieg zum Opfer. Der Teekonsum in Deutschland aber wuchs. »Sie saßen und tranken am Theetisch und sprachen von Liebe viel. Die Herren waren ästhetisch, die Damen von zartem Gefühl ...«, kommentierte Heinrich Heine die Entwicklung im »Buch der Lieder«.

Bremen und Hamburg waren seit Ende des 18. Jahrhunderts Haupteinfuhr- und Umschlagplätze für Tee in Deutschland. Das hing zusammen mit der Hegemonie Hollands und Englands bei Transport, Anbau und Genuss des Getränks. Solange der Tee überwiegend aus seinem Geburtsland China kam, lag die holländische Ostindienkompanie mit der englischen gleichauf. Doch Holland fiel zurück und verlor den Wettbewerb gänzlich, als England in seiner Kolonie Indien mit dem Anbau chinesischen Saatguts begann, ab 1830 in der Region Assam, nach 1870 auch in Darjeeling. Der Chronist von Westphal & Sohn konnte 1880 vermerken, dass das Gros der Firmenimporte nun aus Indien und Ceylon kam, dem heutigen Sri Lanka.

Verbunden war dieser Import-Umbruch mit einem beginnenden Geschmackswandel von grünem Tee zu schwarzem, denn die Engländer stellten in ihren Kolonien nur noch Schwarztee her. Die Hamburger Teehändler, soeben umgezogen in die neu erbaute Speicherstadt, kompensierten die Veränderung durch Export grüner Sorten in die arabischen Länder. In der Hansestadt selbst war die »Hamburger Mischung« beliebt, die aus grünem und schwarzem Tee bestand.

Die Blattfarbe ergibt sich aus unterschiedlichen Verarbeitungsmethoden. Schwarztee wird nach dem Pflücken gewelkt, gerollt, fermentiert und getrocknet und schließlich nach Blattgrößen sortiert. Die Engländer fügten dem ein Verfahren hinzu, bei dem zwischen Rollen und Fermentieren ein Zerreißen der Blätter und ein Ausschneiden der Blattrippen eingeschaltet wird, was den Tee, er wird als »broken« verkauft, kräftiger macht. Beim grünen Tee, der seit Jahrtausenden überwiegend in China, in geringeren Mengen auch in Japan hergestellt und getrunken wird, entfällt die Fermentierung.

Während man die Blätter in China statt dessen kurz in speziellen Pfannen erhitzt, behandelt man sie in Japan mit heißem Wasserdampf, wobei die in den Blättern enthaltenen Enzyme neutralisiert werden. Neben der grünen Farbe bleiben so Vitamine und Polyphenole erhalten, außerdem das belebende Koffein, was den grünen Tee erfrischender macht als den schwarzen. Trotz Presseberichten über die gesundheitsfördernden Wirkungen des grünen Tees bleibt sein Verbrauch in Deutschland bis heute aber minimal.

Die Firma Westphal & Sohn hat ihre Lagerräume immer noch in der Speicherstadt, obwohl manch einer auch schon geräumigere Hallen am Stadtrand unterhält. Erbaut 1882 bis 1888, wurde die Speicherstadt im Gründerboom nach Hamburgs Zollanschluss ans Kaiserreich binnen 25 Jahren zum »größten zusammenhängenden Lagerhauskomplex der Welt«. Heute wird sie hauptsächlich von Teppichhändlern und Agenturen, von Museen und Galerien sowie von Restaurants und Cafés genutzt. Dort wird der Tee, wenn überhaupt, nur getrunken. Vielleicht mit Genuss. Gewiss aber nicht mehr professionell.

Mehr als 25 Prozent des nach Deutschland importierten Tees kommen aus Indien. Die Ernte ist Handarbeit.

Senatorenmischung – Teegebäck

Buttermürbeteigplätzchen (1, 2)

1,2 kg Mehl
800 g Butter
400 g Puderzucker
1 Päckchen Vanillinzucker
1 Prise Salz
4 Eigelb
2 Eier
abgeriebene Schale von 1 Zitrone
Mehl für die Arbeitsfläche

Das Mehl auf die Arbeitsfläche sieben, in die Mitte eine Mulde drücken, die zimmerwarme Butter in Würfeln zusammen mit den restlichen Zutaten hineingeben und alles rasch zu einem glatten Teig verkneten. Teig zu einer Kugel formen, 30 Minuten im Kühlschrank ruhen lassen und dann auf der bemehlten Arbeitsfläche 5 mm dick ausrollen. Aus einer Hälfte Plätzchen in Herzform, aus der anderen in Blütenform ausstechen. Die Plätzchen im vorgewärmten Backofen bei 200 °C etwa 10 Minuten goldbraun backen.

Füllung für die blütenförmigen Plätzchen (1)

100 g Erdnussfett
100 g Puderzucker
75 ml Zitronensaft

Das Erdnussfett mit dem Puderzucker aufschlagen, nach und nach den Zitronensaft untermischen. Die Hälfte der Blütenplätzchen mit der Zitronencreme bestreichen, die anderen Plätzchen als Deckel darauf setzen. Mit gelbem Fondant überziehen und nach Wunsch garnieren.

Füllung für die herzförmigen Plätzchen (2)

100 g Johannisbeermarmelade

Marmelade durch ein Sieb streichen und auf die Hälfte der Herzplätzchen verteilen. Die anderen Plätzchen als Deckel darauf setzen und mit rosa Fondant überziehen.

Eigelbmakronen (3)

750 g Marzipan
8 Eigelb
150 g Puderzucker
1 Päckchen Vanillinzucker
1 Prise Salz
Läuterzucker zum Glasieren
300 g dunkle Kuvertüre

Marzipan mit einer Gabel gut zerdrücken und mit Eigelb zu einer glatten Masse verarbeiten, nach und nach Puderzucker, Vanillinzucker und Salz untermischen. Die Masse mit dem Spritzbeutel durch eine Lochtülle in kleinen Ringen auf das mit Backpapier ausgelegte Backblech setzen. Im vorgeheizten Backofen bei 260 °C abflämmen und noch heiß mit Läuterzucker glasieren. Die Kuvertüre schmelzen und die Makronen mit der Unterseite zur Hälfte eintauchen. Auf einem Kuchengitter trocknen lassen.

Makronen (4)

500 g Marzipanrohmasse
9 Eiweiß
500 g Zucker
100 g Nugat
100 g Erdnussfett
500 g Vollmilchkuvertüre
Pistazienkerne zum Garnieren

Marzipanrohmasse mit Eiweiß zu einem glatten Teig verarbeiten, dabei nach und nach den Zucker hinzufügen. Den Teig mit einem Spritzbeutel durch eine Lochtülle auf ein mit Backpapier ausgelegtes Blech setzen und im vorgewärmten Backofen bei 180 °C in ca. 10 Minuten hellbraun backen. Die Makronen erkalten lassen. Das Nugat mit dem Erdnussfett leicht schaumig schlagen und mit dem Spritzbeutel einen etwas kleineren Tupfen Nugatmasse auf die Makronen setzen. Die Vollmilchkuvertüre schmelzen und die Makronen damit überziehen. Kurz bevor die Kuvertüre fest wird, jede Makrone mit einer halben Pistazie garnieren.

Teecreme
Für 6 Personen

150 g Sultaninen
1/8 l Rum
4 Blatt Gelatine
4 TL schwarzer Tee
150 ml Milch
1/2 Vanilleschote
100 g Zucker
3 Eigelb
200 g Sahne

Die Sultaninen im Rum einweichen. 3 Blatt Gelatine in etwas kaltem Wasser einweichen. Die Teeblätter mit 1/8 l kochendem Wasser aufgießen, 3 Minuten ziehen lassen, anschließend die Hälfte der Flüssigkeit abnehmen und mit der Milch und der Vanilleschote zum Kochen bringen. Vom Herd nehmen und die Vanilleschote entfernen. Zucker mit Eigelb schaumig schlagen, mit der tropfnassen Gelatine unter die Teemilch rühren und kalt stellen. Sobald die Creme zu gelieren beginnt, die steif geschlagene Sahne unterheben. Die Sultaninen abtropfen lassen und gut die Hälfte davon unter die Masse mischen, wieder kalt stellen. Die restlichen Sultaninen halbieren und auf die erkaltete Creme legen. Den Rum erwärmen und das letzte Blatt Gelatine darin auflösen, über die Sultaninen gießen und bis zum Servieren im Kühlschrank aufbewahren.

Buttersandkekse (5)

400 g Butter
160 g Puderzucker
1 Päckchen Vanillinzucker
1 Prise Salz
abgeriebene Schale von 1 Zitrone
2 Eigelb
1 Ei
500 g Mehl
150 g Aprikosenmarmelade
100 g dunkle Kuvertüre

Die Butter mit dem Puderzucker, Vanillinzucker, Salz und Zitronenschale schaumig schlagen, nach und nach Eigelb, Ei und Mehl einarbeiten. Mit einem Spritzbeutel durch die Sterntülle Teigtropfen auf ein mit Backpapier ausgelegtes Blech spritzen und im vorgeheizten Backofen bei 200 °C ca. 10 Minuten goldbraun backen. Die Kekse erkalten lassen. Die Aprikosenmarmelade durch ein Sieb passieren und die Hälfte der Kekse damit bestreichen, die andere Hälfte als Deckel darauf setzen. Die Kuvertüre schmelzen und die Spitze der Kekse hineintauchen. Auf einem Kuchengitter trocknen lassen.

Trüffel (6)

350 g süße Sahne
850 g Vollmilchkuvertüre
Puderzucker zum Garnieren

Die Sahne zum Kochen bringen. 350 g Kuvertüre in kleine Stücke hacken, unter die Sahne rühren und darin schmelzen. Die Masse erkalten lassen, dann leicht schaumig schlagen und auf Pergamentpapier mit einem Spritzbeutel Stangen spritzen. Die kalten Stangen in 3 cm große Stücke schneiden. Die restliche Kuvertüre schmelzen, die Stücke damit überziehen und vor dem Erkalten in Puderzucker wälzen.

Aalsuppe

Fragt man einen Hamburger nach typisch hanseatischen Gerichten, wird er sich vermutlich am Kopf kratzen, die Stirn runzeln, dann wird ihm Hamburger Aalsuppe einfallen. Das war's auch schon. Aalsuppe ist Hamburgs einzige über die Stadtgrenzen hinaus berühmte Küchenspezialität, gehaltvoll, geschichtsträchtig, aber nicht unumstritten. Im 18. Jahrhundert soll sie eine reine Fischsuppe gewesen sein. Anderslautenden Erwägungen nach kommt ihr Name gar nicht von »Aal« sondern von »all«, hamburgisch für »alles«, was sich auf die Fülle der Zutaten bezieht und den Aal in lauter Fleisch und Gemüse, Obst und Gewürzen einfach untergehen lässt. Aalsuppe ohne Aal, heißt es, sei vorzeiten als »sure Supp« (saure Suppe) aus Schleswig-Holstein nach Hamburg gelangt. Erst die Finkenwerder Fischerfrauen hätten, weil sie eben ewig an Fisch denken und alles mit Fisch machen, Aalstücke in die saure Suppe gelegt. Hamburg hat diese Bereicherung offenbar so begeistert übernommen, dass die Suppe dort seitdem, auch wenn einmal kein Aal da ist, immer noch »verlorene Aalsuppe« heißt.

Die Hamburger streiten sich aber nicht nur über Herkommen und Etymologie der Aalsuppe, sondern auch über ihre Zusammensetzung. So geben einige Küchenhanseaten, über die im Standardrezept vorgesehenen Gemüse hinaus, zwei in dünne Ringe geschnittene kleinere Porreestangen, 300 Gramm gewürfelten Spargel und ein gewürfeltes Stück Steckrübe dazu oder schmecken die Suppe, statt mit Zucker, mit rotem, ungesüßtem Johannisbeersaft ab. Statt grünem Aal als Einlage (200 Gramm pro Person) schmeckt auch geräucherter. Und während man üblicherweise den Aal in der Suppe auf den Tisch bringt, empfiehlt Sophie Charlotte Hommer in der 16. Auflage des »Großen Hamburger Kochbuch für alle Stände«, die grünen Aale nach dem Häuten und Salzen mit warmem Essig zu übergießen, eine Stunde in der Marinade zu lassen und sie nach dem Kochen, mit etwas Brühe übergossen, neben der Suppe zu reichen.

Wie sorgsam und bis ins Detail bedächtig man sich so einer Aalsuppe widmen kann, zeigt Frau Hommer am Beispiel von Gewürzkräutern und Bouillon: »Nachdem man einen guten Teil frischer Petersilie verlesen, mehrmals gewaschen und gut ausgepflückt hat, hackt man sie recht fein, verfährt ebenso mit anderen Kräutern, als Thymian, Majoran, Estragon und Sellerieblätter, gibt die Bouillon durchs Sieb, lässt sie sich absetzen und gießt sie abgeklärt in ein so großes Gefäß, dass die Suppe darin fertig gekocht werden kann.«

Obligatorisch trotz all dieser diversen aalsuppentypischen Variationen sind Schwemmklöße oder Mehlklöße als Einlage. Gewiefte Hausfrauen empfehlen, die Suppe in drei Töpfen zu kochen.

Aalsuppe

Für 6 Personen

1 Schinkenknochen
1 Zwiebel, gespickt mit 1 Lorbeerblatt und 2 Nelken
2 l Fleischbrühe
800 g frischer Aal
Salz
1 Zitrone
200 g Dörrobst (getrocknete Backpflaumen, Apfelringe und Birnen)
je 125 g Möhren, Lauch, Sellerie, Spargel
250 g tiefgekühlte Erbsen
½ Bund gehackte Petersilie
2 EL Butter
4 EL Mehl
Zucker und weißer Pfeffer

Den Schinkenknochen mit der Zwiebel in der Fleischbrühe aufsetzen und ca. 1 ½ Stunden kochen. Den Aal enthäuten, säubern und in mundgerechte Stücke zerteilen. Mit Salz bestreuen, mit der Zitrone beträufeln und ziehen lassen. Das Dörrobst in heißem Wasser 15 Minuten einweichen. Inzwischen das Gemüse putzen und in Würfel schneiden. Den Aal in einen extra Topf legen und mit Fleischbrühe bedecken. Bei kleiner Hitze 10 Minuten ziehen lassen und warm stellen. Dörrobst und Gemüse mit den Erbsen und der Petersilie in die Schinkenbrühe geben und 15 Minuten garen. Dann den Schinkenknochen herausheben, das Fleisch vom Knochen schaben und wieder in die Suppe geben. Butter und Mehl verkneten, die Suppe damit binden und die Aalstücke einlegen. Die Suppe mit Salz, Zucker und Pfeffer abschmecken und mit Schwemmklößchen servieren.

1 Jede Familie hat ihr eigenes Rezept für die Hamburger Aalsuppe, entsprechend variieren auch die Zutaten.

2 Während der Schinkenknochen auskocht, bereitet man den Aal vor und weicht das Dörrobst ein.

3 Die Aalstücke werden mit der Fleischbrühe bedeckt und dürfen nur kurz bei kleiner Hitze gar ziehen.

4 Das vorbereitete Gemüse kommt in die Brühe mit dem Schinkenknochen und wird kurz gegart.

5 Auch das Dörrobst wird mit dem Gemüse weich gekocht, zum Schluss gibt man das abgelöste Fleisch vom Schinkenknochen und den Aal dazu.

Die feine englische Art

Nicht lange her, da gehörten Herren mit Bowler-Hut und Regenschirm zur Normalität in der Hamburger City. Der vornehmste Klub der Stadt schreibt sich mit »C«, man spielt dort Hockey und Tennis, und die Damen der Gesellschaft lieben es bis heute, sich in Faltenröcken mit grün-blau-gelb kariertem Schottenmuster zu zeigen, die Herren in messingbeknöpften Blazern. Die Vorliebe für die feine englische Art hat Tradition in der Hansestadt Hamburg.

In der mächtigen »Merchant Adventures Gilde«, die 1611 ihr Hamburger Kontor eröffnete, wurde sie erstmals offiziell. Über die englischen Handelsverbindungen konnten die Hamburger Kaufleute sich wenigstens teilweise am florierenden Kolonialhandel mit Tee und Seide, Pfeffer und Porzellan beteiligen. Im Biedermeier ließen sich mächtige Hamburger Patrizier wie Caspar Vogt um ihre Häuser an der Elbchaussee herum weitläufige englische Parks anlegen, und Peter Godeffroy, nach dem ein aufwendiges Hamburger Hummerrezept benannt wurde, richtete sein »weißes Haus« im Stadtteil Blankenese mit englischen Chippendale-Möbeln ein. Kein Wunder also, dass diese Anglophilie auch vor Hamburgs Küchen nicht haltmachte. Seit Generationen begegnete man hier Gerichten wie Oxtailsoup oder Roastbeef, Plumpudding oder Hamburger Snack mit besonderer Achtung. Ein Beefsteak »englisch« zu braten, meinte in der Hansestadt schon immer das, was man heute mit dem Begriff »medium« ausdrückt. Unter Beefsteak versteht man in Hamburg übrigens keineswegs nur Filet, sondern gern auch das weniger zarte, dafür aber kräftigere Kluftstück aus der Rinderkeule.

Der Plumpudding hat traditionell seinen großen Auftritt, wenn in der Hansestadt Silvester gefeiert wird. Der schwere Teig besteht aus Rindernierentalg, Semmelbröseln, Mehl, Rosinen und Korinthen, Zucker und Salz, Zitronenschale, Bittermandeln, Muskat und Kardamom, Zimt, Ingwer und Nelken, Eiern, Rum und Sahne. Gekocht wird der Pudding in einer Serviette oder Form. Man serviert ihn mit einer Punschsoße, übergießt ihn ordentlich mit Rum – und zündet ihn an. Mit dieser kräftigen Unterlage kann man nicht nur einem neuen Jahr getrost entgegensehen, sondern auch dem neuen Jahrtausend.

Roastbeef

Für 6 Personen

1 kg Roastbeef
Salz und Pfeffer
3 EL Butter
¹/₄ l Fleischbrühe

Das Fleisch kräftig mit Salz und Pfeffer einreiben. Die Butter erhitzen und das Fleisch rundum anbraten. Dann im vorgeheizten Backofen bei 200 °C etwa 1 Stunde garen. Während der Bratzeit das Fleisch nach und nach mit der Fleischbrühe begießen. Das Roastbeef vor dem Anschneiden gut 5 Minuten ruhen lassen.

Roastbeef

Gediegene Lebensart hat Tradition in der Hansestadt Hamburg, deren Kaufleute zu Großbritannien immer intensive Handelsbeziehungen pflegten und sich auch in Sachen »Lifestyle« an England orientierten.

Das Hamburger Steak – eine traurige Karriere

Das »Hamburger Steak« hat geschafft, was der »Bulette« und dem »Fleischpflanzerl« verwehrt blieb: Es hat weltweit Karriere gemacht. Vielleicht, weil das Hackfleischgericht aus der Hansestadt schon immer ein bisschen vornehmer war als seine Kollegen aus dem Süden und Osten. Nach altem Rezept hergestellt, besteht es aus reinem Beefsteak und Eigelb und enthält keine Sattmacher und Billigprodukte à la »Schrippe«, »Semmel« oder Gehacktes vom Schwein, wie sie Berliner und Bayern beimischen. Rindfleisch begann in Amerika im 19. Jahrhundert wirtschaftlich an Bedeutung zu gewinnen, obwohl es bis in die sechziger Jahre des 20. Jahrhunderts dauern sollte, bis es sich eindeutig den Markt vor dem Schweinefleisch eroberte, das heute nur noch in der Regionalküche der Südstaaten eine wichtige Rolle spielt. Die Rinderzucht im großen Stil begann in den Great Plains, jenem Gebiet, durch das einst Tausende von Bisonherden zogen. Nachdem die Weißen die Bisons ausgerottet hatten, um damit den Indianern die Lebensgrundlage zu entziehen, standen in den Prärien riesige Weideflächen zur Verfügung, die sich ideal für die Rinderhaltung eigneten. Die Fleisch verarbeitende Industrie etablierte sich im Mittleren Westen, Chicago übernahm die Rolle des Schlachthauses der Nation.

Im Mittleren Westen, genauer in Ohio, soll es denn auch gewesen sein, wo der Hamburger geboren wurde. So stellt es auf jeden Fall die Firma McDonald's dar, die es ja wissen muss, weil sie die innigste und lukrativste Beziehung zu dem Hackfleischteilchen unterhält.

Gegen Ende des 19. Jahrhunderts, heißt es, als irgendeinem Imbissverkäufer in Ohio einmal die Würstchen für seine Milchbrötchen ausgegangen waren, geriet das »Hamburger Steak« zwischen zwei Brötchenhälften und blieb dort als »Hamburger« kleben. Bis zum heutigen Tag und weltweit. Fettig, geschmacklos, in Ketchup ersäuft. Nichts mehr von Beefsteak und Eigelb.

Eigentlich eine traurige Karriere. Bulette und Fleischpflanzerl können froh sein, dass ihnen das erspart blieb.

Früchte des Meeres

Hamburgs Hummermeile liegt westlich vom Altonaer Fischmarkt, wo heute nur noch Reste der einst großen Fischverarbeitungs- und Fischhandelsbranche vom Import und Verkauf feinster Meeresfrüchte leben: Kaviar und Austern, Stör, Langusten – und Hummer.
Der Europäische und Amerikanische Hummer, *Homarus gammarus* und *Homarus americanus*, zwei der ältesten Tierarten unserer Zeit, leben vorzugsweise an den zerklüfteten Küsten Nordeuropas, in den isländischen und irischen Gewässern, vor Norwegen und Dänemark, Kanada und den Vereinigten Staaten. Seltener gibt es den Europäischen Hummer auch im Mittelmeer. In Deutschland kommt er infolge Überfischung der Nordsee nur noch selten vor; von Helgoland vertrieben ihn Anfang der Fünfzigerjahre die englischen Übungsbomben, in kleiner Zahl kehrte er inzwischen dorthin zurück.
Zum Vergnügen der Feinschmecker in aller Welt bedarf der Hummer keiner Gräten und Knochen, denn sein Skelett hüllt ihn als Panzer ein. Etwa einmal im Jahr, wenn ihm dieses Schutzkleid zu eng wird, verlässt er es durch eine Gelenkstelle zwischen Hinterleib und Rückenschild. Die neue Schale, die sich bereits unter der alten gebildet hat, dient ihm nun, bis er wieder 15 Prozent größer und 50 Prozent schwerer geworden ist und den Panzer erneut abstoßen muss. Kauft man einen Hummer, der diesen Kleiderwechsel gerade hinter sich hatte, wird man das an der weicheren Schale erkennen, die noch nicht bis in die Spitzen hinein mit Fleisch ausgefüllt ist.

Wer Hummer, um Auseinandersetzungen mit zartfühlenden Familienangehörigen zu vermeiden, frisch gekocht kauft, sollte ihn am Tag vorher bestellen. Auf eigenem Herd bereitet man ihn in reichlich kochendem Salzwasser mit Kümmel oder etwas Dillkraut. Das lebende Tier wird mit dem Kopf zuerst schnell ins sprudelnd heiße Wasser gelegt – niemals tote Hummer kochen: Sie riechen unangenehm, das Fleisch flockt aus und könnte gesundheitsgefährdend sein. Soll der Hummer gegrillt werden, genügen drei Minuten in kochendem Wasser, bis der Panzer rot wird, bevor man ihn unter den Ofengrill oder aufs offene Feuer legt. Soll er im Topf garen, braucht der Europäische Hummer 20 Minuten per 500 Gramm in siedendem Wasser; kanadische und Amerikanische Maine-Hummer lässt man 15 Minuten per 500 Gramm ziehen.
Seit der Mensch Hummer verzehrt, streiten sich die Experten mit Inbrunst: Was schmeckt besser – das Fleisch aus dem Schwanz oder aus den Scheren? Die Entscheidung ist Geschmackssache wie die Beilagen und Soßen. Kalt oder lauwarm schmeckt der Hummer am besten zu selbst gemachter Mayonnaise oder schaumiger Hollandaise mit nicht zu wenig Zitrone. Für Hummer »Godeffroy« bereitet man eine Soße aus in Öl und Butter angebratenen Schalotten und in Scheiben geschnittenen Pilzen sowie Weißwein, frischen Kräutern und Sahne, die mit Speisestärke leicht angedickt und mit in Butter geschwenkten, feingehackten Sardellenfilets verfeinert wird. Die Soße gießt man über das ausgelöste Hummerfleisch und reicht Naturreis dazu.

1 Hummer
2 Meeresschnecken
3 Venusmuscheln (Vongole)
4 Kaisergranaten (Scampi)
5 Kaviar
6 Austern

Kaviar, die Eierspeise der Reichen

Die festen, milden und intensiv aromatischen Kügelchen des russischen Kaviars gelten als Götter(vor)speise. Hamburgs Götter, die reichen Handelsherren und Reeder, haben das seit Jahrhunderten gewusst. Zum Déjeuner oder Gabelfrühstück oder zu kleineren Soupers unter Tage versammelten sie sich bei Schümann oder in Cölln's Austernstuben, nah beim Jungfernstieg, oder im Biedermeier-Restaurant Ehmke am Gänsemarkt. Während die Austernstuben unter dem Namen »Cölln's Restaurant mit den Ratsweinstuben« nach wechselvoller Geschichte inzwischen wiedereröffnet sind, fiel das Ehmke in den Siebzigerjahren einer ignoranten Stadtplanung zum Opfer.
Was die Herren dort zeremoniell und mit Genuss verspeisten, sind die Eier vom Stör. Das klingt profan. »Rogen« schon etwas besser und »Kaviar« am schönsten, weil fremdländisch. Das Wort wurde im 17. Jahrhundert aus dem türkischen »havyar« entlehnt.
Der Stör ist ein spindelförmiger Knochenfisch, der bis zu fünf Meter lang werden kann. Er kommt im Kaspischen Meer und in den Flüssen und Gewässern Sibiriens vor, oder besser gesagt, er kam dort vor, denn Umweltverschmutzung und Überfischung haben ihm nahezu den Garaus gemacht. Sein Fleisch, das als Delikatesse gilt, und vor allem sein Rogen (Kaviar) wurden ihm zum Verhängnis. 1998 wurde er in das Washingtoner Artenschutzabkommen aufgenommen. In Deutschland gilt der Stör als ausgestorben, seit einigen Jahren gibt es aber Initiativen zur Wiedereinbürgerung des Fisches in den Zuflüssen von Nord- und Ostsee.
Unter den rund 25 Störarten sind drei besonders gefragt: der Stör, dessen Namen auf die gesamte Gattung übertragen wurde, und der im Russischen Osjotr heißt. Unter diesem Namen kommt auch sein Rogen auf den Markt: bräunliches Korn von drei Millimetern Durchmesser. Kleiner als der Stör, der ein Gewicht von bis zu 200 Kilogramm erreichen kann, ist der Scherg. Er liefert Sevrjuga-Kaviar: kleines, dunkles Korn, Durchmesser 2,5 Millimeter. Der teuerste Kaviar kommt vom Hausen, dem Giganten unter den Stören. Er kann bis zu neun Meter lang werden und ein Gewicht von 1500 Kilogramm erreichen. Seine hellgrauen Eier sind entsprechend groß und messen drei bis vier Millimeter im Durchmesser. Gleich, welcher Seite man den Vorzug gibt, man sollte die teure Leckerei nicht mit langweiligem Toast verspeisen, sondern mit Blini, den goldgelben, mit Hefe zubereiteten russischen Buchweizenpfannkuchen, die mit warmer Butter bepinselt werden; obenauf der göttliche Kaviar, gebettet auf ein weißes Kissen aus nicht zu saurem Rahm.

3
1
6
4
2
5

Klüten und Pudding

»Hüt Klüt, morgen Fisch, vergnögt gaht wi to Disch« – »Heute Klöße, morgen Fisch, vergnügt gehn wir zu Tisch.« So beschrieb der Hamburger Dichter Gorch Fock in seinem 1913 erschienenen Roman »Seefahrt ist not!« den alltäglichen Speiseplan der Finkenwerder Fischer. Auch die Armen schräg gegenüber auf der anderen Elbseite hatten nicht viel mehr auf dem Tisch. Fisch war damals billig, Anfang des 20. Jahrhunderts wurde er sogar in den Armenhäusern Hamburgs aufgetischt.

Klöße formte man aus Kartoffeln, Mehl oder Grieß unter Zugabe von Wasser und, so vorhanden, Fett oder Ei. Kartoffel- und Fettklöße wurden als Hauptmahlzeit oder als Beilage zum Fisch gegessen; in die Fischsuppen, aber auch in Kompott von Backobst kamen Mehl- oder Schwemmklößchen, in die Flieder- und Bickbeersuppen (Holunder- und Blaubeerensuppen) die Klöße aus Grieß. Im Unterschied zu Mehlklößen bestehen Schwemmklöße aus einem mit Milch angerührten, mit Ei und Muskat komplettierten Brandteig.

Den wohlsituierten Kaufleuten war das natürlich zu frugal. Ihre »Kochmamsells« verarbeiteten Hummer und Austern zu Klößen und salzigen Puddingen oder Krabben zu Kroketten, die als Vorspeisen, Zwischengerichte oder raffinierte Beilagen zu Fleisch oder Wild aufgetragen wurden.

Rauchfleischklößchen

4 altbackene Brötchen
1/8 l heiße Milch
Fett zum Ausbraten
200 g Butter
2 Eier
4 Eigelb
4 EL Mehl
200 g Hamburger Rauchfleisch, in feine Würfel geschnitten
1 Bund gehackte Petersilie
Salz, Pfeffer und Muskatnuss

2 Brötchen in Scheiben schneiden, mit der heißen Milch übergießen und 10 Minuten quellen lassen. Die restlichen Brötchen in kleine Würfel schneiden und in wenig Fett goldbraun rösten. Aus Butter, Eiern, Eigelb, ausgedrückten Brötchen und Mehl einen Teig kneten. Zum Schluss das Rauchfleisch, die Brotwürfel und die Petersilie untermischen und die Masse mit Salz, Pfeffer und gemahlener Muskatnuss würzen. Aus der Masse mit nassen Händen kleine Klöße formen. Die Klöße in kochendes Salzwasser geben und bei kleiner Hitze ca. 15 Minuten gar ziehen lassen. Die Rauchfleischklöße mit brauner Butter und Grünkohl servieren.

Hummerpudding

2 kleine gekochte Hummer
4 Eigelb
100 g Semmelbrösel
150 g Butter
Salz, weißer Pfeffer und Muskatnuss
8 Eiweiß
Butter und Semmelbrösel für die Form

Das Scheren- und Schwanzfleisch der Hummer ausbrechen und fein hacken. Eigelb und Semmelbrösel mit der zimmerwarmen Butter gut verkneten, dann das Hummerfleisch untermischen und mit Salz, Pfeffer und gemahlener Muskatnuss würzen. Das Eiweiß mit 1 Prise Salz sehr steif schlagen und vorsichtig unterheben. Eine verschließbare Puddingform mit Butter ausfetten und mit Semmelbröseln ausstreuen. Die Masse zu gut 3/4 der Höhe in die Form füllen, verschließen und im Wasserbad ca. 1 1/2 Stunden garen. Nach Ende der Garzeit die Form kurz unter kaltem Wasser abschrecken, öffnen und den Hummerpudding auf eine vorgewärmte Platte stürzen.

Granatkroketten

1 Zwiebel, fein gehackt
1 EL Butter
100 g gekochte Kartoffeln vom Vortag
400 g Krabbenfleisch
Salz, weißer Pfeffer und Muskatnuss
1 EL Petersilie, fein gehackt
1 TL Dill, fein gehackt
3 EL Milch
100 g Semmelbrösel
3 Eier
Fett zum Frittieren

Die Zwiebel in der Butter glasig dünsten. Die Kartoffeln durch eine Kartoffelpresse drücken und mit der Zwiebel und dem Krabbenfleisch gut vermischen. Mit Salz, Pfeffer und gemahlener Muskatnuss würzen, die gehackten Kräuter und die Milch unterkneten. Die Masse 15 Minuten ziehen lassen, dann korkenförmige Kroketten daraus formen. Die Kroketten zuerst in Semmelbröseln, dann in den verquirlten Eiern und abschließend wieder in Semmelbröseln wenden. Im heißen Frittierfett portionsweise ca. 4 Minuten rundum goldbraun frittieren. Mit dem Schaumlöffel herausheben und vor dem Auftragen kurz auf Küchenpapier abtropfen lassen.

Rauchfleischklößchen

Scholle und Stint

»Stintfang« und »Bäckerbreitergang«, »Lämmersieth«, »Brodschrangen« und »Caffamacherreihe« – wie wichtig den Hamburgern das Essen ist, merkt man ihren Straßennamen an. Auch die bekanntesten Plätze der Stadt erinnern an Gaumenfreuden: »Gänsemarkt«, »Fischmarkt«, »Hopfenmarkt«.

Auch wenn sie heute nicht mehr am »Stintfang« geangelt oder auf dem »Fischmarkt« verkauft werden, machen Fische noch immer ein Gutteil der Hamburger Speisekarte aus. Die Finkenwerder Scholle wird zwar längst in Kühlwagen aus Dänemark herangefahren, der milde Matjes kommt aus Holland, Dorsche haben den weiten Weg von Grönland oder Island hinter sich, wenn sie in Hamburg ankommen. Sie sind hier freilich immer noch um vieles frischer, als wenn sie nach längerer Weiterreise im Süden und Westen in den Verkaufstruhen liegen.

Auch essbare Elbfische gibt es wieder, denn die Wasserqualität der Elbe erholt sich langsam. So wandern auch die Stinte, bis zu 20 Zentimeter große lachsartige Fische, wieder den Fluss hinauf zu ihren Laichplätzen am Elbeoberlauf, wenn auch längst nicht mehr in so großer Zahl wie früher, als sie in Norddeutschland zur alltäglichen Armeleutekost gehörten. Heute kommt der Stint nur noch in Restbeständen vor und spielt als Speisefisch kaum mehr eine Rolle. In der Sprache hat er sich jedoch gehalten: »Sich freuen wie ein Stint« ist eine alte Redewendung, im Norden Deutschlands werden Angeber gerne als »Stinte« bezeichnet und von jemandem, dem unerwartet Gutes widerfuhr, sagt man: »Er ging ein Stintlein zu angeln und hat einen Lachs gefangen.«

Auch in Hamburg kocht, brät oder grillt man die Meeresbewohner, wobei sich die Hanseaten mit der Finkenwerder Ewerscholle einen Platz in den Kochbüchern erobert haben. Der Plattfisch wird in Mehl gewälzt und im Ganzen in Butter gebraten. Über den Fisch werden reichlich Speckwürfel verteilt, die mit Zwiebeln gebraten wurden. Soll der Fisch besonders saftig sein, kann man ihn mit verquirltem Ei und Mehl oder geriebenem Zwieback panieren. Das entspricht zwar nicht mehr dem Originalrezept, schmeckt aber auch sehr gut.

Fischgerichte bereicherte man im alten Hamburg gern durch feine Soßen, etwa Krabbensoße aus gehacktem Krabbenfleisch, Mehl und Butter, Weißwein, Sahne und einer Schalotte. Oder – heiß über eine Seezunge gegossen eine Köstlichkeit – Kaviarsoße, die man folgendermaßen zubereitet: 75 Gramm Kaviar vorsichtig unter eine Soße aus 125 Gramm schaumig geschlagener Butter und sechs Eidottern heben, die Soße mit zwei Teelöffeln Zitronensaft und etwas Salz abschmecken.

Finkenwerder Scholle

4 frische Schollen, küchenfertig vorbereitet
Salz
Saft von 1 Zitrone
150 g durchwachsener Speck
1 Zwiebel
6 EL Mehl
40 g Butter

Die Schollen waschen, trocken tupfen und salzen. Mit Zitronensaft beträufeln und 10 Minuten ziehen lassen. Inzwischen den Speck in feine Würfel schneiden und die Zwiebel würfeln. Die Schollen nochmals trocken tupfen, in Mehl wenden, überschüssiges Mehl abklopfen. Die Butter in einer großen Pfanne erhitzen. Die Schollen nacheinander auf beiden Seiten goldbraun braten und warm stellen, bis alle Fische fertig gebraten sind. In einer zweiten Pfanne den Speck auslassen. Die Zwiebeln zufügen und beides braten. Die Schollen mit der hellen Seite nach oben auf vorgewärmte Teller legen, den Speck darüber verteilen. Dazu passt Kartoffelsalat.

1 Bei den Zutaten zur Finkenwerder Scholle darf durchwachsener Speck nicht fehlen.

2 Die in Mehl gewendete Scholle wird in zerlassener Butter goldbraun gebraten.

3 In einer anderen Pfanne Speck auslassen und zusammen mit den Zwiebeln braten.

Hamburger Speisekarte – Typisches und Assimiliertes

Schon 1805, also lange Zeit, bevor man zum Griechen, Türken oder ins Steakhaus ging, hieß es über Hamburg: »Restaurateure, Refraichisseure, Schweizer haben sich hier angesiedelt und eingebürgert; Felsenkeller, Eis-, Beefsteak- und Italienerkeller haben sich unter und Chinesische Kaffeesäle über der Erde eröffnet.« Hamburgs Weltoffenheit beschränkte sich aber nicht nur darauf, Fremdländisches anzunehmen. Auch Gerichte, die aller Wahrscheinlichkeit nach von den Nachbarn – aus Holstein, Mecklenburg oder Niedersachsen – kommen, wurden in den Reigen der ortstypischen Gerichte aufgenommen:

Bickbeersuppe mit Klüten: Blaubeeren werden mit Wasser aufgekocht, mit etwas Speisestärke gebunden und mit Grießklößen serviert. Die ebenso zubereitete Holundersuppe heißt in Hamburg Fliedersuppe.

Birnen, Bohnen, Speck: Räucherspeck wird mit Brechbohnen, Bohnenkraut und Bergamottebirnen gekocht; dazu reicht man Salzkartoffeln.

Hamburger Rauchfleisch mit Kohl: Das Rauchfleisch mit kaltem Wasser und Gewürzen ansetzen, grob geschnittenen Weißkohl hinzufügen. Das geschnittene Fleisch richtet man auf dem Kohl an, der mit einer leichten Mehlschwitze gebunden wurde.

Hamburger Stubenküken: Junges Hühnchen aus den Vierlanden, gefüllt mit einer Masse aus Hähnchenleber, gekochtem Schinken, Sahne und Ei. Es wird im Speckmantel im Ofen gegart und mit einer Soße aus Sahne, Weinbrand und Madeira gereicht.

Labskaus: Gekochtes, gepökeltes, grob gehacktes Rindfleisch wird unter gekochte, zerstampfte Salzkartoffeln gezogen. Dazu reicht man Salzgurken und Rote Bete. Das Gericht kann auch mit Stücken von Matjes oder Bismarckhering und einem Spiegelei pro Portion serviert werden.

Plockfinken: Wurzeleintopf mit gewürfeltem Rauchfleisch und einem Schuss Essig, angedickt mit einer Mehlschwitze. Wird mit Fettklößen serviert.

Plumen un Klüten: gekochter, durchwachsener Speck mit Backpflaumen in einer süßsauren, etwas angedickten Soße mit Schwemm- oder Fettklößen.

Quetschmadam: Milchreis mit in Zucker, Zimt und Zitronenschale gekochten Birnen, der mit angedicktem Erdbeersaft serviert wird. Ein altes, typisches Gericht, der Name stammt von der im 18. Jahrhundert neuen Birnensorte »Quisse Madame«.

Snuten un Poten: Schweinsrüssel (Snuten), Schweinspfoten (Poten) und eventuell auch Schweinsohren werden gepökelt und weich gekocht. Dazu serviert man Sauerkraut, Salzkartoffeln und Erbspüree.

Gewürze

Heute findet man in Gewölben, Katakomben und Magazinen der Hamburger Speicherstadt zwar immer noch köstlich duftende Gewürze, aber zunehmend siedeln sich hier auch andere Branchen wie Mode, Medien und Dienstleister an. Die Säcke mit Pfeffer, Thymian und Piment, Curry, Kardamom und anderen Würzstoffen aus fernen Ländern sind zwar hinter den dicken, atmenden Backsteinmauern der alten Lagerhäuser bestens aufgehoben. Aber Transport und Stapelung müssen hier aus Platzgründen von Hand verrichtet werden, und die Kapazität reicht oft nicht aus. So ist die Lagerung in modernen Wellblech- und Eternithallen erheblich billiger, obschon dort leicht einmal eine Partie feucht wird und der Geschmack sich nicht optimal hält. Ein Großteil der jährlich etwa 90 000 Tonnen nach Deutschland importierten Gewürze wird zwar noch im Hamburger Hafen umgeschlagen. Die meisten Säcke, vornehmlich aus Südamerika, dem asiatischen sowie dem Mittelmeerraum, werden aber inzwischen nicht mehr in die Speicherstadt, sondern in die großen Lagerzentren im Hamburger Stadtgebiet gebracht oder gehen gleich an die Abnehmer im Osten und Süden.

Das erste Gewürz, das Geschichte machte, war der Pfeffer. Von ihm ist schon während der Völkerwanderung die Rede. Der Westgotenkönig Alarich forderte bei der Kapitulation Roms im Jahr 410 vor Christus neben 5000 Pfund Gold, 30 000 Pfund Silber, 4000 seidenen Kleidern und 3000 Purpurdecken auch 3000 Pfund schwarzen Pfeffer.

Gewürze waren also bereits in der Antike begehrte Handelsware, die auf unendlich langen und mühevollen Transportwegen von Indien nach Konstantinopel gebracht wurden und dort einen entsprechend hohen Preis erzielten. Der wahre »Hunger« nach Gewürzen brach im christlichen Abendland aber nach den Kreuzzügen aus, durch die der Orient, wie Wolfgang Schivelbusch in »Das Paradies, der Geschmack und die Vernunft« formuliert, »in einem wahrnehmbaren Sinne präsent« in Europa wurde. Seide, Samt, Damast, Teppiche und Gewürze gehörten zu den orientalischen Luxusgegenständen, mit denen die europäische Oberschicht sich damals umgab. Gewürze wurden Statussymbole, hemmungsloses Überwürzen der Speisen kennzeichnet das gesamte hohe Mittelalter. Manche Historiker erklären das Phänomen damit, dass Fleisch wegen mangelnder Kühlmöglichkeiten damals leicht verdarb und man es mit Pfeffer entweder haltbar machte oder scharfe, starke Gewürze benützte, um etwaigen Verwesungsgeschmack zu kaschieren. Diese Theorie ist aber insofern nicht haltbar, als Pfeffer viel zu teuer war, um zur Haltbarmachung eingesetzt zu werden und die Phase der Überwürzung im 17. Jahrhundert aufhörte, ohne dass andere Konservierungsmöglichkeiten gefunden worden wären.

Einleuchtender scheint Schivelbuschs Theorie: Die intensiv-aromatischen Gewürze, besonders der Pfeffer, seien Symbol für eine mit den Kreuzzügen beginnende Aufstockung des bis dato recht »hinterwäldlerischen« mitteleuropäischen Kulturniveaus durch die orientalische Hochkultur. Mit dem Pfeffergenuss entwickelten die Besitzenden erstmals eine feine Zunge – sie kamen auf den guten Geschmack. Und wurden süchtig nach Gewürzen. Pfeffer als Stimulanz, in einer Zeit, in der es noch keine Genussmittel wie Tee, Kaffee, Schokolade oder Zucker gab. Pfeffer als Statussymbol, Staatsgeschenk, Zahlungsmittel. Sucht macht abhängig. Vom Dealer, dem Gewürzhändler, der die Preise in astronomische Höhen schraubte, vom Lieferanten, dem Orient. Sucht macht reich – Venedigs Blütezeit hängt mit dem Gewürzhandel zusammen. Und Sucht macht erfinderisch.

Als sich der Preis des Pfeffers im 15. Jahrhundert fast verdreißigfachte, der Nachschub stagnierte, die Nachfrage aber stieg, suchte man nach Auswegen: nach dem Seeweg nach Indien.

»Wir sind auf der Suche nach Christen und Gewürzen«, schrieb Vasco da Gama, der erste Europäer, der 1498 das Kap der Guten Hoffnung umsegelte. Der Schritt in die Neuzeit war damit getan. Pfeffer, sein Sucht- wie sein Profitpotenzial, hat ihn provoziert. Die Phase des europäischen Kolonialismus, mit all seinen für die Ursprungsländer der begehrten Waren höchst unerfreulichen Begleiterscheinungen, hatte begonnen.

Das Zentrum des Gewürzhandels verlagerte sich nun von Venedig nach Lissabon. Zu Beginn des 17. Jahrhunderts entrissen die Holländer den Portugiesen die Hegemonie im Weltgewürzhandel. Nun diktierte Amsterdam die Preise. Von dort bis Hamburg brauchte ein guter Segler bei günstigem Wind keine zwei Tage.

Das Monopol hatte die »Vereinigte Holländische Kompanie«. Sie machte vor, was monopolistisch heißt, schaltete die Konkurrenz aus, indem sie den Anbau von Muskatnüssen und Gewürznelken nur auf wenigen ihrer Inseln zuließ, und hielt die Preise künstlich hoch, indem sie für die Verbrennung riesiger Mengen Zimt oder Muskatnüsse sorgte. Heute heißen die Zentren des internationalen Gewürzhandels Singapur, New York, Rotterdam und Hamburg; die USA und Deutschland führen den Weltgewürzimport an.

Dabei sind die Deutschen, trotz des in den letzten Jahrzehnten deutlich gewachsenen Interesses für ausländische Zubereitungen und Gerichte, bis heute ihren drei Lieblingsgewürzen treu geblieben: Pfeffer, Paprika und Petersilie. Wollen sie mit Vanille würzen, nehmen sie für gewöhnlich statt des intensiv aromatischen Marks der schwarzen Vanilleschoten aus Mittelamerika immer noch das synthetische Pulver gleichen Namens; und gelüstet es sie nach Zimtgeschmack, greifen sie immer noch mehrheitlich zu ockerfarbenen Zimtpulvern, nicht ahnend, wie viel mehr an Zimtwürze ihnen die getrocknete Rinde des ceylonesischen Kaneelstrauchs bringen würde.

1 Cayennepfeffer wird aus den getrockneten Schoten einer Chilipflanze hergestellt.

2 Der bitterscharfe **Kreuzkümmel** findet vor allem in der asiatischen Küche Verwendung.

3 Anis – wer erinnert sich bei diesem Geruch nicht an vorweihnachtliche Backfreuden?

4 Lorbeer bekränzte früher große Häupter, würzt heute Suppen, Eintöpfe, Marinaden.

5 Currypulver kommt aus Indien. Hauptbestandteil des Mischgewürzes ist Kurkuma (Gelbwurz).

6 Gewürznelken sind die getrockneten Blütenknospen des Gewürznelkenbaums.

7 Sternanis, im Aroma kräftiger als Anis, würzt Kompott, Weihnachtsgebäck und Punsch.

8 Safran, das teuerste aller Gewürze, färbt Suppen, Soßen oder Reisgerichte gelb.

9 Paprika gibt es in verschiedenen Schärfegraden von äußerst mild bis sehr scharf.

10 Kardamom ist Bestandteil des Currypulvers. Zudem würzt es Gebäck und Wurst.

11 Muskatnuss – die Frucht des tropischen Muskatnussbaumes birgt sie als Kern.

12 Muskatblüte (Macis) würzt Brühen, Frikassees, Fleischspeisen und Gebäck.

13 Pfeffer – früher war er Zahlungsmittel und Statussymbol, heute steht er auf jedem Tisch.

14 Piment, die getrockneten Beeren des Pimentbaums würzen Back- und Wurstwaren.

15 Die würzigen **Wacholderbeeren** passen zu Wild, Sauerkraut, Schinkengerichten.

16 Zimt, die Rinde des Zimtbaums, kommt in bester Qualität aus Sri Lanka (Ceylonkaneel).

Bremen

Peter Schulz

APOTHEKE
BEC AM MARKT
RESTAURANT
GEDENKE
DER
BRÜDER
DIE DAS
SCHICKS
UNSEREN
TRENNU
TRAGEN

»Een beten veel un een beten good« – es ist eigentlich ein Paradoxon, dass die Bremer bei ihrem ausgeprägten Hang zur Sparsamkeit gern aus dem Vollen schöpfen, wenn es ums Essen und Trinken geht. »Ein bisschen viel und ein bisschen gut« – ob große Gastereien wie das Schaffermahl, kleine Familienfeiern oder ganz normale Mahlzeiten: Es kommt gehörig etwas auf den Tisch und zwar zu allen Tageszeiten.

In der weltoffenen Seefahrer- und Kaufmannsstadt, Bischofssitz seit 787 und seit 1947 mit Bremerhaven im Zwei-Städte-Staat vereint, ist ein Hang zur gemütlichen Behaglichkeit, verbunden mit der Freude am Genuss, unverkennbar. Die Nähe zum Meer weckte die Liebe zum Fisch, die engen Verbindungen ins ländliche Umfeld den Hang zu rustikalen Gaumenfreuden. Und die Handelskontakte in alle Welt machten die Bremer empfänglich für exotische Köstlichkeiten.

Überhaupt: der Handel. Ihm verdankte die Stadt jenen Wohlstand, der den selbstbewussten Patriziern stets ebenso wichtig war wie ihre Unabhängigkeit.

1404 stellten sie auf dem Marktplatz den steinernen Roland auf, der seither als Wahrzeichen und Symbol ihrer Selbstständigkeit von der »vryheit« kündet, der Freiheit gegenüber Fürsten und Bischöfen.

Dagegen zeigten sich Ratsherren und Kaufleute eher knausrig, wenn es um die schönen Künste ging. Und so machten Maler, Musiker oder Literaten von Rang mangels lebensfroher Landesherrn oder spendabler Kirchenfürsten meist einen weiten Bogen um jene florierende Hafenstadt, in der Ölfässer und Banknoten stets mehr galten als Ölgemälde und Notenblätter. Selbst die märchenhaften Stadtmusikanten haben Bremen bekanntlich nie erreicht …

Und doch haben sie auf bodenständige Weise »Lebens-Art«, diese Bremer, nicht zuletzt wegen ihrer genießerischen Gastlichkeit. Nur hübsch gediegen muss es dabei zugehen. So wie bei den soliden Bremer Kaufleuten, die ihre dunkelblauen Anzüge mit ähnlich ernstem Stolz tragen wie die Überseekapitäne ihre noch dunkelblaueren Uniformen. Besonders gelungene Abschlüsse feiern sie nach wie vor im Ratskeller bei ein paar Flaschen Wein. Nicht überschwänglich, Gott bewahre, sondern in stiller Zufriedenheit. Eben bremisch.

Oben: In der Bremer Innenstadt wurde die historische Uferpromenade der Weser, die Schlachte, in den Neunzigerjahren des letzten Jahrhunderts saniert und lockt seither Flaneure mit vielen gastronomischen Angeboten.

Links: Der steinerne Roland auf dem Marktplatz symbolisiert die Freiheit und Unabhängigkeit der Kaufmannsstadt.

Schaffermahl

Bremer müssen draußen bleiben. So will es das eherne Gesetz des »Hauses Seefahrt«. Wenn alljährlich am zweiten Freitag im Februar mit den Worten »Schaffen, schaffen, unnen un boven – unnen un boven schaffen« nachmittags um drei zum traditionellen »Schaffermahl« zu Tisch gebeten wird, ist die ehrwürdige obere Rathaushalle für Bremer tabu, mögen sie auch noch so bedeutend sein oder sich so fühlen.

»Schaffen« bedeutete in der Sprache der Segelschifffahrer, dass der Smutje die Mahlzeit »beschafft« (angerichtet) hatte, weshalb alle Mann unter und über Deck (»unnen un boven«) zum Essen eilten, sobald dieser Ruf erschallte. »Schaffer« heißen heute jene drei Herren, die das »Schaffermahl« ausrichten, mit anderen Worten: bezahlen. Denn die 300 Anwesenden – nur Männer dürfen den weitläufigen Saal betreten! – sind allesamt ihre Gäste, die sich gleichwohl nicht lumpen lassen und am Schluss der Mahlzeit einen großzügig bemessenen Obolus in ein herumgereichtes Salzfass stecken. Der Erlös wiederum kommt dem »Haus Seefahrt« zugute, jenem Sozialwerk, das bis heute in Not geratene Seeleute und deren Familien unterstützt.

Seit 1545 ist das so, weshalb das Schaffermahl als ältestes Brudermahl der Welt angesehen wird. Eigentlich war es ein Abschiedsessen, das Kaufleute und Reeder für ihre Kapitäne gaben, die nach der Eisschmelze im Frühjahr wieder in See stachen. Zuvor aber wollte man sich bei einem guten Essen beraten, finanzielle und soziale Angelegenheiten regeln – die Seefahrt war ein lebensgefährliches Geschäft – und die Kassenlage der erwähnten Stiftung erörtern.

Kapitäne sind auch heute noch unter den Gästen, zu denen sich aber im Laufe der Zeit mehr und mehr einflussreiche und angesehene Persönlichkeiten aus Politik, Wirtschaft und Kultur gesellt haben. Ihnen wird die Ehre zuteil, eine der begehrten Einladungen zu erhalten – und zwar nur einmal im Leben! Einzig Theodor Heuss ist es gelungen, zweimal am Schaffermahl teilzunehmen: Der Bundespräsident lud sich schlankweg selbst ein, was man dem höchsten Mann im Staate schlecht abschlagen konnte. Zu den Gästen, die Jahr für Jahr im vorgeschriebenen Frack oder in Kapitänsuniform unter den historischen Schiffsmodellen Platz nehmen, die von der Rathausdecke hängen, gehören der Bürgermeister, der nur deshalb eingeladen wird, weil er der »Hausherr« ist, und jene, die schon einmal »geschafft« haben.

Die traditionelle Speisefolge, die an diesem Tag serviert wird, ist absolut nichts für schwache Mägen. Auf die in Form von Neptuns Dreizack angeordnete Tafel mit drei längs gestellten Tischen und einem quer gestellten kommen Gerichte, die einst als »einfache bremische Hausmannskost« bezeichnet wurden – schwer und deftig und von allem reichlich. Das fünfstündige Mahl, regelmäßig unterbrochen von gewichtigen Reden über das Vaterland, über Bremen und die Seefahrt, beginnt mit einer weißen sowie einer braunen Suppe aus Hühnern beziehungsweise Ochsenlenden. Es folgt Stockfisch in derber Senfsoße, wozu nach wie vor braunes Seefahrtsbier in silbernen Humpen kredenzt wird, die von Gast zu Gast wandern. Das dickliche, malzhaltige Gebräu, das einst als Mittel gegen Skorbut während langer Seereisen getrunken wurde, ist heute nicht mehr auf dem Markt. Die Bremer Haake-Beck-Brauerei setzt den eigentümlichen Sud deshalb alljährlich eigens für das Schaffermahl an, das ansonsten von Rot- und Weißwein begleitet wird.

Als nächste Speise haben die Teilnehmer, die Messer und Gabel zwischen den Gängen mit Löschpapier abwischen müssen – vielfaches Besteck galt auf Segelschiffen als Luxus –, Braunkohl mit Rauchfleisch, bremischem Pinkel und Maronen zu bewältigen. Ist das geschafft, wird Kalbsbraten mit gedämpften Äpfeln und Backpflaumen aufgetragen. Den Nachtisch bilden Chester- und Rahmkäse, Zunge und geräucherter Butt, der noch heute nach der Stadt Riga benannt ist, die ihn früher geliefert hat. Früchte und Kaffee folgen, und dann können endlich die langen Tabakspfeifen aus Ton entzündet werden, die man zum Abschluss in eine jetzt im wahrsten Sinne des Wortes geschaffte Männerrunde reicht.

Sind alle Speisen verzehrt – und zwar erst dann! –, dürfen sich die Herren erheben und, zumeist etwas schwerfällig, in die benachbarten Festsäle des Rathauses wandern, wo bereits die Damen der Teilnehmer warten. Nur hier ist die Damenwelt nach alter Sitte zugelassen, und nur hier gibt es dann auch endlich ein anständiges Bier zu trinken.

Edle Tropfen für hohe Herren

So traditionell wie die Speisenfolge des Schaffermahls gestaltet sich alljährlich auch die Auswahl der Weine, die lange vor dem festlichen Ereignis durch die Schaffer vorgenommen wird. Gesucht werden dabei je ein erlesener Rotwein aus Bordeaux, ein Weißwein vom Rhein und ein trockener oder halbtrockener weißer Moselwein. Für die Bremer Weinhändler stellt diese Weinprobe eine besondere Herausforderung dar, dürfen doch die auserwählten »Schafferweine« später unter dieser offiziellen Bezeichnung und mit einem zusätzlichen Etikett versehen in den Handel gebracht werden. Ohnehin sind nur alteingesessene Unternehmen zur Probe zugelassen, die außerdem noch strenge Kriterien zu erfüllen haben. Wer nämlich mit seinem Bordeaux an der Auswahl teilnehmen will, muss den notariellen Nachweis erbringen, seit drei Jahren einen Vorrat von mindestens 2000 Flaschen dieser Lage zu besitzen. Und bei den deutschen Weinen hat es sich um Erzeugerabfüllungen zu handeln, von denen wenigstens 750 Flaschen auf Lager sein müssen. Strenge Sitten also, die jedoch vom Handel bereitwillig akzeptiert werden. Schließlich gilt die Auszeichnung »Schafferwein« als Gütezeichen erster Ordnung, was nicht nur Ansehen bringt, sondern sich auch als außerordentlich verkaufsfördernd erweist!

Schaffermahl zum Nachkochen

Kalbsbraten mit Selleriesalat, Katharinenpflaumen und gedämpften Äpfeln
Für 6 Personen

100 g Backpflaumen mit Stein
8 Nelken
Schale von 1 Zitrone
4 Stangen Zimt
Zucker
2 kleine Knollen Sellerie
Salz
Essig und Rapsöl
Pfeffer
2 Zwiebeln, fein gehackt
4 Äpfel, z. B. Cox Orange
1 l Weißwein
Saft von 1 Zitrone
1 kg Kalbsbraten
Butterschmalz zum Anbraten
einige Kalbsknochen
1 Bund Suppengrün
1 TL Rosmarin
1/4 l Kalbsfond
1 TL Speisestärke
200 g süße Sahne

Die Backpflaumen 2 Tage vorher einweichen. Am nächsten Tag den Sud von den Pflaumen mit den Nelken, Zitronenschale, Zimt und etwas Zucker aufkochen, über die Backpflaumen geben und noch 1 Tag ziehen lassen. Die Sellerie schälen, in Stifte oder Würfel schneiden und in Salzwasser bissfest kochen. Dann abgießen, abtropfen lassen und in Streifen schneiden. Aus Essig, Öl, Salz, Pfeffer und Zucker ein Salatdressing anrühren. Die Selleriestreifen mit den Zwiebeln in eine Salatschüssel geben, mit dem Dressing übergießen und ziehen lassen. Die Äpfel schälen, halbieren und entkernen. Weißwein, Zitronensaft und wenig Zucker aufkochen und die Äpfel darin weich dämpfen. Im Sud erkalten lassen. Den Kalbsbraten mit Salz und Pfeffer einreiben und in Butterschmalz rundum anbraten. Das Fleisch aus dem Bräter heben und die Kalbsknochen sowie das Suppengrün und den Rosmarin im Bratfond anrösten. Etwas Wasser angießen, den Kalbsbraten wieder einlegen und im vorgeheizten Backofen bei 150 °C ca. 40 Minuten garen. Den fertigen Braten aus dem Bräter heben, den Bratensatz mit dem Kalbsfond ablöschen und abseihen. Die Speisestärke mit der Sahne verquirlen, unter den Fond rühren und noch einmal aufkochen. Den Kalbsbraten in gleichmäßige Scheiben aufschneiden und die Soße getrennt dazu reichen.

Rechts oben: Bremer Hühnersuppe

Rechts unten: Stockfisch, Senfsoße und Salzkartoffeln

Unten: Kalbsbraten mit Selleriesalat, Katharinenpflaumen und gedämpften Äpfeln

Bremer Hühnersuppe

1 frisches Suppenhuhn
1 Beinscheibe vom Rind
1 Zwiebel, gespickt mit 1 Lorbeerblatt und 2 Nelken
1 Bund Suppengrün
Salz
3 Eigelb
100 g süße Sahne
2 EL Krebspaste
gekochte Spargelspitzen und grüne Erbsen als Einlage
Pfeffer
Weißwein zum Abschmecken
1 EL gehackte Petersilie

Das Suppenhuhn waschen und mit der Beinscheibe, der gespickten Zwiebel und dem Suppengrün in 2 l leicht gesalzenem Wasser aufsetzen, zum Kochen bringen und ca. 1 ½ Stunden zugedeckt köcheln lassen. Nach Ende der Garzeit das Huhn aus der Brühe heben und die Brühe abseihen. Die Hühnerbrust auslösen, die Haut entfernen und das Fleisch in Würfel schneiden. Das Eigelb mit der Sahne verquirlen und mit der Krebspaste in die Hühnerbrühe rühren. Die Spargelspitzen, die grünen Erbsen und die Hühnerfleischwürfel in der Suppe erhitzen, nicht mehr kochen. Mit Salz, Pfeffer und Weißwein abschmecken und vor dem Servieren mit der gehackten Petersilie bestreuen.

Stockfisch, Senfsoße und Salzkartoffeln

400 g Stockfisch
Fischgräten und -abfälle für den Sud
1 Bund Suppengrün
2 Lorbeerblätter
Salz und Pfeffer
5 Pimentkörner
1 Stange Lauch, in feine Streifen geschnitten
2 EL Mehl
15 g Butter
2 EL Senf
200 g süße Sahne

Den Stockfisch 36 Stunden wässern und filetieren. 1 ½ l Wasser mit Fischgräten und -abfällen, Suppengrün, Lorbeerblättern, Salz, Pfeffer und Pimentkörnern zum Kochen bringen und zugedeckt ½ Stunde kochen. Dann den Sud abseihen. Den Fisch in Streifen schneiden und mit dem Lauch in 1 l Sud gar dämpfen. Inzwischen für die Senfsoße das Mehl in der Butter anschwitzen, den restlichen Fischsud unterrühren und 10 Minuten köcheln. Mit Senf, Salz und Pfeffer abschmecken. Die Sahne halbsteif schlagen und unter die Soße ziehen. Getrennt zum Fisch reichen, als Beilage Salzkartoffeln servieren.

Der Bremer Ratskeller

Bundeskanzler Konrad Adenauer lobte: »Janz ausjezeichnet, der Assmannshäuser!«, und Bundespräsident Theodor Heuss zeigte sich nicht minder begeistert: Auch sein spezieller Wunsch (»Habet Se auch e Württemberger Weinle?«) konnte im Handumdrehen erfüllt werden.

Ob vom Main oder von der Mosel, vom Rhein oder von der Saale – weit über 1000 verschiedene deutsche Weine ruhen im Bremer Ratskeller, weshalb Kellermeister Karl-Josef Krötz auch bei ausgefallenen Bestellungen gelassen bleibt. Er kann seinen Gästen die umfangreichste Weinkarte Deutschlands präsentieren; eine üppige Fülle, vor der schon so mancher Besucher der Bremer »Unterwelt« kapitulieren musste.

Deren Herzstück ist die 1405 beim Bau des Rathauses entstandene große Halle mit ihren imponierenden Fässern, in deren Schatten es sich so gemütlich an langen Holztischen sitzen und ein paar Schoppen Wein genießen lässt. Dazu knabbert man »Steckrüben«, einen Snack aus Salzstangen und jungem Goudakäse in Riegeln. Die Ratsherren hatten den Keller, der im 17. Jahrhundert durch den »Bacchuskeller« erweitert wurde, in weiser Voraussicht anlegen lassen: Das städtische Weinmonopol garantierte erkleckliche Einnahmen. Und weil die geschätzten Weine von Rhein und Mosel über Jahrhunderte nur hier ausgeschenkt werden durften, flossen die Abgaben ebenso reichlich wie der Rebensaft.

Noch heute ist der Ratskeller mitsamt dem Weinhandel in städtischem Besitz. Die Gastronomie dagegen wurde einem privaten Unternehmen übertragen, das sich freilich an gleich zwei »eherne Gesetze« zu halten hat: Im »köstlichen und angenehmen Fundament des Bremer Rathauses« – so Matthäus Merian 1650 in seiner Städtechronik – ist schnödes Bier schlichtweg verpönt. Die zweite, die »goldene Regel«, aber gebietet, dass im Ratskeller ausschließlich Weine aus deutschen Anbaugebieten serviert werden dürfen!

Wer also nach einem Bordeaux fragt, wird bitter enttäuscht, obwohl feine französische Sorten schon seit dem 17. Jahrhundert über Bremen in deutsche Karaffen fließen. Damals nahmen die bremischen Weinimporteure den Handel nach Bordeaux auf und begründeten so ihre führende Marktposition, die sie bis in unsere Tage gehalten haben: Bremen ist der Stammsitz vieler renommierter Weinhäuser. Wen es jedoch nach einem saftigen Mosel, einem erdigen Franken oder beerigen Württemberger gelüstet, der ist im Ratskeller an der richtigen Stelle. Und angesichts des beinahe verwirrenden Reichtums der »großen Weinkarte« muss es ja nicht gleich der 1727er Rüdesheimer Apostelwein sein, einer der ältesten noch trinkbaren Flaschenweine der Welt. Zu den ältesten und größten Schätzen des Ratskellers gehören außerdem Fassweine, die im Rosekeller lagern. In diesem Keller, benannt nach der Blume, wurden seit jeher besondere Weine aufbewahrt. Hier liegen die ältesten deutschen Weine in Fässern: ein Rüdesheimer von 1653 und auch zwei Moselweine von 1732 und 1731. Genießbar sind diese Weine mit ihrer stark hervortretenden Säure und dem an einen eleganten Madeira erinnernden Duft nämlich schon lange nicht mehr. Unbezahlbar sind sie außerdem: Schätzungen aus den Fünfzigerjahren ergaben, dass jeder Tropfen mit Zins und Zinseszins umgerechnet über 20 000 Euro kosten müsste.

Diese Kostbarkeiten ruhen im Rosekeller und im Apostelkeller, die Besuchern lediglich während offizieller Führungen geöffnet werden. Einen neugierigen Blick kann man hingegen stets in den dreischiffigen Bacchuskeller werfen, wo eine dralle Götterstatue sichtlich vergnügt auf einem mächtigen, reich verzierten Weinfass reitet.

Während der Bacchus- und der Hauffkeller nur dann bewirtschaftet werden, wenn sich größere Gesellschaften angesagt haben, wartet in den kleinen Logen am Rande der großen Halle jederzeit ein unverfälschtes Ratskellererlebnis. Diese lauschigen Nischen mit dem drolligen Namen »Priölken« (»Lauben«) werden gern für vertrauliche Gespräche benutzt, verfügen sie doch über verschließbare Türen. Allerdings sind sie alles andere als heimelige Liebeslauben! Der Oberkellner achtet mit gespielt strenger Miene unerbittlich darauf, dass die Tür offen bleibt, falls sich nur zwei Personen im Priölken aufhalten.

Und noch etwas muss der Gast wissen, der unter den mächtigen Rundbögen des Gewölbes Platz nimmt: Entgegen landläufiger Auffassung ergibt die Abfolge »Wein, Weib und Gesang« hier keinen harmonischen Dreiklang. Wer ein weinseliges Lied anstimmt, wird naserümpfend betrachtet, wenn nicht gar barsch zur Ordnung gerufen. Denn im Ratskeller herrschen selbst im Überschwang hanseatische Bedächtigkeit und sinnige Solidität vor, jene typischen Charakterzüge der Bremer, die nur einmal im Jahr außer Kraft gesetzt werden, nämlich in der zweiten Oktoberhälfte, wenn der »Freimarkt« stattfindet, der Kölner Karneval und Oktoberfest auf norddeutsche Art vereint.

Bacchus kann gut fröhlich sein: Im Bremer Ratskeller geht der Vorrat an Wein so schnell nicht aus. Ansonsten geht es hier nicht bacchantisch zu; selbst im Überschwang herrscht hanseatische Bedächtigkeit vor.

Kellerpoeten

Der Ratskeller hat seit Jahrhunderten Poeten, Maler und Musiker angezogen, die im Dämmerlicht der mächtigen Gewölbe zechten, zeichneten und philosophierten. Ob Fontane, Slevogt oder Brahms – sie und viele andere schätzten die Weine, rühmten das Ambiente und schwärmten über das besondere Flair der historischen Hallen, denen der unglücklich verliebte Wilhelm Hauff mit den »Phantasien im Bremer Ratskeller« das schönste literarische Denkmal gesetzt hat. Weil er das Herz der reizenden Bremerin Josephe Stolberg nicht gewinnen konnte, schrieb sich der junge Schwabe 1826 in Katerstimmung mit diesem weinseligen Märchen den Liebeskummer von der Seele. Dem Ratskeller, dessen Köstlichkeiten er ausgiebig genossen hatte, widmete Hauff die Zeilen: »Von allen Schlössern dieser Zeit lob ich ein Schloss zu Bremen, in seinen Hallen hoch und weit darf sich kein Kaiser schämen.« Nahezu hymnisch mutet auch das Gedicht »Im Hafen« aus dem Zyklus »Buch der Lieder« von Heinrich Heine an, das mit den Worten beginnt: »Glücklich der Mann, der den Hafen erreicht hat, und hinter sich ließ das Meer und die Stürme. Und jetzo warm und ruhig sitzt im guten Ratskeller zu Bremen.«
Dass es nicht allein bei Schwärmereien blieb, machte Friedrich Engels 1839 in einem Brief an seinen Freund Wilhelm Graeber deutlich, in dem er sich als »oberster Poet im Bremer Ratskeller und privilegierter Zecher« rühmte und ein paar Zeilen später bekannte: »Vorgestern Abend hatte ich große Knüllität im Weinkeller mit zwei Flaschen Bier und zweieinhalb Flaschen Rüdesheimer 1794er.«
Keineswegs ein Kostverächter war auch Joachim Ringelnatz. Er schrieb 1924 im Ratskeller einen seiner »Reisebriefe«. Die Hommage an Bremen beginnt so: »Hier gelt ich nix, und würde gern was gelten, denn diese Stadt ist echt, und echt ist selten.«

Stubenküken

Zart und federleicht soll es schmecken, das »Bremer Stubenkükenragout«, seit Generationen eine Leib- und Magenspeise an der Weser. Und deshalb galt das feine Fleisch junger »Küchlein« bei vornehmen Bremer wie Hamburger Hausfrauen als ideale Basis für ein Gericht, das in gleichem Maße nach »Citrone, Castanie und Krebsbutter« verlangte, wie es in einem bald 200 Jahre alten Rezept heißt.
Doch mit den »Stubenküken« im Ragout ist das so eine Sache: Es wird überliefert, dass es auf den Bauernhöfen im Bremer Umland den Großmüttern zukam, die kleinen Federbälle im Frühjahr in einer Kiste am warmen Ofen aufzupäppeln – in der Stube eben. Und weil das nicht immer klappte, nahm man damals wie heute durchaus mit filetierter Hühnerbrust vorlieb, um das »Ragout von Kiken« zu kochen. Als unentbehrlich wurden dagegen »Midder« (Kälbermilch) sowie eine gehaltvolle Brühe angesehen, zubereitet aus magerem Rindfleisch, Ochsenuntermund und -gaumen, Schweinsohren und -zungen. Auch so feine und teure Gemüse wie Artischocken und Spargel sowie »2 Loth Pingeln«, also 100 Gramm Pistazienkerne, standen auf der traditionellen Zutatenliste. Heute findet man im »Bremer Kükenragout« schon auch mal Cocktailwürstchen – Gourmets beklagen das als einen unverzeihlichen Stilbruch. Stilecht hingegen ist feines Blätterteiggebäck in der Form kleiner Halbmonde.

Curryhuhn

1 frisches Brathähnchen
2 EL Sojaöl
100 g Joghurt
100 g saure Sahne
200 ml Kokosmilch
Salz
1 EL gemahlener Kreuzkümmel
1 EL Curry
1 TL rote Chilischoten, fein gehackt
1 Knoblauchzehe, fein gehackt
½ Bund Petersilie oder Koriander, fein gehackt

Das Huhn innen und außen waschen, trocken tupfen und in 8 Teile zerlegen. In Öl von allen Seiten gut anbraten. Den Joghurt, die saure Sahne und die Kokosmilch mit den Gewürzen verrühren und über die Hühnerteile gießen. Das Huhn zugedeckt bei kleiner Hitze ca. ½ Stunde köcheln. Vor dem Servieren mit Petersilie oder Koriander bestreuen. Dazu serviert man Reis.

Bremer Kükenragout

2 Stubenküken à 600 g
1 Kalbszunge
1 Zwiebel
1 Bund Suppengrün
Salz
1 Kalbsbries
8 Klößchen aus Kalbsbrät
150 g kleine Champignons
250 g Spargelspitzen
3 EL Butter
2 EL Mehl
¼ l trockener Weißwein
Zitronensaft
1 Prise Zucker
Salz und Pfeffer
100 g Sahne
2 Eigelb

Die Stubenküken und die Kalbszunge waschen. Die Zunge mit der Zwiebel und dem Suppengrün in Salzwasser ca. 20 Minuten kochen, dann die Küken und das Kalbsbries hinzufügen und weitere 40 Minuten garen. Nach Ende der Garzeit die Zunge, die Küken und das Bries herausnehmen und etwas abkühlen lassen, die Brühe abseihen. Die Zunge enthäuten, das Kükenfleisch von den Knochen lösen und die Haut entfernen. Das Bries enthäuten, Zunge und Kükenfleisch und Bries in Würfel schneiden. Die Klößchen in der Brühe gar ziehen lassen. Das Gemüse putzen. Die Butter zerlassen, das Mehl darin anschwitzen und 600 ml Brühe angießen. Zum Kochen bringen und das Gemüse in der Soße garen. Die Zunge und das Kükenfleisch zugeben und mit Weißwein, Zitronensaft, Zucker, Salz und Pfeffer abschmecken. Die Sahne mit dem Eigelb verquirlen und die Soße damit binden.

Bremer Speisekarte

Braunkohl und Pinkel: An den Sonnabenden zwischen Bußtag und Frühlingsanfang bevölkern Gruppen von Menschen, die offensichtlich wild entschlossen sind, sich zu amüsieren, den Bremer Hauptbahnhof. Ihr Erkennungszeichen: Kohlstrunk am Hut und Schnapsglas um den Hals. Ihr Ziel: eine Gaststätte im Umland, wo nach einem gehörigen Fußmarsch beinahe ungehörig große Portionen des Nationalgerichtes Braunkohl und Pinkel (Grützwurst) verzehrt werden. Wohlgemerkt, Braunkohl. Grünkohl essen Oldenburger und Hamburger.
Bremer Klaben oder Kloben: Dieses besonders schwere Gebäck, das Rosinen, viel Butter, Mandeln und Zitronat enthält, beherrscht im Winter die Kaffeetafel.
Butterkuchen: Er ist das Lieblingsgebäck der Bremer – ein Hefekuchen mit besonders viel Butter, der mit einer Mischung aus Sahne, Butter und gehackten Mandeln bestrichen wird.
Currygerichte: Die Verwendung von Curry zu Huhn-, Enten- oder Rindfleischgerichten wurde durch seefahrende Kaufleute in Bremen verbreitet.
Gedünsteter Schellfisch: Der Fisch wird in einer stark gebundenen Senfsoße mit Salzkartoffeln serviert.
Granat: Frische Krabben, die man am besten selbst pult und dann auf gebuttertes Schwarzbrot schichtet. Darauf kommt ein Spiegelei. Hedwigs oder Heißwecken: Die reichlich mit Rosinen bestückten Hefebrötchen werden ausgehöhlt, mit einem Stück Butter gefüllt und mit heißer Milch übergossen.
Knipp: Ein Gericht, das aus purer Not entstand. Arme Torfbauern verlängerten durchgedrehtes Schweinefleisch mit Hafergrütze und brieten die gut gewürzte und extrem fetthaltige Mischung in der Pfanne scharf an. Dazu passen Bratkartoffeln und Salzgurken. Danach ist ein Korn Pflicht.
Rote Grütze: Traditioneller Nachtisch, der in Bremen aus Himbeeren, Johannisbeeren, Kirschen und Erdbeeren zubereitet und mit dicker Vanillesoße serviert wird.
Stinte: Die etwa eine Handspanne kleinen Fische, die früher Armeleuteessen waren (siehe Seite 165), werden in Roggenmehl gewälzt und in Butter gebraten. Dazu gibt es grünen Salat und Kartoffeln.

Curryhuhn

Links: Blick in den Topf, in dem Zunge, Suppengrün, Küken und Kalbsbries garen. Wer das Original will, sollte das Bremer Kükenragout mit Blätterteighalbmonden garnieren.

Unten: Bremer Kükenragout

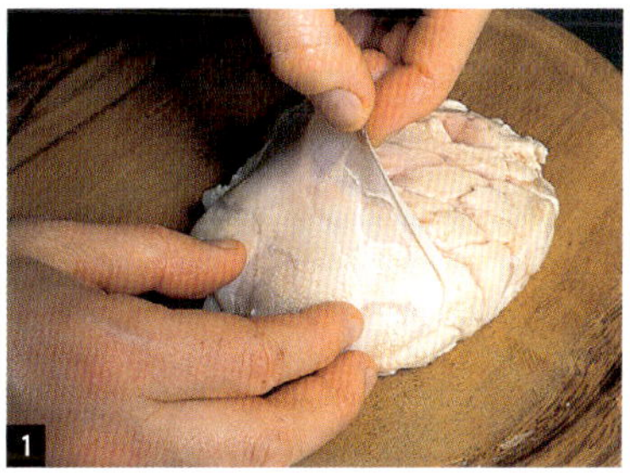

1 Neben der Kalbszunge und Klößchen aus Kalbsbrät gehört auch ein Kalbsbries ins Bremer Kükenragout.

2 Nachdem man die durchsichtige Haut entfernt hat, schneidet man das Bries in Scheiben und würfelt es.

3 Die Kalbsbrätklöße ziehen in der Fleischbrühe gar, wo zuvor Stubenküken und Zunge gegart wurden.

4 Um die Soße herzustellen, wird zunächst die Butter zerlassen und darin dann das Mehl angeschwitzt.

5 Unter ständigem Rühren wird die Fleischbrühe angegossen, sonst entstehen Mehlklumpen.

6 Ein Schuss Weißwein verfeinert die Soße, die zum Schluss mit Zitronensaft, Zucker, Salz und Pfeffer abgeschmeckt wird.

Frisch serviert ist Matjes ein Genuss. In Norddeutschland isst man gern Schwarzbrot dazu.

Matjes

Silbrig glänzend, gut eine Handspanne lang, mit butterzartem, aber keinesfalls rötlichem Fleisch an der Gräte – so muss er aussehen, der junge, noch nicht geschlechtsreife Hering, wenn er ein rechter Matjes sein will. Seine Fettreserven dürfen noch nicht in der Produktion von Milch und Rogen aufgegangen sein, seine Filets müssen mindestens 16 Prozent Fett enthalten, sein Geruch sollte allenfalls einen Hauch von Salz und Meer aufweisen.

Matjes – der Name stammt aus Holland, wo die maritime Gaumenfreude auch »erfunden« wurde. Die Spezialität beruht auf der Methode des »Kehlens« frisch gefangener Heringe, denen durch den Kehlschnitt unterhalb der Kiemen die Eingeweide entfernt werden. Lediglich die Bauchspeicheldrüse wird im Fisch belassen. Deren Fermente in Kombination mit wenig Salz bewirken innerhalb einiger Tage die Reifung des Herings zum Matjes.

Holländische Fischer brachten den Matjes im 18. Jahrhundert nach Deutschland; Emden und Glückstadt, aber vor allem Bremen-Vegesack wurden zu den bedeutendsten Anlande- und Handelsplätzen für den Hering. Vegesack war vor einem Vierteljahrhundert, als die Fanggründe in der nahen südlichen Nordsee die mühevolle Arbeit noch lohnten, der Heimathafen für die meisten deutschen Logger, also die Heringskutter, deren Besatzung »Logger-Jantjes« genannt wurde. Heute wird der Hering vor allem bei den Shetlandinseln und vor Norwegen gefischt, gut ausgerüstete Heringsfänger aus Holland haben angesichts der EU-Fangquoten die Marktführerschaft übernommen.

Geändert haben sich auch die Erwartungen der Verbraucher hinsichtlich eines delikaten Matjes, den der Handel meist als Doppelfilet anbietet. Denn während die Heringsfilets früher in Fässern mit Salz mindestens 35 Tage reifen (»harte Salzung«) und anschließend vor dem Genuss gewässert werden mussten, wird jetzt nach dem »Kehlen« die »leichte Salzung« bevorzugt. Und noch etwas ist anders: Heute muss der Matjes mindestens 24 Stunden lang bei minus 20 Grad gefrostet werden, um eventuell im Fischfleisch vorhandene Parasiten, die Nematoden, abzutöten. Matjes sollte also wenige Stunden nach dem Kauf serviert und allerhöchstens einen Tag im Kühlschrank aufbewahrt werden.

Geblieben ist indes der hohe Anteil an mehrfach ungesättigten Fettsäuren im Matjes, die sich positiv auf degenerative Krankheiten wie Arthritis und Arteriosklerose, Bluthochdruck und Herzerkrankungen auswirken. Kaum ein anderer Fisch ist derart reich an Omega-3-Fettsäuren wie der Hering, weshalb man durchaus sagen kann: Matjes schützt vor Herzinfarkt!

Luxusfrühstück an Bord

Im Jahre 1883 fuhr der Journalist und Korrespondent der »National Zeitung« Paul Lindau mit dem Lloyddampfer »Elbe« von Bremen nach New York. Er reiste nicht wie jene 904 »unglücklichen Insassen des Zwischendecks«, er war Kajütenpassagier und kam entsprechend in den Genuss opulenter Menüs.

»Um zwölf Uhr ruft uns der Tamtam zur ersten Mahlzeit. Wir merken nun auch an der Terminologie, dass wir die Heimat verlassen haben; denn das, was man bei uns zulande schlechtweg Frühstück nennt, heißt jetzt Lunch. Dass die Beköstigung auf den Dampfern in der ersten Kajüte eine ganz vorzügliche ist, ist in den weitesten Kreisen bekannt, und es wäre ein schreiendes Unrecht, gegen die ausgezeichnete Qualität der Speisen auch nur ein Wort leisesten Tadels vorzubringen. Die Zusammensetzung erscheint mir indessen, wie ich in aller Schüchternheit bemerken möchte, bisweilen etwas gewagt. Als Karlsbader Nachkur würde ich den Lunch an Bord der ›Elbe‹ kaum anraten können. Das Menü weist gewöhnlich folgende Schüsseln auf: Lachs, Hummer, Neunaugen, Spickaal, Gurkensalat, frische Blut- und Leberwurst, dazu als warme Speise: Sauerkraut und Erbsen mit Schweinsfüßen und ähnliche Leckerbissen für Magenkranke. Aber noch sind wir auf dem Süßwasser, wir sind alle bei bestem Appetit, das Schiff geht so ruhig, dass wir kaum wahrnehmen können, ob wir stehen oder gehen; es ist so vollkommen gelüftet, dass unsere Nase von dem unbeschreiblich widerlichen Geruch, der uns später so lästig werden sollte, noch nicht beleidigt wird.«

(Aus: Paul Lindau, Aus der Neuen Welt, 1884)

Smutje tischt auf

Joachim Ringelnatz, geistiger Vater des Seemanns »Kuddel Daddeldu«, kannte sich aus auf hoher See. »Ein harter Beruf in der Segelschifffahrt, und doch eine ehrliche Sache«, schrieb der einstige Fahrensmann, der 1924 die Genüsse des Bremer Ratskellers wie der dazugehörigen Küche (»Bin faul und mäste mich«) zu schätzen lernte; einer Küche, die eine enge Verwandtschaft zur traditionellen Seefahrtskost aufweist.

Und die musste vor allem nahrhaft und deftig sein, machte doch die schwere Arbeit im rauen Meeresklima hungrig. Da hatte der Schiffskoch schon was Handfestes auf die fest verschraubten Tische in der Mannschaftsmesse zu bringen, was den Smutje freilich oft heftiger ins Wanken brachte als der Seegang. Die frischen Lebensmittel, vor dem Ablegen im Hafen »gebunkert«, waren nämlich rasch verbraucht oder mangels Kühlung bald verdorben. Was in der Kombüse während der oft monatelangen Ozeanpassagen an Vorräten zur Verfügung stand, waren meist Speck, Stockfisch oder Fässer mit Pökelfleisch – allesamt zwar gehaltvolle, aber allein nur begrenzt genießbare Naturalien.

Doch als klein geschnittenes Pökelfleisch, durch Unmengen Salz haltbar gemacht, mit gestampften Kartoffeln und Fischstücken vermischt wurde, dampfte an Bord plötzlich eine nicht gerade ansehnliche, immerhin aber wohlschmeckende Mahlzeit in den Holzschüsseln, die auch noch den Vorteil aufwies, dass man sie mit dem Blechlöffel essen konnte. Dieser zähe Brei, irgendwann mit dem Namen »Labskaus« bedacht und heute als das typische Seefahrtsgericht angesehen, kann aber durchaus auch Feinschmecker erfreuen, wenn er verfeinert wird. Kommen ein Spiegelei als Krönung obenauf und ein paar Heringsfilets als Begleiter hinzu, gewinnt die Matrosenspeise nicht nur optisch. Wenn aber am Donnerstag, dem »Seemannssonntag«, besseres Essen auf dem Speiseplan stand, konnte es gut sein, dass der Mannschaft »Pluckte Finken« vorgesetzt wurde. Der inhaltsschwere Eintopf geht auf die Walfänger zurück, die noch im 19. Jahrhundert ihren Heimathafen Bremen-Vegesack regelmäßig mit Kurs Grönland verließen, um dort zu jagen. Hatten sie Erfolg, wurde der ausgelöste Walspeck in große Würfel (»Vinken«) gehauen, also »gepluckt«, und als Proviant in Fässern gelagert. Diese »pluckten Finken« (das »V« ging irgendwann über Bord) werden mit Wurzeln, Kartoffeln, Bohnen und Zwiebeln so lange gekocht, bis die Flüssigkeit nicht pampig, sondern möglichst klar ist und mit einem kräftigen Schuss Essig abgeschmeckt werden kann. Wer den leckeren Eintopf heute in einer seiner vielen Varianten kocht, wird natürlich nicht Walspeck, sondern Schweinespeck oder Rauchfleisch nehmen.

Auch der Stockfisch, einst das traditionelle Bremer Freitagsgericht, dürfte die kulinarische Monotonie an Bord nicht unterbrochen haben. Er wurde in einer dicken, hellen Mehltunke mit Gelben Rüben oder Karotten aufgetischt – eine lederartige Masse, die nicht unbedingt jedem mundete.

Der Blick auf den Speisezettel der christlichen Seefahrt zeigt also, dass die Verpflegung weder abwechslungsreich noch gesund war. Mangelerscheinungen blieben da nicht aus; der gefürchtete Skorbut gehörte wie Wind und Wellen zu den stetigen Begleitern der Klipper und Schoner.

Dieser Krankheit suchte man mit dem kalorienreichen braunen Seefahrtsbier zu begegnen, einem malzhaltigen Gebräu, das aber immer noch besser schmeckte als das brackige Wasser aus Tonnen, in denen zuvor vielleicht Melasse oder Petroleum transportiert worden war.

Mit derart kargen Lebensbedingungen hatten jedoch nicht nur die hartgesottenen Fahrensmänner zu kämpfen, sondern auch die vielen Auswanderer, die im 19. Jahrhundert via Bremerhaven über den »großen Teich« schipperten. Zunächst waren es ca. 30 000 pro Jahr (1848), später wuchs ihre Zahl auf bis zu 75 000 Personen jährlich (1864 bis 1874). Nach dem Kauf der Karten für die Passage im Zwischendeck gingen sie oft mit den letzten Ersparnissen an Bord. Ihren Reiseproviant, meist Kartoffeln, Pökelfleisch und Schiffszwieback, hatten sie selbst mitzunehmen, in Eigenregie musste auch gekocht werden. Doch nicht selten kam es zu Hungersnöten auf den Überseedampfern, weil die Lebensmittel verdarben oder die Rationen zu knapp berechnet worden waren.

Labskaus

500 g gepökeltes Rindfleisch
4 Salzheringe à 200 g
500 g Kartoffeln
2 Zwiebeln, fein gehackt
1 EL Schmalz
200 g Rote Bete aus dem Glas
4 Gewürzgurken
1 EL Senf, Pfeffer
4 Spiegeleier

Rindfleisch abspülen und in Wasser ca. 3/4 Stunde kochen. Inzwischen Salzheringe putzen, filetieren und 1/2 Stunde wässern. Die Kartoffeln schälen, waschen, vierteln und in Wasser gar kochen. Alles in Würfel schneiden und durch den Fleischwolf drehen. Zwiebeln im Schmalz glasig dünsten, Labskausmasse hinzufügen und unter Rühren erhitzen. Die Hälfte der Roten Bete und Gewürzgurken klein schneiden und dazugeben. Den Labskaus mit Senf und Pfeffer abschmecken und auf 4 Teller verteilen. Mit den restlichen Roten Beten und Gewürzgurken garnieren und auf jeden Teller 1 Spiegelei setzen. Alternativ kann man auch mit einem Heringsfilet garnieren.

Unten: Mit solchen Schiffen stachen im 19. Jahrhundert viele Auswanderer von Bremerhaven aus in See – im Gepäck die Hoffnung auf eine bessere Zukunft in der neuen Welt. Nicht alle erreichten ihr Ziel: Sie wurden Opfer der kargen Ernährung an Bord.

Ganz unten: Labskaus

Bohnen aus Übersee

Wer an Kaffee denkt, ist schon in Bremen. Denn Kaffee gehört zur Geschichte der Stadt wie der Roland oder das Rathaus. Diese Behauptung, durch aufrechte bremische Patrioten seit jeher im Brustton der Überzeugung verkündet, hat unlängst den verbürgten Beweis erfahren: Bereits 1673 wurde in Bremen das erste und damit älteste urkundlich nachweisbare Kaffeehaus im deutschsprachigen Raum eröffnet, also noch vor den Städten Hamburg (1677) und Wien (1683), denen bisher das Privileg zugesprochen worden war, über die ersten Cafés verfügt zu haben.

Der kaffeehistorische Fund – die Entdeckung der jungen Historikerin Petra Seling-Biehusen – bestätigt zweifelsfrei, dass der Bremer Senat am »23. Augusti Ao 1673« einem gewissen Jan Jantz van Huesden den Ausschank von Kaffee gestattete. Untertänigst und mit dem gebotenen Respekt hatte der Niederländer damals die »Hoch- und Woledlen Herren« darum gebeten, ihm »alhir eine Hanthierung Von außländischen Indianischen Geträncke, alß Coffi, Schokelati, und Potasie von des Krauts Herbathe« zu erlauben, was die gestrengen Ratsherren denn auch gnädigst gewährten.

Wenn man bedenkt, dass gerade ein Jahr zuvor in Paris (!) das erste Kaffeehaus eröffnet worden war, durfte sich Bremen damals also durchaus als europäische Metropole fühlen. Nur in London (1652) und Venedig (1645) hatte man noch früher einen Kaffee genießen können.

Diese Bremer Kaffeetradition ist bis heute ungebrochen. Die Statistik belegt, dass die Bohnen für jede zweite Tasse des schwarzen Muntermachers, die täglich in Deutschland getrunken wird, von Bremer Kaffeeröstern stammen. Außerdem ist Bremen – seit Ludwig Roselius 1905 die aufsehenerregende Erfindung der Herstellung koffeinfreien Kaffees gelungen war – weltweit das Zentrum der Entkoffeinisierungsindustrie. Mit den gewaltigen Gewinnen seiner Kaffee-Handels-AG (Kaffee-HAG) – bis heute unverwechselbar durch das markante Zeichen mit dem roten Rettungsring – finanzierte er übrigens die backsteinerne Böttcherstraße, eines der Bremer Wahrzeichen.

Seit dem 19. Jahrhundert zählt der Bremer Hafen zu den wichtigsten kontinentalen Importplätzen für Rohkaffee. Diese Tatsache lässt sich in Bremen täglich erleben, nein: erschnuppern! Wer sich einmal an Kais und Kajen umschaut oder an der Weser entlangspaziert, wird bald bemerken, dass hier etwas in der Luft liegt; ein Aroma, das selbst bei allerschlimmstem Schmuddelwetter Wärme und Behaglichkeit verströmt.

Bremer Kaufleute haben den Handel mit den kostbaren Bohnen aufgebaut, die zunächst nur in Apotheken erhältlich waren und überwiegend aus Arabien stammten. Später entstanden Anbaugebiete in Java, Surinam oder Martinique; via London, Amsterdam und vornehmlich Bordeaux gelangte rasch immer mehr Kaffee nach Bremen. Nach der Französischen Revolution legten die Schiffe nach ihrer Überfahrt aus Nordamerika oder Westindien dann direkt im städtischen Hafen an der Bremer Schlachte an.

Kurz nach den Napoleonischen Kriegen eröffnete ein Bremer Handelshaus die ersten eigenen Niederlassungen in Brasilien und verschiffte Kaffee direkt in die ferne Heimat, wo die Kaffeebranche neben den Tabak- und Baumwollhändlern zum festen Faktor im Geschäftsleben wurde. Bremer Importeure streckten ihre Fühler bald auch in Erzeugerländern wie Kolumbien, Malawi oder Indien aus und sorgen bis heute dafür, dass der Löwenanteil des Rohkaffees, es sind über 10 Millionen Sack pro Jahr, auf den deutschen Markt gelangt.

Parallel dazu halfen die bremischen Röstereien und Versandgeschäfte kräftig dabei mit, den guten Ruf der Hansestadt in Sachen Kaffee zu begründen und zu festigen. Heute setzen in erster Linie die Unternehmen Kraft Foods (Jacobs, Onko, HAG), Tchibo (Gala, Eduscho), Melitta, Aldi und Alois Dallmayr die Bremer Kaffeetradition fort. Sie gehören zu den Marktführern in Deutschland und tragen den entscheidenden Teil zur knapp eine Milliarde Euro hohen Kaffeesteuer bei, die in Deutschland eingenommen wird.

Kaffeekochen

Urgroßmutter machte nicht viel Federlesens. Sie schüttete ein paar Lot gemahlenen Kaffees in eine Kanne, goss siedendes Wasser auf und wartete. Fünf bis zehn Minuten später, wenn der Satz auf dem Boden zur Ruhe gekommen war, goss sie ihren Muntermacher dann durch ein feines Sieb in die Tasse. »Aufbrühen« nannte man diese Methode.

Generationen von Kaffeetrinkern fanden sich mit dem schlammigen, den Genuss trübenden Satz ab, bis die Hausfrau Melitta Bentz im Jahre 1908 den Kaffeefilter erfand. Eine Annehmlichkeit, die landauf, landab begeistert aufgenommen wurde, sofern man sich die teuren braunen Bohnen leisten konnte. Bei Ebbe in der Kaffeekasse griff man ebenso wie in Notzeiten auf Malz- oder Eichelkaffee zurück, dem geheimnisvolle Zusätze wenigstens eine tiefschwarze Farbe verliehen.

Nach dem Prinzip der Frau Bentz arbeitet heute jede Kaffeemaschine, doch Kenner schwören nach wie vor auf das »Handfiltern«: Mittelfein gemahlener Kaffee (er setzt die Aromastoffe am besten frei) kommt mit einer Prise Salz in den Filter und wird mit sprudelnd kochendem Wasser zunächst knapp bedeckt (»angebrüht«). Nach kurzer Wartezeit gießt man weiteres Wasser auf, Zug um Zug, langsam und gleichmäßig, denn richtiges Filtern setzt Muße voraus. Und damit der Kaffee während der sechs bis acht Minuten Filterzeit nicht kalt wird, sollte die Kanne in einem warmen Wasserbad stehen.

Der Beruf des Kaffeeschmeckers

Geräuschvolles Schlürfen, dazu ein Griff in die Schale mit ungerösteten Bohnen, Ausspucken, ein paar Kreuze auf dem Kontrollbogen, die nächste Tasse. Schlürfen, tasten, ausspucken, ankreuzen, weiter. So sieht der Arbeitstag eines Kaffeeschmeckers aus. Bis zu 180 Tassen pro Tag werden auf diese Weise Schluck um Schluck getestet, Proben von Lieferungen aus aller Welt. Die Experten mit den sensiblen Geschmacksnerven und der langjährigen Erfahrung haben das letzte Wort in Sachen Qualität, mag auch das Rösten längst schon nach den Vorgaben des Computers erfolgen.

Kaffee ist eben ein Naturprodukt, vielen Einflüssen unterworfen und dementsprechend schwankend in seiner Güte. Den schlürfenden Profis mit den feinen Zungen obliegt es, die richtige Zusammenstellung der Mischungen zu überwachen und damit die gewohnte Geschmacksrichtung einer Sorte zu garantieren. Deshalb stecken die Kaffeekoryphäen ihre Nasen auch in braune Papiertüten mit den jeweiligen Mischungen, um das Aroma zu erschnüffeln und zu beurteilen. Wer da auch nur ein bisschen Schnupfen hat, ist praktisch arbeitsunfähig.

1 Bohnen aus aller Welt nehmen den Weg über Bremens Kaffeelager zum Endverbraucher.

2 Im Kaffeelager werden die angelieferten Säcke gewogen. Außerdem entnimmt man eine Probe.

3 Bereits im Kaffeelager werden die Mischungen zusammengestellt, die Großabnehmer geordert haben.

4 Von jeder Lieferung werden einige Bohnen Probe geröstet; dies dient der Qualitätsicherung.

5 Nach abgeschlossenem Röstvorgang werden die Bohnen werden dem Proberöster entnommen.

6 Die vordem grünen Bohnen sind durch das Rösten braun geworden und duften unwiderstehlich.

Niedersachsen

Barbara Schnabel

Landschaftliche Vielfalt gehört zu Niedersachsens Stärken: Nur ein Katzensprung ist es von den lieblichen Höhenzügen des Weserberglands zu den dunklen Wäldern des Harzes. Auch wenn die Lüneburger Heide nicht ihr spätsommerliches Blütenkleid trägt, begeistert sie Naturfreunde. Der grüne Nordwesten, Heimat der Ammerländer und Ostfriesen, lässt sogar kritische »Südlichter« eingestehen, dass eine Region ohne größere Erhebungen nicht zwangsläufig öde sein muss. Und schließlich ist da noch die reizvoll-herbe Nordsee mit ihren Inseln, schon seit zwei Jahrhunderten Ziel Erholungssuchender. Fachwerkensembles vom Schönsten bieten nicht nur die Bierstadt Einbeck oder Celle; malerische Reetdächer prägen noch manches Ortsbild und oft genug sind Kirchen und Bürgerhäuser Kunstwerke in rotem Backstein. Reich verzierte Bauten im Stil der Weserrenaissance zeugen vom Reichtum der Städte, die mit dem Getreidehandel groß wurden.

Die traditionellen Spezialitäten zwischen Ems und Elbe sind einfach und deftig: Grünkohl mit Pinkel, Harzer Käse oder Wurst aus dem Braunschweigischen. Zu so Bodenständigem passt es, wenn die Landeskinder sich in ihrer Nationalhymne als »sturmfest und erdverwachsen« besingen. Das erinnert auch gleich an eine Kämpfernatur wie Heinrich den Löwen, die wohl markanteste Persönlichkeit der Welfendynastie, die hier jahrhundertelang herrschte. Ihr Schloss in der Niedersachsen-Metropole und weltbekannten Messestadt Hannover ist jetzt Landtagsgebäude und einer der Ihren gab mit der Universität »Georgia Augusta« in Göttingen 1734 dem Land auch ein geistiges Zentrum. Die Stadt ist bis heute stolz auf viel intellektuelle Prominenz, die hier lehrte und lernte, wie die liberalen »Göttinger Sieben«, denen unter anderem auch die Gebrüder Grimm angehörten.

Wo man noch Platt spricht und sich wortkarg gibt, klagen »Zugezogene« oft über die Sturköpfigkeit der Einheimischen, müssen aber zugeben, dass einmal gewonnenes Vertrauen auch Bestand hat: Weit über den gemeinsamen Schluck Korn hinaus, den man überall im Land gern genießt.

Oben: Die ehemalige Residenzstadt Hannover ist heute weltweit als Messestadt bekannt. Auf dem Messegelände, wo im Jahr 2000 die Expo stattfand, und in der Innenstadt finden sich interessante Beispiele moderner Architektur – hier der 2002 vollendete gläserne Verwaltungsturm einer Bank.

Links: Neben eindrucksvollen Wacholderbüschen hat die Lüneburger Heide auch ausgedehnte Waldgebiete, weite Wiesen, Moore und kleine Seen zu bieten. Das Gebiet ist ein beliebtes Ziel für Touristen.

Teekultur

Tee gehört zu Deutschlands äußerstem Nordwesten wie der weite Himmel über flachem Land und eine frische Brise: Ein Viertel des deutschen Teeimports wird im dünn besiedelten Ostfriesland verbraucht – pro Kopf fast so viel wie in England. Doch nachdem 1610 der erste Tee per Schiff Europa erreicht hatte, konnte das neue Getränk auch bei den Ostfriesen nur nach und nach das »Volksnahrungsmittel« Bier verdrängen, dem man bereits beim Frühstück zusprach. Den teuren grünen Tee leisteten sich die reichen Marschbauern neben Kaffee und Schokolade. Die ärmeren Schichten zogen Tee ebenfalls dem Kaffee vor, weil er sich im Verbrauch als sehr viel sparsamer erwies; sie tranken den preiswerteren Schwarztee – zu jeder Tageszeit und stets mit viel Zucker, der die nötigen Kalorien lieferte. Dabei wurde immer wieder aufgegossen, sodass der Nordseekenner Heinrich Heine 1827 schrieb, der einheimische Tee unterscheide sich von gekochtem Seewasser nur durch den Namen. Gästen mutete man das dünne Gebräu nicht zu, sie bekamen den ersten, kräftigen Aufguss, wie wir ihn heute schätzen.

Als dann im frühen 19. Jahrhundert in deutschen Landen in »gehobenen Kreisen« die britische Sitte der Teegesellschaften in Mode kam, war sie im ostfriesischen Aurich schon einige Jahrzehnte alt; zum Tee genoss man neben feinem Gebäck gepflegte Konversation, Klavier- und Kartenspiel. Etwa ab 1880 bildete sich – schichtenübergreifend – das heraus, was man ostfriesische Teekultur nennt. Deren Basis ist schwarzer Tee, von dem eine gediegene »Ostfriesische Mischung« mindestens 15 Sorten, vorwiegend aus Assam, enthält. Für ihre Qualität bürgen erfahrene »Teekoster«.
Wie jede Kultur kennt auch diese Rituale und Tabus. Die Kanne, zum Beispiel. Wehe dem, der sie für andere Getränke benützt oder gar mit Spülmittel entweiht! Behutsam wird sie vorgewärmt und erhält pro Tasse einen Teelöffel Blätter und noch einen ganz für sie allein, »für die Kanne«. Aufgegossen wird mit frischem, sprudelndem Wasser. Fünf Minuten sollte der Tee nun ziehen, außer man will ihn besonders anregend – dann genügen drei Minuten. Schätzt man seine beruhigende Wirkung, verbleibt er zehn Minuten in der Kanne.

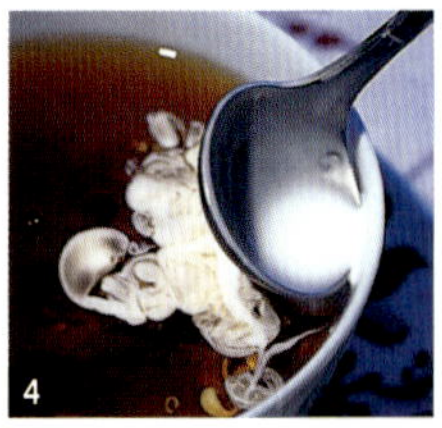

1 Mit einer silbernen Zuckerzange, die oft aus Emden oder Aurich kommt, werden die »Kluntjes« (weißer Kandiszucker) in die dünnwandige Tasse gelegt.

2 Die »Kluntjes« knistern, wenn sie mit dem heißen, bitteren Tee in Berührung kommen. Der sollte mindestens drei Minuten in der Kanne gezogen haben.

3 Teekanne und Zuckerdose sind traditionell aus Silber, ebenso wie der Löffel, mit dem man die fetthaltige oberste Schicht der ungeschlagenen Sahne abschöpft.

4 Die Sahne gleitet am Tassenrand entlang, steigt vom Boden zur Oberfläche auf und bildet »Wölkchen«. Laut Teezeremoniell darf nicht umgerührt werden.

Ein Keks geht auf Reisen

Auf der Weltausstellung in Chicago 1893 wurde ein niedersächsisches Produkt viel beachtet und ausgezeichnet, das zu einem der bekanntesten Markenartikel Deutschlands werden sollte: der Leibnizkeks, 1891 in Hannover von Hermann Bahlsen unter Geheimhaltung des Rezepts kreiert. Allerdings hieß es damals noch »Leibniz-Cakes« und »Hannoversche-Cakes-Fabrik«, denn die Idee hatte Bahlsen aus England mitgebracht. Erst 1911 setzte er dann die Eindeutschung durch.
Schon in den ersten Jahren wurden wöchentlich rund eine Million »Cakes« produziert und auch Lizenzen nach Nordamerika und Moskau vergeben. Anfangs ging das Gebäck lose über den Ladentisch des Kaufmanns, ungeschützt gegen Feuchtigkeit und den Geruch von Käse und Hering, bis die Firma 1898 eine bahnbrechende Idee hatte: eine luft- und staubdichte Verpackung mit dem Aufdruck TET nach dem altägyptischen Zeichen für »ewig, dauernd«. Nun war es vorbei mit dem Bröckeln, der Keks mit den charakteristischen Zacken blieb knusprig, und in seiner handlich-kubischen Form war das Päckchen ideal zum Mitnehmen. Bald ging niemand mehr ohne Leibnizkeks im Proviant auf Reisen – dafür sorgten schon die eifrigen Verkäufer in TET-Uniformen auf den Bahnsteigen und die einprägsamen Slogans: »Was isst die Menschheit unterwegs? – Na selbstverständlich LEIBNIZ-CAKES!«
Auch Deutschlands erste Leuchtreklame am Potsdamer Platz in Berlin warb meterhoch und strahlend für die Knabberei aus Hannover.
1912 konnte man mit einer für Europa innovativen Fließbandanlage täglich 90 Zentner »Reisekeks« herstellen. Während der beiden Weltkriege ging die Produktion zurück, nur in den Dreißigerjahren wurde ein Aufschwung verzeichnet. Ab 1948 konnte man wieder Leibnizkeks kaufen, und 1956 entwickelte die Firma eine neue, thermoplastische Verpackung, die dem Kunden noch mehr Frische – »Ofenfrische« – garantierte und deren Zuverlässigkeit eindrucksvoll unter einer Fontäne in einem Wasserbecken demonstriert wurde.
Es hat viele Nachahmer gegeben, doch bis heute steht der Leibnizkeks weltweit synonym für Butterkeks – nicht nur, weil er als erster Markenartikel seiner Art ins Handelsregister eingetragen wurde, sondern auch durch die Qualität der Bahlsen'schen Rezeptur und ein geschicktes Marketing.
Der Mann allerdings, dessen Bedeutung für Hannover Hermann Bahlsen mit dem Namen seines Kekses unterstreichen wollte, hat solche Ehrung zwar verdient, ist aber auch ohnedies bekannt genug: Gottfried Wilhelm Leibniz (1646–1716), genialer Philosoph und Mathematiker, Historiker und Sprachwissenschaftler, der heute gern als »letzter Universalgelehrter« bezeichnet wird. 1676 trat er in die Dienste des hannoverschen Hofes – erst als Bibliothekar, bald aber mit einer Vielzahl von Aufgaben betraut. So sollte sein technischer Erfindungsreichtum auch dem gewinnbringenden Erzbergbau im Harz zugutekommen, der es den Fürsten in Hannover unter anderem ermöglichte, ihre seit 1666 angelegte Sommerresidenz Herrenhausen vor den Toren der Hauptstadt auszubauen. Dem prächtigen Barockgarten galt dabei die besondere Liebe der Kurfürstin Sophie, und hier machte Leibniz sich als Berater verdient, als es um die Funktionsfähigkeit der herrlichen Wasserspiele ging. Doch nicht nur die hoch aufschießenden Fontänen erinnern an ihn, sondern auch das Leibnizzimmer im Galeriegebäude sowie der Leibniztempel mit seiner marmornen Kolossalbüste im nahen Georgengarten.

Nun erscheint die Tasse auf der Teetafel. Dünnwandig und nach chinesischem Vorbild mit der »Ostfriesischen Rose« verziert. Das Dekor brachte um 1820 eine Thüringer Familie in die Region. Das Ritual verlangt, dass der Tee nicht vor den »Kluntjes« in die Tasse darf, dem weißen Kandiszucker, der so behaglich knistert, wenn er mit dem heißen Getränk in Berührung kommt. Nun die Krönung: ein Löffel süße Sahne. Ungeschlagen und fett (mindestens 30 Prozent), damit sie oben liegen bleibt. Umrühren ist absolut tabu. Nur so, behaupten Kenner, könne man die geschmackliche Dreifaltigkeit genießen: den bitteren Tee, die sanfte Süße des Zuckers und die kühle Sahne. Welch existenzielle Bedeutung die Ostfriesen diesem Genuss beimessen, zeigt ein alter Spruch: »Hebben wi keen Tee, mutten wi starven«, »Wenn wir keinen Tee haben, müssen wir sterben.«

Rechts: Stilvoll muss es zugehen bei der Ostfriesischen Teetafel. Das Geschirr trägt nach alter Tradition die »Ostfriesische Rose«, die Auswahl an Kuchen und Gebäck ist reichlich: Knedewaffeln, Spekulatius, Ostfriesischer Schneckenkuchen mit Rosinen, »Pepernöte«, also Pfeffernüsse, werden zum Tee gereicht, ebenso wie andere regionale Spezialitäten.

1 Teekosten ist eine exakte Wissenschaft: 2,75 Gramm pro Aufguss müssen es sein.

2 Teekoster in aller Welt benutzen das traditionelle Geschirr aus weißem Porzellan.

3 Es besteht aus der Tasse und einem Deckelbecher zum Aufbrühen der Blätter.

4 Der Deckel dient auch dazu, beim zweiten Abguss die Teeblätter aufzufangen.

5 Bei Tageslichtkonditionen werden Farbe und Glanz des Tees kontrolliert.

6 Auch der Duft gibt Aufschluss über die Kraft, Herbe und das Aroma des Tees.

7 Nach der Geschmacksprobe wird der Testschluck in einen Napf gespuckt.

8 Auch die aufgegossenen Blätter dienen dem Teekoster zur Beurteilung des Tees.

Reiches Altes Land

Als »Deutschlands größter Obstgarten« kann sich mit Recht das Alte Land vor den Toren Hamburgs bezeichnen. Zwar wird am Bodensee mehr Obst angebaut, doch nicht in einem so zusammenhängenden Gebiet wie hier zwischen der Landschaft Kehdingen im Nordwesten und der Winsener Elbmarsch im Südosten. Obst ist in dieser Region, die von Holländern und Sachsen kolonisiert wurde, seit dem 14. Jahrhundert daheim. Heute beträgt die Anbaufläche rund 10 500 Hektar. Dabei dominieren mit fast 88 Prozent der Produktion die Äpfel – an der Spitze der rotbackige »Elstar«, gefolgt von »Jonagored« und »Jonagold«. Mit knapp sechs Prozent Anbaufläche sind die Süßkirschen vertreten, deren große wohlschmeckende Sorten auch »Knubberkirschen« genannt werden. Diese beliebten Früchte sind nicht nur süß, saftig und knackig, sondern auch garantiert madenfrei, weil der gefürchteten Kirschfruchtfliege das Klima im Alten Land nicht behagt. Weiter hinten auf der Skala rangieren Birne, Sauerkirsche, Pflaume und Zwetschge; etwa 600 Hektar der Gesamtanbaufläche werden für Beerenobst abgezweigt. Entscheidend beteiligt an Entwicklung und Qualität des Obstanbaus waren in den letzten Jahrzehnten die Obstanbauversuchsanstalt (OVA) der Landwirtschaftskammer Hannover und der Obstbauversuchsring des Alten Landes, beide ansässig im zentralen Jork.

So ist der bekannte Lagerapfel »Gloster« eine Kreuzung der OVA aus dem Jahr 1969. Neben der Lieferung an den Früchtegroßhandel bewahren viele der rund 1200 Betriebe des Alten Landes die Tradition der Direktvermarktung in großem Umkreis, sodass man sogar noch im Süden der Lüneburger Heide am Stand Obst aus der Region kaufen kann – und manchmal gleich noch von einer erfahrenen Bäuerin Tipps für die Zubereitung von Obstkuchen mit Streuseln, Apfelauflauf oder Fruchtsoßen bekommt. Die Blüte unzähliger Apfelbäume ist jährlich Anlass für ein Fest in Jork; dabei lohnt der Blick auf die gediegene Altländer Tracht, die vom Wohlstand des fruchtbaren Marschgebiets zeugt. Ist zur Blütezeit Nachtfrost angesagt, gewinnt das Meer von Apfelbäumen sogar noch an Reiz: Sie funkeln in der Frühjahrssonne, denn sie werden schützend vereist. Dies geschieht mittels Sprinkleranlagen, die man hier problemloser anschließen kann als in anderen Obstbaugebieten, weil seit dem Mittelalter neben Deichen auch ein System von Gräben zur Entwässerung angelegt wurde.

Zwetschgen im Strudelteig

Für 6 Personen

250 g Mehl
1 Prise Salz
2 EL Sonnenblumenöl
1 Ei
1 kg feste Zwetschgen
100 g Rohmarzipan
2 EL gemahlene Mandeln
4 EL Zwetschgenwasser
2 EL flüssige Butter
Fett zum Ausbacken
Zimt und Zucker zum Bestreuen

Das Mehl mit ⅛ l Wasser, Salz, Öl und dem Ei zu einem geschmeidigen Teig verkneten. Zu einer Kugel formen, in einer angewärmten Rührschüssel 30 Minuten ruhen lassen. Inzwischen die Zwetschgen waschen, längs einschneiden und den Kern entfernen. Das Rohmarzipan mit den Mandeln und dem Zwetschgenwasser gut vermengen, die Zwetschgen damit füllen und wieder zusammendrücken. Den Teig auf einem bemehlten Küchentuch zu einem Rechteck ausrollen, mit den Händen vorsichtig dünn ausziehen und mit flüssiger Butter bestreichen. Den Teig in Quadrate schneiden und die Zwetschgen einzeln damit umhüllen, die Teigenden fest zusammendrücken. Das Frittierfett auf 175 °C erhitzen und die Zwetschgen darin portionsweise goldbraun ausbacken. Auf Küchenpapier kurz abtropfen lassen und warm stellen, bis alle fertig sind. Mit Zimt und Zucker bestreuen und sofort servieren. Dazu passt Vanille- oder Zwetschgensoße.

Pfannkuchen mit Kirschen

150 g Weizenmehl
1 Prise Salz
4 Eier, getrennt
1 Päckchen Vanillinzucker
abgeriebene Schale von 1 Zitrone
250 g frische Sauerkirschen
75 g brauner Zucker
⅛ l Rotwein
4 EL Butter
Puderzucker zum Bestäuben

Das Mehl in eine Schüssel sieben. Mit ¼ l Wasser, dem Salz, dem Eigelb, dem Vanillinzucker und der Zitronenschale zu einem dickflüssigen Teig verrühren und 15 Minuten quellen lassen. Inzwischen die Kirschen waschen und entsteinen. Den Zucker in einer trockenen Pfanne unter Rühren hellbraun schmelzen, mit dem Rotwein ablöschen und etwas einkochen lassen. Dann die Kirschen dazugeben, 2 Minuten dünsten und vom Herd nehmen. Das Eiweiß steif schlagen und vorsichtig unter den Teig heben. In einer Pfanne 1 EL Butter schmelzen, ¼ des Pfannkuchenteigs hineingeben und etwas anbacken. ¼ der Sauerkirschen darauf verteilen und zugedeckt bei kleiner Hitze backen, bis die Oberfläche fest ist. Pfannkuchen zusammenklappen und auf einer vorgewärmten Platte warm stellen, bis alle gebacken sind. Vor dem Servieren mit Puderzucker bestäuben.

Links: Vor den Toren Hamburgs liegt Deutschlands größter Obstgarten. Zu fast 90 Prozent werden hier Äpfel angebaut. Auch Obstsäfte gehören zum Angebot.

Rechts: Der Weg vom Erzeuger zum Verbaucher ist kurz: Viele Betriebe im Alten Land vermarkten ihre Produkte direkt.

Rechts außen: Große, breitgelagerte Marschbauernhäuser mit Reetdächern prägen das Bild des Alten Landes.

Apfelsorten

1

2

3

4

5

6

7

8

9

10

11

12

1 **Freiherr von Berlepsch:** hervorragender Tafelapfel, knackig und saftig

2 **Boskoop:** säuerlicher Geschmack, eignet sich zum Kochen und Backen

3 **Braeburn:** süßer, aber wenig aromatischer Geschmack, festes, knackiges Fruchtfleisch

4 **Cox Orange:** hervorragender süßsäuerlicher Geschmack, Fruchtfleisch erst fest, später mürbe

5 **Elstar:** aromatisch, würzig, saftigknackig, feinsäuerlicher Geschmack

6 **Gala:** kleine, gut lagerfähige Früchte, süß-aromatischer Geschmack, knackiges Fruchtfleisch

7 **Gloster:** grün-gelbliches, saftiges Fruchtfleisch mit feinfruchtigem, säuerlichem Geschmack

8 **Golden Delicious:** süßes, leicht parfümiert wirkendes Aroma, eventuell mit einer leichten Säure

9 **Idared:** aromatischer Essapfel mit angenehmer Säure, weniger lagerfähig

10 **Jonagold:** würzig-aromatischer Geschmack, früh reifend und lagerfähig

11 **Jonagored:** großer, gelb-orangeroter Apfel mit gelbem, saftigem Fruchtfleisch mit süß-feinsäuerlichem Geschmack

12 **Rubinette Wintercox:** hocharomatischer, wohlschmeckender Tafelapfel

Kohl und Pinkel

Wer als Norddeutscher, den es in ein südliches Bundesland verschlagen hat, an frostigen Tagen vom lang entbehrten »Grünkohl mit Pinkel« schwärmt, muss bei den Einheimischen auf Befremden gefasst sein. Dabei stammt der Grünkohl eigentlich aus dem Süden, genauer aus dem Mittelmeerraum, wird aber lange schon in größerem Maßstab nur in Norddeutschland angebaut. *Brassica oleracea*, so sein botanischer Name, und liebevoll nennt man ihn oft »Oldenburger Palme« nach einer besonders hohen Züchtung.

Das erwähnte Befremden mag auch von dem ungewohnten Ausdruck »Pinkel« kommen. Erzählt man sich doch im Norden beim Grünkohlessen gern von jener Hausfrau, die ihrem Mann jahrelang sein Lieblingsgericht vorenthielt, weil sie dieses anstößige Wort beim Einkaufen nicht aussprechen mochte. Dabei ist Pinkel schlicht eine geräucherte Grützwurst aus Speck, Bauchfleisch, Zwiebeln und Gewürzen, deren Haut vom Mastdarm des Rinds stammt, der auch Pinkeldarm genannt wird. Neben Pinkel gehören zum Grünkohl unbedingt Kochmettwurst, Kasseler und durchwachsener Speck, in der letzten Stunde des Schmorens beigegeben. Dazu isst man Salz-, manchmal auch Bratkartoffeln. Und weil sich der Kohl beim stundenlangen Kochen bräunlich verfärbt, beharrt man in Bremen darauf, ihn »Braunkohl« zu nennen.

Das alles schmeckt aber erst, wenn der Kohl Frost bekommen hat, der seine Stärke in Zucker verwandelt und dem Gericht damit eine sanfte Süße gibt. Lässt der Frost auf sich warten, hilft man mit der Tiefkühltruhe nach, denn überall zwischen Ems und Elbe wird die Grünkohlsaison von November bis März herbeigesehnt. Ist sie doch Anlass für zahllose »Kohlfahrten« von Vereinen, Betrieben und Freunden. Raum und Essen werden vorbestellt, und dann gehört ein langer Spaziergang zum Ritus. Dabei hängt man sich Schnapsgläschen mit Henkeln um den Hals, denn auf dem mitgeführten Bollerwagen warten einige Flaschen Korn. Musik hat man gern dabei, und der Appetit kommt beim Boßeln, dem Wettwerfen mit Kugeln – wahlweise nimmt man Strauchbesen. Beim Essen lässt man sich dann Zeit und langt immer wieder zu, denn wer am meisten isst, wird zum König beziehungsweise zur Königin gekürt, erhält den »Schweineorden«, darf eine Rede halten und muss ein paar Runden ausgeben. Bei Bier, Korn, Tanz und Spielen vergnügt man sich anschließend, bis der gecharterte Bus die Ladung Angeheiterter nach Hause bringt.

In Oldenburg haben Kohlfahrten über 100 Jahre Tradition, wenn auch die heutige Form sich erst in den letzten Jahrzehnten entwickelt hat. Und seit 1956 richtet die Stadt jährlich in der Bundeshauptstadt ihr »Gröönkohl-Äten« aus, bei dem die politische Prominenz ohne jegliche Rücksicht auf Kalorien der norddeutschen Spezialität tüchtig zuspricht.

Kohl und Pinkel

1 1/2 kg Grünkohl
Salz
150 g geräucherter Speck
1 EL Schmalz
2 große Zwiebeln und 1 Lorbeerblatt
4 Scheiben Kasseler
350 ml Fleischbrühe
4 geräucherte Grützwürste (Pinkel)
Pfeffer und Muskatnuss

Die welken Blätter und Blattrippen vom Grünkohl entfernen, den Grünkohl gründlich waschen und in Salzwasser 2 Minuten blanchieren. Den Kohl abtropfen lassen und grob hacken. Die Zwiebeln schneiden, den Speck würfeln und in einem großen Topf in Schmalz auslassen, die Zwiebeln und das Lorbeerblatt zufügen. Grünkohl und Kasseler dazugeben, die Fleischbrühe angießen und alles etwa 1 Stunde im geschlossenen Topf garen. Die Grützwürste hinzufügen, eventuell etwas Wasser dazugeben und noch mal 1 Stunde mitkochen lassen. Immer wieder den Grünkohl umrühren, damit er nicht am Topfboden ansetzt. Am Ende der Kochzeit den »Pinkel« herausnehmen und warm stellen. Den Kohl mit Salz, Pfeffer und Muskatnuss abschmecken und mit Kassler und den Würsten servieren.

1 Erst nach dem ersten Frost, wenn die Stärke sich in Zucker verwandelt hat, ist der Grünkohl richtig schmackhaft. Er wird gewaschen und »gerupft«.

2 Wegen der Bitterstoffe wird der Grünkohl erst mit kochendem Wasser überbrüht. Gehackt kommt er dann in den Topf mit dem ausgelassenen Speck.

3 Neben dem Kasseler gehören »Pinkel«, eine geräucherte Grützwurst oder Mettendchen zu einem deftigen Grünkohlessen. Und danach natürlich ein Korn.

Oben: Heiß serviert an einem kalten Wintertag – so ist Grünkohl ein Genuss.

Rechts: Mit einem langen Spaziergang beginnen die »Kohlfahrten« – und enden bei »Kohl und Pinkel«.

Noch'n Korn

Knapp jeder vierte »Hochprozentige«, der in Deutschland getrunken wird, ist ein »Korn«. Die rund 500 deutschen Kornbrennereien, von denen die meisten ihren Sitz nördlich des Mains haben, dürfen ihr Produkt nach einem gesetzlichen Reinheitsgebot von 1909 nur dann so nennen, wenn es aus reinem Roggen, Weizen, Buchweizen, Hafer oder Gerste hergestellt ist und kein anderer Alkohol oder Geschmackszusätze untergemischt wurden. So genau nahm man es im 15. Jahrhundert noch nicht, als man damit begann, aus Getreide Branntwein zu gewinnen, der 1507 erstmals urkundlich erwähnt wird. Der starke Trank war bald so beliebt, dass manche – glaubt man den Historikern – sich bei der Feldarbeit damit aus Krügen erfrischten, die anderthalb Liter fassten. Städte erhoben Branntweinsteuern, und bei Hungersnöten musste ein Verbot des Branntweinbrennens ausgesprochen werden.

Viele Schritte sind erforderlich, um aus einem wogenden Ährenfeld einen »guten Schluck« zu machen. Zuerst lässt man durch Wärme und Wasser die Körner aufplatzen, damit die in ihnen enthaltene Stärke freigelegt wird. Dem dabei entstehenden Brei, der Maische, wird Malz zugesetzt. Hier ist die Dosierung wichtig für den Geschmack des Korns, denn das Malz verwandelt die Stärke in Zucker. Mit der Beigabe von Hefe beginnt die Vergärung des Zuckers zu Alkohol und Kohlensäure, die etwa drei Tage dauert. Um den Alkohol zu separieren, wird dann die Maische in einem Destillierapparat erhitzt, und infolge seines niedrigen Siedepunktes kann der Alkohol problemlos im oberen Teil des Gerätes als Dampf aufgefangen werden. Abkühlung verflüssigt ihn in einem angeschlossenen Behälter. Doch dieser Rohbrand ist nicht nur viel zu hochprozentig, er enthält auch noch unerwünschte und unbekömmliche Bestandteile. In einer zweiten Destillation, der Rektifikation, gewinnt man den Feinbrand, der dann mit reinem Wasser auf die gewünschte Trinkstärke gebracht wird, die bei Korn 32, bei Doppelkorn 38 Volumenprozent beträgt.

»Edelkorn« oder »Altkorn« darf sich nennen, was mindestens ein halbes Jahr in Holzfässern gelagert wurde. Korn soll zwar kühl aufbewahrt werden, doch der Kenner trinkt ihn auf ein paar Grad über null temperiert und »kippt« ihn keineswegs, sondern genießt ihn Schluck für Schluck.

Wer in Niedersachsen zu einer »Lüttjen Lage« eingeladen wird, sollte wissen, dass dabei ein Bier und ein Korn geordert werden. Diese Trinksitte ist inzwischen weit verbreitet; ihre Urform, nämlich Korn und Bier mit lockerem Handgelenk gleichzeitig zu fassen und im Mund zusammenkommen zu lassen, wird gern noch in Hannover, speziell beim Schützenfest, praktiziert.

Strittig ist im Nordwesten das Urheberrecht am »Löffeltrunk«, bei dem zwei Trinkgenossen sich gegenüberstehen, die jeweils in der linken Hand einen mit Korn gefüllten Zinnlöffel halten. Der traditionelle plattdeutsche Dialog beginnt mit den Worten: »Ick seh di!« und »Dat freit mi!«, also der Versicherung, dass man einander – trotz Alkoholgenusses – noch wahrnimmt und darüber Freude empfindet. Nach dem Trinken werden die Löffel sorgfältig ausgeleckt und mit der offenen Seite nach unten abgelegt. Zeigt das Tischtuch dann auch nur die winzigste Feuchtigkeitsspur, weiß man, wer die nächste Runde zu zahlen hat.

1 Die Holzbretter, auf denen die »Lüttje Lage« vorbereitet und serviert wird, sind einen Meter lang.

2 In Reih' und Glied stehen die Gläser nebeneinander: Die kleinen werden routiniert mit Korn gefüllt.

3 Die Biergläser fassen nur 0,1 Liter. So kann man sie zusammen mit dem Schnaps in eine Hand nehmen.

4 Wenn die Stimmung im Festzelt steigt, machen die Bretter mit der »Lüttjen Lage« die Runde.

Ganz oben: Das Schützenfest von Hannover ist zwar das bekannteste, doch auch in kleinen Städten, wie Alfeld an der Leine, wird ausgiebig gefeiert und dabei Korn getrunken.

Oben: Die Schützen und ihre Gäste marschieren auf. Sie alle treffen sich nach dem Umzug im Festzelt wieder.

Links: Das Herzstück der Kornherstellung ist der Destillierapparat.

Unten: Eine Auswahl deutscher Kornbrände

Bockbier

Deutschland hält den Weltrekord im Bierverbrauch, und Bier verbindet man meist mit Bayern und natürlich mit dem Münchner Hofbräuhaus. Nach dem jährlichen Starkbieranstich im späten Winter fließt auch dort das beliebte Bockbier reichlich in die Maßkrüge. Und so manchem gestandenen Bajuwaren würde es vielleicht weniger gut munden, erzählte man ihm, dass dieses Getränk eigentlich aus »Preußen« stammt und wie ein »Zuagroaster« es an die Isar gebracht hat. Doch dazu heißt es etwas ausholen:

Das südniedersächsische Städtchen Einbeck hat neben viel schönem Fachwerk eine mehr als 600-jährige durchgängige Brautradition. Im Mittelalter war es hier – wie auch anderswo – üblich, dass jeder Vollbürger, also jeder mit Haus- beziehungsweise Grundbesitz, sein Bier für den Eigenbedarf selbst brauen durfte. Die Stadt stellte dafür die Braupfanne mit dem Sud zur Verfügung, die der Braumeister in die Häuser brachte, und hatte das Recht, den Überschuss an Bier aufzukaufen und zu vermarkten. Schon bald fand Einbecks Braukunst auch überregional Anerkennung, und gut hütet man bis heute die älteste erhaltene Rechnung von 1378, als in Celle mit Herzog Albrecht zu Sachsen und Lüneburg über zwei Tonnen Bier abgerechnet wurde. Gegen Ende des 15. Jahrhunderts verschiffte Einbeck seinen Gerstensaft durch die Hanse über Lübeck bis nach Stockholm, Riga und Reval, in Richtung Westen über Hamburg bis nach Utrecht und Amsterdam. In den Ratskellern der großen Städte trank man »Einpökisch Bier« ebenso gern wie an verwöhnten Fürstenhöfen – und die Herzöge in München schätzten es seit 1545. Als dann 1612 Fachleute für das neu erbaute Hofbräuhaus gesucht wurden, warb man einen Braumeister aus Einbeck ab. Und mit ihm kam die Rezeptur des niedersächsischen Biers nach Bayern.

Aus »Einpökisch« wurde in der bayerischen Mundart »Oanpock« und schließlich »Bockbier«. Auch in Einbeck produzierte man den herzhaft-süffigen Trank trotz des abtrünnigen Braumeisters unverdrossen weiter. Schon im 17. Jahrhundert schlossen sich die mehr als 700 bürgerlichen Brauhäuser der Stadt zu Genossenschaftsbrauereien zusammen. Aus ihnen ging dann im Jahr 1794 die »Städtische Brauerei« hervor; ab 1851 vertrieb man Flaschenbier. Bockbier gehört mit einem mittleren Alkoholgehalt von 5,2 Prozent zu den Starkbieren, der Doppelbock weist einen Alkoholgehalt von 5,8 Prozent auf.

Der heute von der Einbecker Brauhaus AG hergestellte Ur-Bock mit mindestens 16 Prozent Stammwürze ist die Nummer eins unter den angebotenen Bockbieren in Deutschland. Außerdem hat man das klassisch-herbe Brauherren-Pils im Programm, ein mildes Pilsener und den Mai-Ur-Bock, auf den die Bierkenner sich im Frühjahr freuen dürfen. Das Brauhaus wirbt mit dem Spruch »Ohne Einbeck gäb's kein Bockbier«, und stolz verweist man darauf, dass Martin Luther 1521 beim Reichstag zu Worms gereimt haben soll: »Den besten Trank, den einer kennt, der wird Einbecker Bier genennt.«

Ganz oben: Die Altstadt Einbecks mit ihren Fachwerkhäusern und Gaststätten lädt zum Bummeln und Verweilen ein.

Oben: Die über 600-jährige Brautradition wird in Einbeck lebendig gehalten – unter anderem beim Fassrollen, das immer im September stattfindet.

Vom Bier zum Malztrunk

Eingefleischte Bierliebhaber blicken voll Verachtung auf das harmlos-süße Stärkungsgetränk Malzbier. Dabei darf es sich durchaus zu den Vollbieren rechnen, denn die werden durch ihren Stammwürzegehalt definiert, der zwischen 11 und 14 Prozent liegen muss. Der Stammwürzegehalt ist die Menge der beim Brauvorgang aus dem Malz gelösten Stoffe (Malzzucker, Eiweißstoffe, Vitamine, Aroma- und Mineralstoffe). Man misst ihn vor dem Eintritt der Gärung. Bei Malzbier hält man den Alkoholgehalt unter 0,5 Prozent, indem man die Würze nur sehr kurz mit der für die Gärung notwendigen und den Alkohol sowie die Kohlensäure liefernde Hefe in Kontakt bringt. Da dem Malzbier Zucker zugegeben wird, kam es 1960 zu einem »Süßbier-Krieg«: Bier zu zuckern verstößt nämlich gegen das Reinheitsgebot von 1516. Vor allem die bayerische Presse prangerte dieses Sakrileg an, es kam zu einigen aufsehenerregenden Urteilen, und inzwischen hat sich in deutschen Landen die Bezeichnung »Malztrunk« für das fast alkoholfreie, gesüßte Getränk eingebürgert.

Bregen und Pinkel

Der Zeichner Wilhelm Busch schwärmte in einem Brief von dem Weihnachtsabend 1873, bei dem die Gastgeber fünf Leute bewirteten und dabei »für sechs Personen Schinken und für fünfundzwanzig Personen Wurst« auftrugen. Ob das alles gegessen wurde, verschwieg der Künstler – man kann aber sicher sein, dass Busch gut zugriff. Er war den Würsten seiner niedersächsischen Heimat besonders zugetan und ließ sie sich von seiner Schwägerin regelmäßig schicken, als er in Frankfurt lebte.

In der Tat hat Niedersachsen eine Fülle von Wurstspezialitäten zu bieten, vor allem im Bereich der Kochwürste. Am bekanntesten ist wohl der »Pinkel«, einerseits seines originellen Namens wegen, andererseits, weil er durch das Gericht »Kohl und Pinkel« zu einem Begriff wurde. Wie alle Spezialitäten des Landes variiert die Rezeptur je nach Region. Beim Pinkel zum Beispiel gibt es den »Friesischen«, den »Ammerländer/Oldenburger« und den »Fleischpinkel«. Allen gemeinsam ist, dass sie Grütze und Zwiebeln enthalten.

Bekannt über die Landesgrenzen hinaus ist auch die »Bregen-« oder »Brägenwurst«. Ihren Namen verdankt sie der Tatsache, dass sie früher Hirn (Bregen) enthielt. Heute ist dies nicht mehr der Fall, Bregenwurst kommt fast ausschließlich »hirnlos« auf den Markt. Es gibt sie ebenfalls in vielen Varianten; weit verbreitet ist die Herstellung aus rohem Schweinefleisch, Schwarten, Zwiebeln, Nitritpökelsalz, Pfeffer und Piment. Die Wurst wird roh geräuchert und anschließend gegart.

Zu den weiteren regionaltypischen Spezialitäten zählen die »Hannoversche Fleischwurst«, ursprünglich eine Kochwurst, die heute aber hauptsächlich als Brühwursterzeugnis im Handel ist, die »Göttinger Bierwurst«, die inzwischen in ganz Deutschland bekannt und beliebt ist, die »Göttinger Schwartenwurst«, die »Hannoversche« und die »Harzer Schmorwurst«, die »Hannoversche Weißwurst« sowie die »Knappwurst«. Wegen ihrer besonders guten Würztradition machten sich vor allem die Metzger des Eichsfelds einen Namen. Eine ihrer Spezialitäten ist der »Feldkieker«, den man auch in Thüringen (siehe Seite 24), wozu das Eichsfeld heute teilweise gehört, findet.

1

2

3

4

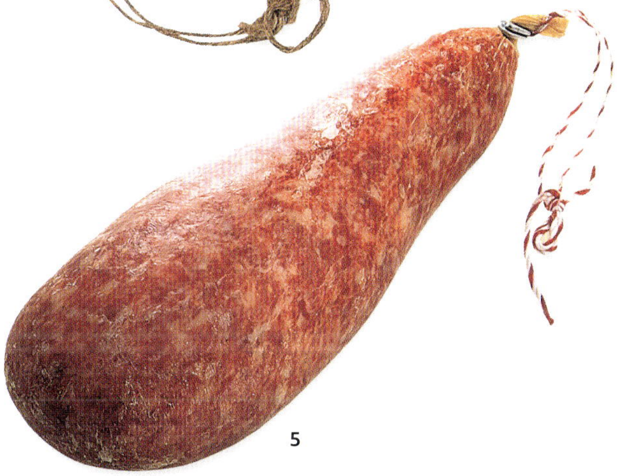
5

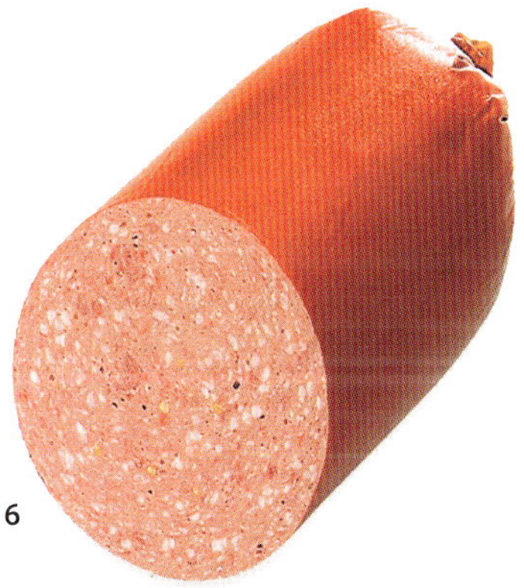
6

7

8

1 Eichsfelder Stracke ist besonders gut gewürzt, wie alle Würste aus dem Eichsfeld.

2 Knappwurst wird aus schlachtwarmem Fleisch unter Zugabe von Leber hergestellt.

3 Harzer Schmorwurst – bei ihrer Herstellung wird nur sehnenarmes Fleisch, am besten Seitenfleisch vom Schweinebauch, verwendet.

4 Bregenwurst oder **Brägenwurst** wurde früher mit Schweinehirn hergestellt, daher der Name.

5 Feldkieker aus dem Eichsfeld wurde früher mit aufs Feld genommen und »kiekte« (schaute) aus der Kiepe heraus.

6 Göttinger Bierwurst ist längst über die Grenzen Göttingens hinaus bekannt.

7 Hannoversche Weißwurst ist eine fettreiche Kochwurst und wird in Kranzdärme abgefüllt.

8 Pinkel, die Nationalwurst der Niedersachsen insofern, als es ohne sie das Nationalgericht »Kohl und Pinkel« nicht gäbe.

Harzer Käse

Auch wenn der Ausdruck in deutschen Landen gebräuchlich ist – im Harz sollte man nicht vom »Harzer Roller« sprechen, wenn man den Harzer Käse meint. Denn die Einheimischen assoziieren mit dem »Roller« nichts Kulinarisches; sie denken an die Kanarienvögel der Region, deren ausdrucksvolles Trillern ihre Züchter so stolz macht.

Der Harzer Käse hingegen ist ein Sauermilchkäse und gehört damit zu den ältesten Käsearten. Traditionell wurde er »am heimischen Herd« produziert: Wenn Milch durch Gerinnung ihres Eiweißes sauer und damit dick geworden war, schöpfte man den Quark einfach aus, formte ihn behutsam mit der Hand zu kleinen Laiben, die man zum Trocknen und Reifen neben den Kochherd legte – die Namen »Handkäse« oder »Bauernhandkäse« erinnern noch heute an dieses Verfahren. Auch im Harz nutzte man das Produkt des Milchviehs solcherart, und es war eine aus der Schweiz stammende Familie, die hier Ende des 18. Jahrhunderts erstmals mit der Herstellung des herzhaften Käses in größerem Maßstab begann. Im 19. Jahrhundert entstanden dann in der Mittelgebirgsregion zahlreiche Käsereien, die auf der Basis von Sauermilchquark arbeiteten. Sie begründeten den guten Ruf des Harzer Käses als bodenständiger Delikatesse.

Um beim Ausgangsprodukt Milch den flüssigen Bestandteil, die Molke, vom gewünschten Sauermilchquark zu trennen, werden heute für die Käserei gezüchtete Mikroorganismen eingesetzt: Milchsäurebakterien verwandeln den Milchzucker in Milchsäure, die das Eiweiß gerinnen lässt. Der so entstandene, recht körnige Quark wird noch gemahlen, ehe man ihm Mittel zur Reifung wie auch zur Würze, etwa Salz oder Kümmel, hinzufügt, um ihn dann maschinell, dem Sortenangebot entsprechend, zu formen. Der sogenannte »Gelbkäse«, mit mehr als 60 Prozent Marktanteil der Spitzenreiter unter den Sauermilchkäsen, kommt nun in den »Schwitzraum«, wo er unter hoher Temperatur und bei großer Luftfeuchtigkeit beginnt, seinen deftigen Geschmack zu entwickeln; anschließend wird er mit Rotschmierkulturen bestrichen und verbringt einige Zeit im niedriger temperierten »Reiferaum«. Dort erlangen auch die wesentlich milderen Harzer Edelschimmel- und Halbschimmelkäse ihr Aroma, die gleich nach ihrer Formung mit weißen oder blaugrauen Edelschimmelkulturen behandelt werden.

Harzer Käse ist gesund und hält fit: Da er auf der Basis von Magermilch hergestellt wird, liegt sein Fettgehalt unter einem Prozent – sein Eiweißgehalt aber bei fast 30 Prozent! Die Mineralstoffe der Milch, wie Kalium, Magnesium und Calcium, sind in ihm erhalten, außerdem liefert er die wichtigen Vitamine B1, B2 und Nikotinamid. Wenn er »mit Musik« serviert wird, also angemacht mit einer Marinade aus Essig, Öl, Pfeffer und Zwiebeln, hat man schon etwas mehr Fett auf dem Teller – reicht man nach guter alter niedersächsischer Sitte Schwarzbrot und Gänseschmalz zum Harzer, ist er sogar ein äußerst kalorienträchtiger Genuss. Zur vollen Aromaentfaltung nimmt man den Käse eine Stunde vor dem Verzehr aus dem Kühlschrank, in dem man ihn etwa zwei Wochen aufbewahren kann; dabei sollte man aber nicht vergessen, dass speziell der Gelbkäse recht geruchsintensiv ist.

Oben: Harzer Käse wird auch »Harzer Roller« genannt, obwohl im Harz damit eigentlich ein Kanarienvogel bezeichnet wird.
Von links nach rechts: Bauernhandkäse **(1)** wird mit Edelpilzkulturen versetzt, Korbkäse mit Edelschimmel **(2)** gehört zur milderen Variante der Sauermilchkäse, Mainzer **(3)** erfreut sich besonders bei Kümmelfreunden großer Beliebtheit, Korbkäse ohne Edelschimmel **(4)** wurde früher in kleinen Körbchen hergestellt, Stangenkäse **(5)** fällt durch seine Form aus dem Rahmen, Olmützer Quargel **(6)** speiste im 11. Jahrhundert bereits der Olmützer Klerus.

Warenkunde Sauermilchkäse

Sauermilchkäse wird heute hauptsächlich – zu etwa 75 Prozent – in Niedersachsen fabriziert, doch auch die Hessen haben nicht geringen Anteil daran: Dort hat man sich speziell um die Entwicklung des mit Rotschmierkulturen versetzten Gelbkäses bemüht. In seiner »Frühform« soll der heutige Mainzer Käse zuerst 1820 auf dem dortigen Wochenmarkt von einer Bäuerin aus dem nahen Groß-Gerau angeboten worden sein. Gern wird Sauermilchkäse in Stangenform gekauft; am bekanntesten ist dabei – wohl auch wegen seines originellen Namens – der »Olmützer Quargel«, den man sehr bequem in die schon vorgeprägten Portionen aufteilen kann. Von ihm ist überliefert, dass er aus Olmütz im ehemaligen Mähren stammt, wo er bereits im 11. Jahrhundert sehr geschätzt wurde. Meist rechteckig, in unterschiedlicher Größe, präsentiert sich der Bauernhandkäse, ob nun als Gelb- oder als Edelschimmelkäse. Rund ist natürlich der Korbkäse, den es auch in beiden Variationen gibt und der ursprünglich gleich im Körbchen geformt und nach der Reifung dann auch so zum Markt getragen wurde. Hübsch auch fürs Auge sind runde Minikäse, die etwa an der Theke eine gute Grundlage für ein kühles Bier sein können. Und auch Kümmelliebhaber finden auf der breiten Palette der Sauermilchkäse genug Auswahl.

Bienenfleiß

Was Bienenfleiß hervorbringt, dem kann der Mensch seit je nur schwer widerstehen: Rund 12 000 Jahre zählt die älteste bekannte Darstellung eines riskanten Beutezugs auf einen Stock wilder Bienen, eine spanische Höhlenzeichnung. Ägypter wie Griechen schätzten Honig als Bestandteil von Arzneimitteln, die Germanen brauten berauschenden Met daraus. Konkurrenz als Süßmittel bekam der Honig erst Mitte des 17. Jahrhunderts, als der teure Rohrzucker aus Amerika in adligen Kreisen beliebt wurde, und dann im 19. Jahrhundert durch den preiswerten Rübenzucker.

Daher war die Waldimkerei, »Zeidlerei« genannt, in unseren Breiten über Jahrhunderte, mit einem Höhepunkt im Mittelalter, ein geachteter Beruf; Zeidler richteten Baumstämme so her, dass sich ein Bienenschwarm niederlassen konnte, und holten aus bewohnten Stämmen Honig und Wachs. Daneben aber versuchte man lange schon, Schwärme in die Nähe von Ansiedlungen zu bringen. Den Strohkorb als Bienenwohnung gibt es etwa seit 2000 Jahren, und als ein Paradebeispiel seiner Art steht der »Lüneburger Stülper« für die Tradition der Imkerei in der Heide. Sie gehörte nicht nur zum bäuerlichen Betrieb, sondern auch Schäfer, Lehrer und Geistliche stockten damit gern ihr schmales Salär auf; früher brachte dabei das Kerzenwachs mehr ein als das Süßmittel Honig.

Als dessen Grundlage dient den Bienen entweder Nektar aus Blüten – sozusagen deren »Dankeschön« für die Bestäubungstätigkeit – oder aber Honigtau: Diese Ausscheidung anderer Insekten, von denen vorher Blatt- oder Nadelhölzer angezapft wurden, ergibt den dunklen, würzigen Waldhonig. Das Sammelgut in ihrer Honigblase reichert die Biene mit einem enzymartigen Drüsensekret an; ist es im Stock durch Umschichtung, Entwässerung und Fermentierung zu Honig gereift, werden die Waben von den Bienen mit Wachs verschlossen.

Steht »Bienenhonig« auf dem Glas, dann erwirbt man eine Mischung, an der mehrere Pflanzenarten beteiligt sind; »Sorten-« oder »Trachtenhonig« darf sich nur nennen, was mindestens zu 51 Prozent Ertrag aus einer Pflanzenart enthält. Der beliebte norddeutsche »Heidehonig« hat als Trachtpflanze die Besenheide; er ist rötlich-braun, kräftig im Aroma und reich an Eiweiß und Fermenten. Wegen seiner festen Konsistenz wird er oft noch als pollenreicher »Presshonig« angeboten, als »Scheibenhonig« ist er geleeartig, die Waben müssen verschlossen sein. Allgemein ist »Schleuderhonig« am häufigsten auf dem Markt, ihn gewinnt man mittels Schleudern in einem Kessel – nach Entfernen des Wachses und bei Zimmertemperatur. »Wabenhonig« ist Honig aus neu gebauten, verdeckelten und noch nie bebrüteten Waben.

»Richtiger Honig ist wie gute Medizin und hat die ganze Heilkraft der Natur« – das ist kein Slogan des Deutschen Imkerbundes, sondern vom Dichter Theodor Fontane.

Schwarmbienen: Bevor die neuen Königinnen geboren sind, zieht die alte Bienenkönigin mit ihrem Volk aus.

In der Regel setzt der Imker die alte Königin in ein neues Heim, hier ein Wanderstand, der Schwarm folgt ihr.

Um ein Kilogramm Honig einzutragen, müssen die Bienen 280 000 Kilometer Wegstrecke zurücklegen.

Der Schwarm muss den gesamten Wabenbau neu errichten. Die Wachsplättchen erzeugen die Bienen selbst.

Der Imker muss seine Völker regelmäßig kontrollieren. Findet er Brut in allen Stadien, so ist das Volk in Ordnung.

Mit einer Entdeckelungsgabel werden die Zelldeckel von den Honigwaben abgehoben, der Honig ist schleuderreif.

Heidschnucken

Die Heidschnucke, das charakteristische Tier der Lüneburger Heide, stammt von den Bergschafen Sardiniens und Korsikas ab und wurde wohl um das Jahr 1000 aufs Festland gebracht. In der Kombination mit Wacholder und weiten Heidekrautflächen ist diese kleinste der Schafrassen aus den Prospekten für das beliebte Fremdenverkehrsgebiet zwischen Aller und Elbe nicht mehr wegzudenken – doch nicht darauf bezieht sich der viel zitierte Ausspruch »ohne Schnucken keine Heide«, sondern auf die tatsächlichen Verdienste der Tiere für die Region: Nachdem durch Viehwirtschaft und Holzraubbau vor allem für die Saline in Lüneburg nach und nach die Wälder verschwunden waren, breitete sich in der nun fast schattenlosen Landschaft immer mehr die Besenheide aus, *Calluna vulgaris*, ein Zwergstrauch, der hier schon seit mehr als 3000 Jahren heimisch ist. Sie ist die Lieblingsnahrung der Schnucken, sodass die Bauern in der kargen Heide problemlos große Herden halten konnten. Wenn die Schafe das Heidekraut anknabbern, wächst es um so kräftiger nach – sonst würde es verholzen und schließlich absterben, und das wäre heutzutage auch ein herber Verlust für den Fremdenverkehr, denn die lila blühenden Flächen ziehen ab dem Spätsommer die Touristen in Scharen an.

Aber auch andere Nahrung hat die Heide den Schnucken zu bieten: Seit der Aufforstung können sie wieder an kleinen Eichen und Buchen nagen, Kiefernnadeln sind im Winter oft das einzige Grünfutter, und bodenpflegerisch wirken die Tiere durch den Abbiss von Schösslingen der sehr stark aussamenden Birke. Blaubeer- und Preiselbeersträucher sowie Ginster stehen reichlich zur Verfügung, daneben Gräser wie Schafschwengel und Drahtschmiele oder würzige Kräuter. Der Wacholder mit seinen überaus harten Nadeln darf ungehindert wachsen, nur im zeitigen Frühjahr kappen die Tiere ein paar zarte Triebe. Und an keiner Pflanze hält sich die Schnucke länger auf, ständig ist sie in Bewegung von einer Leckerei zur nächsten – daher kommt auch ihr Name: »Schnucken« ist mundartlich und steht für »Naschen«.

Wo die Schnucken bei den ehemals riesigen Heideflächen mit der Landschaftspflege nicht nachkamen, griffen die Bauern selbst ein: Die Heide wurde zur Verjüngung abgebrannt oder man schlug große Wurzelballen ab. Diese »Plaggen« kamen als Einstreu in die Ställe und mit dem Dung der Schnucken angereichert dann auf die Felder. Auch der Imkerei brachten und bringen die Schnucken Nutzen, denn beim Weiden zerstören sie die Spinnweben im Heidekraut, die für die Bienen eine oft tödliche Gefahr darstellen.

Um 1860 weideten noch mehr als 750 000 Schnucken in der Lüneburger Heide; bis in die Siebzigerjahre des 20. Jahrhunderts war der Bestand sehr stark rückläufig, nun ist er wieder etwas angewachsen, auf gut 12 000 Stück. Gehütet werden müssen die Tiere täglich, doch sie verbringen nie die Nacht im Freien, sondern kehren spätestens am Abend in den heimischen Stall zurück – manchmal auch früher, denn sie sind empfindlich gegen Regen und zu starke Sonne.

Der Tag eines Schäfers aber ist lang, anstrengend und bringt viele Aufgaben; nicht umsonst dauert die Ausbildung für den Beruf drei Jahre. In dieser Zeit lernt der Schäfer nicht nur das Hüten. Er muss auch in der Lage sein, Krankheiten zu erkennen. Hüten heißt, stets die Augen offen zu halten, um jede Gefährdung der wertvollen Herde zu vermeiden, und dabei stehen dem Schäfer seine Hunde zur Seite. Das sind keineswegs immer nur Deutsche oder Altdeutsche Schäferhunde – auch Mischungen sind gefragt. Wichtig ist nur, dass die Tiere die Veranlagung zum Hüten geerbt haben. Schon als Welpen lernen sie, sich bei den Schafen Respekt zu verschaffen, ohne dabei Unruhe unter die Tiere zu bringen. Die Hunde müssen die Herde in Bewegung halten und Ausreißer mit mahnenden, richtig dosierten Bissen wieder an ihren Platz verweisen. Der Schäfer greift in solchen Fällen zu seinem Stab, »Schippe« genannt: Mit dem gekrümmten oberen Teil fasst er das Schaf am Hinterbein, um es zur Ordnung zu rufen, mit dem schaufelähnlichen unteren Stück kann er etwas abgegrabene Erde schleudern und den Rumtreiber so zurückscheuchen.

Das Weidegebiet sucht der Schäfer in etwa drei Kilometern Umkreis vom Stall, und in der modernen Schafhaltung wird auch zugefüttert, meist mit Heu und Gerstenstroh. Lecksteine helfen gegen Mineralstoffmangel, und Muttertiere werden speziell versorgt. Zwischen Januar und Ende März lammen oft mehrere Schnucken am Tag, und schon nach wenigen Monaten kommt Unruhe in die Herde, wenn beim männlichen Nachwuchs der Geschlechtstrieb erwacht: Decken darf nämlich keineswegs jeder, das ist den Zuchtböcken mit Abstammungsnachweis aus den »Stammherden« vorbehalten, die unter strenger Kontrolle stehen.

Schnuckenwolle war lange ein wichtiger Wirtschaftsfaktor für die Heidjer; Mitte des 19. Jahrhunderts kamen aus der Heide etwa noch 200 000 Zentner Wolle, die bis nach Frankreich gehandelt wurden. Schließlich aber konnte die Schnuckenwolle nicht mehr mit den billigeren Importen aus Australien konkurrieren, und heute ist allein die Fleischgewinnung von Bedeutung, wobei fast ausschließlich Lammfleisch in den Handel kommt.

Wacholder

Juniperus communis, der Gemeine Wacholder, gehört zur Familie der Zypressengewächse. Besonders eindrucksvoll steigen seine dunklen, schlanken Säulen in der Lüneburger Heide im Totengrund am Wilseder Berg auf. Doch er hat noch mehr als Schönheit zu bieten: Seine getrockneten Beeren würzen nicht nur Sauerkraut und Wildgerichte, sie sind durch ihre desinfizierenden sowie harn- und schweißtreibenden Eigenschaften auch Bestandteil von Blasen- und Nierentees; Einreibungen mit Wacholderspiritus sollen bei Rheuma und Ischias helfen. Der Wacholder ist der Machandelbaum des Märchens, und bereits die Germanen vertrauten auf seine heilende Wirkung und sprachen ihm Zauberkraft zu. Während ein Zweig Wacholder über der Tür die bösen Geister abhält, finden sich die guten Geister bei einem Wacholderschnaps ein, der die Verdauung fördert und den Magen vor einem kühlen Bier so überaus angenehm wärmt.

Gefüllte Heidschnuckenhaxe im Wirsingmantel

4 Heidschnuckenhaxen
Salz und Pfeffer
2 zerdrückte Knoblauchzehen
4 EL Rapsöl
1 Bund Suppengrün, grob gehackt
2 EL Tomatenmark
1 l Brühe
1 Lorbeerblatt
1 Nelke
5 Pfefferkörner
8 Wacholderbeeren
200 g Schweinenetz
12 hellgrüne Wirsingblätter
300 g Bratwurstbrät
50 g gekochter Schinken, gewürfelt
40 g gehackte frische Kräuter,
z. B. Thymian, Kerbel, Schnittlauch
¼ l Rotwein

Die Haxen mit Salz, Pfeffer und Knoblauch würzen und in heißem Öl rundum gut anbraten. Das Suppengrün und das Tomatenmark hinzufügen und kurz anrösten, mit der Brühe ablöschen und die Gewürze dazugeben. Im vorgeheizten Backofen bei 180 °C ca. 1 Stunde schmoren. Dann die Haxen aus dem Ofen nehmen, abkühlen lassen und das Fleisch von den Knochen lösen. Den Bratenfond durch ein Sieb passieren. Das Schweinenetz wässern. Die Wirsingblätter in Salzwasser 1 Minute blanchieren, in Eiswasser abschrecken und gut abtropfen lassen. Für die Füllung das Bratwurstbrät mit den Schinkenwürfeln und frischen Kräutern durchmengen. Für jede Haxe 3 Wirsingblätter mit etwas Füllung bestreichen, das Haxenfleisch mit der Masse füllen und wieder in die ursprüngliche Form bringen. Mit den Wirsingblättern umwickeln und in ¼ des Schweinenetzes einschlagen. Die Haxenknochen kürzen, verkehrt herum in die gefüllte Haxe stecken und mit Alufolie umwickeln. Die Haxen wieder in den Bräter legen, die passierte Soße und den Rotwein angießen und im vorgeheizten Backofen nochmals 20 Minuten schmoren. Mit jungem Gemüse und Kartoffelpüree servieren.

Oben: Die Graue Gehörnte Heidschnucke kommt in der Lüneburger Heide am häufigsten vor; die Lämmer sind pechschwarz, dann werden die Tiere rotbraun und grau.

Links: Bevor die Konkurrenz aus Australien die Preise verdarb, waren Heidschnucken auch Wolllieferanten.

Forelle

Was den Forellenliebhaber auf dem Teller erfreut, ob »blau« aus dem Sud, gebacken, gebeizt oder geräuchert, ist meist die Regenbogenforelle, *Salmo gairdneri*. Diese Mischform aus zwei nordamerikanischen Forellenarten, die Ende des 19. Jahrhunderts zu uns kam, ist nach ihren regenbogenfarbenen Seitenstreifen benannt. Neben dem Karpfen ist sie heute der Hauptfisch der europäischen Teichwirtschaft. Der winzige Nachwuchs wird nach vier Wochen aus den Abfütterungskästen in Brutteiche versetzt; nach dem Sommer kommen die Fischlein in tiefere Winterteiche, im Frühjahr dann in die Mastteiche. Man füttert vor allem Süßwasser- und Seefische, aber auch Trockenfutter. Hat die schnellwüchsige Regenbogenforelle zwischen Mai und Juli das gewünschte Gewicht – meist bis zu etwa 250 Gramm – erreicht, wird sie lebend in großen Wasserbehältern oder tiefgekühlt auf Eis versandt.

Nur selten wird die Bachforelle, *Salmo trutta fario*, in Teichwirtschaft gezogen. Ihr angestammtes Reich hat sie »in einem Bächlein helle ...«, wie es bei Franz Schubert so klangvoll heißt: in kühlen und sauerstoffreichen Fließgewässern bis zu 2500 Metern über dem Meeresspiegel. Niedersachsen bietet ihr mit dem Harz ideale Bedingungen, doch auch in Quellbächen der Heide fühlt sie sich wohl. Standorttreu verteidigt sie ihr Jagdgebiet gegen Eindringlinge; Deckung geben ihr überhängende Uferpartien oder große Steine. So erfordert es Kenntnis der Gewässer, Geduld und viel Geschick, um die wendigen Fische auf die wohl zünftigste Weise zu fangen – bäuchlings am Bachesrand liegend mit blitzschnellem Griff, wie es etwa Wilhelm Busch als Schuljunge so gut konnte. Petrijünger versuchen ihr Glück oft mit Künstlichem: Hakenbewehrte bunte »Fliegen« imitieren dabei Insekten in verschiedenen Entwicklungsstadien, nach denen der Raubfisch gern in oder über dem Wasser schnappt, glänzende »Spinnköder« nahrhafte Kleinfische.

Im Frühjahr und Herbst beißt die Forelle zu jeder Tageszeit, im Hochsommer vor allem in den Abend- und Nachtstunden.

Die Seeforelle, *Salmo trutta lacustris*, findet der Angler in großen und tiefen bayerischen Seen; die Cutthroat-Forelle, *Salmo clarki* aus Nordamerika, produzieren in Europa einige Teichwirtschaften. Eine »Lachsforelle« aber, wie sie besonders groß und schön rot im Fleisch oft angeboten wird, gibt es nicht: Zwar gehören die Forellen zu den lachsartigen Fischen, doch den rötlichen Farbton ruft ein Wirkstoff im gern verzehrten Bachflohkrebs hervor – und da kann gezielte Fütterung in der Teichwirtschaft Wunder wirken.

Forelle blau

1/2 l Weißwein
1/8 l Weinessig
1 Bund Suppengrün
1 Zwiebel, gespickt mit 1 Lorbeerblatt und 1 Nelke
Salz, 1/2 TL Pfefferkörner
4 Regenbogenforellen, küchenfertig vorbereitet

2 l Wasser mit Weißwein, Weinessig, Suppengrün, der gespickten Zwiebel, 1 TL Salz und den Pfefferkörnern zum Kochen bringen und 10 Minuten köcheln. Inzwischen die Forelle gut abspülen und halbrund binden, dazu Küchengarn durch den Unterkiefer und das Schwanzende ziehen und verknoten. Die Forellen in einen weiten Topf legen, mit dem kochenden Essigsud übergießen und bei kleiner Hitze zugedeckt 20 bis 30 Minuten gar ziehen lassen. Dann mit dem Schaumlöffel aus dem Sud heben, das Küchengarn entfernen und die Forellen servieren.

Forelle Müllerin

4 Bachforellen, küchenfertig vorbereitet
Salz und Pfeffer
Saft von 1 Zitrone
4 EL Mehl
6 EL Butter
1 Bund gehackte Petersilie

Forellen waschen, trocken tupfen, mit Salz und Pfeffer würzen, mit Zitronensaft beträufeln. 5 Minuten ziehen lassen, in Mehl wenden, überschüssiges Mehl abklopfen. Die Hälfte der Butter in einer großen Pfanne erhitzen und die Forellen bei kleiner Hitze auf jeder Seite etwa 8 Minuten braten. Restliche Butter in einer kleinen Pfanne bräunen. Forellen auf eine vorgewärmte Platte legen, mit Petersilie bestreuen und mit gebräunter Butter servieren.

1 Forelle blau – diese schonende und köstlichste Art der Zubereitung bewahrt den Eigengeschmack des Fisches.

2 Unterkiefer und Schwanzende werden mit Garn verbunden, dann wird die Forelle wird mit einem heißen Sud aus Weinessig und Weißwein übergossen.

3 Nun lässt man sie zugedeckt etwa 20 Minuten garen, am besten in einem speziellen Fischtopf.

Oben: Um Bachforellen zu fangen, benützen Angler sogenannte »Fliegen«, die aussehen wie die Insekten, nach denen der Raubfisch gerne in oder über dem Wasser schnappt.

Links: Zum Forellenfischen braucht man Geschick, Geduld, Kenntnis der Gewässer – und hohe Gummistiefel.

4

4 Nachdem man das Küchengarn durchtrennt hat, kann der Fisch serviert werden, ganz oder filetiert.

5

5 Forelle blau serviert man mit Salzkartoffeln und zerlassener Butter. Dazu passt gut ein Kopfsalat.

Fisch aus dem Rauch

Als Methode des Konservierens ist das Räuchern seit alters bekannt. Uns heute geht es vor allem ums Aroma, wir schätzen im Restaurant die Forelle »frisch aus dem Rauch«. Und eine Vielzahl von Geräten macht inzwischen nicht nur die Gastronomie autark, sondern ermöglicht auch dem Sportfischer, seinen Fang am Wasser zu räuchern.

Wie bei Fleischwaren unterscheidet man bei Fisch zwischen Kalträuchern und Heißräuchern. Beim ersten, dem älteren Verfahren bleibt die Wärme unter 30 Grad Celsius; es wird bei uns fast nur für Lachs und Lachshering verwendet und dauert zwei bis vier Tage. Das weitaus verbreitetere Heißräuchern erfordert eine Temperatur von über 60 Grad Celsius; wenige Fische im Kleingerät sind in Minuten fertig, große Mengen benötigen bis zu zwei Stunden. Forellen und Makrelen werden so geräuchert, der Hering verlässt den Rauch als beliebter Bückling, und auch den Reiz geräucherten Karpfens hat man seit Kurzem entdeckt. Ausnehmen und Reinigen der Fische (sofern sie nicht wie etwa Sprotten im Ganzen geräuchert werden) gehen voraus; beim anschließenden Salzen können auch noch Kräuter oder Würzmischungen beigegeben werden. Bei beiden Verfahren wird zuerst kurzfristig stark angeheizt, um das Garwerden zu garantieren und eventuelle Parasiten abzutöten. Dann sorgt man für starke Rauchentwicklung, die das Aroma und die goldgelbe Farbe gibt. Dazu sollten nur Späne oder Sägemehl von harzfreiem Laubholz verwendet werden; für besonders aromatischen Rauch werden Räuchermehle angeboten, auch Wacholderholz und -beeren oder Rebschnitt sind zu empfehlen.

Bei Fischerfesten wird manchmal noch auf die alte Art geräuchert: in Tonnen ohne Deckel und Boden über einer Feuerstelle aus Ziegelsteinen. Köstlich schmeckt noch rauchwarmer »Bundaal«, das ist daumendicker Aal, der so klein ist, dass man ihn nicht einzeln, sondern nur zusammengebunden verkauft. Man erhält ihn frisch am Steinhuder Meer oder am Zwischenahner Meer, Niedersachsens bekanntestem Aalrevier, und nagt ihn zünftig ab, wobei man sich an die norddeutsche Sitte erinnern sollte, dass der dazugehörige Korn auch die Finger von Fett und vom Fischgeruch befreit.

Rechts: Aalfang mit Netz am Steinhuder Meer.

1 Der fangfrische Aal wird ausgenommen und anschließend sauber gewaschen.

2 Bevor er in die Räucherkammer kommt, wird der Aal kräftig eingesalzen und dann erneut gewaschen.

3 Die frisch geräucherten Aale kommen goldgelb aus der Räucherkammer.

4 Am besten schmecken die Fische, wenn man sie vor Ort mit Blick auf das Steinhuder Meer verzehrt.

Räucherfisch

1 **Wels** – auch geräuchert ein schmackhafter Fisch
2 **Stör** ist nicht nur seines Rogens (Kaviar) wegen beliebt, sondern auch ein ausgezeichneter Speisefisch.
3 **Forelle** – geräuchert darf sie auf keinem kalten Büfett fehlen.
4 **Aal** – eine ebenso fette wie beliebte Räucherfischspezialität
5 **Bückling** – der Hering ist der Klassiker unter den geräucherten Fischen.
6 **Makrele** – fetter als der Bückling, aber gerade dadurch ein ausgezeichneter Räucherfisch

7 **Schellfisch** entfaltet beim Räuchern seinen feinen Geschmack.

8 Rogen vom **Dorsch** – eine ausgefallene Räucher-spezialität

9 **Sprotten** werden nicht ausgenommen, bevor sie in die Räucherkammer wandern.

10 Schillerlocken sind die Bauchlappen des **Dornhais**.

11 **Lachs** gehört zu den beliebtesten Räucherfischen.

12 **Heilbutt** – der Plattfisch wird vorwiegend gekocht oder gebraten, schmeckt aber auch geräuchert gut.

13 **Rotbarsch** – mit seinem festen, fetten Fleisch ein hervorragender Räucherfisch

Enten

Es gibt Wunderschöne unter ihnen, farbenprächtig, mit kleinen Krönchen und metallisch schillerndem Gefieder, Zierde für Gartenanlagen und Feuchtbiotope, doch meist hält man das Geflügel aus den schon von Wilhelm Busch angeführten Gründen: »Einesteils der Eier wegen, welche diese Vögel legen, zweitens, weil man dann und wann einen Braten haben kann. Drittens nimmt man aber auch ihre Federn zum Gebrauch ...«

Uns geht es heute vorwiegend um den Braten, dann und wann. Die früher beliebten Enteneier, größer und nährstoffreicher als Hühnereier, sind wegen einer durch sie ausgelösten Paratyphusinfektion nach dem Ersten Weltkrieg in Verruf geraten. Man kann sie zwar ohne Bedenken nach zehnminütigem Kochen genießen, doch spielen sie als Handelsware keine Rolle mehr. Anders das Fleisch, zart und – wenn man es ohne die Haut genießt – fettarm. Doch wer möchte schon die Haut missen? Sie ist, knusprig gebraten, nahezu das Beste. Die Chinesen servieren sie dem Gast und begnügen sich selbst mit dem Rest, den Keulen und der Brust, die wir hierzulande für eine besondere Köstlichkeit halten.

Zum Fleischgewinn werden in Deutschland überwiegend Arten der weiß gefiederten Pekingente und die Flug- oder Moschusente gezogen, unverkennbar mit den Warzen am Schnabel. Ihr Fleisch ist dunkel, besonders zart und fettarm.

Die Hausente stammt von der in Asien, Nordamerika und Europa verbreiteten Stockente ab. Revier dieser Wildente sind Teiche, Seen und Flüsse mit ausreichend Röhricht, doch auch alte Bäume, verlassene große Vogelnester, sogar öffentliche Grünanlagen ziehen sie an – obwohl die Ente im Gegensatz zu ihrer Verwandten, der Gans, eher scheu und schreckhaft ist.

Unbedingte Voraussetzung für die artgerechte Entenhaltung ist ein Gewässer, möglichst mit Zu- und Abfluss, aus dem der Vogel mit seinem Siebschnabel Nahrung ausfiltern kann und zu dem die Entenmutter ihre Jungen schon einen Tag nach dem Schlüpfen führt. Der Entenzüchter muss reichlich Getreide zufüttern; Schnecken, Regenwürmer und Grünzeug holen die Tiere sich selbst von der Wiese.

Enten kommen fast nur als Frühmastenten auf den Markt. Das heißt, sie werden zwischen der siebeneinhalbten und achten Woche vor der ersten Federreife geschlachtet und wiegen bratfertig etwa 1600 Gramm. Werden die Vögel älter als ein Jahr, kann man zwar noch am Fleisch – etwa als Ragout –, aber nicht mehr an der Haut seine Freude haben.

Ein guter Entenbraten darf niemals austrocknen, deshalb empfiehlt sich eine saftige Füllung und mehrfaches Begießen; auch Bratfolie hat sich bewährt, die in der letzten Viertelstunde zum Bräunen der Ente geöffnet wird. Das Bespritzen mit kaltem Salzwasser in dieser Phase sorgt für eine knusprige Haut. Zum Vorlegen trennt man zuerst die Flügel und Schenkel von den Gelenken, teilt dann durch einen Längsschnitt bis zur Bauchhöhle die Brust in zwei Teile und schneidet schließlich vom Brustbein schräg nach unten weg gut zwei Zentimeter breite Streifen ab, die man vom Knochen löst: So bekommt jeder etwas vom begehrten Bruststück. Wer als Single oder zu zweit speist, kann statt einer ganzen Ente auch nur deren Brust kaufen und zubereiten.

Rechts: Die Hausente stammt von der Stockente ab, der in Europa am häufigsten vorkommenden Ente.

Unten: Vierländer Ente mit Birnen-Leber-Füllung

Die Cumberlandsoße

Sie wird zu Wild und Wildgeflügel gereicht, aber auch zu kaltem Huhn, zu Pasteten, Roastbeef und Fleischfondue: die pikante Cumberlandsoße. Trotz ihres englischen Namens wurde sie in Deutschland erfunden, für die Hoftafel des Welfenprinzen Ernst August (1845–1923), des einzigen Sohns König Georgs V. von Hannover, der sich auch Herzog von Cumberland nennen durfte. Seit 1799 ist dieser Titel im Hause Hannover erblich, und er weist hin auf dessen Verbindung mit England: Von 1714 bis 1837 waren die hannoverschen Regenten in Personalunion gleichzeitig Könige von Großbritannien – denn infolge eines Londoner Parlamentsbeschlusses, der die katholischen Mitglieder der Stuartdynastie von der Erbfolge ausschloss, wurde die protestantische Kurfürstin Sophie von Hannover, eine Enkelin des englischen Königs Jakob I., Anwärterin auf die Krone. Durch Sophies Tod aber war es dann ihr Sohn, der als erster Welfe den englischen Thron bestieg; er hieß nun Georg I. von Großbritannien und Irland, hatte aber politisch ebenso wenig eine glückliche Hand wie seine Nachfolger, allesamt Georgs. 1814 erlangte auch Hannover den Status eines Königreiches, verlor ihn jedoch 1866 wieder, sodass dem Feinschmecker Ernst August, dem wir die Cumberlandsoße verdanken, die höchsten Würden versagt blieben.

Wenn auch die Welfen sich als britische Könige wenig um ihre Stammlande kümmerten, so hatte die »englische Zeit« dort doch Auswirkungen, etwa in der Kleidermode oder im Einrichtungsstil. Und bis heute hat sich ein Anglizismus des frühen 19. Jahrhunderts auf gediegenen Speisekarten erhalten: Als nämlich damals wegen Napoleons gegen England gerichteter Kontinentalsperre die reichen Ammerländer Bauern auf ihre hoch geschätzte Schildkrötensuppe verzichten mussten, kreierte man als Ersatz eine gut gewürzte Kalbsbrühe mit fein geschnittenem Kalbfleisch und Champignons – und nannte sie »Mockturtle«. »Turtle« heißt im Englischen »Schildkröte« und »mock« »unecht«. Wer mit dieser falschen Schildkrötensuppe im Norden Deutschlands ein Menü beginnt, kann es stilvoll mit einem echten Welfenpudding in Gelb und Weiß, den Farben des Fürstenhauses, ausklingen lassen.

Vierländer Ente mit Birnen-Leber-Füllung

1 frische Ente, ca. 2 kg
Salz und Pfeffer
150 g Geflügelleber
50 g Butter
3 mittelgroße Birnen
4 EL Semmelbrösel
1/4 l Brühe
100 g Schmand
1 Prise Zucker

Die Ente waschen, trocken tupfen und innen und außen mit Salz und Pfeffer einreiben. An den Keulen und auf der Brustseite mehrmals anstechen. Für die Füllung die Leber fein hacken und in 1 EL Butter rösten. Die Birnen schälen, halbieren und entkernen. In Scheiben schneiden und in der restlichen Butter einige Minuten dünsten. Leber, Birnen und Semmelbrösel vermengen, in die Ente füllen und die Öffnung mit Küchengarn zunähen. Die Ente mit der Brustseite nach unten in eine Bratform mit Deckel legen und im vorgeheizten Backofen bei kleiner Hitze ca. 4 Stunden braten. Auf einer vorgewärmten Platte anrichten und warm stellen. Den Bratfond abseihen, Brühe und Schmand einrühren und die Soße etwas einkochen. Mit Salz, Pfeffer und Zucker abschmecken und getrennt zur Ente reichen. Dazu Butterkartoffeln oder Buttergemüse servieren.

Nordrhein-Westfalen

Detlev Arens

Nordrhein-Westfalen: ein Bundesland von Gnaden der Besatzungsmacht, aber nichtsdestoweniger mit engen historischen Bindungen seiner beiden Landesteile. Gemeinsames zeigt sich auch landschaftlich, wobei Westfalen die höheren Gipfel sein eigen nennt. Zu ihren Füßen liegt das Sauerland; Städtchen ganz eigenen Charakters finden sich entlang der Weser, das Münsterland glänzt mit seinen Wasserburgen.

Rheinischerseits lässt sich dagegen das Siebengebirge als Ikone der Rheinromantik ins Feld führen, auch die gelassene Weite des niederrheinischen Tieflands wuchert mit dem Pfund des großen Stroms. Doch eigentlicher Trumpf dieser Region ist ihre Stadtkultur. Sie reicht bis in die Römerzeit zurück und setzt mit dem Kölner Dom oder dem Aachener Münster die kräftigsten Architekturfanale. Als Klammer zwischen Nordrhein und Westfalen wirkt das vitale Ruhrgebiet.

Historisch gesehen führen Rheinländer und Westfalen eine solide Ehe. Zu einer solchen gehört, dass sie nicht frei von Spannungen ist. Gerne schreiben sich die bedächtigen Westfalen und die quicken Rheinländer regionale Eigentümlichkeiten zu, von denen sich nicht immer sagen lässt, ob sie noch Frotzelei sind oder schon Beleidigung. Vom gegenseitigen Misstrauen sind die Essgewohnheiten nicht ausgenommen, auch kulinarisch sind die Landesteile ein gemischtes Doppel. Der Rheinländer rügt am Westfälischen gewöhnlich die Deftigkeit. Umgekehrt brandmarkt der Westfale den fatalen Hang zu gewagtesten Süßsauer-Kombinationen.

Vielleicht steckt ja ein Körnchen Wahrheit in den Vorurteilen. Gerne wird das obergärige Bier im Rheinland als Zeuge leichterer Lebensart bemüht. Ohne viel Aufhebens fließt es aus dem Zapfhahn und trinkt sich schön hintereinander weg. Hingegen braucht das stärkere Pils der Westfalen allein schon acht Minuten, um sich ins Glas zu verfügen. Überhaupt verweisen die hiesigen Viehzüchter und Getreidebauern gern auf die Bodenständigkeit ihrer Küche. Der Rheinländer hat dagegen Anregungen von auswärts aufgenommen. Natürlich hat auch das gleich wieder dem Verdacht Nahrung gegeben, er sei selbst kulinarisch ein Bruder Leichtfuß.

Oben: Teile des Düsseldorfer Hafens wurden in ein modernes Büro- und Wohnquartier umgewandelt – hier stehen denkmalgeschützte Lagerhallen neben moderner Architektur.

Links: Der Rurstausee liegt in der Eifel in der Nähe der alten Stadt Aachen. Im Gegensatz zur Ruhr, die durch das industrialisierte Ruhrgebiet fließt, mäandert der Fluss ohne »h« durch die idyllische Bergwelt der Eifel.

Sauerbraten

Das Eingeständnis mag dem Rheinländer schwerfallen, aber es führt trotzdem kein Weg daran vorbei: Westfalen hat die markantere Küche. Ein rheinisches Gericht, ein Fleischgericht, strahlt jedoch als heller Stern am Firmament des deutschen Mahlzeitenhimmels: der Sauerbraten.

Die grundlegende Köchefrage »Was braucht ein Sauerbraten?« lässt sich kurz und knapp beantworten: viel Zeit. Nimmt er doch keineswegs den direkten Weg von der Fleischtheke in den Bräter, sondern macht zwei bis drei, besser noch vier bis fünf Tage in der Marinade Zwischenstation. Sie entscheidet über die Mürbheit des Bratens: Die Säure löst die Kollagenfasern auf, jene Bestandteile des Gewebes, die für die Binde- und Stützfunktion verantwortlich sind. Aber nicht nur das: Mindestens ebenso wichtig ist die größere Empfänglichkeit von mürbem Fleisch. Und so bestimmt die Marinade auch den Namen gebenden Geschmackshintergrund des Bratens ganz wesentlich mit.

Doch ein Sauerbraten ist ja nicht nur sauer. Mit der Soße wird er vielmehr auf eine Weise traktiert, die einige Kritiker »typisch rheinisch« nennen. Die Soße setzt den Kontrapunkt zum Sauren, und ihre Süße ist verantwortlich für die bedeutendsten Varianten der Rezepte für Rheinischen Sauerbraten. Gewöhnlich kommt eine hübsche Menge Rosinen hinein, denen oft noch gehobelte Mandeln als Hilfstruppen beigegeben sind. Andere nehmen Rübenkraut – auch das hat gute Tradition. Wieder andere schwören auf Lebkuchen, und mit ihm schmeichelt die süße Erinnerung an das Weihnachtsfest dem Gaumen.

Aber damit noch lange nicht genug. Die süße Gegenbewegung setzt sich mit den Beilagen fort. Zu einem Rheinischen Sauerbraten gehört das Apfelkompott wie der Ring zum Hochzeiter. Erstaunlich, dass bisher noch niemand auf die Idee einer Umbenennung in »Süßsauerbraten« gekommen ist.

Rheinischer Sauerbraten

1/4 l Rotwein
1/4 l Weinessig
1/2 l Wasser
2 Lorbeerblätter
8 Wacholderbeeren
4 Pimentkörner
1 TL Pfefferkörner
1 kg Rindfleisch vom Bug
Salz und Pfeffer
30 g Butterschmalz
1 Bund grob gehacktes Suppengrün
60 g Lebkuchenbrösel
1 EL Apfelkraut
saure Sahne
Zucker
1 Apfel, geschält und in Würfel geschnitten
100 g Rosinen

Für die Marinade Rotwein, Weinessig und Wasser mit Lorbeerblättern, Wacholderbeeren, Piment- und Pfefferkörnern aufkochen, abkühlen lassen und über das Rindfleisch gießen. Fleisch an einem kühlen Ort mindestens 2 Tage ziehen lassen, dabei mehrmals wenden. Vor dem Braten Fleisch aus der Marinade heben, abtrocknen und mit Salz und Pfeffer einreiben. In Butterschmalz von allen Seiten scharf anbraten, Suppengrün zufügen und kurz mitbraten. Die Marinade angießen, Lebkuchenbrösel und Apfelkraut einrühren. Bei mittlerer Hitze zugedeckt 1 1/2 Stunden schmoren. Den fertigen Braten aus der Soße heben und warm stellen. Soße abseihen, saure Sahne unterrühren und mit Salz, Pfeffer und Zucker süßsauer abschmecken. Mit den Apfelstücken noch etwa 10 Minuten kochen. Die gewaschenen Rosinen Minuten vor Ende der Garzeit dazugeben. Das Fleisch in Scheiben aufschneiden, auf einer vorgewärmten Platte anrichten und mit Apfelkompott und Kartoffelklößen servieren.

1 Das Fleisch, das ein paar Tage in der Marinade gelegen hat, wird von allen Seiten scharf angebraten.

2 Nachdem das Suppengrün zugefügt und kurz mitgebraten wurde, gießt man die Marinade an.

3 Nach dem Schmoren wird der fertigen Braten aus den Bratenfond genommen. Der Fond wird durch ein Sieb geseiht.

4 Die Apfelstücke werden in der Soße gegart, gegen Ende der Garzeit werden die Rosinen zugefügt.

5 Für »typisch rheinischen« Sauerbraten ist es wichtig, eine Soße von milder Säure und leichter Süße im Geschmack zu haben.

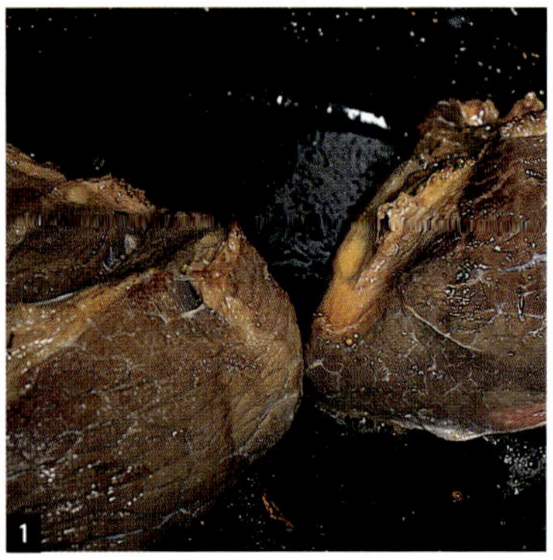
1

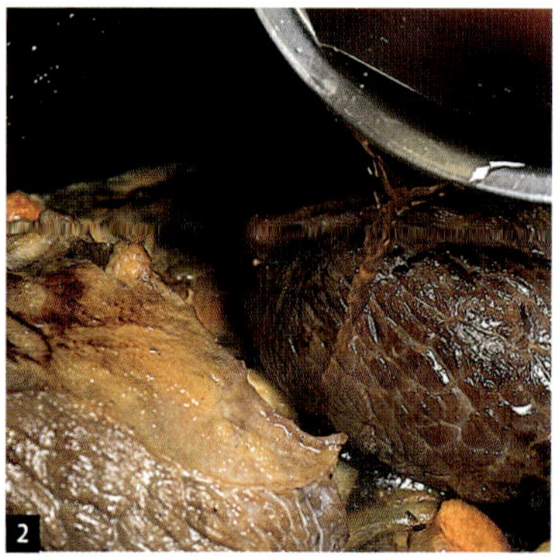
2

3

4

5

Unten und links: Sauerbraten ist als rheinische Spezialität weit über die Landesgrenzen hinaus bekannt geworden. Seine spezielle Geschmacksrichtung erhält er durch die Kombination von süß und sauer. Die Marinade wird mit Essig angesetzt, beim Kochen kommt Lebkuchen dazu.

Sauerbraten – eigentlich vom Pferd

»Wat maache mer mit dem Pääd, wat maache mer mit dem Pääd?« grübeln die Kölner während des Karnevals. Da versteht es sich von selbst, dass sie die Frage »Was machen wir mit dem Pferd?« nicht nur öffentlich stellen, sondern auch noch in Form des Sprechgesangs.
Das Problem unter dem Gesichtspunkt der Nahrhaftigkeit zu betrachten, liegt nahe, doch offenbar zu nah. Das Pferd hat seit der Christianisierung Europas unter den Haustieren eine besondere Stellung. Der Verzehr des Fleisches wurde im Jahr 732 sogar mit einem Essverbot belegt, dem Einzigen, das die katholische Kirche je ausgesprochen hat: »Unter anderem hast Du auch erwähnt, einige äßen wilde Pferde und sogar noch mehr äßen zahme Pferde. Unter keinen Umständen, heiliger Bruder, darfst Du erlauben, dass dergleichen jemals geschieht. Erlege ihnen vielmehr um alles in der Welt eine angemessene Strafe auf, durch die Du mit Christi Hilfe imstande bist, es zu verhindern. Denn dieses Tun ist unrein und verabscheuungswürdig«, schrieb Papst Gregor III. an den Missionar Bonifatius.
Die Empörung, die aus diesen Worten spricht, entsprang natürlich nicht sentimentaler papstlicher Tierliebe. Einige Kulturhistoriker erklären das Verbot damit, dass es als Mittel zur Entmachtung der heidnischen Religion diente: Den Germanen galt das Pferd als vornehmstes Opfertier und ganz besondere Speise. Wahrscheinlicher aber ist die Theorie, die Marvin Harris in seinem Buch »Wohlgeschmack und Widerwillen« entwickelt. Er sieht politische Gründe für das päpstliche Engagement in Sachen Pferd. Europa, die Hochburg des Christentums, wurde damals von berittenen islamischen Kriegsscharen bedroht und brauchte Pferde als militärische Waffe. Nicht ohne Grund stammt das päpstliche Edikt aus demselben Jahr, in dem Karl Martell die Muslime zwischen Tours und Poitiers vernichtend schlug.
Pferde wurden also deshalb nicht geschlachtet, weil sie den Menschen auf dem Schlachtfeld und später als Arbeitstiere auf dem Feld wertvollere Dienste leisteten denn als Fleischlieferanten. In dieser Funktion sind ihnen nämlich Schweine, Rinder und andere Haustiere weit überlegen; sie können schneller und mit geringerem Kostenaufwand gemästet werden.
Die Gründe für das Essverbot sind längst vergessen, der Widerwille gegen den Verzehr von Pferdefleisch setzte sich jedoch im ganzen christlichen Abendland und auch in den USA durch – aus dem Verbot wurde ein Nahrungstabu. Einzig in Notzeiten, wenn man auch Ratten und Hunde aß, wurden Pferde geschlachtet, bis heute trägt Pferdefleisch den Hautgout des Armeleuteessens. Nur in Frankreich gibt es überall Pferdemetzgereien, dort isst jeder dritte Erwachsene Pferdefleisch. Auch dies hat wieder historische Gründe: Nach der Französischen Revolution setzten sich fortschrittliche Kräfte dafür ein, den Verzehr von Pferdefleisch zu erlauben. Die Tabuisierung, so argumentierten sie, sei von Klasseninteressen und Aberglauben bestimmt und richte sich gegen das Wohl der Arbeiter. Um Pferdefleisch salonfähig zu machen, wurde in den Sechzigerjahren des 19. Jahrhunderts in einigen vornehmen Pariser Clubs zu erlesenen Pferdefleisch-Festessen geladen. Und es ist sicher kein Zufall, dass das Pferd auch im französisch geprägten Rheinland seit etwa 1860 vor allem wegen eines Gerichts besonders hoch im Kurs stand. Auf seine Frage, was mit dem Pferd geschehen soll, gibt das Kölner Traditional eine bündige Antwort: »Sauerbraten, Sauerbraten, nach Husarenart.«

Fleischliches

»O hillige Graute-Baunen-Tid, O Buk, wärd mi noch mal so wit!« – »O heilige Große-Bohnen Zeit, O Bauch, werd' mir noch mal so weit.« Dass sich dieses münsterländische Stoßgebet nicht nur auf die Großen oder Dicken Bohnen selbst, sondern gleichfalls auf ihre grandiose Kombination mit einem ordentlichen Stück Speck bezieht, davon geben viele regionale Rezepte Zeugnis. Wie ja der Speck schon deshalb das Leben dauerhaft verschönerte, weil er auch außerhalb der Schlachtzeiten zur Verfügung stand.

Ansonsten war Fleisch das unbestrittene Glanzstück, die eigentliche Kostbarkeit einer Mahlzeit; ein Wort wie »Sonntagsbraten« bringt das mit wünschenswerter Prägnanz zum Ausdruck. Beim Überblick über historische Rezepte fällt die Vorherrschaft des Schweins gegenüber dem Rind ins Auge. Sie verwundert nicht weiter, weil es viel leichter war, den Allesfresser und großen Resteverwerter Schwein durchzufüttern. Selbst Städter hielten häufig ein Rüsseltier zur Selbstversorgung.

Unter den Fleischspezialitäten des Landes ragen zwei Gerichte heraus, rheinischerseits das Hämchen, westfälischerseits der Pfefferpotthast. Das Hämchen, also die gepökelte Schweinewade, die mit Sauerkraut und Salzkartoffeln serviert wird, ist in Karnevalsliedern ebenso präsent wie auf rheinisch inspirierten Speisekarten. Das Pfefferpotthast, ein deftiges Rindfleischgericht, das ursprünglich aus den weniger geschätzten Stücken des Schlachttiers zubereitet wurde, erfreut sich vor allem im Münsterland großer Beliebtheit. Das gewürfelte Fleisch wird mit Zwiebeln, Fleischbrühe, Pfeffer, Nelken und Lorbeerblättern geschmort, die Soße bindet man mit Graubrot oder Zwiebackmehl.

Unter den Würsten, die den Weg in die Pfanne finden, ist die Kölner »Flönz« zu erwähnen. Noch bis in die Zwanzigerjahre des letzten Jahrhunderts hinein erhielt, wer Flönz beim Metzger verlangte, Wurstenden jedweder Art. Heute versteht man unter Flönz nur noch Blutwurst, die sich zum Herausbacken eignet.

Pannhas
Für 8 Personen

- 100 g gewürfelter fetter Speck
- 3 Zwiebeln, fein gehackt
- 350 g Leberwurst
- 350 g Blutwurst
- 1 ½ l Fleischbrühe
- Salz und Pfeffer
- ½ TL gemahlene Nelken
- 1 EL gerebelter Majoran
- 500 g Buchweizenmehl
- 50 g Butterschmalz

Den Speck in einer trockenen Pfanne auslassen und die Zwiebeln darin andünsten. Die Haut von den Würsten entfernen, die Wurstmasse in die Pfanne geben und die Fleischbrühe angießen. Einmal aufkochen lassen und mit den Gewürzen abschmecken. Das Buchweizenmehl unter Rühren zugeben und alles 10 Minuten kochen lassen. Bei kleiner Hitze weitere 30 Minuten ausquellen lassen, dann in eine Schüssel füllen, glatt streichen und erkalten lassen. Auf einen Teller stürzen, in Scheiben schneiden und in heißem Butterschmalz von beiden Seiten anbräunen. Mit Petersilienkartoffeln oder Roggenbrötchen servieren.

Dicke Bohnen mit Speck

- 500 g geräucherter Schweinebauch
- 1 Zwiebel
- 5 Wacholderbeeren
- 2 Nelken
- 35 g Butter, 40 g Mehl
- 500 g gekochte Dicke Bohnen
- Salz und Pfeffer
- 1 Prise Zucker
- 1 TL Bohnenkraut
- 1 Bund fein geschnittener Schnittlauch

Den Schweinebauch mit der Zwiebel, den Wacholderbeeren und den Nelken in 1 l Wasser zum Kochen bringen und 1 Stunde zugedeckt sieden lassen. Das Fleisch aus der Brühe nehmen und die Brühe abseihen. Die Butter zerlassen, mit Mehl bestäuben und hell anschwitzen. ½ l der Brühe unter Rühren angießen und die Soße 30 Minuten köcheln. In der Zwischenzeit das Fleisch in Scheiben schneiden und in der restlichen Brühe warm halten. Die gekochten Bohnen in der Soße erwärmen, mit Salz, Pfeffer, Zucker und Bohnenkraut abschmecken und mit dem Schnittlauch bestreuen. Bohnengemüse mit den Fleischscheiben und Kartoffelbrei servieren.

Münsterländer Töttchen

Wer das Münsterländer Töttchen wirklich traditionell zubereiten will, verwendet statt der Kalbsschulter Kalbskopf, -lunge und -herz.

- 800 g Kalbsschulter
- 1 Zwiebel, gespickt mit 1 Lorbeerblatt und 2 Nelken
- 1 Bund Suppengrün
- 5 Pfefferkörner, Salz
- 35 g Butter
- 1 Gemüsezwiebel, fein gehackt
- 40 g Mehl
- 200 ml trockener Weißwein
- Pfeffer, 1 Prise Zucker
- 1 TL Senf

Die Kalbsschulter mit der gespickten Zwiebel, dem Suppengrün, Pfefferkörnern und etwas Salz in reichlich Wasser gut 1 ¼ Stunden kochen, bis das Fleisch weich ist. Das Fleisch herausheben und die Brühe abseihen.

Die Butter zerlassen, die gehackte Zwiebel darin glasig dünsten, mit dem Mehl bestäuben und hell anschwitzen. Den Weißwein und 300 ml Brühe unter Rühren angießen und 20 Minuten köcheln lassen. In der Zwischenzeit das Fleisch in mundgerechte Stücke schneiden. Die Soße mit Pfeffer, Salz, Zucker und Senf abschmecken und die Fleischstücke darin wieder erhitzen. Als Beilage Petersilienkartoffeln oder würziges Brot reichen.

Gemüse

Die Vorherrschaft des Rheinlands im Gemüsebau demonstrieren schon die nackten Zahlen: Den gut 6000 Hektar Anbaufläche in Westfalen stehen knapp 13 100 Hektar im Regierungsbezirk Köln und Düsseldorf gegenüber. Was den westfälischen Anteil betrifft, fällt außerdem ins Gewicht, dass es knapp die Hälfte seiner Anbaufläche einem großen Tiefkühlunternehmen verdankt, das um sein münsterländisches Werk herum hauptsächlich Spinat anpflanzen lässt.
Für das Rheinland sprechen zunächst einmal die nahen, käuferstarken Absatzmärkte: Ruhrgebiet und Rheinschiene. Nichtsdestoweniger haben die rheinischen Gemüsebauern zumindest in der Vergangenheit viele, vor allem die Großkunden, an ihre niederländischen Nachbarn verloren. Doch hat man diesseits der Grenze die Vermarktungsstrategien optimieren können. Zum Beispiel erhält der Kopfsalat jetzt gleich nach der Ernte eine Dusche und die Schnittstelle wird gewässert. Das hält ihn länger frisch – wenn ihn der Gemüsehändler nicht gerade der prallen Sonne aussetzt.
Das Rheinland hat in Punkto Gemüsebau alles zu bieten, was das Herz begehrt: eine bunte Vielfalt an Salaten, die verschiedenen Kohlarten, leckere Wurzelgemüse- und Fruchtgemüsearten. Mit mehr als 1200 Hektar Anbaufläche ist die Möhre die im Anbau wichtigste Kultur. Zu den wichtigen Umsatzträgern zählen auch Tomaten und Salatgurken aus dem Gewächshausanbau. Alleine mit Tomaten haben die rheinischen Gemüseerzeuger einen Umsatz von rund 12 Millionen Euro erwirtschaftet. Eine Besonderheit im rheinischen Gemüseanbau ist die Kombination im Angebot aus klassischen rheinischen Spezialitäten, wie etwa Spitzkohl, Maiwirsing, Rübstiel oder Dicken Bohnen, mit zahlreichen neuen Gemüsearten, die – wie etwa Rucola, Zucchini oder Salatherzen – schnell Einzug in den Anbau und die regionale Küche gefunden haben.
Eine wichtige Rolle als Saisongemüse spielt mit einer Anbaufläche von rund 1000 Hektar im Rheinland der Spargel mit den Hauptanbaugebieten Niederrhein und Vorgebirge/Kölner Bucht.

Westfälisches Blindhuhn

Stielmus

1 kg Stielmus (Rübstiele)
1 EL Butterschmalz
75 g Frühstücksspeck in feinen Streifen
30 g Butter
20 g Mehl
1/4 l Milch
Salz und Pfeffer
1 Prise gemahlene Muskatnuss

Die Rübstiele grob hacken. Das Butterschmalz erhitzen, den Frühstücksspeck darin auslassen. Rübstiele hinzufügen und zugedeckt in 10 Minuten gar dünsten. In der Zwischenzeit die Butter zerlassen, mit Mehl bestäuben und hell anschwitzen. Milch unter Rühren angießen, Soße 10 Minuten köcheln lassen. Zum Gemüse geben und mit Salz, Pfeffer und Muskatnuss abschmecken. Mit Kartoffeln zu Kasseler oder rheinischer Bratwurst servieren.

Westfälisches Blindhuhn

500 g frische dicke Bohnenkerne
250 g Kartoffeln
250 g Möhren
2 EL Rapsöl
400 g Schinkenspeck, grob gewürfelt
1/2 Bund Bohnenkraut
1 1/2 l Fleischbrühe
Salz und Pfeffer
200 g säuerliche Äpfel
200 g Birnen
200 g tiefgekühlte Schnittbohnen
2 Zwiebeln, fein gehackt
30 g Butter
1/2 Bund gehackte Petersilie

Die Bohnen waschen. Kartoffeln und Möhren schälen und in Scheiben schneiden. In einem Suppentopf das Öl erhitzen und den Speck darin anbraten. Dann die Bohnen, Kartoffeln, Möhren und das Bohnenkraut hinzufügen. Mit der Fleischbrühe aufgießen, mit Salz und Pfeffer würzen und zugedeckt 20 Minuten garen. Inzwischen Äpfel und Birnen schälen, halbieren, entkernen und in Scheiben schneiden. Zusammen mit den Schnittbohnen unter das Gemüse mischen und weitere 15 Minuten köcheln lassen. Die Zwiebeln in der Butter goldbraun dünsten und zum Eintopf geben. Mit Salz und Pfeffer abschmecken und vor dem Anrichten mit der Petersilie bestreuen.

Pitter un Jupp

1 kleiner Wirsingkopf
1 Stange Lauch
250 g Möhren
1/2 kleine Sellerieknolle
500 g Kartoffeln
30 g Butterschmalz
3/4 l Fleischbrühe
Salz, Pfeffer und Muskatnuss
1 Prise Zucker
4 Mettwürste
1 EL gehackte Petersilie

Das Gemüse putzen und waschen. Den Wirsing vierteln, den Strunk entfernen. Lauch und Wirsing in Streifen schneiden, Möhren und Sellerie würfeln, Kartoffeln in kleine Stücke schneiden. Das Schmalz in einem großen Topf erhitzen und den Wirsing unter Rühren einige Minuten anbraten. Das restliche Gemüse hinzufügen, die Fleischbrühe angießen, mit Salz, Pfeffer, Muskatnuss und Zucker würzen und alles bei kleiner Hitze zugedeckt etwa 40 Minuten garen. In der Zwischenzeit die Mettwürste in Wasser 10 Minuten erhitzen, nicht kochen. Die Würste in Scheiben schneiden, unter den Eintopf mischen und weitere 5 Minuten garen. Vor dem Anrichten mit gehackter Petersilie bestreuen.

Übertage, untertage

Nein, Eisenheim ist nicht irgendeine »Kolonie«, sondern die älteste Hütten- und Bergarbeitersiedlung im Ruhrgebiet. Schon 1844 entstanden die ersten Häuser, die nächsten 1865/66. Und die ein wenig komfortablere Bauweise des dritten Komplexes (errichtet zwischen 1897 und 1901) zeugt von der wirtschaftlichen Blüte um die Jahrhundertwende. Lange drohte Eisenheim der Abriss. Die Politiker kanzelten diese Form des Wohnens als nicht mehr zeitgemäß ab, hatten aber nicht mit dem entschiedenen Widerstand vor Ort gerechnet. Auch sie mussten zuletzt einsehen: Die Lebensqualität von Eisenheim mit seinem intakten Sozialgefüge übertraf die in den modernen Wohnsilos bei Weitem. Rund 40 weitere Arbeitersiedlungen konnten nach und dank Eisenheim gerettet werden.

Nichtsdestoweniger zeigt Eisenheim auch heute noch beispielhaft, wie Konzernherren ihre Beschäftigten untergebracht sehen wollten. Für den Bau dieser Siedlungen sprachen ja keineswegs sozialromantische Erwägungen, sondern schlichte Zweckmäßigkeit. »Wohnungen nebst Stallungen für unsere Arbeiter« sollten Fachkräfte nicht nur an den Betrieb binden, sie sollten außerdem eine möglichst geringe Entlohnung sichern. Wer sich zu einem guten Teil selbst versorgte, konnte billiger wirtschaften. Außerdem ließ die Arbeit in Stall und Garten noch weniger Zeit, irgendwelchen revolutionären Umtrieben nachzugehen. Ohnehin kamen die meisten Bergleute und Stahlwerker vom Land. Sie hatten also wenigstens nach Feierabend Gelegenheit, Momente des vertrauten ländlichen Lebens weiterzupflegen; eines Lebens, das nach Überzeugung der Obrigkeit die

Unten links: Das »Büdchen«, »der Kurort des kleinen Mannes«, begann seine Karriere als »Seltersbude« vor den Zechen.

Unten rechts: Brieftauben, die »Rennpferde des Kumpels«. Neben der Boten- hatten sie auch Nahrungsfunktion.

Gesellschaft im Lot hielt. In den Ställen stand häufig eine Ziege, auch Bergmannskuh genannt, des Öfteren sogar ein Schwein, viele hielten Hühner und Kaninchen. Ganz zu schweigen von den Brieftauben, den »Rennpferden des Kumpels«. Selbstverständlich ist mancher weniger geschickte Flieger in den Töpfen gelandet.
Den anderen Tieren ging es nicht anders. Doch kam ihr Fleisch nur an Sonn- und Feiertagen auf den Tisch. Untertage waren Hitze und hohe Luftfeuchtigkeit sicher keine idealen Rahmenbedingungen für lustvolles Essen. »Gedubbelt« wurde aus der Blechdose, und vielleicht ist ja die schöne Geschichte vom Stück Marmorkuchen zwischen den »Kniften« (Butterbroten) doch keine Legende, sondern wirklich ein Zeugnis zärtlicher Fürsorge der Hausfrau. Warm gegessen wurde aus dem Henkelmann. Allerdings musste er sich öfter »Laumann« schimpfen lassen, wenn der Inhalt kalt geworden war. Eher technischer Art war die Bezeichnung »Doppeldecker«; sie spielte auf die zwei Einsatzgefäße des Gehenkelten an, es konnten auch schon einmal drei sein. Henkelmannspezialitäten, wie das manche Küchenlegende gern haben möchte, gab es nicht.

Täubchen mit Linsen

50 g gewürfelter Speck
30 g Butter
200 g Linsen
4 Tauben
Salz und Pfeffer
4 EL Rapsöl
¼ l Wildfond
100 ml Rotwein
2 EL Essig
1 Prise Zucker
1 Lauchzwiebel, fein gehackt

Den Speck in der Butter auslassen. Die Linsen hinzufügen und unter Rühren andünsten, danach 1 l Wasser angießen. Zum Kochen bringen und 30 Minuten garen. Inzwischen die Tauben waschen, trocken tupfen und mit Salz und Pfeffer einreiben. Die Schenkel und Flügel fest an den Körper binden. Das Öl in einem Bräter erhitzen und die Tauben darin rundum anbraten. Mit dem Wildfond ablöschen und den Bräter in den auf 220 °C vorgeheizten Backofen schieben. Die Tauben ca. 20 Minuten braten, während dieser Zeit mindestens einmal begießen. Nach Ende der Garzeit die Tauben aus dem Ofen nehmen und warm stellen. Den Bratensatz mit Rotwein ablöschen und mit Salz und Pfeffer kräftig abschmecken. Die Linsen mit Essig, Zucker, Salz und Pfeffer würzen. Die Lauchzwiebel untermischen. Das Linsengemüse mit den Tauben servieren.

Zickleinkeule in Altbier

Für 6 Personen

1,5 kg Zickleinkeule mit Knochen
Salz und Pfeffer
2 EL Butterschmalz
250 g Zwiebeln, grob gehackt
250 g Tomatenwürfel
2 Zweige Thymian
½ l Altbier
1 TL frische Thymianblättchen

Die Zickleinkeule kräftig mit Salz und Pfeffer einreiben. Das Schmalz in einem Bräter erhitzen, die Keule darin von allen Seiten scharf anbraten und anschließend herausheben. Die Zwiebeln kurz in dem Fett anbraten, die Tomatenwürfel und die Thymianzweige hinzufügen und die Keule darauflegen. ¼ l Altbier angießen und im vorgeheizten Backofen bei 180 °C ca. 1 ½ Stunden garen. Während dieser Zeit die Keule nach und nach mit dem restlichen Bier begießen. Die fertige Keule aus dem Bräter heben und warm stellen. Den Bratfond durch ein Sieb passieren, kurz einkochen lassen und mit Thymianblättchen, Salz und Pfeffer abschmecken. Mit Mangoldgemüse oder mit Apfelrotkraut und Pellkartoffeln servieren.

Trinkhalle, Büdchen und Kiosk

Die Schachtanlage in Lünen-Brambauer ist plattgemacht und schon Industriegebiet. Allein ein rundes, dunkelgrünes Gebäude behauptet den angestammten Platz, wenn auch nicht mehr vor dem Werkstor der Zeche Minister Achenbach. Nur noch blasse Erinnerung das machtvolle Auftreten der Ehefrauen am Zahltag. Sie holten hier ihre Männer ab, die schon einen guten Teil des Lohns durch die Gurgel gejagt hatten. Ja, früher herrschte hier das pralle Menschenleben ... Ganz früher durfte an den Trinkhallen nur Mineralwasser ausgeschenkt werden. Denn natürlich macht die Arbeit untertage Durst und die »Seltersbude« vor einer Zeche Sinn. Kiosk hießen sie früher, ein Name, der ursprünglich den orientalischen Gartenhäuschen vorbehalten war. Doch lange vor den ersten türkischen Gastarbeitern kam dieses Unterpfand der Freizeit ins Revier.
Aber trotz des Niedergangs von Stahl- und Bergbauindustrie blieb »dat Büdchen« im Revier gegenwärtig. Geschätzte 12 000 an der Zahl, reicht ihr branchenübergreifendes Warenangebot von Nylonstrümpfen bis zur Erbsensuppe aus der Dose, vom Shampoo bis zu Pistazien. So »liberal« kann gar kein Ladenschlussgesetz sein, als dass ihm das Büdchen nicht doch noch ein Schnippchen schlüge: Manche Öffnungszeiten reichen hier bis kurz vor Mitternacht.
Und immer noch sind Büdchen, Kiosk oder Trinkhalle Kommunikationszentren. Ihre Inhaber kennen die freien Wohnungen in der Umgebung ebenso gut wie die unfreien Beziehungen. Doch über die einen wie die anderen werden sie nicht mit jedem sprechen.

Westfälischer Schinken

Kein Zweifel, der Westfälische Schinken ist eine feste kulinarische Größe. Sein Ruf dringt weit über die Landesgrenzen hinaus und hallt sogar in der Literatur wider. Selbst wenn ihn Kaiser Sigismund (1368–1437) nicht gelobt haben sollte, kann er immer noch beste Referenzen vorweisen. Schließlich kennt ihn schon Johann Fischart (1546–1590), und auch der Held von Grimmelshausens 1669 erschienenem »Simplicius Simplicissimus« hielt große Stücke auf ihn oder besser von ihm. Dennoch lassen die Autoren offen, was nun eigentlich den Westfälischen zu einem ganz besonderen Schinken macht.

Nun, zunächst einmal ist er ein roher Schinken, und gepriesen werden seine Zartheit ebenso wie sein milder Geschmack. Westfälische Autoren betonen, dass die Fütterung seines Trägers stets eine ganz wesentliche Rolle gespielt habe. Am Unterhalt eines Jungschweins, das immerhin ein Jahr lang im Stall steht, darf nämlich keineswegs gespart werden. Ausgewogene Nahrung ist wichtig; Rüben, Futterkohl und (später) Kartoffeln gehören ebenso dazu wie Klee, Gras und Brennnesseln. Ein wichtiger Punkt ist die spezielle Mast zur Anlage des Winterspecks. Hier werden Eicheln (später Eichelmehl) empfohlen, die dem Schinken hernach die Würze geben. Ausdrücklich raten die Kenner davon ab, das Borstenvieh durch Buchenwald zu treiben. Der übermäßige Genuss von Bucheckern mache den Schinken tranig.

Neben der Fütterung des Schweins entscheidet die Reifung des Schinkens selbst über die Qualität. Natürlich darf er nicht zu kurz und nicht zu lang im Salz oder besser der Salzlake liegen, aber entscheidend kommt es auf die Trockenphase an. Und spätestens mit ihr beginnt die historische Differenzierung: Zweifellos schmeckt heute kein Westfälischer Schinken mehr wie anno dazumal. Im Anfang nämlich trocknete der Schinken einfach in der Diele des Hallenhauses. Dann gab es wenigstens den (trichterförmig gebauten) Rauchfang über der offenen Feuerstelle. Der »fing« den Rauch, hatte also eine gewisse konzentrierende Wirkung. Hier hingen auf Gerüsten die Würste, Schinken und Speckseiten.

Dieser »schwarze Himmel« (Grimmelshausen) überlebte im Prinzip auch das Aufkommen der »Kochmaschinen«, sprich Herde. Die hatten zwar einen unmittelbaren Anschluss an den Kamin, aber über Schieber tat der heimische Rauch in den hoch gelegenen Fleischkammern weiter seinen Dienst. Erst mit dem Siegeszug der Kohle kam das Ende dieser Rauchverwertung, denn nun enthielt der Qualm giftige Gase. So schlug die Stunde der Räucherkammern, und mit ihnen der Möglichkeit, auf den Geschmack des Schinkens direkt Einfluss zu nehmen.

Woraus folgt: Der Westfälische Schinken ist eigentlich oder jedenfalls ursprünglich ein luftgetrockneter. Fast ein halbes Jahr hing er im Rauchfang, bevor er angeschnitten wurde. Wie er heute traktiert wird zur Ehre seines Namens (schnell gepökelt, mit Lake gespritzt), steht fast schon auf einem anderen Blatt.

Wie lange er im Salz oder in der Lake liegt, bestimmt die Qualität des Schinkens ganz entscheidend mit.

»Schwarzen Himmel« nannte Grimmelshausen den Rauchfang, in dem die Schinken hingen.

Zu einer schönen Scheibe rohen Schinkens passen ein Steinofenbrot und ein kühler Schnaps.

Ein frühes Lob westfälischer Küche

Ohnehin gehört der historische Stadtkern von Soest zu den prächtigsten des Landes. Zu seinem Glanz trägt die Evangelische Pfarrkirche Maria zur Wiese, hier nur Wiesenkirche genannt, erheblich bei. Ihre kühne spätgotische Architektur entstand im 14. Jahrhundert, berühmt ist sie auch wegen ihrer Altäre und Glasmalereien. Verehrer westfälischer Lebensart richten ihre Blicke zuerst auf das weniger auffällige, etwa 1500 entstandene Fenster über dem Nordportal. Es zeigt das geläufige Motiv des Abendmahls, aber es zeigt es doch auf eigene Weise. Jesus und seine Jünger sitzen hier bei landestypischen Erzeugnissen, bei Bier, Schweinsköpfen – und eben auch Schinken. Und da Soest als »heimliches Herz Westfalens« gilt, liegt es überaus nahe, in diesem Schinken einen Westfälischen zu sehen – wie sich für die ganze Glasmalerei schon der Titel »Westfälisches Abendmahl« eingebürgert hat.

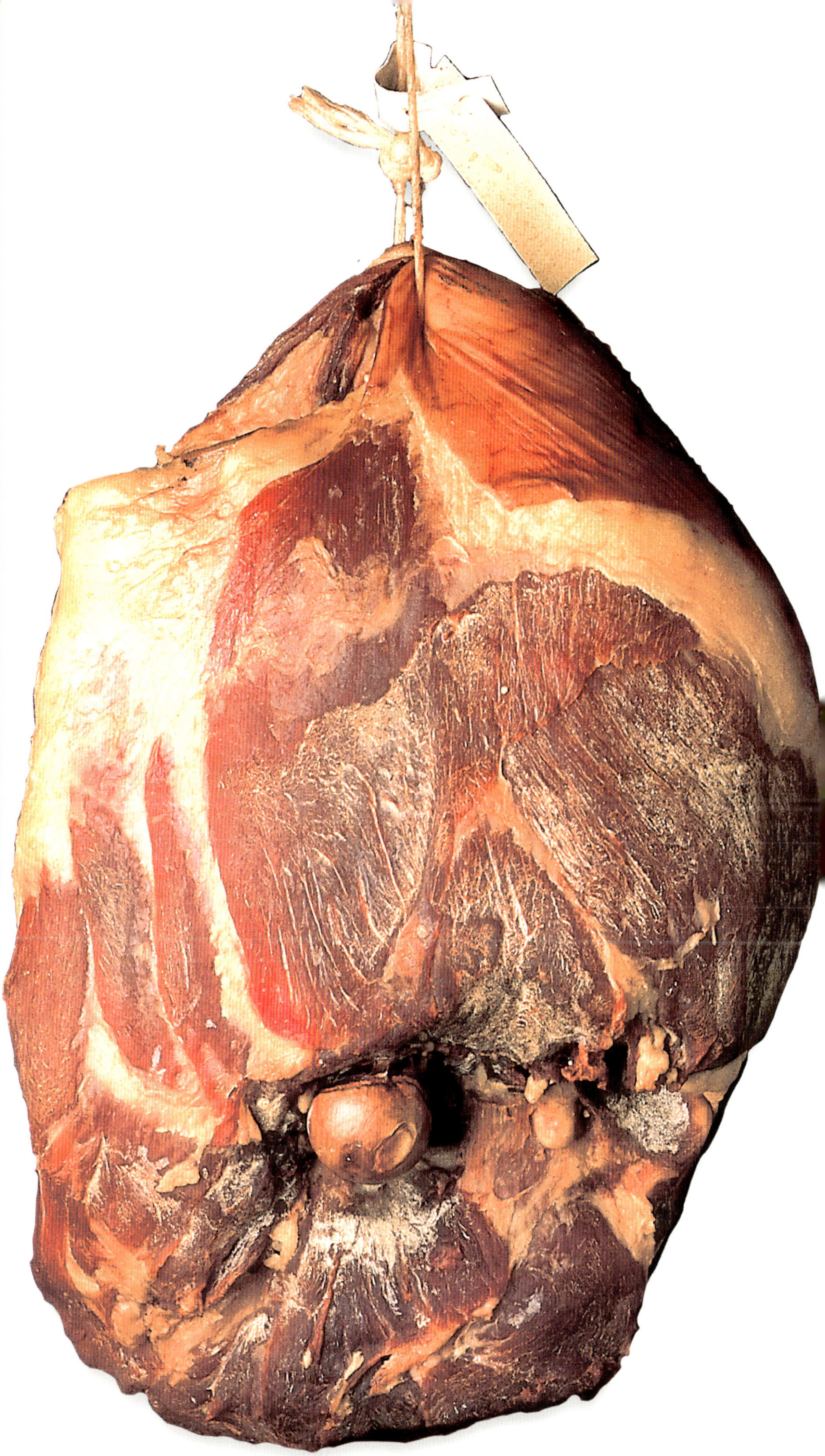

Der berühmte Westfälische Schinken wird am Knochen gepökelt und geräuchert.

Pumpernickel

Wer dem Pumpernickel auf die Spur kommen will, muss hinab in die Tiefe der Sprachgeschichte steigen. Denn so viel ist sicher: das Wort gab es vor dem Brot. »Nickel« ist jedenfalls die Kurzform von Nikolaus und »Pumper« bedeutet frei heraus Furz. Ganz logisch bezeichnete der Brotname denn auch ursprünglich einen tölpelhaften, groben Menschen. Im »Weiberspiegel« des geistlichen Satirikers Andreas Tharaeus (1570–1640) seufzt eine Betroffene: »Ach hätt' ich doch zu dieser Zeit, / Als mich mein Pumpernickel freit / Genommen einen Bettelmann / Ich hätts besser getroffen an.«
Diese Einstimmung lässt wenig Gutes hoffen. Tatsächlich hängten zunächst die Auswärtigen dem Gebäck die despektierliche Bezeichnung an, die Westfalen selbst nannten das Erzeugnis schlicht Schwarzbrot. Während des 17. Jahrhunderts erscheint der »Pumpernickel« erstmals als Kommissbrot. Auch das lässt kaum auf eine lukullische Sensation schließen, und Ludwig Gleim (1719–1803) versteht in seinen »Kriegsliedern« den Genuss von Pumpernickel als Mutprobe. Dort erfindet er einen »Münstermann«, der »voll Furcht und Hunger ritterlich in einen Pumpernickel biss«.

Doch längst gilt Pumpernickel als Ehrenname, jedenfalls, wenn es sich um das Brot handelt. Es wird aus Roggenschrot und dunklem Roggenmehl gemacht; dass für eine derart zähe Masse ein kräftiger Sauerteig angesetzt werden muss, leuchtet ohne Weiteres ein.
Der Pumpernickel kann einigen Backverfahren unterzogen werden, meist muss er jedoch in die Dampfkammer. Dort bekommt er nur eine mäßige Hitze zu spüren, die aber mindestens 16 Stunden lang. Während dieser Zeit entstehen Röst- und Karamellstoffe sowie ganz bestimmte Zucker. Sie geben dem Brot sowohl die dunkle Farbe als auch seinen charakteristisch süßen Geschmack. Beim Anschnitt ist der ausgebackene Pumpernickel leicht klebrig, er hat fast keine Kruste. Was mit seiner Schwere und Schwerlaibigkeit doch auch versöhnt – ein hartes Brot ist er jedenfalls nicht.

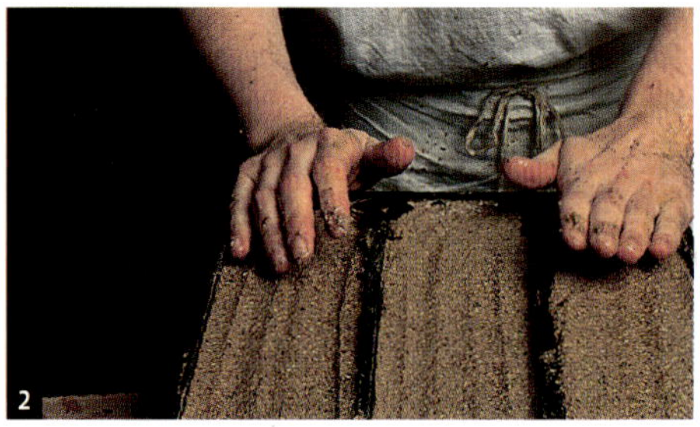

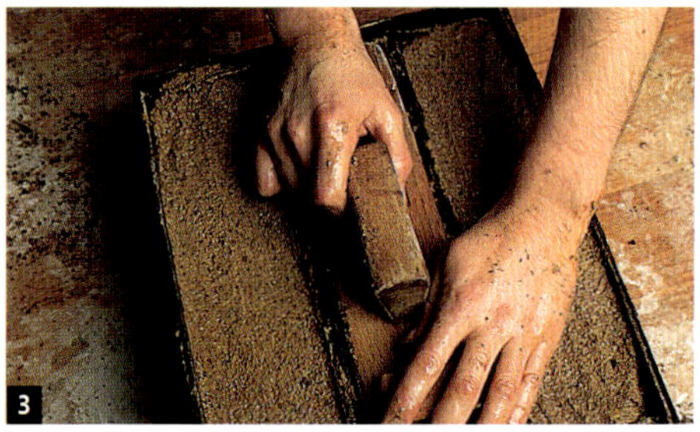

Nach 16 Stunden Backzeit bei mäßiger Hitze in der Dampfkammer ist der Pumpernickel fertig.

Die ostwestfälische Gemeinde Steinhagen stand Pate beim Wacholderbranntwein namens »Steinhäger«. Seine Besonderheit: die doppelte Destillierung, zunächst der Wacholdermaische, dann des eigentlichen Schnapses. Wer so brennt, darf das Erzeugnis »Steinhäger« nennen. Aus Steinhagen selbst kommt nur der »Echte Steinhäger«.

1 Pumpernickelteig enthält Roggenschrot und Roggenvollkornmehl und weder Süßungs- noch Bräunungsmittel.

2 Damit das Brot seine charakteristische Form erhält, wird der Teig wird in längliche Kastenformen gestrichen.

3 Die Oberfläche muss glatt und plan gedrückt werden. Sodann wird sie mit Roggenschrot bestreut.

4 In Scheiben geschnitten und verpackt ist Pumpernickel sehr lange haltbar. Man schätzt ihn auch in Übersee.

Burger Brezeln

In Burg an der Wupper, genauer in Unterburg an der Wupperbrücke steht seit 1989 das Denkmal des Burger Brezelhändlers. Mit der hohen Kiepe auf dem Rücken, der hohen Seidenmütze auf dem Kopf und dem wehrhaften Mispelstock in der Rechten zog dieser Hausierer über Land, um das weithin berühmte Gebäck feilzubieten. Meist war der Hausierer auch der Bäcker, musste also eventuelle Beschwerden auf seine Kappe nehmen.

Zu ihrem großen Ruf kamen die Burger Brezeln spätestens Anfang des 19. Jahrhunderts; noch während der Zwanzigerjahre des folgenden Säkulums ging das eigen geformte Backwerk nach England, Spanien und Amerika. Derzeit gibt es allerdings nur noch wenige Brezelbäcker in und um Burg. Manchmal lassen sie sich bei der Arbeit über die Schulter gucken. Besucher würdigen vor allem die virtuosen Schwünge, mit denen die Teigstränge »fliegend« zu (kleinen) Brezeln geformt werden.

Eine weitere Spezialität der Burger Brezelbäcker waren die Zwiebäcke, auf deren Herstellung sich jetzt ebenfalls nur ein paar Meister verstehen. Die zweifach gebackenen (daher der Name »Zwieback«) kleinen Laibe werden heute nach ihrem ersten Ofengang der Länge nach durchgeschnitten und mit einer süßen Schokoladenkuvertüre oder mit Nuss- oder Krokantmasse bestrichen. Danach geht's wieder ab in den heißen Ofen, wo sie ihrer endgültigen Konsistenz entgegenrösten.

1 Die altgediente Helferin beim Portionieren des Teigs. In ihr ruht der abgewogene flach gedrückte Brezelteig.

2 Bei geöffnetem Deckel sieht man, wie exakt die alte Maschine arbeitet: 50 Segmente für genau 50 Brezeln.

3 Im richtigen Schwung liegt die Kunst des Brezelbäckers. Die Teigstränge werden »fliegend« gedreht.

4 Brezeln aus Burg, früher begehrte Handelsware. Sie wurden nach England, Spanien und Amerika exportiert.

Das Brot der frühen Jahre

»Ich habe den Preis für alle Dinge erfahren müssen – weil ich ihn nie zahlen konnte –, als ich als sechzehnjähriger Lehrling allein in die Stadt kam: der Hunger lehrte mich die Preise; der Gedanke an frischgebackenes Brot machte mich ganz dumm im Kopf, und ich streifte oft abends stundenlang durch die Stadt und dachte nichts anderes als: Brot. Meine Augen brannten, meine Knie waren schwach, und ich spürte, dass etwas Wölfisches in mir war. Brot. Ich war brotsüchtig, wie man morphiumsüchtig ist. Ich hatte Angst vor mir selbst, und immer dachte ich an den Mann, der einmal im Lehrlingsheim einen Lichtbildervortrag über eine Nordpolexpedition gehalten und uns erzählt hatte, dass sie frisch gefangene Fische lebend zerrissen und roh verschlungen hätten. Noch jetzt oft, wenn ich mein Geld abgeholt habe und dann mit den Scheinen und Münzen durch die Stadt gehe, überkommt mich die Erinnerung an die wölfische Angst jener Tage, und ich kaufe Brot, wie es frisch in den Fenstern der Bäckereien liegt: zwei kaufe ich, die mir besonders schön erscheinen, dann im nächsten Laden wieder eins, und kleine braune knusprige Brötchen, viel zu viele, die ich dann später meiner Wirtin in die Küche lege, weil ich nicht den vierten Teil des gekauften Brotes essen kann, und mich der Gedanke, das Brot könne verderben, mit Angst erfüllt.«

(Aus: Heinrich Böll, Das Brot der frühen Jahre, 1955)

Löffel, Messer, Gabel

Im Anfang war der Löffel. Und nicht bloß bei den Glücklichen, die mit einem goldenen im Mund geboren wurden. Damit nicht genug, steht er selbst heute noch am Ende – als Löffel, den einer abgegeben hat: Wenigstens der sprichwörtliche Löffel begleitet uns von der Wiege bis zur Bahre. Früher, als noch alle aus einer Schüssel aßen, und das war selbst in bürgerlichen Kreisen bis ins frühe 18. Jahrhundert hinein üblich, diente der Löffel auch zwischenzeitlich als Waffe im Lebenskampf. Vielleicht wurde er deshalb bis tief ins 17. Jahrhundert mit der ganzen Faust umfasst. Erst dann kam die zivilere, auch heute übliche Haltung mit drei Fingern auf. Immerhin war der Löffel das einzige Gerät, das ganz allein der Nahrungsaufnahme diente. Historisch folgte dem Löffel das Messer, das jedoch daneben stets noch andere Aufgaben hatte. Messer gab es für viele Zwecke und in jeder Gestalt, sicher auch deshalb, weil sie sich gut als Statussymbol eigneten. Wir kennen, um beim Essen zu bleiben, kostbare Tranchiermesser bereits aus dem 12. Jahrhundert. Das verwundert nicht, denn der »Fürschnyder« oder eben Tranchierer stand an den Höfen auch sonst in hohem Ansehen. Dementsprechend waren fähige Messerschmiede gesucht, eines besonders guten Rufs erfreuten sich die von Solingen. Meist war das Messer nicht nur zum Schneiden, sondern auch zum Spießen da. So fällt bei aller Vielgestaltigkeit des Gegenstands eine Entwicklung doch ins Auge: Abermals gegen Ende des 17. Jahrhunderts rundet sich die Messerspitze.

Das ist der Moment, in dem ein Gerät namens Gabel die Bühne der Kulturgeschichte endgültig erobert. Während Löffel und Messer schon im Altertum bekannt waren, lässt sie sich erst für das Mittelalter nachweisen. Sie kommt aus dem Land der feinen Lebensart – nicht aus Frankreich, sondern aus Italien. Das vielspitzige Instrument sollte zunächst nur das Fleisch beim Abschneiden festhalten – so musste nicht mehr jeder mit der »fünfzinkigen Gabel« am gemeinsamen Essen herumfingern. Dies galt als Fortschritt, der sich, wie jede Neuerung im Bereich der Tischsitten, zuerst bei Hofe durchsetzte. Noch im 19. Jahrhundert kann Karl Immermann (1736–1840) in seiner Westfalen-Geschichte »Der Oberhof« ein Hochzeitsessen wie folgt beschreiben: »Die Bauern hatten ihre Messer, ein jeder das Seinige, aus der Tasche hervorgezogen, womit sie ohne Gabeln fertig zu werden wussten, und sprachen den Hühnern tapfer zu.«

Nun brauchten gerade die sogenannten »Tischmanieren« offenbar längere Zeit, um sich durchzusetzen, sprich, ihren Weg von den höfischen Kreisen übers Bürgertum bis hin zur Landbevölkerung zu nehmen. Die aß, wie man dem »Atlas der deutschen Volkskunde« entnehmen kann, vor allem im südlichen Mitteleuropa noch in den Dreißigerjahren des 20. Jahrhunderts aus der gemeinsamen Schüssel.

Das Bürgertum adaptierte die höfischen Tischsitten im Lauf des 18. Jahrhunderts; damals erreichte die Tafelkultur einen Höhepunkt. Diesem Säkulum der feineren Lebensart verdanken wir etwa die Terrine, die Sauciere, die Zuckerdose und den Sahnetopf. Übrigens erhielt damals auch die Gabel ihre gebogene Form. Damit war sie nicht mehr vorrangig Stichwaffe, sondern Transportmittel: Auf die Gabel wurde das Essen geschoben und zum Munde geführt.

Spät kam die Gabel zu ihrer heutigen Form, spät kamen Löffel, Messer und Gabel zum Essbesteck zusammen. Während Messer und Gabel zuweilen schon 1550 zu zweit auftraten, wurde der Löffel erst im 19. Jahrhundert als Dritter im Bunde wirklich akzeptiert. In dessen zweiter Hälfte war das Essbesteck dann auch kein Besteck in des Wortes ursprünglicher Bedeutung mehr. Denn der Name hält gegenwärtig, dass Löffel und Messer an den Gürtel oder in größere Futterale gesteckt wurden. Damals kam es außer Gebrauch, seine Essutensilien bei sich zu tragen. Jetzt hielt, wer immer es sich leisten konnte, stets mehrere Sätze Besteck für die Gäste vorrätig.

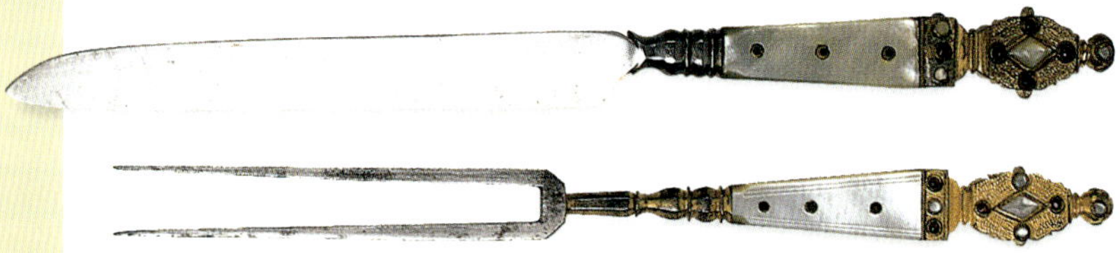
1

1 Besteck Ungarn, Habaner-Arbeit, 17. Jahrhundert, Stahl, Messing vergoldet, Perlmutter
2 Besteck, Ende 18. Jahrhundert, Stahl, Silber
3 Schraubbesteck in Lederetui, Ende 16. Jahrhundert, Elfenbein, Leder
4 Besteck Solingen, um 1800, Stahl, Knochen, auf den Griffen braune Ätzmalerei mit Sinnsprüchen
5 Silberbesteck, Peter Fabergé, St. Petersburg, um 1900, Silber, Stahl

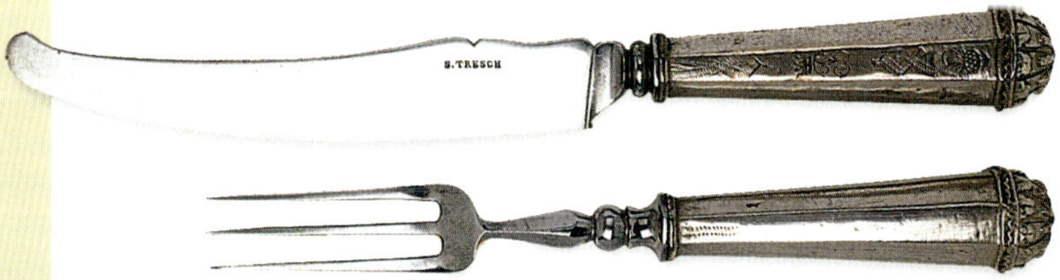
2

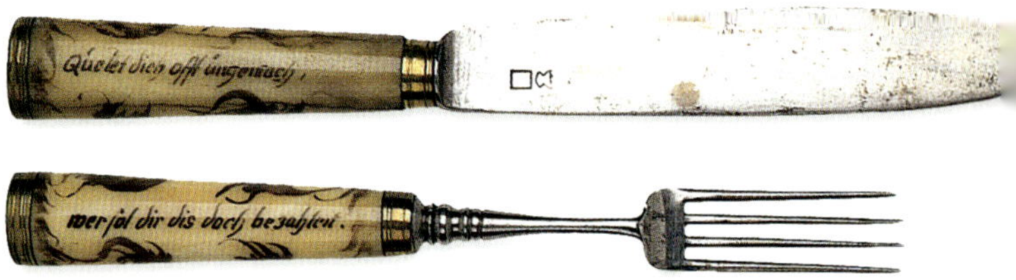
4

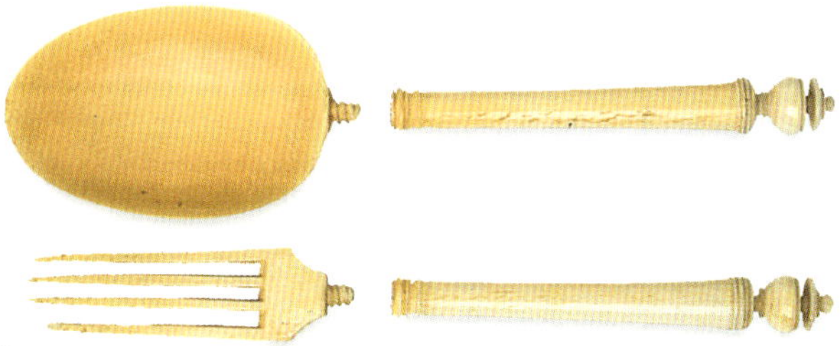
3

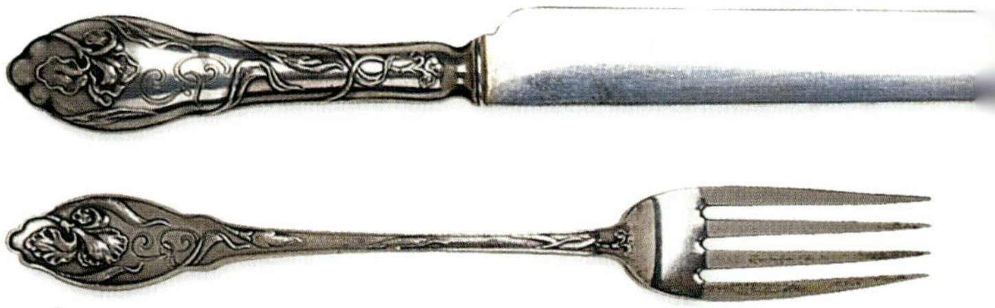
5

Essen nach Noten

In allen Kulturen und Gesellschaftsschichten, in denen es die materiellen Voraussetzungen erlauben, im Essen mehr als bloße Nahrungsaufnahme zu sehen, spielt Ästhetik eine große Rolle – sowohl bei der Zubereitung der Speisen als auch bei deren Genuss. Der schön gedeckte Tisch, das Porzellan, oft teurer als das, was auf ihm serviert wird, und nicht zuletzt ein bestimmtes Benehmen, das als »Tischmanieren« definiert ist, gehören zur »Esskultur« und sollen dazu beitragen, dass sich die Sinnesfreude auf allen Ebenen entfalten kann. »Das Auge isst mit«, sagen wir und vergessen in unserer visuellen Ausrichtung ganz das Ohr. Dabei haben die Menschen schon immer dafür zu sorgen gewusst, dass sich Gaumen- und Ohrenschmaus miteinander verbanden, gleichsam zum Gesamtkunstwerk allseitigen Genusses.
Schon auf antiken griechischen Vasen finden sich Belege, dass Musik das Essen begleitete: Man sieht fröhlich Tafelnde und hinter ihnen singende, Lyra spielende Musikanten. Im Mittelalter zogen Spielleute durch die Lande, die den Vornehmen die Mahlzeiten verschönten, aber auch bei Volksfesten und in den Wirtshäusern auftauchten, wo sie freilich nicht immer willkommen waren: So erlegte eine Verordnung der Stadt Worms aus dem Jahr 1220 jedem Wirt, der Spielleute gegen den Willen der Gäste einlässt, eine Strafe von 30 Solidis auf.
Wie die Scharfrichter gehörten die Fahrenden zu den »unehrlichen« Leuten, die keinerlei bürgerliche Rechte besaßen. Man warf ihnen vor, dass sie »Gut für Ehre« nahmen, also für die Kurzweil, die sie boten, einen Lohn erbaten – sprich, von der Kunst lebten –, und brachte ihnen zudem alle Vorurteile entgegen, mit denen man noch heute »Nichtsesshaften« begegnet. Dennoch, wenn es um Unterhaltung ging, waren die Spielleute auch bei Hof gern gesehen, und obwohl sie selbst »nicht zunftfähig« waren, wollte man sie auch bei Zehrungen von Handwerkerzünften und Bruderschaften oder auf Hochzeiten nicht missen. Wenn Kaufleute oder Handwerker von Stand feierten, meist in öffentlichen Räumen wie Rathaus oder Gildehaus, saßen die Hochzeitsgäste nach Geschlechtern getrennt, im Hintergrund auf einer Musikantenbank mehrere Lautenspieler, ein Gambist, ein Geiger. Die Musiker waren gehalten, »stille Musik« zu spielen, denn bei den Bürgern ging es »über die malzeit sitsam« zu. Zahl und Art der Instrumente waren, exakt nach gesellschaftlichem Rang, festgelegt. Die Art der Musik freilich unterlag keiner Beschränkung, sodass von der Moritat bis zur Motette, von der fröhlichen Fanfare bis zum Orgelricercar alles erklang, was der Laune guttat.

Im Laufe des 17. Jahrhunderts setzte sich die Musik sowohl an den Höfen als auch in den Häusern reicher Bürger als zweite Begleiterin üppiger Festmähler neben dem Wein durch. Statt sich die Musikanten immer aufs Neue kommen zu lassen, hielt man sie sich an vielen Höfen bald als hauseigene Kapellen mit Hauskomponisten an der Spitze. Ein eigens fürs Essen komponiertes Repertoire entstand und ein neues Genre: »Banchetto musicale« nannte es 1617 der Komponist Johann Hermann Schein; 1621 gab es ein »Tafel-Consort« von Thomas Simpson, und Wolfgang Carl Briegel komponierte 1672 ein »Tafel-Confect, bestehend in lustigen Gesprächen und Concerten, von einer bis vier Singstimmen und zweien Violinen nebst Basso Continuo«. 1681 beschreibt ein »divertimento di grassi« im Untertitel die Funktion solcher Musik exakt: »musiche da camera o per servizio di tavola.« Daraus wird im Lauf des 18. Jahrhunderts der Begriff und die Einrichtung der »Tafelmusik.« Großmeister wie Bach, Haydn und Mozart haben sie betrieben als eine von vielen höfischen Dienstleistungen, wobei sie als Musiker Domestiken waren, ranggleich mit Gärtnern und Köchen. Überall in weltlichen Barockstücken, in den frühen Sinfonien Haydens und noch beim jungen Mozart und Beethoven, bemerkte augenzwinkernd der Komponist Hanns Eisler, könne man, da es geradezu einkomponiert sei, das Klappern von Messern und Gabeln, das Klingen der Gläser und Plaudern der Aristokraten hören.
Georg Phillipp Telemann machte, schon in ihrer Spätphase gegen Ende des 18. Jahrhunderts, die Tafelmusik berühmt. Satz für Satz und Takt für Takt sind seine Stücke so sorgsam und sensibel aufgebaut und abgestimmt wie eines der vielgängigen Menüs, zu denen sie aufgeführt wurden. Der Komponist hat sich über die Zutaten seiner Musik und ihr klangliches und stimmungsmäßiges Ergebnis mindestens ebenso viele Gedanken gemacht und ihr ebenso viel handwerkliches und künstlerisches Geschick gewidmet wie die virtuosen Köche seiner fürstlichen und patrizialen Auftraggeber ihren Suppen, Pasteten und Entrecotes.
Mit wachsendem Selbstbewusstsein des bürgerlichen Individuums beanspruchten auch die Musiker immer mehr Aufmerksamkeit für ihre Schöpfungen. So hat sich zum Beispiel Joseph Haydn im berühmten zweiten Satz seiner »Sinfonie mit dem Paukenschlag« recht drastisch gegen die Ignoranz der mit vollem Mund die Musik überplappernden Herrschaften gewehrt.
Wie das Bürgertum emanzipierte sich auch die Musik in der Folge von den Höfen. Sie begab sich in die entstehende Öffentlichkeit der Städte – und in die Privatheit der Salons. In den biedermeierlichen Bürgerhäusern grenzten Musikkabinette und Speisezimmer gewöhnlich aneinander, Musik und Essen fanden dort nacheinander statt, meist zuerst die Musik, dann (zur Belohnung?) das Mahl. Die Kunst in den Salons kam indes bald in den Ruf banaler Seichtigkeit, flitterhafter »Salongrazie« (Robert Schumann), womit die bis heute anhaltende Neigung festgestellt war, Musik, Plauderei und Schmaus zu vermengen.
Auch wenn viele die blasse Soundtapete, die heute in den Edelrestaurants als Atmosphärespender eingesetzt wird, für den absoluten Tiefpunkt dieser Entwicklung halten – bewusst ausgewählt und ebenso feinfühlig zusammengestellt wie ein gut komponiertes mehrgängiges Essen, trägt Musik heute wie ehedem dazu bei, aus einem Mahl das zu machen, was der Genuss von Köstlichkeiten sein soll: ein Fest für alle Sinne.

Auch der junge Mozart spielte den Tafelnden auf. Dieses Gemälde von Michel Barthelemy Ollivier aus dem Jahr 1766 zeigt ihn am Flügel bei der Teegesellschaft beim Prinzen Conti im Vierspiegelsaal des Temple in Paris.

Das Butterbrot

Wenn die Konsulin in Thomas Manns »Buddenbrooks« zu »einem Butterbrot« lädt, ist das ein Euphemismus, der auch ihrem bayerischen Gast, dem Hopfenhändler aus München, nicht verborgen bleibt: »›Ös tuats enk leicht!‹ sagte Permaneder, als er sich niederließ und die Auswahl an kalter Küche auf dem Tische überblickte.«

Was Permaneder zu dieser, in hanseatischen Kreisen ganz und gar unangebrachten vertraulichen Anrede in der zweiten Person veranlasste, war nicht nur das Understatement, mit dem hier aufgetragen wurde, als Süddeutschem war ihm auch das Butterbrot an sich wesensfremd. Genauso, wie das Wort »Abendbrot« in seinem Sprachschatz keinen Platz hatte. Brot mit Butter zu bestreichen und zu belegen ist zwar, wie der Volkskundler Prof. Günter Wiegelmann verlauten ließ, eine »rein deutsche Erfindung«, die sich die Republik von Norden her eroberte.

Das erste Butterbrot wurde 1339 bei einem Festmahl der Bremer Zünfte erwähnt. Die Sitte, es mit Käse zu belegen, setzte sich im 17. Jahrhundert durch, im 18. Jahrhundert kam in Mitteldeutschland der süße Brotaufstrich in Mode. Auch wenn sich die Grenzen heute natürlich verwischt haben, so ist es im Süden und Südwesten noch immer nicht üblich, zu einem Brotzeitteller Butter zu reichen. Semmeln oder Wecken werden nicht geschnitten und bestrichen, sondern gebrochen und zu Speck, Wurst oder Käse gegessen.

»Im Gegensatz zum norddeutschen Gepräge hatte das Brot im Süden eine selbstständigere Stellung«, schreibt Wiegelmann und erklärt das mit den unterschiedlichen Würzgewohnheiten: »In jenem nord- und insbesondere nordwestdeutschen Bereich, in dem alte Brotgewürze weitgehend fehlten, hatte sich seit dem 15. Jahrhundert die Sitte des Butterbrotessens ausgebreitet. Wenn man aber Brotscheiben mit der in Norddeutschland salzigen Butter bestrich und häufig mit einem weiteren Aufstrich (wie süßen Musen und Marmeladen) oder Aufschnitt (Käse, Wurst, Schinken etc.) verbesserte, dann passte wegen des Eigengeschmacks der Auflagen am besten ein geschmacksneutrales Brot. Daher dürfte es kein Zufall sein, dass die Regionen des Butterbrotessens und der verschiedenen Brotbeläge recht genau mit der Zone des kaum gewürzten Brotes übereinstimmen. Es kommt hinzu, dass damals in der gleichen nordwestdeutschen Zone Kaffee und Tee als alltägliche Mahlzeitengetränke fungierten, also jene seit dem späten 17. Jahrhundert eingedrungenen Warmgetränke, die häufig gesüßt wurden, daher in diese Alltagsmahlzeiten ein Geschmacksgepräge brachten, das ebenfalls nicht recht mit herbwürzigem Brot zusammenpasste.«

Links: Zu Beginn der Fünfzigerjahre, als es in Deutschland noch nicht so üppig zuging, gab's zu Mittag Butterbrote, wie hier in einem Kinderheim in Freudenstadt.

Nicht nur Kinder mögen's zum Frühstück: das **Marmeladenbrot**.

Mett, gewürztes Schweinehack, schmeckt gut mit frischen Zwiebeln.

Eierbrot, nichts für Leute, die auf Cholesterin achten müssen.

Landauf, landab beliebt, das **Wurstbrot**. Hier mit Bierschinken belegt.

Rübenkrautsirup wird im Rheinland gern mit Quark aufs Brot gestrichen.

Pendant zum Wurstbrot, das **Käsbrot**. Hier mit Camembert und hartem Ei.

Schmalzbrot, beliebt in Kneipen, beste Unterlage, wenn man Bier trinkt.

Erfrischend im Sommer, **Quark mit Schnittlauch** oder anderen Kräutern.

Brot mit **Streichwurst,** hier Teewurst, eignet sich gut als Reiseproviant.

Brotbelag – Thema mit ausgefallenen Variationen

- Bauernbrot mit Blutwurst und Zwiebelringen, bedeckt mit einer Scheibe Sonnenblumenbrot mit Leberwurst und Senf, abgedeckt mit einer zweiten Scheibe Bauernbrot
- Bauernbrot mit Pommerschem Kaviar (Gänseschmalz)
- Bauernbrot mit Pommerscher Rübenkreude
- Berliner Landbrot mit Butter, Meerrettich, Pellkartoffeln und Gurkenscheiben
- Dinkelbrot mit Forellenfilet
- Döbelner Langbrot mit sächsischer Schinkencreme aus Frischkäse und püriertem gekochten Schinken
- Eifeler Brot mit Neuenahrer Rauchfleisch, Feldsalat und roten Trauben
- Gerstenbrötchen mit Katenschinken, Fleischsalat, Petersilie und Gewürzgurke
- Gewürzbrot mit angemachtem Kräuterkäse
- Hamburger Rundstück mit warmem Braten belegt und mit heißer Soße übergossen
- Holsteinisches Schrotbrot mit Rührei und Kieler Sprotten
- Mecklenburger Landbrot mit geräucherter Gänsebrust
- Mischbrotscheiben (in Butter geröstet) mit Schinken und Spiegelei, garniert mit Tomaten, Salatblatt und Petersilie (Strammer Max)
- Oldenburger Schwarzbrot mit Heringsdip aus Ei, Salzgurke, Speck und klein gehacktem Hering
- Paderborner Brot mit Käse und Schinken-Brennnessel-Quark
- Schwarzbrot mit »Klatschkies« (Quark) und Rübenkraut
- Schwarzbrot mit gekochtem Schinken, Camembert und Spiegelei
- Thüringer Landbrot mit Griebenfett, darauf Blut- und Leberwurst in Scheiben und Harzer Käse
- Vogtländisches Bauernbrot oder Kartoffelbrot mit dünn geschnittenen Kalbsbratenscheiben, Sardellenfilets und Kerbelblättchen
- Weißbrot mit kleinen dünnen Schokoladentäfelchen belegt oder mit Schokoladencreme bestrichen.

Reibekuchen

Es gibt Gerichte, denen keine modische »cuisine« etwas anhaben kann. Zu ihnen gehören in und um Köln die Reibekuchen, die hierzulande nur »Rievkooche« heißen. Fast jeder kennt eingängige Verslein zu dieser Leckerei, Reimereien, die fast zwangsläufig bei der Mutter landen. »Mamm, Mamm, holl uns de Pann, wir wulle Rievkooche hann«, »Mutter, Mutter, hol' uns die Pfanne, wir wollen Reibekuchen haben«, sangen die Bläck Fööss, und der zugkräftigste Werbespruch lautet: »Nix ussem Blöösche, nix ussem Döösche, frisch uss d'r Pann: Rievkooche wie vun d'r Mamm«, »Nichts aus dem Tütchen, nichts aus dem Döschen, frisch aus der Pfanne: Reibekuchen wie von der Mama.«

Als höchstes Lob für die ausgemachte Köstlichkeit gilt demnach immer noch, dass sie wie bei Mutter schmeckt. Die Mütter aber haben die Kartoffelplätzchen oft nur zähneknirschend gebacken. Denn der Fettgeruch blieb natürlich zuallererst an der Köchin hängen und war auch aus der Küche lange nicht zu vertreiben. Empfindliche Nasen riechen ihn selbst im entferntesten Zimmer einer Wohnung noch tagelang.

Allein deshalb liegt es nah, der Lust auf Reibekuchen nicht im eigenen Heim zu frönen. Kölner Gastwirtschaften haben ihre Reibekuchentage, auch Rievkoochebuden gibt es reichlich. Die Berühmteste steht zurzeit vor dem Kölner Hauptbahnhof – und ist für viele Reisende ein olfaktorisches Ärgernis.

Aber dass Rievkooche einfach herrlich schmecken, und zwar auch die ganz schlichten, nicht zeitgeistig mit Räucherlachs, Forelle oder Kaviar aufgemotzten, werden nur wenige abstreiten. Dabei muss niemand an Mutter denken – zumal es in Köln Väter gegeben haben soll, die sich für dieses eine einzige Gericht auch schon mal selbst an den häuslichen Herd bemühten.

Reibekuchen

1 kg festkochende Kartoffeln
2 Zwiebeln, fein gehackt
2 Eier
1 TL Salz
Öl oder Butterschmalz zum Braten

Die Kartoffeln schälen, waschen und grob reiben. In ein Küchentuch wickeln und den Saft gründlich auspressen. Sofort in eine Schüssel geben und mit den Zwiebeln, den Eiern und dem Salz verrühren. In einer schweren Pfanne so viel Fett erhitzen, dass der Boden bedeckt ist. Löffelweise den Kartoffelteig hineingeben, zu kleinen Puffern flach drücken und von beiden Seiten goldbraun braten. Sofort servieren.

Siegerländer Reibekuchen

Für 6 Personen

250 g Weizenmehl
1 EL Salz
1 1/2 Päckchen Hefe
3/4 l lauwarme Milch
750 g festkochende Kartoffeln
Butter für die Form

Das Mehl mit dem Salz in eine große Schüssel sieben und eine Mulde hineindrücken. Die zerbröckelte Hefe in 1/4 l der lauwarmen Milch auflösen und in die Mulde gießen. Mit Mehl bestauben und 20 Minuten bei Raumtemperatur gehen lassen. Die Kartoffeln schälen, waschen und grob reiben. In ein Küchentuch wickeln und den Saft gründlich auspressen. Die restliche Milch zum Kochen bringen und mit den Kartoffeln verrühren. Zum Hefeteig geben und alles zu einem glatten Teig vermengen. Eine Kastenform ausbuttern, den Teig einfüllen und im vorgeheizten Backofen bei 180 °C ca. 1 Stunde backen.

Potthucke

250 g gekochte Salzkartoffeln
750 g festkochende Kartoffeln
1/8 l Milch
150 g saure Sahne
4 Eier
Salz, Pfeffer und Muskat
40 g Butter
2 EL Butterschmalz

Die Salzkartoffeln noch warm durch eine Kartoffelpresse drücken und kalt werden lassen. Die anderen Kartoffeln schälen, waschen und grob reiben. In ein Küchentuch wickeln und den Saft gründlich auspressen. Milch, saure Sahne und die Eier verrühren, mit beiden Kartoffelmassen zu einem geschmeidigen Teig verarbeiten und mit Salz, Pfeffer und einer Prise gemahlener Muskatnuss würzen. Eine Kastenform ausbuttern und den Teig einfüllen. Die restliche Butter in Flöckchen daraufsetzen und im vorgeheizten Backofen bei 200 °C etwa 50 Minuten goldbraun backen. Erkalten lassen, aus der Form stürzen und in Scheiben schneiden. Portionsweise in heißem Butterschmalz von beiden Seiten braten und mit rohem Schinken und Schwarzbrot servieren.

1 Festkochende Kartoffeln eignen sich am besten, um daraus die einfachen, köstlichen Reibekuchen herzustellen.

2 Handgerieben müssen die Kartoffeln sein, auch wenn das mühsam ist und dabei manchmal Blut fließt.

3 Ob man die Zwiebeln ganz fein hackt oder sie ebenfalls auf der Handreibe reibt, ist Geschmackssache.

Pickert
Für 12 Personen

1,2 kg festkochende Kartoffeln
40 g Hefe
¼ l lauwarme Milch
3 Eier
60 g Zucker
Salz
1 kg Mehl
300 g Rosinen
Fett und Semmelbrösel für die Form
Butter zum Braten

Die Kartoffeln schälen, waschen und grob reiben. In ein Küchentuch wickeln und den Saft gründlich auspressen. Die Hefe in der lauwarmen Milch auflösen und zu den Kartoffeln geben. Nach und nach Eier, Zucker, Salz und das Mehl hinzugeben und alles zu einem geschmeidigen Teig verarbeiten. Bei Raumtemperatur ca. 30 Minuten gehen lassen. Die Rosinen unter heißem Wasser abspülen, gut abtropfen lassen und zum Schluss unter den Teig mengen. Eine größere Kastenform ausfetten und mit Semmelbröseln ausstreuen. Den Teig einfüllen und in der Form 1 Stunde gehen lassen. Dann im vorgeheizten Backofen bei 180 °C etwa 1 ½ Stunden backen. In der Form erkalten lassen, dann aus der Form stürzen und in Scheiben schneiden. Vor dem Servieren in heißer Butter auf beiden Seiten leicht bräunen und zum Frühstück oder Nachmittagskaffee reichen.

Fritten im Rheinland

Nein, die Pommes frites sind keine rheinische Erfindung. Dennoch gibt es gute Gründe, das Lob der Pommes gerade im Rheinland anzustimmen. Der beste ist natürlich die unmittelbare Nachbarschaft zum Ursprungsland der Kartoffelstäbchen. Aus Belgien, dem zerrissenen Königreich im Westen, kamen sie über die Grenze und haben auch die rheinischen Imbissbuden im Sturm erobert. Selbstredend betreibt nicht jede die hohe Kunst der Frittenbäckerei, die mit wirklichen Kartoffeln und hochwertigen Fetten preistreibende Rohstoffe erfordert.
Die Kunden interessieren sich ohnehin mehr für die Beilagen. Ketchup und Mayonnaise (»Mayo«) sind die gefragtesten, Frittenfans ordern sie mit der Kurzformel »Rot-Weiß«. Wohl mehr zufällig handelt es sich dabei auch um die Stadtfarben von Köln und seinem bekanntesten Fußballverein. Wichtiger ist jedoch, dass sowohl der Ketchup als auch die Mayonnaise zähflüssiger Natur sind: Sie ersäufen und erweichen also die krossen Kartoffelstäbchen nicht gleich. Ähnliche Konsistenz hat bekanntlich der Senf, der sich traditionell im Aachener, also dem grenznahen, Raum höchster Beliebtheit erfreut. Warum das so ist, weiß niemand. Am farblichen Kontrast kann es jedenfalls nicht liegen.

4 Der Kartoffelteig kommt löffelweise in eine Pfanne, in der man ausreichend Öl oder Butterschmalz erhitzt hat.

Aus Strom und Meer

Wer in Nordrhein-Westfalen von den Flossenträgern spricht, kommt um das Stichwort Köln nicht herum. Denn das historische Gemeinwesen verdankte seinen Reichtum nicht zuletzt der Tatsache, dass es jahrhundertelang Umschlagplatz für Heringe war: Die Heringsfässer mit den Brandstempeln der Stadt bürgten für Qualität. Und dass der Hering auch auf den heutigen Speisezetteln einen festen Platz hat, dafür sorgt schon der Karneval. Denn gerade der Hering ist eine äußerst geschätzte »Unterlage« für die flüssigen Bestandteile der Jeckennahrung.

Noch größerer Beliebtheit aber erfreuen sich rheinauf rheinab die Muscheln. Sie werden traditionell nur in den Monaten mit »r«, also von September bis April, angeboten. Gemeint sind keineswegs Prestigeleckereien wie die Yuppiemahlzeit Austern, sondern die schlichtschwarzen, die Miesmuscheln. Als Armeleuteessen hatten sie immer einen festen Platz auf den Speisezetteln der schlechter gestellten städtischen Schichten, und selbstverständlich darf ein Muschelgericht heute auf keiner »Kölschen Foderkaat« fehlen.

Früher spielten auch die Fische aus dem Rhein und seinen Nebenflüssen eine bedeutende wirtschaftliche Rolle, heute gibt es lediglich von der Forelle ein nennenswertes Angebot. Der pfeilschnelle Räuber lauert noch in den sauberen Bächen der Mittelgebirge auf Beute, wenn er nicht in Fischteichen von Züchtern alimentiert wird. Dass mit der Eifeler oder Sauerländer Forelle die heimische Bach- und nicht die aus Nordamerika eingeführte Regenbogenforelle gemeint ist, sollte sich eigentlich von selbst verstehen.

Rheinische Muscheln

2 kg Miesmuscheln
250 g Möhren
1 Petersilienwurzel
1/4 Sellerieknolle
2 Zwiebeln
1 Kräutersträußchen aus Petersilie, Thymian und Kerbel
3 EL Butter
1 l Weißwein
Salz
2 Lorbeerblätter
1 TL grob geschroteter Pfeffer

Die Muscheln mehrmals gründlich waschen, bürsten und den Bart entfernen. Möhren, Petersilienwurzel und Sellerie waschen, putzen und klein würfeln, die Zwiebeln und die Kräuter hacken. Die Butter in einem großen Topf zerlassen und das Gemüse darin glasig dünsten. Mit

1 Mit wenigen Zutaten und ohne großen Aufwand lassen sich Rheinische Muscheln zubereiten.

2 Vor dem Kochen müssen die Muscheln gründlich gewaschen und muss der Bart entfernt werden.

3 Das Gemüse für den Sud klein schneiden, in Butter glasig dünsten und mit Wein ablöschen.

4 Die Muscheln müssen zugedeckt im Sud etwa 10 Minuten garen, bis sich die Schalen geöffnet haben.

Lachse im Rhein – eine zweite Chance für den Raubfisch

»Man behauptet nämlich, der Fisch könne nicht mehr laichen, seit der Strom von den umgeschwungenen Rädern so vieler Schiffe nie zur Ruhe gelange. So viel ist übrigens Tatsache, dass die Salmfischer bei der Kölnischen Gesellschaft [...] zur Entschädigung freie Benutzung der Dampfschiffe zum Betrieb ihres Handels erwirkt haben.« Karl Simrock registrierte 1838 in seinem Erfolgsbuch »Das malerische und romantische Rheinland« den Anfang vom Ende. Schon damals waren die Lachs- oder Salmbestände im Rhein bedroht, schon damals fürchteten die Fischer um ihre wichtigste Einnahmequelle. Der Ausbau des Stroms zur Wasserstraße hatte 1817 begonnen, seine Verschmutzung durch die Industrie sollte bald folgen. Schließlich schnitten dem Lachs gewaltige Staustufen und Schleusen seinen Lebens-Weg ab. Als Wanderer zwischen den Wasserwelten, zwischen Meer und Flüssen, machen ihm unüberwindliche Hindernisse besonders schwer zu schaffen.

Um 1955 war der Fisch im einst bedeutendsten Lachsstrom Europas ausgestorben. Als das Wasser im Rhein nach 1980 deutlich sauberer wurde, hatten seine Bewohner wieder eine Chance. Zur Leitfigur der »ökologischen Erneuerung« wurde der Lachs gekürt. Unter Einsatz von viel Biotechnik und großer Kosten stieg die Zahl des Raubfisches seit 1990 kontinuierlich wieder an. Zwar müssen zurzeit noch regelmäßig Lachse von Menschenhand zugesetzt werden, doch man hofft auf eine stabile Wildlachspopulation im Rheinsystem bis zum Jahr 2020.

dem Wein ablöschen und etwas salzen. Die Muscheln zufügen, die Kräuter mit den Lorbeerblättern und dem Pfeffer zu den Muscheln geben. Zugedeckt ca. 10 Minuten garen, bis sich die Schalen weit geöffnet haben. Anschließend mit einem Schaumlöffel auf tiefe Teller verteilen (geschlossene Muscheln wegwerfen) und den Sud darübergießen. Dazu Schwarzbrot und Butter reichen.

Heringsfilet im Steintopf

8 Matjesfilets
Zwiebeln
Äpfel
2 Gewürzgurken
300 g saure Sahne
3 EL Mayonnaise
2 EL Weinessig
1 Prise Zucker
1 Bund gehackte Petersilie
1 Bund fein geschnittener Schnittlauch
Zitronenscheiben und Dill zum Garnieren

Die Matjesfilets entgräten, wässern und in mundgerechte Stücke schneiden. Die Zwiebeln in dünne Ringe hobeln, die Äpfel schälen, vierteln, entkernen und in dünne Scheiben schneiden. Die Gewürzgurken fein hacken. Aus der sauren Sahne, der Mayonnaise, Essig und Zucker eine Marinade anrühren, Petersilie und Schnittlauch untermischen. Matjesstücke in vier Steintöpfe verteilen, die Marinade darübergeben und kurz ziehen lassen. Vor dem Servieren mit Zitronenscheiben und Dill garnieren.

Rechts: Rheinische Muscheln, in einem Gemüse-Wein-Sud gegart, sind eine Köstlichkeit, die man traditionell nur in den Monaten mit »r«, also von September bis April, genießt.

Bierstadt Dortmund

Pils gibt es im Ruhrgebiet selten, sehr viel häufiger ist »dat Pilsken«. Manchem kam bei der Schrumpfform gleich der Verdacht, dass mit ihr ein hoher Konsum bagatellisiert werden soll. Aber nicht doch, im Revier liebt man sprachliche Verkleinerungen, und außerdem perlt der Vorwurf unmäßigen Trinkens an den »Kohlenpöttern« insgesamt ebenso ab wie an den Dortmundern insbesondere.

Dortmund kann auf eine lange Tradition des Bierbrauens zurückblicken, sie beginnt im Mittelalter und weit vor dem Siegeszug des Hopfens im nordwestlichen Deutschland. Nicht umsonst hieß vorzeiten die Dortmunder Brauerei gleich hinter dem Rathaus »die Grütte«. Grut war eine Bierwürze, die sich aus vielerlei und örtlich recht unterschiedlichen Bestandteilen zusammensetzte, immer dabei aber war der Gagel. Der mit den Weiden verwandte Strauch macht sich heute ziemlich rar und steht unter Naturschutz, damals aber wuchs er im nördlichen und nordwestlichen Europa noch häufig. Im Gegensatz zum beruhigenden Hopfen soll Gagel den Trinker rebellisch machen, was die Obrigkeit angeblich bewogen hat, sich für den Hopfen stark zu machen.

Aber solcher Protektion hätte es gar nicht bedurft, zu groß waren die Vorteile des Hopfens in Hinsicht auf Verträglichkeit, Geschmack und Haltbarkeit des Biers. Das sahen schließlich auch die Dortmunder Brauer ein. Doch eigentlich zur Bierstadt wurde ihr Gemeinwesen erst, als 1845 die bayerische, untergärige Braumethode Einzug hielt. Und natürlich sorgte erst die Industrialisierung des Reviers für entsprechend viele Abnehmer, allen voran die Bergleute, die nach der Schicht untertage besonders durstig waren. So erlebte nicht nur Dortmund selbst, sondern auch sein Brauwesen einen gewaltigen Aufschwung. Übernahme der »bayerischen Braumethode« heißt nun keineswegs, dass man sich dem Pilsener ohne Weiteres an den Flaschenhals geworfen hätte. Nein, der Dortmunder Gerstensaft besitzt seinen eigenen Charakter und als »Export« auch seinen eigenen Namen. Er unterscheidet sich vom Pilsener durch einen etwas höheren Alkoholgehalt, vor allem aber durch geringere Bitterkeit, sprich: das Export ist milder gehopft. Dank seiner setzte sich Dortmund an die Spitze aller Städte mit Bierproduktion, an ihre enormen Hektoliter-Ausstöße reichte niemand heran.

Nicht verschwiegen werden soll, dass die Dortmunder Brauereien mit ihren Exportbieren zuletzt in einige Absatzschwierigkeiten gerieten. Offenbar bevorzugte die alte Kundschaft jetzt das herbere Bier. Heute haben jedenfalls die Biere aus dem Sauer- und Siegerland die Nase vorn. Ihre Hersteller wuchern mit dem Pfund einer »unverfälschten Natur«, gerne greifen die Reklamestrategen in diesem Zusammenhang zu dem Begriff »Felsquellwasser«. Auch hier gilt offenbar: Je mehr Natur real stirbt, desto triumphaler feiert sie in der Werbung Auferstehung.

Wenn die Fußballfans in den Dortmunder Kneipen ihren Club feiern, fließt das Bier in Strömen.

1 Der weise Trinker ordert die zweite Runde, bevor sein Glas leer ist.

2 Denn das Zapfen braucht seine Zeit. Sieben bis acht Minuten dauert es.

3 Nach dem ersten Zapfen wartet man, bis sich der Schaum gesetzt hat.

4 Dann wird nachgezapft. So entsteht die charakteristische Schaumhaube.

BVB Fan-Club
melunxen
Borussia Dortmund
Die Continentale
BMW GLÖCKLER
West
"Zum Abzweig"

THIER
PILS
1

THIER
PILS
2

DORTMUNDER
THIER
PILS
3

THIER
PILS
4

Die Kölner Brauhäuser

Jeder, der sich auf die Suche nach der Kölner Lebensart macht, wird irgendwann im Brauhaus landen. Denn dort liegt die Seele des Kölners bloß, und der seelenvollste wird beim Namen gerufen: Jakob, auf einheimisch »Köbes«. Warum er so und nicht anders (zum Beispiel Herr Ober) genannt wird, weiß niemand. Aber er sorgt dafür, dass das Kölsch zum Gast kommt. Alte Fotografien zeigen ihn mit Geldkatze und blauer Schürze. Beides trägt der Köbes noch heute. Nur sein kleidsames Strickwams mit den zwei Knopfreihen hat er schon seit geraumer Zeit abgelegt.

Doch Strickwams hin, Schürze her – das wichtigste Attribut des Köbes ist der »Kranz«. Der hat elf kreisrunde Öffnungen und einen Griff in der Mitte. In die kleinen Kreise kommt die »Stange«. Das Bier in den schlanken 0,2-Liter-Gläsern wird trotz der Mitnahme erheblicher Mengen nicht schal. Denn ein richtiger Köbes sorgt an den Tischen ungefragt für Nachschub, und selten widersprechen die Gäste. Das Kölsch schmeckt hier jedem, und die Sprüche der Köbesse finden nur auswärtige Besucher gewöhnungsbedürftig. Außerdem zucken manche Kranzträger jetzt kaum mehr mit der Wimper, wenn einer statt Kölsch Mineralwasser ordert. Dabei haben vor allem ihre berühmt-berüchtigten Kommentare zu abweichenden Trinkgewohnheiten die Köbesse zu Trägern kölnischer Lebensart gemacht.

Während die Köbesse noch zwischen den Tischen hin- und hereilen, ist das »Thekenschaaf« heute fast ganz verwaist. Wer hier saß, hatte den ganzen Geschäftsgang im Blick. Und zweifellos verlangte die traditionelle Dreieinigkeit von Schankraum vorne, Hausbrauerei hinten und dem Flur ein besonderes Maß an Kontrolle. Am »Schaaf« (Schrank) musste auch das Essen aus der Küche vorbeigetragen werden, und manche Wirte legten dann den Preis fürs Hämchen nach persönlicher Inaugenscheinnahme fest. Von hier aus konnten Wirt oder Wirtin auch den Flur überwachen, wo es das Kölsch für eilige Gäste gleich vom Fass gab und die Köbesse das ihre holten. Das sie dem Wirt übrigens abkauften, um es dem Gast weiterzuverkaufen – jeder Köbes war ein selbstständiger Unternehmer. Selbst wenn das Thekenschaaf einsam und verlassen liegt, ist es – wie in der »Malzmühle« – doch eine Zierde des Hauses. Ansonsten ersterben die Kölner Brauhäuser keineswegs in Schönheit. Aber um ein wohliges Ambiente bemühen sich alle, und ihre Attraktion rührt ja nicht von der Einrichtung.

Zwar dreht sich im Brauhaus alles um die flüssige Nahrung, doch kommt gerade deshalb die feste nicht zu kurz. Bekanntlich steigt das Bier bei leerem Magen schneller zu Kopf, der dann womöglich zur Mäßigung aufruft. Essen ist also Mittel zum Zweck (des Trinkens). Schon aus diesem Grund wird im Brauhaus keine schlanke Feinschmecker-, sondern »deftige Hausmannskost« verabreicht. Ein richtiges Brauhaus bietet auf der »Kölsche Foderkaat« Nahrhaft-Rheinisches, dazu kann ein Rheinischer Kartoffelsalat, muss aber unbedingt ein Hämchen mit Sauerkraut und Kartoffeln gehören. Und selbstverständlich dürfen die Gerichte nicht fehlen, mit deren Namen unbedarfte Fremde so herrlich hinters Licht geführt werden können. Wie der »Halve Hahn«. Das dunkel-knusprige Roggenbrötchen (»Röggelchen«), zwischen dessen beide Hälften Butter und eine Scheibe mittelalter Gouda gehören, ist ein running gag bei Brauhausverbrüderungen zwischen Einheimischen und »Imis«. Dabei weiß die Anekdote, dass der Halve Hahn seine Erfindung einem innerkölnischen Zwist verdankt. Anno 1878 ließ ein gewisser Wilhelm Vierkötter ihn auftragen, angeblich um einer Dame unter seinen Gästen eins auszuwischen. Doch er hatte damit einen Imbiss kreiert, der gerade wegen seines Tarnnamens ungeheure Popularität gewinnen sollte. Vierkötter war aber nur der Tradition gefolgt, ein Gericht qua Namen besser zu machen, als es ist. Nicht anders verhält es sich mit »Kölsch Kaviar«. Auch wenn sehr viel Fantasie vonnöten ist, will man dieses mit Blutwurst belegte Brötchen mit dem Luxushappen assoziieren. Auch was Himmel und Erde mit »Himmel und Äd« zu tun haben, bedarf tieferen Sinnens. Bei diesem Gericht aus vermischten pürierten Äpfeln und Kartoffeln vertreten Kartoffeln die Erde und die Äpfel den Himmel. Dem sie selbst als Fallobst noch näher sind als die unterirdischen Knollen.

Ganz links: Voll ist es, und gemütlich geht es zu in einem traditionellen Brauhaus wie Päffgen in Köln. Hier bekommen auch Ortsfremde schnell Anschluss.

Links: Der Kölner Köbes ist für seinen ruppigen Humor bekannt und berüchtigt – da zeigt sich dieser Herr fast schon zu freundlich. Immerhin wird das Kölsch wie üblich in 0,2-l-Gläsern, den Stangen, serviert und im Kranz an den Tisch gebracht.

1

2

3

4

5

6

1 Darf auf keiner »Kölsche Foderkaat« fehlen: das **Hämchen,** die gepökelte Schweinewade. Man isst sie mit Sauerkraut und Kartoffeln.

4 Himmel und Äd, das Gericht aus untereinandergemischten gekochten Äpfeln und Kartoffeln, wird in Köln mit gebratener Blutwurst serviert.

2 Ätzesupp, eine kräftige Erbsensuppe – sowohl Unterlage vor dem Trinken als auch Kur nach übermäßigem Biergenuss.

5 Rievkooche, zu Hochdeutsch Reibekuchen. Wer sie im Brauhaus genießt, erspart sich die Arbeit des Reibens und den Fettgeruch in der eigenen Küche.

3 So fleischlos sieht in Köln ein Halber Hahn aus. Der **Halve Hahn** ist ein Roggenbrötchen mit Butter und Gouda.

6 Es verwundert nicht, dass dieser Kaviar so billig angeboten wird: Es handelt sich um **Kölsch Kaviar,** also ein mit Butter bestrichenes Brötchen mit Blutwurstbelag.

Kölsch und Alt – die Obergärigen vom Rhein

Wir wollen hier nicht schon wieder die Jahrhunderte heraufbeschwören. Über die große historische Distanz gesehen ist Köln ohnehin eine Weinstadt, die ihren mittelalterlichen Wohlstand zu einem erheblichen Teil dem Reben- und eben nicht dem Gerstensaft verdankte. Doch selbst das altvertraute Bier der Kölner ist ein junges Gesöff. »Kölsch« floss erst durch die Zapfhähne, nachdem der Typ Pilsener auch hier auf der ganzen Linie gesiegt hatte. Zweifellos gelangte mit dem Kölsch um 1880 aber das herkömmliche Brauverfahren wieder zu Ehren. Und der Biersortenname »Alt« wurde um die Jahrhundertwende durchaus als Kampfbegriff verstanden, der den Wert traditionellen Brauens betonen sollte.

Obergärig hießen diese Biere deshalb, weil die Hefe oben im Braubottich schwimmt, bei den untergärigen Bieren setzt sie sich dagegen am Grund des Kessels ab. Auch entstehen die untergärigen Biersorten bei niedrigeren Temperaturen, bei Kölsch und Alt können sie zwischen 15 und 20 Grad betragen.

Beide Sorten hatten übrigens ihre Reviere schnell abgegrenzt und sich eine verschworene Konsumentengemeinschaft geschaffen. Den oberen Niederrhein mit dem Zentrum Köln beherrschte das helle Kölsch, den unteren das dunkle Alt. Für die Anhänger des einen wie des anderen Biers war es Ehrensache, ihrer Sorte treu zu bleiben. Und es gab eine scharfe Grenze zwischen Kölsch- und Alttrinkern, die angeblich in Langenfeld verlief. Einem Ondit zufolge soll seine Hauptstraße die Demarkationslinie gewesen sein; auf der einen Seite hätten die Wirte Alt, auf der anderen Kölsch ausgeschenkt.

Auf dem kleinen, aber heimischen Markt konnten Kölsch und Alt bis heute ihre Anteile einigermaßen behaupten. Und ihre Liebhaber stehen sich längst nicht mehr so unversöhnlich wie ehedem gegenüber.

Rübenzucker

Vor den Gefahren des Zuckers warnt nicht nur der Zahnarzt, sondern gelegentlich auch der Verkehrsfunk. Er nennt als potenziellen Schadensverursacher allerdings das Rohprodukt, also die Zuckerrübe bzw. die Verschmutzung der Straßen bei ihrer Ernte. Der rheinische Autofahrer nimmt es gelassen. Er weiß: Wenn Ende September die Fahrbahnen auch bei schönem Wetter verschmutzt oder gar glitschig sind, ist Rübenkampagne.

Die Zuckerindustrie kann im Kölner Raum auf eine große Tradition zurückblicken, die sie genau genommen der Kontinentalsperre Napoleons verdankt. Damals kam kein Rohrzucker nach Festland-Europa, die Frage nach Ersatzrohstoffen stellte sich dringlich. Nun hatte schon der Berliner Andreas Sigismund Marggraf 1747 die Runkelrübe als Zuckerpflanze entdeckt, und 1798 war es Franz Carl Achard gelungen, diese Entdeckung auch technisch zu realisieren. 1801 baute er die erste Zuckerfabrik im schlesischen Cunern. Doch ihren eigentlichen Aufschwung nahm die Rübenzucker-Produktion eben erst, als Napoleon Anbau und Verarbeitung der Rübe massiv fördern ließ.

Allerdings zeigte sich nach dem Ende der Kontinentalsperre bald, dass diese protektionistische Maßnahme zu einer Scheinblüte geführt hatte. Aber die Kölner Raffinerien überlebten die Krise. Sie stellten zunächst wieder Rohrzucker her, dessen Ausgangsprodukte sie über Holland preisgünstig beziehen konnten. 1836 zählte Köln immerhin 19 Raffinerien. Ab Mitte des 19. Jahrhunderts setzte sich dann die Zuckerrübe im Rheinland endgültig durch. Es war allen voran der Unternehmer Eugen Langen, dem die hiesige Zuckerindustrie entscheidende Impulse verdankt.

Aber auch die Bodenverhältnisse in der Köln-Aachener Bucht und am Niederrhein begünstigten eine zügige Entwicklung. Die Zuckerrübe stellt an den Untergrund einige Ansprüche, dafür zählt sie für die Landwirte zu den wirtschaftlichsten Früchten, wenn sie nicht die wirtschaftlichste überhaupt ist. Deshalb muss ihr Anbau kontingentiert werden. Trotzdem legen die Rübenbauern immer einige Reihen mehr als errechnet an. Denn natürlich hat eine Zuckerrübe auch ihre Feinde. Das ist vor allem jenes Virus, das die sogenannte Wurzelbärtigkeit verursacht und die Erträge krass reduzieren kann. Es soll mittels Gentechnik unschädlich gemacht werden, und die erbmanipulierte Rübe wird wohl in absehbarer Zeit auf den Markt kommen.

Aus wirtschaftlichen Gründen empfiehlt es sich, die Rüben möglichst nah am Ernteort zu verarbeiten. Bei einer Fabrik landen zur Kampagnenzeit 10 000 bis 14 000 Tonnen (entblattete) Rüben pro Tag, bei diesen Mengen fallen die Frachtkosten ins Gewicht. Von Ende September bis Mitte/Ende Dezember laufen die Schneidemaschinen, Verdampfungskessel und Zentrifugen auf Hochtouren. Zunächst werden die Rüben gewaschen, geschnitzelt und gebrüht, bevor sie in den Extraktionsturm kommen. Hier geben die Rüben ihre Zuckersubstanzen ab, Kalkmilch bindet dann die anderen mit ihnen gelösten Stoffe. Der klare Saft wird nun auf Wasserentzug gesetzt, bis sich die Zuckerkristalle bilden. Dann schleudern die Zentrifugen den Sirup ab, Wasserdampf beseitigt seine letzten Reste.

Nun gibt es Zucker in vielerlei Formen. Von Puder- oder Hagel- über den Gelier- und Einmachzucker bis hin zu Braunem und Weißem Kandis entstehen sie hierzulande alle aus dem raffinierten Endprodukt; teilweise kommt das einer Rückverwandlung gleich. Eine rheinische Spezialität aber ist der Grafschafter Goldsaft aus Meckenheim. Er besteht aus eingedicktem, nicht völlig gereinigtem Rübensirup, daher die Goldfarbe. Ein Schwarzbrot mit »Klatschkies« und Rübenkraut gilt als ausgesprochene Delikatesse. Findige Schmecklecker geben erst das Rübenkraut aufs Brot, obwohl dieser Vorrang eigentlich dem Quark gebührt. Aber der sanfte Quark bietet dem ausgesprochen zähen Sirup zu wenig Widerstand beim Abstreifen und macht das Schnittenschmieren zum Geduldsspiel mit durchweg unbefriedigendem Ausgang.

So bleibt der Sirup unterm Quark versteckt, eine Art Rheingold, das solche Tarnung allerdings nicht vor dem Verzehr bewahrt hat.

Der süße, goldgelbe Grafschafter Goldsaft besteht aus eingedicktem, nicht völlig gereinigtem Rübensirup.

Feuerzangenbowle

Für 8 bis 10 Gläser

2 Flaschen Rotwein
1 ungespritzte Orange
4 Nelken
1 Zimtstange
2 Sternanis
1 Zuckerhut (250 g)
½ l brauner Rum (54 Vol.-%)

Den Rotwein in einen feuerfesten Topf gießen. Die Schale der Orange in einer Spirale abschälen, mit den Nelken spicken und mit Zimtstange und Sternanis zum Wein geben. Auf einem Rechaud erhitzen, nicht kochen. Die Feuerzange auf den Topfrand legen, den Zuckerhut darauflegen und mit dem Rum tränken. Anzünden und den restlichen Rum nach und nach mit einer kleinen Schöpfkelle über den Zuckerhut geben. Die Bowle heiß trinken.

Ende September beginnt die Rübenernte. Hier, bei Meckenheim, schießen die Rüben üppig ins Kraut.

Die Ernte erfolgt maschinell. Pro Tag landen 10 000 bis 14 000 Tonnen Rüben in einer Fabrik.

Wenn die Rüben über Land transportiert werden, warnt die Polizei vor verschmutzten Fahrbahnen.

Bergische Kaffeetafel

Selbst wenn die Bergische Kaffeetafel einmal etwas karger ausfallen sollte, immer üppig ist die Dröppelminna. Die mächtige Kanne mit dem Kränchen musste im Bergischen auch dann noch aus Zinn sein, als zinnernes Geschirr andernorts längst aus der Mode war. Würdig thronte sie über dem gedeckten Tisch, ihre bauchige Fülle allein signalisiert schon Wärme und Behaglichkeit.
Einer solchen Persönlichkeit sah man ihre Mucken nach. Dabei ist schon ihr Name eigentlich ein Neckzettel. Dröppeln tat diese Minna reichlich. Hatte der Satz erst einmal den Ausguss zugesetzt, dann kam der Kaffee nur noch tropfenweise.
Die Erfindung des Siebs machte dieser Plage ein Ende, aber nur, um eine neue zu schaffen.
Jetzt tröpfelte der selten dichte Hahn, weil der Kaffeesatz ihn nicht mehr schließen half ...
Nun ist die Dröppelminna keine originär bergische Erfindung, vielmehr weist sie wie manch andere Zutat der Kaffeetafel nach Westen. Zu den Niederlanden unterhielt man im 17. und 18. Jahrhundert lebhafte Handelsbeziehungen, sogar das bergische Rindvieh war ursprünglich holländischen Geblüts. Umgekehrt erfreuten sich die bekannt qualitätvollen Eisenwaren des Bergischen Landes in den Küstengegenden einer regen Nachfrage. Die Dröppelminna aber kam aus Holland, und von dorther kam ebenfalls der Kaffee.
Selbst der Kaffeetafel jüngster Spross nahm den Weg rheinaufwärts. Damit sind wir beim Reis, respektive beim Reisbrei und bei der mehr oder weniger festen Nahrung, die das bergische Himmelreich bietet. Zu ihr gehören Korinthenweißbrot, Waffeln und Butter ebenso wie das bergische Schwarzbrot, Eierkuchen, Quark und zuweilen auch ausgesprochen deftige Köstlichkeiten vom Schlage einer Leberwurst. Einigen Zugereisten behagte diese heikle Mischung von Süß und Sauer wenig, aber eine Bergische Kaffeetafel verheißt halt »Koffendrenken met allem dröm on dran«, »Kaffeetrinken mit allem drum und dran«.
Die überbordenden Tafeln von heute täuschen leicht darüber hinweg, dass dieses Kaffeetrinken in Notzeiten oder in ärmeren Häusern auch weniger üppig ausfallen konnte. Hatten die einen »echten« Bohnenkaffee, tranken die anderen »Muckefuck« aus Malz und Zichorie. Süßten die gut Betuchten mit Honig, nahmen die Ärmeren selbst gemachtes Apfel-, Birnen- oder Rübenkraut. Die Waffeln – für die meisten das Kernstück der Tafel – bestanden ursprünglich meist aus Hafermehl; den Luxus, sie aus Weizenmehl herzustellen, konnten sich auch um 1900 nur relativ wenige leisten.
Außerdem hat es seit dem Aufkommen der Kaffeetafel Ende des 18. Jahrhunderts manche Veränderungen bei den einzelnen Rezepten gegeben. Für bodenständige Kaffeetafler sind heiße Kirschen und Sahne auf den Waffeln noch heute neumodischer Schnickschnack.

Links: Die Hauptperson der Kaffeetafel: die »Dröppelminna«.

Rechts: Weil das Rheinland immer besonders enge Handelsbeziehungen zu den Niederlanden hatte, darf der Spekulatius hier nicht fehlen. Mag der Name des flachen, würzigen Weihnachtsgebäcks ursprünglich aus dem Lateinischen stammen, nach Deutschland gelangte er über den Umweg des Niederländischen.

1 Um Waffelteig zu bereiten, schlägt man Butter, Zucker und Eigelb schaumig.

2 Im nächsten Arbeitsschritt rührt man nach und nach die Milch und das Mehl unter.

3 Der Teig muss so fest sein, dass er am Schneebesen hängen bleibt.

4 Das Waffeleisen wird leicht eingefettet und erhitzt, bevor man den Teig hineingibt.

5 Im heißen Eisen werden die Waffeln goldbraun gebraten und sofort serviert.

1

2

3

4

5

Allen recht ist dagegen der Aufgesetzte zum guten Schluss. Traditionell aus Korn und Schwarzen Johannisbeeren hergestellt, rundet er das üppige Mahl an der Bergischen Kaffeetafel aufs Trefflichste ab.

Waffeln
Für 15 Stück

250 g Butter
100 g Zucker
6 Eier, getrennt
1/4 l Milch
300 g Mehl
1 TL abgeriebene Zitronenschale
1 Prise Salz
etwas Öl

Die Butter mit Zucker und Eigelb schaumig schlagen. Nach und nach Milch und Mehl unterrühren. Zuletzt die Zitronenschale zufügen. Eiweiß mit 1 Prise Salz steif schlagen und vorsichtig unter den Teig heben. Ein Waffeleisen mit wenig Öl einfetten und den Teig portionsweise im heißen Eisen zu goldbraunen Waffeln backen. Die Waffeln je nach Geschmack mit Puderzucker bestreuen oder mit Marmelade bestreichen. Man kann die Waffeln auch mit heißen Kirschen und Sahne servieren.

Allein der Duft frisch gebackener Waffeln ist köstlich. Sie schmecken mit Schlagsahne und heißen Kirschen oder einfach mit Puderzucker bestreut.

Karneval und Kamelle

Der Ruf »Kamelle!« ist dem Höhepunkt des Karnevals vorbehalten, gewöhnlich setzt er nach der Ankündigung »D'r Zoch kütt« ein. Sogar auswärtige Jecken bringen ihn leicht über die Lippen, während der ebenfalls beliebte Kurzappell »Strüssje« (Sträußchen) schon eine gewisse Beherrschung des rheinischen Idioms erfordert.

Historisch gesehen kommen die Bonbons erst spät zum Karneval. Immer aber hatte der »Fastenabend« etwas mit den sogenannten Heischegängen zu tun. Schon 1403 musste der Kölner Rat sie verbieten, weil der Brauch zur Wegelagerei ausgeartet war. Damit sind wir bei der Vorgeschichte, denn die erste Erwähnung eines Kölner Karnevals datiert bereits vom 5. März 1341. Schon um 1500 notierte eine Nonne namens Anna hier das erste Karnevalslied, und der Begriff »Fastelovend« bürgerte sich im 16. Jahrhundert ein.

Der Beginn des Karnevals heutiger Prägung datiert jedoch ins Jahr 1823. Nach der Franzosenzeit und dem anfänglichen Misstrauen der preußischen Herren machten Kölner Bürger einen Neuanfang, der Geburt und Wiedergeburt zugleich war. Es gab ein »Festordnendes Comitee« und einen Rosenmontagszug, es gab Sitzung und Maskenball. 1827 wurde dann die Gesellschaftsmütze erfunden, bis heute das unentbehrliche Requisit jeden Frohsinns auf Vereinsbasis.

Die ersten Funken parodierten noch den preußischen Drill, Bauer und Jungfrau erscheinen schon früh als Vertreter der Agrarier vor den Mauern beziehungsweise als Sinnbild der Stadt (Colonia). Als närrischer Regent über allen stand der Held Karneval. Erst später sollte er zum Prinzen mutieren: offenbar ein Zugeständnis an die Hierarchie eines (des preußischen?) Hofes. Auch die Funken verzichteten nach der Reichsgründung von 1871 auf die Spitzen gegen das preußische Militär.

Die Jahre, ja selbst die Notzeiten nach den beiden Weltkriegen haben den Karneval nicht untergekriegt. Erstmals fand sich 1947 im fürchterlich zerstörten Köln ein Festausschuss zusammen, 25 Gesellschaften traten ihm bei. Seit 1949 ist es Brauch, den Karneval am 11. 11. um 11.11 Uhr beginnen zu lassen. Jeden November versammeln sich die Narren auf dem Alter Markt, unweit des Ostermannplatzes, der den großen Erneuerer und Liedermacher des Kölner Karnevals, Willi Ostermann, ehrt. Gleichfalls erhielt der Karnevalssonntag durch die Schull- und Veedelszöch einen besonderen Akzent. Seit 1952 hat auch der Fastnachtsdienstag wieder einen festen Platz im Festkalender, damals ging durch Köln-Kalk der erste Stadtteilzug. Ab 1954 spielen bei diesen Zügen die karnevalistischen Aktivitäten der Schulen eine besondere Rolle. Damit nicht genug, hat sich am Karnevalssamstag ein alternativer »Geisterzug« etabliert. Mit viel Getöse und geisterhaft gewandet ziehen auch die Verächter des »offiziellen« Karnevals durch die Innenstadt.

A propos Alternative: 1984 wurde die Kölner Stunksitzung ins Leben gerufen. Diese kabarettistische Karnevalssitzung setzt sich vor allem mit politischen und religiösen Themen sowie mit den alteingesessenen Karnevalsgesellschaften auseinander und ist heute fester Bestandteil im Kölner Karneval. Inzwischen sind die Oppositionellen zwar auch nicht mehr so oppositionell, aber noch immer steckt in ihren Vorträgen genug Zündstoff. Umgekehrt bemühen sich die etablierten Karnevalsgesellschaften neuerdings stärker darum, ihren Veranstaltungen den Charakter eines bloßen Honoratiorentreffens zu nehmen. Der betuliche Prunk mit Frack- und Weinzwang (gemeint ist das Getränk) gefällt immer weniger.

An den Zugwegen aber stehen sie gemeinsam, und alle eint der Ruf nach »Kamelle«. Dabei sind es nicht mehr nur schlichte Rahmbonbons, die auf die Jecken herunterprasseln. Neben den Bonbons fallen heute Süßigkeiten aller Art bis hin zu feinen Schokoladen und Pralinen. Aus den mitgeführten Kanonen kommen solch sperrige Geschosse freilich nicht mehr. Das ging und geht mit den Kamellen besser. Und war eine wahrhaft pazifistische Tat, ohne dass Schwerter erst zu Pflugscharen werden mussten ...

Der Karnevalsumzug treibt Jung und Alt auf die Straße.

Süßes Finale

Fallen wir lieber gleich mit der Tür ins Haus: Warum die Weckmänner ihre weißtonigen Pfeifen scherpengleich am Leib tragen, weiß bis heute niemand. Generationen von Jungen haben aus ihr frische Efeu- und/oder trockene Kastanienblätter geraucht, im Westerwald hält ihre Produktion eine ganze Branche (Pfeifenbäcker) am Leben – doch wie sie zum Gebäck kommt, bleibt jedenfalls vorläufig ihr Geheimnis.
Die Weckmänner (rheinisch) und die Stutenkerle (westfälisch) zählen zu den Gebildbroten. Die appetitlichen Kerlchen kommen heute meist zu St. Martin in die Bäckereien, jenem historischen Termin also, der am Ende des alten Wirtschaftsjahres steht. Ursprünglich und noch um die Jahrhundertwende aber kamen sie zum Nikolaustag als Geschenk; der Heilige war schon seit dem 16. Jahrhundert für die Gaben zuständig. So erklärt sich wenigstens das männliche Erscheinungsbild dieser beliebten Leckerei. Auch der wirkliche Jahreswechsel hatte seine eigenen Gebäcke. Im Westfälischen heißen sie Bollebäuschen, ein Kosename, wie er sich zärtlicher und liebenswürdiger kaum denken lässt. Bollebäuschen sind aus Hefeteig und werden in heißem Fett ausgebacken, ältere Menschen halten sie auch heute noch für den Inbegriff der Köstlichkeit. Was der lärmenden Silvesterfeier recht ist, muss dem Karneval billig sein. Die rheinischen Fastnachtskrapfen sind allerdings von eher windbeuteliger Konsistenz, weil aus einer Art Brandteig.
Sehr viel solider geben sich da die Aachener Printen. Ja, auch sie gehören zunächst in den Zusammenhang des Jahreswechsels und verdanken ihre Existenz dem Gebildbrot. Das Wort Printe kommt mit dem Gebäck aus den Niederlanden, wo »Prent« »Abdruck« bedeutet. Die Model für den Printenteig werden heute höchstens noch zur Weihnachtszeit hervorgeholt. Schon um 1860 aber bürgerte sich die rechteckige Form immer mehr ein. Denn inzwischen hatten die Aachener Printen einen großen Ruf erlangt, selbst die überseeischen Märkte öffneten sich für die feine Leckerei. Die weiten Wege aber zwangen zu »handelsüblichen Versandformen«. Als Schnittchenprinte ließ sich die Ware besser transportieren und überdies leichter aus dem geschäftsbeschränkenden Dunstkreis des Jahresendes herauslösen. Als sich das »braune Gold« immer größerer Beliebtheit erfreute, brauchten die Printen natürlich auch einen aufwertenden Schokoladenüberzug. Und so bleibt den Zähnen heute meist eine dünne Schicht Zeit, ehe sie die Härte des Gebäcks prüfen müssen.

Oben: Das Bestreichen mit Eigelb verhilft den Weckmännern zu ihrer goldbraunen Farbe

Weckmänner

500 g Mehl
60 g Zucker
1 TL Salz
40 g Hefe
1/4 l lauwarme Milch
60 g Butter
2 Eier
1 Msp. Safranpulver
Mehl für die Arbeitsfläche,
Eigelb zum Bestreichen
Rosinen und Tonpfeifen zum Verzieren

Mehl mit Zucker und Salz in eine große Schüssel sieben und eine Mulde hineindrücken. Zerbröckelte Hefe in der Milch auflösen, in die Mulde gießen, mit Mehl bestäuben und zugedeckt 15 Minuten gehen lassen. Dann mit Butter, Eiern und Safran zu einem Hefeteig verkneten. Teig zugedeckt 1 Stunde gehen lassen. Auf einer bemehlten Arbeitsfläche Figuren formen. Die Weckmänner auf ein mit Backpapier ausgelegtes Blech legen, mit Eigelb bestreichen, mit Rosinen verzieren und die Tonpfeife unter den linken Arm schieben. Im vorgeheizten Backofen bei 180 °C in ca. 20 Minuten goldbraun backen.

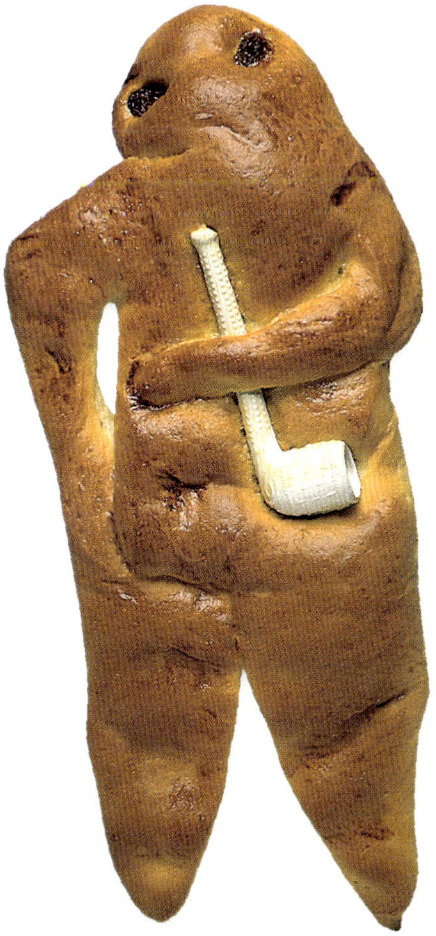

Fix und fertig

Rund 39 Prozent der fast 40 Millionen Privathaushalte in Deutschland sind Einpersonenhaushalte. Das freut die Industrie. Braucht doch jeder Single einen Kühlschrank, ein Handrührgerät und andere Dinge, die man sonst zu zweit oder zu dritt benützt. Nicht glücklich über diesen Zustand sind die Ernährungswissenschaftler. Haben sie doch festgestellt, dass sich Menschen, die alleine leben, schlechter ernähren als Familientiere, sprich zu Fertigprodukten greifen statt Gemüse zu schnipseln und Braten zu garen.

Lifestylemagazine andererseits sehen darin eine Chance: Sie empfehlen Singles den Besuch der Supermärkte als Stätte der Kontaktaufnahme mit ihresgleichen und dort vor allem die Sektionen, in denen alles angeboten wird, was schon fix und fertig ist. Und da gibt es ja nun wirklich eine fast unüberschaubare Produktpalette.

Die Industrie, die heute den allein in der Küche Stehenden das Leben erleichtert, entstand in einer Zeit, in der von »Versingelung der Gesellschaft« noch keine Rede war, im Gegenteil. Bevölkerungswachstum war eines der Probleme in der zweiten Hälfte des 19. Jahrhunderts, einer Epoche, in der in Deutschland immense technische, soziale, agrarische und politische Veränderungen stattfanden. Obwohl immer weniger Menschen in der Landwirtschaft arbeiteten, hatte sich die genutzte Ackerfläche durch den Wechsel von der Dreifelderwirtschaft zur Fruchtwechselwirtschaft vergrößert, die landwirtschaftliche Produktion nahm in manchen Teilen Deutschlands um 40 Prozent zu. Die Befreiung der Bauern aus dem feudalen System hatte zwar einerseits deren Abhängigkeit beendet, andererseits aber auch dazu geführt, dass viele Bauern ihr Land verloren. Eine gigantische Landflucht setzte ein, denn Arbeit fand man nun in den Städten, dort, wo im Zeichen der beginnenden Industrialisierung die Fabriken entstanden. Damit wurde vielen Menschen unmöglich, was im ländlichen Raum selbstverständlich war: die Eigenversorgung mit Lebensmitteln. Dem städtischen Industrieproletariat blieb nichts anderes übrig, als bisherige Ernährungsgewohnheiten aufzugeben. Auch deshalb, weil in den meisten Arbeiterfamilien auch die Frauen in die Fabriken mussten und nach einem Arbeitstag von 12 Stunden keine Zeit blieb, das Essen aufwendig vor- und zuzubereiten.

Und nicht nur Zeit war knapp, es fehlte auch an Geld. Fleisch war für kinderreiche Familien und Arbeiter der Niedriglohnklasse eine Rarität – Eiweißmangel und damit Krankheiten und hohe Kindersterblichkeit waren die Folgen.

Das Zauberwort zur Lösung des Problems hieß Leguminosen, Hülsenfrüchte. Also Erbsen und Bohnen, die man dank der verbesserten landwirtschaftlichen Produktion in großem Ausmaß anbauen, dank ausgebauter Verkehrswege über weite Strecken transportieren und in den neu entstandenen Fabriken zu eiweißhaltigem Erbs- und Bohnenmehl verarbeiten konnte.

Der erste, der Leguminosen zur Massenproduktion eines Lebensmittels verwandte, war der Berliner Koch Grünberg, der 1872 die Erbswurst erfand. Sie enthielt allerdings noch einen Anteil Speck. Und das machte sich geschmacklich positiv bemerkbar. Denn die Suppen, die nur mit Leguminosen hergestellt und wenig später von Knorr und Maggi auf den Markt gebracht wurden, schmeckten grauenhaft fad. Genießbar wurde das Produkt dadurch, dass Julius Maggi eine bahnbrechende Erfindung gelang: die Suppenwürze. Maggi hatte sich die Forschungsergebnisse von Braconnot und Bercelius zunutze gemacht, die in den Jahren 1820 und 1831 herausgefunden hatten, dass bei der Zerlegung von Eiweiß in seine Bausteine Produkte entstehen, die nicht nur nach Fleischbrühe riechen, sondern auch so schmecken. Damit war der Durchbruch geschafft. Obwohl Maggiwürze aus pflanzlichem Eiweiß hergestellt wurde, schmeckte sie nach mehr, nach dem Fleisch, das sich die Arbeiter nicht leisten konnten.

Unter all den Pionieren der Lebensmittelindustrie des 19. Jahrhunderts ist ein Mann zu nennen, dem Bahnbrechendes gelang: der Apotheker Dr. August Oetker, der Erfinder des Backpulvers. Mit dessen Entwicklung hatten sich schon andere beschäftigt, darunter Justus von Liebig, ein Pionier der Agrochemie und Ernährungsphysiologie. Aber Oetker, Sohn eines Bäckermeisters, optimierte das Triebmittel 1891 und brachte es, tütchenweise abgepackt und genau für eine bestimmte Menge Mehl dosiert, auf den Markt.

Mit der industriellen Herstellung und der Vermarktung von Lebensmitteln im großen Stil gewann auch eine Disziplin an Bedeutung, die damals noch in den Kinderschuhen steckte: die Werbung. Maggi wie Oetker waren unter den Ersten, die ihre Bedeutung erkannten. Emaille-

Brühwürfel, Soßenpulver, Würzmittel und Backhilfen traten im letzten Jahrhundert einen wahren Siegeszug in deutschen Küchen an.

Henriette Davidis (1801–1876)

Im Pfarrhaus zu Wetter-Wengern kam sie als zehntes von dreizehn Kindern zur Welt, seit 1841 leitete die gelernte Erzieherin eine sogenannte Mädchenarbeitsschule im bergischen Sprockhövel. »Dieser Wirkungskreis«, heißt es in der Allgemeinen Deutschen Bibliographie, »führte sie auf den Gedanken, auch durch geeignete Schriften für die Weiterbildung der Jungfrauen und Mütter in ihren täglichen Berufsgeschäften zu sorgen.«

Henriette Davidis war mit diesem Gedanken nicht allein: Eine ganze Reihe von Frauen fühlte sich Mitte des 19. Jahrhunderts berufen, ihre Geschlechtsgenossinnen in Sachen Haushaltsführung zu unterrichten. Kochen wurde für die bürgerliche Hausfrau im Biedermeier zu einer hervorragenden Tugend, und so erlebten Bücher wie Linas »Die Köchin wie sie seyn soll und muss. Deutschlands Töchtern und Frauen gewidmet« oder Rosamundas »Die Köchin ohne Fehl und Tadel« mehrere Auflagen.

Weder Lina noch Rosamunda konnten jedoch mit Henriette konkurrieren. Ihr 1844 erschienenes »Praktisches Kochbuch für die gewöhnliche und feinere Küche« kam 1902 in die 39. und in den Sechzigerjahren in die 76. Auflage. Das stets aktualisierte, in viele europäische Sprachen übersetzte Werk änderte unter den späteren Bearbeitern manches Mal sein Gesicht, aber die kochbuchnotorische Wendung »man nehme« überlebte alle Neuerungen. Diese ingeniöse Formel hat Henriette Davidis einen festen Platz auf dem Parnass der deutschen Gebrauchsliteratur gesichert.

schilder wurden zu Werbezwecken eingesetzt und »Inserate« – die durchaus noch den Anspruch der »Ehrlichkeit in der Werbung« erfüllten: »Eine Hauptsache bei der Zubereitung von Maggisuppen ist das Salzen bis zur Schmackhaftigkeit und das Kochen, bis die Suppen etwas schleimig werden, was bei starkem Sieden in circa 15 Minuten der Fall sein wird.«
Nach diesen ersten Versuchen überließ Julius Maggi das Verfassen seiner Werbetexte übrigens einem Berufeneren. Einem mittellosen jungen Mann, der Frank Wedekind hieß. Und der dichtete nun: »›Ich weiß nicht, was soll es bedeuten, dass ich so traurig bin?‹ – Hat mich ein theurer Freund hintergangen, ohne dass mir noch Kenntniss davon ward? Hängt ein drohendes Damokles-Schwert über meinen Haupte, oder naht sich der Briefträger mit einem Uriasbrief? Mir ist, als quälte mich ein Erinnern, als hätt' ich einen bösen Traum geträumt und seine Schrecken erfüllten noch meine Seele. – Sieh da, das war's! An einem Schaufenster bin ich vorbeigegangen und habe Maggi's Bouillon-Extract und Maggi's Suppen-Nahrung ausgestellt gesehen. Beides hatt' ich oftmals rühmen hören; aber Zeit und Geld fehlten mir augenblicklich. – O, mir kann geholfen werden!«

Hausfrauenglück in den Fünfzigerjahren

Hessen

Klaus Viedebantt

Hessen? Hat nicht einer der ihren, der Schriftsteller Rudolf Krämer-Badoni, gesagt, die Hessen seien ein »Volksstamm, den es nicht gibt«? Daran ist etwas Wahres in diesem Land, das 1946 aus fürstlichem, kirchlichem und reichsstädtischem Terrain zusammengestückelt wurde. Hessen, dieses 250 Kilometer lange, schöne Medaillon im Zentrum Deutschlands, ist keine rechte Einheit. Die Nordhessen, an karge Böden und historisch an Armut gewöhnt, haben wenig gemein mit den von Sonne und Rheintal verwöhnten Südhessen. Und das spiegelt sich natürlich auch in den Küchen der verschiedenen Regionen wider. Wo die einen versuchten, aus Kartoffeln das Beste zu machen, folgten die anderen stets gern den Moden, die durchreisende Kaufleute mitbrachten. So erstaunt es nicht, dass die beiden Spezialitäten, mit denen Hessen sich auf der kulinarischen Landkarte festgeschrieben hat, aus der alten Handels- und Messestadt Frankfurt stammen: Grüne Soße und Frankfurter Würstchen.

Dem Main, der Hessen in Norden und Süden teilt, folgte einst der Limes, der Grenzwall des Römischen Reiches. Er trennte die Welt in zwei Hälften. Die reiche Metropole Frankfurt und Roms Quellenstadt Wiesbaden, die zu Hessens Hauptstadt wurde, strahlten stets weit nach Süden aus, fast bis Heidelberg, wo heute des Landes Südgrenze verläuft.

Die Menschen im Norden sind eher wortkarg, das Bild vom »babbelnden Hessen« passt nur zum Süden. Im Norden pflegten sie die alte Lebensart – es war kein Wunder, dass die hessischen Brüder Grimm bei ihrer Märchensammlung um so fündiger wurden, je weiter sie nach Norden kamen. Die anderen geistigen Größen des Landes suchten die Nähe der Metropole Frankfurt: Goethe und Büchner, der spitzzüngige Georg Christoph Lichtenberg, Nobelpreisträger Otto Hahn und Adam Opel, um nur einige zu nennen.

Vereint wird Hessen von seinen Mittelgebirgslandschaften, vom Reinhardswald im Norden bis zum Odenwald im Süden. Beider Name ist kein Zufall: Hessen ist das waldreichste deutsche Land, gesäumt von fruchtbaren Rebenhängen im Westen und faszinierend kargen Mooren in der Rhön, im Osten. Ein Land voller Augenweiden und Gaumenfreuden.

Oben: Alt und neu liegen in der Frankfurter Innenstadt eng beieinander: Historische Gebäude stehen neben Hochhäusern, von denen etliche über 150 Meter hoch sind.

Links: Hessen ist Kirschenland: Allein in der Gegend um Witzenhausen stehen 160 000 Kirschbäume.

Links: Die Mischung muss stimmen: Genau sieben Kräuter gehören in die Frankfurter Grüne Soße.

Grüne Soße

In Frankfurt ist es eine beliebte Testfrage: Welche sieben Kräuter gehören in die »Grüne Soße«? Beim Gemüsehändler ist die Antwort leicht, steht doch auf dem traditionellen weißen Einwickelpapier, was sich dahinter verbirgt: Borretsch, Kerbel, Kresse, Petersilie, Pimpinelle, Sauerampfer und Schnittlauch.
So weit sind sich alle einig. Aber dann beginnt der Streit. Darf noch Dill in die »Grie Soß«, wie die vitaminreiche Köstlichkeit im Ortsidiom heißt? Ja, hieß es einmal in einer Broschüre des »Palmengartens«, in Frankfurt eine anerkannte Institution für alles, was grün ist und wächst. Nein, sagen die Gärtner im Stadtteil Oberrad. Und sie sind die Autorität für Grüne Soße, schließlich sorgen sie in ihren Gewächshäusern für Kräuterwuchs rund ums Jahr. Nur die Petersilie muss im Winter aus Frankreich oder Italien importiert werden. Aber dafür legen einige in der entsprechenden Saison jungen Spinat bei, was andere wiederum für eine kulinarische Ursünde erachten.
Womit wir bei der Frage nach der Herkunft dieser Beilage zu Rindfleisch, Fisch und gekochten Kartoffeln angelangt wären. Hier sind sich die Frankfurter Soßenfraktionen ausnahmsweise einmal einig: Die Spezialität kommt aus Italien, firmiert dort als »Salsa verde« und ist eine Kräutersoße in Essig und Öl. Bei mediterraner Kargheit belassen es die Frankfurter aber nicht. Sie rühren ihren Vitamincocktail in saurer Sahne an; für die Fettlebe darf es auch Mayonnaise sein, für Diättage Joghurt. Und Ei muss zu dem gesunden Kräuterkombinat, je nach Schule nur als Eigelb oder – häufiger – hart gekocht und klein gehackt. Zerstückelte Gürkchen gelten gemeinhin als Geschmacksverirrung, aber über eine Zugabe von Zwiebeln können die Experten schon wieder ausdauernd diskutieren.
All das ist jedoch nichts, verglichen mit der Streitfrage, ob der zitatenstrapazierte »größte Sohn der Stadt«, Goethe, die Grüne Soße gekannt habe oder nicht. Das eine Lager behauptet mit Nachdruck, der Dichterfürst habe sie geliebt, vor allem in der Zubereitung seiner Mutter. Das sei nur Schall und Rauch, antwortet das Gegenlager. Die Salsa verde sei erst nach Goethes Zeit mit der reichen italienischen Kaufmannssippe Bolongaro an den Main gekommen. Zuvor habe keine Köchin je die Grüne Soße in ihrer Rezeptsammlung erwähnt, auch nicht Mutter Goethe. Aber auch dieses Argument führt gewiss nicht zum Ende der Debatte – in Sachen Grüne Soße/Goethe sind der Worte noch lange nicht genug gewechselt.

Kochen als freie Kunst

»Beim Kochen handelt es sich um ein Medium, das den anderen hohen Kunstgattungen wie Musik, Malerei oder Poesie gleichwertig ist.« Peter Kubelka vertritt diese These mit akademischer Wucht, er war von 1980 bis 2000 an der Städelschule, der Frankfurter Kunsthochschule, Professor für »Film und Kochen als Kunstgattung«. Kubelka, ein bisweilen schelmenhafter Wiener Jahrgang 1934, kommt vom Film und erinnert sich noch an Zeiten, da dieses Medium um seine Anerkennung als Kunstform kämpfen musste – diesen Status strebte er auch für das Kochen an: »Kochen ist die älteste Kunstgattung. Älter als die Höhlenmalerei. Kochen ist die Mutter der Philosophie, der Chemie, der Physik. Kochen ist Dichtung, Transformation.«
So lernten denn seine Studenten nicht nur das Filmen, sondern auch das Kochen – als »Freie Köche« verköstigten sie auch, wenn sich Geld fand, bisweilen die Frankfurter. Ein Atelier des ehrwürdigen Kunstinstituts wurde zum Verdruss der Maler zu einer Küche umgebaut, damit der Nachwuchs das Metier erlernte, ehe er ans kunstvolle freie Komponieren ging.
»Anton Bruckner konnte auf der Orgel fantasieren, weil er alles wusste und spielen konnte, was es an Vokabular für Orgel gab. Jemand, der nicht weiß, wie lange ein Rindfleisch kochen muss, was das überhaupt ist und was man dazu essen sollte, der kann nichts zusammenbringen, schon beim Einkaufen im Supermarkt nicht.«
Kubelka, Sohn eines Musikers und Enkel einer Pfarrersköchin, wollte keine Edelzungen ausbilden: »Mir ist vollkommen wurscht, welche Rotweinjahrgänge, Weißweinjahrgänge günstig sind für das Lachssteak ... Die Grundmaterialien müssen wieder stimmen.« Auch heute noch wird Kochen als Kunst in der »Kochwerkstatt« der Städelschule gelehrt.

Die Gärtner von Oberrad sorgen dafür, dass in Frankfurt kein saisonbedingter Kräutermangel eintritt.

In den Gewächshäusern ist das ganze Jahr über Erntezeit. Nur Petersilie muss im Winter importiert werden.

Grüne Soße Grundrezept

3 hart gekochte Eier
3 EL milder Weinessig
1 EL mittelscharfer Senf
Salz und Pfeffer
Zucker
6 EL Sonnenblumenöl
250 g Crème fraîche
2 kleine Schalotten, fein gehackt
1 großes Bund frische Kräuter (Sauerampfer, Kerbel, Schnittlauch, Petersilie, Pimpinelle, Kresse, Borretsch)

Das Eigelb durch ein Sieb streichen, das Eiweiß fein hacken. Weinessig, Senf, Salz, Pfeffer, Zucker und Sonnenblumenöl mit dem Eigelb zu einer Soße verrühren. Die Crème fraîche unterziehen, die Schalotten und das gehackte Eiweiß untermischen. Die Kräuter waschen, trockenschütteln und fein hacken. Unter die Soße geben und 1 Stunde ziehen lassen. Grüne Soße schmeckt zu gekochtem Fleisch, hart gekochten Eiern, Pellkartoffeln, Bratkartoffeln und Spargel.

Grüne Soße — einmal anders

Für 6 Personen

250 g Mayonnaise
250 g saure Sahne
150 g süße Sahne
2 TL scharfer Senf
Salz und Pfeffer
1 Prise Zucker
1 kleine Zwiebel, fein gehackt
4 Cornichons, fein gehackt
2 hart gekochte Eier, gehackt
1 Bund frische Kräuter für Grüne Soße

Die Mayonnaise mit der sauren Sahne und der Sahne glatt rühren. Mit Senf, Salz, Pfeffer und Zucker würzen. Die Zwiebel-, Cornichon- und Eierwürfel untermischen. Kräuter waschen, trockenschütteln und fein hacken. Unter die Soße mischen und gut 1 Stunde ziehen lassen.

Die sieben Kräuter

Borretsch: *Borago officinalis* soll die Eigenschaft haben, den Menschen fröhlich zu stimmen und ihm Mut zu verleihen. Kreuzfahrern reichte man daher vor dem Aufbruch einen Trunk, in dem die himmelblauen Blüten der Pflanze schwammen.
Kerbel: *Anthriscus cerefolium* enthält Vitamin C, Karotin, Eisen und Magnesium. In der feinen Küche wird Kerbel wegen seines petersilie- und myrrheähnlichen Aromas geschätzt.
Kresse: *Lepidium sativum*, die Gartenkresse, ist eine Kulturform der Brunnenkresse und schmeckt etwas pfeffriger als ihre wild wachsende Verwandte.
Petersilie: *Petroselinum crispum* stand schon bei den Griechen hoch im Kurs, allerdings wohl noch nicht in der Küche: Sie bekränzte Sieger und wurde — laut Homer — den Pferden gefüttert.
Pimpinelle: *Sanguisorba officinalis* gehört im Frühling zum ersten Grün. Die jungen Blätter schmecken etwas scharf und leicht nach Gurke.
Sauerampfer: *Rumex acetosa* wächst wild auf sauren Böden und schmeckt so, wie der Name es vermuten lässt: säuerlich.
Schnittlauch: *Allium schoenoprasum* gehört zu den Zwiebelgewächsen und wurde angeblich von Marco Polo ins Abendland gebracht.

1 Borretsch, Kerbel, Kresse, Petersilie, Pimpinelle, Sauerampfer und Schnittlauch gehören in die Grüne Soße.

2 Das Eigelb von drei hart gekochten Eiern wird durch ein Sieb gestrichen, das Eiweiß hackt man fein.

3 Eigelb, Senf und Schalotten werden mit Weinessig, Salz, Pfeffer und Sonnenblumenöl zu einer Soße verrührt.

4 Die fein gehackten Kräuter werden mit dem Eiweiß, Crème fraîche und der Soße verrührt.

Was zur Grünen Soße passt

Rhönforelle blau mit Grüner Soße

4 Forellen, küchenfertig vorbereitet
$^1/_2$ l Weißwein
$^1/_8$ l Weinessig
1 Zwiebel, gespickt mit 1 Lorbeerblatt
und 2 Nelken
4 Pfefferkörner
Salz

Die Forellen unter fließendem Wasser ausspülen, abtropfen lassen und mit Küchengarn halbrund binden. Den Weißwein mit 2 l Wasser, dem Essig, der gespickten Zwiebel, den Pfefferkörnern und Salz aufkochen und ca. 10 Minuten köcheln lassen. Die Forellen nebeneinander in einen weiten Topf setzen, mit dem kochenden Weinsud übergießen und zugedeckt bei kleiner Hitze 15 Minuten garen. Grüne Soße nach Grundrezept herstellen und getrennt zu den Forellen servieren. Dazu schmecken Pellkartoffeln.

Spargel aus Lampertheim mit Grüner Soße

1 kg Spargel
Salz
1 Prise Zucker
1 EL Butter

Den Spargel waschen, schälen und die unteren Enden abschneiden. In einem Spargeltopf Salzwasser mit 1 Prise Zucker und der Butter zum Kochen bringen. Den Spargel in das kochende Wasser geben und in ca. 20 Minuten bissfest garen. Den fertigen Spargel aus dem Wasser heben und gut abtropfen lassen. Auf einer vorgewärmten Platte anrichten. Dazu Grüne Soße und Pellkartoffeln servieren.

Tafelspitz mit Grüner Soße

1 kg Tafelspitz (Rosenspitz, Hüfte)
2 Markknochen
1 Zwiebel, gespickt mit 1 Lorbeerblatt
und 2 Nelken
5 Pfefferkörner
4 Pimentkörner
1 TL Salz
1 Bund Suppengrün

Das Rindfleisch waschen. Mit den Markknochen in einen Suppentopf legen und so viel kaltes Wasser angießen, dass das Fleisch gut bedeckt ist. Die gespickte Zwiebel, Pfeffer- und Pimentkörner, Salz und das gewaschene Suppengrün zufügen. Zum Kochen bringen und sorgfältig abschäumen. Bei kleiner Hitze zugedeckt in ca. 2 Stunden gar kochen. Den fertigen Tafelspitz aus der Brühe heben, in nicht zu dicke Scheiben aufschneiden und mit Grüner Soße servieren. Dazu passen gekochte Kartoffeln oder Bratkartoffeln.

Essen im Fliegen

Loriot bedachte uns mit der Erkenntnis, der Mensch sei das einzige Lebewesen, das im Flug eine warme Mahlzeit zu sich nehme. Und diesem Umstand verdankt es Hessen, dass es die größte Küche Deutschlands beherbergt – die Betriebe der Lufthansa-Tochter LSG Sky Chefs. In zwei Betriebsstätten werden in Frankfurt rund 130 000 Essen täglich zubereitet, von Sandwiches für die Touristenreihen bis zum Kaviar-Diner für die First Class. Täglich »catern« etwa 30 internationale Fluglinien bei Sky Chefs, jede nach ihrem Gusto. Und so sind hier ebenso Köche aus Japan, Pakistan und Indien zu finden wie aus China, Libanon oder Tunesien. Nicht nur Aussehen und Geschmack der Menüs müssen stimmen: Jede Speise muss so beschaffen sein, dass sie auch die Zeitspanne zwischen Küche und Service in der Luft schadlos übersteht. Rund 80 Prozent aller Gerichte werden für Economypassagiere geköchelt. Das heißt: Es muss auf den Zehntelcent scharf kalkuliert werden. Andererseits ist die Konkurrenz groß. Deshalb kommt es immer mehr auf die Fantasie der Küchenmeister an: Hühnchen sind zwar preiswert, aber die hat jeder an Bord. Um so wichtiger ist es, das zum Fliegen bestimmte Geflügel zu veredeln, ohne auch die Kosten in den Himmel zu treiben. Neuartige Beilagen sind eine Möglichkeit – so wurde beispielsweise Brokkoli hierzulande zum Volksgemüse. Und auch der grüne Spargel hat erst die Lufthoheit und dann die Wochenmärkte erobert.

Spargel

Gekochte Eier und Bratkartoffeln mit Grüner Soße

1 kg Pellkartoffeln, am Vortag gekocht
2 EL Butterschmalz
2 Zwiebeln
Salz und Pfeffer
8 Eier

Die Pellkartoffeln in gleichmäßige Scheiben schneiden. In einer schweren Eisenpfanne das Butterschmalz erhitzen. Die Kartoffelscheiben darin etwa 5 Minuten braten. Die Zwiebeln abziehen, halbieren und in Scheiben schneiden. Zu den Kartoffeln geben und die Kartoffeln wenden. Mit Salz und Pfeffer würzen und bei mittlerer Hitze auf allen Seiten goldbraun braten. Die Eier wachsweich kochen. Bratkartoffeln mit Eiern und Grüner Soße servieren.

Frankfurter Grüne Soße

Tafelspitz

Riesling

Zusammen mit der hessischen Bergstraße ist der Rheingau das Weinanbaugebiet Hessens. Nur rund 2,5 Prozent Anteil haben die Rheingauerzeuger am Gesamtertrag der deutschen Weinernte. Das Weinbaugebiet an den Ufern des Rheins zwischen Hochheim und Rüdesheim, zu dem noch die Lagen von Lorch und Assmannshausen gehören, ist also winzig. Die Weine aber, die auf den 3088 Hektar großen Reblagen der Weingüter mit so klingenden Namen wie Schloss Johannisberg, Schloss Vollrad, Kloster Eberbach oder August Kessler wachsen, sind wahre Riesen an Duft und Geschmack – einige von ihnen zählen zu den besten der Welt. Schon die Römer bauten Reben an im Rheingau, wo der Süd-Nord-Fluss Rhein auf knapp 30 Kilometern das einzige Mal in seinem Verlauf von Ost nach West fließt. Unter Anleitung der Mönche der zwölf Rheingauer Klöster wurden vom 11. bis ins 13. Jahrhundert die Taunushänge am Nordufer gerodet. So lagen sie im Schatten der kalten Nordwinde, nach Süden der Sonne zugewandt. Und das sind, zusammen mit einer langen Vegetationsperiode, trockenen, durchlässigen Kies-, Sand- und Schieferböden sowie einem hier recht langsam fließenden Rhein als Wärmespender, ideale Bedingungen für den Anbau besonders von Rieslingreben.

System und Perfektion brachten zu Beginn des 12. Jahrhunderts die Abteien von Johannisberg und Eberbach in den Rheingauer Weinbau. Die Eberbacher Zisterziensermönche schufen durch Arrondierung Raum für Bestockung und Bearbeitung. Sie verbesserten die Qualität durch Rebselektion und legten durch bewusste Kellerwirtschaft und erste Ansätze eines Weinhandels die Basis für den künftigen Rang der Rheingauer Weine. Erst gegen Ende der klösterlichen Epoche leisteten die Benediktinerbrüder des Klosters Johannisberg ihren Beitrag: Sie führten neuartige Lese- und Weinbehandlungsmethoden ein, die bis heute unter Begriffen wie Spätlese (1775), Auslese (1787) und Edelfäule bekannt sind.

Die Rheingauer Weinbauern, für ihren Eigensinn bekannt, blieben diesen spät gelesenen, natursüß-trockenen Weinen auch treu, als nach dem Ersten Weltkrieg international ein Trend zu »lieblichen« Weißweinen aufkam. Die mit unvergorenem Most oder gar Zucker aufgesüßten, dünnen und flachen Weißweine, die man andernorts in Deutschland als Rieslinge auf den Markt brachte, schmecken wie Rieslingkarikaturen und haben dem Ansehen des deutschen Rieslings weltweit schwer geschadet.

Von 1720 datiert die Rheingautradition des monokulturellen Rieslinganbaus. Wiederum anders als in anderen Regionen hat man im Rheingau den Riesling nie in nennenswertem Umfang durch pflegeleichtere, ertragreichere und mithin wirtschaftlichere Rebsorten ersetzt. Mit 90 Prozent hat »Johannisberg«, wie der an den Rheingauer Ufern gelegene Flussabschnitt genannt wird, noch heute den größten Rieslinganteil aller deutschen Anbaugebiete. Wissenschaftliche Unterstützung erhalten die Winzer durch die Geisenheimer Lehr- und Forschungsanstalt, an der unter anderem die Züchtung einer reblausresistenten Unterlage gelang.

Der Rheingau, vornehmlich die Lagen um Lorch und Assmannshausen, bringt auch kleine, aber hochfeine Mengen an Spätburgundern hervor. Sie können sich an Kraft und Samtigkeit mit den besten der Côte d'Or messen. Rekordpreise auf den Weinauktionen erzielen die Rheingauer Spitzenrieslinge: So wechselte 1987 ein 1735er »Johannisberger« für 53 000 Mark (27 000 Euro) den Besitzer.

Rechts: In tiefen Gewölbekelleern reifen die guten Tropfen heran.

Unten: Die hessischen Weinbaugebiete

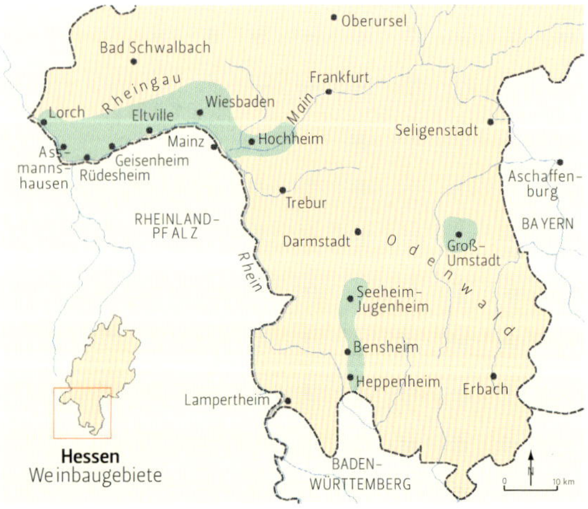

Sekt

»Da liegt ihr im unterirdischen Dämmerlicht, und in eurem Inneren klärt und bereitet sich still der prickelnde Goldsaft, der so manchen Herzschlag beleben, so manches Augenpaar zu höherem Glanze erwecken soll.« So spricht Felix Krull, der heiterste unter den Romanhelden bei Thomas Mann, angesichts all der Flaschen »Loreley Extra Cuvée«, die in der Sektkellerei seines Vaters reifen. Der Zweck der väterlichen Ware ist für den bekanntesten Hochstapler der Weltliteratur unzweifelhaft, sie soll »Rausch, Leichtsinn und Lust unter den Menschen« verbreiten. Ein Werbetexter für Sekt hätte es vermutlich mit weniger Worten, aber in der Sache nicht anders ausgedrückt.

Felix Krull ist der perfekte Sektbotschafter, da heimisch zwischen Eltville, Wiesbaden und Hochheim. In diesem Dreieck liegen einige der besten und bekanntesten unter den mehr als tausend deutschen Sektkellereien – Fürst von Metternich, Henkell, Matheus Müller und Schloss Vaux seien als Beispiele genannt. Hessen ist noch vor Rheinland-Pfalz der größte Sekthersteller Deutschlands und hat seinen Teil dazu beigetragen, dass Deutschland der größte Schaumweinproduzent der Welt wurde, noch vor dem Champagnerland Frankreich. Die Kellereien können sich allerdings auch auf einen stattlichen Heimatmarkt stützen: Die Deutschen sind mit knapp vier Litern pro Kopf und Jahr die größten Sekttrinker der Welt.

Angesichts dessen ist es auch nicht verwunderlich, dass unter dem Pflaster von Eltville eine Pipeline nur für die Sektherstellung verläuft, 850 Meter lang, vom Bahnhof bis zu jenem Gebäude, an dessen Front der geschwungene Doppelbuchstabe MM die Kellerei Matheus Müller signalisiert. Durch das Rohr rinnt reiner Wein, der in Tankwagen bis zum Bahnhof gelangte. Der Wein zur Sektherstellung stammt meist aus Italien, Frankreich und natürlich aus Deutschland. Weil sich der im Rheingau so gedeihliche Riesling besonders gut zur Sektherstellung eignet, entstand hier mit den ersten deutschen Sektkeltereien um 1830 zugleich ein Zentrum der Schaumweinproduktion.

Damit der Wein schäumt, muss er noch einmal vergoren werden. Dazu werden ihm Zucker und Hefe zugefügt, beides setzt gemeinsam den Wein in Wallung, sei es im großen Tank, sei es in der Flasche. Rohrzucker und Most regeln dann die Süße des Sekts, während die Hefe entfernt wird. Die Qualität eines Sekts wird geprägt durch seine Grundweine – wobei selbst teure Weine nicht immer für guten Sekt taugen – sowie die Kunst des Kellermeisters. Und mancher Kenner zieht einen deutschen Spitzensekt einem Champagner vor.

Sektfrühstück

Zu einem romantischen Wochenende, wie es feine Hotels hierzulande anpreisen, gehört unabdingbar zweierlei: ein »Candle-Light-Dinner« und ein »Sektfrühstück«. Das ist zumindest den entsprechenden Prospekten zu entnehmen. Auch wer sein privates Frühstück aufwerten will, stellt Sektkelche neben die Marmeladengläser.

Kein anderes alkoholisches Getränk hat es – sozial durchaus anerkannt – zwischen Kaffee und Müslimilch geschafft. Und wurde zudem als Tagesstarter auch noch sanktioniert: Die perlende Kreszenz gilt als Kreislaufstimulans und somit quasi als Arznei. Kann denn dieses Sünde sein, wenn Tantchen nach der Morgentoilette ihr »Piccolöchen« haben muss? Was der Gastgeber zu Rühreiern und Speck auftischt, wird französisch kategorisiert von »brut« (maximal 6 Gramm Zuckerzusatz je Liter) über »dry« (maximal 35 Gramm) und »demi sec«, (maximal 50 Gramm) bis »doux« (mehr als 50 Gramm).

Noch ein paar trockene Brocken für die Frühstückskonversation erwünscht? Bitte schön: Ein »Deutscher Sekt« muss ausschließlich aus deutschen Weinen gemacht worden sein. Wenn das Etikett überdies noch ein Anbaugebiet nennt, dürfen die Grundweine ausschließlich aus diesem Gebiet stammen, wenn es gar einen »Lagensekt« verheißt, müssen mindestens 85 Prozent des Weines aus dieser Lage und der Rest aus dem Anbaugebiet stammen. Die 85-Prozent-Regel gilt entsprechend auch für den »Jahrgangssekt« und den »Rebsortensekt«. Aber das sind Finessen, die Frühaufsteher und Morgenmuffel weniger interessieren. Hauptsache, das Gläschen zum ersten Mahl des Tages schmeckt.

1 Die bei der zweiten Gärung entstehende Kohlensäure wird durch die »Fülldosage« (Hefezugabe) erzeugt.

2 Damit die Hefe sich setzt, müssen die Flaschen kopfüber stehen. Der »Rüttler« dreht sie alle ein bis zwei Tage.

3 Die im Flaschenhals angesammelte und durch Vereisung festgehaltene Hefe schießt heraus.

4 Nach der Zugabe der »Versanddosage« (Zucker, Wein oder Most) wird die Flasche verkorkt gelagert.

Das ideale Sektglas hat einen hohen Stil und einen lang gestreckten Kelch. Am oberen Rand ist es leicht eingebogen, sodass die Aromen konzentriert werden.

Kochen mit Wein

Gestowtes Kalbfleisch

400 ml Rheingauer Riesling
1 Zwiebel, gespickt mit 1 Lorbeerblatt und 2 Nelken
1 Bund Suppengrün, grob gehackt
abgeriebene Schale von 1 Zitrone
4 Pfefferkörner
5 Pimentkörner
1 kg Kalbsunterschale
Salz und Pfeffer
2 EL Butterschmalz
200 g süße Sahne
1 Msp. gemahlene Muskatnuss
1 Prise Zucker

Für die Marinade den Riesling mit der gespickten Zwiebel, dem Suppengrün, Zitronenschale, Pfeffer- und Pimentkörnern einmal aufkochen. Vom Herd nehmen und abkühlen lassen. Die Kalbsunterschale waschen, in eine Schüssel legen und mit der Marinade übergießen. Zugedeckt an einem kühlen Ort über Nacht ziehen lassen. Am nächsten Tag das Fleisch aus der Marinade heben, abtrocknen und mit Salz und Pfeffer einreiben. Das Schmalz in einem Schmortopf erhitzen und das Fleisch von allen Seiten scharf anbraten. Die Marinade angießen. Zugedeckt bei kleiner Hitze 1 Stunde dünsten. Dann die Sahne angießen und die Soße mit Muskat, Zucker, Pfeffer und Salz abschmecken. Weitere 20–30 Minuten köcheln. Das Fleisch aus der Soße heben und in Scheiben schneiden. Die Soße durch ein Sieb passieren und getrennt dazu reichen.

Winzersuppe

750 g Schweinenacken
2 EL Schmalz
Salz und Pfeffer
½ TL Thymian
½ TL Kümmel
1 Lorbeerblatt
500 g Kartoffeln
je 200 g Sellerie, Möhren, weiße Rübchen, Petersilienwurzeln, Zwiebeln und Lauch, alles in Scheiben geschnitten
¾ l Rheingauer Riesling
4 EL gehackte Petersilie

Den Schweinenacken in Würfel schneiden. Das Schmalz in einer Kasserolle erhitzen und das Fleisch darin scharf anbraten. 1 l Wasser angießen und mit Salz, Pfeffer, Thymian, Kümmel und Lorbeerblatt würzen. Zugedeckt 30 Minuten kochen lassen. Inzwischen die Kartoffeln schälen, waschen und in Scheiben schneiden. Mit dem Gemüse zum Fleisch geben und weitere 20 Minuten garen. Riesling angießen, noch einmal aufkochen und mit Salz, Pfeffer und Thymian abschmecken. In eine rustikale Suppenschüssel umfüllen und mit Petersilie bestreuen.

Woihinkelche (Huhn in Wein)

2 kleine, frische Brathähnchen
40 g Butter
100 g Schalotten
2 Knoblauchzehen
20 Weintrauben, geschält und entkernt
80 g Dörrfleisch in 1 cm dicken Streifen
12 kleine Champignonköpfe
4 EL Rheingauer Weinbrand
½ l Rheingauer Riesling
Salz und Pfeffer
2 Zweige Rosmarin
1 Lorbeerblatt
200 g süße Sahne
200 ml Hühnerfond
2 EL gehackter Kerbel

Weinbrand

»Jupheidi und jupheida, Schnaps ist gut für Cholera« – die trällernde Volkesstimme mag sprachliche Schwächen haben (der Sprit ist vermeintlich gut gegen Cholera), aber historisch ist sie korrekt. Der Branntwein war ursprünglich eine Medizin, vermutlich entstanden in Klöstern, deren Mönche die Heilkraft des Weines durch Konzentration steigern wollten. Da diese berauschende Arznei aber auch aus anderem Obst, aus Getreide oder Wurzeln zu brennen war, galt alsbald jegliches Destillat als Branntwein, auch wenn nie eine Traube im Kessel war. Branntwein war das »aqua vitae«, das Wasser des Lebens. Man trank es nicht im Mittelalter, man nahm es ein, nachdem Heilkundige den Stoff je nach Gebresten mit Kräutern oder anderem versetzt hatten.
Aber natürlich blieb es der genusssüchtigen Menschheit nicht verborgen, dass dieses Medikament auch ohne Leiden Freuden spenden konnte. So machten sich – vermutlich erstmals im 14. Jahrhundert – innovative Zeitgenossen daran, allerlei Gewächs zu Hochprozentigem zu brennen. Der Obrigkeit war das wüste Treiben in den Kaschemmen gar nicht recht, minderte es doch gleichermaßen die Produktivität der Untertanen wie deren Respekt vor den Herrschaften. Aber nun war der »Sauffteufel« in der Welt, und er ließ sein Völkchen nicht mehr aus dem Griff. Erst der welsche Vetter des Traubenbranntweins, der Cognac, konnte dem Branntwein wieder einen Beigeschmack von Lebensart verleihen.
Die Winzer am Rhein wandten sich auch schnell der Weinbrennerei zu. Sie mussten bald feststellen, dass nicht aus jedem guten Trinkwein ein guter Branntwein wird. Deshalb verarbeiten deutsche Weinbrenner meist italienische und französische Weine. Asbach zum Beispiel, in Rüdesheim von Weingärten umgeben, nützt die Trauben vor der Tür nicht. Apropos: Hugo Asbach war es auch, der den Begriff »Weinbrand« prägte, nachdem den Deutschen 1919 im Friedensvertrag von Versailles verboten wurde, weiterhin »Cognac« zu brennen.
Auf den Wein kommt es an: Beim »Brennen« soll zwar das Bukett erhalten bleiben, aber Fuselstoffe und anderes Unerwünschtes quasi weggebrannt werden. Vorwärmen, Brennen und Kühlen – das ist die klassische Produktionsweise. Die Brennphase ist die wichtigste: Die Weinmischung wird in Kupferkesseln, den »Brennblasen«, behutsam auf 78,3 Grad erhitzt. Kupfer ist besonders gut geeignet für die Entfaltung der Geschmacks- und Duftstoffe des Weins. Da Alkohol bereits bei 78 Grad verdampft, Wasser jedoch erst bei 100 Grad, kann man den Alkoholdampf auffangen und in einem Kühler wieder verflüssigen. Dieser Vorgang lässt sich mehrfach wiederholen, so entsteht das Destillat. Die Kunst des Brennmeisters ist es, dabei auch die Bukettstoffe der Weine in dem Destillat zu erhalten.
Um zu reifen und die goldbraune Farbe anzunehmen, wird der Sprit in Eichenfässern gelagert. Wenn der Weinbrand in kleinen Holzfässern ruht, muss er mindestens sechs, in größeren Fässern zwölf Monate lagern. Dann werden die geschmacklich unterschiedlichen Destillate so gemischt, dass der typische Geschmack der verschiedenen Marken entsteht. Danach wird die Trinkstärke auf 36 bis 38 Prozent herabgesetzt.
Ganz dicht ist so ein Fass übrigens nie, ein Gutteil des Weinbrands geht während der Reife durch Verdunstung verloren. Eine große Brennerei könnte allein mit dem, was sich in Luft auflöst, jährlich rund 1,5 Millionen Flaschen füllen. Das bedeutet: Wer bei einer Kellerführung tief einatmet, inhaliert puren Weinbrand. Wenn das der Finanzminister wüsste, würde er vermutlich auch noch die Firmenbesichtigungen mit seiner happigen Branntweinsteuer belegen.

Die Brathähnchen waschen, trocken tupfen und zerteilen. Die Butter in einem Schmortopf zerlassen und die Hähnchenteile darin von allen Seiten anbraten. Die Schalotten und den Knoblauch abziehen. Mit den Weintrauben, dem Dörrfleisch und den Champignons zu den Hähnchenteilen geben und mit dem Weinbrand flambieren. Den Riesling angießen, mit Salz, Pfeffer, Rosmarin und Lorbeerblatt würzen. Die Sahne und den Hühnerfond dazugeben.
10–15 Minuten köcheln. Die Hähnchenteile aus der Soße heben und warm stellen. Die Soße auf die gewünschte Konsistenz einkochen. Hähnchen mit der Soße auf einer vorgewärmten Platte anrichten, mit dem Kerbel bestreuen und sofort servieren.

Rieslingsabayon

4 Eigelb
4 EL Zucker
1/4 l Rheingauer Riesling
abgeriebene Schale von 1/2 Zitrone
1 Msp. Zimt

Eigelb mit Zucker und etwas heißem Wasser im Wasserbadeinsatz zu einer glatten, weißen Creme aufschlagen. Wenig Wasser in einem Topf erhitzen und den Einsatz mit der Creme in den heißen Dampf hängen. Den Riesling langsam angießen und mit dem Schneebesen kräftig schlagen, bis die Creme schaumig und fast steif ist. Die Zitronenschale und den Zimt unterschlagen und das Sabayon aus dem Wasserbad heben. So lange weiterschlagen, bis das Sabayon nur noch lauwarm ist. In Dessertschalen füllen und sofort servieren.

Rieslingsabayon

Rheingauer Woihinkelche

Frankfurter Würstchen

Frankfurter finden es schandbar, was da rings um den Globus unter ihrem Namen als Würstchen verkauft wird – fade Dinger zweifelhafter Herkunft und Füllung, die bestenfalls etwas mit »Wienern« zu tun haben. Echte »Frankfurter Würstchen« sind nämlich eine Delikatesse: Brühwürstchen aus reinem, gut gewürztem Schweinefleisch und 30 Prozent kernigem Rückenspeck. Sie werden in Saitlinge, feine Schafsdärme, gefüllt und »kalt« goldgelb geräuchert. Wegen dieses feinen Rauchgeschmacks wurde 1890 das »Kaliber«, der Durchmesser, auf maximal 24 Millimeter verringert, damit der Rauch optimal eindringen kann.
Womit wir bei der Geschichte des Frankfurter Welterfolgs sind. Sein Geburtsdatum ist unbekannt, sein Geburtsort war aber wohl die »Schirn«. Sie wird 1268 erstmals erwähnt, lag zwischen Römerberg und Dom und war der einzige Platz in Frankfurt, wo die mittelalterlichen Metzger ihre Waren verkaufen durften. Von der Krönung Maximilians II. 1562 ist überliefert, dass die »Bratwerscht« bereits den für Kaiser und Volk gebratenen Krönungsochsen füllten. »Brat« hieß damals jegliche Wurstfüllung, dies hatte mit der Zubereitungsart nichts zu tun.
Der Name »Frankfurter« kam von zufriedenen Kunden von außerhalb und die Metzger übernahmen ihn gerne. Der Erfolg rief allerdings auch die Plagiatoren auf den Plan. Vor allem einer machte sich einen Namen: Der Schlachter Johann Georg Lahner, der sein Gewerbe am Main erlernt hatte und in Wien 1805 seine eigenen Würstchen schuf, die »Wiener«. Aber selbst in der Donaumetropole heißen die geschmacklich schlichteren Würstchen weiterhin »Frankfurter«.
Da half es auch nicht, dass Frankfurts Metzger 1929 vor dem Berliner Kammergericht einen wichtigen Sieg errangen: »Frankfurter« dürfen nur jene Würstchen genannt werden, die aus dem Frankfurter Wirtschaftsraum stammen. Dieses Urteil wurde 1955 vom Bundesgerichtshof bestätigt. Zum »Frankfurter Wirtschaftsraum« gehört auch der Vorort Neu-Isenburg, in dem 1860 die erste Fabrik für Frankfurter Würstchen eröffnet wurde; noch heute sind die meisten »Frankfurter« Neu-Isenburger. Ein weiteres wichtiges Datum in der Historie des »Weltstars« – so der Lokalpoet Heinz P. Müller – war 1887. Damals gelang es zum ersten Mal, die schlanken Dinger zu konservieren, vorher waren sie trotz ihrer milden Räucherung nur begrenzt haltbar und deshalb eine »Winterwurst«, die man von Mitte Oktober bis zum Karneval aß. Fortan konnten die »Frankfurter« bei Ausstellungen in der Ferne um Auszeichnungen kämpfen. Die Goldmedaillen 1893 auf der Weltausstellung in Chicago waren ein Auftakt, Prämierungen in San Francisco, Paris und anderen Städten folgten.
Ihren medaillenträchtigen Geschmack entfalten die Würstchen aber nur, wenn sie richtig zubereitet werden: In heißem Wasser sollen sie acht Minuten ziehen und dann auf vorgewärmten Tellern mit Senf serviert werden. Gegessen werden die stets in Pärchen auftretenden Würstchen ohne Besteck und mit den Fingern, eine Sitte, die Friedrich Stoltze, Frankfurts beliebtester Dichter (ja, vor Goethe), in seinen Mundartversen kanonisiert hat. Er zählt 50 Berufe auf, die es so halten, darunter auch der Handel: »Un de ganze Hannelsstand, / Frisst sei Werschtche aus der Hand.«

Die Frankfurter Würstchen waren unfreiwillig die Namengeber für Amerikas »Hotdogs«, jene Würstchen in einem lappigen Brötchen, die ihren Geschmack reichlich Tomatenketchup und mildem Senf verdanken. Weil die vermeintlich deutschen Würstchen irgendeinen Käufer an den krummen Rücken eines deutschen Dackels erinnerten, wurden daraus »heiße Hunde«.

Mit Rindswurst ein Doppelnamen-Denkmal

»Klein-Jerusalem« wurde Frankfurt einst genannt, voller Respekt, weil am Main die größte jüdische Gemeinde Deutschlands lebte. Aber auch, weil Juden immer Entscheidendes zur Kultur und Wirtschaft beitrugen, von den Rothschilds bis zu Ludwig Landmann, der seiner Stadt neun Jahre lang als Oberbürgermeister gedient hatte, ehe ihn die Nazis verjagten.
Jüdisches Leben war stets ein Teil des Frankfurter Alltags – und natürlich auch ein »Wirtschaftsfaktor«. Mit den beliebten Frankfurter Würstchen aus Schweinefleisch konnten die Frankfurter Schlachter aber bei den Juden kein Geschäft machen. Als Karl Gref und Wilhelmine Völsing 1894 in der Altstadt nahe beim Judenviertel ihre Metzgerei gründeten, haben sie wohl auch überlegt, wie sie die Nachbarn in ihren Laden locken könnten. Ein Würstchen so gut wie das Frankfurter, aber vom Rind statt vom Schwein, das sollte die Lösung sein.
Die »Rindsworscht« aus feinem Bullenfleisch wurde zu einer Frankfurter Erfolgsgeschichte. Sie büßte selbst in den Tagen, als der »Rinderwahn« die Schlagzeilen bestimmte, nichts von ihrer Beliebtheit ein. Das war vor allem Gref-Völsing zu verdanken – deren Name »in Frankfurt weltberühmt ist«, wie es in der ortstypisch respektlosen Hochachtung heißt. Das Fleischerpaar hat die Rindswurst zu einem Markenartikel gemacht und sich damit ein Doppelnamen-Denkmal gesetzt. Täglich werden rund 100 000 »Gref-Völsings« hergestellt und an Metzgereien, Gastwirtschaften und Imbisskioske im Rhein-Main-Gebiet verteilt. Die Traditionsmetzgerei wird heute von den Erben in der vierten Generation geführt und ist inzwischen an der Hanauer Landstraße angesiedelt, wo Handwerker im Blaumann und Werber in Armani einträchtig nebeneinander ihre Rindswurst kauen.
Die spezielle Würzmischung bleibt zwar Betriebsgeheimnis, aber ansonsten kann man den Spezialisten schon in die Wurstkessel schauen: Das Bullenfleisch darf maximal 30 Prozent Fett haben, wenn es zerkleinert wird – gemeinsam mit Trockeneis, damit das Eiweiß in der Masse erhalten bleibt. Phosphat ist ebenso verpönt wie tiefgefrorenes Fleisch – die Bullen kommen stets frisch vom Schlachthof.

Da freut sich der Magen

Eigentlich hieß der Spruch in Frankfurt: »Was der Keenig is unner de Ferschte is de Schwartemage unner de Werschte«, »Was der König ist unter den Fürsten, ist der Schwartenmagen unter den Würsten«, aber für die Frankfurter Schwartenmagen blieb dann das Attribut »Ferschte der Werschte«. Kein Wunder, dass der Frankfurter Dichterfürst auch den Fürsten der Würste besonders zugeneigt war. Goethe ließ sie sich regelmäßig von seiner Mutter schicken, Frau Aja hatte ein – leider verschollenes – Geheimrezept, das sie selbst der Herzogin von Weimar nicht verriet. Die Liebe zum Schwartenmagen war offensichtlich eines der dauerhaftesten Gefühle des Olympiers. Noch einen Monat vor seinem irdischen Ende ließ sich der 83-jährige Frankfurter, der seiner Geburtsstadt nur noch kulinarisch zugetan war, von Marianne von Willemer die heimische Wurstspezialität schicken.

Schwartenmagen gibt es in unterschiedlichen Geschmacksnuancen in ganz Hessen. Er entstand beim Schlachten, wenn die gekochten Schweineschwarten zerhackt, mit Wurstfüllsel vermischt und kräftig gewürzt in Schweinemagen gefüllt wurden. Langsam wurde die Wurst dann gar gekocht und, in Scheiben geschnitten, heiß mit Kartoffeln verspeist. Wenn die meist kugelförmigen Würste länger halten sollten, wurden sie geräuchert oder an der Luft getrocknet und kalt gegessen. Heute verkauft jeder hessische Metzger diesen Aufschnitt, der auch als dickere Scheibe in Butter angebraten gegessen wird.

Presskopf ist ein enger Verwandter des Schwartenmagens, wenngleich er aus gekochten oder gebrühten Schweine- oder Kalbsköpfen gefertigt wird. Dieses Fleisch wurde grob gewürfelt, mit Schwarten und Wurstfüllsel vermengt und in Schweinemagen gepresst. Presskopf gilt heute fast als Synonym für einfaches Essen. Als die »Frankfurter Allgemeine« einmal von den wirtschaftlichen Problemen der Edelköche berichtete, endete der Artikel: »Die zukunftsträchtige Devise könnte da wohl lauten: Lieber mit Presskopf etwas verdient als mit Loup de mer ins Buch der kulinarischen Rekorde gekommen.« Doch Presskopf galt nicht immer als billige Speise. Als der neue Bischof 1466 seinen Antrittsbesuch in Speyer machte, wollte die Stadt ihm mit einem Festmahl imponieren. Unter den neun Gerichten – die Süßspeisen nach jedem Gang nicht mitgezählt – stand an fünfter Stelle »Presskopf in Kreuzkümmelsoße«.

Bei den Würsten spiegelt sich wider, was für die hessische Speisekarte und die Wohlstandsgeografie des Landes allgemein gilt: Im gesegneten Süden sind vergleichsweise teure und bald zu verzehrende Würste entstanden, im kargen Norden wurden die Würste kostensparend »gestreckt« oder so gemacht, dass sie lange haltbar blieben, auch wenn man nur kleine Stücke abschnitt. Im Süden wäre die Kartoffelwurst wohl nicht entstanden: Im Norden, vor allem im Alsfelder Raum und im Dillgebiet, verlängert ein Fünftel oder gar ein Viertel Anteil Pellkartoffeln die Wurstmasse. Kartoffeln kommen natürlich auch in die billigste aller Würste, die Blutwurst.

Zu den typischen Dauerwürsten im hessischen Norden gehört die »Ahle Worscht«, deshalb »alt« genannt, weil es so lange dauert, bis man sie anschneiden kann. Sie besteht aus Schweinefleisch und Schweinerückenspeck. Das Fleisch wird roh verarbeitet und, je nach Region und Metzger, unterschiedlich gewürzt, mit Wacholder angeräuchert und dann luftgetrocknet. Egal ob als »Dürre Runde« (zur Schleife gebogen) oder als »Stracke« (gestreckt, gerade), die »ahle« Wurst muss nun noch ein halbes Jahr oder länger reifen.

Typisch für den Süden ist Frankfurts allgegenwärtige »Flaaschworscht«, die man in der Metzgerei zu jeder Tageszeit heiß erhält. Das Stück Fleischwurst mit Senf und Brötchen ist die lokalpatriotische Antwort auf die Bratwurst anderer Regionen. Ebenso war es früher mit der safrangefärbten Gelbwurst. Weil sie leichter ist als andere Würste, hieß sie früher auch Wöchnerinnenwurst.

In Hessen hängt der Himmel voller Würste. Wobei sie im Süden feiner und teurer sind, im ärmeren Norden haltbarer.

Nassauer

Wie ungerecht die Geschichte sein kann. Zeigt sie doch, wie man sogar mit Gastlichkeit und gutem Essen in Verruf geraten kann: »Nassauer« nennt man bekanntlich jene Schnorrer, die sich Speis und Trank ergattern, aber anderen die Rechnung überlassen.

Den Bürgern des einstigen Herzogtums Nassau, das größtenteils in Hessen aufgegangen ist, tut solche Schmähung weh, wissen sie doch, dass ihnen großes Unrecht geschieht. Ihre kluge Herrschaft hatte nämlich darauf verzichtet, eine eigene teure Hochschule einzurichten, und den Landeskindern stattdessen vertraglich Studienplätze an der Universität Göttingen gesichert. Dank ihrer großzügigen Regierung konnten sich die Nassauer Studenten dort auch an Freitischen laben. Doch da schlich sich auch so mancher Preuße ein und tafelte mit – er »nassauerte«.

Natürlich gibt es zu dieser These auch eine Gegenthese: Nicht die ungebetenen Gäste der Nassauer, sondern kleine Ganoven hätten die Sprache mit dem Wort »nassauern« bereichert, meinen einige Germanisten. Ihr Beleg: Im Rotwelsch, der Sprache der Zinker und Spitzbuben, sei »nass« gleichbedeutend mit »geld- und mittellos«. Und daraus sei eben das »Nassauern« entstanden. Aber darüber können die Nachfahren der Nassauer nur lachen – und lassen, gastlich, wie sie sind, jedermann an diesem Gelächter teilhaben.

Kartoffeln

Hessenland ist Kartoffelland, heißt es angesichts zahlreicher und durchaus fantasievoller Kartoffelgerichte aus dem Land in Deutschlands Mitte. Verwunderlich ist diese Zuneigung zur stärkereichen Wurzelknolle nicht, war Hessen doch größtenteils ein armes Land. Und wie in allen Armenhäusern nördlich der Alpen diente auch hier der Erdapfel als erschwingliches Grundnahrungsmittel. Wobei die neue Pflanze aus der Familie der giftigen Nachtschattengewächse anfangs von den Bauern hier wie überall in Europa mit Misstrauen betrachtet wurde.
Wie die Knolle nach Hessen kam, ist ungewiss. Vielleicht war es den Botanikern Philippe de Sivry und Carolus Currus zu verdanken. Sie unternahmen Zuchtversuche mit Kartoffeln und arbeiteten von 1588 bis 1593 in Frankfurt. Es gibt aber auch die Geschichte vom Hessischen Landgrafen Karl, der Anfang des 18. Jahrhunderts seine misstrauischen Bauern zu einem Salatessen einlud und dabei heimlich die zuvor abgelehnten Kartoffeln servieren ließ. Das überzeugte die Bauern, die fortan Kartoffeln anpflanzten; an die List des Landesherrn erinnert Ziegenhain alljährlich mit seiner »Salatkirmes«.
Die Vielfalt der Kartoffelgerichte beginnt bei den Suppen, von der mit Räucherspeck versetzten »Waldecker Kartoffelsuppe« bis zur feinen »Frankfurter Rebhuhn-Kartoffelsuppe«. In ganz Hessen kannte man einst »Himmel und Erde«, in dem Baumapfel und Erdapfel gemeinsam zu Brei verkocht wurden, während der »Kartoffelbloatz« eher im Osthessischen zu Hause ist. Ein »Bloatz« oder »Salzekuche« ist ein dünn ausgewalzter Brotteig, der in diesem Fall mit einer kräftig gewürzten Mischung aus Kartoffeln und Eiern belegt wird. Bisweilen kommen auch Zwiebeln und Schmand in den Belag.
In Hessens heimlicher Hauptstadt durfte es wiederum etwas feiner sein: Die »Kartoffeln nach Frankfurter Art«, die Mitte des 19. Jahrhunderts in einem Regensburger Kochbuch zu finden waren, verlangten unter anderem nach Schinken, Zwiebeln, Butter, Lorbeer, Thymian und einem ordentlichen Schuss Burgunder. Ganz Hessen wiederum war – wie das benachbarte Thüringen – von Klößen aller Art angetan. Die aufwendigste Variation sind gewiss die im Vogelsberg beheimateten »Beutelches« oder »Beulches«, längliche Klöße aus rohen und gekochten Kartoffeln und Dörrfleisch oder Pökelfleisch. Oft kommt auch klein geschnittenes Suppengemüse in die Masse, die in kleinen Leinenbeuteln gekocht wird.

Fechenheimer Kartoffeltorte
Für 12 Stück

300 g gekochte Kartoffeln vom Vortag
3 Eier
100 g zimmerwarme Butter
175 g Zucker
1 Prise Salz
einige Tropfen Bittermandelaroma
Saft und abgeriebene Schale von 1 Zitrone
250 g Mehl
1/2 Päckchen Backpulver
Fett für die Form
2 EL Semmelbrösel

Die Kartoffeln durch die Kartoffelpresse drücken. Die Eier trennen. Die Butter mit dem Zucker und dem Eigelb schaumig schlagen. Salz, Bittermandelaroma, Zitronensaft und -schale zufügen. Nach und nach das Mehl und das Backpulver unterrühren. Die Masse mit den durchgedrückten Kartoffeln vermengen. Das Eiweiß steif schlagen und zuletzt vorsichtig unter den Teig heben.
Eine Springform ausfetten und mit Semmelbrösel ausstreuen. Den Teig einfüllen und glatt streichen. Im vorgeheizten Backofen bei 175 °C etwa 1 Stunde backen.

Fechenheimer Kartoffeltorte

Sachsenhäuser Bäckerkartoffeln

1 kg Kartoffeln
2 Zwiebeln
2 EL Butterschmalz
Fett für die Form
Salz
Pfeffer
1 Msp. gemahlene Muskatnuss
3 Eier
200 g süße Sahne

Die Kartoffeln schälen, waschen und in dünne Scheiben schneiden. Die Zwiebeln abziehen und hacken. Das Butterschmalz erhitzen und die Zwiebeln darin goldgelb rösten. Eine feuerfeste Form ausfetten und die Kartoffelscheiben mit den Zwiebeln einschichten. Kräftig mit Salz, Pfeffer und Muskatnuss würzen. Die Eier mit der Sahne verquirlen und über die Kartoffeln gießen. Im vorgeheizten Backofen bei 200 °C ca. 50 Minuten gratinieren.

Kartoffelgemüs

1 kg Kartoffeln
Salz
250 g Zwiebeln
2 EL Schweineschmalz
1/2 l Fleischbrühe
1 Lorbeerblatt
1 Nelke
1 Prise Zucker
Pfeffer
1 EL milder Weinessig
1 Bund Dill, fein gehackt
1/2 Bund Petersilie, fein gehackt

Die Kartoffeln waschen und in der Schale in Salzwasser nicht zu weich kochen. Kartoffeln abgießen, abschrecken und etwas auskühlen lassen. Dann die Kartoffeln schälen und in dünne Scheiben schneiden. Die Zwiebeln abziehen und hacken. Das Schweineschmalz in einer Eisenpfanne erhitzen und die Zwiebeln darin glasig dünsten. Die Fleischbrühe angießen, das Lorbeerblatt und die Nelke zufügen. Die Kartoffelscheiben untermischen und mit Salz, Zucker, Pfeffer und Essig abschmecken. Köcheln lassen, bis die Kartoffeln die Brühe fast aufgesaugt haben. Kurz vor dem Servieren mit den gehackten Kräutern bestreuen.

Schmand

Fett und schwer klingt es, das Wort Schmand. Und so soll es auch sein, verbirgt sich hinter der Bezeichnung aus dem Nordhessischen doch satte Sahne, ob süß oder sauer. Das Wort, in der alten, seit dem 15. Jahrhundert belegten Form »Schmant« geschrieben, war gut zu Diensten, da die Sahnecreme nördlich von Taunus und Vogelsberg gerne und reichlich zur Verfeinerung meist schlichter Gerichte verwendet wurde. Das bekannteste Beispiel dafür ist der Schmandhering, ein filetierter Salzhering, der in Schmand eingelegt wurde.
Ähnlich typisch für die nordhessische Küche ist das »Duckefett«, eine Mischung von ausgebratenem Speck, glasig gebratenen Zwiebeln und individuell zugesetzten Gewürzen und Kräutern, die in Schmand kurz aufgekocht und zu Kartoffeln gegessen wird. Ebenso hessisch ist nicht nur sprachlich das Eintopfgericht »Lumpe un Fleh«. Die Lumpen sind die zerrupften Weißkohlblätter, die Flöhe die Kümmelkörner. Hinzu kommen Kartoffeln, Zwiebeln und Dörrfleisch oder Hammel in den Topf mit der Brühe, die mit Schmand versetzt wird. »Schnippche« wird hingegen kalt genossen. Die Masse aus Sauermilch oder Quark und Schmand wird mit Kräutern und Gewürzen abgeschmeckt und zu Kartoffeln oder auf einer Schnitte Brot verspeist.
Ländliche Süßspeisen mit der dicken Sahne sind beispielsweise die Schmandcreme, die einem Pudding ähnlich ist, und der Schmandkuchen, bei dem auf einer Hefeteigkruste im einfachsten Fall nur eine Schicht aus Schmand mit Zucker und Zimt, in nobler Version zwei bis drei Lagen aus Schmandcreme, frischen Früchten und Eischnee zu einer nordhessischen Festtagsleckerei gebacken werden.

Sachsenhäuser Bäckerkartoffeln

Feine Fleischgerichte

Limburger Edelsäcker

Für 6 Personen

100 g Speckwürfel
150 g Bratwurstfüllung
100 g Gewürzgurken, fein gehackt
150 g Sauerkraut
3 EL Weißbrotcroûtons
Salz und Pfeffer
1/4 TL gemahlener Kümmel
1 kg Schweinerücken, vom Metzger eine Tasche schneiden lassen
3 EL Senf
1 TL Kümmel
1 Schweinenetz
3 Äpfel
30 g Butter
300 ml Apfelwein
300 g süße Sahne
1 Prise Zucker
2 EL Calvados

Für die Füllung die Speckwürfel in einer trockenen Pfanne auslassen und mit der Bratwurstfüllung, den Gewürzgurken, dem ausgedrückten Sauerkraut und den Weißbrotcroûtons vermischen. Mit Salz, Pfeffer und Kümmel abschmecken. Die Fleischtasche auf der Innenseite mit Senf bestreichen und die Füllung hineinlegen. Die Tasche zunähen und mit Salz, Pfeffer und Kümmel würzen. In das Schweinenetz einschlagen und im vorgeheizten Backofen bei 175 °C 30 Minuten braten. Dann die Hitze auf 100 °C reduzieren und nochmals 30 Minuten garen. Inzwischen die Äpfel mit der Schale in Schnitze schneiden, entkernen und in der Butter dünsten. Den Braten aus dem Ofen nehmen und etwas ruhen lassen. Den Bratensatz mit Apfelwein ablöschen und in einen kleinen Topf passieren. Die Sahne angießen, mit Salz, Pfeffer, Zucker und Calvados abschmecken und etwas einkochen lassen. Den Braten in Scheiben schneiden, mit den Apfelscheiben garnieren und mit der Soße servieren.

Frankfurter Pasteten

300 g Mehl
150 g Butter
1 Ei
Salz
100 g Rindermark, in Würfel geschnitten
je 100 g Petersilienwurzel, Schalotten und Möhren
2 EL Butter
400 g Rinderhackfleisch
Saft und abgeriebene Schale von 1 Zitrone
1 TL gemahlene Muskatblüte
Pfeffer
Mehl für die Arbeitsfläche
Eigelb zum Bestreichen

Aus Mehl, Butter, Ei, 100 ml Wasser und 1 Prise Salz einen Mürbeteig herstellen. Den Teig 30 Minuten im Kühlschrank ruhen lassen. Inzwischen für die Füllung das Rindermark und das Wurzelgemüse in der Butter dünsten. Das Hackfleisch, Zitronensaft und -schale, Muskatblüte, Salz und Pfeffer zufügen und so lange dünsten, bis das Hackfleisch bröselig ist. Die Masse vom Herd nehmen und kalt stellen. Den Pastetenteig auf einer bemehlten Arbeitsfläche ausrollen und Böden sowie mehrere Ringe als Ränder ausstechen. Die Pasteten zusammensetzen und die Hackfleischmasse hineinfüllen. Die Teigränder mit Eigelb bestreichen. Aus den Teigresten Pastetendeckel ausstechen und auf die Formen legen.
In die Deckel kleine Löcher stechen, Deckel am Rand fest andrücken und mit Eigelb bestreichen. 1 Stunde kühl stellen. Danach im vorgeheizten Backofen bei 175 °C 40 Minuten backen.

Links: »Kleine Franckfurther Pastetgen zu machen« so lautet das einzige Rezept, das aus dem Feinschmeckerhaus derer von Goethe erhalten ist. Des Dichters Großvater, der Stadtschultheiß Johann Wolfgang Textor, notierte es 1730 in seinem Hausbuch: Rindermark, ein Milchbrötchen, Muskatnuss, Zitrone, reichlich Butter und ordentlich Rindfleisch bildeten die Grundlage der Pastete. Der Frankfurter Gastronom und Küchenhistoriker Willy Berger hat die Rezeptur wiederbelebt. Es ist bezeichnend, dass dieses Gericht aus Frankfurt stammt. In der reichen Stadt gab es immer mehr Menschen als ansonsten im Land, die sich Fleisch leisten konnten.

Unten: Limburger Edelsäcker

Märchenwald

Es war einmal eine Riesin, die hieß Saba und wohnte in einer großen Festung tief im Wald. Aber ihre Sage lebt nur noch fort im Namen der nordhessischen Sababurg, die Geschichte von der riesenhaften Frau ist längst überlagert vom Schneewittchenmärchen: Die schlafende Schönheit soll in dieser Burg von ihrem Prinzen wachgeküsst worden sein – heute wird man in dem Schlosshotel prosaisch per Telefon geweckt.

Die lange Dornenhecke, die Landgraf Wilhelm IV. anno 1571 für seinen Tierpark anlegen ließ, gab dem Märchen gewiss ebenso einen Ort wie der dichte, »verwunschene« Reinhardswald ringsum. Der Tierpark existiert wieder, und auch der Wald ist noch erhalten: Er ist mit einer Fläche von über 200 qkm das größte in sich geschlossene Waldgebiet Hessens; 92 Hektar bilden das Naturschutzgebiet Urwald Sababurg.

Der »märchenhafte« Wald war, glaubt man dem Volksmund, auch der Platz, an dem Hänsel und Gretel ihr verlockendes Lebkuchenhaus fanden. Möglich ist das schon, sammelten die Brüder Grimm doch viele ihrer Märchen in dieser Landschaft. Ähnlich ist es mit einem anderen Märchen der Brüder Grimm, der Geschichte von den drei alten Männern, die bisweilen auch im Reinhardswald angesiedelt wird. Weil das gute Mädchen mit den Männern im Wald sein karges Brot teilt, bewirkt deren Zauber, dass ihm bei jedem Wort ein Goldstück aus dem Mund fällt. Als die böse Tochter dasselbe will, aber von ihrem Kuchen nichts abgibt, hüpft ihr fortan je Wort eine Kröte aus dem Mund.

Der Reinhardswald war immer besonders wildreich, er ist heute noch Revier kapitaler Hirsche. Wild war stets die Speise der Fürsten (und der Wilderer), sei es als Braten, sei es als Hirschpastete, wie sie in Nordhessens noblen Häusern beliebt war: Hirschfleisch vermischt mit Wurstfüllsel, belegt mit Speck, abgeschmeckt mit süßem Südwein und Gewürzen, vor allem Thymian und Pfeffer. Auch der schlichtere »Dippehas« war eher ein Herren- als ein Bauerngericht, was um so mehr für Fasanen und Rebhühner galt. Das Federwild flatterte so reichlich durch Wald und Flur, dass die Reinhardswaldfürsten nicht einmal eine »Fasanerie« zur Nachzucht der Vögel anlegen mussten.

Der weite Wald war auch Weidegrund für die Eichel- und Bucheckernmast, die vor allem die Schweine feist und rund machte. Aber auch die anderen Haustiere wurden in die – genau festgelegten – Weidegebiete im Wald getrieben; deshalb standen die Bäume so weit auseinander, dass zwischen ihnen auch Kräuter und Gräser genug Licht und Luft bekamen. Dadurch konnten Baumveteranen heranwachsen, die bis zu 1000 Jahre alt sind und Stammumfänge von sechs Metern haben.

Dippehas

1 kleine Sellerieknolle, in grobe Würfel geschnitten
100 g Möhren, in grobe Würfel geschnitten
50 g Petersilienwurzel, in Würfel geschnitten
3 Lorbeerblätter
1 TL Wacholderbeeren, $^{1}/_{4}$ TL Pfefferkörner
$^{1}/_{2}$ TL Pimentkörner
1 Knoblauchzehe, gehackt
1 Zwiebel, gehackt
$^{3}/_{4}$ l Rheingauer Spätburgunder
1 Hase, küchenfertig vorbereitet, zerteilt, den Rücken vom Metzger spicken lassen
100 g Schalotten
80 g geräucherter Bauchspeck, in Streifen geschnitten
2 EL Rapsöl
1 kg Brotteig
Mehl für die Arbeitsfläche

Das Wurzelgemüse mit den Gewürzen, dem Knoblauch, der Zwiebel und etwas Wasser einmal aufkochen und abkühlen lassen. Nach dem Erkalten $^{1}/_{2}$ l Rotwein hinzugeben. Die Hasenteile in eine Schüssel legen, mit der Marinade übergießen und zugedeckt über Nacht im Kühlschrank ziehen lassen. Für die Rotweinzwiebeln die Schalotten abziehen. Den Speck in einer trockenen Pfanne auslassen, die Schalotten beifügen und mit dem restlichen Rotwein ablöschen. 10 Minuten köcheln lassen. Inzwischen die Hasenteile aus der Marinade heben und gut abtropfen lassen. Das Öl in einem Bräter erhitzen und die Hasenteile darin anbraten. Die Rotweinzwiebeln untermischen. Das Wurzelgemüse aus der Marinade hinzufügen, andünsten und mit der Marinade ablöschen. Den Brotteig auf einer bemehlten Arbeitsfläche 3 cm dick ausrollen und den Bräterinhalt damit abdecken, mehrmals mit der Gabel einstechen. Im vorgeheizten Ofen bei 200 °C 10 Minuten anbacken, dann die Hitze auf 160 °C reduzieren und ca. 1 $^{1}/_{2}$ Stunden garen. Nach Ende der Garzeit den Teigdeckel abheben.

1 Die marinierten Hasenteile werden rundum von allen Seiten in heißem Fett angebraten.

2 Schalotten und das Gemüse aus der Marinade nehmen, hinzufügen und andünsten, danach mit der Marinade ablöschen.

3 Der aus Brotteig gefertigte und etwa 3 cm dicke Deckel wird mit dem Nudelholz darüber ausgebreitet.

4 Den Deckel sticht man mit der Gabel mehrmals ein und holt später ein Schmorgericht mit frisch gebackenem Brot aus dem Ofen.

Ebbelwoi

Wie heißt er denn, der Apfelwein in Hessen? Äppelwei? Ebbelwoi? Otto Rumeleit, ein legendärer Frankfurter Apfelweinwirt, hat für diesen »dialektischen« Zwist eine salomonische Lösung: Man soll doch einfach »Stöffche« sagen. So halten es denn auch die meisten in der Stadt am Main, die als Deutschlands Apfelwein-Metropole gilt. Wie das erfrischende, mild alkoholische »Nationalgetränk« nach Hessen und speziell nach Frankfurt kam, ist unbekannt. Der Frankfurter Wirtschaftsjournalist Frank Gotta, der mit seinem Buch »Aus einem goldenen Apfel« ein Standardwerk in Sachen Apfelwein schrieb, hat die immer noch kursierende Falschmeldung von der Apfelwein-Erfindung im Jahr 1754 überzeugend widerlegt: Angeblich habe damals ein Gärtner überzählige Äpfel gekeltert, um sie vor dem Verderb zu retten.

Das »Stöffche« ist bereits seit Jahrhunderten in ganz Deutschland verbreitet, und nicht nur dort. Schon der griechische Geschichtsschreiber Herodot beschrieb im 5. Jahrhundert vor Christus die Fruchtweinherstellung, bei den Römern war häufig die Rede vom Apfelwein. Historiker glauben, dass auch die Germanen schon den Apfelwein kannten, ehe sie die verfeinerten Kellereifähigkeiten der Römer übernahmen. Dennoch war im mittelalterlichen Frankfurt der Wein viel populärer als der Apfelwein. Zu Beginn des 18. Jahrhunderts wurden die Weinernten wegen klimatischer Änderungen immer schlechter und die Weinberge immer kleiner (heute unterhält das städtische Gartenamt noch einen kleinen Wingert am Stadtrand). Erst dann wurde der Apfelwein in Frankfurt und Südhessen populär.

Mittlerweile ist das Stöffche so beliebt, dass es in Hessen neben den vielen kleinen und mittleren Keltereien auch zahlreiche Großkeltereien gibt, die den Apfelwein in Großtanks und aus Konzentrat keltern. Alte Apfelweinfreunde murren über den »Industrieschobbe«, schließlich soll der »Alte« aus frischen Früchten sein. Das Apfelsaftkonzentrat gibt den großen Unternehmen jedoch die Möglichkeit, den Gärprozess ganzjährig zu strecken. Aber auch in Großkeltereien gilt, dass Apfelwein eines der naturreinsten Getränke ist. Es besteht, abgesehen von Gärhefe und geringen Schwefelmengen im Gärbehälter, allein aus Äpfeln. Deren Wahl bestimmt weitgehend den Geschmack des Apfelweins – saure Äpfel sind, weil säurereicher, besser geeignet als süße. Ideal sind einfache Äpfel von Streuobstwiesen, die auch nicht chemisch behandelt wurden, weil sie für die Bauern unwichtig waren.

Heute sind in einer rationalisierten Landwirtschaft diese Apfelbäume seltener. Es müssen sogar Äpfel importiert werden. Selbst kelternde Wirte haben die Probleme seltener, weil sie weniger Äpfel brauchen und meist traditionelle Verbindungen zu »ihren« Bauern haben.

1 Die angelieferten Äpfel werden gereinigt, die schlechten aussortiert.

2 Sodann werden die Äpfel gemust, also in grobe Stücke zerkleinert.

3 Vor dem Pressen wird der Apfelbrei in dicke Tücher geschlagen.

4 Die Tücher werden, durch Platten getrennt, aufeinandergestapelt.

5 Dieser Stapel kommt nun in die Presse, der Apfelsaft tritt aus.

6 Das ist alles, was übrig bleibt: die trockene Apfelmasse in den Tüchern.

7 Durch die Zugabe von Gärhefe wird aus dem Most der Apfelwein.

8 Ein Glas Apfelsaft zur Erfrischung – die Arbeit im Keller macht durstig.

Es dauert etwa zehn bis zwölf Wochen, bis der Apfelwein trinkbar ist. Wenn die Adventszeit kommt, liegt der Jahresvorrat an »Stöffche« fertig im Keller.

Selbst wenn er schon graue Schläfen zeigt, heißt er doch der »Brezelbub«. Der Name ist längst zum Gattungsbegriff geworden: Wer in Frankfurts Apfelweinwirtschaften Brezeln feilbietet, bleibt zeitlebens ein Bub. Und auch beim Sortiment, das der Brezelbub anbietet, bleibt alles beim Bewährten: Laugenbrezeln und Käsestangen für die »Salzköppe« und süße »Makrönche« oder »Hartekuche« – aus Mürbeteig mit Zimt und Nelken – für die »Zuckerschnuten« sind im Korb mit der Fahrradklingel.

Bembel und Rippenglas

Zum Ebbelwoi nach Hibbdebach oder nach Dribbdebach? Wer die Frage versteht, hat sich seinen Schobbe verdient; wer sie sogar kundig beantworten kann, ist schon in der Bembelklasse: Der »Bach« ist der Main, sein nördliches Ufer ist »hibb«, sein südliches »dribb de Bach«. Sachsenhausen ist dribb und fraglos der bekannteste Stadtteil Frankfurts. Er verdankt diesen Ruhm seinem Ebbelwoi-Quartier rund um Klappergass und Affentorplatz, ein kleines Stück Altstadt, das den Krieg überlebt hat. Die Neuzeit hat ihm aber mit Discos und Fast-Food-Outlets den Charakter und den Apfelwein genommen. Die wenigen Apfelweinwirtschaften, die erhalten blieben, wirken wie Feigenblätter und sind fest in touristischer Hand.

Aber selbst in Sachsenhausen gibt es abseits des Vergnügungsviertels noch Apfelweinwirtschaften der alten Art, etwa den »Kanonesteppel« und die »Germania« in der Textorstraße oder das »Gemalte Haus« und den »Apfelwein-Wagner« in der Schweizer Straße. Abseits der touristischen Bahnen liegen auch die angestammten Reviere des »Hohenastheimers«, wie die Apfelweintrinker in Frankfurt heißen: in Bornheim (»Eulenburg«, »Zur Sonne«, »Solzer«), aber auch in Seckbach oder Bergen. Hessens bekannteste Ebbelwoigaststätte stand übrigens in keinem dieser Quartiere, sondern auf dem Gelände, das bei Gründung der Bundesrepublik das Parlament beherbergen sollte, ehe Adenauer für Bonn votierte. Auf dem Parlamentsgelände der verhinderten Hauptstadt Frankfurt residiert heute der Hessische Rundfunk, und in seinem Studio wurde alle paar Wochen der »Blaue Bock« aufgebaut, um dem »Wirt« Heinz Schenk die Kulisse für »Scherze beim Schöbbche« zu bieten. Die Sendung war eines der erfolgreichsten Programme des deutschen Fernsehens, noch heute gehen Bitten um Fortsetzungen in Frankfurt ein.

Der »Blaue Bock« machte den »Äppler«, wie er heute vor allem in jugendfrischer Werbung genannt wird, in ganz Deutschland populär. Auch die Insignien der Apfelwein-Kultur wurden über Hessens Grenzen hinaus bekannt: Bembel, Rippenglas und Deckel. Der Bembel ist die stattliche dickbauchige Kanne aus salzlasiertem Steingut, in der in traditionellen Gaststätten der Ebbelwoi auf den Tisch kommt, wenn man ihn nicht einzeln im Glas bestellt. Der Bembel ist offenkundig erst spät im 19. Jahrhundert in Mode gekommen, zumindest wurde der Krug, der den Apfelwein kühl hält, zuvor nirgendwo erwähnt.

Das Rippenglas verdankt seinen Namen den schräg verlaufenden Rippen, die ein Rautenmuster schaffen und zugleich einen guten Griff sichern. Ein volles Glas gilt in Frankfurt als ein

»Schobbe« und die Gäste sind »Schobbepetzer« (»petzen« bedeutet kneifen). In vielen Ebbelwoilokalen fasst das Rippenglas 0,3 Liter, oft aber auch nur 0,25 Liter. Woher das Rippenmuster kommt, ist nicht geklärt – Frank Gotta, lokale Apfelweininstanz, meint, die Glasrippen gäben dem im Glas etwas »müde« wirkenden Getränk einen »gewissen Glitzereffekt«.
Auch beim Deckel, dem Kennzeichen wahrer »Ebbelwoi-Geschworener«, sind Herkunft und historisches Alter unbekannt. Die seltener werdenden Holzdeckel tragen eine Schnitzerei oder anderen Zierrat auf der Oberseite, sie decken das Glas ab. Warum? Auf diese Frage werden viele Frankfurter auf die feuchte Aussprache mancher Tischnachbarn hinweisen. Wahrscheinlicher ist jedoch, dass die Deckel in der Freiluftsaison entstanden sind und vermeiden sollten, dass Rindenteilchen und anderer Baumabfall ins Glas kommen.
Die Stammgäste der Apfelweinlokale sind »Ebbelwoi-Geschworene«. Auch die Herkunft dieses Wortes ist nicht geklärt, wahrscheinlich stammt es aus der Zeit der Apfelwein-Logen, zu der man das Stöffche nur im privaten Kreis genießen konnte. Im Ersten Weltkrieg war den Wirten zeitweilig das Keltern verboten worden, weil alle Äpfel zu Nahrungsmitteln verarbeitet werden sollten (für Frankfurter ist Apfelwein allerdings ein Grundnahrungsmittel). Damals entstanden die Logen, die sich den Apfelwein privat keltern ließen und sich zu bestimmten Zeiten, meist mehrfach wöchentlich, zum Apfelweintrinken trafen. Nach dem Krieg lösten sich die Logen auf, wie im Apfelweinmuseum zu erfahren ist. Apropos erfahren: In Frankfurt kann man mit dem »Ebbelwei-Express«, einer bunt bemalten alten Tram, bei Apfelwein und Brezel auf Stadtrundfahrt gehen, für weitere Touren bietet sich die »Hessische Apfelwein- und Obstwiesenroute« an, eine Urlaubsroute, auf der Frankfurt natürlich eine Station ist.

Apfelwein-Typologie: Süßer, Rauscher, Stöffche

Hessischer Apfelwein hat drei Leben: Erst ist er ein »Süßer«, dann ein stürmischer »Rauscher« und schließlich ein gesetztes »Stöffche«, in Frankfurt auch respektvoll »Alter« genannt.
Der Süße entspricht bei anderen Früchten dem Most, er ist trüb und von bräunlicher Farbe. Im »Sieße« ist kein Alkohol, September/Oktober ist er ein begehrter Trunk, wenn man auch nur einige Gläser dieses süßen Stoffs zu sich nehmen kann.
Das gilt aus anderem Grund auch für den Rauscher, der dem Federweißen beim Wein entspricht. Der Rauscher ist noch in Gärung. Er hat schon ordentlich Alkohol, aber das schmeckt man kaum, deshalb verführt der Rauscher dazu, mehr zu trinken, als es Kopf und Beinen gut tut.
Der Alte schließlich ist je nach Keltereigenheiten mehr oder minder klar, von hellgelber bis goldgelber Färbung und von herb-säuerlichem Geschmack. Serviert wird er meist pur.
Anerkannt ist auch der »sauer Gespritzte«, der mit Sprudelwasser gemischt wird, was Autofahrer zu schätzen wissen. Als verwerflich gilt zumindest in Apfelwein-Hochburgen der »süß Gespritzte«, ein Apfelwein mit Limonade. Akzeptiert ist hingegen in kalten Winterwochen und Schnupfenzeiten der »Haaße«, ein heißer Alter, der aber nicht kochen darf. Gewürzt wird er unterschiedlich, üblich sind Gewürznelken und Zimt, oft auch Zitronensaft. Zucker schüttet jeder nach Gusto hinzu.

Von oben nach unten: Jeder Frankfurter hat seinen Stammwirt, bei dem er immer wieder zum Apfelwein einkehrt.

Die Rippengläser fassen 0,3 oder 0,25 Liter. Größere Gruppen bestellen sich gleich einen Krug, einen »Bembel«.

Das gepökelte und gekochte »Rippche« ist Frankfurts Nationalgericht und passt wunderbar zum »Ebbelwoi«.

Rechts: Der Deckel auf dem Rippenglas ist eine Tradition, deren Herkunft nicht eindeutig geklärt ist.

Fruchtfleisch

Das einzige Fleisch, das selbst Vegetarier mit Lust verspeisen, ist bekanntlich das Fruchtfleisch. So gesehen sind Vegetarier in Hessen am rechten Ort. Zum einen sorgt der Flughafen in Frankfurt dafür, dass man rund ums Jahr Obst erwerben kann. Zum anderen wachsen im Land viele Früchte.

Den Spitzenplatz unter den hessischen Obstsorten teilen sich Apfel und Erdbeere: Auf 600 Hektar Fläche insgesamt erstrecken sich die Apfelplantagen und Erdbeerfelder in allen Landesteilen. An dritter Stelle stehen die Süß- und Sauerkirschen mit rund 420 Hektar Anbaufläche, vornehmlich rund um Witzenhausen und im Odenwald. Rang vier belegt das Strauchbeerenobst mit 200 Hektar Produktionsfläche deutlich vor Zwetschgen (60 Hektar) und Birnen (50 Hektar), was belegt, dass der Spitzname der Hessen als »Zwetschgenfresser« nur bedingt berechtigt ist.

Zwetschgen und Pflaumen werden in Hessen allerdings gerne als Dörrobst verwendet, eine Tradition aus jenen Tagen, da getrocknete Früchte im Winter Vitamine lieferten. Beispiele sind die oberhessische Linsensuppe, in die neben Kartoffeln und Lauch auch Dörrzwetschgen kommen, oder der mainische Graupentopf, in dem Backpflaumen sowie etwas Zimt mitgekocht werden. Erdbeeren und Kirschen werden hingegen frisch verarbeitet, das bekannteste Beispiel ist der Kirschenmichel, der in vielerlei Varianten existiert, meist aber auf Weißbrotresten basiert, die mit Milch, Eischnee und Kirschen im Topf gebacken werden.

Birnen werden gerne mit Kartoffeln kombiniert, etwa beim Stommsel aus dem Hintertaunus, bei dem grob gestampfte Kartoffeln mit Zwiebeln und Birnenkompott angerichtet werden, oder beim Schnitz und Schnitz, bei dem Trockenbirnen- und pflaumen eingeweicht und mit Kartoffelschnitzen verkocht werden. Manchmal gibt man auch Speck dazu. Zahllos die Apfelrezepte, vom Rheingauer Weinapfel (gefüllt mit gehackten Nüssen, Rosinen und Gewürzen, gedämpft in Wein) bis zum Dippedotz aus der Dillregion, bei dem Kartoffeln, Blutwurst, Zwiebel und Apfel verquirlt und gebacken werden.

Apfelweintorte

Für 12 Stück

Teig:

200 g Mehl
75 g Zucker
75 g Butter
1 Ei
½ Päckchen Backpulver
Mehl für die Arbeitsfläche
Fett für die Form

Belag:

4 Äpfel, z. B. Boskoop
2 Päckchen Vanillinzucker
¾ l Apfelwein
200 g Zucker
2 Päckchen Vanillepuddingpulver

Aus Mehl, Zucker, Butter, Ei und Backpulver einen Mürbeteig herstellen und 30 Minuten im Kühlschrank ruhen lassen. Dann den Teig auf einer bemehlten Arbeitsfläche ausrollen. Eine Springform von 26 cm Durchmesser ausfetten, mit dem Mürbeteig auslegen und den Teig am Rand hochdrücken. Die Äpfel schälen, vierteln und entkernen. In Scheiben schneiden, auf dem Teigboden verteilen und mit dem Vanillinzucker bestreuen. Für den Guss aus Apfelwein, Zucker und Vanillepuddingpulver einen Pudding kochen. Die Masse über die Äpfel geben und den Kuchen im vorgeheizten Backofen bei 175 °C ca. 1 ¼ Stunden backen. Den fertigen Kuchen in der Form auskühlen lassen und im Kühlschrank bis zum Servieren aufheben. Kurz vor dem Anrichten den Kuchen aus der Form nehmen.

Schnitz und Schnitz

100 g getrocknete Birnen
100 g entsteinte Backpflaumen
500 g festkochende Kartoffeln
1 l Fleischbrühe
Salz und Pfeffer

Das Dörrobst über Nacht in 1 l Wasser einweichen. Die Kartoffeln schälen, waschen und in Schnitze schneiden. Das Dörrobst mit der Einweichflüssigkeit, den Kartoffeln und der Fleischbrühe aufsetzen, zum Kochen bringen und zugedeckt ca. 30 Minuten garen. Vor dem Servieren mit Salz und Pfeffer abschmecken. Wer es lieber deftig mag, kann noch geräuchertes Bauchfleisch oder Dörrfleisch mitkochen.

Hutzelkloß

Für 6 Personen

450 g Mehl
80 g Zucker
40 g Hefe
⅛ l lauwarme Milch
100 g flüssige Butter
1 Ei
1 Prise Salz
1 Päckchen Vanillinzucker
abgeriebene Schale von ½ Zitrone
2 Handvoll getrocknete Äpfel
2 Handvoll getrocknete Zwetschgen
1 Stange Zimt
1 Nelke
2 EL Zucker

Das Mehl in eine Schüssel sieben, den Zucker darüberstreuen. In die Mitte eine Mulde drücken. Die Hefe hineinbröseln, mit etwas Zucker, Mehl und Milch verrühren und zugedeckt an einem warmen Ort gehen lassen. Den Vorteig mit etwas Mehl vermischen. Die flüssige Butter, das Ei, Salz, Vanillinzucker und Zitronenschale zufügen und so lange schlagen, bis sich der Teig von der Schüssel löst. Nochmals zugedeckt zu doppeltem Volumen aufgehen lassen. Inzwischen in einem Eisentopf die Äpfel und die Zwetschgen mit kaltem Wasser, dem Zimt und der Nelke ansetzen. Den Hefeteig darauflegen und zugedeckt im vorgeheizten Ofen bei 150 °C 30–40 Minuten backen. Dann den Deckel abnehmen, den Teig mit Zucker bestreuen und mit großer Oberhitze bräunen.

Schnitz und Schnitz

Hutzelkloß

Kespern

Blühende Geschäfte macht Witzenhausen zwar nur für ein paar Frühlingswochen, wenn das Blütenweiß der 150 000 Kirschbäume die grünen Auen wie mit einer üppigen Sahnedekoration ziert. Aber auch wenn die Pracht verblüht ist, kann die kleine Stadt im nordhessischen Werratal auf ihre Kirschen setzen. Nirgendwo im Land reifen mehr dieser herzförmigen Früchte, die sich in süß oder sauer und in Speckgelb oder Schwarz, meist aber in leuchtendem Rot darbieten. Die Bauern machen die Kirschen zwar nicht reich, dazu ist das Erntegeschäft zu mühsam und kostspielig. Aber dem Fremdenverkehr tun die Kirschen gut – nicht zufällig ist Witzenhausen die einzige Stadt der Welt, deren Touristikbroschüren nach Kirschen duften, wenn man an einer bestimmten Kirsche rubbelt.

Die Fachwerkstadt an der »Deutschen Märchenstraße« bietet den drallen Früchtchen, hier »Kesper« genannt, beste Voraussetzungen, weil der Hohe Meißner, mit 754 Metern das Höchste, kalte Winde abhält, aber der Sonne nicht im Wege steht. Lukullus höchstpersönlich soll das kernige Obst in die römische Zivilisation eingeführt haben, aus Kerasus am Schwarzen Meer – daher der Name Kirsche. Es gab zwar schon vor Lukulls dankenswertem Import wilde Kirschen beiderseits der Alpen, aber erst mit den edleren Früchten aus dem Osten kam Geschmack in die Sache.

Witzenhausen ist quasi der Kern der deutschen Kirschkultur. Und die präsentiert sich blaublütig: Witzenhausen krönt alljährlich eine Kirschenkönigin, ein begehrter Titel, um den sich junge Frauen aus verschiedenen Ortsteilen bewerben. Eine der vornehmsten Aufgaben der Monarchin ist es, zum Höhepunkt der Kirschenernte, am zweiten Juliwochenende, der »Kesperkirmes« royalen Glanz zu verleihen. Dann ist meist der größte Teil der Ernte eingebracht und schon auf dem Weg zu Kompott, Marmelade, Saft, Kirschwein, Likör oder Kirschwasser. Letzteres muss allerdings bei der Konkurrenz im Schwarzwald gebrannt werden, weil Witzenhausen zwar seit 1225 Marktrecht, aber kein Brennrecht hat.

Die Kirschblüte in Witzenhausen, dem größten Kirschenanbaugebiet Deutschlands, ist auch eine touristische Attraktion. Angebaut werden überwiegend Süßkirschen, und alljährlich krönt man eine Kirschkönigin und feiert die Kesperkirmes.

Kirschenmichel

Für 6 Personen

Masse 1:
5 Brötchen
30 g Butter
375 ml Milch

Masse 2:
70 g zimmerwarme Butter
125 g Zucker
4 Eigelb
½ TL Zimt
abgeriebene Schale von 1 Zitrone
1 TL Backpulver

Masse 3:
1 kg entsteinte Sauerkirschen
4 Eiweiß
Fett für die Form
100 g geschälte Mandeln, fein gehackt

Die Brötchen in dünne Scheiben schneiden. Auf ein Backblech legen und die Butter in Flöckchen darauf verteilen. Im vorgeheizten Backofen goldgelb rösten. Dann in eine Schüssel geben und die Milch darüber gießen. Mit dem Handrührgerät die zimmerwarme Butter mit Zucker und Eigelb schaumig schlagen. Zimt, Zitronenschale und Backpulver unterrühren und die Masse mit der Brötchenmischung gut vermengen. Die Sauerkirschen hinzufügen. Das Eiweiß steif schlagen und vorsichtig unterheben. Eine feuerfeste Form ausfetten, mit den gehackten Mandeln ausstreuen und die Masse hineinfüllen. Im vorgeheizten Backofen bei 175 °C ca. 50 Minuten backen. In der Form servieren.

Nationalsport Kirschkernspucken

Wo schmecken Kirschen am besten? In Nachbars Garten? Vielleicht. Aber mit Sicherheit schmecken die prallen Knacker da am köstlichsten, wo man ihre Kerne hemmungslos in die Gegend spucken darf. Und weil das so ist, gibt es anscheinend überall dort, wo Kirschen in großer Zahl reifen, auch mehr oder minder ernsthafte Kirschkern-Weitspuck-Wettbewerbe. Unter die minder seriösen muss man vermutlich den Cherry Pit Spitting Contest jeweils im Juli im amerikanischen Bundesstaat Minnesota zählen – verpflichtet doch die Satzung des veranstaltenden Klubs seine Mitglieder, mindestens einmal jeden Monat irgendeinen Unsinn zu begehen.

In Deutschland wird – wenig überraschend – die Flugbewegung eines aus dem Mund katapultierten Kirschkerns wesentlich ernster genommen. So ist es denn auch kein Wunder, dass der Weltrekord in dieser Spitzmund-Disziplin von einem Deutschen im eigenen Land erspuckt wurde: Oliver Kuck aus Hürtgenwald setzte im Juli 2003 die offizielle Rekordmarke auf kernige 21,71 Meter – erzielt im Rahmen der Weltmeisterschaft im Kirschkernspucken, die seit 1974 jedes Jahr während der Annakirmes in Düren stattfindet. Und auch die Witzenhausener zeigen alljährlich zur Kesperkirmes im Juli, dass sie mehr als große Töne spucken können. Bei den Deutschen Meisterschaften im Kirschsteinspucken 2003 katapultierte »Spucker« Thomas Brühbach den Kirschkern auf 24,33 Meter.

Marzipan und Buttercreme

Frankfurter Kranz
Für 12 Stück

Teig:
125 g Butter, 150 g Zucker
1 Prise Salz
abgeriebene Schale von 1 Zitrone
4 Eier, 2 EL Rum
150 g Mehl
2 EL Speisestärke, 1 TL Backpulver
Fett für die Form

Füllung:
200 g Zucker
5 Eigelb, 4 EL Rum
200 g weiche Butter
Krokant und kandierte Kirschen zum Garnieren

Für den Teig Butter und Zucker schaumig schlagen. Salz, die Zitronenschale, Eier und Rum unterrühren. Nach und nach das Mehl, Speisestärke und Backpulver untermischen. Eine Kranzform ausfetten und den Teig einfüllen. Im vorgeheizten Backofen bei 175 °C etwa 45 Minuten backen. Den Kranz auf ein Kuchengitter stürzen, auskühlen lassen. Für die Füllung den Zucker mit 6 EL Wasser zu Sirup kochen. Das Eigelb verquirlen und den Sirup langsam unter Rühren einfließen lassen. Den Rum einrühren und so lange schlagen, bis die Creme abgekühlt ist. Die Butter schaumig schlagen und löffelweise die Eicreme einarbeiten. Den Kranz dreimal waagrecht durchschneiden. Jeden Ring mit Buttercreme bestreichen und wieder zusammensetzen. Außen mit Creme bestreichen und mit Krokant bestreuen. Die restliche Buttercreme in einen Spritzbeutel mit Sterntülle füllen und auf den Kranz kleine Kringel spritzen. Auf jedes Tüpfchen eine viertel Kirsche setzen.

Brenten

500 g gemahlene Mandeln
2 EL Rosenwasser
500 g Zucker
Zucker für die Form
50 g Mehl, 1 Eiweiß
Mehl für die Arbeitsfläche

Die Mandeln mit dem Rosenwasser und dem Zucker in einem Topf vermischen. Unter Rühren langsam erhitzen, bis sich die Masse vom Topf löst. Ein Steingutgefäß mit Zucker ausstreuen und die Masse einfüllen. An einem kühlen Ort einige Stunden ruhen lassen. Dann das Mehl und das Eiweiß unterkneten. Den Teig auf einer bemehlten Arbeitsfläche etwa 1 cm dick ausrollen. Mit Förmchen Brenten ausstechen. Ein Backblech mit Backpapier auslegen und die Brenten im vorgeheizten Backofen bei 150 °C etwa 15 Minuten backen. Auf einem Kuchengitter auskühlen lassen.

Bethmännchen

500 g Marzipanrohmasse
50 g Puderzucker
5 EL Rosenwasser
1 Eiweiß
geschälte Mandeln zum Garnieren
Fett für das Backblech

Die Marzipanrohmasse mit dem Puderzucker, 2 EL Rosenwasser und dem Eiweiß zu einem glatten Teig verkneten. Aus dem Teig walnussgroße Kugeln formen und an jede Kugel 3 Mandeln so andrücken, dass ihre Spitzen nach oben zeigen. Ein Backblech ausfetten und die Bethmännchen daraufsetzen. Im vorgeheizten Backofen bei 175 °C hell backen. Die abgekühlten Bethmännchen mit dem restlichen Rosenwasser bestreichen.

Bethmann und Rothschild

Die Frankfurter Bankiersfamilie von Bethmann ist nicht nur in die Wirtschaftshistorie und – mit Reichskanzler Theobald von Bethmann-Hollweg – in die politische Geschichte eingegangen. Sie ist zumindest in Frankfurt immer noch in aller Munde dank des Marzipankonfekts »Bethmännchen«. Eine andere Frankfurter Familie, die eine weltumspannende Finanzdynastie begründete, hat mit dem Handel von Wein, Zucker, Kaffee und anderem, vor allem mit dem Münzhandel, begonnen: die Rothschilds.
Meyer Amschel Rothschild, geboren 1743 oder 1744, hat sein Unternehmen in der »Hinterpfann«, einem Hinterhaus an der Judengasse, gegründet. Er war nicht auf Rosen gebettet: Selbst als die Familie bei wachsendem Geschäft in das »Haus zum grünen Schild« umzog, gab es für die zehn Kinder nur ein gemeinsames Schlafzimmer. Über numismatische Interessen war Rothschild indessen mit Wilhelm, dem Erbprinzen und späteren Landgrafen von Hessen-Kassel, in Kontakt gekommen. Bald wickelte der kluge Rothschild wichtige Finanzgeschäfte für den Landesherren ab – profitabel für beide Seiten. Deshalb wurde Rothschild binnen kurzem zum Finanzier zahlreicher deutscher Fürsten.
Die beste Idee des in Farnkfurt beliebten Kaufmanns war es, Filialen in London, Neapel, Wien und Paris einzurichten und diese vier seiner Söhne zu übertragen. Der fünfte sollte das Stammhaus in Frankfurt übernehmen. Und da die Brüder auf engste Zusammenarbeit eingeschworen waren, bauten sie bald ein Finanzgeflecht auf, das allen großen Herrschern Europas zu Diensten war.
Die Rothschilds sind heute noch eine Familie von enormem Einfluss nicht nur im internationalen Bankengeschäft. Und ihr Name hat, dank einer nur mäßig profitablen Investition des französischen Clans, auch unter Gourmets einen großen Klang: Château Lafite und Château Mouton Rothschild gehören zum Besten und zum Teuersten, was im Bordeaux gekeltert wird. Und wenn es etwas preiswerter sein soll, tut es auch ein Mouton Cadet – ein verkappter, aber dennoch echter Rothschild.

1

2

3

4

5

6

7

8

1 Für die Füllung des Frankfurter Kranzes braucht man Butter, Eigelb und Zucker.

2 Die Butter muss Zimmertemperatur haben, damit man sie schaumig schlagen kann.

3 Dann rührt man die aufgeschlagene Eigelb-Zucker-Mischung nach und nach ein.

4 Der ausgekühlte Kranz wird dreimal waagrecht durchgeschnitten.

5 Die Teigringe werden mit der Buttercreme bestrichen und zusammengesetzt.

6 Beim Bestreichen des Kuchens hilft ein gefaltetes Backpapier beim Glätten.

7 Krokant wird großzügig auf den Kranz gestreut.

8 Auf jedes Buttercremetüpfchen setzt man eine geviertelte Kirsche.

Süßer Schulanfang

»Ich trug meine Tüte wie eine Fahnenstange vor mir her. Manchmal setzte ich sie ächzend aufs Pflaster. Manchmal griff meine Mutter zu. Wir schwitzten wie die Möbelträger. Auch eine süße Last bleibt eine Last.« So erinnert sich Erich Kästner, der Autor von »Emil und die Detektive«, an seinen ersten Schultag und an seine offensichtlich prall gefüllte Schultüte.

Das Lockmittel, das den nun beginnenden »Ernst des Lebens« versüßen soll, hat in Deutschland und in Österreich (ansonsten ist es in Europa unbekannt) eine lange Geschichte: Anfang des 19. Jahrhunderts bediente sich das Bürgertum in Sachsen erstmals der leckeren Tüten, um seinem Nachwuchs die Bildung schmackhaft zu machen. Aber die Tradition reicht noch weiter zurück, sie wurzelt im Aberglauben: Die getrocknete Nabelschnur des Zöglings, eingenäht in ein Brustbeutelchen, sollte zuvor den Lerneifer steigern. Später ersetzte man das Geburtsrelikt durch eine – zwischen Mariä Himmelfahrt und Mariä Geburt geerntete – Immergrünwurzel. Schließlich wurde auch die Wurzel zum leckeren Symbol: Eine süße Teigbrezel war die Wegzehrung für den ersten Schulgang.

Eine andere Herkunftsgeschichte ist mit der Sage vom Tütenbaum verbunden. Den hat der Lehrer für seine Erstklässler abgeerntet, wenn sie brav und eifrig waren. Dabei gab es meist Obst und Gebäck. Vermutlich ging diese einst vor allem in Süddeutschland verbreitete Sitte darauf zurück, dass Eltern den Lehrern entsprechend gefüllte Tüten für ihre Zöglinge hinterlassen hatten, die im Klassenzimmer an einem Geäst und außer Reichweite der Knirpse aufgehängt waren

Heute gelten die Schultüten als Modeartikel, die von den Herstellern im Herbst auf Messen präsentiert werden. Doch für viele Eltern ist es nach wie vor Ehrensache, die Tüten selber zu basteln, fantasievolle Vorlagen dafür gibt es zuhauf. Meist sind die Tüten konisch und etwa 70 Zentimeter hoch und mit allerhand Leckereien gefüllt: Aus Brezeln und Obst wurden im Lauf der Zeit immer mehr Bonbons, Kekse und Schokoriegel – was Zahnärzte und Ernährungswissenschaftler alljährlich zu dem Aufruf veranlasste, mehr gesunde Sachen und auch eine Zahnbürste in die Tüte zu packen. Den Aufrufen war nur begrenzter Erfolg beschieden – aber seit einigen Jahren blicken die Mediziner zufriedener in die Tüten. Zahnbürsten sind zwar weiterhin die Ausnahme, aber dafür kommen immer öfter T-Shirts, CDs und ähnlich »coole« Dinge in die Tüte. Und die »Kids« fühlen sich auch mit diesem Inhalt immer noch so wie der kleine Erich Kästner, nämlich als »Zuckertütenfürst«.

»Zuckertütenfürsten« in den Fünfzigerjahren **(rechts oben)** und heute **(rechts)**. Der Inhalt der Tüten hat sich zwar verändert, aber Stolz, Freude und die Neugier auf den Inhalt der Tüte des anderen sind gleich geblieben. Und den Eltern gelingt es noch immer, ihren Sprösslingen den beginnenden Ernst des Lebens zu versüßen.

O Tannenbaum

Was hat man nicht alles hineininterpretiert in diesen Baum: Urdeutsch sollte er sein, germanisch bis in die abgeschnittenen Wurzeln, der »Kultbaum des Mittwinterfestes«, die »Weltenesche des germanischen Mythos«.

Schuld an diesen Spekulationen sind zwei Hessen, die Brüder Grimm. Seit sie sich in der ersten Hälfte des 19. Jahrhunderts mit Tradierung und Tradition beschäftigten, forschte man in deutschen Landen nach dem Grundsatz, dass alles, was kulturell auch nur irgendwie wertvoll ist, in graue Vorzeit zurückreichen müsse. Den Naziideologen kam dieses Denken entgegen: Sie begingen Weihnachten als »germanisches Julfest«.

Erst die moderne Volkskunde näherte sich dem lichtergeschmückten Tannenbaum mit wissenschaftlicher Akribie und stellte fest: Es gibt ihn erst seit der Reformationszeit. Damals war er noch kein Christbaum im heutigen Sinn, sondern stand als Geschenkträger in den Zunftstuben. Der Weg von dort in die Häuser der Bürger war weit und verlief erst einmal über die europäischen Fürstenhöfe. Im Volk verbreitete sich die Sitte erst nach dem Krieg von 1870/71, als der preußische König in den Lazaretten und Unterständen Christbäume aufstellen ließ.

Mit Weihnachten als Fest, das man zu Hause und in »Harmonie« begeht, entwickelte jede Familie ihre eigenen Rituale, die oft über Generationen weitergegeben werden. Allen gemein ist natürlich der äußere Rahmen – und die Tatsache, dass man sich in der Weihnachtszeit regelmäßig überisst.

Das beginnt mit den Plätzchen zu Advent und steigert sich zur Orgie, wenn die fetten Gänse verzehrt werden. Gans und Karpfen sind die traditionellen Festspeisen der beiden Weihnachtstage, für den Heiligen Abend selbst hat interessanterweise jede Familie ihr eigenes Gericht. Meist ist es etwas, was schnell zuzubereiten ist – wer hat schon Zeit, sich an diesem Tag in die Küche zu stellen. Und meist sind es die Gerichte, die die Erwachsenen schon in ihrer Kindheit mit dem Heiligen Abend verbanden, sodass sich mit dem ersten weihnachtlichen Bissen auch die Nostalgie einstellt, und sich die gestressten Eltern an die Zeit erinnern, als sie noch mit großen Kinderaugen vor dem leuchtenden Baum standen.

Rechts oben: Weihnachtskrippen, wie hier im thüringischen Erfurt, werden in vielen Städten in der Vorweihnachtszeit auf den zentralen Plätzen aufgebaut. Krippen gab es lange, bevor der Weihnachtsbaum Einzug hielt. Viele Familien stellen noch heute Krippen unter den Baum.

Rechts: Aus dem Erzgebirge, wo die armen Familien durch Heimarbeit dazuverdienen mussten, kommen besonders schöne geschnitzte Holzarbeiten, wie diese prächtige Weihnachtspyramide.

Rechts innen: Im Zentrum des Wohnzimmers steht der Christbaum, im Zentrum des Interesses der Gabentisch. Der Baum wurde erst im ausgehenden 19. Jahrhundert zum unverzichtbaren Requisit des Festes.

Links: Biedermeierliche Beschaulichkeit im Kreise der Familie zeigt dieser Holzstich »Ein Weihnachtslied« von 1880, der nach einem Gemälde von Hans Ströse angefertigt wurde.

Weihnachtsgebäck

Ulmer Weihnachtssterne (1)

200 g Mehl
200 g Butter
2 Eier, getrennt
1 Fläschchen Rumaroma
1 TL Zimt
1 Prise Kardamom
100 g Zucker
1 Prise Salz
Mehl für die Arbeitsfläche
300 g Marzipanrohmasse
gehackte kandierte Früchte zum Garnieren

Aus Mehl, Butter und Eigelb einen Teig kneten. Rumaroma, Zimt, Kardamom, Zucker und Salz untermengen und den Teig für 30 Minuten im Kühlschrank ruhen lassen. Auf einer bemehlten Arbeitsfläche etwa 1/2 cm dick ausrollen und mit Förmchen Sterne ausstechen. Ein Backblech mit Backpapier auslegen, die Plätzchen daraufsetzen. Die Marzipanrohmasse mit 2 EL Wasser und dem Eiweiß glatt rühren, in einen Spritzbeutel mit Sterntülle füllen und auf jeden Stern einen Kringel spritzen. Mit den gehackten Früchten garnieren und im vorgeheizten Backofen bei 175 °C etwa 15 Minuten backen.

Schwarz-Weiß-Gebäck (2)

250 g zimmerwarme Butter
200 g Zucker
2 Eier
350 g Mehl
150 g feine Haferflocken
4 EL Kakaopulver
2 EL Milch
Mehl für die Arbeitsfläche
Eigelb zum Bestreichen
Butter für das Backblech

Die Butter mit dem Zucker und den Eiern schaumig schlagen. Nach und nach das Mehl und die Haferflocken zufügen und alles zu einem glatten Teig verarbeiten. Den Teig in zwei unterschiedlich große Teile teilen. Das Kakaopulver mit der Milch verrühren und unter das größere Teigstück mischen. Die Stücke in Folie wickeln und mindestens 30 Minuten im Kühlschrank ruhen lassen. Dann ein helles und die Hälfte des dunklen Stückes auf einer bemehlten Arbeitsfläche ausrollen und kurz in das Tiefkühlfach legen. Aus den Teigplatten 1 cm breite Streifen schneiden, mit Eigelb bestreichen und schachbrettartig zusammensetzen. Das restliche Teigstück dünn ausrollen und mit Eigelb bestreichen. Die Schachbrettstange darauflegen und mit der dunklen Teigplatte umwickeln. Kühl stellen. Dann von der Teigstange dünne Scheiben abschneiden und auf ein gefettetes Backblech setzen. Im vorgeheizten Backofen bei 175 °C etwa 15 Minuten backen.

Spitzbuben (3)

200 g Butter
100 g Zucker
5 Eigelb
200 g Mehl
200 g feine Haferflocken
1 Päckchen Vanillinzucker
75 g gemahlene Mandeln
Mehl für die Arbeitsfläche
6 EL Johannisbeergelee
Puderzucker zum Bestäuben

Die Butter mit dem Zucker und dem Eigelb schaumig schlagen. Nach und nach Mehl und Haferflocken einarbeiten. Vanillinzucker und Mandeln untermischen und den Teig für 30 Minuten im Kühlschrank ruhen lassen. Dann auf einer bemehlten Arbeitsfläche dünn ausrollen und mit Förmchen Plätzchen sowie Ringe mit herzförmigem Zentrum in der gleichen Größe ausstechen. Auf ein mit Backpapier ausgelegtes Backblech setzen und im vorgeheizten Backofen bei 175 °C etwa 10 Minuten backen. Plätzchen auskühlen lassen und mit Johannisbeergelee bestreichen. Die Ringe mit Puderzucker bestäuben, auf die Plätzchen setzen und leicht zusammendrücken.

1

2

3

Vanillekipferl (4)

250 g Mehl
200 g Butter
100 g gemahlene Mandeln
150 g Zucker
3 Päckchen Vanillinzucker

Aus Mehl, Butter, Mandeln und der Hälfte des Zuckers einen Teig kneten und 30 Minuten im Kühlschrank ruhen lassen. Dann aus dem Teig eine Rolle machen. Von der Rolle Scheiben abschneiden und zu kleinen Kipferl formen. Auf ein mit Backpapier ausgelegtes Backblech legen und im vorgeheizten Backofen bei 175 °C etwa 15 Minuten backen. Den restlichen Zucker mit dem Vanillinzucker vermischen und die noch heißen Kipferl vorsichtig darin wenden.

Zimtsterne (5)

3 Eiweiß
250 g Puderzucker
250 g gemahlene Mandeln
abgeriebene Schale von 1 Zitrone
2 TL Zimt
Zucker und Mehl zum Ausrollen

Das Eiweiß steif schlagen. Nach und nach den Puderzucker einrieseln lassen. 4 EL der Eiweißmasse für den Guss beiseite stellen. Die gemahlenen Mandeln, Zitronenschale und Zimt untermischen, den Teig leicht durchkneten. Eine Arbeitsfläche mit Zucker und etwas Mehl ausstreuen und den Teig ausrollen. Mit Förmchen Sterne ausstechen. Ein Backblech mit Backpapier auslegen und die Sterne daraufsetzen. Mit dem Guss bestreichen und bei 150 °C ca. 20 Minuten backen.

4

5

1 Eischnee schlagen: Das Arbeitsgerät muss frei von Fett oder Wasser sein.

2 In den steifen Eischnee nach und nach Puderzucker einrieseln lassen.

3 4 EL von der Masse abnehmen, unter den Rest die Mandeln heben.

4 Zimt und Zitronenschale zugeben und aus dem Teig eine Kugel formen.

5 Die Arbeitsfläche mit Puderzucker und etwas Mehl ausstreuen.

6 Auf der präparierten Arbeitsfläche mit dem Nudelholz den Teig ausrollen.

7 Den Teig von der Arbeitsfläche lösen, bevor man beginnt, auszustechen.

8 Mit einem Förmchen die kleinen Sterne ausstechen.

9 Die Sterne auf Backpapier legen und mit der Eischneemasse bestreichen.

10 Nach 20 Minuten Backzeit sind die Zimtsterne fertig.

Lebkuchenhaus

Teig für ein Lebkuchenhaus

200 g Zucker
20 g Butter
500 g Mehl
1 Päckchen Backpulver
abgeriebene Schale von 1 Zitrone
½ TL Zimt
1 Prise gemahlene Muskatnuss
1 Prise Kardamom
1 Prise Nelkenpfeffer
3 Eigelb
Mehl für die Arbeitsfläche

Den Zucker in der Butter unter Rühren so lange erhitzen, bis sich der Zucker aufgelöst hat. Vom Herd nehmen und auskühlen lassen. Das Mehl und das Backpulver in eine Schüssel sieben. Nach und nach das Mehl in die Zuckermasse einrühren. Die Zitronenschale, die Gewürze und das Eigelb unterrühren. Den Teig auf einer bemehlten Arbeitsfläche kräftig durchkneten und zugedeckt etwas ruhen lassen. Den Teig etwa 1 cm dick ausrollen und in quadratische Form bringen.
Ein Backblech mit Backpapier auslegen und die Lebkuchenplatte im vorgeheizten Backofen bei 175 °C 15–20 Minuten backen. Lebkuchen auf einem Kuchengitter auskühlen lassen. Je nach Bauplan braucht man für ein Lebkuchenhaus drei bis vier solcher Platten. Die Teile klebt man mit Zuckerguss zusammen, den man aus zwei schaumig geschlagenen Eiweißen und 200 g Puderzucker herstellt. Mit dem Zuckerguss befestigt man auch die dekorativen Süßigkeiten.

1 Ins Knusperhäuschen gehört auch Zucker, der in der Butter erhitzt wird.

2 Topf vom Herd nehmen, das Mehl-Backpulver-Gemisch zugeben.

3 Zitronenschale, das Eigelb und die Gewürze unter Rühren zufügen.

4 Teig nach dem Kneten ausrollen, in eine quadratische Form bringen und im Ofen backen.

5 Je nach Bauplan fertigt man drei bis vier solcher Platten an.

6 Schablonen für die Bauelemente auflegen und ausschneiden.

7 Kleinteile, wie Fensterläden, werden mit Zuckerguss aufgeklebt.

8 Nun geht's ans Verzieren, für das man ebenfalls Zuckerguss nimmt.

9 Auch die Wände werden mit Zuckerguss zusammengeklebt.

Grimms Märchenfrau

»Wir haben jetzt eine prächtige Quelle, eine alte Frau aus Zwehrn, die unglaublich viel weiß und sehr gut erzählt, sie hat ein gescheites Gesicht und vor vielen Bauersleuten ein kluges feines Wesen.« So schrieb Wilhelm Grimm 1813 in einem Brief über Dorothea Viehmann. Ihr verdanken Wilhelm und Jacob Grimm 19 ihrer schönsten »Kinder- und Hausmärchen«. Ludwig Emil, der Maler unter den drei aus Hanau stammenden Brüdern Grimm, zeichnete die Erzählerin; das Bild zierte die zweite Ausgabe der grimmschen Märchen. Aber sie wurde auch für ihre Mühe entlohnt: »Die Frau kriegt jedes Mal ihren Kaffee, ein Glas Wein und Geld obendrein.«

Die »Viehmännin« war die Tochter des Wirtes der »Knallhütte«, einer Gaststätte bei Kassel an der Straße nach Frankfurt. Sie unterhielt die Gäste oft mit Erzählungen aus ihrem reichen Vorrat an Geschichten. Wie der Name des Vaters, Pierson, erkennen lässt, war die »Märchenfrau« hugenottischer Herkunft. Deshalb finden sich in den »aecht hessischen« Märchen der Grimms auch Motive aus der Provence und dem französischen Jura.

Dabei zeigt sich aber ein deutlicher Unterschied zwischen den französischen und den gleichartigen deutschen Märchen: Während bei den Franzosen Essen und Trinken ausführlich geschildert werden, spielt dies in Deutschland nur eine geringe Rolle. Bernhard Lauer gab dazu 1996 anlässlich der Ausstellung »Essen und Trinken im Märchen – Eine kulinarische Reise durch die Märchenwelt der Brüder Grimm« ein Beispiel: »Zu Essen hatte Rapunzel Gesottenes und Gebratenes, Marzipan und Mandeln und Zuckerplätzchen ...«, hieß es 1790 in einer Übertragung des Märchens aus dem Französischen. Im »Rapunzel« der Grimms fehlt dies später. In den grimmschen Märchen dient Essen jedoch bisweilen als Kulisse zu wichtigen Szenen oder zum Schlussakkord. Auch die Gegensätze zwischen Arm und Reich symbolisieren oft die Speisen auf dem Tisch.

Uwe Anhäuser

In den Weingläsern und Kochtöpfen am Mittelrhein und seinen Nebenflüssen spiegeln sich – poetisch betrachtet – zweitausend Jahre Schlemmerei. Zwar stampften hier seit Cäsars Zeiten unzählige Kriegshorden durchs Land, doch fast alle Besatzungsmächte hinterließen auch kulturelle Impulse und so manche lukullische Spezialität. Vor allem brachten die Römer – Kaiser Probus sei Dank! – den Weinbau an die Ufer der Mosel.

Schon während der Römerzeit reiften Trier und Mainz zu weithin ausstrahlenden städtischen Zentren im Herzen Europas heran. Das Mittelalter ließ außerdem Städte wie Speyer, Worms und Kaiserslautern zu geschichtlichen Brennpunkten werden. Zur selben Zeit gedieh das Mittelrheintal zwischen Bingen und Koblenz mit seinen Burgen, Stadtwehren und Gotteshäusern zum sinnbildlichen »Niltal des Abendlands«.

Im 19. Jahrhundert herrschte im Land Hungersnot, und wen es nicht zur Auswanderung trieb, der musste sich mit Brot und Kartoffeln durchschlagen. Aber weil Not erfinderisch macht, stammen aus dieser Zeit zahllose Rezepte für Gerichte aus Erdäpfeln. Während jener Jahrzehnte, als die Einheimischen kaum etwas zu beißen hatten, kam der Mittelrhein im Zeichen der aufblühenden Rheinromantik als Reiseziel für Engländer und Preußen in Mode.

Viel historische Prominenz ließ sich im Land der Reben nieder: Karl der Große, Kaiser Barbarossa, Hildegard von Bingen. Spätere Berühmtheiten – wie Johannes Gutenberg (Buchdruck), Nikolaus August Otto (Verbrennungsmotor) – machten sich mit höchst praktischen Erfindungen einen Namen. Unter den literarischen Größen des 20. Jahrhunderts ragt Carl Zuckmayer heraus, der seiner Heimat mit dem »Fröhlichen Weinberg« ein Denkmal setzte.

Trotz der reichen Regionalgeschichte an Rhein und Mosel stellt das 1946 gebildete Rheinland-Pfalz als Bundesland keine gewachsene Einheit dar. Gleichwohl haben sich in allen geografischen Landesteilen – Westerwald, Eifel, Hunsrück, Rheinhessen und Pfalz – die historischen Verwandtschaften und volkstümlichen Gemeinsamkeiten zu einer sowohl kulturell als auch kulinarisch prägenden Identität verbunden.

Oben: Die Burg Eltz, an einem Seitenarm der Mosel gelegen, gehört zu den schönsten Burgen von Rheinland-Pfalz.

Links: Das Bundesland Rheinland-Pfalz wurde 1946 gebildet und besteht aus fünf geografischen Landesteilen. Hier ein Blick auf die nördliche Pfalz.

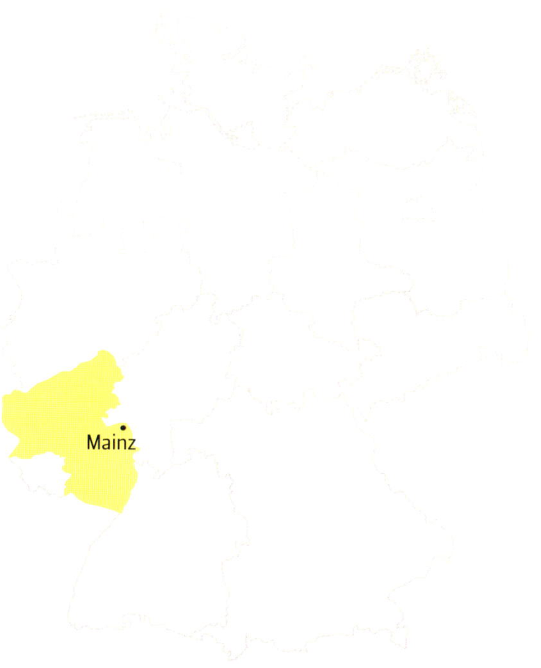

Weinbau

Der Weg des Weins von der Traube ins Glas ist lang. Er führt über Weinberg, Keller und Flasche und hat viele Begleiter: Rebarbeiter, Pflücker, Kellermeister und Önologen.

Ganz am Anfang steht die Pflanzung von Klonen, das sind genetische Kopien gesunder, weitgehend virusresistenter Mutterstöcke, die nach drei Jahren erstmals Trauben tragen. Um deren Rispen herum wachsen die Objekte der Begierde, die Beeren. Eine wichtige Voraussetzung für die Qualität eines Weines ist die Lage, das sind Bodenbeschaffenheit, Klima und Höhe des Anbauterrains. Nicht unwichtig auch die Reberziehung (welche Art von Stützkonstruktion hilft dem Wein beim Wachsen und Tragen?), der Rebschnitt bei Trauben und Laub (wie viel Ertrag soll er bringen, wie viel Sonne soll er haben?), der Erntezeitpunkt und die Frage, wie viele Stöcke auf einem Hektar sich die vorhandenen Bedingungen teilen sollen.

Die Umwandlung der Beeren zu Most und des Mosts zu Wein nennt man »Vinifikation«. Beim Rotwein keltert man die Trauben nach der Ernte, das heißt, sie werden gemahlen, dazu meist abgerebelt (von den Rispen befreit) und danach – Saft und Beerenschalen zusammen sind die Maische – im Edelstahltank oder großen Holzfass vergoren. Bei dieser Maischegärung, die bei leichteren Weinen etwa drei Tage, bei schwereren bis zu zwei Wochen dauert, wird der im Most vorhandene Zucker mithilfe natürlicher Hefen und heute meist auch bei computergeregelten Temperaturen zu Alkohol. Je mehr Alkohol entsteht, desto intensiver werden Farbpigmente und andere Inhaltsstoffe aus den Schalen gelöst, der Wein wird in unterschiedlichem Maß rot, fruchtig, extraktreich. Er wird abgezogen, das heißt, ohne die Schalen mittels Pumpen oder Falldruck aus dem Gärtank in ein Holzfass »gelegt«, wo er weitere Wochen ausgärt. Der bereits durchgegorene Wein gärt im Frühjahr noch einmal, wobei die harte Apfelsäure zu weicher Milchsäure wird (malolaktische Gärung) – der bis dato schroffe Rotwein wird geschmeidiger. Danach kommt er in ein weiteres Fass und wird dabei klar. Der Ausbau beginnt. Der Wein reift in großen Holzfässern, die ihn »atmen« und, infolge Wasserverdunstung, leicht konzentrieren lassen. Nach einer Zeitspanne, deren Länge ein weiteres Kriterium für die Weinqualität ist, kommt die Abfüllung in Flaschen, wo der Wein seine letzte Reifephase durchmacht.

Beim Weißwein werden die Trauben samt Stielen angepresst, der Saft (ohne Schalen und Rispen) über Nacht geklärt und gegen das Risiko der Oxidation leicht geschwefelt. Kontrollierte Gärung des Mosts garantieren danach meist Zuchthefen, die freilich von einigen Herstellern ihrer Uniformität wegen abgelehnt werden. Um ihn durch nicht vergorenen Restzucker süßer zu machen, stoppt man bei Weißwein die Gärung oft vor der völligen Umwandlung des Zuckers in Alkohol. Dabei filtert man die Hefen aus oder senkt die Temperatur. Die malolaktische Gärung wird beim Weißwein, je nach Säuregehalt, verhindert oder zugelassen. Der Wein wird nach dem ersten Abstich erneut leicht geschwefelt. Einige besonders aromatische Weiße reifen nach der Gärung mit ihren Hefen – »auf der Hefe«. Vor der Abfüllung, die bei den meisten Weißweinen schon im Frühjahr nach der Ernte stattfindet, werden sie noch einmal leicht gefiltert. Besseren Qualitäten mit mehr Fülle und Komplexität gönnt man allerdings, wie den Rotweinen, mehr Zeit zum Reifen in Holzfässern oder gar im Barrique.

Rechts: Die Fruchtfülle eines langen Sommers ergießt sich nach der Lese aus der Bütte.

Rheinland-pfälzisches Dichter-Wein-Alphabet

Decimus Magnus Ausonius (um 310 – um 395) steht mit seinem berühmten Gedicht »Mosella« ganz am Anfang aller weinliterarischen Überlieferung:
»Schattige Hügel spiegeln sich im Silber der verlaufenden Wellen, sodass der Fluss wie überzogen von lauter grünem Weinlaub glänzt. Und erst die prachtvollen Farbenspiele gegen Sonnenuntergang, wenn unter zunehmenden Schatten die Mosel mit dem Ufer verschmilzt, die Hänge darüber verschwimmen und jede Traube zu zittern scheint.«

Bettina von Brentano (1785–1859) überschaute die Landschaft um Bingen und schrieb an Goethe: »Man kann da alle Wirkung der Natur in die Kraft des Weines deutlich erkennen, wie sich die Nebel zu Ballen wälzen und sich an den Bergwänden herabsenken, wie das Erdreich sie gierig schluckt, und wie die heißen Winde drüber herstreifen. Es ist nichts schöner, als wenn das Abendrot über einen solchen benebelten Berg fällt; da ist's, als ob der Herr selbst die alte Schöpfung wieder angefrischt habe, ja, als ob der Weinberg vom eignen Geist benebelt sei.«

Venantius Honorius Clementianus Fortunatus (um 536 – um 610) unternahm eine Schiffsreise von Metz nach Koblenz:
»Meergleich dehnen sich aus der Mosel bläuliche Fluten,
Aber gemächlich zu Tal treibt der gewaltige Strom.
Heimlich küsset die Flut am frühlingsgrünen Gestade
Duftende Gräser und wäscht jeglichem Hälmchen das Haupt.
Vor dir heben sich Hügel, umzogen mit schattenden Reben,
Früchte von jeglicher Art wetteifern um Reife in allen Gärten.
Glückliches Moselland! Alles spendet dir Augenweide
und labt dir den Mund, so weit du vom Schiff
das Tal überschaust.«

Stefan George (1868–1933), Gastwirtssohn aus Bingen-Büdesheim, wusste trotz seiner Vorliebe fürs elegisch Abgehobene auch um die harte Plackerei, die den Ertrag der Reben erst möglich macht:
»An dem Abhang steht der Winzer
in der Sonne siedend heiß,
schwere Arbeit, saurer Schweiß.
Freude, Mühsal, Tod birgt in sich
eine Zeit, ein Himmelsstrich,
keiner findet's wunderlich.«

Wilhelm Müller (1794–1827) verfasste nicht nur so berühmte Lieder wie »Am Brunnen vor dem Tore« und »Das Wandern ist des Müllers Lust«, sondern schenkte auch dem Rheinischen Oberland einige köstliche Werke, von denen eine angeheiterte Strophe hier als Beispiel stehen soll:
»Der edle Pfalzgraf, bass erfreut
ob seines Landes Segen,
berauschte sich in Seligkeit
und ließ ins Bett sich legen.«

Carl Zuckmayer (1896–1977), geboren in Nackenheim, hatte seinen ersten literarischen Erfolg mit dem Stück »Der fröhliche Weinberg«. Er spricht das Schlusswort im Dichter-Wein-Alphabet:
»Welch ein entzücktes Spiel: zu hohen Festen –
Erles'ner Bissen Liebreiz zu erflehn,
Und welche Lust, sich mächtig vollzumästen
Satt und mit Saft gefüllt vom Hals bis zu den Zeh'n.«

Die Umwandlung der Beeren zu Most und des Mosts zu Wein nennt man »Vinifikation«. Bei der Maischegärung entwickeln sich Wärme, Kohlensäure und Alkohol.

Pflückreife Weintrauben versprechen dem Weinfreund, dass sein Glas auch im kommenden Jahr voll sein wird.

Auskunft über den Zuckergehalt des Traubensaftes gibt die Mostwaage, eine Senkwaage (Aräometer).

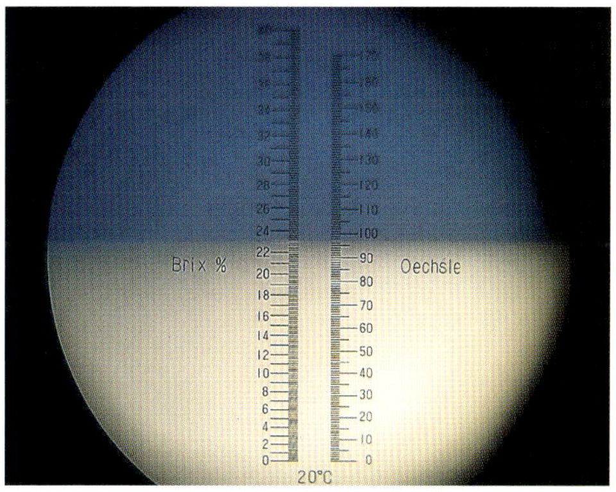

Die Öchslegrade geben auch an, wie viel Gramm Alkohol der aus dem Most entstehende Wein pro Liter enthält.

Pfälzer- und Moselwein

Obwohl in einem einzigen Bundesland gelegen, könnten die beiden Weinregionen Mosel (plus Saar und Ruwer) und Pfalz nicht verschiedener sein. Wie der Name sagt, ist das Moselgebiet auf den 230 Kilometern zwischen Perl und Koblenz an einem Fluss gelegen, was seinen Charakter durchgehend prägt: Reblagen von atemberaubender Steilheit an den Nordufern eines Gewässers, das sich in Jahrmillionen in unaufhörlichen Windungen in eine raue Berglandschaft hineingefräst hat. Das Pfalzgebiet dagegen hieß ursprünglich Rheinpfalz und wurde in Pfalz umbenannt, gerade weil es den Rhein an keiner Stelle berührt. Seine Weinberge ziehen sich vielmehr, immer in Sichtweite des Rheintals, auf etwa 80 Kilometern an der Ostflanke der bewaldeten Haardt hin, in sanft geschwungenen Hügeln vom elsässischen Wissembourg hinauf bis nach Worms.

Die Mosel ist mit einem Rieslinganteil von 58 Prozent neben Rheingau und Mittelrhein eines der klassischen Anbaugebiete der deutschesten aller Reben. »Was der Rheingauer Riesling mit Charme und Würde sagt«, so ein Sprichwort, »sagt der Moselriesling mit Grazie und Witz.« Eine ungewöhnlich lange Vegetationsperiode bis weit in den Herbst hinein bringt viel Sonnenschein, aber auch Kühle und Feuchtigkeit. Diese spezifische Mischung kommt durch die ruppige Witterung von Eifel und Hunsrück zustande. Anstatt aber Schaden zu nehmen durch solche nicht unkomplizierten Lebensbedingungen, zu denen auch die abschüssigen Schieferhänge der Spitzenlagen gehören, wachsen die Moselrieslinge gerade ihretwegen zu einem einzigartigen Wein heran: zart-intensiver Duft, rassig-elegante Säure, dazu ein subtiles Continuo mineralischer Würze. Die spannungsreiche Harmonie dieser Momente entwickelt sein Wesen zu einer Individualität, wie sie es unter den Weißweinen der Welt eigentümlicher nicht gibt.

Wie in den meisten Anbaugebieten des deutschen Südens waren es auch an der Mosel vor 2000 Jahren die Römer, die den Weinbau ins Land brachten. Der von ihnen favorisierte – schlanke und ziemlich saure – Elbling war bis ins 18. Jahrhundert die vorherrschende Rebsorte. Dann kam, seiner größeren Frostbeständigkeit wegen, der Riesling auf und blieb von Anfang des 19. Jahrhunderts bis heute dominierend. Nur an der Ober- und in Teilen der Untermosel stellt der Elbling heute einen Anteil von 6,4 Prozent im insgesamt 8975 Hektar großen Anbaugebiet an der Mosel. Die Bedeutung der Müller-Thurgau-Weine (14,7 Prozent) und der Kerner (4,6 Prozent), die neben geringeren Erträgen an Bacchus, Optima und Spätburgunder außerdem an der Mosel zu finden sind, beruht mehr auf ihrer Menge als auf ihrer Qualität.

Die 23 353 Hektar Reben der Pfalz stehen auf sanft geschwungenen Muschelkalk-, Löss- und Lettenböden, auf Sand und vulkanischem Schiefermergel. Das südliche »Weinklima« ist so sonnig warm, dass in der Pfalz neben Mandeln, Feigen und Edelkastanien rund zwei Dutzend Rebsorten wachsen. Allen voran mit 21,8 Prozent Anteil der Riesling, gefolgt von Dornfelder (13,9 Prozent), Müller-Thurgau (10,2 Prozent) und Portugieser (10,1 Prozent). Jeweils rund 1000 Hektar sind mit Spätburgunder, Kerner, Grauburgunder und Silvaner bestanden.

Immer war das bestimmende Merkmal aller pfälzischen »Weindinge« die Überfülle. Bereits im Mittelalter, als zwischen Worms und Landau das geografische und politische Zentrum Europas lag, galt das Land als »Weinkeller des Heiligen Römischen Reichs Deutscher Nation«. Die Hunnen König Attilas sollen nur darum nie bis Frankreich gekommen sein, weil ihnen der Pfälzer Wein so gut schmeckte. 350 000 Liter fassten die beiden Heidelberger Fässer des Kurfürsten von der Pfalz. Der Wein muss ziemlich

übel geschmeckt haben, denn er stammte großenteils aus den Zehntablieferungen der Bauern. Qualitätsweine entstanden in der Pfalz erst Ende des 18., Anfang des 19. Jahrhunderts, als die umfangreichen Säkularisierungen der Klosterweingüter durch Napoleon die Blüte der bürgerlichen Kultur auch auf dem Weinsektor begünstigten. Der Weingutsbesitzer Andreas Jordan (1775–1848) gilt mit seiner Erzeugung des ersten sortenreinen Rieslings 1802 als Begründer der Pfälzer Weinkultur. Sein Name findet sich bis heute unter den drei renommiertesten Weingütern der Pfalz, den »drei B«: Dr. von Bassermann-Jordan, Reichsrat von Buhl und Dr. Bürklin-Wolf.

Links und unten links: An den Steilhängen ist die Ernte sehr mühsam, der Wein aber dafür von ganz besonderer Qualität.

Unten rechts: Auf 8975 Hektar wird an der Mosel Wein angebaut. Viele der Reblagen liegen am steilen Nordufer.

Der Säuferkrieg um Burg Thurant

Zorno war als Raubritter im ganzen Moseltal berüchtigt. Eine Landplage in Person, ein Tyrann der Winzer, denen er Todesangst einjagte mit seiner Parole: »Fass oder Leben!« Und diese barsche Forderung erhob Zorno so oft, dass sich eines Tages die Kirchenfürsten von Trier und Köln in ausnahmsweiser Einigkeit zum Einschreiten genötigt sahen. Doch als ihr klerikales Söldnerheer 1246 vor den Toren des Winzerdorfs Alken aufmarschierte, stand der Unhold hoch über dem Tal auf dem Söller seiner Burg Thurant, höhnte herab und schwenkte einen Humpen: »Wohlan, ihr Pfaffen, Gott hat mir's gegeben; ich hab' alleweil zu trinken genug!« Sturmangriffe schlugen fehl, und die Bischöfe erkannten bald, dass Thurant nicht durch Waffengewalt erobert, sondern ausgehungert werden musste. Oder vielmehr ausgedürstet ... Sie richteten sich mit ihrer Armee auf eine längere Belagerung ein. Doch die tatendurstigen Söldner, derweil sie untätig (und zumal am Rand eines Weinorts!) herumlungern mussten, wurden unmutig und liederlich. Nachdem erste Deserteure aus Fasskellern herausgegriffen und bestraft worden waren, genehmigten die weisen Befehlshaber – zwecks Hebung soldatischer Moral – jedem Mann seine tägliche Weinration. So wurde das Heer ruhiggestellt – »zwey trunckvolle Jahre lang« –, bis der »trockengelegte« Zorno endlich die weiße Flagge hisste. Und die Bischöfe erhielten jetzt eine saftige Rechnung: Ihre 1500 Söldner hatten nämlich je Tag und Kehle 2,75 Liter vom süffigen Alkener Wein verkostet, was sich zu einer Gesamtmenge von 3000 Fudern (à 1000 Liter) summierte. Es heißt, gleich nach der Übergabe sei Thurant verpfändet worden, weil die hohen Herren für die Zeche anders nicht hätten aufkommen können.

Weinprobe

Nicht unbedingt alle fünf, aber drei Sinne sollte beisammenhaben, wer sich aufmacht zum Weinverkosten. Denn gutem Wein widmet man sich auf dreierlei Weise: indem man ihn anschaut, riecht und schließlich schmeckt.
Mit den Augen sollte man zunächst feststellen, ob der Wein klar ist. An der Farbe – goldgelb wie bei einem rassigen Süßwein, tiefrot wie bei jedem besseren Bordeaux – kann man sich nicht nur erfreuen, sie kann auch Auskunft geben über Alter und Verfassung. Schwere und gute Rotweine beispielsweise, die in aller Regel von dichtem und tiefem Rot sind, werden mit zunehmendem Alter heller, ihre blauroten Töne wechseln in Richtung Gelbrot, am Glasrand sind sie heller als in der Mitte. Ein nicht mehr trinkbarer Wein ist nur noch braungelb.
Wichtig, nicht für die Augen, aber für die Nase, ist die Form des Glases. Es sollte bauchig und füllig genug sein, dass der Duft sich in ihm sammeln und konzentriert in die Nase steigen kann; Weißweine bedürfen etwas schmalerer, Rotweine, je dichter sie sind, voluminöserer Gläser. Damit sich der Duft entfaltet, fasst man das zu maximal einem Drittel gefüllte Glas am Stil und schwenkt es mit kreisförmigen Bewegungen, wobei auch fürs Auge wieder etwas dabei sein kann: Je mehr »Tränen« am Glas herunterlaufen, desto mehr Extrakt und hoffentlich auch Struktur und Körper hat der Wein (es kann sich freilich auch um ein Zuviel an Alkohol und Zucker handeln).
Am besten saugt man, nachdem die Nase eben über der Öffnung des Glases ist, den Duft in einem langen Zug ein. Was man dann zu riechen glaubt, gilt allemal, denn Geruchseindrücke sind so subjektiv wie fantasiegeladen. Bis auf wenige »objektive« Merkmale wie den Alkohol, den man, wenn denn zu viel von ihm enthalten ist, über dem Glas wahrnimmt, oder bestimmte angenehme Primäraromen wie Zitrone oder Apfel, Brennnessel oder Schokolade darf der Weinfreund sich alles glauben, was zu riechen ist, egal, ob das Bukett die Erinnerung an Kreide oder die Blütenpracht einer bunten Almwiese auslöst oder – ein berühmtes Tatsachenbeispiel für einen gewissen Weinexpressionismus – Katzenpipi.
Mit dem Schmecken verhält es sich ähnlich. Wobei wir bis auf vier Eindrücke – süß, sauer, salzig und bitter – alles mehr riechen, was wir zu schmecken glauben. Der Wein auf seinem Weg durch den Mund kommt nämlich an Gaumen und Nasen-Rachen-Raum vorbei, wo Geruchssensoren auf ihn warten. Es empfiehlt sich ergo, einen nicht zu kleinen Schluck zu nehmen und ihn mit Luft zu vermischen. So bekommt man – »am Gaumen« und »im Trunk« – über die Verbindung von Schmecken und Riechen Weinattribute vermittelt, die der Experte »fruchtig« oder »bitter« nennt, »lieblich« oder »trocken«, und Eindrücke wie »Fülle«, »Körper«, »Dichte« oder »Pelzigkeit«.

Unten links: Viele Weingüter, wie das von Schloss Wallhausen/Nahe, laden zur Verkostung ihrer Produkte ein. Der Winzer kredenzt zuerst den Weißwein, der noch im Fass ruht.

Unten Mitte: Mit einer Pipette wird die Rotweinprobe entnommen und ins Probierglas gefüllt. Der Kenner kann schon aus der Farbe des Weins Schlüsse über seine Qualität ziehen.

Unten rechts: Ein Schnupfen ist ein veritabler Grund, nicht zur Weinprobe zu fahren. Denn die Nase sagt uns unendlich viel über den Wein – Objektives wie Subjektives.

Die Süße im Wein

Deutscher Wein erzielt seit einiger Zeit wieder internationale Erfolge – die lange Periode, während der er nicht zuletzt wegen künstlicher Süße in Verruf geraten war, ist glücklicherweise zu Ende. Die führenden Winzer von der Mosel und aus der Pfalz erzielen einerseits mit frischen und leichten Kabinettweinen und trockenen Spätlesen internationale Erfolge, andererseits mit Weinen, die eine üppige und sogar wuchtige Natursüße aufweisen: edelsüße Auslesen, Trockenbeerenauslesen und Eisweine. Bei diesen Weinen ensteht die Süße bereits in den Beeren am Rebstock. Bei der Auslese werden nur die reifsten Beeren ausgewählt, bei der Beerenauslese sind die Auswahlkriterien noch strenger: Die Beeren müssen wenigstens überreif oder edelfaul sein. Für die Trockenbeerenauslese schließlich ist die Edelfäule Voraussetzung: Die Rebe muss mit dem Schimmelpilz Botrytis befallen sein. Dadurch wird die Beerenhaut porenartig perforiert, sodass das Wasser im Innern weitgehend verdunstet. Die Beeren schrumpfen auf Rosinengröße, ihr Gehalt konzentriert sich, insbesondere der Fruchtzucker nimmt stark zu. Der Vorgang wird durch eine lange Reifezeit zusätzlich unterstützt. Außerdem gibt der Schimmelpilz Stoffwechselprodukte ab, die dem Wein ein charakteristisches Edelfäulebukett verleihen. Die Beeren werden traditionell größtenteil noch in Handarbeit ausgelesen.
Bei Eisweinen müssen die Beeren bei mindestens minus acht Grad Celsius geerntet werden. Anschließend werden die noch gefrorenen Beeren gepresst. Nur das an Aromastoffen, Säure und Zucker reiche Mostkonzentrat wird gekeltert. Der Eiswein unterscheidet sich geschmacklich von anderen Auslesen vor allem durch seinen höheren Säuregehalt.
Alle Auslesen eignen sich für eine lange Lagerung und gewinnen im Laufe der Reifung an Ausdruck und Charakter.

Kochen mit Wein

Moselaal in Riesling
Für 6 Personen

1 Mosel- oder Flussaal,
ca. 1 kg, küchenfertig zubereitet
Saft von 2 Zitronen
1/2 l Moselwein
Salz
2 große Zwiebeln, gespickt mit 3 Nelken
und 2 Lorbeerblättern
100 g zerlassene Butter
Petersilie und Zitronenscheiben
zum Garnieren

Den Aal waschen, trocken tupfen und mit Zitronensaft beträufeln. Den Wein mit 1/4 l Wasser, Salz und den gespickten Zwiebeln in einem Fischtopf zum Kochen bringen. Den Aal einlegen und bei kleiner Hitze zugedeckt ca. 20 Minuten gar ziehen lassen. Nach Ende der Garzeit den Aal auf eine vorgewärmte Platte legen, mit der zerlassenen Butter begießen und mit Petersilie und Zitronenscheiben garnieren. Dazu Salzkartoffeln servieren.

Winzeräpfel

Äpfel:
4 große Äpfel
1 EL Sultaninen
1 EL gehackte Walnusskerne
1 Päckchen Vanillinzucker
1/2 TL Zimt
700 ml milder Riesling

Soße:
1 Vanilleschote
1/2 l Milch
75 g Zucker
25 g Speisestärke
1 Eigelb

Die Äpfel schälen und die Kerngehäuse weiträumig ausstechen. Die Sultaninen mit den gehackten Nüssen, dem Vanillinzucker und dem Zimt mischen und die Äpfel damit füllen. Die Äpfel nebeneinander in eine feuerfeste Form setzen und den Wein angießen. Im vorgeheizten Backofen bei 150 °C ca. 30 Minuten garen. Inzwischen für die Soße die Vanilleschote der Länge nach aufschlitzen und das Mark herauskratzen. Schote, Mark und die Milch aufsetzen und zum Kochen bringen. Zucker zugeben und in der Vanillemilch auflösen. Die Speisestärke mit wenig Wasser verquirlen, unter die Milch rühren und noch einmal aufkochen. Vom Herd nehmen und die Soße mit dem Eigelb legieren. Zu den heißen Bratäpfeln servieren.

Fasanengockel

2 junge Fasane
Salz und Pfeffer
350 g gekochtes Rotkraut
60 g Butter
1/4 l Rotwein
1/4 l Brühe
2 Äpfel
2 TL Preiselbeerkompott

Die Fasane waschen, trocken tupfen und innen und außen kräftig mit Salz und Pfeffer einreiben. Die Innereien hacken, mit dem Rotkraut mischen und die Fasane damit füllen. Die Hälfte der Butter in einem Bräter zerlassen und die Fasane von allen Seiten darin anbräunen. Im vorgeheizten Backofen bei 200 °C in ca. 30 Minuten rosa braten. Während dieser Zeit nach und nach mit dem Rotwein und der Brühe begießen. Die Äpfel schälen, halbieren und entkernen. In der restlichen Butter nicht zu weich dünsten. Nach Ende der Bratzeit die Fasane auf einer vorgewärmten Platte anrichten. Die Äpfel mit den Preiselbeeren füllen und um die Fasane drapieren. Hierzu passen Kartoffelkroketten.

Winzeräpfel

Fasanengockel

Schmackhafte Nebenprodukte

Die nach dem Keltern der Weintrauben übrig gebliebenen Fruchtreste können als Düngemittel verwendet oder in der Brennblase zu Schnäpsen destilliert werden. Wer es freilich wagt, solch einen 38-prozentigen Trester oder Hefebrand etwa auf Neuhochdeutsch und à la mode »Grappa« zu nennen, wird bei den Moselanern zumindest erzürnte Blicke ernten. Wer jedoch »Moselwhiskey« bestellt, weist sich als Kenner aus und bekommt einen kräftigen Tropfen kredenzt, dessen Aroma und gelbliche Färbung von seiner Eichenfasslagerung herrühren.

Seit einiger Zeit wird an der Mosel wieder verstärkt der aromatische Weinbergpfirsich angebaut, der zur Zubereitung von Essig und Likör verwendet wird.

Neben Wein liefert der Weinberg noch andere köstliche Produkte **(von links nach rechts)**: Tresterbrand, Weinbergpfirsich-Likör und Balsamessig mit Weinbergpfirsich.

Gemüsegerichte

Rote-Bete-Gemüse

750 g Rote Bete
Salz
1 EL Schweineschmalz
1 EL Mehl
1 kleine Zwiebel
5 Gewürznelken
1 TL Zucker
1/2 TL Zimt
weißer Pfeffer
Saft von 1/2 Zitrone
2 EL saure Sahne

Die Roten Beten unter fließendem Wasser gründlich abbürsten, Wurzeln und Blätter abschneiden. In kochendes Salzwasser geben und ca. 1 1/2 Stunden garen. Dann herausheben, mit kaltem Wasser abschrecken, schälen und in Scheiben schneiden. Das Schmalz in einem Topf erhitzen, das Mehl darin hellgelb anschwitzen und 1/4 Liter Wasser unter Rühren angießen. Die Zwiebel abziehen und in die Soße reiben, Nelken, Zucker, Zimt, Salz und Pfeffer zufügen. Die Soße 5 Minuten unter Rühren quellen lassen. Die Roten Beten hineingeben, noch einmal aufkochen lassen und vom Herd nehmen. Zitronensaft und saure Sahne einrühren und das Gemüse nochmals abschmecken.

Schnippelbohnesupp

1 kg frische Bohnen
200 g Kartoffeln
100 g Möhren
1 Bund Suppengrün
1,5 l Fleischbrühe
Salz und Pfeffer
1 Messerspitze gemahlene Muskatnuss
200 g süße Sahne

Das Gemüse und das Suppengrün putzen und waschen. Die Bohnen klein schneiden (schnippeln), die Kartoffeln, Möhren und das Suppengrün in Würfel schneiden. Alles mit der Fleischbrühe zum Kochen bringen, mit Salz, Pfeffer und Muskat würzen und zugedeckt bei kleiner Hitze ca. 20 Minuten kochen. Die Sahne getrennt dazu reichen, man rührt sie nach Belieben unter die Suppe. Zur Schnippelbohnesupp schmeckt frischer Zwetschgenkuchen.

Zwetschgenkuchen

500 g Mehl
100 g Zucker
1 Prise Salz
40 g Hefe
1/4 l lauwarme Milch
75 g Butter
1 Ei
Fett für das Backblech
2 EL Semmelbrösel
2 kg Zwetschgen

Aus Mehl, der Hälfte des Zuckers, Salz, Hefe, Milch, Butter und Ei einen Hefeteig herstellen und gehen lassen. Ein Backblech fetten und den Hefeteig darauf ausrollen, den Teig an den Rändern hochziehen, mit den Semmelbröseln bestreuen und 10 Minuten gehen lassen. Die Zwetschgen waschen, halbieren und entsteinen. Jede Hälfte nochmals oben und unten etwas einschneiden und die Zwetschgen dicht nebeneinander auf den Teig stellen. Im vorgeheizten Backofen bei 200 °C etwa 30 Minuten backen.

Schnippelbohnesupp

Grundbirnen

Wenn's um die Kartoffel geht, haben die Pfälzer die Nase ganz weit vorn: Noch vor den Vogtländern erkannten sie den Nährwert des Nachtschattengewächses und die Pfalz wurde als erste Gegend auf deutschem Boden zum wahren »Kartoffelland«. Es waren Waldenser aus dem Piemont, die 1665 die Kartoffel erstmals im Amt Germersheim in der Kurpfalz feldmäßig anbauten. Dies ist belegt, wobei es durchaus möglich ist, dass die Kartoffel hier auch schon früher zu Nahrungszwecken kultiviert wurde. Der Arzt Rudolf Virchow, der Mitte des 19. Jahrhunderts Untersuchungen über den Gesundheitszustand der einfachen Leute anstellte, berichtet, dass das Dorf Biberau im Odenwald für sich in Anspruch nimmt, die Nummer eins in Sachen Kartoffelanbau gewesen zu sein. Wie dem auch sei, es waren vor allem die armen Gebirgsgegenden, die zu frühen Kartoffelanbauzentren wurden.
Im Hunsrück und im Westerwald spielte die »Grundbirne« (mundartlich »Grombier«) als Hauptnahrungsmittel und Helfer in Hungersnöten eine derart zentrale Rolle, dass Kartoffelgerichte bis heute auf allen regionaltypischen Küchenzetteln die erste Stelle einnehmen. Noch nach dem Zweiten Weltkrieg war die Kartoffel als Grundnahrungsmittel überlebenswichtig.

Kartoffelgulasch

1 kg mehlige Kartoffeln
Salz
2 große Zwiebeln, fein gehackt
2 EL Butter
2 EL Mehl
$^3/_4$ l Milch
500 g Fleischwurst, in Scheiben geschnitten
1 Bund Petersilie, fein gehackt
100 ml Weißwein
Pfeffer
1 Messerspitze gemahlene Muskatnuss

Die Kartoffeln waschen, in der Schale in Salzwasser 20 Minuten gar kochen. Kartoffeln abschütten, abschrecken, schälen und in Scheiben schneiden. Die Zwiebeln in der Butter glasig dünsten. Das Mehl darüberstäuben, leicht bräunen und mit der Milch aufgießen. Unter Rühren 10 Minuten quellen lassen. Die Fleischwurst und die Kartoffelscheiben untermischen und in der Soße erhitzen. Die Petersilie einrühren und mit Weißwein, Salz, Pfeffer und Muskatnuss abschmecken. Zum Kartoffelgulasch grünen Salat servieren.

Kartoffelsuppe mit Zwetschgenkuchen

500 g Kartoffeln
Salz
3 EL Butter
1 Zwiebel, fein gehackt
3 Frühlingszwiebeln,
in dünne Ringe geschnitten
1 EL Mehl
$^3/_4$ l Fleischbrühe
150 g süße Sahne
Pfeffer
2 EL Croûtons

Die Kartoffeln waschen und in der Schale in Salzwasser in 20 Minuten gar kochen. Abschütten, schälen und durch die Kartoffelpresse drücken.
2 EL Butter zerlassen und die Zwiebel sowie die Frühlingszwiebeln darin glasig dünsten. Mit dem Mehl bestäuben, goldgelb anschwitzen und unter Rühren mit der Fleischbrühe aufgießen.
Die Kartoffelmasse untermischen, die Suppe zum Kochen bringen und nach und nach die Sahne einrühren.
Die restliche Butter in Flöckchen unterziehen, mit Salz und Pfeffer abschmecken. Die Kartoffelsuppe mit Croûtons servieren. Dazu Zwetschgenkuchen reichen (Rezept linke Seite).

Hunsrücker Kartoffelwurst
Für 6 Personen

1 $^1/_2$ kg Kartoffeln
Salz
750 g roher Schweinebauch
250 g gekochtes Rindfleisch
75 ml Fleischbrühe
weißer Pfeffer
gemahlene Muskatnuss
1 TL gerebelter Majoran
Wurstdärme

Die Kartoffeln waschen, in der Schale in Salzwasser in 20 Minuten gar kochen. Abgießen, schälen und durch die Kartoffelpresse drücken.
Den Schweinebauch und das Rindfleisch würfeln und durch den Fleischwolf drehen. Mit der Kartoffelmasse und der Brühe gut vermischen und mit Salz, Pfeffer, Muskatnuss und Majoran kräftig würzen. Die Masse in Wurstdärme füllen und 1 Stunde in 80 °C warmem Wasser gar ziehen lassen.

Kartoffelgugelhupf mit Blutwurstdipp
Für 12 Stücke

1 kg Kartoffeln
2 Zwiebeln, fein gehackt
150 g durchwachsener Speck,
in feine Würfel geschnitten
5 Eigelb
Salz und Pfeffer
1 Messerspitze gemahlene Muskatnuss
100 g Mehl
Butter und Semmelbrösel für die Form
800 g Blutwurst
1 EL Rapsöl
je 1 EL gehackte Petersilie und Schnittlauch

Kartoffeln schälen, waschen und grob reiben. In einem Küchentuch gut auspressen. Die Hälfte der Zwiebeln und den Speck mit den Kartoffeln gut vermischen. Das Eigelb untermengen, mit Salz, Pfeffer und Muskat würzen. Nach und nach das Mehl einarbeiten, bis ein glatter, fester Teig entstanden ist. Eine Gugelhupfform ausfetten und mit Semmelbröseln ausstreuen. Kartoffelteig einfüllen und im vorgeheizten Backofen bei 200 °C etwa 1 $^1/_2$ Stunden backen. Den fertigen Kuchen aus der Form stürzen und in Scheiben schneiden. Die Blutwurst in Würfel schneiden. Die restliche Zwiebel im Öl glasig dünsten, die Blutwurst zufügen und so lange braten, bis sie sich auflöst. Petersilie und Schnittlauch untermischen und den Blutwurstdipp zum Kartoffelgugelhupf servieren.

Kartoffelgugelhupf mit Blutwurstdipp

Römisches

Im Keltenland an Mosel, Nahe, Saar und Rhein hatten Cäsars Legionen, als sie um 50 v. Chr. das nördliche Gallien unterwarfen, ein besonders leichtes Spiel. Denn die bei Luxemburg, Trier und Koblenz ansässigen keltischen Treverer hatten die Römer als Schutzmacht gegen die vielen wüsten Horden germanischer Freibeuter herbeigerufen, die gerne brandschatzend durch die linksrheinischen Gebiete zogen. Julius Cäsar vernahm den Hilferuf mit Freude und ließ unverzüglich seine Truppen einmarschieren. Zugleich befahl er allerdings, im gesamten Großraum zwischen Trier, Mainz und Köln die Gesetze und Verwaltungsregeln des Römischen Weltreichs einzuführen.

So begann mit der Ankunft der Legionäre im treverischen Land eine gut halbtausendjährige Geschichtsperiode (bis um 450 n. Chr.), während der die bodenständige keltische Kultur von der weit fortschrittlicheren römischen Zivilisation überlagert und abgelöst wurde. In vielen Dingen lässt sich dieser umfassende Kulturwandel mit der gegenwärtigen Ausbreitung des US-amerikanischen Lebensstils vergleichen: Sprache, Luxusgüter und technische Errungenschaften der Besatzungsmacht wurden nachgeahmt, importiert und schließlich vollauf übernommen. Binnen weniger Generationen entwickelte sich die keltische Gesellschaft zu einer klassischen provinzrömischen.

Die Hauptorte an Rhein und Mosel blühten auf, und davon profitierte auch die ländliche Umgebung. Vor allem in Trier, das als »Augusta Treverorum« zeitweilig sogar zur Hauptstadt des Weströmischen Reiches aufstieg, bündelten sich enorme Wirtschaftskräfte. Moselfischer und Teichwirte aus den Seitentälern, Ackerbauern und Viehzüchter von den Eifel- und Hunsrückhöhen sowie Fuhrleute, Gärtner, Winzer, Handwerker und Künstler lebten von der Belieferung der Trierer Märkte, Villen- und Palasthaushalte.

Triers Handelsbeziehungen reichten durch ganz West- und Südeuropa; Importwaren aus allen römischen Provinzen zwischen Britannien, Kleinasien und Nordafrika fanden sich in der Moselstadt. Auf Beweise für jene weitreichenden Kontakte stoßen Trierer Frühgeschichtsforscher immer wieder bei der Freilegung römerzeitlicher Bestattungsanlagen: Außer kostbaren Grabbeigaben – Schmuck, Münzen und Glasbecher – spiegeln auch zahlreiche etruskische Bronzekunstwerke den einstigen Luxus. Sogar ägyptische Statuetten wurden aus der Mosel geborgen. Und die vom Schmaus bei einer Totenfeier übrig gebliebenen Datteln sind eindeutige Indizien für den florierenden Trierer Südfrüchtehandel. Neben den Beigabenfunden lassen auch viele verzierte Grabsteine die Römerzeit lebendig werden. Die im Rheinischen Landesmuseum in Trier ausgestellten Reliefs von Dutzenden riesiger Grabmonumente können als einzigartiges »Bilderbuch« des römischen Alltagslebens betrachtet werden. Ihre nahezu vollplastisch ausgestalteten Szenen ermöglichen Einblicke ins Privat- und Arbeitsleben von Menschen aller Schichten. Etwa eine vornehme Dame im Frisiersalon oder ein Legionär in voller Montur. Landwirte sind sowohl bei ihren verschiedenen Arbeiten als auch bei der alljährlichen Pachtzahlung zu sehen. Fuhrleute lenken ein- und mehrspännige Kutschen, Fischer ziehen Netze an Bord, Schiffer treideln oder setzen Segel. Berühmt sind die steinernen Moselweinschiffe aus Neumagen-Dhron samt ihren sichtlich trinkfesten Matrosen und dem »fröhlichen Steuermann«, der mit seiner versonnenen Miene geradezu wie ein moseldeutscher »Michel« der Römerzeit wirkt. Außer diesen Weinschiffen laden im Trierer Museum auch mehrere Steinreliefs mit monumentalen Darstellungen antiker Gastmähler zur eingehenden Betrachtung dessen ein, was den einheimischen Kelten als höchster Inbegriff der römischen Lebensqualität galt.

Die römische Küche erlebt eine Renaissance: Dieses römische Mahl wurde nach Rezepten aus dem Kochbuch des Apicius zusammengestellt.

Ave Apicius

Marcus Gavius Apicius, der um das Jahr 25 n. Chr. eine einzigartige Sammlung von mehr als 300 Rezepten seiner »Kochkunst« hinterlassen hat, ging in die Geschichte nicht nur als großer, sondern auch als ungewöhnlich konsequenter Feinschmecker ein. Es heißt, er habe fast ausschließlich für die Freuden der Tafel gelebt und als Gastgeber von jährlich mindestens fünfzig ausschweifenden Festgelagen ein immenses Vermögen durchgebracht.

Als Apicius eines Tages feststellte, dass sein Restguthaben zur Finanzierung der drei nächstgeplanten Gastmähler nicht mehr ausreichen würde, ließ er sich, um stilvoll aus dieser Welt des Überflusses zu scheiden, sogleich einen Schierlingsbecher reichen. Aus Apicius' »Kochkunst« ist leicht zu ersehen, welche Unmengen an Kräutern und wie viel verschiedene Weine in der römischen Küche verwendet wurden. Obwohl den Rezepten keinerlei Mengenangaben beigefügt sind, zeigt sich beim Nachkochen immer wieder, dass es den antiken Köchen meist mehr um raffinierte wie dominante Gewürzkombinationen als um die Erhaltung des Eigengeschmacks von Fisch, Fleisch oder Pflanzen ging. Als schier universelles Würzmittel gehörte das aus Sardellenextrakt gewonnene »liquamen« dazu, das für Suppen, Fleisch- und Gemüsegerichte ebenso unverzichtbar war wie für Backwaren und Süßspeisen. Bei ihren in aller Regel dreigängigen Hauptmahlzeiten bevorzugten die Römer als Vorspeisen Salate, Pilze, Muscheln und eingelegten Fisch. Als Horsd'œuvres besonders geschätzt waren gefüllte Haselmäuse. Der Hauptgang bestand aus gekochtem oder gebratenem Fleisch und Geflügel mit Gemüse als Beilage, während zur Nachspeise meist frisches Obst oder honigsüßes Gebäck serviert wurde.

Spießbraten

Weit über den Hunsrück und das Naheland hinaus sind die Idar-Obersteiner als weltoffen und tolerant bekannt. Doch bei ihrem »Nationalgericht«, dem Spieß-, Schwenk- oder Schaukelbraten, hört die Offenheit oft auf. Zwar feiern sie jeden Sommer das städtische Spießbratenfest als eine ausgelassene Riesengaudi, bei der nicht einmal übel genommen wird, wenn unkundige Gäste das namengebende Corpus delic(a)ti respektlos als »Barbecue« bestellen. Auch genieren sich selbst die eingefleischtesten Bratkünstler kaum, gleich neben kapriziös marinierten Kamm-, Nacken- oder Lendenstücken bei Bedarf noch ein paar simple Mettwürste auf dem Rost mitgaren zu lassen. Nur wenn's ums Vor- und Zubereiten der Spezialität geht, verstehen sie überhaupt keinen Spaß.

Böse Zungen könnten von »Machismo« reden, weil nämlich der traditionelle Spießbraten eine reine »Männersache« ist. Angeblich brachten um 1850 Edelsteinsucher aus Idar-Oberstein die Geheimnisse seiner Zubereitung aus Brasiliens Urwäldern mit. Noch heute, wenn an warmen Wochenenden im Sommer der Duft bratenden Fleischs über der ganzen Stadt und allen umliegenden Dörfern schwebt, sieht man in den Gärten Hunderte Familienväter die Grillfeuer schüren, während es ihren Frauen in der Küche obliegt, die gleichfalls traditionellen Salzkartoffeln und Rettichsalate zuzubereiten. An dieser Arbeitsteilung wird landläufig nicht gerüttelt.

Meist besteht die Bratstelle aus einem Dreibein oder metallenem Galgen, worunter ein höhenverstellbarer runder Gitterrost hängt. Das Feuer brennt in einem Kreis aus Feldsteinen oder einem brunnenartig aufgemauerten Rundtrog. Seltener sind längs halbierte Ölfässer als Glutbehälter zu sehen, über denen am langen Spieß ein Rollbraten gekurbelt wird. Auf dem Schaukel- bzw. Schwenkrost verwendet man hingegen portionierte Bratenstücke von 250 bis 500 Gramm, die mindestens anderthalb Tage – gesalzen, gepfeffert und mit Knoblauch eingerieben – zwischen dicken Zwiebelringschichten lagen. Geschwätzige »Geheimnisträger« verraten mitunter weitere Tricks mit Dill, Bohnenkraut, Thymian, Weißdornrinde, Paprika, Muskat, Borretsch, Petersilie oder Wurzelsud.

Witzbolde verbreiteten die Mär, der »Original Idar-Obersteiner« gelinge nur über einem Feuer aus sieben Jahre senkrecht (!) gelagerten Buchenscheiten. In der Tat ist harzarmes Holz von Laubbäumen zu empfehlen. Das Fleisch sollte erst aufgelegt werden, wenn sich ein Glutnest gebildet hat, über dem die Flammen höchstens handhoch züngeln. Kurz bevor die ein- bis zweimal gewendeten Bratenstücke gar sind, kann man ein paar Wacholderzweige aufs Feuer werfen. Auch ein Schuss Bier dient zur Geschmacksverfeinerung.

Links: Er kann am Spieß als Rollbraten zubereitet werden oder auf dem Schaukel- bzw. Schwenkrost, auf den man portionierte Bratenstücke legt. Immer wichtig: die Würze.

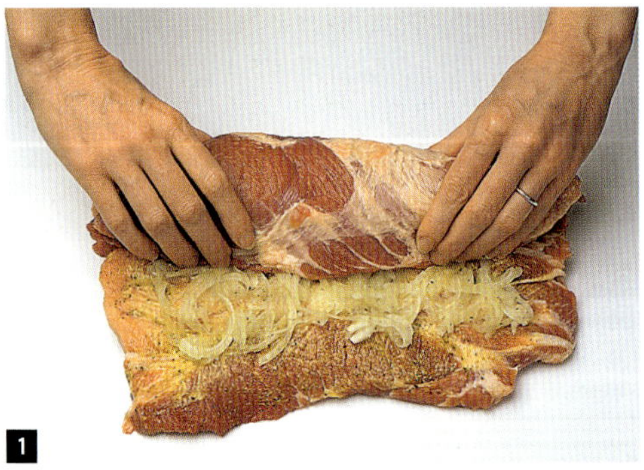

1 Jeder würzt anders, aber Zwiebeln müssen immer dabei sein.

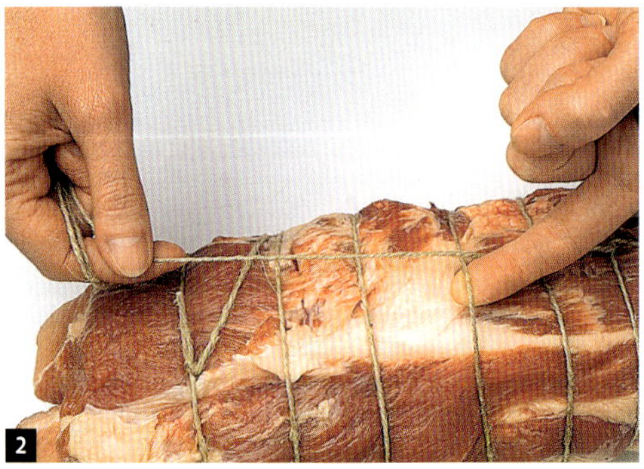

2 Der gerollte Braten wird mit Küchengarn umwickelt, um ihn zusammenzuhalten.

3 Nun wird das Fleisch mit Zwiebeln bedeckt und muß anschließend ruhen.

Bloß nicht zu mager

»Lieber schön und fett geschwabbelt als knochendürr herumgerappelt!« So derb wie unverblümt und ehrlich umreißt dieser von der Südpfalz bis zum Westerwald bekannte Sinnspruch die landläufige Grundeinstellung zu jeglichem Fleischverzehr. Wo Schweine nicht bloß in Bauernhöfen, sondern auch in den Koben oder Kellern der Bürgerhäuser gehalten wurden, geschah dies nicht zum Freizeitvergnügen, sondern war lebenswichtig. Und wo man außerdem auch Ziegen als die sprichwörtlichen »Arbeiterkühe« hielt, kam das Prädikat »schön fett« einem Statussymbol gleich.
Vor Weihnachten war Schlachtfest in den Dörfern; schier reihenweise dampften dann die im Sommer gemästeten »Wutzen« auf den Metzleitern. Wellfleisch, Gepökeltes und diverse Hausmacher Würste wurden als Hauptkost für die langen Winterwochen präpariert. Manche regionaltypische Beize und Marinade – mit Essig, Wein, Zwiebeln, Knoblauch, Pfeffer, Wacholderbeeren, Lorbeer oder Sellerie – entstammt jener »armen Zeit«.

Oben links: Umzug bei der Wittlicher Säubrenner Kirmes: Obwohl Wittlich zur Eifel gehört, bestimmt moselfränkische Fröhlichkeit das kunterbunte Treiben.

Oben rechts: Zigtausende von Brötchen mit Spanferkel werden bei der Kirmes, einem der größten Volksfeste in Rheinland-Pfalz, verkauft. Wahrhaftig ein Fest der großen (Pro-)Portionen!

Rechts: Das Spanferkel gab der Säubrenner Kirmes ihren Namen.

Zwei arme Schweine

In Ermangelung eines Holzpflocks hatte der Wittlicher Nachtwächter eines Abends den Eisenriegel des Himmeroder Tores mit einer Steckrübe fixiert. Da kam ein streunendes Schwein des Wegs und fraß die Rübe weg. Vor dem Tor aber lauerten Marodeure, die nun in die Stadt eindringen konnten: Sie überfielen die arglosen Bürger, beraubten sie und steckten ihre Häuser in Brand. Nach diesem Überfall beschlossen die Wittlicher Stadträte, das rübengierige Schwein durch den Tod auf dem Scheiterhaufen abzuurteilen. Natürlich widerstand nicht einmal der Scharfrichter selbst dem Bratenduft, der beim Vollzug der Strafe über den Richtplatz strich. Seit jenem Tag gibt's in Wittlich die »Säubrenner Kirmes«, bei der bis heute jedes Jahr fast 100 arme Schweine am Drehspieß schmoren müssen.
Auch auf der Ebernburg an der Nahe traf die volle Wucht des Schicksals ein harmloses Schwein, als während einer Belagerung die Nahrungsmittel zur Neige gingen. Um den Feinden trotzdem Fleischüberschuss vorzugaukeln, wurde das Tier jeden Morgen über den Wehrgang der Schildmauer geführt und dabei kräftig in die Weichteile gezwickt. Seine Schreie simulierten eine Schlachtung. In Wahrheit war es das letzte Schwein, und die Eingeschlossenen rückten dem Hungertod gefährlich nahe. Doch sie setzten jene Kneif- und Schreiprozedur fort, bis die psychologische Kriegsführung Wirkung zeigte und die Belagerer frustriert von dannen zogen. Jetzt endlich konnte die arme Sau wirklich abgestochen werden. Da sie männlich war, wird seither der Ort des Geschehens Ebernburg genannt.

Saumagen & Co

Auch wer keine Werbesprüche mag, staunt vielleicht trotzdem über den so einfachen wie genialen Slogan: »Die Liebe zur Pfalz geht auch durch den Saumagen.« Und das trifft nicht nur für Pfälzer zu – denn seit den Tagen, als der damalige Bundeskanzler Helmut Kohl seinen ausländischen Amtskollegen diese Spezialität seiner Heimat servieren ließ, ist das »Pfälzer Nationalgericht« auch zu internationaler Berühmtheit gelangt.

Fleischbrei nach dem Schlachten in den Magen des getöteten Tieres zu füllen und so zu garen oder zu trocknen, ist die älteste Form der Wurstherstellung. Babylonische Lehmtafeln aus dem 3. Jahrtausend vor Christus enthalten bereits Hinweise auf diese Technik, und Homer erwähnt in der »Odyssee« mehrmals die Blutwurst im Ziegen- und Schweinemagen. So alt ist der Pfälzer Saumagen nicht. Denn was ihn auszeichnet vor anderen gefüllten Schweinemägen, sind seine Kartoffeln. Und die sind in der Pfalz erst seit dem 17. Jahrhundert bekannt und verbreitet. Vorgegarte, gewürfelte Kartoffeln gehören zum Füllsel dieser Spezialität, ebenso wie grob gewolftes Schweinefleisch, Brät oder Bratwurstfüllsel, Zwiebel und Gewürze wie Pfeffer, Majoran und Muskat – wobei natürlich jede Hausfrau hier ihre ganz besonderen Rezepturen hat. Der gefüllte Magen wird in Wasser gegart; je nach Geschmack kann man ihn vor dem Servieren noch rundherum in heißem Öl knusprig braten. Dann wird er in Scheiben geschnitten und mit Sauerkraut und Kartoffelbrei verzehrt.

Saumagen gehört zu jenen Pfälzer Fleisch- und Wurstwaren mit speziellen Qualitätsrichtlinien. In dieser Gruppe finden sich auch die »Pfälzer Leberwurst«, die Majoran und einen Leberanteil von 20 Prozent enthält, die »Pfälzer Blutwurst« oder »Griebenblutwurst« mit ihrem in Würfelform eingearbeiteten Speck, der in alten Rezepten 50 Prozent ausmachte, und der »Pfälzer Schwartenmagen«, ein Sülzwursterzeugnis. Weit über die Pfalz hinaus ist seit Langem auch der Presskopf bekannt, einst ein charakteristisches Erzeugnis der allwinterlichen Hausschlachtungen. Presskopf wird in etlichen Varianten hergestellt, zu denen außer Fleisch vom Schweinerüssel meist auch Kalbsfüße gehören sowie eine Vielzahl von Gartenfrüchten wie zum Beispiel Sellerie, Lauch, Möhren, Schwarzwurzeln und Zwiebeln.

Speck, Schinken, Aufschnitt, Hausmacher Würste, Schwartenmagen und Käse dürfen auf den deftigen Vesperplatten, die überall im Rheinischen Oberland und in der Pfalz angeboten werden, nicht fehlen. Zudem gewinnen alte Brotsorten wieder zunehmend an Bedeutung. In Hunderten Dörfern der gesamten Region sind während der Siebziger- und Achtzigerjahre die historischen Gemeindebackhäuser instand gesetzt worden und werden nun wieder benutzt, um lokale Brotspezialitäten zu backen und unter die Leute zu bringen. Die neu aufgeflammte Liebe zum guten alten Steinofenbrot, zu Kartoffelbrot, »Kastenriewes« (Kartoffelkuchen im Kastenbackblech) und »Quetschekuchen« (Zwetschgenkuchen) führte vielerorts dazu, dass mindestens einmal im Jahr ein »Backesfest« gefeiert wird, bei dem auch weitere Register aus der kulinarischen Tradition des jeweiligen Dorfs gezogen werden.

Früher wurde die Vesper meist als spätnachmittägliche Zwischenmahlzeit bei der Feld- oder Waldarbeit eingenommen. Doch im Zeitalter arbeitskräftesparender Feld- und Forstmaschinen sind die Idyllen von friedlich in der freien Natur miteinander die Pausenbrote verspeisender Menschen kaum noch irgendwo zu sehen.

Statt ihrer picknicken Urlauber. Lediglich in den Weinbaugebieten wird noch überall gevespert. Eine typische Winzervesper muss zwangsläufig mit dem Wein harmonieren, der ja selbstverständlich dazugehört. Aber welches Griebenschmalz-, Wurst- oder Käsebrot würde nicht sowieso zum Riesling oder Kerner passen?

Pfälzer Saumagen

Pfälzer Saumagen

1 kleiner, geputzter Saumagen (beim Metzger vorbestellen)
5 Schalotten, fein gehackt
1 Knoblauchzehe, gehackt
1 EL Butter
1 Bund Petersilie, gehackt
1 kg gekochte Kartoffeln
350 g magerer Schweinebauch
350 g Schweinefleisch
350 g Bratwurstfüllung
2 in Milch eingeweichte Brötchen
3 Eier
Salz und Pfeffer
1 TL gerebelter Majoran
½ TL gemahlene Muskatnuss

Den Saumagen über Nacht wässern. Am nächsten Tag gut abtropfen lassen und eine Magenöffnung mit Küchengarn zunähen. Die Schalotten und den Knoblauch in der Butter glasig dünsten, die Petersilie zugeben und kurz mitdünsten. Vom Herd nehmen, etwas auskühlen lassen. Die Kartoffeln und das Fleisch in kleine Würfel schneiden, mit der Bratwurstfüllung, den ausgedrückten Brötchen, der Zwiebelmischung und den Eiern gut vermengen. Die Masse mit Salz, Pfeffer, Majoran und Muskat kräftig abschmecken und in den Saumagen füllen. Die Öffnung zubinden. In einem großen Topf reichlich Wasser zum Kochen bringen, den Saumagen einlegen und bei kleiner Hitze ca. 2½ Stunden sieden lassen, auf keinen Fall kochen. Nach Ende der Garzeit aus dem Wasser heben, abtropfen lassen und in 2 cm dicke Scheiben schneiden. Mit Weinsauerkraut und Bauernbrot servieren.

Leberknödel

4 altbackene Brötchen
75 ml heiße Milch
1 Zwiebel, fein gehackt
1 EL Butter
2 EL gehackte Petersilie
1 Ei
Salz, Pfeffer
1 Msp. geriebene Muskatnuss
½ TL getrockneter Majoran
250 g Rinderleber
50 g geräucherter Bauspeck

Die Brötchen in dünne Scheiben schneiden, in eine Schüssel geben und mit der heißen Milch übergießen. 15 Minuten quellen lassen. Inzwischen die Zwiebel in der Butter glasig dünsten. Die Petersilie untermischen und kurz mitdünsten. Vom Herd nehmen und auskühlen lassen. Das Zwiebel-Petersilie-Gemisch mit dem Ei unter die Brötchen mengen. Den Teig mit Salz, Pfeffer, Muskatnuss und Majoran würzen. Die Leber und den Speck zweimal durch die feine Scheibe des Fleischwolfs drehen und anschließend unter den Brötchenteig kneten. Mit nassen Händen aus dem Teig Knödel formen. Reichlich Salzwasser zum Kochen bringen. Die Knödel einlegen und etwa 25 Minuten im simmernden Wasser ziehen lassen. Die fertigen Leberknödel mit dem Schaumlöffel aus dem Wasser heben. Die Leberknödel serviert man mit Hausmacher Bratwürsten auf Weinsauerkraut.

Leberknödel

»Vice vinum«: Viez

Nicht nur im Merziger Obstgartenland an der Saar, sondern auch im »heiligen Trier« gilt der einheimische Apfelwein sozusagen als »Nationalgetränk«. Seit alters her wird er Viez genannt, abgeleitet vom lateinischen »vice vinum«, und könnte mithin als »Stellvertreter-« oder »Ersatzwein« bezeichnet werden. Doch mit solch einer Begriffsdeutung brächte man alle Viezfreunde auf die Palme, denn ihr Elixier ist weder »zweite Wahl« noch ein Abkömmling des normannischen Cidre, noch gar zu verwechseln mit dem Frankfurter »Eppelwoi«. Viez ist Viez und Viez bleibt Viez, behaupten Trierer Lokalpatrioten, und sie bedienen sich der Schlagworte, weil anders kaum zu vermitteln ist, was den Viez denn überhaupt geschmacklich von sonstigen Apfelweinen unterscheidet. Am besten mundet er zu einer herzhaften Vesperplatte mit Käse, Schinken und Hausmacher Wurst. Und traditionell gehört zu »gebacken Muselfösch« (Moselfische) natürlich auch ein »Pöörzchen Viez« (im 0,4-Liter-Glas).

Links: Die Politiker schießen nicht immer nur Böcke. Die Waldgebiete von Rheinland-Pfalz sind ungeheuer wildreich, auch Wildschweine halten sich gerne darin auf.

Rechts: Wildschweinrücken in Kruste

Staatsjagd im Soonwald

Aus den durch Weinbau oder Ackerland kultivierten Talmulden, Hügeln und Hochflächen heben sich überall in Rheinland-Pfalz die landschaftlich dominierenden Waldrücken hervor. Ob Vogesen, Wasgau, Pfälzer Haardt, Donnersberg, Idarwald oder Soon, ob Hocheifel, Linzer Höhe oder Köppel: Markant umgrenzen diese dunkelgrünen Höhenzüge alle geografischen Konturen. Und gleich am Rand der kleinen Ballungsräume und seitlich der meisten Autobahnabschnitte liegen Westdeutschlands wildreichste Waldgebiete.

Im Soonwald, wo anno 1780 der Jäger aus Kurpfalz waidwerkte, hatte bereits um 1250 Graf Walram von Sponheim den Ebern, Hindinnen und Mägden nachgestellt. Auf seiner Fährte pirschten 250 Jahre später auch die Herzöge von Pfalz-Zweibrücken und Pfalz-Simmern über die Höhen des Soonwalds. Sie hatten die alte Wildburgruine zu einem Jagdschloss herrichten lassen, in das sie gern Jagdgäste aus den benachbarten Kleinstaaten einluden. Natürlich nicht ohne Hintergedanken, denn abends beim feuchtfröhlichen Treiben ließ es sich trefflich politisieren. Vor mehr als einem halben Jahrhundert besann sich Bundespräsident Theodor Heuss, der selber kein Jäger war, auf diese Tradition und ließ zur ersten bundesdeutschen Staatsjagd blasen. Zwischen 1954 und 1969 fielen Politiker aus dem Bundesgebiet nebst Botschaftern allherbstlich in die stillen Soonwaldforsten ein, um (statt auf diplomatischem Parkett) im Unterholz ihre Böcke zu schießen.

Wildschweinrücken in Kruste

Für 10 Personen

1 Frischlingsrücken mit Knochen, ca. 3 kg
Salz und Pfeffer
1 TL Thymian
1 TL Salbei
1 EL Butterschmalz
2 Möhren, in Scheiben geschnitten
½ Sellerieknolle, gewürfelt
1 Zwiebel, gehackt
½ l roter Traubensaft
100 g zimmerwarme Butter
3 Eier
10–12 EL Semmelbrösel
2 Bund Petersilie, gehackt
250 g blaue Trauben
100 g süße Sahne

Den Frischlingsrücken waschen, trocken tupfen und kräftig mit Salz, Pfeffer, Thymian und Salbei einreiben. Das Schmalz in einem Bräter erhitzen und den Frischlingsrücken auf der Fleischseite scharf anbraten. Den Rücken wenden, Möhren, Sellerie und Zwiebel hinzufügen und mitrösten. Den Traubensaft angießen und den Frischlingsrücken zugedeckt bei mittlerer Hitze 1½ Stunden schmoren, dabei gelegentlich mit dem Schmorfond begießen. Die Butter mit den Eiern schaumig schlagen, nach und nach die Semmelbrösel und die Petersilie einarbeiten, bis eine dicke Paste entsteht. Das Fleisch aus dem Bräter heben, abtropfen lassen und mit der Paste bestreichen. Zurück in den Bräter legen und im vorgeheizten Backofen bei 200 °C 15–20 Minuten überbacken, bis eine goldbraune Kruste entstanden ist. Den Rücken auf ein Tranchierbrett legen. Bratfond durch ein Sieb passieren. Die Trauben halbieren und entkernen. In der Soße aufkochen, mit Salz und Pfeffer abschmecken und die Sahne einrühren. Das Fleisch vom Knochen lösen, in Scheiben schneiden und auf einer vorgewärmten Platte anrichten. Die Soße getrennt dazu reichen.

Entenpfuhler Wilderersalat

400 g gebratenes Wildfleisch (Reste von Hasen-, Reh- oder Wildschweinbraten)
2 säuerliche Äpfel
2 kleine Orangen
2 EL Weißwein
150 g Mayonnaise
Salz und Pfeffer
2 EL Cognac
1 TL Senf

Das Bratenfleisch in schmale Streifen schneiden. Die Äpfel schälen, vierteln und entkernen. Die Orangen schälen, vierteln und die weiße Haut entfernen. Äpfel und Orangen in kleine Stücke schneiden und sofort mit dem Weißwein begießen. Die Mayonnaise aufschlagen und mit Salz, Pfeffer, Cognac und Senf abschmecken. In eine Glasschüssel die Hälfte der Mayonnaise geben, dann Äpfel, Bratenfleisch und Orangen daraufschichten und mit der restlichen Mayonnaise bedecken. Im Kühlschrank ziehen lassen.

Der Jäger aus Kurpfalz

Als Friedrich Wilhelm Utsch um 1780 das Amt des »berittenen Erbförsters im Großen Soon« ausübte, gehörte dieser Hunsrückwald den Herzögen von Kurpfalz. Und dass jener liedbekannte Nimrod »allhier auf grüner Haid' – juja, juja –« das Wild »daherschoss«, erschien noch Kaiser Wilhelm II. eines gebührlichen Festakts wert. Als »höchster Jagdherr der deutschen Jäger« weihte »S. M.« persönlich am 13. August 1913 beim Waldweiler Entenpfuhl ein puttenverziertes Ehrenmal ein. Dort steht's noch immer und vermittelt eine Impression vom barocken Jagdvergnügen aus feudalen Herrschaftszeiten. Gern wird in den Dörfern am Soonwaldrand auch eine anrüchige Anekdote vom Tag der Denkmalsenthüllung erzählt: Vor lauter Ehrfurcht – so wird behauptet – hätte sich ein gutes Dutzend der zum Empfang des Kaisers angetretenen Grünröcke in die Lodenhosen gemacht. Wahrscheinlich war jedoch ein verwürzter Wildschweinpfeffer die Ursache der Peinlichkeit.

Neben dem Räuber Schinderhannes, der zwei Jahrzehnte später durch dieselben Reviere strich und zum berüchtigten »Hunsrückhelden« wurde, macht Friedrich Wilhelm Utsch (1732–1795) die historisch bessere Figur. Selbst wenn einige Miesmacher den Kaiser durch den Spruch zu brüskieren hofften: »Der Ruhm von Friedrich Wilhelm Utsch ist nach neu'ster Forschung futsch.« Utsch liegt beim Dörfchen Auen bestattet; sein Grabstein hebt ihn ausdrücklich als »Jäger aus Kurpfalz« hervor. Übrigens ist außer Utsch noch ein anderer Soonwaldjäger ins deutsche Liedgut eingezogen. Aber weil sie keine Melodie begleitet, kennt kaum noch jemand Gottfried August Bürgers 1774 gereimte Ballade »Der wilde Jäger«, obgleich sie so herrlich furios anhebt:

»Der Wild- und Rheingraf stieß ins Horn.
Hallo, hallo zu Fuß und Ross!
Sein Hengst erhob sich wiehernd vorn;
Laut rasselnd stürzt' ihm nach der Tross.
Laut klifft und klafft es, frei von Koppel,
Durch Korn und Dorn, durch Haid' und Stoppel.«

»Schuppenvolk«

Seit Ende der Achtzigerjahre des vergangenen Jahrhunderts wurde das große Reinemachen des Rheins (anhand international verbindlicher Schutzvorschriften) durch jährlich bessere Messwerte in puncto Wasserqualität belohnt. Und deshalb finden sich in dem »Deutschen Strom«, ebenso auch in der Mosel, neuerdings wieder nennens- und angelnswerte Bestände an Speisefischen – sogar der Lachs kehrt wieder in jedem Herbst über den Rhein in seine Heimatgewässer zurück, um dort zu laichen.
Aber die hübschen kleinen Fischkutter, wie sie noch bis um 1960 zwischen Kaub und Andernach ihre Netze auswarfen und gute Fänge einholten, lohnt es wohl nirgends mehr aufzutakeln. Denn trotz aller umweltpolitischen Erfolge und weiterreichenden Absichtserklärungen sind die Zeiten der gewerbsmäßig betriebenen Rheinfischerei unwiederbringlich dahin. Längst überwiegen auf dem einheimischen Markt die in tausend Teichen rings im Land gezogenen Süßwasserfische. Und Freizeitangler suchen ihre Beute an zahllosen Wald- und Wiesenbächen oder in den vielen Stauseen (den »Woogen«) der Pfalz, im Laacher See und einigen Eifelmaaren sowie nicht zuletzt an Nahe, Lahn und Ahr. Kaum zu zählen sind des Weiteren auch die »Forellenhöfe«, wie sie fast in jedem größeren Bachtal als Ausflugsgaststätten zur Einkehr laden. Meist sind es ehemalige Mühlenanwesen, deren uralt-verbriefte Wasserrechte den heutigen Besitzern ihren Broterwerb sichern. Mühlweiher wurden zu Fischteichen, aus denen die Fänge unmittelbar in die Küche und mithin garantiert naturfrisch auf den Speisetisch gelangen.

Moselländische Hechtpfanne

1 Hecht, ca. 1,2 kg, küchenfertig vorbereitet
Salz und Pfeffer
Saft von 1 Zitrone
Mehl zum Wenden
50 g Butter
2 Zwiebeln, gehackt
200 g Champignons, in Scheiben geschnitten
½ l Moselwein
200 g süße Sahne
1 EL gehackte Petersilie

Den Hecht waschen, trocken tupfen und innen und außen mit Salz und Pfeffer einreiben. Mit dem Zitronensaft beträufeln und 15 Minuten ziehen lassen. Dann den Hecht in Mehl wenden, überschüssiges Mehl abklopfen. Die Butter in einem länglichen Bräter erhitzen und den Hecht auf beiden Seiten anbraten. Die Zwiebeln und die Champignons zufügen, kurz mitbraten und mit dem Wein ablöschen. Den Hecht in ca. 20 Minuten gar ziehen lassen, nicht kochen. Nach Ende der Garzeit den Hecht aus dem Bräter heben und warm stellen. Die Sahne und die Petersilie in den Sud rühren und etwas einkochen lassen.

»Des Schuppenvolkes Chöre«

»Wollt ich so viele Sorten, wie sie in die Kreuz und Quere alle durcheinander schwimmen, all die Scharen, die stromaufwärts mählich ihres Weges ziehn, und die Namen und die Kinder alle jenes doch an Zahl so großen Stammes nennen ...«, so hebt Ausonius (um 365 n. Chr.) an und führt in seinen Versen aus der »Mosella« all die Fische auf, die sich damals noch in der Mosel tummelten. Ausonius sieht den Fluss dabei nicht nur mit den Augen des poetischen Naturbetrachters, sondern auch mit denen des kundigen Feinschmeckers: »Auch dich nicht, Barsch, will ich verschweigen, eine Zierde jeder Tafel, unter allen Flussgeborenen kommst du gleich den Meeresfischen; du allein nur bist imstande, mit des Meeres roten Barben wettzueifern; denn dein Geschmack ist nicht fade, und in dem festen Fleisch fein abgeteilt fügt dicht die eine Schicht sich an die andre, doch Gräten trennen sie. Hier beherrscht auch, mit lateinischem Vornamen komisch benannt, der Bewohner der Teiche, den quarrenden Fröschen die feindlichste Macht, Lucius der Hecht die von Sumpfgras und Schlamm verfinsterten Lachen; für keine feine Tafel ausgesucht, dampft dieser nur in Kneipen, die öliger Fettdunst verräuchert. Wer wird nicht auch die dunkelgrünen Schleie kennen, des niedern Volkes Trost? Wer kennt nicht die Alben, den Angeln der Kinder die reichlichste Beute, und wer nicht die Alsen, die auf dem Herd als Feinkost für den Pöbel prasseln? Wer kennt nicht dich, ... du noch nicht Lachs, nicht mehr Forelle, als Zwitter, Lachsforelle, weggefangen ...?«

Die Soße getrennt zum Hecht servieren. Dazu Salzkartoffeln und grünen Salat reichen.

Süßsauer eingelegte Moselfische

12 kleine Moselfische,
küchenfertig vorbereitet
Saft von 2 Zitronen
Salz und Pfeffer
Mehl zum Wenden
Öl zum Ausbacken
1 l Wein
2 EL Zucker
1 EL Gewürzkörner (Pfeffer, Piment)
4 große Zwiebeln, in Scheiben geschnitten
8 Lorbeerblätter

Die Fische waschen, trocken tupfen und mit dem Zitronensaft beträufeln. 10 Minuten ziehen lassen, salzen und pfeffern und in dem Mehl wenden. In heißem Öl schwimmend portionsweise ausbacken, mit dem Schaumlöffel herausheben und auf Küchenpapier gut abtropfen lassen. Den Wein mit ½ l Wasser, dem Zucker, 1 TL Salz und den Gewürzkörnern einmal kurz aufkochen. In einer großen Schüssel schichtweise Moselfische, Zwiebelscheiben und Lorbeerblätter einlegen, mit der Marinade übergießen und dann zugedeckt 2 Tage ziehen lassen. Dazu gibt es Brot und Viez.

Gegenüber: Beim Wormser Backfischfest, das jedes Jahr im August/September stattfindet, werden die Fische auf traditionelle Weise serviert: geputzt, gesalzen und in Öl gebraten.

Oben: Zum Backfischfest gehört auch das Fischerstechen im Floßhafen.

Ganz links: Süßsauer eingelegte Moselfische

Links: »Fisch muss schwimmen«, sagt ein altes Sprichwort. Deshalb fließt beim Backfischfest auch der Wein reichlich.

Lebensquell Wasser. Natürliches Mineralwasser enthält wertvolle Mineralien und Spurenelemente.

Mineralwasser

Wasserarten

Heilwasser besitzt durch die in ihm enthaltenen Mineralien und Spurenelemente eine medizinische Wirkung und gilt als Arzneimittel; auf den Etiketten müssen seine Heileigenschaften ebenso angegeben werden wie Gegenanzeigen.

Natürliches Mineralwasser muss aus einem unterirdischen Vorkommen, einer natürlichen oder künstlich erschlossenen Quelle stammen und direkt am Ort abgefüllt werden; es darf nur nach Analysen, die seine Reinheit und seinen Mineralstoffgehalt überprüfen, vermarktet werden.

Quellwasser muss aus einer ausgewiesenen Quelle kommen, darf nicht behandelt werden und muss Trinkwasserqualität haben; es braucht jedoch keine Mineralien und Spurenelemente zu enthalten.

Tafelwasser lässt dem Hersteller freie Hand, aus welchen Wasserarten er seine Kreation mischt, ob er sie mit Mineralien oder Kochsalz anreichert, wo und wie er abfüllt.

Trinkwasser wird überwiegend aus Grundwasser gewonnen, unter Zusatz von Fluss-, See- und geringeren Mengen Brauchwasser, das chemisch und physikalisch aufbereitet wird; darin dürfen pro Liter 50 Milligramm Nitrat und bis zu 0,0005 Milligramm Pflanzenschutzmittel und Biozidprodukte enthalten sein.

Kein Zweifel, die Zeichen stehen auf Wasser. Selbst in traditionellen Bierhochburgen, wo man früher bei der bloßen Erwähnung des Wortes »Wasser« Spott, wenn nicht gar Handgreifliches zu befürchten hatte, verzieht der Kellner heute keine Miene, wenn jemand ein Mineralwasser bestellt. Und in Edelrestaurants gehört die gestylte Designerflasche mit Wässerchen aus möglichst fernen Quellen zum Prestigeangebot. Dass dies kein Sturm im Wasserglas ist, belegen die Zahlen. In den letzten Jahrzehnten stieg der Verbrauch von Mineral- und Heilwasser kontinuierlich an. Betrug er 1970 noch 12,5 Liter pro Kopf, so übersteigt er heute die Grenze von 130 Litern. Der rasante Zuwachs erfreut die 217 deutschen Mineralbrunnenbetriebe – dass ihnen der Stoff ausgeht, müssen sie nicht befürchten. Landesweit sprudeln rund 799 amtlich anerkannte Mineralwasser-Quellen, gespeist vom Regen, von dem wir bekanntlich genug haben. Allerdings resultiert das Wasservorkommen, das durch oft mehrere Hundert Meter tiefe Bohrungen erschlossen wird, nicht aus dem Schnee oder Regen von gestern. Der Sickervorgang, bei dem das Wasser durch Kies-, Schotter- und Sandschichten wandert, kann mehrere Hundert Jahre dauern. Das »Tiefenwasser« wird dabei nicht nur gefiltert und gereinigt, es löst aus den verschiedenen Gesteinsschichten auch Mineralien und Spurenelemente. Und in deren Reichtum liegt der gesundheitliche Wert des Wassers.

Je nach Lage sind Mineralquellen mehr oder weniger stark mineralhaltig. Besonders mineralhaltig sind Wässer, die in Gegenden liegen, in denen vor etwa 200 bis 70 Millionen Jahren vulkanische oder tektonische Störungen auftraten, wie zum Beispiel die Eifel, das Ober- und Mittelrheintal und die Südwestdeutsche Schichtstufenlandschaft. In diesen Regionen durchläuft das Wasser viele verschiedene Gesteinsschichten und nimmt dabei eine große Menge Mineralien auf.

Mineralstoffe und Spurenelemente machen natürliches Mineralwasser besonders wertvoll; und insofern sehen es die Ernährungswissenschaftler gern, dass Wasser derzeit voll im Trend ist. Auch wenn der Volksmund recht hat, der da sagt: »Wasser stillt wohl den Durst, aber singen lehrt es nicht.« Die Sangesfreude der Deutschen anzuregen, das bleibt nach wie vor nur den Getränken vorbehalten, die alkoholische Spurenelemente aufweisen.

Kurbäder

Jeder der rund 220 Kurorte in Deutschland blickt auf seine ganz besondere und ureigene Geschichte zurück. Die Entwicklung des gesamten Badewesens zeigt sich beispielhaft in Bad Ems, wo bereits zur Römerzeit an den heilkräftigen Quellen des Lahntals eifrig geplanscht und getrunken wurde. Neben Legionären, die sich am nahen Limes beim Wacheschieben eine Bronchitis geholt hatten, kurierten dort auch Damen aus den höchsten Gesellschaftskreisen ihre Malaisen aus. So auch die holde Agrippina, Gattin des Germanicus, die nach ausdauerndem Baden in der Emser »Bubenquelle« mit einem Knaben niederkam. Caligula wurde das Bürschlein geheißen, das sich später als römischer Kaiser jedoch keinen glänzenden Namen machte. Hatten doch schon manche Auguren düster an seiner Wiege gemunkelt, die Zeugung sei nach dem uralten Motto erfolgt: »Für unfruchtbare Frauen ist das Bad das Beste – was das Bad nicht tut, das schaffen die Gäste!«

Im Lauf der nachantiken Jahrhunderte blieb nur wenigen der altertümlichen Kurbäder auf deutschem Boden ihr besonderer Ruf erhalten. Denn meistenorts kam die Überlieferung von den heilkräftigen Quellen entweder gänzlich abhanden oder ging in märchenartigen Fantasien obskurer Wildbäder oder mystischer »Jungbrunnen« auf, wie etwa bei Hans Sachs' »Lebensbrunnen, darin die Alten sich verjüngen«. Andererseits nahm während des Mittelalters das öffentliche Badewesen einen enormen Aufschwung: Teilnehmer der Kreuzzüge hatten nämlich im Orient die Sitte des öffentlichen Badens vor Ruhe- und Feiertagen kennengelernt. Nach der Rückkehr ließen manche Ritter in ihren meist nicht allzu wohnlichen Burgen eine gemütliche Badekammer einrichten. Bald gab es an allen deutschen Fürstenhöfen sowie auch in zahlreichen Städten solche Badestuben, deren Konzeption sich annähernd mit türkischen Dampfbädern vergleichen ließ. Und Landes- wie Ratsherren schätzten auch sehr die Einnahmen, die sich durch Verpachtung solcher Reinigungs-, Schwitz- und Schröpfbäder erzielen ließen.

Aus vielen historischen Traktaten lassen sich bereits auch hygienische Aspekte herauslesen: »Allein die größere Ausbreitung des Aussatzes und der Syphilis mit der vermehrten Gefahr der Ansteckung, der mehr und mehr ins Volk übergehende Gebrauch von linnener Leibwäsche und mancherley Veränderungen in den Sitten und Gewohnheiten, besonders auch die vielfach mit ihnen verknüpffte Liederlichkeit verursachten, dass sich der Besuch der öffentlichen Badstuben allmählig verminderte. So entwöhnte sich das Volk wieder der Sitte häuffigen Badens. Dagegen kam alsdann der Besuch der Wildbäder als Vergnügungsorte, die sogenandten Badefahrten, in Deutschland in Auffnahme.« Schließlich aber waren es vor allem die Naturkundler und Mediziner der Renaissancezeit, die sich den antiken Schriften und der Wirkung von Thermen und Wasser auf den menschlichen Organismus zuwandten.

Schon um 1450 wurde an den Quellen von Bad Ems eine rasch zunehmende Zahl von Besuchern registriert: überwiegend Leute, die von Ärzten aus Koblenz und anderen Rheinstädten zur Kur geschickt worden waren. Und später folgten viele Badegäste der einleuchtend klingenden Empfehlung des Frankfurter »Physicus« Johann Helfrich Jüncken: »Das Brünngen getruncken, hat bei mancher Erkälte und verschleimten Brust, bei Keuchen und kurzem Athem groß Hülff gethan; ja auch diejennigen, welche bereits Blut gespyen, öffters treffliche Linderung verschafft, dass sie noch viele Jahre mitgeloffen.« Allerdings schmähten manche Heilkundige auch die Unmäßigkeit jener Kurgäste, »die ohne Vernunfft und Einrathen eines Medici zu unrechter Zeit in die Bäder hineinfallen, darinnen fressen, sauffen und schlaffen zum gäntzlichen Untergang der Gesundheit«.

Zu Anfang des 19. Jahrhunderts, als Bad Ems – »wo sich die Welt im Bade traf« – allmählich zur »Sommerhauptstadt ganz Europas« aufstieg, hatte Johann Wolfgang von Goethe in die Wand seines Quartiers einen Spruch geritzt, dessen hintersinniger Witz allen Kurgästen zum Motto dienen sollte: »Wenn du darnach fragst, wir waren hier, Du, der du nach uns kommen magst, hab wenigstens so frisches Blut und sei so leydlich, fromm und gut und leydlich glücklich als wie wir.«

Die Trinkhalle des Kurhauses in Baden-Baden. Hier trafen sich im 19. Jahrhundert der Adel und die mondäne Welt Europas.

Südfrüchte der Südpfalz

»Frühlingsplätzchen«, »Nonnengärtchen«, »Jungferndellchen«, »Liebesbrünnchen« – bei der Beschreibung der Landschaftsräume am Rhein und seinen Seitentälern versteigt sich mancher in poetische Höhen. Den zärtlichen Gipfel solcher »Lieblichkeiten« stellt der Kosename für die Bad Dürkheimer Gegend dar: »Wangengrübchen der Pfalz«. Wahrhaftig ist's ein klimatisch ungemein »zarter« Winkel, in dem oft schon Ende Februar die Mandelbäume ihren Blütenflor anlegen.

Die ursprünglich am Mittelmeer beheimatete Mandel wurde in der Pfalz schon vor 1000 Jahren kultiviert. Bereits Hildegard von Bingen hat um 1140 die heilkundliche Verwendung von Pfälzer Mandeln beschrieben. Und um 1550 äußerte Sebastian Münster, der berühmte Geograf aus Ingelheim, mit den in der Rheinpfalz geernteten Mandelmengen könnte »gantz Teutschland darvon gespeißet« werden. Während des 14. Jahrhunderts flossen die Erlöse aus dem Mandelverkauf so reichlich, dass sich die Kurfürsten genötigt sahen (nicht zuletzt aus Gründen der Besteuerung), den Anbau streng zu reglementieren.

Erst im Lauf des 19. Jahrhunderts welkte die Wirtschaftsblüte der Mandel dahin. Als im Frühjahr 1900 an der pfälzischen Weinstraße kaum ein Mandelbäumchen noch Blüten trug, ließ der findige Ökonom Reichsrat Buhl von Deidesheim längs mehrerer Landstraßen bei Gimmeldingen neue Mandelalleen anpflanzen. Buhl hat schon damals vorausgesehen, dass den abertausend Mandelbäumen eine neuerliche Wirtschaftsbedeutung zuwachsen würde. Und zwar durch den Fremdenverkehr, dem das oft zitierte »rosafarbene Blütenmeer entlang der pfälzischen Weinstraße« eine kostenlose alljährliche Werbekampagne beschert.

Wenn Lokalpatrioten behaupten, bei Edenkoben, Landau und Klingenmünster habe das Paradies gelegen, führen sie als knappen Beweis die Herkunft von Evas Feigenblatt an. Tatsächlich gedeihen dort in vielen Innenhöfen und manchmal sogar am Straßenrand veritable Feigenbäume. Von einer regelrechten »Feigenkultur« zu reden, wäre freilich weit übertrieben; nach milden Wintern und heißen Sommern können allenfalls in den günstigsten Lagen vollreife Feigen geerntet werden. Unter ähnlich vorteilhaften Witterungsbedingungen gelingt es auch einigen passionierten Gartenfreunden im Dorf Haardt immer wieder mal, ihren sorgsam gehätschelten Zitronenbäumen ein paar Früchtchen abzutrotzen. Eine andere Pflanzenart aus dem Süden kann in Ilbesheim bewundert werden: Dort wuchs schon vor 550 Jahren Safran, damals ein nahezu unbezahlbares Gewürz; seit 1992 gibt es Pflanzungen an den Ortsausgängen nach Arzheim und Mörzheim.

Zitronen sind zwar weder von kulinarischer noch von ökonomischer Bedeutung für die Südpfalz. Aber dass es Hobbygärtnern gelingt, sie hier zu kultivieren, ist ein Beweis für das extrem milde Klima dieser Region.

Starker Tobak

In der sogenannten Wittlicher Senke findet sich eines der letzten deutschen Anbaugebiete für Tabak. Bekannter und ausgedehnter sind die Monokulturen der südpfälzischen Ebene bei Herxheim, Hayna, Rülzheim, Bellheim und Hatzenbühl. Selbst wer die Pflanzen auf den Feldern nicht als Tabak identifiziert, erkennt die landwirtschaftliche Besonderheit doch in Gestalt der hohen Trockenschuppen, die überall an den Ortsrändern stehen. Pfälzer Tabake werden nicht nur als Beimischung für die Glimmstängel internationaler Konzerne benötigt, sondern geben auch mehreren weltbekannten Zigarrenmarken ihre charakteristischen Aromen.

Edle Kastanien

Als »bedeutendste Südländerin der Pfalz« gilt die Edelkastanie *(Castanea sativa)*. Sie wächst nicht nur wie andere subtropische Bäume – Zedern, Wellingtonien, Paulownien, Zypressen und Mammutbäume – gruppenweise in vielen pfälzischen Parks und Gärten, sondern bedeckt riesige Waldflächen. Vor allem im Windschutz der Haardt überziehen uralte Bestände die zur klimatisch begünstigten Oberrheinischen Tiefebene geneigten Abhänge am Südostrand des Pfälzer Waldes. Die Edelkastanien sind wahrhafte »Charakterbäume« dieser Landschaft mit ihren dicht belaubten Kronen, aus denen im Juni und Juli ihre langgliedrigen Kätzchenblüten wie goldglänzende Brokatornamente hervorleuchten. Die stachligen Früchte platzen im Herbst und geben jeweils zwei bis vier flache Nüsse frei: jene schmackhaften Maronen, die sich ganz vorzüglich zum Rösten und zum Kochen eignen. Kastanienwälder bilden den sattgrünen Hintergrund für viele Dutzend Weinorte vom Leininger Land bei Bad Dürkheim über Edenkoben und Dörrenbach bis nach Bad Bergzabern. Wahrscheinlich wurden erste Setzlinge in mittelalterlichen »Baumschulen« von Mönchen kultiviert; es wird aber auch behauptet, schon die Römer hätten mit dem Weinbau auch die Kastanie ins Land gebracht. Übrigens heißen die andernorts meist als »Maronen« bekannten Edelkastanien in der Pfalz seit alters »Keschte«. Nach ihnen wird das Hambacher Schloss, berühmtes Ziel des Freiheitsmarsches von 1832, kurz und bündig »Keschteburg« genannt.

Kastaniencreme
Für 6 Personen

500 g Kastanien
100 g Zucker
1 Päckchen Vanillinzucker
2 EL Orangenlikör
250 g süße Sahne

Kastanien über Kreuz einschneiden und 10 Minuten im vorgeheizten Backofen bei 175 °C rösten. Herausnehmen, auskühlen lassen und schälen, dabei die innere Haut sorgfältig entfernen. Die Kastanien in Wasser 30 Minuten weich kochen. Abschütten und durch ein Sieb streichen. Zucker, Vanillinzucker und Orangenlikör unterrühren. Die Sahne steif schlagen und vorsichtig unter den Kastanienbrei heben. Bis zum Servieren kalt stellen.

Unten, von links nach rechts: Im Herbst platzen die stachligen Früchte der Edel- bzw. Esskastanie auf und geben zwei bis vier Kastanien frei.

Maronen kann man kochen oder rösten. Sie eignen sich auch gut für Füllungen, zum Beispiel von Geflügel.

Oben: In der Vorweihnachtszeit werden geröstete Maronen in den Innenstädten und auf Märkten verkauft.

Klostermedizin

Die Klöster waren im Mittelalter wichtige Zentren des wirtschaftlichen und kulturellen Lebens. Mit ihren Gärten beeinflussten sie den Anbau von Pflanzen und deren Verbreitung in Ernährung und Heilkunde. Über den Austausch mit anderen Klöstern gelangten auch Kräuter aus dem Mittelmeerraum und Vorderasien nach Deutschland, wurden in Klostergärten angebaut und fanden von dort ihren Weg in die Hausgärten, beispielsweise Fenchel, Salbei, Anis und Liebstöckel. Vor allem dem Benediktinerorden, der sich der Krankenpflege verschrieben hatte, ist die Verbreitung des Gemüse- und Kräuteranbaus zu verdanken.

Eine besondere Bedeutung hatte die Pflanzenmedizin im Mittelalter: Kranke wurden ausschließlich mit Kräutern und Heilpflanzen behandelt. Die gesamte medizinische Versorgung der Menschen in Europa lag in den Händen der Klöster. Ihr Wissen sammelten die Mönche in heilkundlichen Schriften, die vielfach kopiert wurden und weit verbreitet waren. Eines der frühesten schriftlichen Zeugnisse der mittelalterlichen Klostermedizin ist der »Hortulus«. Niedergeschrieben wurde er von dem Abt Walahfrid Strabo (808–849 n. Chr.), der dem Kloster Reichenau vorstand. Der »Macer floridus« ist ein handschriftliches lateinisches Kräuterbuch aus dem 11. Jahrhundert. Er wurde zum meistverbreiteten Heilpflanzenbuch des Mittelalters. Die Äbtissin Hildegard von Bingen (1098–1179) führte in ihren heilkundlichen Schriften neue Pflanzen in die Klostermedizin ein. Sie stützte sich nicht nur auf die antiken Schriften, sondern integrierte auch Pflanzen aus der Volksmedizin in den klösterlichen Wissensschatz. In ihrem Werk »Physika« beschrieb sie die Heileigenschaften von über 200 Pflanzen. Modern ist heute wieder ihr ganzheitliches Denken, das den Menschen eingebunden in die Schöpfung sah.

Hildegard von Bingen, Heilkundige und Seherin, war die einzige Frau des Mittelalters, die Predigtreisen unternahm.

Hildegard von Bingen

Bereits zu ihren Lebzeiten war Hildegard von Bingen (1098–1179) als »Prophetissa teutonica« (deutsche Prophetin) im ganzen Abendland berühmt. Im Alter von acht Jahren war sie den Nonnen des Disibodenbergs zur geistlichen Erziehung übergeben worden und brachte dort im Kloster drei Jahrzehnte mit Lernen, Beten und Meditieren zu, bis sie 1136 von ihren Mitschwestern zur Vorsteherin gewählt wurde.
Auf jenem Klosterhügel, hoch über dem Zusammenfluss von Nahe und Glan, erschaute Hildegard ihre Visionen, in denen sie das Universum als unendliche Kampfstätte zwischen Gut und Böse wahrnahm. Überall wimmelten höllische Ausgeburten; der Satan, grauenhafte Dämonen und Ungeheuer bedrohten sämtliche Menschenseelen. Aber mitten durch das kosmische Chaos sah sie auch leuchtende Wege zu einem Mittelpunkt führen, in dem ihr die Dreifaltigkeit Gottes erschien. Dies erfuhr Hildegard nicht etwa im Traum, sie nahm es im Wachzustand wahr. Unmittelbar danach diktierte sie ihre Visionen einem Mönch, aus dessen Aufzeichnungen 1151 das Buch »Scivias« (Wisse die Wege) als ihr literarisch-theologisches Hauptwerk veröffentlicht wurde. 1163 folgten das »Buch der Lebensverdienste« und 1174 das »Buch der Gotteswerke«.
Eine Leseprobe aus »Scivias«: »Die Seele gleitet so in den Leib hinein wie der Saft in den Baum. Durch den Saft grünt der Baum, treibt Blüten und reift Früchte, so auch der Körper durch die Seele. Und wie reift die Baumfrucht? Durch das richtige Wärmemaß der Sommerzeit. Wieso? Die Sonne erwärmt sie, der Regen spendet ihr Nass, und so wird sie in gemäßigter Wärme reif. Und was bedeutet dies? Die Erbarmung der Gnade Gottes beleuchtet wie eine Sonne den Menschen, der Anhauch des Heiligen Geistes übergießt ihn wie Regen, und das rechte Maß in allem führt ihn wie gemäßigte Sommerluft zur Vollendung guter Werke.«

Zehn Heilkräuter aus Hildegards »Pflanzenapotheke«

1

2

3

4

5

6

7

8

9

10

1 Brennessel *(Urtica urens)*
»Und ein Mensch, der gegen seinen Willen vergesslich ist, der zerstoße die Brennessel zu Saft und füge etwas Olivenöl hinzu, und wenn er schlafen geht, salbe er damit seine Brust und die Schläfen, und dies tue er oft, und die Vergesslichkeit in ihm wird gemindert werden.«

2 Brombeerblätter *(Rubus fruticosus)*
»Der Brombeerstrauch, an dem die Brombeeren wachsen, ist mehr warm als kalt ... Wenn jemand an der Lunge leidet und in der Brust hustet, nehme er Bertramwurzel, Brombeerblätter, Ysop und etwas Dost, füge Honig bei und koche dies alles in gutem Wein, seihe es danach durch ein Tuch und trinke nach einer vollen Mahlzeit genug davon, und das tue er oft, und die Lunge wird die Gesundheit wiedererlangen.«

3 Eisenkraut *(Verbena officinalis)*
»Wenn fauliges Fleisch im Menschen ist, dann koche Eisenkraut in Wasser, lege ein Leintuch auf die Wunden und obenauf (nach mäßigem Ausdrücken des Wassers) das Eisenkraut. Dies tue so lange, bis jene Fäulnis weggenommen wird.«

4 Fenchel *(Foeniculum vulgare)*
»Wie immer der Fenchel gegessen wird, macht er den Menschen fröhlich und vermittelt ihm angenehme Wärme und guten Schweiß, und er verursacht gute Verdauung.«

5 Gewürznelke *(Syzygium aromaticum)*
»Und wenn jemand Kopfschmerzen hat, so dass ihm der Kopf brummt, wie wenn er taub wäre, esse oft Nelken, und das mindert das Brummen in seinem Kopf.«

6 Hirschzunge *(Phyllitis scolopendrium)*
»Die Hirschzunge ist warm und hilft der Leber und der Lunge und den schmerzenden Eingeweiden.«

7 Königskerze *(Verbascum thapsus)*
»Wer ein schwaches und trauriges Herz hat, der koche Königskerze mit Fleisch oder mit Fisch oder andere Kräuter, und er esse das oft, und es stärkt sein Herz und macht es fröhlich.«

8 Mohn *(Papaver somniferum)*
»Seine Körner führen, wenn man sie ißt, den Schlaf herbei und vermindern den Juckreiz. Sie unterdrücken die rasenden Läuse und Nissen. Im Wasser gekocht, können sie gegessen werden, sind aber roh besser und wirksamer als gekocht.«

9 Ringelblume *(Calendula officinalis)*
»Die Ringelblume ist kalt und feucht, sie hat starke Grünkraft in sich und ist gut gegen Gift. Denn wer Gift ißt, oder wem es verabreicht wurde, der koche Ringelblume in Wasser, und nach Ausdrücken des Wassers lege er sie so (ohne Unterlage) auf seinen Magen, und sie erweicht das Gift, und es wird von ihm ausgeschieden.«

10 Schafgarbe *(Achillea millefolium)*
»Die Schafgarbe ist etwas warm und trocken, und sie hat besondere feinstoffliche Kräfte für die Wunden. Man wäscht die Wunde mit Wein, und es soll in Wasser mäßig gekochte Schafgarbe warm über das Tuch, so auf der Wunde liegt, gebunden werden.«

(Die Zitate wurden, der besseren Lesbarkeit halber, leicht gekürzt und redigiert.)

Saarland

Doris Müller

Als Land von »Blumen und Zahnrad«, als »Garten mit einem Schlot drin« hat der Liedermacher Jürgen Albers das Saarland besungen. Das Bild könnte treffender nicht sein: Das Nebeneinander von Agrikultur und Industrie charakterisiert das hügelige Land an der Grenze zu Frankreich, seit im 19. Jahrhundert Bergbau und Hüttenwesen Bedeutung erlangten. Die Arbeiter, ob sie als Bergmannsbauern oder in den Siedlungen lebten, unterhielten eine kleine Landwirtschaft zur Selbstversorgung, der Bau von Eigenheimen wurde schon früh gefördert, sodass man sich auch in deren Vorgärten das Nötigste zum Leben anbauen konnte.

Viel gab der Boden nicht her, Kartoffeln bestimmten den Speiseplan und finden sich noch heute in der saarländischen Küche in einer Vielfalt von Variationen. Ebenfalls einfach und deftig ist ein Produkt, das über die Landesgrenzen hinaus bekannt wurde: die Fleischwurst Lyoner.

Im »Garten Saarland« ist heute noch rund ein Drittel des Landes mit Wald bedeckt, 45 Prozent der gesamten Wirtschaftsfläche werden landwirtschaftlich durch Vollerwerbs- oder Nebenerwerbsbetriebe genutzt. Neben Naturschönheiten, wie der Saarschleife bei Mettlach, gehören Industriedenkmäler im Saarland ebenso zum kulturellen Erbe wie Kirchen, Burgen und Schlösser. So wurde die Alte Völklinger Hütte 1994 von der UNESCO zum Weltkulturerbe erklärt und ist eine ebenso viel besuchte Sehenswürdigkeit wie die spätbarocke Ludwigskirche in der Landeshauptstadt Saarbrücken.

Unter den alten Bundesländern ist das 1959 geschaffene Saarland das jüngste und unter den Flächenstaaten Deutschlands mit 2568 Quadratkilometern der kleinste. Als politische, wirtschaftliche und kulturelle Einheit versteht sich die Region erst seit 1920. Damals wurde nach einer wechselvollen Geschichte mit Frankreich das »Saargebiet« gebildet, dessen politisches Geschick in den Händen Frankreichs lag. Die nachbarschaftlichen Beziehungen, die heute freundschaftlich und für beide Teile bereichernd verlaufen, prägten auch die Küche des Landes, die durch die französische »Cuisine« an Leichtigkeit und Frische gewann.

Oben: Das Saarbrücker Staatstheater wurde 1937/38 von der nationalsozialistischen Regierung errichtet und sollte an der Westgrenze Deutschlands als »Bollwerk« gegen Frankreich dienen. Im Zweiten Weltkrieg zerstört und in der Nachkriegszeit wieder aufgebaut, beherbergt es heute ein renommiertes Drei-Sparten-Haus.

Links: Die Saarschleife bei Mettlach von Cloef aus gesehen. Die von der Saar umflossene Landzunge hatte schon früh strategische Bedeutung.

Kerschdscher & Dibbelabbes

Im Saarland heißen die Kartoffeln »Grombiere«, »Grumbere« oder »Grumbeere«, also »Grundbirnen« oder »Grundbeeren«. Sie wurden vermutlich um 1700 durch wallonische Hüttenarbeiter eingeführt und entwickelten sich in der armen Gegend zum wichtigsten landwirtschaftlichen Produkt. Weizen, Hafer, Roggen und Gerste brachten auf den mageren Sandböden nur unbedeutende Erträge, die anspruchslose Kartoffel hingegen kam mit der Bodenbeschaffenheit der Region blendend zurecht. Obwohl die Einführung des Kunstdüngers alternative Anpflanzungen ermöglichte, hielt sich die Kartoffel als das saarländische Grundnahrungsmittel schlechthin. Sie gehört einfach dazu, und ist auch heute noch in zahlreichen Variationen in der saarländischen Küche zu finden.

Die Frauen, die sich und ihre Familien fast ausschließlich von Kartoffeln ernähren mussten, entwickelten über Generationen hinweg sehr viel Fantasie bei der Gestaltung, Variation und Namengebung von Kartoffelgerichten. Da gibt es beispielsweise: »Kerschdscher« (Bratkartoffeln), »Hoorische« (Klöße aus rohen Kartoffeln), »Stracke« (Hoorische in länglicher Form), »Grumbeerkiechelcher« (Reibekuchen), »Ge- oder Verheirate« (Kartoffeln und Mehlklöße), »Gefillde Knepp« (rohe Klöße mit Hackfleisch gefüllt), »Stupperte« (in Fett herausgebackene Klöße), »Iwwer die Platt Geschmelzde« (gekochte Kartoffelstifte mit Milch oder Rahm) und schließlich das saarländische Lieblingsgericht »Dibbelabbes«. Letzteres ist ein Kartoffelauflauf mit Dörrfleisch und Lauch, der im »Dibbe«, einem gusseisernen Bräter, im Ofen gegart wird. Dibbelabbes wird vielfach auch auf dem Herd zubereitet, wobei man ihn ständig wendet, damit sich Krusten bilden.

Ein paar Kartoffeln, etwas Fett oder Milch – Kerschdscher und Plattgeschmelzde waren einfach und schnell zuzubereiten und stellten daher die tägliche Kost der Bergmannsbauern dar, also der Kleinbauern, deren Existenz durch die Landwirtschaft nicht mehr ausreichend gesichert war und die sich daher ab Mitte des 19. Jahrhunderts in den Gruben verdingten. Sie verbrachten ihre Zeit während der Woche als Bergmänner untertage und schliefen in eigens dazu erbauten Schlafhäusern in Grubennähe. Die Schlafhäuser verfügten über einen großen Herd, sodass die Männer sich selbst versorgen konnten. Die Produkte für ihre Verpflegung brachten sie vom eigenen bäuerlichen Hof mit, den die Frauen bewirtschafteten.

Kerschdscher

Dibbelabbes

1 kg Kartoffeln
2 große Zwiebeln
2 EL Rapsöl
100 g Dörrfleisch, in Würfel geschnitten
1 Stange Lauch,
in feine Ringe geschnitten
1 Ei
Salz und Pfeffer
1 Msp. gemahlene Muskatnuss
1 EL gehackte Petersilie

Die Kartoffeln schälen, waschen und grob reiben. In ein sauberes Küchentuch geben und gut ausdrücken. Die Zwiebeln abziehen und zu den Kartoffeln reiben.

Das Öl in einem Bräter erhitzen und das Dörrfleisch darin anbraten. Dann die Lauchringe untermischen und glasig dünsten. Die Kartoffelmasse und das Ei hinzufügen, mit Salz, Pfeffer, Muskat und Petersilie würzen und alles gut vermengen. Im vorgeheizten Backofen bei 200 °C ca. 1 Stunde zugedeckt garen. 15 Minuten vor Ende der Garzeit den Deckel entfernen, damit eine goldbraune Kruste entsteht. Dibbelabbes kann man mit Apfelkompott oder Endiviensalat servieren.

Kerschdscher

1 kg Kartoffeln
4 EL Butterschmalz
Salz

Die Kartoffeln schälen, waschen und in Würfel schneiden. Das Fett in einem Bräter erhitzen und die Kartoffeln hineingeben. 10 Minuten zugedeckt garen, dann den Deckel abnehmen, die Kartoffeln vorsichtig wenden und salzen. Unter mehrmaligem Wenden so lange braten, bis sie knusprig braun sind.

Verheirate

750 g Kartoffeln
Salz
500 g Mehl
2 Eier
200 g Frühstücksspeck, in Würfel geschnitten
1/8 l Milch

Die Kartoffeln schälen, waschen und in Stifte schneiden. In Salzwasser 20 Minuten kochen. Inzwischen für die Mehlknepp (Mehlklöße) aus dem Mehl, den Eiern und 1/4 l Wasser einen zähflüssigen Teig anrühren. Reichlich Wasser mit 1 TL Salz zum Kochen bringen, den Teig esslöffelweise hineinlaufen lassen und ca. 5 Minuten im Wasser ziehen lassen. Mit dem Schaumlöffel herausnehmen und warm stellen. Frühstücksspeck in einer Pfanne auslassen und Milch angießen. In eine vorgewärmte Schüssel abwechselnd Kartoffelstifte und Mehlknepp schichten und mit der Speckmilch übergießen.

Gemüse

Die Lisdorfer Au gilt im Saarland als wichtigstes Anbaugebiet für Gemüse und Salat. Das flache und weitläufig zusammenhängende Gebiet liegt südlich der Stadt Saarlouis in einer Weitung des Saartals. Fast auf gleicher Ebene mit der Saar gedeiht das Gemüse in der vom Fluss geschaffenen wettergeschützten Ebene besonders prächtig. Die Saar liefert das Wasser zum guten Gelingen.
Der Gemüsegarten entstand zeitgleich mit einer Festung, die unter dem französischen König Ludwig XIV. 1686 in Saarlouis errichtet wurde. Die Franzosen verlangten nach ständig lieferbarem Frischgemüse, und die Lisdorfer Bauern erfüllten ihnen diesen Wunsch. Ein Pachtvertrag der Lisdorfer Bauern von 1694 verdeutlicht die große Vielfalt der angebauten Gemüse: Rotrüben, gelbe Möhren, Krautköpfe, Grünkohl, Artischocken, Erbsen, Bohnen, Blumenkohl, Spargel, Melonen, Erdbeeren und Zwiebeln. Bei dieser Reichhaltigkeit des Angebots fanden sich rasch auch Abnehmer aus dem benachbarten Lothringen. Auch der fürstliche Hof in Saarbrücken bezog sein Gemüse von den Lisdorfer Bauern. Zur erforderlichen Düngung des Bodens bediente man sich der Latrinen der Garnison. Typisch für das Saarland war auch die Düngung mit Thomasmehl, einem Abfallprodukt aus den Hütten.
Anfangs transportierten Marktschiffe das Gemüse zu den Kunden. Die Ausweitung des Bergbaus im 19. Jahrhundert brachte verbesserte Verkehrsverbindungen mit sich, sodass der Lieferradius bald das gesamte Kohlerevier und das angrenzende Frankreich umfasste. 1835 wurde in Lisdorf die erste Ackerbauschule Preußens durch Pfarrer Hansen gegründet. Die Ware wurde durch Direktvertrieb und am Ort ansässige Großhändler sowie auf dem Saarbrücker Großmarkt umgesetzt.
Die Dichte des neu entstandenen industriellen Ballungsgebiets bewirkte eine steigende Nachfrage nach dem Gemüse der Lisdorfer Au. Mit der weiteren Verbreitung verringerte sich die Vielfalt der angebotenen Gemüsearten auf Frühkartoffeln, Salat, Rüben, Blumenkohl, Wirsing, Kappes (Kohl), Gurken und Spargel.
Am linken Saarufer in Wallerfangen und Beaumarais hatte man sich recht früh auf Spargelanbau spezialisiert. Heute kultivieren die Lisdorfer Bauern vor allem Salate, Kohlarten und Wurzelgemüse; dank Innovationsfähigkeit und Flexibilität können sie sich damit erfolgreich am Markt behaupten.

In der traditionellen Küche des Saarlands wanderten die Gemüse, die man in den kleinen Gärten zog, in Suppen und Eintöpfe, deren Hauptbestandteil natürlich Kartoffeln waren. Die wurden in Form von Kartoffelwaffeln auch zur Suppe gereicht. In der Gegend um Saarbrücken und Zweibrücken isst man zum Beispiel zur Löffelbohnensuppe gerne »Quetschekuchen«, zu Hochdeutsch »Zwetschgenkuchen«.

Löffelbohnensuppe

1 kg frische grüne Bohnen
500 g mehlige Kartoffeln
1 Zwiebel, gehackt
1 Bund Suppengrün, gehackt
1 EL Butter, $1\frac{1}{2}$ l Brühe
Salz und Pfeffer, 2 Stängel Bohnenkraut
150 g süße Sahne

Die Bohnen putzen und in kleine Stücke schneiden. Die Kartoffeln schälen, waschen und in Würfel schneiden. Die Zwiebel und das Suppengrün in der Butter glasig dünsten, die Bohnen und die Kartoffeln zugeben und die Brühe angießen. Mit Salz, Pfeffer und Bohnenkraut würzen, zum Kochen bringen und zugedeckt bei kleiner Hitze ca. 20 Minuten köcheln lassen. Zum Schluss die Sahne unterrühren und die Suppe nochmals mit Salz und Pfeffer abschmecken. Dazu Kartoffelwaffeln oder Zwetschgenkuchen reichen.

Graupeneintopf
Für 6 Personen

2 EL Butter
1 kleine Zwiebel und 1 Knoblauchzehe, gehackt
$\frac{1}{4}$ TL gerebelter Majoran
$\frac{1}{4}$ TL getrocknetes Bohnenkraut
120 g Graupen
80 g Möhren, in Würfel geschnitten
80 g Sellerie, in Würfel geschnitten
200 g Kartoffeln, in Würfel geschnitten
2 l Geflügelbrühe
40 g geräucherte Speckschwarte
240 g Putenfleisch
1 EL Öl
Salz und Pfeffer
80 g Lauch, in feine Streifen geschnitten
1 Frühlingszwiebel, in Streifen geschnitten
3 EL geröstete Zwiebeln

Die Hälfte der Butter in einem großen Topf zerlassen. Zwiebel und Knoblauch darin glasig dünsten. Majoran, Bohnenkraut, die gewaschenen Graupen und Gemüsewürfel dazugeben und kurz mitdünsten. Geflügelbrühe angießen, Speckschwarte einlegen und alles zum Kochen bringen. Zugedeckt bei kleiner Hitze ca. 10 Minuten köcheln. Inzwischen das Putenfleisch in mundgerechte Stücke schneiden, in Öl anbraten und zum Eintopf geben. Mit Salz und Pfeffer würzen und weitere 10 Minuten köcheln. Lauch und Frühlingszwiebeln in der restlichen Butter dünsten. Zum Eintopf geben, nochmals aufkochen lassen. Mit gerösteten Zwiebeln bestreuen.

Mangoldsturzensalat

400 g Mangold
Salz
4 Eier
6 EL Sonnenblumenöl
30 g Mehl
1 kleine Zwiebel, fein gehackt
1 Knoblauchzehe, fein gehackt
100 ml Essig
$\frac{1}{4}$ l Brühe, Pfeffer
4 Tomaten, geachtelt
Blattsalat der Saison

Die Mangoldstiele in kochendem Salzwasser blanchieren, in Eiswasser abschrecken, abziehen und in 6 cm lange Stücke schneiden, dann in $\frac{1}{2}$ cm lange Stifte. Die Eier in Salzwasser in 4–5 Minuten wachsweich kochen, mit kaltem Wasser abschrecken und schälen. Für die Soße das Öl in einem Topf erhitzen, das Mehl einrühren und braun anschwitzen. Die Zwiebel und den Knoblauch zufügen und leicht bräunen. Mit dem Essig ablöschen und die Brühe angießen. 5 Minuten köcheln lassen, mit Salz und Pfeffer abschmecken, abseihen und etwas abkühlen lassen. Mangold, Tomaten und Blattsalat mit der Soße anmachen, auf Teller verteilen, mit den Eiern garnieren.

Von links nach rechts: Löffelbohnensuppe, Graupeneintopf, Mangoldsturzensalat

Lyoner

Objektiv betrachtet ist die Lyoner eine Wurst. Eine Brühwurst im Ring, die aus magerem Fleisch, kernigem Speck, Salzen, Gewürzen und Wasser besteht. Als solche wird sie verzehrt: kalt oder warm, mit reichlich Senf und »Weck« (Brötchen) frisch aus der Hand, scheibchenweise als Frühstücksbrotbelag, gekocht oder gebraten mit Bratkartoffeln und grünem Salat des Mittags, abends gegrillt mit Weck und Senf.
Subjektiv gesehen ist die Lyoner mehr als nur eine Wurst. Nämlich ein Stück saarländische Identität, in dieser Funktion vergleichbar der Berliner Currywurst oder der Münchner Weißwurst. Stadt- und Dorffeste, private Gartenfeste und sogar Empfänge der Landesregierung sind undenkbar ohne Lyoner. »Jeder saarländische Freitag, jeder Zahltag, jedes Richtfest ist zugleich auch ein Lyonerfest«, schreibt der saarländische Autor Ludwig Harig. Und der Saarbrücker Stadtrat setzte noch eins drauf, indem er 1996 ernsthaft überlegte, eine Straße in dem Industriegebiet, das die saarländischen Fleischwarenfabriken beherbergt, »Lyonerring« zu taufen.
Die ausgeprägte »Lyonerkultur« des Landes wird gerne auf den Bergbau zurückgeführt, von dem früher der größte Teil der saarländischen Bevölkerung abhängig war. Die Bergleute benötigten für ihre harte Arbeit untertage eine Menge konzentriertes Eiweiß. Dieser Bedarf konnte durch den Verzehr von Lyoner, die im Vergleich zu anderen Fleischwaren eher billig war, mundgerecht und ohne großen Aufwand gedeckt werden. In der »Kaffeekisch«, der Werkskantine, wo heute noch preisgünstiges und einfaches Essen und Trinken angeboten werden, erhielt der Bergmann, wenn er eine halbe Schicht länger gearbeitet hatte, neben dem Geld für die Überstunden ein Stück Wurst, einen Weck und eine Flasche Bier als Belohnung.
Hergestellt wird die Lyoner im Kutter, einer Spezialmaschine mit drehender Schüssel und rotierenden Messern, die das Magerfleisch zerkleinern, das dann mit Speck, Gewürzen und Eis gemischt wird. Anschließend wird die Masse in mittelgroße bis größere Kaliber (40–46 mm) aus Dünndärmen des Rindes abgefüllt. Bis heute verwendet man ausschließlich Naturdärme. Durch entsprechende Hitzebehandlung wird die Lyoner schnittfest gemacht und anschließend im Rauch von Hobelspänen aus reinem Buchenholz geräuchert. Der Herstellungsprozess ist bei den wenigen saarländischen Produzenten gleich. Unterschiedlich sind lediglich die Anteile der Grundbestandteile und die Würzung. In der Zusammensetzung der Würzzutaten liegt das größte Geheimnis der Hersteller, das keinem Konsumenten verraten wird. Zutaten können sein: Knoblauch, Thymian, Koriander, Ingwer, Zimt, Muskat und Pfeffer.

Saure Lyoner

800 g Lyoner
2 große Zwiebeln
3 EL Essig, Salz und Pfeffer
1 Prise Zucker
4 EL Sonnenblumenöl
½ Bund Petersilie, gehackt

Die Lyoner enthäuten und in Scheiben schneiden. Die Zwiebeln abziehen und in feine Ringe hobeln. Aus ⅛ l Wasser, dem Essig, Salz, Pfeffer, Zucker und Öl eine Marinade anrühren. Lyoner und Zwiebeln in eine Schüssel geben, mit der Marinade begießen und gut durchziehen lassen. Vor dem Servieren mit der Petersilie bestreuen.

Fleischsalat

400 g Fleischwurst (Lyoner oder andere Frischwurst)
2 große Gewürzgurken
4 EL Mayonnaise
2 EL Gurkenessig
Salz und Pfeffer, 1 Prise Zucker

Die Fleischwurst in Scheiben, anschließend in feine Streifen schneiden. Die Gewürzgurken ebenfalls in etwa 2 cm lange feine Streifen schneiden. Die Mayonnaise mit Gurkenessig, Salz, Pfeffer und Zucker gut verrühren. Fleischwurst und Gurkenstreifen zufügen und gründlich vermengen. 1 Stunde ziehen lassen. Den Fleischsalat mit frischen Brötchen, Tomaten und harten Eiern servieren.

Links: Fleischsalat

Rechts: Die verhältnismäßig billige Lyoner lieferte den hart arbeitenden Bergleuten eiweißreiche Nahrung. Zum typischen »Bergmannsfrühstück« gehören Lyoner, Brötchen und Senf.

Festessen übertage

Wo Schmalhans Küchenchef ist, spielen Feste, zu denen der Tisch reichlicher gedeckt ist als im Alltag, eine ganz besondere Rolle. Das Zicklein zum Beispiel, das man zu Ostern, aber auch zu Kommunion oder Konfirmation genoss, war ein Festbraten, zumal für die Arbeiter, die sich nur sehr selten Fleisch leisten konnten. Ein großer Tag im Leben der einfachen Leute war auch die jährlich stattfindende Kirmes, genannt »die Kerb«, zu der die gesamte auswärtige Verwandtschaft geladen wurde. Dabei scheute man keinen Aufwand, backte Kuchen und schlachtete unter Umständen sogar ein Schwein.

Wie reich der Tisch bei Festen oder im Alltag gedeckt war, hing davon ab, ob er im Haus eines Bergmannsbauern oder eines Kolonisten stand. Die Bergmannsbauern, die eine kleine häusliche Landwirtschaft besaßen, verfügten über Naturalien wie Kartoffeln, Wurst, Speck, Eier, Butter, Sauerkraut, Hülsenfrüchte und konnten sich entsprechend gut ernähren. Die Bergleute aus dem Nordsaarland waren also besser gestellt als ihre Kollegen aus den Bergarbeitersiedlungen, die sogenannten »Kolonisten«, die früher selbst Bauern gewesen waren, bis die Landwirtschaft sie schließlich nicht mehr ernährte.

Während es bei den Bergmannsbauern auch während der Woche Schinken und Eier gab, mussten die Bergmannsfamilien der Kolonien ihren Fleischkonsum auf Sonn- und Feiertage beschränken. Fleisch auf dem Speiseplan bedeutete in erster Linie Rindfleischsuppe oder gebratener Schweinebauch mit Soße und als Beilage Salzkartoffeln und Gemüse oder Salat. Unter der Woche lebten die »Kolonisten« hauptsächlich von Brot und Kartoffeln in allen Variationen. Auch wenn die Männer auf die Schicht fuhren, gaben ihnen die Frauen oft nichts anderes mit als Brot, belegt mit kaltem Kartoffelpuffer, das den euphemistischen Namen »Schinkenbrot« trug. Wahrscheinlich, weil die Ärmeren ihren Kollegen, den Bergmannsbauern, nicht nachstehen wollten, die tatsächlich Schinken auf dem Brot hatten und in ihren Augen reich waren – so reich, dass man sich erzählte, sie brächten den Kindern am Samstag bei der Rückkehr aufs Land Weck und Wurst mit.

Ein Fest für die Kinder war es auch immer, wenn der Vater mit dem legendären »Hasenbrot« von der Schicht zurückkehrte. Zu dem bereits angetrockneten Brot gehörte die gern erzählte Geschichte, die die Kleinen wohl ebenso erfreute wie die Tatsache, dass sie eine Extraration bekamen: Ein Hase hatte am Bergmannspfad gewartet, um dem Vater die Überraschung mitzugeben …

Ziegenbraten

Für 6 Personen

1 ½ kg Ziegenrücken
Salz und Pfeffer
2 EL Butterschmalz
½ l Brühe
1 Bund Petersilie, fein gehackt
1 Bund Schnittlauch, in Röllchen geschnitten
2 EL Butter
200 g süße Sahne

Den Ziegenrücken mit kochendem Wasser übergießen, trocken tupfen und kräftig mit Salz und Pfeffer einreiben. Das Schmalz in einem Bräter erhitzen, den Ziegenrücken kurz anbraten und im vorgeheizten Backofen bei 200 °C knapp 1 Stunde braten, dabei mehrmals mit der Brühe begießen. Die Petersilie und den Schnittlauch in der Butter andünsten. Den Braten aus dem Ofen nehmen und mehrmals einschneiden. Die Kräutermischung in die Schnitte füllen und den Ziegenrücken weitere 30 Minuten braten. Den fertigen Rücken aus dem Bräter heben, den Bratensatz mit der Sahne loskochen und die Soße mit Salz und Pfeffer abschmecken und durch ein Haarsieb abgießen. Getrennt zum Ziegenrücken reichen.

Wambefäschd – auch ein Fest für die Wampe

Im Saarland begingen die Bergleute von 1817 bis 1912 die legendär gewordenen Bergfeste, die im Volksmund »Wambefäschd« oder auch »Bergmannsball« genannt wurden. Der Ablauf der Feste fand stets nach einem genau festgelegten Plan statt: Nach dem Gottesdienst folgte die Bergparade der Bergleute, die ihre sonntäglich feine schwarze Uniform trugen. Danach hielt der Bergwerksdirektor seine Ansprache, in der er alljährlich »Einigkeit und Gemeinsamkeit« sowie »Treue zu König und Vaterland« beschwor.

War dies absolviert, ging's ans Feiern. Das Sommerfest erfreute sich nicht zuletzt deswegen größter Beliebtheit, weil die Grubenleitung an diesem Tag Riesenberge von Essen spendierte. Es gab vor allem Rindfleisch mit Reis sowie gekochten Schinken. Dazu Freibier und Zigarren. Tänze für die Erwachsenen und Spiele für die Kinder sorgten für die ausgleichende Bewegung hinterher. Diese körperliche Betätigung war sicherlich notwendig in Anbetracht der Mengen, die zum Beispiel in der Grube »König« aufgetischt wurden. So wurden für das Bergfest im Jahre 1898 pro Mann 1,5 Kilogramm Ochsenfleisch, 1,5 Kilogramm Brot, 5 Liter Bier und 12 Zigarren veranschlagt. Die Reste durften mit nach Hause genommen werden, und am nächsten Tag hatten alle Bergleute frei, damit sie sich von den Strapazen erholen konnten.

Während der Streikzeit gegen Ende des 19. Jahrhunderts, in die auch die Gründung des Rechtsschutzvereins fiel, fanden die Bergfeste nicht statt. Die früher beschworene »Einigkeit und Gemeinsamkeit« zwischen den Bergleuten und der Direktion war in dieser Zeit wahrscheinlich auf ein Minimum reduziert.

Die Ziege

Die Ziege ist im Saarland noch heute unter dem Namen »Bergmannskuh« bekannt, denn ihre Haltung war eng mit der Entwicklung des Bergbaus und dessen Expansion im 19. Jahrhundert verknüpft. Damals fand eine große Zahl verarmter Bauern aus den umliegenden Dörfern des Hochwaldes, aus der Pfalz und dem Hunsrück in den Gruben Arbeit. Um den landlosen Bergleuten eine Bleibe zu bieten, förderte die Bergwerksdirektion durch Darlehen und Prämien den Bau von Eigenheimen, sodass ein Großteil der Bergarbeiter bereits gegen Ende des Jahrhunderts ein eigenes rotes Backsteinhäuschen in den neu entstandenen Bergmannssiedlungen unweit der Grubenschächte besaß. Im Saarland nannte man diese Ansiedlungen »Kolonien«, ein Ausdruck, der sich bis heute gehalten hat.

Im Gegensatz zu den Bergmannsbauern hatten die Bergleute kein Land zu bewirtschaften, die Kleintierhaltung spielte jedoch für das leibliche Wohl der Bergarbeiterfamilien eine wichtige Rolle. Die Ziege avancierte ab Mitte des 19. Jahrhunderts zur Kuh des kleinen Mannes: Sie war sowohl Fleisch- als auch Milchlieferant.

Noch während der Kriegs- und Nachkriegszeit wurde der Ziegenhaltung aus ernährungswirtschaftlichen Gründen große Bedeutung zugemessen. Gab es doch 1950 im Saarland noch immer die beachtliche Zahl von 80 000 Ziegen. Nachdem der Ziegenbestand vor 30 Jahren auf etwa 300 Tiere zusammengeschrumpft war, hat er sich inzwischen leicht erholt: Heute gibt es im Saarland rund 370 Ziegenhalter mit etwa 3000 Ziegen.

Neben dem Schaf gehört die Ziege, die in der Haltung anspruchslos ist, zu den ältesten Haustierarten; wie Knochenfunde beweisen, wurde sie schon in der Steinzeit gehalten. Das zarte, aromatische Ziegenfleisch gilt in Feinschmeckerkreisen als Delikatesse. Noch heute ist es im Saarland Brauch, Zicklein zu Ostern zu essen.

Hüttenmann und Henkelmann

Die traditionelle Industrie des Saarlands war über viele Jahrzehnte hinweg geprägt durch Kohle, Eisen und Stahl. Berg- und Hüttenmänner leisteten harte körperliche Arbeit; ihr Kalorienbedarf war entsprechend hoch, ihr Essen deftig. Daher lautet ein saarländisches Motto noch heute: »Wer schafft, muss ach gut esse«, »wer arbeitet, muss auch gut essen.« Nach dem Zweiten Weltkrieg wurden die Bergleute sogar vor jeder Schicht von offizieller Seite durch Nudelsuppe mit viel Fleisch gestärkt, damit die ausgehungerten Männer die Schwerstarbeit durchstehen konnten. Viele Männer brachten die »Nudelsupp« mit nach Hause, wo sie mit Wasser und Gemüse aus dem eigenen Garten verlängert wurde. Die zweite große Gruppe der saarländischen Werktätigen, die Hüttenmänner, brachten ihr Essen in »Henkelmännern« mit zur Arbeit. Henkelmänner sind kleine Behältnisse aus Blech; sie enthielten Eintopf oder ein Gemisch aus Kartoffeln und Karotten mit Speck oder Dörrfleisch. Wärmeisolierend wirkte so ein Blechnapf natürlich nicht, und so war es früher üblich, dass Frauen oder Kinder die Henkelmänner zur Essenszeit ans Werkstor brachten, damit die Männer die Mahlzeit warm zu sich nehmen konnten.

Die Alte Völklinger Hütte wurde als Industriedenkmal und Inbegriff der saarländischen Geschichte 1994 von der UNESCO zum Weltkulturerbe erklärt.

Schwenkbraten

Der Saarbrücker Autor Georg Seitz hat den Spruch geprägt: »Der Mensch denkt, Gott lenkt, der Saarländer schwenkt.«
Das Objekt des schwenkenden Saarländers ist ein Braten, und den riecht man dann auch: Im Sommer duftet es aus allen Gärten stets unverkennbar, wobei vor allem Knoblauch und Thymian den typischen Schwenkbratengeruch verbreiten. Die 8000 sommerlichen Veranstaltungen, die alljährlich in der Gestalt von Stadt-, Dorf-, Straßen- und Vereinsfesten im Saarland abgehalten werden, sind mittlerweile ohne Schwenkbraten nicht mehr vorstellbar. Das gegrillte Schweinefleisch hat sich seit Anfang der Siebzigerjahre in Windeseile zum saarländischen »Nationalgericht« gemausert.
Vermutlich kam der »Neusaarländer« vor etwa einem Vierteljahrhundert aus dem Hunsrück, wo er unter dem Namen »Schaukelbraten« oder »Schwenkbraten« bekannt ist. Angeblich brachten deutsche Edelsteinsucher, die im 19. Jahrhundert in Brasilien gearbeitet hatten, das Rezept aus dem Urwald mit. Dass sich der Braten derart schnell die Feste und Vorgärten des kleinen Bundeslandes erobern konnte, mag an der sprichwörtlichen saarländischen Geselligkeit liegen, für die der Soziologe Gerhard Bungert eine interessante Erklärung anbietet: Im Saarland wurde der Bau von Eigenheimen durch die regionale Montanindustrie seit 150 Jahren stark gefördert. Der Besitz »des eigenen Häuschens« bringt Immobilität mit sich – man bleibt in der Regel ein Leben lang am selben Ort. Dies führt zur aktiven Teilnahme am Gemeindeleben, da auch der Schwerpunkt der Freizeitgestaltung in der jeweiligen Gemeinde liegt.
Die dreibeinigen Schwenkbratenständer für den Hausgebrauch werden von den Hobbybastlern gern in Heimarbeit angefertigt und dann stolz im Garten präsentiert. Falls dazu Zeit und Geschick nicht reichen, springen die Baumärkte in die Bresche, die zu Beginn der warmen Jahreszeit ein großes Angebot an »Schwenkern« führen – auf dass jeder Saarländer, auch der mit zwei linken Händen, schwenke, wenn der Sommer kommt.

Der selbst gebaute »Schwenker« ist der ganze Stolz eines jeden saarländischen Gartenbesitzers.

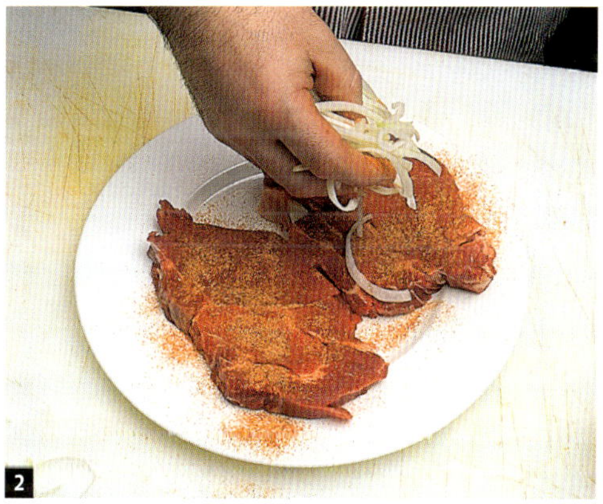

1 Die Qualität des Schwenkbratens beginnt beim Schweinefleisch, das vor dem Grillen mariniert werden muss.

2 Das Fleisch wird mit Paprika, einer Kräutermischung und Knoblauch gewürzt und dick mit Zwiebelringen belegt.

3 Nun wird Öl angegossen. Was er sonst noch zugibt, bleibt Geheimnis eines jeden »Schwenkenden«.

4 Das Fleisch bleibt nun mindestens über Nacht, manchmal auch länger, in der Marinade.

Das Ei

Wie Milch, falls nicht anders bezeichnet, immer Kuhmilch meint, so steht Ei immer für Hühnerei. Die perfekte Form wird nach außen von einer dünnen, dabei sehr luftdurchlässigen Kalkschale geschützt. Im Innern schwebt der Dotter, von zwei sogenannten Hagelschnüren gehalten, in der Mitte, rundherum von Eiweiß umgeben. Eine dünne Hülle, die Dottermembrane, zieht sich um das Eigelb, in dem sich aus der Keimscheibe ein Embryo und schließlich ein Küken entwickelt. Der Dotter selbst stellt seinen Startproviant dar. Deshalb ist es eine geballte Reserve an den Vitaminen A, D, E, K, B1, B2, B6 und B12. Auch der Fettgehalt ist hoch, mit vielen ungesättigten Fettsäuren und Lezithin und enorm viel Cholesterin. An Energie birgt der Dotter fast siebenmal so viel wie das Eiklar, das er auch an Proteinen übertrifft. Unter den Mineralstoffen fallen hohe Mengen an Phosphor, Calcium und Eisen auf. Die Proteine des Eies gelten als Maßstab für biologische Wertigkeit, da ihre essenziellen Aminosäuren dem Mengenverhältnis der menschlichen Proteine weitgehend entsprechen.
Ingesamt ist Ei nicht nur wegen der essenziellen Aminosäuren ein hochwertiges Lebensmittel, sondern auch wegen seines Reichtums an Vitaminen und Mineralien. Wegen ihres Cholesteringehalts sollten Eier allerdings in Maßen genossen werden.

Das Ei in der Küche

Ganze Eier
Ganze Eier verwendet man als Bindemittel für Brot- und Kuchenteige aller Art, wobei sie zugleich lockernde Wirkung haben. Sie dienen auch als Bindemittel bei der Herstellung von Nudeln und Klößen sowie Gerichten mit Hackfleisch.

Eiweiß
Eiweiß nimmt man als Klärmittel von Brühen und Gelees. Eischnee dient als Lockerungsmittel für Desserts und Cremes, Kuchen- und Gebäckteige, Gemüse-, Fisch- und Fleischmassen.

Eigelb
Eigelb verwendet man als Legiermittel für Suppen und Soßen, Cremes und Mayonnaisen und als glänzenden Oberflächenabschluss und Klebemittel mit Körnern, Gewürzen, Nüssen oder Rosinen bei Broten, Kuchen und Gebäck sowie Teigtaschen.

Pfannkuchen

4 Eier
½ l Milch
300 g Mehl
Salz und Zucker
1 Msp. Backpulver
Butter zum Braten

Die Eier mit der Milch verquirlen. Nach und nach das Mehl einrühren und den Teig mit je 1 Prise Salz und Zucker würzen. Backpulver und eventuell etwas Wasser unterrühren, der Teig muss dünnflüssig sein. 20 Minuten quellen lassen, dann nochmals kräftig durchrühren. Etwas Butter in einer Pfanne erhitzen, 1 Schöpfkelle Teig einfüllen und den Pfannkuchen auf beiden Seiten goldbraun braten. Warm stellen, bis alle Pfannkuchen fertig sind. Dünn mit Marmelade bestreichen und gerollt servieren.

Butterkuchen
Für 24 Stück

Teig:
500 g Mehl
75 g Zucker
2 Eier
40 g Hefe
½ TL Hirschhornsalz, in etwas Milch aufgelöst
100 g Butter
⅛ l lauwarme Milch
Fett für das Backblech
100 g zerlassene Butter
100 g Mandelblättchen

Creme:
1 l Milch
6 EL Zucker
2 Päckchen Vanillepuddingpulver
250 g Butter
4 EL Puderzucker

Guss:
200 g Puderzucker

Aus Mehl, Zucker, Eiern, Hefe, Hirschhornsalz, Butter und Milch einen Hefeteig herstellen und zu doppeltem Volumen gehen lassen. Ein Backblech fetten und den Hefeteig daraufdrücken. Mit der zerlassenen Butter bestreichen und mit den Mandelblättchen bestreuen. Den Teig zugedeckt nochmals 15 Minuten gehen lassen. Dann im vorgeheizten Backofen bei 220 °C ca. 25 Minuten backen. Den ausgekühlten Kuchen der Länge nach halbieren, dann waagerecht aufschneiden. Aus der Milch, Zucker und Puddingpulver einen Vanillepudding kochen und erkalten lassen. Die Butter mit dem Puderzucker schaumig schlagen und den kalten Pudding löffelweise unterrühren. Den Kuchen damit füllen. Für den Guss den Puderzucker mit etwas heißem Wasser verrühren und den Kuchen damit bestreichen.

Kranzkuchen
Für 20 Stück

1 kg Mehl
40 g Hefe
150 g Butter
200 g Zucker
1 Päckchen Vanillinzucker
2 Eier
300 ml lauwarme Milch
1 TL Salz
abgeriebene Schale von 1 Zitrone
Mehl für die Arbeitsfläche
Eigelb zum Bestreichen

Aus Mehl, Hefe, Butter, Zucker, Vanillinzucker, Eiern, Milch, Salz und Zitronenschale einen Hefeteig herstellen und zu doppeltem Volumen gehen lassen. Den Hefeteig in 3 gleiche Stücke teilen und jedes Teil auf der bemehlten Arbeitsfläche zu einem dünnen Strang ausrollen. Aus den 3 Teigsträngen einen Zopf flechten. Ein Backblech mit Backpapier auslegen und den Zopf so darauflegen, dass Anfang und Ende verbunden werden. Zugedeckt 15 Minuten gehen lassen. Den Zopf mit verquirltem Eigelb bestreichen und im vorgeheizten Backofen bei 200 °C etwa 1 Stunde backen.

Apfelwaffeln

60 g Butter
1 EL Zucker, 1 Päckchen Vanillinzucker
2 Eier
60 g Mehl
60 g Speisestärke, 1/2 TL Backpulver
100 ml Milch
abgeriebene Schale von 1 Zitrone
1 Apfel
Öl zum Einfetten

Aus Butter, Zucker, Vanillinzucker, Eiern, Mehl, Speisestärke, Backpulver, Milch und Zitronenschale einen dickflüssigen Teig herstellen und eine Stunde im Kühlschrank ruhen lassen. Den Apfel schälen, achteln und entkernen. In feine Streifen schneiden und unter den Teig heben. Das Waffeleisen erhitzen, mit etwas Öl einfetten und die Waffeln backen. Dazu Sahne oder eine Rieslingschaumcreme servieren.

Oben: Apfelwaffeln, Kranzkuchen und Butterkuchen (von links nach rechts).

Unten: Pfannkuchen

Obstanbau per Diktat

Bevor die Politik die Massenmedien für Kampagnen wie »Esst mehr Obst« einsetzen konnte, hatten die Herrschenden meist nur ein Mittel, ihrem Volk eine gute Sache schmackhaft zu machen: die Androhung von Strafe. Damit operierte auch Fürst Wilhelm Heinrich von Nassau-Saarbrücken, als er im 18. Jahrhundert den Obstbau fördern wollte. Jeder, der nicht jährlich mindestens zwei Obstbäume anpflanzte, machte sich strafbar. 100 Jahre später waren solche drakonischen Maßnahmen schon nicht mehr nötig: Der Obstbau hatte durch Vereins-Obstbauschulen und private Baumschulen bereits ein hohes Niveau erreicht. Überall in den Gärten und Alleen des Landes standen Früchte tragende Bäume. Zentren des Obstbaus sind bis heute vor allem das Merziger Becken, die Regionen des Hochwalds und das Bliestal.

Im Merziger Becken hat der Apfelanbau eine lange Tradition, genau wie der Viez, der aus den Früchten gekeltert wird. In dieser Region und auf den sich links und rechts der Saar erhebenden Gauhöhen findet man die prächtigen Streuobstwiesen, die im Frühjahr mit ihrer Blütenpracht und im Herbst mit tiefroten Äpfeln die Sinne erfreuen. Die Apfelernte kam im Saarland von jeher hauptsächlich der Viezherstellung und dem häuslichen Verzehr zugute. Wie Birnen, Zwetschgen, Rhabarber und Beeren werden natürlich auch die Äpfel zu Kompott, Marmeladen, Gelees verarbeitet und als Kuchenbelag genutzt.

Traditionell eine bedeutende Rolle spielt der Erdbeeranbau; St. Barbara, eine kleine, am Aufstieg zum Gau gelegene Ortschaft, hat sich darauf spezialisiert. Schon vor dem Ersten Weltkrieg wurde mit der Anlage von Erdbeerplantagen als Nachfolgekultur des Rebbaus begonnen. Die sonnenexponierten Terrassen des Saartales erlaubten eine Konzentration auf frühe Erdbeersorten, die sich teuer verkaufen ließen. In der Zwischenkriegszeit gewann der Erdbeeranbau größere ökonomische Bedeutung, da die Bewohner von St. Barbara, größtenteils Arbeiter in der nahe gelegenen Steingutfabrik Wallerfangen, von der Schließung des Werks betroffen waren. Der Anbau von Erdbeeren wurde erfolgreich intensiviert, und das Obst sogar bis Köln und ins Ruhrgebiet exportiert.

Rhabarberkompott mit Quarkschaum

250 g Rhabarber
100 g Zucker
1 Blatt Gelatine
1/8 l Rotwein
60 ml Portwein
1 Stange Zimt
Saft von 1 Zitrone
80 g Himbeeren

Den Rhabarber waschen, schälen und in 4 cm lange Stücke schneiden. Mit 60 g Zucker bestreuen und 30 Minuten ziehen lassen.
Die Gelatine in etwas Wasser einweichen. Den restlichen Zucker mit den übrigen Zutaten in einem Topf zum Kochen bringen und auf 1/4 der ursprünglichen Menge einkochen. Den Rhabarber mit dem Saft dazugeben und einmal aufkochen lassen. Vom Herd nehmen und die ausgedrückte Gelatine darin auflösen, eventuell mit Zucker nachwürzen. Auskühlen lassen und im Kühlschrank kalt stellen, mit Quarkschaum (folgendes Rezept) servieren.

Quarkschaum

1 Vanillestange
1/8 l Milch
100 g Puderzucker
2 Eigelb
160 g trockener Quark
4 Eiweiß
8 Kugeln Vanille- oder Walnusseis
Minzeblätter zum Garnieren
Puderzucker zum Bestreuen

Die Vanillestange der Länge nach aufschlitzen, mit der Milch in einem Topf aufkochen, dann vom Herd nehmen und abseihen. 40 g Puderzucker mit dem Eigelb schaumig schlagen und die Vanillemilch unterrühren. Im heißen Wasserbad aufschlagen, bis die Masse steif ist. Dann den Quark hinzufügen und glatt rühren. Danach das Ganze ins Eiswasser setzen und die Quarkmasse bis zum Erkalten weiter schlagen. Das Eiweiß mit dem restlichen Puderzucker steif schlagen, nach und nach vorsichtig unter den Quarkschaum heben. Das Rhabarberkompott in 4 vorgekühlte Suppenteller verteilen, jeweils 2 Kugeln Eis daraufsetzen und mit dem Quarkschaum bedecken. Im vorgeheizten Backofen bei 250 °C Oberhitze kurz überbacken. Mit Minzeblättern garnieren und Puderzucker bestreuen. Sofort servieren.

Pflaumenkuchen
Für 12 Stück

Teig:
200 g Mehl
1/2 Würfel frische Hefe
25 g Zucker, 1 Prise Salz
30 g Butter
75 ml Milch
Mehl zum Bearbeiten
Fett für die Form

Belag:
750 g Pflaumen
1 EL Zucker, 1/2 TL Zimt

Das Mehl in eine Schüssel sieben und in die Mitte eine Mulde drücken. Die Hefe hineinbröckeln und mit dem Zucker und 1 Prise Salz bestreuen. Die Butter in einem kleinen Topf in der Milch zerlassen und lauwarm über die Hefe gießen. Alles mit den Händen zu einem elastischen Teig verkneten und zugedeckt an einem warmen Ort in 30 Minuten zu doppeltem Volumen gehen lassen. Dann den Teig auf der bemehlten Arbeitsfläche nochmals gut durchkneten und ausrollen. Eine Springform einfetten und mit dem Teig auslegen, den Rand etwas hochziehen. Die Pflaumen waschen, halbieren und entsteinen. Mit der Schnittfläche nach oben schuppenförmig auf den Teig legen. Im vorgeheizten Backofen bei 175 °C etwa 1 Stunde backen. Zucker und Zimt über den heißen Kuchen streuen. In der Form erkalten lassen.

Oben: Auf den Anbau von Erdbeeren hat sich die kleine Ortschaft St. Barbara konzentriert. Die sonnenverwöhnten Terrassen des Saartals bieten ideale Bedingungen.

Links: Rhabarber ist eigentlich ein Gemüse, wird aber in der Küche wie Obst behandelt. Aus den Stielen bereitet man Süßspeisen, Marmeladen und Kompotte. Auch als Kuchenbelag eignet sich Rhabarber hervorragend.

Der Rha der Barbaren

Bei Nahrungsmitteln, die aus essbaren und giftigen Teilen bestehen, fragt man sich, wie lange es wohl gedauert hat und vor allem wie viele Opfer es gegeben haben mag, bis man das eine vom anderen zu unterscheiden lernte.

Der Rhabarber muss wohl etliche Menschenleben auf dem Gewissen haben, wobei er andererseits aber auch heilend gewirkt hat. Schon die Chinesen, von denen die erste erhaltene Beschreibung des Knöterichgewächses stammt – sie datiert aus dem Jahr 2700 vor Christus –, nutzten dessen Wurzeln als Abführmittel.

Nach Europa kam die Pflanze etwa um die Zeit von Christi Geburt. Römische Autoren beschreiben sie als »Rha der Barbaren«; »Rha« ist die Wolga, an deren Ufern die »Barbaren« (gemeint sind die Tataren) die Pflanze züchteten.

Auch in unseren Breiten wurde Rhabarber bis Anfang des 17. Jahrhunderts nur zu medizinischen Zwecken genutzt. Erst dann kamen britische Botaniker auf die Idee, ihn zu essen – und bissen prompt in die falschen Teile: die Blätter, die sie wie Spinat zubereiteten. Deren Spreiten aber enthalten Oxalsäure, und die ist nicht nur gar nicht gesund, sondern auch dafür verantwortlich, dass der Genuss von Rhabarberblättern sich allenfalls zum Henkersmahl empfiehlt.

Obst auf Kuchen

Bei der Wahl eines Belags für den sonntäglichen Obstkuchen gibt es ungefähr genauso viele Kombinationsmöglichkeiten wie beim Ankreuzen der Lottozahlen. Äpfel, Stachelbeeren, Birnen, Pflaumen, Kirschen, Aprikosen, Trauben, Heidelbeeren, Rhabarber, Erdbeeren, Brombeeren, Johannisbeeren, Pfirsiche – nahezu alle Obstsorten können vereint oder in solitärer Dominanz auf dem Obstkuchen auftreten. Nur, anders als beim Lottospielen, gibt es hier keinen Reinfall: Ein Obstkuchen gelingt immer. Denn wer sich nicht zutraut, den Hefeteig zum Gehen zu bringen oder einen Mürbeteig- oder Biskuitboden zu backen, der kauft den Tortenboden einfach fertig im Supermarkt oder beim Bäcker und kümmert sich nur um den Belag.
Freilich, Ambitionierte tun das nicht. Sie backen selbst, sie legen unter die Früchte gar eine Quark-, Schmand- oder Puddingschicht und zeigen auch beim Belag der Obstschicht ihr ganzes Können: Streusel, Rosinen, fein gehobelte Nüsse, kunstvolle Teiggitter machen sich auf Obstkuchen gut, geschmacklich wie dekorativ. Wer sich nicht verspielen möchte, überzieht die bunten Früchte einfach mit einer Glasur. Auch die gibt's zu kaufen, und sie ist ganz einfach anzurühren.

Kleinabbildungen von links nach rechts: Schwäbischer Apfelkuchen, Riemelestarte mit Birnen, Stachelbeerkuchen, Erdbeerkuchen, Rhabarberkuchen mit Eierguss, Kirschstreusel

Mürbteigboden

Für 2 Springformen

400 g Mehl
350 g kalte Butter
2 Eier
160 g Zucker
1 Prise Salz
Mehl zum Bearbeiten
Fett für die Formen
500 g Hülsenfrüchte (getrocknet)

Das Mehl auf die Arbeitsfläche sieben und in die Mitte eine Mulde drücken. Die Butter in kleinen Stücken auf dem Mehlrand verteilen. Die Eier, den Zucker und 1 Prise Salz in die Mulde geben und alles rasch zu einem glatten Teig verkneten. Den Teig zu einer Kugel formen, in Klarsichtfolie wickeln und im Kühlschrank 1 Stunde ruhen lassen. Dann den Teig auf einer bemehlten Fläche dünn ausrollen. Das eingefettete Backblech oder die Springformen mit dem Teig auslegen, Teig am Rand etwas hochziehen. Den Teig mit Pergamentpapier abdecken und 500 g Hülsenfrüchte einfüllen. Im 175 °C heißen Backofen den Mürbteig etwa 10 Minuten blind backen. Aus dem Ofen nehmen, das Papier mit den Hülsenfrüchten entfernen und den Boden etwas auskühlen lassen. Anschließend nach Rezept belegen und weiterverarbeiten.

Schwäbischer Apfelkuchen

Für 12 Stück

Mürbteigboden:
(siehe links)

Belag:
750 g säuerliche Äpfel
Butter
50 g Rum-Rosinen
50 g Mandelstifte

Die Äpfel schälen, halbieren und das Kerngehäuse entfernen. Die Hälften dünn einschneiden und auf dem Kuchenboden verteilen. Die Äpfel mit der zerlassenen Butter bestreichen und mit Zucker, Rum-Rosinen und Mandelstiften bestreuen. Im 200 °C heißen Ofen etwa 50 Minuten backen.

Nicht nur Kirschen in Nachbars Garten

Leben im Grenzland. Das heißt im schlimmsten Fall Krieg und Auseinandersetzungen, im besten Bereicherung durch die andere Kultur. Die Menschen, die im Gebiet des heutigen Saarlands lebten, haben beides erfahren: im Deutsch-Französischen Krieg von 1870/71 und in zwei Weltkriegen. Nach dem Ersten wurde durch den Versailler Vertrag das »Saargebiet« geschaffen, dessen politisches Geschick in den Händen Frankreichs lag. Ihm gehörten die Saargruben, der Franken war das offizielle Zahlungsmittel im Land. Vor dem Zweiten Weltkrieg kehrten die Saarländer 1935 »heim ins Reich«, und als dessen tausendjährige Geschichte schon 1945 zu Ende war, folgten den amerikanischen Truppen schon bald die französischen. 1946 wurde die Grenze zwischen dem Saarland und dem übrigen Deutschland geschlossen und der Franken als Zahlungsmittel erneut eingeführt. In dieser Zeit waren französische Produkte auf dem saarländischen Markt günstig erhältlich, die »im Reich« – so nennt man zum Teil im Saarland die Bundesrepublik noch heute – als unerschwinglich galten: edle Cognacsorten zum Beispiel und Kaffee aus den französischen Kolonien Afrikas. Da der Franken nicht sehr stabil war, saß das Geld im Saarland eher locker – soweit möglich, genoss man das Leben nach den harten Kriegsjahren und legte damit den Grundstock für die Legende vom »genusssüchtigen Saarländer«. 1959 kam schließlich der wirtschaftliche Anschluss an die Bundesrepublik. Das Saarland wurde jüngstes Bundesland, und die Saarländer tauschten sehr schnell ihre französischen Oldtimer in die nun zollfrei zu bekommenden deutschen Autos um.
Die kulinarischen Einflüsse, die Frankreich auf die Region an der Saar ausübte, reichen freilich noch weiter zurück. Schon 1690 pflanzten die Bauern nach dem Vorbild der Franzosen Gemüse in der Lisdorfer Au und belieferten den Nachbarn damit. Als die Bevölkerung aufgrund der Industrialisierung unaufhaltsam wuchs, wurde andererseits Frankreich als Exporteur von Obst und Gemüse und anderen Produkten für das Saarland wichtig. Französisches Obst war fester Bestandteil des saarländischen Marktes, da das Land kaum mehr als ein Drittel des eigenen Bedarfs produzieren konnte.
Heute zieren sich zahlreiche Lokale des Landes mit französisch klingenden Namen. Standard ist selbst in gutbürgerlichen Lokalen ein »amuse gueule«, die Speisenfolge wird französisch benannt, und nicht zuletzt verwendet man sehr viele Frischprodukte, die zu leichten Gerichten verarbeitet werden. Bodenständige Speisen verfeinert man durch Zugabe von Lachs und anderen Fischsorten – so serviert man die typisch saarländische Kartoffelsuppe zum Beispiel mit Lachsstreifen –, Knoblauch und auch ausgefallene Kräuter dürfen nicht fehlen.

Riemelestarte mit Birnen
Für 12 Stück

Mürbteigboden:
(siehe linke Seite)
Teigreste

Belag:
500 g Birnen
100 g zerlassene Butter
1 Eigelb
50 g Mandelblättchen

Aus den Mürbteigresten mit einem gezackten Teigrad Streifen schneiden. Birnen schälen, halbieren, entkernen und in dünne Spalten schneiden. Den Kuchenboden mit zerlassener Butter bestreichen und die Birnen dachziegelartig darauf verteilen. Mit der restlichen Butter beträufeln. Aus den Teigstreifen über den Birnen ein Gitter flechten, mit dem Kuchenrand zusammendrücken und mit Eigelb bestreichen. Mandelblättchen darüberstreuen und im vorgeheizten Backofen bei 175 °C etwa 30 Minuten backen.

Stachelbeerkuchen
Für 12 Stück

Biskuittortenboden:
(fertig gekauft)

Belag:
750 g Stachelbeeren
150 g Zucker
Schale von ½ Zitrone
2 EL Semmelbrösel
1 Päckchen Kuchenglasur

Die Stachelbeeren waschen, Blüten- und Stielansatz entfernen. ¼ l Wasser mit dem Zucker und der Zitronenschale zum Kochen bringen. Stachelbeeren hineingeben und bei kleiner Hitze 10 Minuten darin ziehen lassen. Nicht kochen, sonst platzen die Beeren. Den Biskuitboden mit Semmelbröseln ausstreuen. Beeren mit einem Schaumlöffel aus dem Sud heben und auf dem Tortenboden verteilen. Die Kuchenglasur in den Sud rühren, zum Kochen bringen und die Beeren damit glasieren.

Erdbeerkuchen
Für 12 Stück

Biskuittortenboden:
(fertig gekauft)

Belag:
600 g Erdbeeren
100 g Zucker
1 Päckchen Vanillinzucker
1 Päckchen roter Tortenguss

Erdbeeren kurz abbrausen, abtropfen lassen, die Stielansätze entfernen. Größere Früchte halbieren. Erdbeeren in eine Schüssel geben, mit Zucker und Vanillinzucker bestreuen, vorsichtig mischen und 15 Minuten ziehen lassen. Tortenboden mit den Erdbeeren dekorativ belegen. Nach Packungsanleitung Tortenguss aus dem Erdbeersaft und Wasser herstellen, Erdbeeren damit überziehen.

Rhabarberkuchen mit Eierguss
Für 12 Stück

Mürbteigboden:
(siehe linke Seite)

Belag:
500 g Rhabarber
150 g Schlagsahne
2 Eier
2 EL Zucker
2 EL Vanillepuddingpulver

Den Rhabarber waschen, abziehen, in ca. 3 cm lange Stücke schneiden und auf dem Kuchenboden verteilen. Für den Guss die Sahne mit den Eiern, dem Zucker und dem Puddingpulver glatt verrühren und über den Rhabarber gießen. Den Kuchen im vorgeheizten Backofen bei 200 °C 25–30 Minuten backen.

Kirschstreusel
Für 12 Stück

Hefeteigboden:
(siehe Rezept Pflaumenkuchen Seite 316)

Belag:
500 g entsteinte Kirschen
100 g Butter
60 g Mehl
100 g Zucker

Die Kirschen auf dem Kuchenboden verteilen. Butter, Mehl und Zucker zwischen den Händen zu Streuseln verreiben und über die Kirschen geben. Den Kuchen im vorgeheizten Backofen bei 175 °C etwa 30 Minuten backen.

Viez

Zum Thema »Viez« sei dem Leser ein interessantes Zitat aus dem 19. Jahrhundert nicht vorenthalten, das mit überzeugenden Argumenten die Vorzüge dieses Apfelweins preist: »Der Genuss desselben erzeugt nicht so viel Schweiß als Wein, Letzterer ist auch viel kostspieliger; das Bier verliert von seinem Werthe zu viel, wenn es den Sommer über auf das Feld getragen wird, wird auch zu leicht sauer und dann für den Genuss ungesund; der Branntwein im Sommer genossen, um den Durst zu löschen, erschlafft die Nerven, macht träge und schläferig, der gute Obstwein dagegen mit einem Stück ausgebackenem Schwarzbrot genossen, ist ein herrliches erfrischendes Stärkungsmittel für den arbeitenden Landmann während des Tages und nachdem er des Tages Last und Hitze getragen.«

Wie gesagt, hochinteressant. Vor allem deshalb, weil dem Verfasser überhaupt nicht der Gedanke kommt, dass es für den »arbeitenden Landmann« auch ein anderes durstlöschendes Mittel gäbe, nämlich Wasser. Aber das war damals kein Thema, denn gerade in industrialisierten Gebieten wie dem Saarland war das Wasser oft ungenießbar und enthielt Krankheitserreger. Und so blieb dem Landmann wohl wirklich nur der Viez.

Der ist ein herber bis süßer Apfelwein, der vor allem in der Merziger Gegend gekeltert wird und dort als Nationalgetränk gilt. Als »puitz« findet er bereits im Jahre 1413 urkundliche Erwähnung durch den Abt von Prüm. Hergestellt wurde er aber schon sehr viel früher; wahrscheinlich pressten bereits die Germanen, die in dieser Region beheimatet waren, aus den Früchten des Holzapfelbaumes den wohlschmeckenden Most, der in vergorenem Zustand berauschend wirkt. Römischen Siedlern und Legionären gelang schließlich durch eine Veredelung der vorhandenen Frucht mit den Apfelsorten ihrer Heimat die Verfeinerung des Getränks, das sie »vice vinum«, also »Ersatzwein« nannten.

Den Römern war er ein »Ersatzwein«. In Merzig beim Viezfest spielt der Apfelwein die unbestrittene Hauptrolle.

Auch Viez berauscht. Da kann eine solide Grundlage nichts schaden, wie diese reich belegten Brötchen.

Das Ende der Apfelernte ist Grund zu feiern und die Vielfalt der Apfelprodukte zu präsentieren.

Reibekuchen, die in heißem Fett schwimmen – genau das Richtige an einem kühlen Herbsttag.

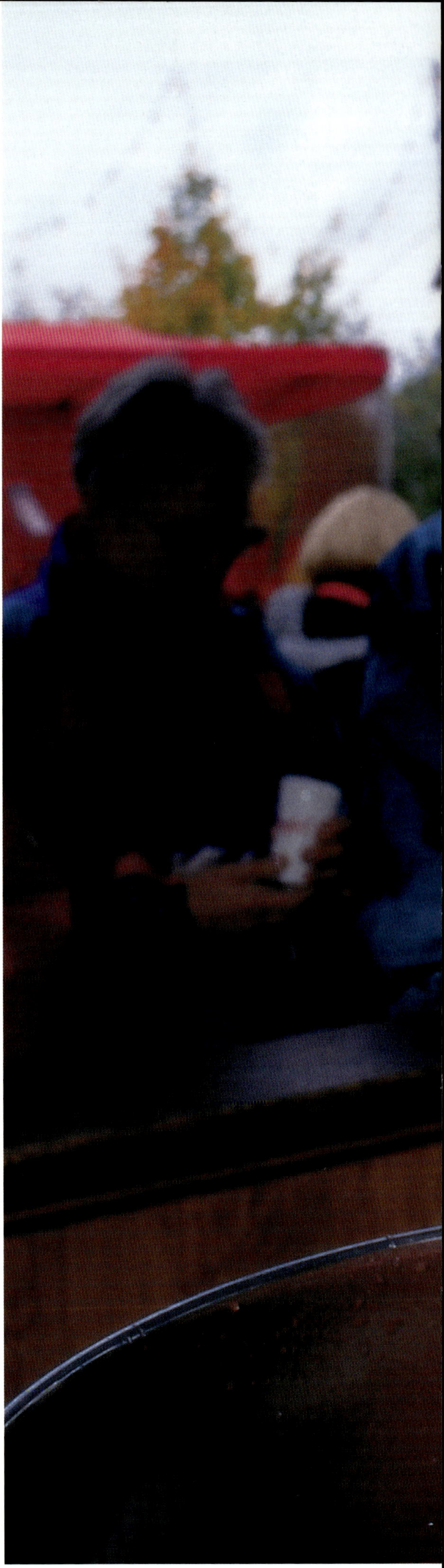

Oben: Ob süß oder herb – Viez muss man in der Merziger Gegend nicht selber machen, sondern kann ihn auch beim Getränkehändler kaufen.

Links: Viez und verschiedene Gewürze werden zusammen in einen Topf geschüttet und erhitzt.

Unten: Beim Merziger Viezfest, das am ersten Samstag im Oktober stattfindet, trinken die meisten ihren Viez heiß.

Baden-Württemberg

Josef Thaller

»Lasst uns nach Schwaben entfliehen. Wir halten uns nach des Landes Weise daselbst. Hilf Himmel! Es findet süße Speise sich da und alles Gute die Fülle«, schrieb Goethe in »Reineke Fuchs«.

Vom Guten die Fülle – das ist immer noch das Merkmal des Landes zwischen Rhein, Neckar, Donau und Lech. Nicht nur im schwäbischen, mehr noch im badischen Teil. Obst und Gemüse aus der Bodenseegegend, Ochsen von den fetten Weiden des Hohenlohe, Spitzkraut von den Fildern bei Stuttgart, saftiger Spargel aus dem nordbadischen Schwetzingen, Schinken und Kirschwasser aus dem Schwarzwald.

In beiden Küchen, der schwäbischen wie der badischen, herrscht das Herzhafte vor, wenngleich sich im Badischen, wohl durch die Nähe zum französischen Nachbarn, auch das Raffinierte, Verfeinerte hinzugesellt hat. Und doch gibt es mehr Gemeinsames als Trennendes, was auch für die anderen Bereiche im Leben des Landes gilt. Badener wie Württemberger hatten jahrhundertelang eine ähnlich leidvolle Geschichte. Vom Reichtum des Landes, ob des Königreichs Württemberg oder des Großherzogtums Baden, profitierte nur eine kleine Schicht. Von der Schönheit der Landschaft, etwa des Neckartals oder des Markgräfler Landes, das Johann Peter Hebel das »Paradiesgärtlein« nannte, konnten die Armen nicht abbeißen.

Trotz dieser Gemeinsamkeiten herrschte Skepsis, als 1952 das Bundesland Baden-Württemberg gebildet wurde. Denn es gibt auch Unterschiede: Der Schwabe gilt als der Misstrauischere, schwerfällig in pietistischer Bescheidung verharrend, Erbe eines Landes, das reich an Menschen mit Einfällen ist: Johannes Kepler, Gottlieb Daimler, Robert Bosch, um nur einige zu nennen. Und reich an Dichtern und Denkern: Schiller, Hegel, Hauff, Hölderlin, um auch hier nur einige zu nennen. Der Badener gilt als der Leichtfüßigere, der die schönen Seiten des Lebens genießt. Beide zeichnen jedoch Fleiß und ein ausgeprägter Sinn fürs Machbare aus, und so haben sie gemeinsam geschaffen, was keiner vorauszusagen wagte: das »Musterländle« der Nation, das nicht nur beim Export von Wirtschaftsgütern, sondern auch nach der Zahl seiner besternten Restaurants zu den führenden Bundesländern gehört.

Oben: Die Heidelberger Altstadt erstreckt sich auf einem schmalen Streifen zwischen Neckar und Schlossberg. Das berühmte Schloss wurde im Pfälzischen Erbfolgekrieg im 17. Jahrhundert zerstört und ist seither eine Ruine.

Links: Eines der vielen Wegkreuze, wie man sie häufig auf der Schwäbischen Alb sehen kann.

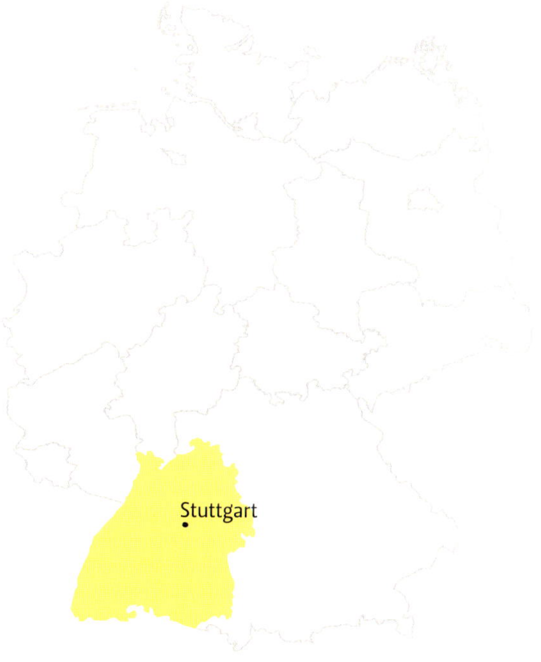

Unser täglich Brot

Im christlichen Abendland gilt Brot als die Gottesgabe, die den Menschen mit seinem Schöpfer verbindet: Brot und Wein verkörpern Leib und Blut des Erlösers. Brot und Salz reicht man dem Gast wie dem Eroberer. Im Brot ist alle Mühsal und Plage des Menschen. Aber auch aller Lohn. Brot wirft man nicht weg. Über Brot spottet man nicht. Brot ist Leben. In weiten Teilen Bayerns zeichnen noch heute Bäuerin oder Bauer mit dem Daumen das Kreuz auf den Brotlaib, ehe er angeschnitten wird. »Wo Fried ist, da ist Gott und Brot, wo Unfried ist, ist der Teufel und d' Not«, sagt man im Schwäbischen und »Mit Wasser und Brot kommt man durch alle Not« in Norddeutschland.

Die Geschichte des Brotes ist fast so alt wie die des Menschen. Sie beginnt mit der Sesshaftwerdung und dem Ackerbau in der Jungsteinzeit, also vor etwa 10 000 Jahren. Das erste Brot war vermutlich ein Zufallsprodukt, der Rest eines Breis aus gemahlenem oder zerstoßenem Korn, der auf einem heißen Stein liegen geblieben war. Die ersten bewusst hergestellten Brote waren Fladen. Bei Ausgrabungen am Bodensee fand man Beweise, dass die Bewohner der Pfahlbauten bereits im 3. Jahrtausend vor Christus zerquetschte Hirse-, Gersten- oder Weizenkörner mit Wasser zu Fladen verarbeiteten. Über Treibmittel verfügte man damals noch nicht, zumindest nicht in Europa.

Bis ins 18. Jahrhundert hinein, genauer bis zum großflächigen Durchbruch der Kartoffel, waren Getreidebrei und Brot die wichtigsten Nahrungsmittel. Brei kam auf den Tisch der Armen, Brot hatten diejenigen, die es sich kaufen konnten, einen Backofen oder Zugang zu einem gemeinschaftlichen Backhaus hatten. Besonders teuer und wertvoll war feines Weizenbrot, das ausschließlich den Reichen vorbehalten war.

Entsprechend der fundamentalen Bedeutung von Getreide und Brot stellten Zeiten des Mangels für den Großteil der Bevölkerung eine existenzielle Bedrohung dar. Getreidemissernten hatten Hungersnöte zur Folge, Erhöhungen des Brotpreises brachten ganze Staatsgefüge ins Wanken: Sogar im sicherlich nicht zu Revolutionen neigenden Stuttgart gab es 1847 wegen einer Brotpreiserhöhung einen Krawall mit einem Toten und mehreren Verletzten.

Bei allen zivilisierten Völkern achtete man seit jeher darauf, dass das Brot auch für die Ärmsten erschwinglich blieb. Schon im alten Rom hatte jeder Bürger ein verbrieftes Recht auf Brot. Das »Frugium« galt für Arm und Reich gleichermaßen, lebenswichtig war es allerdings nur für die Armen. In einem Ratserlass der Stadt Frankfurt vom Anfang des 14. Jahrhunderts wurde festgelegt, dass nur Brote zu zwei und einem Heller hergestellt werden durften: »Uff das ein yeglich arm man sine notdorff find« – »Auf dass jeder arme Mann das zum Leben Nötige finde.« Der Brotpreis wurde durch den Marktpreis für das Korn bestimmt. In den meisten Städten war ein fester Brotpreis vorgegeben, sodass Schwankungen der Getreidepreise sich nur im Gewicht des Brotes niederschlagen konnten. Das Gewicht wurde fast überall bei einem Probebacken unter Aufsicht des jeweiligen Rates festgelegt. Änderungen bedurften der Zustimmung der Ratsherren, was oft zu Streitereien zwischen Bäckern und Stadtoberen führte. Eine wichtige Rolle spielten bis ins 19. Jahrhundert hinein die Brotbeschauer, die nicht nur die Einhaltung der Back- und Qualitätsvorschriften zu überwachen hatten, sondern auch die Gewichte prüften.

Weizen stellt Ansprüche: Er gedeiht nur auf nährstoffreichen Böden, braucht Wärme und ausreichend Wasser. Sein helles Mehl machte dieses Getreide besonders begehrt. Es wanderte früher ausschließlich ins Brot der Reichen.

Roggen passt sich an. Er nimmt auch karge, steinige Böden nicht übel und gedeiht sogar in Höhenlagen. Roggen dominiert als Brotgetreide, nicht zuletzt deshalb, weil sich aus ihm das Treibmittel Sauerteig herstellen lässt.

Hafer ist ein anspruchsloses Getreide, das weder Sonne noch Wärme braucht und auf kargen Böden wächst. Die Kraftnahrung Hafer war vor der Kartoffel das Grundnahrungsmittel der Armen. Er wurde zu Brei verarbeitet.

In Deutschland gibt es über 300 verschiedene Brotsorten und etwa 1200 Sorten Kleingebäck. Bei aller Vielfalt sind es aber doch nur sechs Grundsorten, die unsere Brotlandschaft bestimmen: Vollkornbrot, Mehrkornbrot, Roggenbrot, Weizenbrot, Roggenmischbrot und Weizenmischbrot. Im Norden sind traditionell die Roggenbrote beheimatet – die absolut gesehen größte Anbaufläche für Roggen liegt in Brandenburg –, im Süden die Weizenbrote. Der Norden liebt das Brot dunkel und schwer wie seine Ackerkrume, der Süden mag es hell und fest mit einer würzigen, kräftigen Kruste.

Bis in die zweite Hälfte des 19. Jahrhunderts hinein wurde in den Handwerksbetrieben der Bäcker gearbeitet wie im Mittelalter. Dann setzte die Mechanisierung und schließlich die Industrialisierung ein: Großbäckereien beherrschen heute den Markt. Wobei zu beobachten ist, dass auch sie nach Jahren der Einförmigkeit in der deutschen Brotlandschaft wieder alte Brotsorten entdecken und vermarkten.

Brotpreise im Wandel der Zeit

Jahr	*Mischbrot pro kg*
1847	**0,20** Mark
1875	**0,18** Mark
1914	**0,25** Mark
1922	**17–140** Mark
1923 (16.10.)	**240 Mio.** Mark
1923 (14.12.)	**300 Mrd.** Mark
1924 (02.01.)	**0,30** Mark
1930	**0,45** Mark
1950	**0,51** DM
1960	**0,85** DM
1970	**1,31** DM
1980	**2,60** DM
1990	**3,39** DM
2001	**3,89** DM
2007	**2,30** Euro
2008	**2,40** Euro

Täglich frisch gebacken

»Sieh, dass du kommst zu eignem Herd, hausbacken Brot am besten nährt.« Dieses alte deutsche Sprichwort hat eine ganz neue Aktualität bekommen. Nicht nur wegen der zunehmenden Verunsicherung über die Inhaltsstoffe unseres wichtigsten Lebensmittels. Es hat auch etwas mit Nostalgie zu tun, der Sehnsucht nach Großmutters Küche, dass es heute wieder populär ist, sein Brot am »eignen Herd« zu backen. Was nicht nur die Umsätze der Bioläden und Reformhäuser anhebt, sondern auch dazu geführt hat, dass landesweit die alten Backhäuser wieder aktiviert wurden.
Gesundheitsbewusste Heimbäcker verwenden nur hochwertiges Korn aus biologischem Anbau, das sie möglichst kurz vor Gebrauch mit der eigenen Getreidemühle mahlen. Ein Umstand, dem die Hersteller von Getreidemühlen und Brotbackautomaten längst mit immer besseren Produkten Rechnung tragen. Auch der Ungeübteste kann, so er die Vorschriften beachtet, mittlerweile nicht nur gesundes, sondern auch wohlschmeckendes Brot herstellen. Vorausgesetzt, er hat Geduld und Ausdauer. Ob man Hefe verwendet oder einen Sauerteig ansetzt, die Treibmittel brauchen Zeit, um ihre lockernde Kraft zu entfalten. Ausdauer empfiehlt sich beim Kneten: Je länger der Teig durchgeknetet wird, desto besser wird das Brot.

1 Im Körble muss der Brotteig noch einmal 15–30 Minuten gehen; man nennt diesen Vorgang die Stückgärung.

2 Hat das Volumen des Teigs um ein Drittel zugenommen, wird das Körble gestürzt und es geht in den Backofen.

3 Der alte Holzofen, der in der »Eselsmühle« noch benützt wird, leistet gute Dienste, wie man am fertigen Brot sieht.

4 Ab geht's ins »Lädle« der »Eselsmühle«, wo die Kunden schon ungeduldig auf die frischen »Musberger« warten.

Vom Fladen zum Brot

Der Weg vom Fladen zum Brot führt über die sogenannten Backtreibmittel – Hefe, Sauerteig, Hirschhornsalz, Pottasche, Backpulver –, die den Teig mithilfe von Kohlendioxid lockern. Backpulver ist erst seit Ende des 19. Jahrhunderts in jedem Haushalt verfügbar. Es ist ein Kind der Lebensmittelindustrie (siehe Seite 242), die es in Tütchen abgepackt und genau für eine bestimmte Menge Mehl dosiert auf den Markt brachte.
Sauerteig und Bierhefe hingegen können auf eine lange Geschichte zurückblicken. Sie waren schon den Ägyptern und Babyloniern bekannt, die die Treibmittel beim Brauen entdeckt hatten. Backen und Brauen gehörten zusammen, aus Weizen machten die Ägypter Brot, aus Gerste Bier. Die älteste Großbäckerei und Brauerei wurde 1988 in Oberägypten ausgegraben und stammt aus dem 4. Jahrtausend vor Christus. Eine bildliche Darstellung einer Bäckerei findet sich in den Wandmalereien im Grabmal von Ramses III., der 1165 vor Christus starb. Auf anschauliche Weise wird hier geschildert, wie im alten Ägypten Brot hergestellt wurde: Man knetete den Teig mit den Füßen statt mit den Händen.
Von Ägypten nahm die Kunst, gesäuertes Brot zuzubereiten, ihren Weg über das antike Griechenland und das römische Imperium. Hierzulande sind die ersten Bäckereien noch vor der Christianisierung im alemannischen Kulturraum entstanden. Ekkehart erzählt, dass zur Zeit des heiligen Gallus, also im 7. Jahrhundert, bereits ein Backofen existierte, in dem man tausend Brote auf einmal fertigen konnte.
Sauerteig, Zyma genannt, wurde im alten Griechenland auf zwei Arten hergestellt: Für die Vorratshaltung bereitete man nach der Weinlese einen Teig aus Hirse und gärendem Most, der als Anstellgut diente. Für den täglichen Bedarf fertigte man Sauerteig so, wie man es heute wieder in vielen Haushalten tut, in denen man Wert auf gesunde Ernährung legt und sein Brot selbst backt: Getreide wird mit Wasser zu einem Teig verarbeitet, der nach verschiedenen Gärstufen zum Vollsauer und damit zum Treibmittel wird.

Bäckermeisterin Anne Reitz versteht ihr Handwerk: Der Teig hat genau die richtige Konsistenz.

1 Der Teig für den »Musberger Laib« besteht aus hellem und dunklem Weizenmehl und Sauerteig.

2 Für einen 1000-Gramm-Laib wiegt die Meisterin 1200 Gramm Teig ab (der Backverlust beträgt 20 Prozent).

3 Damit die Poren gleichmäßig verteilt sind und keine Luftlöcher entstehen, wird der Teig gründlich »gewirkt«.

Sauerteig selbst ansetzen

Sauerteig gibt es im Reformhaus oder im Bioladen als Fertigsauerteig oder Fertig-Trockensauerteig zu kaufen. Besser ist es jedoch, seinen Sauerteig selbst anzusetzen. Dazu sollte man nur hochwertiges Mehl verwenden. Zu beachten ist, dass Sauerteig mehrere Stufen der Gärung benötigt, sodass er wenigstens zwei Tage vor Beginn des Brotbackens angesetzt werden sollte. Dabei verfährt man folgendermaßen:

1. Das Anstellsauer

Man verrührt 50 g Roggenmehl mit ebenso viel lauwarmem (35 °C) Wasser zu einem Brei und lässt diesen abgedeckt an einem warmen Ort acht Stunden gehen.

2. Das Auffrischsauer

Ein Drittel des zu versäuernden Roggenmehls (bei reinem Roggenbrot 40 Prozent, bei Mischbrot 50 Prozent der gesamten Roggenmehlmenge) wird mit ebenso viel lauwarmem Wasser und dem Anstellsauer vermengt.
Dieser Teig muss abgedeckt wiederum acht Stunden an einem warmen Ort stehen.

3. Das Grundsauer

Nun wird ein weiteres Drittel der zu versäuernden Mehlmenge mit der gleichen Wassermenge und dem Auffrischsauer vermengt, um erneut abgedeckt an einem warmen Ort zu gehen.

4. Das Vollsauer

Schließlich vermengt man das letzte Drittel der zu versäuernden Mehlmenge mit der gleichen Menge warmen Wassers und dem Grundsauer. Das Vollsauer muss jedoch nur vier Stunden gehen, ehe es nun zur Herstellung des Brotteigs verwendet werden kann.
Von dem so entstandenen Vollsauer kann man 100 g wegnehmen, um sie für den Ansatz des nächsten Sauerteiges aufzubewahren. Im Kühlschrank hält sich der Sauerteig 1 bis 2 Wochen. Will man den Teig länger lagern, fügt man ihm Mehl bei, bis er krümelig wird. Dieser Krümelteig kann im Kühlschrank mehrere Wochen aufgehoben werden.

Seelen und Feuerreiter

Die Renaissance des Brotbackens hat den gemeinschaftlich genutzten Backhäusern in Dörfern und Städten wieder neue Ehre verschafft und damit auch dafür gesorgt, dass ein altes Kleingebäck nicht in Vergessenheit geriet, das früher jeden Backtag krönte: Weihen, Deien oder Dünnet.

Die Herstellung ist simpel: Brotteigreste werden breitgedrückt, mit Speck, Rahm oder Frühlingszwiebeln belegt, mit Kümmel bestreut und in der verbliebenen Hitze des Backofens knusprig ausgebacken. Eine einfache Köstlichkeit, deren Wiederentdeckung zur Vielfalt der ohnehin reichen Brot- und Kleingebäckvariationen Süddeutschlands beigetragen hat.

Diese Vielfalt, die sich besonders bei den baden-württembergischen Kleinbroten zeigt, erklärt sich nicht nur aus regionalen Unterschieden, sie hat auch historische Gründe. Die meisten Bäckereien waren in den freien Reichsstädten zu finden, die viel auf ihre Eigenständigkeit hielten. So entstanden auch eigenständige Kleinbrote, wie Aalener Prügel, Biberacher Knauzenwecken, Ravensburger Seelen, Reutlinger Kimmicher und Backwerke wie das Ulmer Zuckerbrot und die Reutlinger Mutschel. Letztere ist ein sternförmiges Gebäck mit acht Zacken, das die Reutlinger traditionell am Dreikönigstag herstellten. Nachdem sie, so zumindest die Überlieferung, an diesem Tag aber einst einen Handwerksburschen verhungern ließen, durften sie es von nun an erst am Donnerstag nach Dreikönig backen.

Dieser »Mutscheltag« ist seither der »oberste« Feiertag in Reutlingen. Als die Stadt noch freie Reichsstadt war (1280–1803), stand er in Verbindung mit der Rekrutierung der jungen Männer, und die Mutschel wurde als Preis beim Scheibenschießen verliehen. Seit dem 19. Jahrhundert entscheidet das Würfelgeschick, wer das achteckige Backwerk nach Hause trägt. Noch heute trifft man sich in den Wirtshäusern der Stadt, wo in feuchtfröhlicher Runde die Würfel fallen. »Kirchenfenster«, »Bauernfenster«, »Der Wächter bläst vom Turm«, »Nacket's Luisle« und »Langer Entenschiss« heißen die Würfelkombinationen. Noch seltsamer wird es bei der »Einsamen Filzlaus« und beim »Haar im Loch« und am kompliziertesten bei den »Fünf Fingern«, die man beweglich halten sollte, wenn man eine große Mutschel gewinnen will. Denn eine Große braucht ein Mann schon, der nach ein paar durchzechten Nächten zu Hause noch Gnade finden will.

1

2

3

4

5

6

7

Auch bei Festen, wie dem Filderkrautfest in Echterdingen, schätzt man wieder alte Backwaren. Hier fein belegte Deien.

1 Bauernbrot
Je nach Region bezeichnet Bauernbrot ein Mischbrot mit unterschiedlich hohem Roggenanteil.

2 Biberacher Dünnet
Brotteig, belegt mit Frühlingszwiebelringen, Sahne und Kräuterkäse.

3 Feuerreiter
Weckenteig wird belegt und vor dem Brotbacken in den heißen Ofen geschoben; daher der Name »Feuerreiter«.

4 Genetztes Bauernbrot
Ein Mischbrot, dessen Oberfläche mit Wasser benetzt wurde.

5 Ravensburger Seele
Traditionsgebäck aus Weizenmehl, Hefe und Wasser.

6 Kimmichplotz
Kimmich heißt Kümmel, Plotz ist ein Fladen.

7 Oberschwäbisches Roggenbrot
Ein guter Begleiter zum Vesper.

8

9

10

11

12

13

14

17

15

16

18

19

8 Knauzenwecken
Biberacher Spezialität aus Weizenmehl, Hefe, Malz, Essig und Salz.

9 Hefezopf
Wird zum Kaffee wie zum Wein gegessen und traditionell nach Beerdigungen gereicht.

10 Laugenbrezel
Die Laugenbrezel ist das typischste schwäbische Kleingebäck und wird sogar bei politischen Empfängen serviert.

11 Doppelwecken
Der beliebte Weizenwecken gleich doppelt gemoppelt.

12 Mohnhörnle
Kleingebäck aus Weizenmehl, mit Mohn bestreut.

13 Fastenbrezel
Traditionelles Gebäck aus Biberach; die Brezel kommt nicht in die Lauge.

14 Holzofenbrot
Seit das Brotbacken eine Renaissance erlebt hat, wird Holzofenbrot wieder in den gemeinschaftlich genutzten Backhäusern hergestellt.

15 Reutlinger Mutschel
Wird traditionell am Dreikönigstag hergestellt und als Preis für Geschick beim Würfeln vergeben.

16 Weißes Genetztes
Oberschwäbisches Weißbrot, dessen Außenhaut vor dem Backen mit Wasser benetzt wird.

17 Ulmer Wasserweck
Kleingebäck aus Weizen und Wasser statt Milch.

18 Ulmer Spatz
Dieses Laugengebäck erinnert an die Geschichte vom Spatzen, der den Ulmern zeigte, wie man einen Balken durch eine schmale Öffnung schiebt.

19 Ulmer Zuckerbrot
Traditionsreiches Hefegebäck, das Zucker, Fenchelsamen und Rosenöl enthält.

Brot

»Es gibt kein richtiges brot in den staaten, und ich esse gern brot, meine hauptmahlzeit ist nachts, und es ist brot mit butter«, schrieb Bertolt Brecht (1898–1956) am 4. Oktober 1941 in sein »Arbeitsjournal«. So wie dem gebürtigen Augsburger, der die Nazizeit im amerikanischen Exil verbrachte, geht es vielen Deutschen im Ausland: Heimweh macht sich zuerst als Sehnsucht nach »richtigem Brot« bemerkbar. Denn es gibt wohl kein zweites Land auf der Welt, das eine derartige Fülle an Brotsorten zu bieten hat wie Deutschland. Über 300 hat man gezählt und es werden ständig mehr. Ob wir Weltmeister im Brotessen sind, lässt sich statistisch nicht belegen, wohl aber welchen Platz wir in Europa einnehmen: Ganz klar Nummer eins. Jeder Deutsche isst pro Jahr über 80 Kilogramm Brot und Weizenkleingebäck, Schweden und Dänen bringen es je auf über 70 Kilogramm, die Franzosen auf rund 54 Kilogramm.

Auf den Tag umgerechnet heißt das, dass jeder Bundesbürger ein Brötchen und vier Scheiben Brot verzehrt. Dabei führt Vollkornbrot mit 28 Prozent, gefolgt von Mehrkornbrot (24 Prozent), Roggenmischbrot (22 Prozent), Weizenbrot (15 Prozent) und Weizenmischbrot (11 Prozent). Mischbrote bestehen aus einer Mischung aus Weizen- und Roggenmehl, wobei der Namen gebende Anteil – also das Weizen- oder Roggenmehl – mehr als 50 Prozent, aber weniger als 90 Prozent betragen muss. »Spezialbrote« wie Pumpernickel oder Mehrkornbrot werden mit besonderem Mehl, speziellen Zutaten oder nach einem besonderen Backverfahren hergestellt.

Übrigens, das Butterbrot, das auch Bertolt Brecht so gerne aß, ist eine deutsche Erfindung. Mehr zu diesem Thema auf den Seiten 226 und 227.

1 Sonnenblumenbrot
2 Malzkorn
3 Malzmehrkorn
4 Fränkisches Krustenbrot
5 Gutsherrenbrot
6 Vollwertbrot
7 Bauernbrot
8 Weißbrot
9 Doppelback
10 Vollkornbrot mit Haferflocken
11 Dreikornbrot
12 Eifelerbrot
13 Oberländerbrot
14 Weizenmischbrot
15 Dinkelbrot
16 Paderborner
17 Kosakenbrot
18 Graubrot
19 Vollroggenbrot
20 Grahambrot

3
4
15
16
5
17
6
18
19
7
8

Dinkel und Grünkern

Dinkel oder Spelz ist ein altes Getreide, das aus den Urweizenarten Einkorn und Emmer hervorging. Da es wenig Ansprüche an den Boden stellt, nicht anfällig ist für Krankheiten und auch unter härtesten klimatischen Bedingungen gedeiht, war es in Berggegenden weit verbreitet und in Deutschland insbesondere in Mittelfranken und Württemberg beliebt, was ihm den Beinamen »Schwabenkorn« eintrug.

Da Dinkel aber im Ertrag deutlich geringer als Weizen ist und das Entfernen seines Spelzes mit Arbeitsaufwand und damit Kosten verbunden ist, geriet er im 20. Jahrhundert in Misskredit. Außerdem reagiert Dinkel auf Kunstdünger negativ: nämlich ohne Ertragssteigerung. Diese Eigenschaft machte ihn für die moderne Landwirtschaft endgültig ungeeignet, sodass er dem sogenannten »Fortschritt« weichen musste.

Hildegard von Bingen, Mystikerin, Klostervorsteherin und Heilkundige des 12. Jahrhunderts, hielt Dinkel für das beste Getreide. Sie schätzte nicht nur seine positiven Wirkungen auf Körper, Blut und Verdauung, sondern erkannte, dass er auch »ein aufgelockertes Gemüt und die Gabe des Frohsinns« schenkt. Dinkel übertrifft die meisten Weizenarten im Gehalt an essenziellen Aminosäuren. Bei sieben der acht lebenswichtigen Eiweißbausteine liegen seine Analysewerte über denen des üblichen Weichweizens. Auch in Hinsicht auf Vitamine und Mineralstoffe bietet er oft den größeren Reichtum. Ungewöhnlich ist die starke Präsenz von Kieselsäure. Ihr werden positive Auswirkungen auf die intellektuelle Leistungsfähigkeit zugeschrieben, aber auch auf Haut und Haare. Was die Verwendung von Dinkel betrifft, zeichnet ihn besonders sein Eiweiß aus, das über viel und hervorragenden Kleber verfügt. Folglich eignet er sich vorzüglich zum Backen. Er ergibt lockere Teige und ausgezeichnete, bekömmliche Teigwaren. Sein Geschmack ist leicht nussig.

Die Renaissance des Dinkels mag darauf beruhen, dass das Getreide ganz allgemein in dem Ruf steht, überaus gesund zu sein – speziell in der Hildegard-Medizin gelten Dinkeldiäten als eine Art Allheilmittel –, andererseits haben seine kulinarischen Eigenschaften ihm eine stetig wachsende Anhängerschaft erworben. Die Nachfrage nach Dinkelbrot und Dinkelteigwaren nimmt ständig zu. Dabei eignet sich Dinkel auch vorzüglich dazu, mit anderen glutenfreien Getreiden vermischt zu werden.

Dass Dinkel teuer ist, tat dieser Entwicklung keinen Abbruch. Schließlich gibt es für seinen Preis solide Gründe. Zum einen bringt er eher bescheidene Erträge. Was ihn aber wirklich kostspielig macht, ist der Spelz – nicht von ungefähr ist »Spelz« sein Synonym. Die Körner, die fast doppelt so groß wie Weizenkörner sind, sitzen fest angewachsen in den Spelzen. Dreschen allein vermag sie nicht zu lösen, dafür ist ein gesonderter Schälvorgang vonnöten, der sogenannte »Gerbgang«, den nur spezielle Mühlen ausführen können oder Biobauern, die über eine Schälanlage verfügen.

Der Spelz macht ein Drittel des Gewichts von Dinkel aus, doch für diesen Abfall gibt es heilsamen Nutzen, auf den bereits Hildegard von Bingen hingewiesen hat: Wer sich oder wenigstens sein Haupt darauf bettet, kommt dank des hohen Kieselsäuregehalts in den Genuss schmerzlindernder, entspannender und in verschiedenen Fällen heilender Wirkungen.

Früh eingebrachter Dinkel, der bereits voll entwickelt, aber noch grün ist, wird als »Grünkern« bezeichnet. Dabei muss der Erntezeitpunkt genau abgepasst werden, dann nämlich, wenn die Teig- oder Milchreife erreicht ist. Anschließend wird Grünkern bei 110 Grad Celsi-

Oben: Der Grünkern wird mit dem Mähdrescher geerntet. Anschließend wird er gedarrt.

Links: Dinkel, den man genau dann erntet, wenn die Teig- oder Milchreife erreicht ist, wird als »Grünkern« bezeichnet.

us oder mehr gedarrt, wodurch er die Keimfähigkeit einbüßt, aber mahlfähig wird. Nicht zuletzt hat Grünkern zur Renaissance des Dinkels entscheidend beigetragen.

Dinkelwaffeln
8–10 Stück

50 g Butter
100 g Honig
2 Eier
300 g Dinkelvollkornmehl
2 TL Zimt
1 TL Backpulver
½ l lauwarme Milch
Fett zum Ausbacken
Puderzucker

Butter, Honig und Eier schaumig rühren. Das Dinkelvollkornmehl, möglichst frisch gemahlen, mit dem Zimt und dem Backpulver vermengen und abwechselnd mit der lauwarmen Milch unter die schaumig gerührte Masse heben. Den Teig etwas ruhen lassen und dann portionsweise in einem gefetteten Waffeleisen ausbacken. Mit Puderzucker bestreuen.

Grünkernküchle

100 g Grünkerngrieß
30 g Weizenschrot
1 kleine Zwiebel, fein gehackt
375 ml Wasser
Salz
2 Eier
Schmalz oder Pflanzenfett zum Ausbacken

Grünkerngrieß, Weizenschrot und die gehackte Zwiebel im Wasser mit 1 Prise Salz aufkochen, gut durchrühren, ausquellen und auskühlen lassen. Danach die Eier zugeben, mit Salz abschmecken. Kleine Küchle formen und in heißem Schmalz oder Pflanzenfett in einer hohen Pfanne oder Fritteuse ausbacken. Dazu einen grünen Salat reichen.

Grünkernähren – früh geernteter Dinkel

Grünkern kurz nach dem Dreschen

Über Buchenholz gedarrter Grünkern

Entspelzter Grünkern

Unten: Grünkern wird bei einer Temperatur von 110 °C gedarrt. Mittels eines Feuers aus Buchenholzscheiten erzeugt man die heiße Luft zum Trocknen der Körner.

Spätzle und Knöpfle

»Spätzle« – allein schon beim Aussprechen dieses Wortes bekommen im Ausland oder in der »preußischen Diaspora« lebende Schwaben oder Badener einen ganz besonderen Glanz in die Augen. Spätzle, das bedeutet Heimat und Geborgenheit, die Erinnerung an glückliche Kindheitstage mit »Spätzle und Soß« und – anderes wäre undenkbar – Kartoffelsalat. Spätzle bilden das Fundament der schwäbisch-alemannischen Küche, sie stellen den eigenwilligsten Beitrag der Schwaben und Badener zur deutschen Küche dar.

Wie alle Klassiker sind Spätzle von bestechender Einfachheit: Mehl, Eier – die Menge kann je nach Geldbeutel und Gusto variieren –, Salz und etwas lauwarmes Wasser zu einem zähflüssigen, glatten Teig schlagen. Mit einem Messer vom Brett in sprudelndes Salzwasser schaben und mit dem Seiher herausheben, sobald sie oben schwimmen. In Butter schwenken und anrichten. Fertig! Sie passen ebenso zu einem Rehrücken wie zu einem Schweinebraten oder Schäufele, zum Rostbraten mit Filderkraut wie zu Linsen mit Saiten. Die Grundregel bei Spätzle – auf 100 Gramm Mehl ein Ei – wird im Badischen gerne abgewandelt, wo man besonders bei festlichen Anlässen so viele Eier dazutut, wie der Teig aufnimmt. Das können manchmal acht oder mehr pro Pfund Mehl sein.

Varianten gibt es nicht nur bei der Zubereitung, sondern auch in der Form. Zumindest war dies früher so. Da wurden in vielen Wirtschaften am Sonntag dicke und dünne Spätzle angeboten, für die jeweils eigene Spätzlesköchinnen – meist Hausfrauen aus der Nachbarschaft – zuständig waren.

Die augenfälligste Variante sind Knöpfle. Sie sind etwas dicker als Spätzle und rundlich, weil sie nicht mit dem Messer geschabt werden oder durch den Spatzenhobel laufen, sondern durch ein mehr oder weniger groblöchriges Sieb ins siedende Wasser gedrückt werden. Trotz des Diminutivs müssen Knöpfle nicht immer klein sein. Hefeknöpfle zum Beispiel können Faust- bis Fußballgröße haben. Vor dem Servieren werden sie mit einem Faden in Scheiben geschnitten. Knöpfle findet man vorwiegend im Allgäu und im Oberland, Spätzle im Württembergischen und Badischen.

Grundrezept Spätzle

Für 6 Personen

500 g Mehl
5 Eier
1 TL Salz und Muskat
¼ l lauwarmes Wasser
3 EL Butter für die Pfanne

Die Zutaten in einer Schüssel zu einem glatten Teig verrühren. Den Teig kräftig schlagen, bis er Blasen wirft. Teig kurz ruhen lassen und noch einmal durchschlagen. Teig portionsweise auf ein angefeuchtetes Spätzlebrett geben. Mit dem Messer oder dem Spätzleschaber ½ cm breite Streifen in kochendes Salzwasser schaben. Während des Schabens das Messer immer wieder in kaltes Wasser tauchen. Wenn die Spätzle oben schwimmen, mit einer Schöpfkelle herausnehmen, in kaltem Wasser kurz abschrecken, abtropfen lassen. Butter in einer tiefen Pfanne zerlassen, Spätzle darin wieder erwärmen.

Kässpätzle

Für 6 Personen

Spätzlesteig nach Grundrezept
Butter für die Form
200 g geriebener Emmentaler
2–3 große Zwiebeln, in Ringe geschnitten
40 g Butterschmalz

Variationen zum Thema Spätzle

Krautspätzle

Spätzle nach Grundrezept herstellen und in mehreren Lagen, 2 cm hoch, in ein ausgebuttertes, flaches Geschirr geben. Jede Lage mit fertig gekochtem, ausgedrücktem Sauerkraut bedecken. In den vorgeheizten Ofen stellen. In Butterschmalz gebräunte Zwiebelringe darübergeben und auftragen.

Spinatspätzle

Dem Spätzlesteig wird 250 g roher, fein gehackter Spinat beigemengt. Ebenso kann man mit frischen Kräutern verfahren.

Brägelte (geröstete) Spätzle

Einen Tag alte Spätzle in Butter in der Pfanne langsam goldgelb und knusprig ausbacken. Mit frischem grünem Salat ein einfaches Sommergericht.

Leberspätzle

250 g Mehl und 250 g rohe, geschabte Rindsleber werden mit 2 Eiern, Salz, etwas Majoran und 2 Esslöffeln fein gewiegter Petersilie zu einem glatten Teig verarbeitet. Teig 1 Stunde ruhen lassen, dann nach Grundrezept verarbeiten. Als Suppeneinlage verwenden oder gebraten mit Salat auftragen.

Saure Spätzle

Spätzle nach Grundrezept herstellen. Saure Soße aus 80 g Butter, 60 g Mehl, 1 fein gehackten Zwiebel, 1 ganzen Zwiebel (mit Lorbeerblatt und 2 Nelken gespickt), ½ Liter Fleischbrühe, 2 bis 3 Esslöffeln Essig, Zucker, Salz und Pfeffer herstellen. Die fein gehackte Zwiebel in etwas Butter anschwitzen, die restliche Butter und das Mehl hinzufügen und braun anbraten. Mit der Fleischbrühe aufgießen, die gespickte Zwiebel hinzufügen und 20 Minuten langsam kochen lassen. Zwiebel herausnehmen, die Soße mit Essig, Zucker, Salz und Pfeffer abschmecken. Die warm gehaltenen Spätzle dazugeben, mit grünem Salat auftragen.

Milchspätzle

Spätzle nach Grundrezept herstellen und in einer Soße auftragen, die man aus 50 g Mehl, 50 g Butter, 1 Liter Milch, 2 Eiern, Salz und Pfeffer herstellt. Aus Mehl und Butter eine helle Mehlschwitze fertigen, mit der Milch ablöschen, vom Herd nehmen und die Eier unterziehen. Mit Salz und Pfeffer abschmecken und über die Spätzle geben.

Krautbaunzen

500 g rohes Sauerkraut, 350 g Mehl und 2 Eier salzen und pfeffern und zu einem Teig kneten. Kleine Stücke davon abschneiden und zu ca. 4 bis 5 cm langen Nudeln formen. 15 bis 20 Minuten in siedendem Salzwasser kochen, herausnehmen, abtropfen und in 50 g heißem Schweineschmalz goldgelb braten.

Oben: Hefeknöpfle fallen besonders groß aus. Man schneidet sie mit einem Faden in Scheiben und serviert sie zusammen mit sauren Bohnen.

Links: Gleich ob als Beilage oder als selbstständiges Gericht, bei einer Gabel bleibt es nicht, wenn sich die Schwaben ans Spätzleessen machen.

Spätzle nach Grundrezept herstellen. Eine flache, feuerfeste Form ausbuttern, Spätzle und Käse lagenweise einfüllen. Etwa 10 Minuten in den auf 220 °C vorgeheizten Ofen stellen. Zwiebelringe in Butterschmalz anbräunen, über die Kässpätzle geben und sofort auftragen.

Hefeknöpfle mit sauren Bohnen

Knöpfle:
300 g Mehl
1/8 l lauwarme Milch
15 g Hefe
1 TL Zucker, 1 Prise Salz
1 Ei

Bohnen:
500 g Bohnen
etwas Bohnenkraut
50 g Butter
1 kleine Zwiebel, fein gehackt
50 g Mehl
Salz und Pfeffer
1 Prise Zucker
1 EL Essig
3 EL braune Butter

Das Mehl in eine Schüssel sieben, in der Mitte eine Mulde bilden, etwas lauwarme Milch und die zerbröselte Hefe hineingeben, verrühren und abgedeckt an einem warmen Ort gehen lassen. Dann das übrige Mehl und die restlichen Zutaten unterrühren und schlagen, bis der Teig sich von der Schüssel löst. Abdecken und an einem warmen Ort ca. 2 Stunden gehen lassen. Danach den Teig in 4 große Stücke teilen und in Salzwasser zugedeckt 15 Minuten kochen lassen. Die Bohnen mit dem Bohnenkraut in Salzwasser nicht zu weich kochen. In der Zwischenzeit in der Butter die Zwiebel anschwitzen, mit Mehl anstäuben und bräunen. Mit Kochwasser ablöschen, mit Salz, Pfeffer, Zucker und Essig abschmecken und die Bohnen unterheben. Teigstücke herausnehmen, mit einem Faden in Scheiben schneiden, mit brauner Butter überziehen und mit den Bohnen zusammen auftragen.

1 Die Grundregel für den Spätzlesteig lautet: 1 Ei auf 100 g Mehl.

2 Etwas frisch geriebene Muskatnuss verfeinert den Geschmack.

3 Die Zutaten müssen mit dem Kochlöffel gut verrührt werden.

4 Dann schlägt man den Teig, bis er Blasen wirft, und lässt ihn kurz ruhen.

5 Nun streicht man den Teig portionsweise auf ein feuchtes Spätzlebrett.

6 Beim Schaben ins siedende Wasser zeigt sich die Kunst der Hausfrau.

7 Wenn die Spätzle oben schwimmen, nimmt man sie aus dem Wasser.

8 Nach dem Abschrecken werden die Spätzle in heißer Butter erwärmt.

Maultaschen

Für den schwäbischen Schriftsteller Thaddäus Troll entsprechen sie dem Wesen des Schwaben: »In einem unliebenswürdigen Gewand verbirgt sich ein delikater Kern. Sie schmecken ›hehlinge‹ gut«, meinte der 1980 verstorbene Autor des Bestsellers »Deutschland deine Schwaben«.
Hehlinge: heimlich, versteckt. Eine blasse Teighülle verbirgt eine köstliche Fülle: Spinat, Zwiebeln, Eier, Petersilie, Muskat, Majoran, Bratwurstbrät, Schinken, Fleisch, Speck! Die Tochter von Thaddäus Troll, darauf hingewiesen, dass die Maultaschen eine beliebte Fastenspeise am Karfreitag seien, meinte empört: »Haltet ihr den lieben Gott für so dumm, dass er nicht durch den Nudelteig durchgucken kann?«
Maultaschen treten in zwei Erscheinungsformen auf: wie zu groß geratene Ravioli und wie in Stücke geschnittener Strudel. Der Teig, ein einfacher, möglichst dünn ausgerollter Nudelteig, ist in beiden Fällen derselbe, ebenso die Füllung. Für die hat jede Familie ihr eigenes Rezept, beim Essen jedoch sind sich alle Schwaben einig: Maultaschen werden in zwei Gängen serviert. Und nur in einem Teller, einem tiefen Suppenteller. Zunächst schöpft man sich Rindsbrühe aus dem Suppentopf, dann angelt man sich eine und danach eine zweite Maultasche. Als nächster Gang wird Kartoffelsalat aufgetragen, von dem man sich ebenfalls einen Schöpfer voll nimmt. Dazu wieder ein, zwei Maultaschen, die man mit in Butter gedünsteten Zwiebelringen schmälzt.
Es gibt noch eine dritte Variante: Vom Vortag übrig gebliebene Maultaschen werden klein geschnitten und mit verquirltem Ei ausgebacken. Dazu reicht man grünen Salat.
Kein Mensch weiß, woher der Name für dieses Spitzenerzeugnis der schwäbischen Küche kommt. Mit der Tiroler Gräfin Margarete Maultasch hat er jedenfalls nichts zu tun. Allenfalls im »Neuen Lexikon der französischen, sächsischen, österreichischen und böhmischen Kochkunst« aus dem Jahre 1785 könnte ein Hinweis stecken. Hier werden unter »auf österreichisch zu machen« »Maultasche oder Schlickkrapfen von Mundmehl« aufgeführt. Demnach könnten die Maultaschen, wie der süffige Trollinger, der seit 250 Jahren in Württemberg angebaut wird und ursprünglich »Tyrollinger« hieß, aus Tirol ins Württembergische gekommen sein. Was nicht ungewöhnlich wäre, denn weite Teile Württembergs waren ehedem österreichisch. Es muss aber nicht so sein. Es gibt nämlich noch mehr Verwandtschaft: chinesische Wan-Tan-Teigtaschen, russische Pelmeni, italienische Ravioli, jüdische Kreplach. Keinem Schwaben würde es allerdings einfallen, darin etwas anderes als rein zufällige Ähnlichkeiten zu sehen.

Grundrezept Maultaschen
Für 6 Personen

Nudelteig:
500 g Mehl
4 Eier
etwas Wasser (je nach Größe der Eier)
Mehl für das Backblech

Füllung:
500 g Spinat
Salz
2 Zwiebeln
Butter zum Anbraten
1 Bund Petersilie, fein gehackt
4 altbackene Semmeln, in Wasser eingeweicht
250 g Hackfleisch
250 g Schinkenwurst
2 Eier
Pfeffer und Muskat
1–2 EL Semmelbrösel

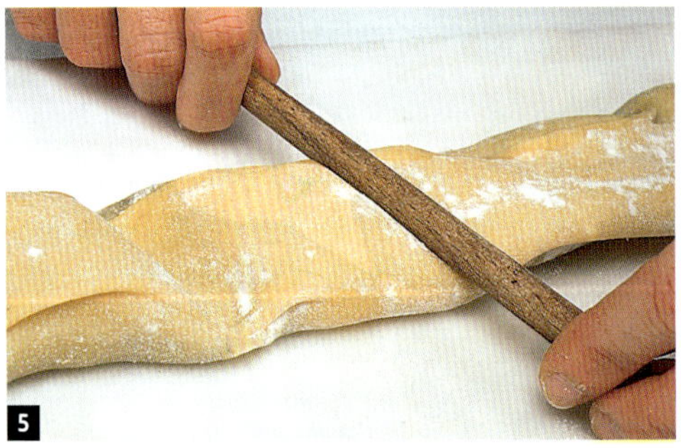

1 Die Füllung für die Kräutermaultaschen wird auf den sehr dünn ausgerollten Nudelteig gestrichen.

2 Die Masse muss möglichst gleichmäßig verteilt sein. Auf der einen Längsseite bleibt ein Teigstreifen frei.

3 Damit der Teig besser haftet, wird der freie Teigstreifen mit etwas flüssiger Butter eingepinselt.

4 Mit der ungebutterten Seite beginnend, rollt man den Teig wie einen Strudel auf.

5 Am besten mit einem Kochlöffel teilt man den Maultaschenstrudel in gleich große Teile, die man abschneidet.

6 In sprudelndem Wasser müssen die Maultaschen nun etwa 10–15 Minuten ziehen. Sie dürfen nicht kochen.

Das Mehl in eine Schüssel sieben, die Eier in die Mitte geben und von der Mitte aus einen festen Teig schlagen. Dabei je nach Bedarf etwas Wasser zugeben. Die schwäbische Hausfrau nimmt gewöhnlich auf 1 Ei ½ Eischale Wasser. Den Teig aus der Schüssel nehmen und auf einem bemehlten Backbrett gut durchkneten. Er muss fest und glatt sein. Zu einer Kugel formen und abgedeckt etwas ruhen lassen.

Währenddessen die Füllung bereiten: Den Spinat in Salzwasser blanchieren, ausdrücken und grob hacken. Die Zwiebeln fein würfeln, in Butter angehen lassen, die fein gehackte Petersilie und die eingeweichten, ausgedrückten Semmeln dazugeben und gut vermengen. Das Hackfleisch ebenfalls in Butter andünsten. Spinat, Hackfleisch, die klein gewürfelte Schinkenwurst und die Semmelmasse in eine Schüssel geben, die aufgeschlagenen Eier hinzufügen, alles gut durchkneten und mit Salz und Pfeffer sowie Muskat abschmecken. Eventuell mit Semmelbröseln die Konsistenz korrigieren. Die Masse sollte glatt und geschmeidig sein.

Nun den Teig in 6 Teile schneiden und jedes Sechstel so dünn wie möglich ausrollen. Die Füllung entweder gleichmäßig und dünn aufstreichen, die Teigbahnen aufrollen und schräg in etwa 8–10 cm große Stücke teilen oder aber in einzelnen Häufchen aufsetzen, mit einer zweiten Teigbahn bedecken und mit einem Rädle oder Messer in Vierecke schneiden. Die Maultaschen in sprudelnd kochendes Salzwasser einlegen und je nach Größe 10–15 Min. ziehen lassen, sie dürfen nicht kochen. Danach entweder in Rinderbrühe auftragen oder mit goldbraun gedünsteten Zwiebeln »schmälzen« und Kartoffelsalat dazu reichen.

Für die Zwiebelschmälze 2 große Zwiebeln fein schneiden und mit 40 g Butter oder Butterschmalz auf kleinster Flamme recht langsam goldbraun dünsten. Zum Ende der Garzeit geht die Bräunung sehr schnell, deshalb darauf achten, dass sie nicht allzu dunkel werden.

Kräutermaultaschen
Für 6 Personen

Teig:
wie im Grundrezept

Füllung:
1 Bund Petersilie
1 Bund Schnittlauch
1 Bund Frühlingszwiebel
(alternativ: Borretsch, Pimpernelle etc.)
⅛ l saure Sahne
250 g gekochtes Suppenfleisch

Die Kräuter so fein wie möglich wiegen und mit dem ebenfalls fein gewiegten Suppenfleisch und dem Sauerrahm zu einer geschmeidigen, glatten Masse vermengen. Eventuell noch Semmelbrösel dazugeben. Für die Herstellung der Maultaschen wie im Grundrezept verfahren.

Griebenmaultaschen
Für 6 Personen

Teig:
wie im Grundrezept

Füllung:
1 Tasse Grieben
2 Eier
2 EL Mehl
125 g Semmelbrösel
2 EL Küchenkräuter, fein gehackt
(Petersilie, Schnittlauch etc.)
Pfeffer und Salz

Aus den angegebenen Zutaten eine glatte Masse herstellen und im Übrigen wie im Grundrezept verfahren.

Rechts oben: Kräutermaultaschen

Rechts: Der Fantasie sind keine Grenzen gesetzt bei den Zutaten für die Füllung der Maultaschen.

Nord trifft Süd

Es gibt einen Weißwurstäquator, ein Nord-Süd-Gefälle vom dunklen zum hellen Brot und eine Kartoffel-Mehl-Grenze. Deutschland ist kulinarisch in zwei Hälften geteilt: eine nördliche und eine südliche. Anders als beim Weißwurstäquator, der von den Bayern als Schutzwall gegen eine mögliche Überfremdung erfunden wurde, sind die übrigen Trennlinien real, vor allem die zwischen der Mehl- und der Kartoffelküche. Obwohl es auch hier Ausnahmen gibt. Zum Beispiel die Mehlbüdel Schleswig-Holsteins, diese gewaltigen Kugeln geballter Teigkraft, die einst mit Nierenfett hergestellt wurden und mit Recht als Vorläufer der englischen Puddings gelten.
Auch im schwäbisch-alemannischen Raum findet man Abweichungen: Hier gehen Mehl und Kartoffel eine seltsame Allianz ein. Der Grund ist in der Sparsamkeit der Schwaben zu suchen. Wenn das Mehl nicht reichte, hat man es mit der billigeren Kartoffel gestreckt. Und so entstanden so köstliche Kartoffel-Mehl-Kreationen wie »Bubespitzle«, im Fränkisch-Hohenlohischen auch »Bauchstecherle« genannt, »Kartoffelkratzed«, »Nackete Mariele« oder Kartoffelwürst, bei denen im Oberland Kartoffel- mit Hefeteig vermengt wird. Was auch für den Kartoffelstrudel des Ries gilt, und nicht zuletzt den Kartoffelkuchen (siehe Seite 88) wie er in Großbottwar, einem kleinen Weinort nordwestlich von Stuttgart, gemacht wird. Nicht zu vergessen »Aalener Schneiderfleck«, die ebenfalls aus Kartoffel- und Hefeteig hergestellt werden. Auch einfache Gerichte sind aus dieser Verbindung entstanden. »Schnitz und Spatzen«, bei denen sich in Salzwasser gekochte Kartoffelstücke in einer Brühe mit Spätzle vereinigen, oder der weithin bekannte »Gaisburger Marsch«, der angeblich aus dem Stuttgarter Stadtteil Gaisburg stammt. Man erzählt, dass er das Lieblingsgericht der »Einjährigen« war, die immer am Sonntag von ihrer Kaserne zu einem Gaisburger Wirt pilgerten, der diesen Rindfleischeintopf mit Kartoffeln und Spätzle kreiert haben soll. Daher die Bezeichnung »Gaisburger Marsch«. Viel wahrscheinlicher ist es, wenn es auch dem einen oder anderen Gaisburger nicht gefallen mag, dass der Gaisburger Marsch nichts anderes ist als die schwäbische Version des im 19. Jahrhundert sehr populären österreichischen »Grenadiermarschs«: eines sättigenden Rindfleischeintopfes, bei dem sich Nudeln und Kartoffeln ebenso gefällig vereinten wie Spätzle und Kartoffeln beim Gaisburger Marsch.

Gaisburger Marsch

250 g Suppenknochen, mindestens 1 Markknochen
500 g Siedfleisch, am besten Ochsenbrust
1 Bund Suppengrün
Salz
einige Pfefferkörner
1 Lorbeerblatt
1 EL Petersilie, fein gehackt

Einlage:
250 g geschälte Kartoffeln
250 g Spätzle
1 Zwiebel
1 EL Butter

Die Knochen abspülen, mit kaltem Wasser aufsetzen und sobald das Wasser kocht, das Ochsenfleisch einlegen. Abschäumen und die Hitze reduzieren. Nach einer halben Stunde das Suppengrün, etwas Salz, Pfefferkörner und Lorbeerblatt zugeben und das Ganze sanft ca. 2 Stunden köcheln lassen. Dabei immer wieder abschäumen. In der Zwischenzeit die Kartoffeln in Würfel schneiden, in Salzwasser kochen und abschütten. Spätzle nach Grundrezept (s. S. 336) zubereiten und warm stellen. Die Zwiebeln in feine Ringe schneiden und in der Butter goldgelb bräunen. Nach Ende der Garzeit das Fleisch herausnehmen, in nicht zu große Würfel schneiden, mit den Spätzle und Kartoffelwürfeln in eine Terrine geben, die abgeseihte Rindsbrühe darübergießen, mit der Petersilie bestreuen und mit in Butter geschmälzten Zwiebelringen anrichten.

Nackete Mariele
Für 6 Personen

200 g Mehl
1 kg gekochte Kartoffeln
120 g Butter
Salz
Zimt und Zucker

Aus dem Mehl, den fein geriebenen Kartoffeln und 50 g weicher Butter unter Zugabe von etwas Salz einen nicht zu festen Teig kneten und daraus daumendicke, fingerlange Nudeln formen. Die Nudeln in der übrigen Butter auf kleiner Flamme anbraten, darauf achten, dass die Nudeln hell bleiben. Mit Zimt und Zucker bestreuen und mit Apfelmus servieren.

Bubespitzle
Für 6 Personen

2 kg gekochte Kartoffeln vom Vortag
3 Eier
Salz
100 g Mehl
Butterschmalz zum Braten

Die geschälten Kartoffeln durch die Presse drücken, Eier, 1 Prise Salz und so viel Mehl zugeben, bis der Teig fest ist. Gut durchkneten, zu einer langen Rolle formen und kleine Stücke von ca. 1 cm Dicke abschneiden. Auf einem bemehlten Brett oder zwischen den Händen zu kleinen fingerlangen Würstchen drehen. In kochendes Salzwasser geben; wenn sie oben schwimmen herausnehmen, abtropfen und portionsweise in heißem Butterschmalz goldgelb braten. Als Beilage zu Fleischgerichten oder als Hauptgericht mit Sauerkraut reichen.

Bubespitzle (links) und Nackete Mariele (rechts)

Schinken

Schwarzwälder Schinken, wie ihn die Einheimischen am liebsten essen, muss eine dicke Speckschicht haben. Die Bauern in der Gegend haben früher kein Schwein geschlachtet, das nicht wenigstens drei Zentner wog, und viele von ihnen halten es noch heute so. Genauso wie sie die Tiere nach wie vor mit natürlicher Kost vom eigenen Hof – Getreide, Kartoffeln und Molke – heranziehen. Denn das Ausgangsprodukt ist für die Qualität des Schinkens ebenso ausschlaggebend wie die Sorgfalt und Geduld, die bei der Herstellung walten.

Verwendung finden ausschließlich Hinterschinken ohne Knochen. In Räuchereien, die Spitzenprodukte liefern und ihr Handwerk traditionell betreiben, wird trocken gepökelt, das heißt, von Hand eingesalzen. Jeder Betrieb hat dabei seine eigene Salz-Gewürz-Mischung. Das Salz zieht die Feuchtigkeit aus dem Schinken und bildet eine Lake. Je nach Art reift der Schinken unterschiedlich lang in der Lake. Die bei Massenware angewandte Schnell- oder Spritzpökelung, bei der ein Lakekonzentrat ins Fleisch gespritzt wird, ist bei Herstellern von Qualitätsschinken verpönt.

Brennzeit nennt man die Zeit, die das Salz braucht, um zum Kern durchzudringen oder, im Fachjargon, »durchzubrennen«. Ist diese Prozedur abgeschlossen, wird der Schinken zum Trocknen aufgehängt, umweht nicht nur von Schwarzwälder Höhenluft, sondern auch von leichtem Tannenholzrauch. Der verleiht ihm seinen eigenen, unverwechselbaren Geschmack. Der Rauch muss kalt sein (unter 25 Grad Celsius), der Schinken darf nicht »kochen«. Je niedriger die Temperatur ist, desto länger muss der Schinken im Rauch hängen. Kalträucherung ist die mildeste und schonendste Art der Räucherung. Aber natürlich auch die aufwendigste und damit teuerste: Beim Trockenpökeln und Kalträuchern verliert der Schinken 30 bis 40 Prozent seines Gewichts.

Eine weitere Spezialität des Schwarzwalds ist der Speck. Gut durchwachsener Bauchspeck wird in einer Gewürzlake gepökelt und dann über einem kleinen Feuer aus harzreichem Kiefernholz so lange geräuchert, bis er sich an der Außenseite schwarz färbt. Die Bauern der Gegend, und nicht nur sie, schätzen den Schwarzwälder Speck besonders zum Vesper mit einem Kanten selbst gebackenen Brots und einem guten Gläsle Kirschwasser.

Oben: Die Räucherkammer des Schwarzwaldbauern Jäckle befindet sich direkt unter dem Dach seines Hofes.

Unten: Schwarzwälder Schinken, wie ihn die Einheimischen am liebsten mögen: mit einer dicken Speckschicht.

Königsgemüse

Königsgemüse, Frühlingswonne, zartes Elfenbein – kein anderes heimisches Gemüse kann sich mit so blumigen Namen schmücken wie der Spargel. Und keines erfreut sich solcher Wertschätzung: Deutscher Spargel ist mit Abstand der teuerste in Europa. Doch obwohl der Markt inzwischen von Billigimporten aus den Nachbar- und Mittelmeerländern überschwemmt ist, zahlen die Feinschmecker den Preis für Spargel aus deutschen Landen gerne. Wissen sie doch, »morgens gestochen, mittags gegessen«, schmeckt er am besten, Aroma und Konsistenz sind entscheidend von der Frische des Produkts abhängig.
Spargel wird in fast allen deutschen Bundesländern angebaut, seine historischen Wurzeln aber liegen im Stuttgarter Raum. Dort wurde er im 16. Jahrhundert zum ersten Mal nachweislich in Deutschland kultiviert. Das Luxusgemüse war bis ins 19. Jahrhundert hinein nur für die Hoftafel bestimmt. Königsgemüse eben. Die Verbraucherschicht hat sich inzwischen grundlegend geändert, nicht so hingegen die Arbeit, die mit der Spargelkultivierung verbunden ist: Geerntet wird noch immer per Hand.
Spargel, der mit den Lilien verwandt ist, wächst in sorgfältig kultivierten lockeren Sandböden auf möglichst nach Süden gerichteten Feldlagen heran. Es dauert drei Jahre, bis ein Stock die ersten Sprossen treibt. Der in Deutschland bevorzugte Bleichspargel muss durch kniehohe Erdwälle gegen das Sonnenlicht geschützt werden, denn wenn ihn Lichtstrahlen treffen, verfärben sich die Spitzen. Deshalb wird auch in der Morgendämmerung geerntet. Feine Risse in der Erde zeigen dem Pflücker, wo er graben muss. Mit der Hand legt er den Spross frei und schneidet ihn kurz über dem Stock ab.
Ein geübter Spargelstecher kann in einer Stunde vier bis sechs Kilogramm ernten.
Der alljährliche Erntebeginn richtet sich nach der Witterung: Der Spargel treibt erst, wenn die Erdwärme mindestens 12 Grad Celsius beträgt. Gewöhnlich erstreckt sich die Saison von April bis Johanni, also bis zum 24. Juni. Allerdings treibt der Spargel witterungsbedingt im Norden des Landes später als im Süden und im badischen Schwetzingen eher als im bayerischen Schrobenhausen.
Die meisten Spargelanbauer in Süddeutschland sind kleinbäuerliche Familienbetriebe. Der Vertrieb der Ware erfolgt in der Regel über Erzeugergroßmärkte. Die frisch gestochenen Stangen werden an Sammelstellen abgeholt und in Hallen versteigert. Bei der Versteigerung des erstgestochenen Spargels zum Auftakt der Saison orientiert man sich seltsamerweise in Ermangelung eines vorhandenen Marktpreises am aktuellen Kalbfleischpreis.
Frischen Spargel erkennt man daran, dass er klingt, wenn man zwei Stangen aneinanderschlägt, und die Schnittflächen hell und saftig sind. Spargel wird immer vor dem Schälen gewaschen. Bei größeren Mengen empfiehlt es sich, die geschälten Stangen mit einem feuchten Tuch abzudecken, damit der Saft nicht verdunstet. Zum Schälen benützt man am besten einen Spargelschäler, den man circa drei Zentimeter unterhalb des Kopfes ansetzt. Grüner Spargel wird von unten nach oben geschält, und zwar nur am unteren Stangendrittel.
Es gibt spezielle Spargeltöpfe mit herausnehmbarem Einsatz, in denen das zarte Gemüse besonders schonend gekocht wird. Die Garzeit beträgt je nach Stärke der Stangen 12 bis 15 Minuten. Benützt man einen normalen Topf, sollte man die Stangen mit einem Bindfaden bündeln. Im Wasser, dem man einen Stich Butter und neben Salz eine Prise Zucker beigibt, empfiehlt es sich, vorher die Abschnitte und Spargelschalen auszukochen.
Um den Eigengeschmack des edlen Gemüses zur Geltung kommen zu lassen, serviert man Spargel am besten mit zerlassener Butter und neuen Kartoffeln. Bei passionierten Spargelessern rechnet man pro Person ein Pfund, als Beilage kann es auch etwas weniger sein.

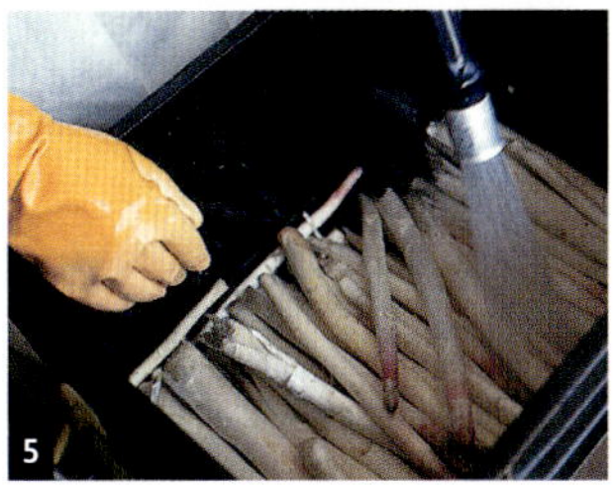

1 Bleichspargel darf auf keinen Fall Licht bekommen, sonst verfärben sich die Spitzen und werden violett.

2 Mühsame Arbeit: Die Stange wird mit den Händen freigelegt und mit dem Stechmesser abgeschnitten.

3 Nun zieht man den Spargel vorsichtig aus der Erde. Wenn er bricht, erzielt er einen niedrigeren Preis.

4 Reiche Ernte: Ein geübter Spargelstecher bringt es in einer Stunde auf vier bis sechs Kilogramm.

5 Abbrausen und die Erde entfernen. Denn bei dem Preis möchte der Verbraucher nicht für Erde zahlen.

6 Sortiert nach Größe und Qualität, kommt das »Königsgemüse« noch am selben Tag auf den Markt.

Mittel gegen alles und für die Liebe

Asparagus officinalis L. lautet der botanische Name des Spargels. *Asparagus*, bedeutet »fetter Keim einer Pflanze, ehe sich die Blätter entwickeln«, *officinalis* weist darauf hin, dass Spargel früher in Klosterapotheken als Heilmittel Verwendung fand. Schon Griechen und Römer schrieben der Pflanze potenzsteigernde Wirkung zu, und im »New Kreuterbuch« aus dem Jahr 1563 heißt es: »Spargen in der speis genossen bringen lustige begirde den männern.« Doch nicht nur das: In der Volksmedizin wurde Spargel als Heilmittel gegen nahezu jedes Leiden gepriesen: Zahnweh, Rheumatismus, Leberschaden, Hüftleiden, Hämorrhoiden, Fieberschübe. Natürlich ist Spargel weder ein Aphrodisiakum noch ein Wundermittel. Dennoch ist er gesund, reich an Vitamin C, Calcium und Phosphor. Er besteht zu etwa 93 Prozent aus Wasser und hat nur 15 Kalorien. Asparaginsäure und Saponin regen die Tätigkeit der Nieren an und wirken entschlackend. Noch einen höheren Nährwert als der Bleichspargel besitzt der vitaminreichere Grünspargel.

Durch kniehohe, kastenförmige Erdwälle, »Bifang« genannt, wird der Spargel gegen Licht geschützt. Geernet wird noch immer per Hand.

Spargelgerichte

Grundrezept Spargel

2 kg Spargel
1 EL Butter
Salz
1 Prise Zucker

Den Spargel waschen und schälen, dabei immer vom Kopf zum dickeren Ende hin schälen, die Enden abschneiden. In einem großen Topf reichlich Wasser mit der Butter, etwas Salz und Zucker zum Kochen bringen. Den Spargel in das sprudelnde Wasser einlegen und bei kleiner Hitze in 12–15 Minuten gar ziehen lassen. Aus dem Topf heben, abtropfen lassen und auf einer vorgewärmten Platte anrichten.

Spargel mit Pellkartoffeln, Butter und Schinken

2 kg Spargel
400 g gekochter Schinken
600 g neue Kartoffeln
120 g flüssige Butter

Zubereitung des Spargels nach Grundrezept. Der Schinken wird kalt serviert, die neuen Kartoffeln werden vor dem Kochen nur abgebürstet und in der Schale gekocht. Spargel und Kartoffeln mit flüssiger Butter übergießen.

Spargel mit Kratzede

Kratzede gibt es im Schwäbisch-alemannischen auch unter der Bezeichnung Eierhaber, G'fuhrlets, Rührum und Stierum.

2 kg Spargel

Kratzede:
200 g Mehl
Salz und Muskat
375 ml Milch
3 Eier, getrennt
Butter zum Braten

Das Mehl mit dem Salz und Muskat mischen, mit der Milch glatt rühren und das Eigelb unterrühren. Das Eiweiß zu Schnee schlagen und unter den Teig heben. Die Butter in einer Pfanne erhitzen und den Teig schöpflöffelweise ins heiße Fett geben. Den Eierkuchen auf beiden Seiten goldbraun braten und mit einer Gabel zerreißen. Im Backofen warm stellen, bis der ganze Teig verarbeitet ist. Zusammen mit dem nach Grundrezept gekochten Spargel auftragen.

Spargel mit Pellkartoffeln, Butter und Schinken

Spargelsalat

1 kg Spargel

Vinaigrette:
1 EL Weißweinessig
1 Schalotte, fein gehackt
1 Bund Schnittlauch, fein geschnitten
1 Bund Kerbel, fein gehackt
Salz und Pfeffer
2 EL Olivenöl

Den nach Grundrezept bissfest gekochten Spargel schräg in ca. 5 cm große Stücke schneiden. Noch lauwarm mit der aus den angegebenen Zutaten bereiteten Vinaigrette vermengen und nach Belieben etwa mit gekochten Kalbsbäckle oder Kalbszüngle anrichten.

Klassische Soßen zu Spargel

Die klassische Begleiterin zu frischem Spargel ist flüssige Butter, wenn man nicht eine leichte Vinaigrette vorzieht. Spargel mit flüssiger Butter, neuen Kartoffeln und Schwarzwälder Rauchfleisch oder gekochtem Schinken ist für viele Spargelliebhaber das Höchste an Genuss.

Der Klassiker unter den Soßenbegleitern ist die **Hollandaise.** Auf 250 g Butter werden 2 Eigelb, 3 EL Wasser, 1 EL Weißweinessig, 1 Prise Salz und 1 Prise Pfeffer benötigt. Den Essig erhitzt man mit 1 EL Wasser und der Prise Pfeffer und reduziert die Flüssigkeit auf einen Teelöffel. Dann gibt man die 2 Eigelb und die restlichen 2 EL Wasser hinzu und schlägt die Masse mit dem Schneebesen auf, bis sie glatt und cremig ist. Nun fügt man tropfenweise die geschmolzene Butter zu. Sollte die Soße zu dick werden, kann man während des Aufschlagens etwas lauwarmes Wasser hinzufügen. Am Schluss wird die Soße mit Salz abgeschmeckt.

Luftiger als die Hollandaise ist die **Sauce Mousseline** oder **Sauce Chantilly,** bei der die Hollandaise zu einem Drittel ihres Volumens mit geschlagener Sahne vermengt wird. Eine weitere exzellente Spargelsoße ist die **Sauce Maltaise**, bei welcher der Hollandaise Blutorangensaft und etwas geriebene Orangenschale beigefügt werden.

Zum Überbacken von Spargel eignen sich die Hollandaise oder die **Sauce Mornay,** eine mit Eigelb gebundene und mit geriebenem Parmesan- und Schweizerkäse vermengte Bechamelsoße.

Rechts: Spargel mit Kratzede

Spargel mit Flädle

2 kg Spargel

Flädleteig:
350 g Mehl
5 Eier
3/4 l Milch
Salz
Butter oder Öl zum Ausbacken

Aus den angegebenen Zutaten einen dünnflüssigen Pfannkuchenteig herstellen und, gegebenenfalls in 2 Pfannen, dünne, knusprige Pfannkuchen ausbacken. Diese in Streifen schneiden. Zusammen mit dem nach Grundrezept gekochten Spargel mit zerlassener Butter oder einer Hollandaise auftragen.

Spargel mit Strübli

Spargel mit Strübli ist eine altbadische, fast in Vergessenheit geratene Spezialität. Von den Strübli gibt es zwei Varianten: Bierteig, den man in schwimmendes Schmalz spritzt, wo er sich zu bizarren Formen kräuselt, und Brandteig, der mit einer Tülle entweder direkt ins Fett oder zunächst in Kringelform auf ein Brett gespritzt wird.

2 kg gekochter Spargel

Bierteig:
250 g Mehl
3 Eier
Salz
Muskat
1/4 l Bier
1/8 l Mineralwasser

Aus den Zutaten einen dickflüssigen Ausbackteig herstellen, notfalls noch etwas Mehl zugeben, und in schwimmendes Fett träufeln. Sobald die Kräusel goldgelb gebacken sind, herausnehmen und auf Küchenkrepp abtropfen. Warm halten, bis der Teig verbraucht ist, und zum nach Grundrezept gekochten Spargel mit einer Kräutersoße auftragen.

Brandteig:
30 g Butter
1/4 l Milch
125 g Mehl
3–4 Eier
1 Prise Salz
1 Prise Zucker
Butterschmalz zum Ausbacken

Butter und Milch zusammen aufkochen und auf einmal das Mehl zugeben. Dabei kräftig rühren, bis sich der Teig vom Topf löst. Vom Feuer nehmen, die Eier sowie Salz und Zucker unterrühren. Den Teig abkühlen lassen und mit einer Tülle entweder direkt in das schwimmende Schmalz oder zunächst auf ein bemehltes Brett oder auf Pergamentpapier aufspritzen und dann in das Fett geben. Mit dem Spargel auftragen.

Spargelsalat mit Züngle

Schlemmen nach dem Schlachten

Bis in die 90er-Jahre des vergangenen Jahrhunderts hinein wurden noch relativ viele Hausschlachtungen auf Höfen vorgenommen. Inzwischen sind sie – auch aufgrund der vielen hygienischen Vorschriften, die es einzuhalten gilt – seltener geworden. Doch immer noch gibt es auf dem Land Hausschlachtungen oder die Möglichkeit, ein Schwein bei einem Metzger vor Ort schlachten und sich daraus Wurst- und Fleischwaren nach Wunsch herstellen zu lassen.

Im Mittelpunkt steht immer der Wurstkessel. Früher hat man noch die Nachbarn zu Wellfleisch und Metzelsuppe eingeladen oder ihnen wenigstens ein paar frisch gekochte Leber- und Blutwürste ins Haus geschickt. Heute sind auch auf dem Land solche Gesten des nachbarlichen Miteinanders selten geworden.

Doch die Verwandtschaft kommt häufig noch am Schlachttag zum Essen zusammen, und auch der Metzger wird, so ihn nicht dringendere Geschäfte daran hindern, mit am Tisch sitzen und ebenso kräftig zulangen wie die übrigen Gäste.

Zuerst wird die reichlich mit Fettaugen versehene Wurstbrühe aufgetragen, die sogenannte Metzelsuppe. Eine Köstlichkeit, trotz des Namens, der so unverblümt auf das an diesem Tag Geschehene hinweist.

Das in der Brühe gekochte Wellfleisch hat einiges seiner überschüssigen Kraft an sie abgegeben, und auch etliche geplatzte Würste haben der Suppe ihre köstliche Fülle mitgeteilt. Dann wird das Fleisch serviert: Schwänzle, Öhrle, Bäckle und Rüssele. Rosig und elfenbeinfarben liegen sie auf dem Kraut. Dazu die Würste. Prall und rund, frisch aus dem Sud, noch beschlagen vom Dampf.

Schwäbisches Wurstlexikon

Bauernbratwurst
Rohwurst aus rohem, geräuchertem und getrocknetem Schweinefleisch

Gelbwurst
Brühwurst aus Bratwurstmasse in mit Safran gefärbtem Darm

Griebenwurst (Blutwurst)
Kochwurst aus Schweineschwarten mit Speck, Schweinebacken, -rüssel und -leber, -blut, in den Dickdarm vom Schwein gefüllt

Landjäger
Rohwurst aus Rind und Schwein, flach gepresst; rund Peitschenstecken genannt

Leberwurst
Kochwurst aus schlachtfrischem Schweinefleisch, ungeräuchertem Speck und Schweineleber im Schweinesaitling oder Dünndarm vom Rind

Oberländer
Nackte Bratwurst (ohne Haut) aus Brät vom Kalb und Schwein

Presskopf
Kochwurst aus Schweinezunge, -herz, -backen, -bauch und -schwarten, im Schweinemagen oder in Dosen abgefüllt

Rote
Brühwurst, ähnliches Brät wie Saiten, nur im Schweinedarm

Saiten
Brühwurst, Brät aus Rind und Schwein im Schafsaitling

Schwartenmagen rot
Kochwurst aus Blut, Schwarten, Speck oder Haxe, gepökelt und gekocht

Schwartenmagen weiß
Kochwurst aus Schweinekopf oder Haxen mit Schwarten und Zwiebeln

Schwarzwurst
Kochwurst aus Schweineblut, -speck und -schwarten

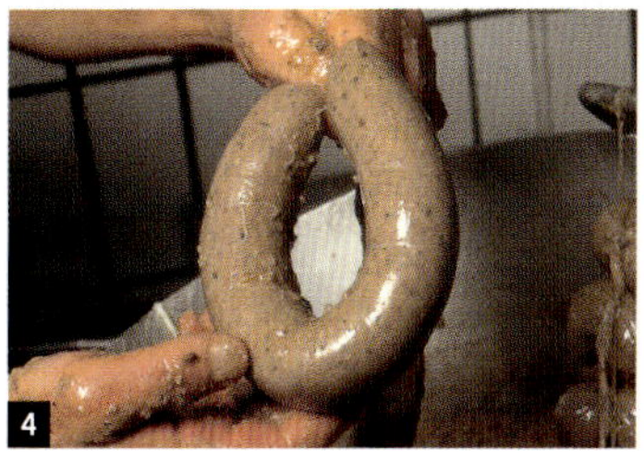

1 Nach dem Schlachten geht's an Wursten. Aus den schlachtfrischen Zutaten entstehen Leber- und Blutwürste. Dabei kommt's auf die richtige Würzung an.

2 Die zuvor sorgsam gesäuberten Därme werden mit der Leberwurstmasse gefüllt.

3 Danach werden sie abgebunden. Dabei entstehen kleinere …

4 … und größere Exemplare. Streng nach DIN-Norm geht es hier nicht. Was von der Masse übrig bleibt, wird in Dosen gefüllt, die man verschließt und in heißem Wasser sterilisiert.

Metzelsuppe und Schlachtplatte – sie stellen den Höhepunkt des Schlachttags dar.

Schwein

Das Schwein ist als wichtigster Fleischlieferant der deutschen Küche nie aus seiner Führungsrolle verdrängt worden. Es hält mit über 65 Prozent am gesamten Fleischverzehr noch immer die Spitzenposition. Allerdings geriet es in den letzten Jahren etwas in Verruf. Schuld daran waren die oft recht fragwürdigen Methoden der Schnellmast. Grund genug für verantwortungsvolle Landwirte und Züchter, zu einer Neubesinnung aufzurufen und anstelle des industriegerechten deutschen Einheitsschweins die Rückkehr der alten Landrassen zu fordern. Eine der wichtigsten Leitfiguren dieser Bewegung ist der Hohenloher Landwirt Rudolf Bühler, der sich besonders für die Wiedereinführung des Schwäbisch-Hällischen Landschweins einsetzt. Diese Rasse gedeiht zwar etwas langsamer als das Edelschwein, hat aber ihre natürliche Speckauflage bewahrt und ist vor allem besser im Geschmack. 980 Höfe zählt heute die Erzeugergemeinschaft im Hohenlohischen, die 1988 von acht Bauern gegründet wurde. Ihre Schwäbisch-Hällischen Landschweine laufen beim »Weidegang« frei herum, bekommen Futter ohne Chemiezusatz, Getreide vom eigenen Hof, dazu eine eiweißreiche Ergänzung von Erbsen- oder Bohnenschrot. In den mit Stroh ausgelegten Ställen haben sie ausreichend Bewegungsfreiheit. Es liegt auf der Hand, dass das Fleisch dieser glücklichen Minderheit unter den Zuchtschweinen von überragender Qualität ist. Würdig für das nach wie vor beliebteste Sonntagsessen im Südwesten: den knusprigen Schweinebraten im Schwäbischen und das würzige »Schäufele«, Schweineschulter, im badischen Teil des Landes.

Bietigheimer Laubfröschle

Anstelle dieser Füllung kann man natürlich auch die übliche Maultaschenfüllung nehmen. Laubfröschle sind die Krautwickel des Frühlings. Man serviert sie meist ohne Beilagen nur mit der Brühe, in der sie gedämpft wurden, oder aber auch mit einem Kartoffelsalat.

1 kg Spinat (große Blätter)
100 g geräucherte Schweinebauchwürfel
2 EL Rapsöl
1 Zwiebel, fein gehackt
100 g frische Schinkenwurst, klein gewürfelt
1 Bund Petersilie, fein gehackt
1 Bund Schnittlauch, fein geschnitten
200 g Weißbrotwürfel, ohne Rinde
in etwas Milch eingeweicht
4 Eier
Salz, Pfeffer und Muskat
Öl für die Form
1/8 l Fleisch- oder Gemüsebrühe

Den Spinat waschen und von den Stielen befreien. 20 große Spinatblätter kurz in kochendes Wasser geben und abtropfen lassen. Ebenso mit dem restlichen Spinat verfahren, diesen jedoch gut auspressen und fein hacken. Die Schweinebauchwürfel in Öl kross anbraten, die Zwiebel und die gewürfelte Schinkenwurst sowie die Kräuter hinzufügen. Alles über die eingeweichten Brotwürfel geben, mit gehacktem Spinat, Eiern, Gewürzen vermengen und abschmecken. Die Spinatblätter ausbreiten, jedes Blatt mit etwas Füllmasse belegen und einschlagen. Eine feuerfeste Form leicht ölen und die Päckchen mit der Nahtstelle nach unten nebeneinander einsetzen. Mit Fleischbrühe oder Gemüsebrühe aufgießen und im Backofen auf mittlerer Schiene bei ca. 200 °C etwa 15 Minuten dämpfen.

Unten links: Bietigheimer Laubfröschle

Unten: Badisches Schäufele

Badisches Schäufele
Für 6 Personen

1 Schäufele (gepökelte und geräucherte Schweineschulter mit Knochen)
Salz und Pfeffer
1 Karotte
1 Zwiebel
1 Stück Sellerie
1/8 l trockener Badischer Weißwein

Das Schäufele salzen und pfeffern, das grob geschnittene Wurzelgemüse zufügen. Fleisch mit der Schwarte (nicht eingeschnitten) nach oben in einen Bräter legen und etwa 2 Fingerbreit Wasser angießen. In den auf 200 °C vorgeheizten Ofen geben und 2–2 1/2 Stunden unter häufigem Begießen braten. Während der letzten Viertelstunde mit Wein begießen. Das Schäufele mit Spätzle und Kartoffelsalat oder mit Spätzle und Kraut auftragen.

Gefüllter Schweinebauch
Für 6 Personen

1,5 kg Schweinebauch mit Schwarte (vom Metzger eine Tasche einschneiden lassen)
Salz und Pfeffer
1 Zwiebel, fein gehackt
2 EL Butter
100 g frische Schinkenwurst, fein gewürfelt
1 Bund Petersilie, fein gehackt
200 g frische Champignons, blättrig geschnitten
1 Brötchen, eingeweicht und in feine Würfel geschnitten
250 g Kalbsbrät
1 Ei, getrennt
etwas abgeriebene Zitronenschale
Butterschmalz
1/2 l Fleischbrühe

Schweinebauch mit Salz und Pfeffer gut einreiben. Zwiebelwürfel in der Butter glasig dünsten. Schinkenwurst, Petersilie, Champignons, das eingeweichte Brötchen, Brät und Eigelb vermengen. Eiweiß steif schlagen und unterheben. Füllung mit Salz, Pfeffer und abgeriebener Zitronenschale abschmecken. Den Schweinebauch damit füllen und die Tasche zunähen. In einem Bräter in heißem Schmalz von allen Seiten anbraten und mit der Schwarte nach unten in den auf 200 °C vorgeheizten Ofen geben. Nach 30 Minuten umdrehen und weitere 1 1/2 Stunden braten. Dabei immer wieder mit Fleischbrühe begießen.

Gefüllter Schweinebauch

Vesper

»No net hudle« – die Vermeidung jedweder hektischen und übertriebenen Geschäftigkeit gilt für den Schwaben nicht nur bei der Arbeit, sondern auch beim Vesper. »Hudle« (das Wort kommt von »Hudelwisch«, dem Reisigbesen, mit dem die Asche mit einem schnellen Wedeln im Backofen weggefegt wird, ehe man das Brot einschießt) ist dem Schwaben und wohl auch dem Badener deshalb zuwider, weil es die Gefahr der Schludrigkeit in sich birgt. Was immer man gerade tut, ob man »schafft« oder »vespert« – es muss mit Bedacht geschehen. Das Vesper ist deshalb auch eher eine Angelegenheit stiller Konzentration als lärmender Geselligkeit. Wenn bei Stadtfesten oder »Hocketsen« (das Wort kommt von »hocken«, sitzen) gevespert wird, dann weil man nicht auf nüchternen Magen sein Viertele trinken will oder weil das Vesper gerade in den Zeitraum passt.

Das Vesper ist eine Zwischenmahlzeit, die man traditionell zweimal am Tag einnimmt: vormittags und nachmittags, manchmal auch am frühen Abend. Ob man kalt oder warm isst, bleibt dem Gusto und der Tagesform überlassen – die Auswahl an Vespergerichten ist immens: Käse, Wurst, Schinken, Saure Nierle oder Leberle, Sülze, Griebenschmalz, Gürkle, Laugenbrezeln. Das Vormittagsvesper fand früher, als es noch den Handwerksmeister alter Prägung gab, der seine Geschäfte meist im Wirtshaus beim Vesper tätigte, zwischen zehn und elf Uhr statt. Heute vespern bestenfalls Pensionäre um diese Zeit, falls sie eine Wirtschaft finden, die schon offen ist. Gevespert wird in vielen Handwerksbetrieben, auf den Baustellen und auch in den Fabriken heutzutage meist zwischen neun und halb zehn Uhr. Trotz gleitender Arbeitszeit wird an diesem zweiten Frühstück eisern festgehalten. Dies ist auch die Zeit, in der die Metzgereien und Bäckereien ihre besten Vesperumsätze tätigen, da allenthalben die Lehrlinge ausschwärmen, um Leberkäse, Schinkenwurst, frische Laugenweckle, Brezeln und dergleichen mehr zu holen. Eine schwäbische Bank warb vor Kurzem sogar damit, dass die Lehrlinge beim Vesperholen auch mit der Kreditkarte zahlen können.
Beim Vesper unerlässlich ist das Taschenmesser, das sowohl die Aufgabe des Abschneidens als auch die des Aufspießens und Zum-Munde-Führens übernimmt. Selbst dort, wo ein Besteck bereitliegt, wird ein zünftiger Vesperer zu seinem Taschenmesser greifen. Schon deshalb, um seine Unabhängigkeit zu demonstrieren. Jene Unabhängigkeit, die es ihm erlaubt, jederzeit und jedermann den »schwäbischen Gruß« des Götz von Berlichingen zu entbieten …

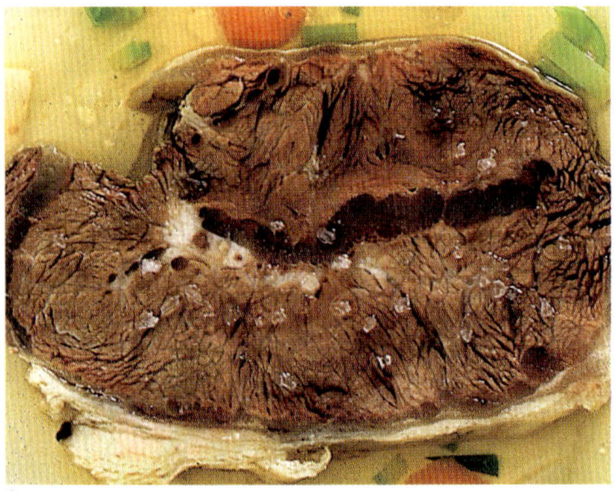
1

2

3

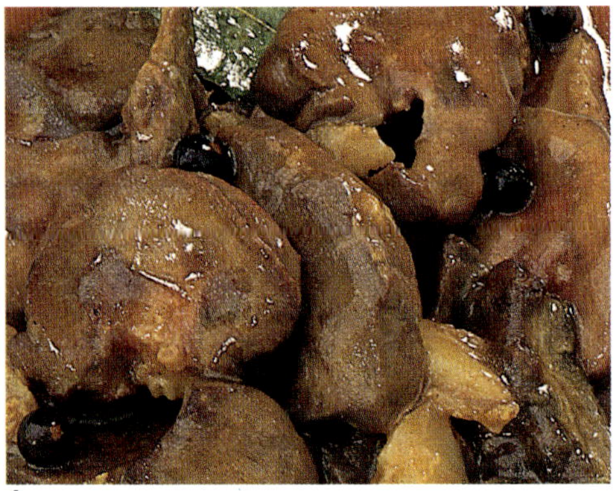
4

5

6

7

8

9

10

11

12

13

14

15

16

17

18

19

20

Das schmeckt beim Vesper

1 Bugblättle, gesotten. Das Bugblättle ist ein besonders feines Stück aus der Schulter des Rindes.

2 In Essig und Öl eingelegter **Harzer Käse.** Dazu passt eine resche Brezel.

3 Geräucherte **Schinkenwurst und Schwarzwurst** sind die traditionellen Vesperwürste.

4 Gröscht's besteht aus den Innereien von Kalb und Rind.

5 Gesottene Schweineknöchle, serviert mit Kraut.

6 Kräuterkäse gibt es fertig in Kegelform zu kaufen, er wird mit Butter und Sahne angemacht.

7 Schwarzwurstsalat mit Zwiebeln, Essig und Öl.

8 Schweinsbäckle auf Linsensalat, ein Gericht aus der modernen Vesperküche.

9 Luckeleskäs, ein grobkörniger Frischkäse, hat seinen Namen davon, dass er früher den Küken gefüttert wurde.

10 Kalbskopf, gesotten oder auch gebacken, wird gerne als Zwischengericht genossen.

11 Gebratene Peitschenstecken waren früher in den Besenwirtschaften das typische Gericht zum Wein.

12 Backsteinkäse schmeckt in Essig und Öl angemacht besonders gut.

13 Landjäger und Peitschenstecken sind typische, auch bei der Vesper gern gegessene Hartwürste.

14 Kalbskopfrouladensalat in einer Marinade gehört zu den modernen Vespergerichten.

15 Leberle sauer darf auf keiner schwäbischen Speisekarte fehlen und beim Vesper natürlich auch nicht.

16 Saure Nierle gehören zu den Lieblings-Vesperspeisen der Schwaben.

17 Roter und Weißer **Schwartenmagen** in Essig und Öl und mit Zwiebeln angemacht.

18 Tellersülze besteht aus den gallerthaltigen Stücken des Schweins, wie Rüssel, Ohren und Knöchle.

19 Eine typische **Vesperplatte** mit einer Auswahl von Würsten und Schinken.

20 Auch Vitamine dürfen beim Vesper nicht fehlen: **Bierrettiche und Winterrettiche.**

Ob das schwäbische Vesper oder die bayerische Brotzeit – die kleine Zwischenmahlzeit hat im Süden des Landes ihren festen Platz im Tageslauf.

Josef Heinzelmann vor 80 Zentnern Äpfeln von den Streuobstwiesen des Deckenhausener Tals.

Most

Most ist der klassische Begleiter zum Vesper, so wie in Bayern das Bier zur Brotzeit. Im Alkoholgehalt entspricht er etwa dem Bier, hat jedoch den Vorteil, dass man davon keinen »Ranzen«, also keinen Bauch, bekommt. Eigentlich müsste er daher ein Modegetränk sein, der vergorene Saft aus Äpfeln und Birnen von den vielen Streuobstwiesen, Schreber- und Obstgärten des Landes. In Maßen genossen sorgt er nicht nur für eine gute Darmfunktion, sondern auch für einen klaren Kopf. Aber er entspricht wohl nicht mehr dem Trend der Zeit. Nur die Alten wissen ihn noch als »lebensverlängerndes« Tonikum zu schätzen. Bis vor einigen Jahrzehnten war Most das Nationalgetränk der Schwaben. Noch in den Fünfzigerjahren durften im Keller eines ordentlichen schwäbischen Haushalts neben dem Krautfass, der eingedosten Wurst vom Schlachttag und dem »Gsälz« (der Marmelade) die Mostfässer nicht fehlen. Wobei die besseren Fässle, die mit dem »Bieramoscht« (Birnenmost), meist hinten lagerten. Damit sie nicht so leicht zugänglich waren. Durch Jahrhunderte hindurch war Most der Haustrunk. Bier wie Wein wurden im Wirtshaus getrunken, Most daheim. Kein schwäbischer Hausvater, der nicht am Tag seine zwei bis drei Krügle Most aus dem Keller geholt hätte. Keiner, der den Gast nicht mit der knappen Frage »Magsch Moscht?« begrüßt hätte.

1 Die Äpfel, die aus der Bodenseegegend kommen, werden abgeladen.

2 In einem Bottich müssen sie erst einmal sauber gewaschen werden.

3 Die Äpfel und (aus Geschmacksgründen) Quitten werden grob zerkleinert.

4 Das Obst wird in Tücher gepackt, die zugeschlagen werden.

5 Beim Pressvorgang tritt der Saft aus und wird aufgefangen.

6 Acht Wochen muss der Saft im Fass bleiben, dann ist der Most ausgereift.

Obstwässerle

Das Reich der Destillate ist eine Galaxie, ein faszinierender Kosmos von erstaunlicher Vielfalt. Das ABC der deutschen Brände allein reicht vom schwäbischen »Apfelwasser« über das Chemnitzer »Luftwasser« bis hin zum »Zibärtle« aus dem Schwarzwald. Am beglückendsten sind dabei die Beerengeister und Kernobstbrände aus dem Südwesten. Hier findet man auch die meisten Kleinbrenner: Im Badischen, wie auch in vielen schwäbischen Landesteilen, hat heute noch fast jeder Bauernhof das Brennrecht. Ihre Kirschwässerli, auch »Chriesiwasser« genannt, ihre Schlehen-, Mirabellen-, Zwetschgenwasser und ihr Himbeergeist zählen zum Edelsten, was deutsche Destillierkunst hervorbringt. Der Aufwand an Rohprodukten ist dabei beachtlich. Was nicht weiter verwundert, wenn man das Endergebnis betrachtet.

Das Kirschwasser wurde früher nur aus den kleinen bittersüßen Vogelkirschen hergestellt, die mitsamt den Kernen zerstampft wurden. Edler Schwarzwälder Himbeergeist wird heute noch ausschließlich aus Waldhimbeeren hergestellt. Für eine einzige Flasche echten Himbeerwassers braucht man 30 Kilogramm Himbeeren. Wenn man bedenkt, dass 100 Pfund Himbeeren nicht mehr als 25 Liter Saft aus der Fruchtmaische ergeben, ist dies durchaus plausibel. Ähnlich ist es bei den Obstbränden. Aus 100 Kilogramm Äpfeln gewinnt man je nach Sorte 3 bis 7 Liter reinen Alkohol, aus derselben Menge Birnen 3 bis 6 Liter. Die Birnenbrände behalten dabei den typischen Fruchtgeschmack besser als die Apfelbrände.

Die Grundprodukte für diese herrlichen Destillate, nämlich Kernobst und Beerenobst, sind in Baden-Württemberg überreichlich vorhanden. Am meisten Obst gedeiht im Bodenseekreis (über 7300 Hektar Anbaufläche), es folgen der Ortenaukreis mit rund 4800 Hektar Anbaufläche, Ravensburg mit über 1400 Hektar Anbaufläche und die Kreise Breisgau-Hochschwarzwald, Konstanz und Heilbronn mit knapp über 1000 Hektar Anbaufläche. Die Zentren des Obstanbaus – der Bodensee- und Ortenaukreis und der Kreis Ravensburg – bewirtschaften zusammen über 13 600 Hektar oder rund 57 Prozent der gesamten erfassten Obstanbaufläche des Landes Baden-Württemberg.

1 **Schwarze Wildkirsche,** August Kottmann, Bad Ditzenbach
2 **Johannisbeere Schwarz,** Edmund Marder, Albbrück
3 **Schlehenwasser**, Edmund Marder, Albbrück
4 **Quittenwasser,** Edmund Marder, Albbrück
5 **Topinambur,** Ewald Kopp, Sinzheim
6 **Mirabellenwasser,** Klaus Schindler, Oberkirch
7 **Zibärtli-Wildpflaume,** Hermann Schwörer, Durbach
8 **Williams Christbirne,** Wilfried Graf, Obersasbach
9 **Weinhefebrand,** Ewald Kopp, Sinzheim
10 **Alter Zwetsch,** Walter Hörner, Schallstadt-Wolfenweiler
11 **Waldhimbeergeist,** Bimmerle, Achern-Mösbach
12 **Schwarzwälder Gebirgskirschwasser,** Theo Lettner, Kappelrodeck
13 **Apfelbrand,** Kammer-Kirsch, Karlsruhe
14 **Schwarzwälder Kirschwasser,** Alfred Schladerer, Staufen
15 **Haferpflaumenwasser,** Theo Lettner, Kappelrodeck

Gutes von innen

In der Küche des Nordens spielen Innereien keine große Rolle. In Süddeutschland hingegen sind sie ein wichtiger Bestandteil des Speiseplans. Aber selbst im Süden gibt es Trennlinien. Die Milz, die in Bayern nicht nur in der Milzwurst, in Milzschöberln oder als Zutat bei Leberknödeln geschätzt ist, findet ihre westliche Grenzlinie bereits im schwäbischen Biberach, wo ihr allerdings mit dem »Biberacher Milzle« ein einmaliges Denkmal gesetzt wurde. Nur an dieser Nahtstelle zwischen Bayern und Schwaben findet im Schwäbischen die Milz in der Küche Verwendung.

Innereien sind im schwäbisch-alemannischen Raum beliebte Vespergerichte: Kutteln, der Vormagen des Rindes, werden in einer aus Mehlschwitze, Fleischbrühe, Essig und Lorbeerblatt zubereiteten Soße serviert. Auch Leberle und Nieren tischt man meist »sauer« auf. Hirn wird ebenso wie Bries gerne in der Suppe verwendet. Wenn die These stimmt, dass überall dort, wo Innereien gegessen werden, auch eine gute Küche zu Hause ist – Frankreich, Italien und China dürfen hier als Beispiele aufgeführt werden –, dann stehen die Küchen des Südens innerhalb Deutschlands mit Sicherheit nicht im hinteren Glied.

Biberacher Milzle

1 Kalbsmilz (beim Metzger vorbestellen)

Füllung:
100 g Kalbsbries
150 g Kalbfleisch
100 g von der ausgeschabten Milz
1 Semmel, in kleine Würfel geschnitten
2 Eier
2 Frühlingszwiebeln, fein geschnitten
1 TL Petersilie, fein gehackt
1 TL Schnittlauchröllchen
Salz und Pfeffer
Majoran

Die Milz mit einem scharfen Messer am Ende aufschneiden, ausschaben und nach außen stülpen. Das vorher gewässerte und blanchierte Kalbsbries in Würfel schneiden und mit dem durch die feine Scheibe des Wolfs gedrehten Kalbfleisch, 100 g von der ausgeschabten Milz sowie der gewürfelten Semmel, den Eiern, Zwiebeln und Kräutern zu einer geschmeidigen Masse vermengen. Mit Salz, Pfeffer und Majoran abschmecken und in die Milz füllen. Die Milz zunähen. In siedendem Salzwasser, dem man auch Suppengrün zugeben kann, bei 80 °C etwa 30 Minuten garen. Die Milz aus dem Wasser nehmen und in Scheiben

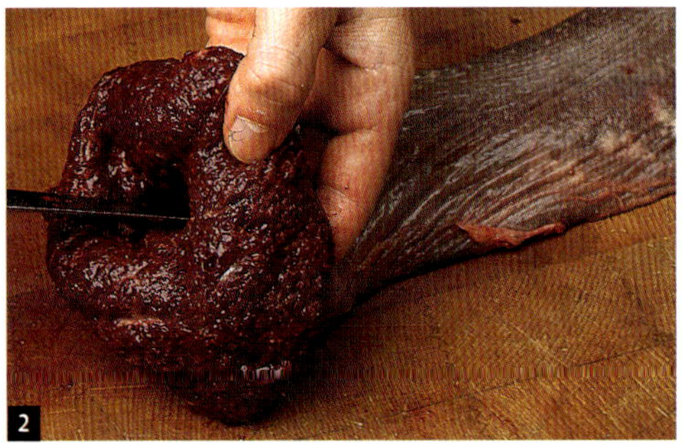

1 Auf die Füllung kommt es an beim Biberacher Milzle. Zu ihr gehören Bries, Kalbfleisch, Semmeln und Eier.

2 Die Milz wird mit einem scharfen Messer an einem Ende aufgeschnitten, ausgeschabt und umgestülpt.

3 Die Zutaten zur Füllung werden in einer Schüssel zu einer geschmeidigen Masse vermengt und abgeschmeckt.

4 Geschick ist nötig, mithilfe eines Esslöffels lässt sich die Milz am einfachsten füllen.

5 Nachdem man die Öffnung der Milz zugenäht hat, kocht man sie in Salzwasser mit etwas Wurzelgemüse gar.

6 Biberacher Milzle kann man kalt zum Vesper essen, man kann sie anbräunen und warm zu Kartoffelsalat servieren.

schneiden. In Biberach wird sie auf der »Nudelsupp« serviert. Man kann sie aber auch in Butter anbräunen und mit einem Kartoffelsalat essen oder kalt zum Vesper genießen. In der Neuen Küche wird Biberacher Milzle nur mit einem Salat der Saison gereicht.

Saures Kalbsherz in Trollinger

800 g Kalbsherz
½ l trockener Trollinger
1 Schuss Weinessig
1 große Zwiebel, fein gehackt
1 Karotte, in Scheiben geschnitten
1 kleiner Sellerie, in kleine Würfel geschnitten
1 Lorbeerblatt
3 Nelken
10 Wacholderbeeren
10 schwarze Pfefferkörner
geklärte Butter zum Braten
1 EL Tomatenmark
100 g saure Sahne

Das Kalbsherz in der Mitte teilen und auswaschen. Aus dem Rotwein, Essig und dem Wurzelgemüse die Marinade bereiten und das Kalbsherz ca. 2 Tage einlegen. Die Gewürze bindet man in ein Mulltuch ein und gibt dies der Marinade bei. Vor der Zubereitung das Herz aus der Marinade nehmen und abtrocknen. Dann in einer Kasserolle in der geklärten Butter von allen Seiten anbraten. Die Marinade durch ein Sieb seihen und dabei die Flüssigkeit auffangen. Wenn das Herz auf allen Seiten angebraten ist, das Wurzelgemüse und das Tomatenmark dazugeben und alles schön Farbe annehmen lassen. Mit der Marinade ablöschen und das Herz in diesem Fond garen, bis es weich ist. Die Gewürze in dem Mulltuch ebenfalls mitkochen. Nach dem Garen das Herz herausnehmen, die Soße mit der Sahne verfeinern und abschmecken. Als Beilage eignen sich handgemachte Spätzle, Kartoffelpüree, Knödel, Salzkartoffeln, Bubespitzle sowie Salate aller Art oder frische Gemüse der Saison.

Saumagensalat

2–3 Saumägen (beim Metzger geputzt vorbestellen)
Salz
1 Zwiebel, gespickt mit Lorbeerblatt und Nelke

Salat:
5 EL Weinessig
1 TL Senf
Salz, Pfeffer aus der Mühle
1 Prise Zucker
4 EL Sonnenblumenöl
etwas Wasser
2 Zwiebeln, fein gehackt
1 Bund Frühlingszwiebeln
1 Bund Schnittlauch, fein geschnitten

Garnitur:
einige Radieschen

Die geputzten Saumägen in reichlich Wasser aufsetzen, aufkochen, abgießen und mit frischem Wasser nochmals aufsetzen. Salzen, die gespickte Zwiebel zufügen und die Saumägen eine weitere Stunde kochen. Anschließend aus dem Wasser heben, erkalten lassen und in Streifen schneiden. Aus Essig, Senf, Salz, Pfeffer, Zucker und Öl und etwas Wasser eine Salatsoße verrühren. Mit den Zwiebeln, dem Zwiebelgrün und dem Schnittlauch vermengen. Die Saumagenstreifen hinzufügen und den Salat etwas ziehen lassen. Mit den Radieschen garnieren.

Saures Kalbsherz

Saumagensalat

Heiß geliebte Suppen

Der Schwabe, so hieß es einst, isst fünfmal am Tag Suppe, und auch sein alemannischer Vetter ist Suppen, angefangen bei der mehr als bescheidenen Mehlsuppe (s. S. 382) bis hin zur raffinierteren Schneckensuppe (s. S. 358), besonders zugeneigt. Suppen spielten deshalb in der schwäbischen wie in der badischen Küche immer schon eine große Rolle. Im Alltag ebenso wie bei Festessen.

Eine besondere Bedeutung kam seit jeher der Hochzeitssuppe zu, einer Rindsbrühe, die sich durch reichhaltige und vielfältige Einlagen auszeichnet: Biskuitstreifen, Leberspätzle, Marklößchen, Brätknödel, Fleischstrudel, Flädle und dergleichen mehr. Der tiefere Grund für diese Reichhaltigkeit lag in den behördlichen Vorschriften, die in früheren Jahrhunderten die Zahl der aufgetragenen Gänge bei Hochzeiten regulierten. Die Gesetze sollten verhindern, dass der einfache Bürger sich bei der Ausrichtung des Hochzeitsmahls, zu dem ja immer viele Gäste geladen wurden, allzu sehr verausgabte. Um es dennoch an der angebrachten Opulenz nicht fehlen zu lassen, wurde die Suppe reichhaltiger als sonst üblich aufgetragen. Dem Gesetz war damit Genüge getan. Und dem bürgerlichen Bedürfnis, zu zeigen, was man sich alles leisten und auftischen kann, auch.

Laugenbrezelsuppe

Für 6–8 Personen

6 altbackene Laugenbrezeln
1 l Fleischbrühe
4 Eigelb
2 EL süße Sahne
Salz und Pfeffer
Muskat
1 Bund Schnittlauch, fein geschnitten

Die Brezeln klein schneiden, in der kalten Fleischbrühe einweichen und anschließend langsam zum Kochen bringen. Eigelb mit der Sahne verquirlen. Brezelmasse durch ein Sieb streichen, nochmals kurz aufkochen und Topf vom Herd nehmen. Eigelbmasse zugeben. Mit Salz, Pfeffer und Muskat abschmecken und mit Schnittlauchröllchen bestreut servieren.

Flädlesuppe

Für 6–8 Personen

125 g Mehl
1/4 l Milch
2 Eier
Salz und Muskat
Speck für die Pfanne
1 l heiße Fleischbrühe
1 Bund fein geschnittener Schnittlauch

Aus Mehl, Milch, Eier, Salz und Muskat einen glatten Teig anrühren und anschließend in einer heißen, mit Speck eingeriebenen Pfanne sehr dünne »Flädle«, also Pfannkuchen ausbacken. Die Flädle auskühlen lassen, in dünne Streifen schneiden und in einer klaren, kräftigen Fleischbrühe, mit etwas klein geschnittenem Schnittlauch bestreut, servieren.

Riebelessuppe

Für 6–8 Personen

Die »Riebelessupp«, die man auch »faule Weibersupp« nennt, ist in ganz Süddeutschland beheimatet, besonders populär aber im Schwäbischen, was allerdings keine Rückschlüsse auf etwa mangelnden Fleiß der Schwäbin zulässt. Ganz im Gegenteil.

250 g Mehl
1 Eigelb
2 Eier
Salz
1 l Fleischbrühe
1 Bund Schnittlauch, klein geschnitten

Mehl, Eigelb, Eier und Salz zu einem festen trockenen Teig kneten. Den Teig noch etwas trocknen lassen und dann mit einer groben Reibe auf ein Pergamentpapier reiben. Die trockenen Riebele in der heißen Fleischbrühe kurz erhitzen, mit klein geschnittenem Schnittlauch bestreuen und auftragen.

Badische Sauerampfersuppe

Für 6–8 Personen

250 g Sauerampfer
1 EL Butter
Salz
200 g süße Sahne
2 Eigelb
1 l klare Fleischbrühe
Pfeffer

Die Blätter von den dicken Stielen streifen, mehrmals gründlich waschen und tropfnass mit etwas Butter und einer Prise Salz weich dünsten. Anschließend pürieren bzw. durch ein Sieb streichen. Die Sahne mit dem Eigelb verquirlen. Die Fleischbrühe zum Kochen bringen, den Sauerampfer unterrühren und die Suppe vom Herd nehmen. Mit Pfeffer abschmecken, der Eigelbsahne legieren und sofort servieren.

Schwäbische Hochzeitssuppe

Für 6–8 Personen

1 l kräftige Fleischbrühe
1 Bund Schnittlauch, fein geschnitten

Einlagen:

1. Brätknödel
125 g Kalbsbrät
2 TL süße Sahne

1 Ei
Salz und Pfeffer
$^{1}/_{2}$ TL abgeriebene Zitronenschale
1 TL Petersilie, fein gehackt
Semmelbrösel

Das Brät mit der Sahne und Ei verrühren, Gewürze, Zitronenschale sowie etwas fein gehackte Petersilie hinzugeben und so viel Semmelbrösel hinzufügen, bis es eine geschmeidige, feste Masse gibt. Kleine Knödel abdrehen, in leicht kochendes Salzwasser geben und ziehen lassen. Die Knödel dürfen nicht kochen.

2. Lebernocken
50 g Butter
125 g Kalbs- oder Geflügelleber, fein gewiegt
2 Eier
Salz und Majoran
2 altbackene Brötchen,
in etwas Milch eingeweicht

Die Butter schaumig rühren, die Kalbs- oder Geflügelleber, Eier, Gewürze und die eingeweichten, ausgedrückten Brötchen zugeben. Von der Masse mit einem Löffel nicht allzu große Nocken abstechen und in siedendem Salzwasser garen.

3. Bachene Spatzen (Backerbsen)
3 Eier
250 g Mehl
1 Messerspitze Salz
$^{1}/_{8}$ l lauwarme Milch
Schmalz oder Öl zum Ausbacken

Die Eier mit dem Mehl, Salz und der Milch zu einem zähflüssigen Spätzlesteig schlagen. Anschließend die Masse über einen Spatzenhobel in das siedende Schmalz laufen lassen. Sobald die Spatzen goldgelb gebacken sind, mit einem Schaumlöffel ausheben und abtropfen lassen.

Von links nach rechts: Sauerampfersuppe, Flädlesuppe, Schwäbische Hochzeitssuppe

4. Biskuitstreifen
2 Eier
60 g Butter
2 TL Milch
100 g Mehl
Salz
1 Päckchen Backpulver

Eier trennen. Die Butter mit dem Eigelb schaumig rühren, Milch, Mehl, Salz und Backpulver hinzugeben. Die Masse gut durcharbeiten und das zu Eischnee geschlagene Eiweiß unterheben. Ein mit Pergament ausgelegtes Backblech knapp 1 cm hoch mit der Teigmasse bestreichen und bei mittlerer Hitze im Backofen backen. Nach dem Erkalten in Streifen oder Rauten schneiden.

Die Einlagen in vorgewärmte Suppenteller geben, mit der heißen Fleischbrühe angießen und mit dem klein gehackten Schnittlauch bestreuen.

Schnecken

Escoffier, der bedeutendste Koch der Neuzeit, hat sie die »geistreichste Vorspeise« Europas genannt, und in Burgund wie im Elsass gehören sie zu den traditionellen Gerichten der Landesküche. Im Badischen galten sie lange als Armeleuteessen, und in manchen Teilen Oberschwabens waren sie verständlicherweise für die Bauern nichts anderes als salatfressendes Ungeziefer. Ungeziefer, das sehr zum Erstaunen und zur allgemeinen Freude – »onser Pfarrer frisst Schnecka« – zuerst in den Pfarrhäusern, in denen man gern französische Esssitten kopierte, aufgetischt wurde. Auch heute noch sind die Meinungen über den Verzehr von Schnecken geteilt. Auf jeden Fall müssen beim Sammeln von Weinbergschnecken Naturschutzrichtlinien beachtet werden: Die Weinbergschnecke ist nach der Bundesartenschutzverordnung geschützt. In Baden-Württemberg gibt es allerdings seit 2004 keine allgemeine Verordnung mehr, die das Sammeln regelt, sondern man muss beim zuständigen Regierungspräsidium um eine Genehmigung für eine Schneckensammlung nachfragen.

Für die einen sind Schnecken ein Wintergericht, essbar erst, nachdem sie sich bei ihrer Vorbereitung für den Winterschlaf aller Schadstoffe entledigt und ihr Haus mit einer Membrane abgedeckelt haben. Für die anderen sind sie erst im Frühjahr genießbar, wenn sie sich nach ihrem langen Winterschlaf am frischen Grün satt gegessen und wieder etwas an Gewicht zugenommen haben.

In beiden Fällen ist die Zubereitung gleich aufwendig. Bei den verdeckelten Schnecken muss man zunächst die Membrane, die das Schneckenhäuschen verschließt, wegschneiden. Ob verdeckelt oder nicht – die Schnecken müssen mehrmals gründlich gewaschen werden. Anschließend legt man sie für längere Zeit in eine Mischung aus Kochsalz, Essig und Mehl, damit sie die restlichen Schadstoffe ausscheiden, um sie dann erneut zu waschen und fünf Minuten in siedendem Wasser zu blanchieren. Sobald sie ausgekühlt sind, holt man die Schnecken mit einer kleinen Gabel aus dem Gehäuse. Dann schneidet man den Darm, den dunklen hinteren Teil, weg, reibt das Fleisch mehrmals gründlich mit Salz ab und gart es auf sehr kleiner Flamme in einem Sud aus halb Weißwein, halb Rinderbrühe oder Wasser mit Suppengrün, Pfefferkörnern und was immer man an Kräutern zur Hand hat. Die leeren Häuser kocht man in reichlich Wasser, dem man Soda beigegeben hat, spült sie und lässt sie trocknen.

Erst wenn die Häuser ganz trocken sind, streicht man Schneckenbutter ein, legt die gar gekochten Schnecken dazu und verschließt die Häuschen ebenfalls mit Schneckenbutter. Die feine Schneckenbutter bereitet man aus frischer, am besten ungesalzener Butter, fein gehackter Petersilie, einigen klein gehackten Schalotten, etwas Salz und Knoblauchzehen, die man durch die Presse drückt. Nun setzt man die Häuschen in ein hitzefestes Gefäß und schiebt sie in den gut vorgeheizten Ofen.

Badische Schneckensuppe
Für 6–8 Personen

24 Schnecken (aus der Dose oder selbst vorbereitet)
4 Schalotten
40 g Butter
1 Prise Salz
1/4 l trockener Weißwein
1 l Fleischbrühe, am besten Kalbsbrühe
20 g feine Streifen von Karotte, Sellerie und Lauch
150 g süße Sahne
2 Eigelb
2 EL Petersilie, fein gehackt

Die Schnecken aus der Dose nehmen (den Schneckenfond aufbewahren). Die Schalotten klein hacken und mit der Hälfte der ebenfalls klein geschnittenen Schnecken in der Butter anschwitzen, salzen, mit dem Weißwein und dem Schneckenfond ablöschen und mit der Fleischbrühe auffüllen. Kurz aufkochen, die restlichen halbierten Schnecken und die Gemüsejulienne zugeben und alles sanft 10 Minuten köcheln lassen. Am Schluss die Suppe mit den mit Sahne verquirlten Eigelben legieren und mit Petersilie bestreut servieren.

Von oben nach unten: Im Winter nutzen die Winzer ihren Weingarten als Fleischlieferanten: Sie sammeln Schnecken.

Meist muss man nicht tiefer als 30 cm graben, um die abgedeckelten Schnecken zu finden.

Über große Exemplare freut sich der Feinschmecker, denn viel ist ja nicht dran an den Tieren.

Bevor man sie zubereitet, muss man die Membrane, die das Schneckenhaus verschließt, wegschneiden.

Links: Bevor man das Filderkraut verarbeiten kann, muss man den Strunk herausschneiden. Dazu verwendet man den sogenannten »Krautbohrer«.

Gegenüber außen: Ein Prachtexemplar! Die äußeren Blätter des Kohls hat Margit Kitzele bereits entfernt.

Filderkraut

Die Fildern, eine fruchtbare Hochebene südlich von Stuttgart, ist nicht nur für ihren Krautbau berühmt, sondern auch dafür, dass dort im Jahre 1908 ein Luftschiff des Grafen Zeppelin Feuer fing und explodierte. Der Graf und seine Luftschiffe sind längst Teil der Geschichte, das Spitzkraut auf den Fildern hingegen ist Gegenwart und erfreut sich, nach einem vorübergehenden Tief in den Siebzigerjahren, immer größerer Beliebtheit. Nach Meinung vieler Feinschmecker gedeiht hier das beste Weißkraut der Welt – feinadrig und sehr viel zarter und wohlschmeckender als das gewöhnliche Rundkraut. Nicht nur die heimischen Hausfrauen wissen diese Delikatesse zu schätzen, auch ein großer Teil der ausländischen Mitbürger, insbesondere Griechen, Türken und Zuwanderer aus dem ehemaligen Jugoslawien, stellen mit dem Spitzkohl ihre Nationalgerichte her. Allerdings ziehen die Neubürger es vor, das Kraut im Ganzen einzulegen. »Filderkraut à la grecque«, sozusagen.

Die Geschichte des Filderkrauts, des einzigen Weißkohls, der keinen runden, sondern einen konisch zulaufenden Kopf hat, geht zurück auf das 16. Jahrhundert. Mönche des Klosters Denkendorf sollen es gewesen sein, die diese besondere Züchtung hervorgebracht haben. 1772 schrieb der Bernhäuser Pfarrer Johannes Bischoff über den Anbau auf den Fildern: »Das weiße Spitzkraut ist das einzige (Kraut), welches hier gepflanzt wird.«

Heute hat die Kultivierung von Spitzkraut in den ländlichen Gemeinden der Fildern ihre einst dominierende Rolle verloren. Zwar ist der stark wasserhaltige Lösslehmboden mit einer Grundlehmschicht von 5–6 Metern Tiefe und einer Bonität von 80 Bodenpunkten weltweit einer der besten Böden für Krautanbau. Doch mussten die Bauern schon in den 90er-Jahren des letzten Jahrhunderts wegen der Flughafenerweiterung und der damit verbundenen Autobahnverlegung 200 Hektar dieses wertvollen Guts abtreten. Veränderte Essgewohnheiten führen außerdem dazu, dass der Anbau von Salat das Filderkraut verdrängt. Auch der steigenden Mechanisierung muss Tribut gezollt werden: Man bevorzugt zunehmend runde Weißkohlsorten, die komplett maschinell verarbeitet werden können. Infolgedessen ging die Anbaufläche des Filderkrauts auf heute rund 40 Hektar zurück – 1978 waren es noch 646 Hektar.

Da der Kohl sehr druckempfindlich ist, wird das Edelprodukt, das hier heranwächst, immer noch von Hand geerntet. Der Großteil des Spitzkrauts wird von den drei kleinen Fabriken, die auf den Fildern verblieben sind, zu Sauerkraut verarbeitet.

Spitzkraut für Paris

Neben Vieh, Getreide, Obst, Flachs und Leinwand war Kraut Jahrhunderte hindurch der wichtigste Handelsartikel der Filderorte. Noch bis in die Dreißigerjahre des 20. Jahrhunderts vertrieben die Filderbauern ihr Kraut auf den Märkten der Dörfer und Städte direkt.

Wagen, Pferd und ein wachsamer Spitz waren die wichtigsten Requisiten der umherziehenden Bauern. Der Hund musste auf Wagen und Ware aufpassen, während der Bauer im Haus des Kunden das Kraut einlagerte und manchmal auch gleich einschnitt. Diese Arbeit wurde allerdings auch oft von ambulanten Krautweibern oder Einschneidern verrichtet, die mit ihren Krauthobeln als Wanderarbeiter durch die Lande zogen.

Ein Verkauf in weiter entfernte Gegenden wurde mit dem Ausbau des Straßennetzes und später dem des Eisenbahnnetzes möglich. Nachdem die Filderbahn 1888 ihren Betrieb aufgenommen hatte, wurde der Export ins Elsass und nach Paris ein wichtiger Einkommenszweig. Um die Wende zum 20. Jahrhundert wurde das Kraut von Echterdingen und Möhringen aus waggonweise in die französische Metropole verschickt. Zwei bis drei Männer begleiteten die Waggons und schnitten das Kraut vor Ort ein.

Damals gab es für das Spitzkraut keine Zuchtsorten, da jeder Landwirt sein eigenes Saatgut zog. So unterschied man zwischen dem frühen, dem mittelfrühen, dem großen späten und dem schmalen späten Typus. Für den Export zu weit entfernten Beziehern eignete sich der späte schmale Typus besonders, da er gut haltbar war.

Links von oben nach unten: Krauthobelwettbewerb beim alljährlichen Filderkrautfest in Echterdingen. Dabei muss nicht nur schnell, …

… sondern auch fachgerecht gehobelt werden. Fein geschnitten muss das Kraut vom alten Hobel fallen.

Zum Fest werden wie in alten Zeiten Deien (s. S. 330) oder Salzkuchen mit feinem Belag gefertigt.

Die Frauen wissen noch, wie man das Kleingebäck herstellt, und haben stilecht einen alten Ofen zur Verfügung.

Fein belegte frische Deien – die Besucher des Festes stehen Schlange, um in ihren Genuss zu kommen.

Sauerkraut

»Auch unser edles Sauerkraut, wir sollen's nicht vergessen; ein Deutscher hat's zuerst gebaut, drum ist's ein deutsches Essen«, reimte Ludwig Uhland und irrte sich damit gründlich: Sauerkraut ist keine deutsche Erfindung. Es ist nicht einmal deutsches Nationalgericht, auch wenn sich im Ausland das Bild vom Deutschen vor der Krautschüssel hartnäckig hält und die Engländer im Zweiten Weltkrieg die Soldaten der Wehrmacht »the krauts« nannten.

»Deutsche mit Sauerkrautessern gleichzusetzen, ist ein historischer Irrtum«, schreibt Hans Hermann von Wimpffen in seinem »Großen Buch vom Sauerkraut«. »Schuld daran sind die Elsässer, die von den Alemannen abstammen. Die Alemannen haben einem ganzen Volk ihren Namen gegeben – in Frankreich heißen die Deutschen ›les allemands‹. Die Elsässer sind es, die Sauerkraut mit Wurst und Speck zu ihrem Nationalgericht erklärt haben und denen die Deutschen das Sauerkraut als angebliches Leibgericht verdanken.« Die Elsässer waren zwar die Ersten, die im 15. Jahrhundert in Mitteleuropa Kraut einlegten, erfunden haben aber auch sie die Herstellung nicht. Die kannten schon die alten Griechen und die Römer.

Die Methode war damals dieselbe wie heute: Weißkohl wird fein gehobelt und mit Salz vermischt. Bei der Art des Schneidens lässt sich wieder eine Demarkationslinie feststellen, die mitten durch Deutschland verläuft: Im Süden liebt man das Kraut dünner als im Norden. Was nach dem Schneiden, Salzen und Einstampfen passiert, richtet sich allerdings nicht mehr nach regionalen Grenzen. Nun übernehmen nämlich die Milchsäurebakterien die Arbeit. Die Wissenschaftler kamen ihnen erst im 18. Jahrhundert auf die Spur, ihre Wirkung war aber, wie gesagt, bereits in der Antike bekannt. Diese Bakterien, die erstmals in saurer Milch entdeckt wurden, kommen auch im menschlichen Körper vor und sind darauf programmiert, andere Bakterien zu vernichten. Gelingt ihnen das nicht, kommt es zur Fäulnis statt zur Gärung. Stärke und Zucker – beim Kraut der Fruchtzucker des Weißkohls – bilden die Nahrung der Bakterien, während des Gärprozesses produzieren sie Milchsäure und Kohlensäure.

Etwa 80 Prozent des Sauerkrauts werden heute in Konserven verkauft. Für die industrielle Herstellung verwendet man Weißkohlköpfe, die speziell für diesen Zweck gezüchtet werden und bis zu sieben Kilogramm wiegen. Die Firma Hengstenberg war die erste, die Anfang der Dreißigerjahre begann, normal vergorenes Sauerkraut aus Fässern in Dosen abzufüllen – mit im wahrsten Sinne des Wortes durchschlagendem Erfolg: Beim Sterilisieren, das bei Dauerkonserven durch Erhitzung geschieht, flogen die Deckel in die Luft. Es bereitete den Verantwortlichen einiges Kopfzerbrechen, den Grund für diese Reaktion zu finden: Kohlensäure, Sauerstoff und Zellgase dehnen sich unter Temperatureinwirkung aus. Abhilfe ließ sich dadurch schaffen, dass man das Kraut schon vor dem Eindosen so weit erwärmte, dass die Gase entweichen konnten.

Fasan mit Rieslingkraut

Fasan:
2 Fasane von je 1 kg
10 Wacholderbeeren
Salz und Pfeffer
4 große Scheiben Bardierspeck (grüner Speck)
1 Zwiebel, grob gehackt
1 Thymianzweig
40 g zerlassene Butter
1/4 l trockener Weißwein
150 g süße Sahne

Rieslingkraut:
1 kleine Zwiebel, fein gehackt
1 Apfel, in kleine Stücke geschnitten
50 g Butterschmalz
1/4 l Riesling
500 g Sauerkraut
1 Lorbeerblatt, 2 Nelken
Salz und Zucker

Die ausgewaschenen, gut abgetrockneten Fasane mit den zerdrückten Wacholderbeeren, Salz und Pfeffer innen und außen gut würzen, mit dem Bardierspeck belegen und die Keulen zusammenbinden. In eine mit Butter ausgepinselte Fettpfanne geben, Zwiebel und Thymianzweig hinzufügen und in den auf 250 °C vorgeheizten Ofen schieben. Nach 10 Minuten Bratzeit Hitze auf 180 °C reduzieren und 45 Minuten garen. Dabei immer wieder mit der flüssigen Butter bestreichen. Fasane aus der Fettpfanne nehmen und im geöffneten Backofen warm stellen. Den Bratfond mit Weißwein ablöschen, Sahne hinzugeben und aufkochen. Abschmecken und eventuell mit ein paar Stückchen kalter Butter, die man einschwenkt, binden. Die Soße separat zum Fasan reichen.

Für das Rieslingkraut die Zwiebel mit dem Apfel im Schmalz glasig dünsten und mit dem Riesling ablöschen. Das mit einer Gabel aufgelockerte Sauerkraut sowie Lorbeerblatt und Nelken zufügen und alles zusammen zugedeckt 1 Stunde auf kleiner Flamme dünsten. Mit Salz und Zucker abschmecken. Dazu passt ein sahniges Kartoffelpüree.

Sauerkraut schützt vor Skorbut

Als James Cook im Jahre 1772 zu seiner zweiten Forschungsreise aufbrach, packte er 60 Fässer an Bord, die Sauerkraut enthielten. Der Kapitän tat dies nicht nur, damit seine Leute etwas zwischen die Zähne bekamen, sondern vor allem deshalb, damit ihnen die Zähne nicht ausfielen: Skorbut war damals gefürchtet auf langen Seereisen.

Skorbut ist eine Vitaminmangelkrankheit, die auftritt, wenn man länger als vier Wochen kein Vitamin C zu sich nimmt, und Sauerkraut war damals das ideale Mittel, dem vorzubeugen. Nicht nur ließ es sich lange lagern – das letzte Fass wurde auf Cooks Reise 1775 geöffnet, zwei Wochen, bevor das Schiff wieder in den englischen Hafen einlief –, es ist auch reich an Vitaminen und Mineralstoffen. Es enthält Vitamin B 6 (0,2 mg pro 100 g), Vitamin C (20 mg pro 100 g), Vitamin K (1,5 mg pro 100 g), Kalium (288 mg pro 100 g), Calcium (48 mg pro 100 g), Eisen (0,6 mg pro 100 g).

Auch wenn man heute Vitaminmangel platzsparender mit ein paar Röhrchen Pillen vorbeugen kann, so hat Sauerkraut doch immer noch seine gesundheitlichen Meriten: Die Milchsäurebakterien regen Magen- und Darmtätigkeit an und wirken keimtötend. Vor allem roh gegessenes Sauerkraut kann seine Wirkung voll entfalten und hilft bei chronischer Verstopfung sowie bei Magen- und Darmproblemen.

1 Zur Herstellung von Sauerkraut verwendet man in der Regel Weißkohl, von dem es verschiedene Sorten gibt.

2 Hier handelt es sich um Spitzkohl. Nachdem die Deckblätter entfernt wurden, halbiert man den Kopf.

3 Dann wird der Kohl von Hand mit einem Messer oder mit dem Krauthobel in feine Streifen geschnitten.

4 Spezielle Sauerkrautgefäße sind aus Steingut und besitzen eine Wasserrinne. Das Kraut wird locker in das Gefäß gefüllt.

5 Man fügt nach Belieben Meersalz hinzu (Salz sorgt für eine bessere Konservierung), kann es jedoch auch weglassen.

6 Das Stampfen ist unerlässlich, da der Kohl so viel Saft absondern muss, dass dieser ihn völlig bedeckt.

7 Damit der Kohl während der Gärung unter Saft bleibt, beschwert man ihn – beispielsweise mit einem Einmachglas voll Wasser.

8 Den Deckel setzt man in die mit Wasser gefüllte Rinne. Auf diese Weise wird verhindert, dass Luft in den Topf gelangt.

Von Kalb und Rind

Angesichts der Skandale rund ums Rindfleisch, die die Verbraucher in Europa in wiederkehrenden Abständen verunsichert haben, hört sich folgende Geschichte an wie ein Märchen aus guter alter Zeit: Da wurden die Kälber im Badischen früher nicht nur mit der Milch ihrer Mütter, sondern auch mit Eiern aufgezogen. Um den Wohlgeschmack des Fleisches zu erhöhen, begann man einen Monat vor der Schlachtreife mit der Mast: ein Ei am ersten Tag, zwei am zweiten, drei am dritten usw. bis zum 15. Tag, um dann rückwärts einen Tag vor dem Schlachten wieder mit einem Ei zu enden.

Früher, als die Rinderwelt noch derart in Ordnung war, galt Kalbfleisch als ideale Kranken- und Diätkost, da es zwar verhältnismäßig reich an Eiweiß, aber arm an Fett ist. 17 Prozent Eiweiß zu 1,5 Prozent Fettanteil bei einem mageren Kalb, und Kälber waren eben oft mager, da sie in ihrem kurzen Leben meist nicht genügend Zeit hatten, Fett anzusetzen. Allerdings sollten die Jungtiere nicht zu früh geschlachtet werden. Bei einem Alter von zwei Monaten ist das Fleisch noch wässrig und kraftlos, seine ideale Konsistenz erreicht es, wenn die Kälber drei bis vier Monate alt sind. Danach wird die Fleischfaser nicht nur gröber, der Wohlgeschmack nimmt auch mit jedem weiteren Monat ab.

Wie die von Badener wie Schwaben gleichermaßen geliebte gefüllte Kalbsbrust, der Kalbsbraten, das eingemachte Kalbfleisch oder der schwäbische Rostbraten schmecken, hängt natürlich nicht nur vom Alter des Rindes, sondern auch vom Futter und von der Rasse ab. In Baden-Württemberg kommt das beste Rindfleisch aus dem Hohenlohischen: Weideochsen von hoher Fleischqualität mit kernigem, gut mit Fettadern durchzogenem Fleisch. Mittlerweile werden zwar auch hier Charolais- und Angus-Rinder herangezogen, noch besser ist jedoch das heimische Limpurger Rind, das dem französischen Limousin-Rind ähnlich und fast von identischer Fleischbeschaffenheit ist.

1

2

3

4

5

1 **Kalbsbraten,** meist aus der Keule geschnitten, ist das traditionelle Festtagsessen im Schwäbischen.

2 **Gaisburger Marsch,** ein Rindfleischeintopf, in dem Spätzle und Kartoffeln vereint sind.

3 **Kalbsbrust,** hier gebraten. Die Brust wird auch oft mit einer Semmelfülle zubereitet und mit Kartoffelsalat serviert.

4 **Eingemachtes Kalbfleisch** besteht aus gesottenem, in Mehlschwitze gebundenem Kalbfleisch, meist vom Bug.

5 **Kalbsvögele** sind Kalbsrouladen; das Fleisch wird mit Senf, saurer Gurke, Zwiebeln und Speck gefüllt.

6 **Gesottenes Euter** und **Ochsenfleisch** von Brust oder Hoher Rippe isst man gerne in der Schwäbischen Alb.

7 **Zwiebelrostbraten,** ein Traditionsgericht der Schwaben. Das Fleisch soll mindestens zwei Fingerbreit dick sein.

8 **Gedünstete Kalbszunge** gehört zu den im Südwesten des Landes so beliebten Innereiengerichten.

9 **Ochsenbrust,** im Wurzelsud gekocht, isst man mit Gemüse und Kartoffeln. Kenner schätzen auch das Fett.

10 **Kalbsrollbraten** wird im Südwesten gern mit Nieren gefüllt genossen.

11 **Gebackenes Kalbshirn** wird in einer knusprigen Semmelbröselpanade zubereitet.

11

10

9

6

7

8

An einem frühen Dezembermorgen bricht die Jagdgesellschaft zur Treibjagd auf.

Halali

Es ist ein Dezembermorgen, der eher in den April passt. Vor einer Stunde schien es noch so, als werde es ein sonniger, für die Jahreszeit fast zu milder Tag. Jetzt fährt mit einem Schlag die Kälte in die Knochen und ein Windstoß nach dem anderen peitscht Regenschauer über den Platz, auf dem sich die Jagdgesellschaft versammelt hat.

Einmal im Jahr lädt Alfred Schweizer, Gastwirt, Metzger und Jäger in Sielmingen auf den Fildern, zur Treibjagd. 30 Jäger und sechs bis sieben Treiber finden sich meist ein, Freunde und Bekannte und einige wenige Auswärtige. Für die alten Herren und die Fußkranken der Jagdgesellschaft, denen man den kräftezehrenden Marsch über die Lehmäcker ersparen will, steht ein Traktor mit Anhänger bereit. Vier Triebe wird es am Vormittag und vier am Nachmittag geben. Dazwischen ist zur Stärkung eine Vesperpause mit Bier, Glühwein, Brezeln, Wecken und »heißen Roten« (Würsten) geplant. Bei der letzten Treibjagd wurden über 100 Hasen erlegt, diesmal werden es wohl etwas weniger sein.

Baden-Württemberg ist eines der wildreichsten Länder der Bundesrepublik. Die Hirschstangen im Wappen weisen darauf hin, welche Rolle die Jagd hierzulande spielte. Allerdings sind auch im Südwesten Deutschlands die Bestände in den letzten Jahrzehnten gewaltig zurückgegangen. So sieht man heute kaum noch Wildgeflügel wie Rebhühner, Fasane und Wachteln. Besonders die Rebhühner sind so selten geworden, dass kein Jäger einen Schuss auf sie abgeben würde. Schuld am Niedergang dieses Wildgeflügels ist die Verarmung der Landschaft durch die Intensivierung der Landwirtschaft. Die Feldraine, die natürlichen Lebensräume der Hühnervögel, die ihnen Brutdeckung und Nahrung boten, sind verschwunden, zudem schaden die in der Landwirtschaft verwendeten Pestizide.

Das Jagdrevier, das der Jagdherr seinen Gästen zur Verfügung stellt, ist durch Krautäcker, abgeerntete Maisfelder, Streuobstwiesen, Büsche, kleine Baumgruppen und halb verfallene Schuppen charakterisiert.

Nach der obligaten Begrüßung durch Jagdhornbläser und Jagdherrn wird die Einteilung der Gruppen vorgenommen. Es geht ruhig und ohne viel Aufhebens zu. Jäger sind ökonomische Menschen und von Haus aus Pragmatiker. Ihre Gebräuche und Riten haben meist praktische Hintergründe und sind vom Respekt vor der Natur geprägt. Die einzigen, die aufgeregt scheinen, sind die Hunde. Es ist wohl die Vorfreude auf die Hatz, die sie so unruhig macht.

Jäger und Treiber ziehen los. Verteilen sich in Abständen von 20 bis 30 Metern. Böhmische Streife nennt man diese Form der Treibjagd. Nach spätestens 100 Metern kleben fünf Kilo Lehm an jedem Fuß. Besonders die Schwergewichtigen unter den Jägern, und es sind etliche darunter, bekommen immer rötere Gesichter. Einige Zeit ist nichts zu hören, dann plötzlich ein Stakkato von Schüssen, denen in unregelmäßigen Abständen weitere folgen. Hasen springen aus ihren Verstecken und flitzen Haken schlagend über die Felder. Hie und da erklingt ein kurzes Kommando, die Jagdhunde apportieren die Beute.

Noch weiß keiner, wie lang die Strecke sein wird, die man am Ende des Tages auslegt. Nur eines ist sicher: So vielfältig und zahlreich wie bei einer Festjagd, die am 19. Februar 1763 zu Ehren von Herzog Karl Eugen im Degerlocher Wald veranstaltet wurde, wird sie nicht sein: 1211 Hirsche, 30 Damböcke, 150 Rehböcke, 330 Wildschweine, 56 Dachse, 270 Füchse, 3002 Hasen, zwei Gämsen, zwei Wölfe, zwei Luchse, 197 Fasane, 5302 Feldhühner, 209 Wildenten, 400 Wildtauben blieben damals auf der Strecke. An einem einzigen Tag!

Hasenpfeffer mit Lemberger

1 Hase, ca. 2 kg
1/2 l Lemberger
2 EL Essig
1 Zwiebel, fein gehackt
2 Möhren, gewürfelt
200 g Sellerie, gewürfelt
1 Lauchstange, in Streifen geschnitten
2 Lorbeerblätter, 2 Nelken,1 TL Pfefferkörner, 3 Wacholderbeeren, 1 Zweig Thymian
30 g Butterschmalz
Salz und Pfeffer
2 EL Tomatenmark
1/4 l Fleischbrühe
1/8 l Schweineblut

Den Hasen abspülen und in 12 Stücke teilen. Aus Lemberger, Essig, Zwiebel, Möhren, Sellerie und Lauch sowie dem Gewürzsäckchen aus Lorbeerblättern, Nelken, Pfefferkörnern, Wacholderbeeren und Thymian eine Beize herstellen, die Hasenstücke einlegen und 2 Tage ziehen lassen. Hasenklein trocken tupfen, in Butterschmalz anbraten, salzen und pfeffern. Wurzelgemüse aus der Beize und Tomatenmark hinzugeben. Mit der Fleischbrühe und 1/4 l Marinade auffüllen, Gewürzbeutel hinzugeben und 1 Stunde bei schwacher Hitze köcheln lassen. Nach dem Garen das Fleisch herausnehmen und warm stellen. Die Soße durch ein Sieb abseihen, nochmals kurz aufkochen, vom Herd nehmen und das Schweineblut unterziehen. Dazu passen Spätzle.

Der große Tag für die Jäger und ihre Hunde. Die freuen sich schon auf die bevorstehende Jagd.

Rehrücken in Spätburgunder

Für 6 Personen

½ l Spätburgunder
¼ l Wasser
1 EL Salz
1 Zwiebel, gespickt mit 1 Lorbeerblatt und 2 Nelken
6 Pfefferkörner, 6 Wacholderbeeren
1 Möhre in Scheiben
1,2 kg Rehrücken
Salz und Pfeffer
4 Wacholderbeeren, zerdrückt
4 Schalotten, grob gehackt
50 g geklärte Butter
2 TL Tomatenmark
¼ l Wildfond
⅛ l Spätburgunder
1 Zweiglein Thymian
1 EL Johannisbeergelee
150 g saure Sahne
40 g kalte Butter

Wein, Wasser, Salz, Zwiebel, Pfeffer, Wacholder und Möhre aufkochen, abkühlen lassen und den Rehrücken darin 1–2 Tage marinieren. Herausnehmen, abtrocknen, mit Salz, Pfeffer und Wacholder einreiben, in einen Bräter mit den Schalotten geben, mit einem Teil der geklärten Butter übergießen und in den auf 250 °C vorgeheizten Ofen schieben. Nach 10 Minuten auf 180 °C herunterschalten und den Rücken ca. 30–40 Minuten garen. Dabei immer wieder mit geklärter Butter begießen. Rehrücken herausnehmen und warm stellen. Im Bratensatz das Tomatenmark kurz anrösten, mit etwas Marinade ablöschen, Wildfond, Rotwein und Thymianzweig zugeben, kurz aufkochen und durch ein Sieb passieren. Mit Johannisbeergelee und saurer Sahne verrühren, abschmecken und mit der eingeschwenkten kalten Butter binden. Den Rehrücken vom Knochen lösen, in dicke Scheiben schneiden und wieder auf den Knochen setzen.

Links: Viele Hunde sind des Hasen Tod – und viele Jäger mit vielen Flinten natürlich auch.

Unten: Die stolze Jagdgesellschaft – 55 Hasen haben die Jäger an diesem Tag zur Strecke gebracht.

Wein

Fröhlich-geselliges Trinken stuften die Baden-Württemberger Weinfreunde offenbar immer schon etwas höher ein als meditierenden Genuss. Denn trotz der großen Weine ihrer Region legen sie den größeren Wert auf saubere, frische Alltagsweine. Im Sommer sind es jedenfalls diese leichten und harmonischen Tropfen, die kühl beschlagen neben Vespertellern auf weinlaubschattigen Wirtsgartentischen stehen und Herz und Kehle erfrischen. Zu dem neuen, noch nicht voll vergorenen Wein wird Zwiebelkuchen gegessen. Im Herbst haben dann die »Besenwirtschaften« geöffnet, mit denen Baden-Württemberg flächendeckend überzogen ist. Ihr Erkennungszeichen, der Besen über der Tür, zeigt der durstigen Kundschaft an, dass hier in den Häusern der Winzer der Wein vom Vorjahr ausgeschenkt wird. Die Besenwirtschaften haben Tradition: Karl der Große hat sie im Jahre 800 ins Leben gerufen.

Wie anderenorts in Deutschland auch, haben in Baden-Württemberg die mittelalterlichen Mönche mit ihrem ganzjährigen Bedarf an Messwein viel beigetragen zur Entwicklung der Weinkultur. Urkundlich nachgewiesen ist der Weinbau im Südwesten erstmals gegen Ende des 8. Jahrhunderts. Im 16. Jahrhundert, dieser nach einer alten Chronik »Hauptzechperiode des deutschen Volkes, in der alljährlich 130 bis 150 Liter ausbündig guter, mittelmäßiger oder saurer Wein durch jede landeseigene Gurgel floss«, soll die württembergische Rebfläche 45 000 Hektar betragen haben. Diese erste Weinblütezeit fand ein jähes Ende durch den Dreißigjährigen Krieg. 1652 lagen 13 000 Hektar Rebland brach oder »flogen wieder dem Walde zu«. Erst im Lauf des 19. Jahrhunderts erholte sich der Weinbau in Württemberg und Baden. Die Gründung der ersten deutschen Weinbauschule in Weinsberg 1868 markierte den neuen Aufschwung.

Rund 18 Prozent der württembergischen Anbaufläche, überwiegend Kalk-, schwere Mergel- und Tonböden, sind mit Rieslingreben bestockt. Neben einer kleineren Gruppe rassig eleganter, fruchtbetonter Spitzensorten ist das Riesling-Gros im Ländle von eher behäbiger Eleganz. Daneben baut man zwischen Reutlingen und Künzelsau regionaltypische Rotweine an, wie den Dornfelder, den Lemberger oder den Samtrot. Spezialitäten sind der Schillerwein, ein Rotling aus weißen, blauen und roten Trauben, und der seit alters besonders beliebte Trollinger.

Die Badener bevorzugen den Spätburgunder vor dem in Geschmack und Bewirtschaftung eher anspruchsarmen Müller-Thurgau. Die Erfindung dieser Kreuzung aus Riesling und Silvaner war eine der Gegenmaßnahmen in den Jahrzehnten nach der Katastrophe von 1860: Weite Teile des mitteleuropäischen Bestands an Vinifera-Reben waren damals von der aus den Vereinigten Staaten eingeschleppten Reblaus vernichtet worden. Entscheidend für die Rekonstruktion der Weinkultur wurde die Einführung der Pfropfrebe. Da die Reblaus in Amerika schon immer existierte, sind amerikanische Reben reblausresistent. Man führte sie ergo nach Europa ein und pfropfte auf die resistenten amerikanischen Wurzeln europäische Vinifera-Reben auf.

Das warme, trockene Klima zwischen Schwarzwald und Vogesen und die abwechslungsreichen Bodenverhältnisse, die von Kreide und Löss bis zu vulkanischen Böden und Granit rei-

Ganz oben: Die typische Besenwirtschaftskost ist einfach: Hier serviert die Wirtin Fleischkäs mit Kartoffelsalat.

Oben: Direkt aus dem Fass wird der Wein vom Vorjahr in der Besenwirtschaft »Lotte« in den Krug abgefüllt.

chen, sorgen dafür, dass aus Baden immer bedeutendere deutsche Weine kommen: hervorragende weiße, graue und – für Deutschland besonders erstaunlich – auch international wettbewerbsfähige blaue Burgunder und einige beachtliche Rieslinge. Baden wurde seiner südlichen Lage halber als einzige der dreizehn deutschen Weinbauregionen 1970 von der EU der warmen Weinbauzone B zugeteilt, wo hinsichtlich An- und Ausbau höhere Anforderungen gelten als in der nördlichen A-Zone. Etwa 80 Prozent der gesamten Ernte werden von Winzergenossenschaften verarbeitet, die sich Mitte des 19. Jahrhunderts bildeten und in Baden-Württemberg besonders zahlreiche und rasche Verbreitung fanden. Bis heute streiten sich zwei Genossenschaften in Deutschland um den Titel, die allererste gewesen zu sein. Die eine liegt an der Ahr. Die andere in Württemberg, es ist die Weingärtnergenossenschaft in Neckarsulm.

Die Besen, die als Erkennungszeichen an den Eingängen der Winzerschänken angebracht werden, können mit allerlei Accessoires geschmückt sein.

Typische Rebsorten aus Baden und Württemberg

Baden

Spätburgunder
Mit 36 Prozent der Anbaufläche quantitativ der badische Spitzenreiter. Körper- und tanninreicher Rotwein von inzwischen beachtlicher Struktur, Frucht und Tiefe. »Abkömmlinge«: Spätburgunder-Weißherbst (aus blauen, wie Weißwein ohne Beerenhaut vergorenen Pinottrauben) und Badisch Rotgold, eine Kreuzung von Spätburgunder und Ruländer.

Müller-Thurgau
Kreuzung aus Silvaner und Riesling. Gängiger Massenwein. In moderner Variante (meist als Rivaner) auch interessanter, fruchtig-würziger Weißwein. Liegt mit 18 Prozent der Anbaufläche an zweiter Stelle.

Klingenberger
Infolge schwerer Böden weniger elegant als die Rieslinge von Mosel oder Rheingau. Kann indes feinaromatisch sein, ausgeprägt fruchtig und vor allem prickelnd frisch. In Spitzenlagen auch hervorragend.

Grauburgunder
Badische, insbesondere Kaiserstühler Spezialität. Wurde früher, unter dem Namen Ruländer, eher süß und schwer ausgebaut. Moderne Grauburgunder dagegen: fruchtig-weich, leicht (und das bei bis zu 13 % Alkohol!), oft trocken honigsüß.

Weißburgunder
Aufgrund von Frische, Frucht und kräftigem Körper die leicht rassigere Alternative zum Grauburgunder.

Gutedel
Die gebietstypische Rebe des Markgräflerlands, spritzig, leicht und anspruchslos. Mit dem Silvaner gekreuzt, wird der Gutedel zum Nobling.

Clevner
Als Mutation, vermutlich aus dem Spätburgunder, gehört dieser Frühburgunder zur Pinot-Familie. Er ist seiner Statur nach dem Spätburgunder mitunter ähnlich, erreicht dessen Qualität indes nicht.

Württemberg

Trollinger
Die Württemberger Nationalrebe: beliebter, vor 250 Jahren aus Tirol eingeführter Rotwein, der allerdings, trotz inzwischen auch einiger nennenswerter Exemplare, ein eher blasser Rotwein geblieben ist.

Lemberger (auch Limberger)
Spät reifende Rotweinsorte, in Österreich Blaufränkisch genannt. Ergibt fruchtige, kraftvolle Weine von mitunter beachtlicher Struktur.

Samtrot
Etwas ganz Besonderes aus Württemberg (mit über 300 ha Rebfläche): eine Mutation aus dem Schwarzriesling (auch Müllerrebe), die nichts mit dem Riesling, viel aber mit der Pinot-Familie (Pinot Meunier) zu tun hat. Nicht so tief und langlebig wie ein Pinot Noir. Besonders als Spätlese aber doch voller Ausgeglichenheit und Leben.

Kerner
Kreuzung aus Trollinger und Riesling, die dessen Duft, bisweilen auch feine Frucht annehmen kann. Am besten jung und frisch.

Clevener
Nicht zu verwechseln mit dem badischen Clevner. In Württemberg nennt man den (Gewürz-)Traminer so. Besonders trocken ausgebaut ist er ein würzig-aromatischer, geschmacksintensiver und charaktervoller Weißwein.

Wein im Kochtopf

Wein bildet in der badischen Küche eine wichtige Ingredienz vieler Traditionsgerichte. Angefangen beim berühmten Schäufele, das mit einem guten Weißwein, am besten einem trockenen Weißherbst, aufgestellt wird, bis hin zum Rehrücken oder Rehragout mit Spätburgunder und zu Mistkratzerle (Hähnchen) mit Riesling. Auch Fisch, ob Forellen oder Kretzer vom Bodensee, bereitet man gerne mit Wein zu, wobei immer der, den man zum Gericht trinkt, auch zum Kochen verwendet wird. Selbst wenn es eine teure Kreszenz sein sollte. Das Beste ist eben bei der badischen Küche gerade gut genug.

Im Schwäbischen findet man nicht allzu viele traditionelle Gerichte, die mit Wein gekocht werden, sieht man einmal von Kutteln oder Linsen mit Trollinger ab. Die unmittelbarste und innigste Verbindung, die Wein mit einer anderen Materie – in diesem Fall mit Eiern und Zucker – eingeht, ist bei der schwäbischen Chaudeau-Soße zu finden. Diese beliebte Dessertsoße, die der italienischen Zabaglione ähnelt, wird gern zu Pfitzauf, Ofenschlupfern, Apfelküchle (siehe Seiten 384–385) oder anderen Dessertklassikern gegessen.

Wildschweinschulter in Spätburgunder

800 g Wildschweinschulter
Salz und Pfeffer
6 Wacholderbeeren, zerdrückt
geklärte Butter zum Anbraten
2 Zwiebeln, grob gehackt
1 Möhre in Scheiben
100 g Sellerieknolle, gewürfelt
1/2 Lauchstange in Ringen
1 TL Tomatenmark
1 Lorbeerblatt
1 Nelke
4 Pfefferkörner
1/4 l Spätburgunder
1/4 l Wildfond
100 g süße Sahne

Die Wildschweinschulter mit Salz und Pfeffer und Wacholderbeeren einreiben und in geklärter Butter in einem Schmortopf von allen Seiten gut anbraten. Zwiebeln, Möhre, Sellerie, Lauch und Tomatenmark hinzugeben und anrösten. Die Gewürze hinzufügen und mit dem Wein ablöschen. In den auf 180 °C vorgeheizten Ofen schieben und in etwa 45 Minuten fertig garen. Nach Ende der Garzeit die Schulter herausnehmen und warm stellen. Den Schmorfond passieren, Wildfond und Sahne hinzufügen, mit Salz und Pfeffer abschmecken. Die Schulter in Tranchen schneiden und mit etwas Soße überziehen. Die restliche Soße separat dazu reichen.

Ochsenschwanzragout mit Lemberger

2 Ochsenschwänze, in Stücke geschnitten
Salz und Pfeffer
4 Zwiebeln
2 Möhren
200 g Sellerieknolle
200 g durchwachsener Speck, geräuchert
40 g Schweineschmalz
1/4 l Lemberger
1 l Fleischbrühe
8 Pfefferkörner, zerdrückt
2 Lorbeerblätter
1 TL Speisestärke
125 g saure Sahne

Ochsenschwanz waschen, trocken tupfen, salzen und pfeffern. Die Zwiebeln, Möhren und Sellerie schälen und fein würfeln, Speck ebenfalls würfeln. Das Schmalz in einem schweren flachen Topf schmelzen, die Ochsenschwanzstücke dazugeben und kräftig anbraten. Die Zwiebeln, Möhren, Sellerie und den Speck dazugeben und so lange weiterrösten, bis das Gemüse leicht Farbe bekommt. Den Lemberger und etwas Fleischbrühe angießen, restliche Brühe beiseite stellen. Die Pfefferkörner und Lorbeerblätter mit in den Topf geben, den Ochsenschwanz bei milder Hitze in 2–3 Stunden garen, dabei immer wieder verkochte Flüssigkeit durch Fleischbrühe ersetzen. Kurz vor Ende der Garzeit die Speisestärke mit wenig Lemberger anrühren und die Soße binden. Abschmecken und zum Schluss die saure Sahne hineinrühren. Das Ochsenschwanzragout in eine vorgewärmte Schüssel geben und servieren. Am besten passen dazu Spätzle, selbst gemachte Nudeln oder aber auch Eierhaber, also Kratzede.

Lammhäxle mit Schwarzriesling

4 Lammhaxen
Salz und Pfeffer
Rapsöl zum Braten
2 Zwiebeln, fein gehackt
1 Möhre in Scheiben
1 Stange Lauch in Ringen
100 g Sellerie, gewürfelt
2 TL Tomatenmark
1 Thymianzweig, 1 Rosmarinzweig
3/4 l Schwarzriesling
1/2 l Lammfond
2 Knoblauchzehen
1 Lorbeerblatt, 1 Nelke
6 Pfefferkörner

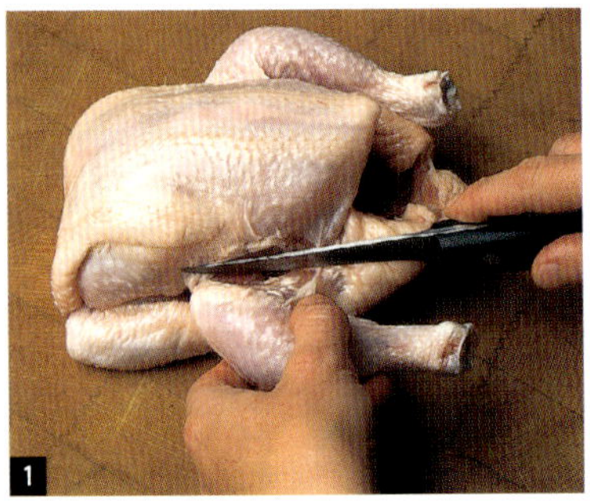

1 Zum Zerlegen des Hühnchens braucht man ein scharfes, spitzes Messer, am besten ein richtiges Ausbeinmesser.

2 Für Hähnchen in Riesling verwendet man die Keulen und die Bruststücke, die man nicht vom Knochen löst.

3 Die gesalzenen und gepfefferten Hähnchenstücke werden von allen Seiten leicht angebraten.

4 In den Bratfond kommen Möhren- und Selleriewürfel als wichtige Aromageber hinzu. Außerdem gibt man noch geviertelte Champignons und Thymian zu.

Das Fett und die Sehnen von den Lammhaxen entfernen, salzen, pfeffern und in heißem Öl in einem Schmortopf von allen Seiten gut anbraten. Das klein geschnittene Wurzelgemüse zugeben und ebenfalls anrösten. Tomatenmark, Thymian- und Rosmarinzweig hinzugeben, mitrösten und mit etwas Schwarzriesling ablöschen und einkochen. Dann mit dem restlichen Wein und dem Lammfond aufgießen, die restlichen Gewürze hinzufügen und die Lammhäxle zugedeckt im Ofen bei geringer Hitze 1½ bis 2 Stunden weich schmoren. Danach die Lammhäxle herausnehmen, warm stellen, die Soße passieren und eventuell mit kalter Butter noch etwas binden (mit einem Schneebesen langsam einschlagen). Dazu passen junge Gartengemüse und Knöpfle.

Hähnchen in Riesling

1 bratfertiges Hähnchen von ca. 1,2–1,5 kg
Salz und Pfeffer
50 g Butter, 2 EL Rapsöl
1 Zwiebel, klein gehackt
1 Möhre, gewürfelt
100 g Sellerie, gewürfelt
¼ l badischer Riesling
200 g Steinchampignons, geviertelt
1 Thymianzweig
2 EL saure Sahne

Brüste und Keulen vom Hähnchen trennen, salzen und pfeffern. Butter und Öl in einer Kasserolle erhitzen, die Hähnchenstücke hinzugeben und von allen Seiten leicht anbraten. Herausnehmen und warm stellen. Die Zwiebel in den Bratfond geben, anschwitzen, die Hähnchenstücke, das Wurzelgemüse, den Riesling sowie die Steinchampignons und den Thymian hinzugeben. Das Ganze auf kleiner Flamme 40 Minuten köcheln lassen. Die Hähnchenstücke herausnehmen und warm stellen. Den Bratfond durch ein Sieb abgießen und auf die Hälfte einkochen. Am Schluss die saure Sahne unterziehen und abschmecken. Die Geflügelstücke in der Soße nochmals erwärmen (sie dürfen nicht kochen), auf vorgewärmten Tellern mit selbst gemachten »Nüdeli« und frischem Gartensalat auftragen.

Ein guter Weißwein, der zum Huhn gegossen wird, veredelt dieses Gericht und adelt das »Mistkratzerle« zum »Hähnchen in Riesling«.

Süßwasserfische

2

1

4

3

6

5

7

1 Rotauge, Plötze
Flacher, hochrückiger Körper; große rote Augen; zahlreiche dünne Gräten; mittlere Fleischqualität.

2 Wels, Waller
Schuppenloser Raubfisch mit typischen Bartfäden; kann bis zu 3 m lang und 150 kg schwer werden; fast grätenloses, festes, sehr aromatisches und fettes Fleisch.

3 Bachsaibling
Forellenähnlicher Fisch mit grünlichem Rücken; stellt hohe Ansprüche an die Wasserqualität; zartes, aromatisches Fleisch.

4 Rotfeder
Verdankt ihren Namen den rötlichen Bauchflossen; lebt in stehenden oder langsam fließenden Gewässern; grätenreiches, delikates Fleisch.

5 Spiegelkarpfen
Besonders hochrückiger Zuchtkarpfen mit wenigen Schuppen; fettes, schmackhaftes Fleisch.

6 Schleie
Kräftiger Körper, kleine Augen und schleimige Haut; gut zu züchten; schmackhaftes, leicht fettes Fleisch.

7 Schuppenkarpfen, Wildkarpfen
Mit regelmäßigem Schuppenkleid; die Stammform des Karpfens lebt in Teichen; wohlschmeckendes Fleisch.

8 Hecht
Räuberischer Fisch, der im Dickicht der Unterwasserpflanzen auf Beute lauert. Süßes, festes Fleisch, ausgezeichneter Speisefisch.

8

9

10

11

12

13

14

15

9 Lachs
Während des Laichaufstiegs lebt der Lachs im Süßwasser. Der begehrte Speisefisch, dessen Fleisch sich vielfältig verwenden lässt, kommt heute meist aus Zuchtbetrieben.

10 Regenbogenforelle
1880 aus Nordamerika eingeführte Art; Kopf, Körper und Flossen mit kleinen schwarzen Punkten übersät; leicht zu züchten; angenehmes, saftiges Fleisch.

11 Bodenseefelchen
Schlanker Fisch aus der Gattung der Coregonus, zu der auch die Kleine Maräne gehört. Angenehm im Geschmack, hervorragender Räucherfisch. Wird zubereitet wie die Forelle.

12 Flussbarsch, Egli
Hohe und stachelstrahlige Rückenflosse; lebt in Flüssen und Seen; hervorragendes, festes, fettarmes Fleisch.

13 Blei, Brachsen
Mit dem Karpfen verwandter hochrückiger Fisch; lebt in Seen und langsam fließenden Gewässern; sehr grätenreiches, schmackhaftes Fleisch.

14 Bachforelle
Standorttreue Zwergform der Seeforelle; lebt in kühlen und sauerstoffreichen Bächen; sehr aromatisches, feines Fleisch.

15 Flussaal
Lebt in Flüssen und Seen, bevor er zum Laichen in die Sargassosee zieht; sehr fettes und schwer verdauliches Fleisch.

Süße Wasser

Mare Suevicum hieß einst die Ostsee, aus deren Hinterland zu Beginn des 3. Jahrhunderts die Alemannen in die Region um Neckar, Donau, Lech und Iller einwanderten. Mare Suevicum – Schwäbisches Meer – heißt heute noch der 538 Quadratkilometer große Bodensee, an dessen Felchen, Kretzern, Trüschen, Saiblingen, Hechten, Aalen und Zandern sich nicht nur die Schwaben, sondern auch die Bayern, Österreicher, Schweizer und nicht zuletzt die Badener delektieren.

Baden-Württemberg gehört mit Mecklenburg-Vorpommern und Bayern zu den fischreichsten Ländern Deutschlands, wenn auch etliche Fischarten durch Gewässerbau und Wasserverschmutzung fast verschwunden sind. So unter anderem der Maifisch, der im Neckar unterhalb von Heilbronn und im Rhein in großen Laichschwärmen vorkam und dessen Fang einst hohe wirtschaftliche Bedeutung hatte, oder die Meerneunaugen und die Lachse.

Der Lachs war früher im Oberrhein sehr stark vertreten. Den Neckar hat er allerdings, im Gegensatz zum Maifisch, immer gemieden. Hingegen bevorzugte er die Murg und kam sogar bis Baiersbronn. Alten Zunftberichten zufolge wurden im südbadischen Rhein früher rund 33 Tonnen Lachse pro Jahr gefangen. In den Dreißigerjahren gingen die Fänge dann auf etwa sechs Tonnen jährlich zurück und kamen in den Fünfzigerjahren gänzlich zum Erliegen. Neue Hoffnung auf eine erfolgreiche langfristige Wiederansiedlung des gefragten Speisefisches keimte mit der Aktion »Lachs 2000« auf: Zwischen 2000 und 2003 wurden am Fischpass der Schleuse Iffezheim wieder 300 Lachse gezählt, die zu ihren Laichgewässern strebten.

Trotz des Aussterbens einiger Arten ist die Vielfalt der Fische in den Gewässern Baden-Württembergs immer noch bemerkenswert. Wenn man die Fischartenkartierungen und Bestandsuntersuchungen studiert, stellt man mit Erstaunen fest, welche dem Laien kaum bekannte Fischarten in durchaus beachtlichen Mengen noch vorkommen: Bachneunauge, Donauneunauge, Moderlieschen, Hasel, Döbel (sehr stark vertreten), Strömer, Aland, Elritze, Rotfeder (stark vertreten), Nase, Ukelei, Schneider, Güster, Karausche, Schmerle und Schlammpeitzger (relativ selten) sind zwar allesamt Fische, die kaum jemals in einem anderen Kochtopf als dem des Anglers landen werden, aber ihre Existenz ist immerhin ein Indiz für die halbwegs noch intakten Gewässer dieses Landes.

Für die Wasserqualität spricht auch, dass die früher am weitesten verbreitete Fischart in Baden-Württemberg, die Bachforelle, aufgrund intensiver Besatzmaßnahmen auch heute wieder in den meisten Gewässern zu finden ist. Gute Wasserqualität kann – für den Laien eine wohl überraschende Erkenntnis – auch zum Sinken der Fischereierträge führen: Im Bodensee beispielsweise sind die Fische heute kleiner als früher, die Populationen allerdings auch stabiler. Dies ist auf gesunkene Phosphatkonzentration und die damit einhergehende Nährstoffarmut zurückzuführen. Wurden Mitte der 1990er-Jahre im oberen Teil des Sees noch 870 Tonnen und im Untersee 218 Tonnen Fisch gefangen, sank der Ertrag 2007 auf 591 Tonnen bzw. 132 Tonnen (2006).

Badischer Grashecht mit Speck gebraten

1 Hecht (ca. 1,5 kg)
Salz und Pfeffer
Mehl
80 g Butter
100 g Speck (durchwachsen) in Streifen
1 Zwiebel, fein gehackt
2 Thymianzweige
3/4 l trockener badischer Riesling

Den Hecht ausnehmen, waschen und filetieren. Dabei die Haut an den Filets lassen. Mit der Pinzette eventuell noch anhaftende Gräten entfernen. Die Filets salzen und pfeffern, in Mehl wenden, überschüssiges Mehl abklopfen und die Filets in 20 g Butter anbraten. Mit der Hautseite nach oben in ein flaches, ausgebuttertes Geschirr geben, mit den Speckstreifen belegen und im vorgeheizten Ofen bei 180 °C etwa 20 Minuten backen. Nach 10 Minuten die Zwiebel, Thymianzweige und den Weißwein zugeben. Am Schluss die Speckstreifen entfernen, Butterflocken daraufsetzen und bei guter Oberhitze die Hechtfilets nochmals kross bräunen. Herausnehmen, mit dem Bratfond beträufeln und mit Salzkartoffeln und Gemüse der Saison oder aber auch mit einem frischen Salat servieren.

Früh am Morgen rudern die Fischer von Reichenau hinaus auf den Bodensee.

Die Netze, die am Vortag ausgelegt wurden, werden eingeholt.

Wenn die Hausfrauen aufstehen, sind die Fische schon auf dem Markt.

Bodenseefelchen »Müllerin«

4 Bodenseefelchen à 200–250 g
Saft einer Zitrone
Salz und Pfeffer
Mehl
80 g Butter
Zitronenachtel und Petersilie
zum Garnieren

Die Felchen ausnehmen, waschen und abtrocknen. Mit Zitronensaft beträufeln, salzen und pfeffern. Zitronensaft sowie Gewürze etwas einziehen lassen. Anschließend in Mehl wenden (das überflüssige Mehl abklopfen) und in 20 g Butter von beiden Seiten goldgelb braten. Aus der Pfanne nehmen, auf einer vorgewärmten Platte anrichten. Die restliche Butter bräunen, die Felchen damit übergießen und mit Zitronenachtel und Petersilie dekorieren. Dazu reicht man lauwarmen Kartoffelsalat oder Petersilienkartoffeln mit grünem Salat.

Kocheraal in Salbei

1 kg bratfertig vorbereiteter Aal
(abgezogen, gesäubert und
in 50 g schwere Stücke geteilt)
Salz
40 g Butter
20 Salbeiblätter
1/8 l Weißwein
8 Zitronenviertel zum Garnieren

Die Aalstücke salzen und in 20 g Butter kräftig anbraten. Der Aal darf nicht kochen, d. h. Wasser ziehen. Nach dem Anbraten die Stiele der Salbeiblätter hinzugeben und den Aal in ca. 20 Minuten bei mittlerer Hitze fertig garen. In der Zwischenzeit in der restlichen Butter die Salbeiblätter knusprig herausbacken. Nach Ende der Garzeit die Aalstücke auf eine vorgewärmte Platte geben, mit dem mit Weißwein abgelöschten Bratensatz überziehen und mit den Salbeiblättern und den Zitronenvierteln anrichten. Dazu reicht man am besten Salzkartoffeln.

Rechts oben: Reiche Beute: Ein Prachtexemplar von Hecht ist ins Netz gegangen.

Rechts: Bodenseefelchen »Müllerin«

Rechts außen: Kocheraal in Salbei

Marmelade

So wird es kommen: Wenn man künftig im Hotel zum Frühstück Marmelade bestellt und dabei an einen »politisch korrekten« Ober gerät, wird einem der ein »Erzeugnis aus Zitrusfrüchten« servieren, denn nur noch dieses darf sich nach den EU-Richtlinien »Marmelade« nennen. Alles andere heißt von nun an »Konfitüre« oder, wenn es aus Fruchtsaft hergestellt wurde, »Gelee«.

Zum Glück ist den meisten deutschen Hausfrauen und Omas die EU ziemlich egal. Wo noch eingekocht wird, werden die Gläser fein säuberlich mit »Erdbeer/Rhabarber-«, »Johannisbeer-« oder »Zwetschgen-Marmelade« be-schriftet, im Schwäbischen sagt man dazu »Gsälz«. Früher war es mal so, dass »Marmelade« korrekt ein Produkt aus mehreren Fruchtsorten bezeichnete, während »Konfitüre« stets nur eine Fruchtsorte enthielt. Doch auch das war den meisten Hausfrauen egal. Eingekocht wurde, was der Garten hergab und was gerade Saison hatte.

Der Vorgang war dabei derselbe wie heute: Zerkleinerte Früchte werden bis zum Gelierpunkt mit Zucker aufgekocht. Die Grundregel dabei ist, die Kochzeit kurz zu halten, sonst zerstört man das in den Früchten enthaltene Pektin, einen natürlichen Gelierstoff. Außerdem muss das Verhältnis von Pektin, Säure und Zucker stimmen, sonst gelingt die Marmelade nicht. Äpfel, Johannisbeeren, Stachelbeeren, Brombeeren und Aprikosen enthalten ausreichend natürliche Pektine, bei Erdbeeren, Himbeeren, Kirschen und Sauerkirschen empfiehlt es sich, ein fertiges Geliermittel einzurühren. Besonders gute Früchtekombinationen ergeben: Erdbeeren und Rhabarber; Erdbeeren und Johannisbeeren; Johannisbeeren und Stachelbeeren; Johannisbeeren und Kirschen; Johannisbeeren und Himbeeren; Himbeeren und Kirschen; Äpfel und Preiselbeeren; Äpfel und Brombeeren; Äpfel und Holunder; Holunder und Zwetschgen.

1 Man schneidet die gewaschenen und entstielten Früchte in kleine Stücke.

2 Für 1,5 kg Erdbeeren nimmt man 1,75 kg Zucker und etwas Zitrone.

3 Nach etwa 10 Minuten rührt man das Geliermittel ein und kocht kurz auf.

4 Die Marmelade kommt heiß in Gläser, die man mit Einmachhaut verschließt.

Obstsorten

1 Quitte
Quitten sind nur gekocht genießbar und werden zu Gelee oder Mus verarbeitet.

2 Apfel
Die »paradiesischen Früchte« gehören zu den beliebtesten Obstarten in den deutschen Küchen.

3 Birne
Wie Apfel und Quitte gehört die Birne zur Kernobstfamilie. Sie lässt sich sehr gut getrocknet lagern.

4 Aprikose
Aprikosen wachsen sogar in Deutschland, in Sachsen-Anhalt liegt das nördlichste Anbaugebiet Europas.

5 Pflaume
Pflaumen kann man für Kuchen, Mus, Kompott, für Säfte oder zum Brennen verwenden.

6 Zwetschge
Steinobst, das sich sehr gut trocknen lässt und in vielen süßsauren Speisen Verwendung findet.

7 Mirabelle
Die runden, gelblichen, süßen Steinfrüchte gehören zur Familie der Pflaumen.

8 Kirsche
Kirschen bereichern das Innenleben von Kuchen – was wäre die Schwarzwälder Kirschtorte ohne sie?

9 Erdbeere
Kommt noch als Wildpflanze vor, die die gezüchtete Erdbeere an Aroma weit übertrifft.

10 Himbeere
Himbeeren sind sehr gesund und enthalten viele Mineralien. Am besten werden sie frisch verzehrt.

11 Rote Johannisbeere
Johannisbeeren sind reich an Vitamin C und sehr säurehaltig. Geeignet für Konfitüren und Kompotte.

12 Blaubeere
Kann man, so man den Fuchsbandwurm nicht fürchtet, auch selbst sammeln.

13 Stachelbeere weiß
Weiße Stachelbeeren sind herber und saurer als rote und eignen sich zum Einkochen.

14 Stachelbeere rot
Rote Stachelbeeren können sehr süß sein, wenn sie ganz reif sind, und sollten roh gegessen werden.

15 Blaue Traube
Es gibt Leute, die sie nur in der gekelterten Form im Glas kennen – sie schmecken aber auch frisch!

16 Weiße Traube
Weiße und rote Trauben kann man als Tortenbelag, in Obstsalaten, für Saft und Gelee verwenden.

Kommunionkinder in der typischen Tracht. Das Mädchen trägt den St. Georgener Schäppel.

Diätkiller

Die größte Bedrohung der Kur- und Diätprogramme von Schwarzwaldkliniken und badischen Staatsbädern ist nicht die Gesundheitsreform, sondern die Schwarzwälder Kirschtorte. Diese schaumgeborene Verführung aus Eiern, Zucker, Mehl, Sauerkirschen, Schokoladespänen, Sahne und Kirschwasser ist der einsame Fixstern am deutschen Tortenhimmel und mindestens genauso beliebt wie die Wiener Sachertorte. Anders als bei der Sachertorte ist ihr Ursprung allerdings nicht in Geschichtsbüchern festgehalten, und das Urheberrecht beschäftigt keine Juristen. Auch liegt ihr Rezept nicht in irgendeinem Tresor – die Schwarzwälder Kirschtorte kann jeder backen.

Auch die übrigen alemannischen und schwäbischen Torten und Kuchen sind eine Sünde wider jede Diät wert. Der schwäbische Träubleskuchen (Johannisbeerenkuchen), der Käskuchen, der schwäbisch-alemannische Apfelkuchen oder jene andere Köstlichkeit des frühen Sommers, der Rhabarberkuchen – all diese Kreationen sind Teil der Alltagsküche.

Eine die Wiederentdeckung lohnende Torte des schwäbischen Barock wäre die Brottorte aus Butter, Eiern, Zitrone, Zucker, Mandeln und Schwarzbrot. Ihres hohen Anteils an Eiern wegen – 16 ganze Eier und 12 Eiweiß auf ¾ Pfund Schwarzbrot – ist sie wohl in Vergessenheit geraten. Schade. Verteilt auf 16 Esser enthielte diese Brottorte nicht mehr Cholesterin als ein Frühstücksei und könnte in Kurkliniken und Staatsbädern durchaus als diätetisches Lebensmittel eingesetzt werden.

Träubleskuchen

Für 12 Stück

250 g Mehl
2 Eier, getrennt
125 g Butter, 200 g Zucker
500 g rote Johannisbeeren
40 g Mandelstifte

Aus Mehl, Eigelb, der Butter und 100 g Zucker einen glatten Teig kneten. 30 Minuten an einem kühlen Ort ruhen lassen. Die Johannisbeeren waschen und entstielen. Den Teig ausrollen und eine Springform damit belegen. Den Tortenboden bei 200 °C ca. 25 Minuten backen. Das Eiweiß steif schlagen, den restlichen Zucker hinzufügen. Die Johannisbeeren unter die Eiweißmasse heben. Den Tortenboden mit den Mandelstiften belegen, die Eiweiß-Zucker-Masse darauf geben. Bei 160 °C ca. 20 Minuten backen, bis die Oberfläche hellgelb wird.

Schwarzwälder Trachten

Würde man eine Gruppe Touristen aus Übersee fragen, was wohl die typisch deutsche Tracht sei, so bekäme man mit ziemlicher Sicherheit zur Antwort: die bayerische Lederhose – und der Schwarzwälder Bollenhut. Trotz St. Georgener Schäppel, Mühlenbacher Goldhaube und Markgräfler Hörnerkappe, nicht zu reden von Furtwangener Strohzylinder, Kinzigtaler Rollenkranz, Hanauer Kappenschlupf oder Schlupbacher Silberkappe – zum Klischeebild vom Schwarzwald gehört der Bollenhut. Genauer gesagt, der Schiltacher Bollenhut, denn nur dort gibt es ihn in Rot für die Mädchen und in Schwarz für die verheirateten Frauen. Warum das so ist, ob's an der Einmaligkeit der Hutform liegt – für die Schwarzwälderin sind solche Überlegungen müßig. Für sie ist ihre Tracht Teil ihrer Identität und nicht nur dekoratives Element auf Touristikmessen.

Auch heute noch werden an den hohen kirchlichen Festtagen wie Ostern, Weißer Sonntag, Fronleichnam, Kommunion und Konfirmation sowie bei Hochzeiten und zur Kirchweih die Schäppel, Kränze und Hauben getragen. Und natürlich auch die anderen Kostbarkeiten: die handbestickten Mieder, die ebenfalls bestickten seidenen Umschlagtücher, die stoffunterlegten »Schmisettli« aus Tüll, die Spitzen-Rüschli und ausladenden Röcke und Kleider aus Crêpe Satin. Am aufwendigsten in der Herstellung und heute fast unbezahlbar sind allerdings die Kopfbedeckungen. Weshalb sie oft zum Hof gehören und mit ihm von Generation zu Generation vererbt werden. Oder sich im Kirchenbesitz befinden und an hohen Festtagen ausgeliehen werden.

Schwarzwälder Kirschtorte

Für 14 Stück

Biskuit:
6 Eier, getrennt
150 g Zucker
125 g Mehl
50 g geriebene Haselnüsse
1 Prise Salz
30 g Kakao
1 TL Vanillezucker

Tortenboden:
125 g Mehl
1 Eigelb
65 g Zucker
1 Prise Salz
65 g Butter

Füllung:
75 g Himbeermarmelade
3 Blatt Gelatine
750 g süße Sahne
2 EL Vanillezucker
⅛ l Kirschwasser
500 g Sauerkirschen (aus dem Glas)
60 g Schokoladeraspeln

Zunächst den Biskuit herstellen. Hierzu Eigelb mit dem Zucker und etwas Wasser schaumig rühren, das geschlagene Eiweiß dazugeben und das Mehl darübersieben. Anschließend die geriebenen Haselnüsse, Salz, Kakao und Vanillezucker zugeben, alles gut vermengen und in eine mit Backpapier ausgeschlagene Springform (Durchmesser ca. 26 cm) füllen und glatt streichen. Den Biskuit 30 Minuten bei 180 °C backen. Herausnehmen und auskühlen lassen. Für den Mürbeteig aus den angegebenen Zutaten einen Teig kneten, 30 Minuten an einem kühlen Ort ruhen lassen. Mürbeteig ausrollen und den Boden einer Springform damit belegen. Bei 220 °C 25 Minuten lang backen. Für die Füllung die Himbeermarmelade durch ein Sieb streichen. Gelatine in kaltem Wasser einweichen, ausdrücken. Sahne mit Vanillezucker steif schlagen, Gelatine in wenig heißem Wasser auflösen und unter die Sahne ziehen. Mit einem Schuss Kirschwasser verfeinern.

Den Tortenboden in eine kalte Springform legen. Den Biskuit einmal quer durchschneiden. Tortenboden mit Himbeermarmelade bestreichen. Den ersten Biskuitboden mit der Hälfte des Kirschwassers beträufeln und aufsetzen. Die Sauerkirschen, bis auf 14 Stück für die Garnitur, darauflegen. Mit ⅔ der Sahne bestreichen. Den zweiten Boden daraufsetzen und mit dem restlichen Kirschwasser beträufeln. Die Springform öffnen. Mit der restlichen Sahne die Torte rundum bestreichen und obenauf 14 Rosetten spritzen. Die restlichen Kirschen daraufsetzen und die Tortenmitte sowie den Seitenrand mit den Schokoladeraspeln garnieren. Dazu passen am besten Kaffee und ein Gläschen Kirschwasser.

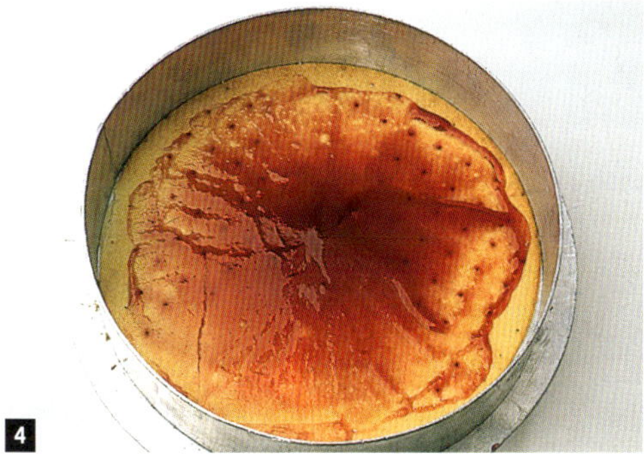

1 Für die Schwarzwälder Kirschtorte werden ein Biskuitteig und ein Tortenboden aus Mürbeteig gebacken.

2 Die steif geschlagene Sahne, unter die man Gelatine gezogen hat, wird mit etwas Kirschwasser verfeinert.

3 Der Tortenboden kommt in eine kalte Springform. Die Himbeermarmelade wurde zuvor durch ein Sieb gestrichen.

4 Sieht schon recht verlockend aus: die gleichmäßig verteilte Marmelade auf dem hellen Tortenboden.

5 Auf den mit Marmelade bestrichenen hellen Tortenboden wird eine Lage dunkler Biskuit gelegt.

6 Nachdem die Sauerkirschen auf dem Boden verteilt wurden, überzieht man sie mit einer dicken Sahneschicht.

7 Auftragen, glatt streichen, gleichmäßig verteilen – aber nicht alle Sahne verbrauchen. Der Rest wird noch gebraucht.

8 Es muss noch so viel Raum in der Springform sein, dass auch die zweite Hälfte des Biskuitbodens Platz findet.

9 Nachdem man die Springform geöffnet hat, überzieht man die ganze Torte mit der restlichen Sahne.

10 Jetzt ist nur noch die Feinarbeit des Verzierens zu leisten: Auf jedes Tortenstück kommt eine Sahnerosette.

11 Damit kein Kalorienmangel entsteht, werden die Tortenmitte und die Seiten mit Schokoladeraspeln garniert.

12 14 Tortenstücke für 14 Genießer: Zum krönenden Abschluss setzt man auf jede der Sahnerosetten eine Kirsche.

Deutschland – Tortenland

Aidatorte: Mürbteigboden. Zwischen drei Biskuitböden Schokoladencreme. Rand drei- oder vierlagiger Baumkuchenteig, Garnitur aus Sahne und Schokoladensplittern.

Heidelbeerstreusel: Hefeteigboden, darauf Biskuitboden. Belag aus Vanillecreme mit frischen Heidelbeeren, abgedeckt mit Butterstreuseln, mit Puderzucker bestäubt.

Bohèmetorte: Mürbteigboden. Darauf eine Schicht Vanillecreme mit Brandteigrollen, eine Schicht Erdbeersahne. Obenauf gefüllte Brandteigrollen, Puderzucker.

Carolatorte: Mürbteigboden, darauf Konfitüre. Zwischen Biskuitlagen Buttercreme mit Mokka, Baumkuchenstücke. Marzipandecke, Kuvertüre, Baumkuchenstück.

Eierlikörsahne: Spanischer Vanilleboden mit Kokos- und Schokoflocken, darauf Eierlikörsahne, als Garnitur Eierlikör, Pistazien und eine Eierlikörtrüffelkugel.

Obstsalattorte: Mürbteigboden, darauf Biskuit. Vanillecreme, darauf verschiedene Früchte der Saison. Klarer Tortenguss, Rand mit gerösteten Mandeln garniert.

Erdbeersahne: Mürbteigboden, darauf Biskuitboden. Erdbeersahne aus pürierten Erdbeeren, Zucker, Zitronensaft, gebunden mit Gelatine. Schichtweise aufgetragen.

Erdbeertorte: Mürbeigboden, darauf Biskuit. Vanillecreme, belegt mit frischen geviertelten Erdbeeren, roter Tortenguss, Rand garniert mit gerösteten Mandeln.

Flockensahne: Mehrere Schichten Brandmasseboden, dazwischen Vanillesahne und Preiselbeerkonfitüre, abgedeckt mit gebröseltem Brandmasseboden.

Florentiner Kirsch: Boden aus Butter, Eiern und Haselnüssen, darauf eine abgebundene Kirschfüllung, überzogen mit einer extra gekochten Honig-Mandeldecke.

Frühlingstorte: Mürbteig-Biskuit-Boden. Belag Mürbeteigbiskuit mit Preiselbeerkonfitüre, ganze Torte überzogen mit Buttercreme, Johannisbeergelee als Garnitur.

Goethetorte: Mürbteigboden, darauf Konfitüre. Zwischen fünf Schokoladenbiskuitböden Schokoladencreme und Kirschen, Baumkuchenrand, Ganacheüberzug.

Herrentorte: Mehrere Schichten Biskuitböden, jeweils belegt mit einer mit Eischnee gefertigten Weincreme. Eingeschlagen in Marzipan, Schokoladenüberzug, Pralinengarnitur.

Glasierte Baumkuchentorte: Baumkuchenmasse mit Marzipan und Rum schichtweise gebacken, aprikotisiert, Fondantdecke, verziert mit Spritzschokolade.

Pralinétorte: Mürbteigboden, darauf zwei Schichten Biskuitboden, dazwischen Aprikosengelee. Nüsse, Pralinencreme, Schokoladenüberzug, Pralinengarnitur.

Rhabarberstreusel: Hefeteigboden, darauf Biskuit. Schwere Vanillecreme mit Sahne und Rum, blanchierter Rhabarber, Decke mit Butterstreuseln und Puderzucker.

Sarah-Bernhardt-Torte: Baiserböden, dazwischen eine Mokka-Buttercreme, Marzipandecke, überzogen mit heller Schokolade, Garnitur Mokkacreme und -bohne.

Stachelbeer-Vanille-Sahne: Hefeteigboden, darauf Biskuit. Gebundene Stachelbeermasse bedeckt mit Vanillesahne. Als Garnitur Baiserflöckchen und Kapstachelbeere.

Erdbeerscharlott: Mürbteigboden, darauf Biskuit. Erdbeersahne aus pürierten Erdbeeren schichtweise aufgetragen, als Belag Erdbeerkonfitüre, Sahne, frische Erdbeere.

Ananas-Baumkuchentorte: Mürbteigboden. Zwischen sieben Lagen Baumkuchen Ananaskonfitüre, Ganacheüberzug, als Garnitur kandierte Ananas mit Schokolade.

Mignontorte: Mürbteigboden. Zwischen sechs Biskuitböden Vanillebuttercreme. Decke Marzipan glasiert, Garnitur gefüllter Windbeutel, in Schokolade getunkt.

Apfeltorte: Hefeteigboden, darauf Biskuit. Belag frische Äpfel, Apfelmus, Mandeln und Rosinen. Decke aus Mürbteig, mit fein gehobelten Mandelscheiben belegt.

Pflaumensahne: Mürbteigboden, darauf Biskuit. Pflaumensahne schichtweise aufgetragen, Garnitur Pflaumenkonfitüre, Sahne und Pflaume. Rand Löffelbiskuits.

Des Konditors Stolz: Torten frisch aus der Backstube. Torten gehören zu den Spezialitäten der deutschen Backkunst. Ihre Herstellung ist der Hausfrau meist zu aufwendig, sodass man in der Regel ins Café geht, um sie zu genießen.

Alemannische Fasnacht

Ein oberflächlicher Beobachter würde Masken und Mummenschanz der alemannischen Fasnacht eher dem Hochland der Anden oder des Himalaja zuordnen als dem mitteleuropäischen Raum. Es ist ein Spektakel, das Lichtjahre entfernt scheint von den Exerzierschritten der Kölner Funkenmariechen, der »g'schlamperten« Ausgelassenheit des Münchner Faschings oder der Choreografie des Mainzer Karnevals. Selbst die düstere Monotonie des Basler Morgenstreichs kommt dieser Fasnet nicht nahe. Hier glaubt man, etwas von den Dämonen- und Geisterbeschwörungen und der Wildheit vorchristlicher Zeit zu spüren.

Traditionsveranstaltungen wie der Rottweiler Narrensprung oder die Auftritte der alten Narrenzünfte beginnen am »Schmotzigen« Donnerstag vor dem Faschingswochenende. Sie reichen zurück bis ins späte Mittelalter. Im Laufe der Jahrhunderte hat sich eine Wandlung vom ursprünglich derb-bäuerlichen Brauch zum – allerdings meist nicht weniger derben – bürgerlich-städtischen Spektakel vollzogen. Vor allem die größeren Narrenzünfte sind im gesellschaftlichen Leben der Städte fest verankert, weshalb ihre Schlüsselpositionen oft auch von den Honoratioren der Stadt besetzt sind. Was jedoch dem Narrentreiben mit seiner an drastischer Deutlichkeit oft nicht zu überbietenden Verspottung der Obrigkeit keinen Abbruch tut.

Eine besondere Küche außer dem Schmalzgebackenen, das auch in Bayern in Form von Faschingskrapfen zum Fasching gehört, gibt es zur Fasnet nicht. In manchen Gegenden wird Mehlsuppe und im Wolfachtal noch Stockfisch aufgetragen, den es früher in fast allen Wirtschaften gab. Ansonsten begnügt man sich mit dem, was man üblicherweise auch bei anderen geselligen Zusammenkünften isst: Schäufele oder Würstel mit Kartoffelsalat. Einfache Gerichte jedenfalls.

Oben: Archaisch anmutende Gestalten bevölkern Rottweil. Die Masken, die sie tragen, sind oft sehr alt, die Spieße dienen zum Gefecht und als Sprungstangen.

Rechts: Der Rottweiler Narrensprung beginnt am Donnerstag vor dem Faschingswochenende. Von Zweibeinern gebildete Rösser tragen bunte Narren durch die Stadt.

Mehlsuppe

Die Mehlsuppe, besser bekannt als »eingebrannte« Mehlsuppe, war früher im Badischen wie im Schwäbischen besonders im bäuerlichen Lebensbereich weit verbreitet. Sie wurde oft auch bei verdorbenem Magen gegessen. Weshalb sie gerade bei Kindern nicht besonders beliebt war.

125 g Mehl
80 g Butter
1 l Wasser oder Brühe
Salz
Muskat

Das Mehl in der Butter hellbraun bis mittelbraun anrösten, mit Wasser oder Brühe auffüllen, 30 Minuten köcheln lassen, abschmecken und ohne weitere Zutaten auftragen.

Schmalzgebäck

Mehl, Eier, Milch und Schmalz, heißt es, seien die vier Säulen der schwäbisch-alemannischen Küche. Besonders im schwäbischen Allgäu, im Oberland und im Hohenlohischen. Nirgendwo scheint die Vielfalt des Schmalzgebackenen größer zu sein als in diesen Teilen des Landes: Da gibt es Hasenöhrle, Salbeiküchle, Bubeschenkle, ausgezogene Küchle, Strauben und Wespennester, um einige der ausgefallensten Namen zu nennen. Die Fülle an Schmalzgebackenem hängt mit der landwirtschaftlichen Struktur zusammen. Im Hohenlohischen und im Oberland wie im Allgäu herrscht die Viehwirtschaft. Dort sind auch die Höfe am größten, die Bauern am reichsten und die Ochsen am fettesten. Das liegt daran, dass es hier die alt-württembergische Erbteilung nicht gab, die auch noch die zerrissenste Hose paritätisch unter die Erben verteilte. In Oberschwaben und in der Hohenlohe galt seit jeher das Anerbenrecht, das den Hof ungeteilt ließ. In Alt-Württemberg, wo alles zerstückelt wurde, waren die Bauern hingegen schon immer arm. Sie hatten zum Sterben zu viel und zum Leben zu wenig.

Wo reiche Bauern lebten, entstand auch eine reiche Küche. Und Butterschmalz war nun einmal, bis ins 20. Jahrhundert hinein, ein Zeichen des Wohlstands. Für die weniger Begüterten gab es Schmalzgebackenes nur an den hohen Festtagen – zur Fasnet, Kirchweih und am Palmsonntag. Ansonsten auch noch beim Einfahren des Heus und zur Ernte. Dann allerdings in ausgiebigen Mengen. Wenigstens ein paarmal im Jahr wollte man sich an Schmalznudeln richtig satt essen.

Schmalzgebackenes in seiner ganzen Fülle präsentiert und mit einfallsreichen Namen belegt: Zopfküchle, Bubeschenkle, Nonnenfürzle, Apfelküchle, G'wallete Küchle, Fasnetsküchle, Hasenöhrle, Salbeimäusle (Salbeiküchle), Wespennester und Ausgezogene.

Süßspeisen

Ofenschlupfer

8 altbackene Brötchen
12 leicht säuerliche Äpfel
Butter für die Form
50 g Zucker
2 EL Rosinen
1 l Milch
6 Eier
50 g Zucker
etwas Vanillezucker
80 g Butter
Zucker zum Bestreuen

Die Brötchen in Scheiben schneiden. Die Äpfel schälen, entkernen und ebenfalls in Scheiben schneiden. Eine entsprechend große Auflaufform mit Butter ausstreichen, schichtweise die Brötchen- und Apfelscheiben, Letztere jeweils mit Zucker und Rosinen bestreut, hineingeben und mit einer leicht in Milch eingeweichten Brötchenschicht (damit die Kruste nicht zu hart wird) abschließen. Die Eier mit der restlichen Milch verrühren, Zucker und Vanillezucker hinzugeben und über die Auflaufmasse gießen. Die Milch muss die oberste Schicht gut bedecken. Mit Butterflöckchen und Zucker bestreuen und im auf 200 °C vorgeheizten Ofen backen.

Schneeballen

4 Eigelb
50 g Butter
40 g Zucker
3 Eiweiß
150 g Mehl
Butterschmalz zum Ausbacken
Puderzucker zum Bestäuben

Eigelb, Butter und Zucker schaumig rühren. Eiweiß zu Schnee schlagen und zu der Masse fügen. So viel Mehl untermengen, dass der Teig wie ein weicher Nudelteig ist. Anschließend so dünn wie möglich auswellen und mit einem Weinglas oder Ähnlichem runde Teigstücke von etwa 7 cm Durchmesser ausstechen. Mit einem Backrädchen viermal einschneiden, dabei einen Rand von 1 cm lassen. Den Löffelstiel durch die beiden Teigschlaufen, die sich durch das Einschneiden ergeben haben, führen. Am Stiel hängend in siedendem Schmalz herausbacken. Mit Puderzucker bestäuben und auftragen.

Nach einer anderen Art kann man den Teig in beliebig lange Streifen schneiden, diese zu einer lockeren Kugel (Schneeballen) zusammenknüllen und ausbacken. Nach einer dritten Version wird ein 60–70 cm langer und 6–7 cm breiter Streifen ausgewellt. Dieser wird in fingerbreite Streifen geschnitten, die oben und unten noch zusammenhalten. Diese Streifen werden nun ineinander verschlungen, sodass sie ebenfalls einen Schneeball bilden.

Versoffene Jungfern

Rotweinreduktion:
1/2 l kräftiger Rotwein
1/2 Zimtstange
abgeriebene Schale von 1/2 Zitrone
3 TL Zucker
1 Prise Nelkenpulver
etwas Zitronensaft

Teig:
150 g Zucker
3 Eier
150 g Mehl
3 EL heißes Wasser
2 TL Backpulver
1/2 Päckchen Vanillezucker
fein geriebene Schale von 1/2 Zitrone
Schmalz zum Ausbacken

Den Rotwein mit der Zimtstange und der Zitronenschale etwa 20 Minuten reduzieren, mit Zucker, Nelkenpulver, Zitronensaft abschmecken. Für den Teig Zucker und Eier schaumig rühren, abwechselnd das Mehl und das Wasser sowie die übrigen Zutaten hinzugeben und gut durchrühren. Mit einem Löffel kleine Teigklößchen abstechen und in schwimmendem Schmalz herausbacken. Mit der Rotweinreduktion übergießen, nach Belieben mit etwas Puderzucker oder Kristallzucker bestreuen und auftragen.

Unten: Ofenschlupfer

Rechts: Versoffene Jungfern

Gegenüber: Schneeballen und Apfelmann

Apfelmann

80 g Rosinen
5 EL Rum
100 g Butter
100 g Semmelbrösel
70 g gehackte Haselnüsse
120 g Zucker
1 TL abgeriebene Zitronenschale
Zimt
4 große Äpfel

Die Rosinen 30 Minuten in Rum einweichen. 80 g Butter schmelzen. Brösel, Haselnüsse, 100 g Zucker, zerlassene Butter, Zitronenschale und Zimt dazugeben und rühren, bis alle Zutaten gut vermischt sind. Äpfel schälen, entkernen und in dicke Scheiben schneiden, wenig zuckern. In eine Kuchenform abwechselnd Brotmasse, Äpfel, Brotmasse einschichten, mit Butterflocken abdecken und im Backofen bei 200 °C 30–40 Minuten backen. Den restlichen Zucker mit Zimt vermengen, die Apfelmänner damit bestreuen.

Pfitzauf

250 g Mehl
½ l Milch
4 Eier
1 TL Salz
40 g zerlassene Butter
Butter für die Pfitzaufmodeln

Alle Zutaten gut verrühren, zuletzt die zerlassene Butter zugeben und in gebutterte Pfitzaufförmchen einfüllen. Diese nur zur Hälfte füllen. Im vorgeheizten Ofen bei 180–200 °C ca. 30 Minuten backen. Dazu reicht man eine Fruchtsoße.

Apfelküchle

4 große, säuerliche Äpfel
Saft und abgeriebene Schale von 1 Zitrone (ungespritzt)
40 g Zucker
200 g Mehl
2 EL Milch
2 Eier
1 Eigelb
20 g Zucker
1 Prise Salz
Butter oder Schweineschmalz zum Ausbacken
Zimtzucker

Äpfel schälen und entkernen. In Scheiben schneiden und mit Zitronensaft, Zitronenschale und Zucker vermengen und durchziehen lassen. Mehl, Milch, Eier, Eigelb Zucker und Salz zu einem glatten Teig rühren. Die Apfelscheiben darin wenden und in schwimmendem Schmalz herausbacken. In einer Zimt-Zucker-Mischung wälzen und noch warm mit Fruchtsoße oder zum Kaffee servieren.

Christine Metzger
Verena von Funcke · Florian Mikorey
Ingeborg Pils · Barbara Schnabel

Hofbräuhaus und Oktoberfest, Lederhose und Maßkrug, romantische Märchenschlösser, barocke Pracht vor der imposanten Kulisse der Alpen. So sieht es aus, das Klischeebild von Bayern, das im Ausland zum Synonym für Deutschland schlechthin wurde. Und wie bei jedem Klischee ist da natürlich etwas dran:

Lebens- und Genussfreude, tief verwurzeltes Brauchtum und Volksfrömmigkeit gehören zu Bayern wie der Stolz seiner Bewohner auf ihre wunderschöne Heimat. Aber natürlich fehlt auch etwas bei diesem Bayernbild, vor allem geografisch. Denn das Land besteht nicht nur aus den Alpen und aus Oberbayern. Der größte Flächenstaat der Republik umfasst Niederbayern, die Oberpfalz, Ober-, Mittel- und Unterfranken und Schwaben. Drei Stämme – Baiern, Schwaben und Franken – bewohnen den Freistaat. Sie unterscheiden sich im Dialekt, in ihrer Geschichte und im Brauchtum. Franken und Schwaben wurden erst Anfang des 19. Jahrhunderts Teil Bayerns und sehen noch heute recht distanziert auf die Landeshauptstadt, von der aus der bayerische Löwe seine Pranke nach ihnen ausgestreckt hat.

»München leuchtete«, schrieb Thomas Mann, doch es ist nicht der einzige Fixstern am bayerischen Firmament: Da gibt es Passau, Augsburg, Regensburg, Nürnberg, Würzburg, die Wagnerstadt Bayreuth – um nur einige der kulturell und historisch reichen Zentren zu nennen. Baumeister, Maler, Musiker, Literaten, Naturwissenschaftler – das Land hat sie in einer Fülle hervorgebracht, dass man nicht einen nennen kann, ohne zig anderen Unrecht zu tun. Erwähnung soll jedoch die überaus lebendige Kabarettszene finden: Gerhard Polt, Bruno Jonas, Lisa Fitz und die vielen anderen, die sich landesweit einen Ruf erworben haben.

Kulinarisch ist Bayern ebenso reich wie landschaftlich. Das Bier, das hier gebraut wird, ist weltbekannt. Schweinsbraten, Leberkäs und die Weißwurst gehören zu den Insignien der Küche, wobei die Bayern die Weißwurst sogar für den Bau eines Zaunes eingesetzt haben: Der »Weißwurstäquator« schließt den Freistaat nach Norden hin ab, denn dort leben die »Preußen«, und von denen grenzt sich Bayern mit allen Mitteln ab, sogar mit einem symbolischen Limes aus Würsten.

Oben: Das fränkische Nürnberg, die zweitgrößte Stadt Bayerns, wurde im Zweiten Weltkrieg stark zerstört. Beim Wiederaufbau orientierte man sich an alten Stadtstrukturen – erst auf den zweiten Blick ist sichtbar, dass die Gebäude zum Großteil aus der Nachkriegszeit stammen.

Links: Malerisch liegt das Kloster Benediktbeuern vor der Alpenkulisse. Die Benediktinerabtei wurde Mitte des 8. Jahrhunderts gegründet, die Klosterkirche St. Benedikt ist ein barockes Werk aus den Jahren 1681/86.

Weißwurst und Leberkäs

Kein anderes Lebensmittel im Freistaat ist mit derartigen Tabus und Ritualen belegt wie die Münchner Weißwurst. Das beginnt schon beim Einkauf: Regensburger, Landjäger, Wiener verlangt man paarweise, Weißwürste einzeln. Wer in der Metzgerei statt »vier Weißwürst'« »zwei Paar Weißwürstl« ordert, outet sich sofort als »Preuße«. Und dem norddeutschen Gast, der in der Wirtschaft Weißwurst mit Kartoffelsalat oder gar Ketchup verlangt, kann es passieren, dass die Bedienung die Bestellung schlichtweg verweigert mit den Worten: »Bei uns net. Mir san net in Preißn.« Dem derart barsch Zurückgewiesenen mag es dabei neu sein, dass er aus Preußen ist.

Er hielt sich bislang immer für einen Hanseaten oder Rheinländer und war sich ziemlich sicher, mit der Großmacht nichts zu tun gehabt zu haben. Doch mit historischen Differenzierungen dieser Art kommt er in Bayern schlecht an: Preußen ist alles, was jenseits des »Weißwurstäquators« liegt, und damit basta.

Warum man die Weißwurst nur mit Semmel oder Breze und süßem Senf verzehrt, lässt sich nicht erklären. Anders verhält es sich mit dem berühmten »Zwölfuhrläuten«, das diese Kreation aus Kalbsbrät, Speck, Kälberfüßen, Schwarten, Zwiebel, Petersilie, Zitronenschale, Nelkenpulver, Muskat und Pfeffer angeblich »nicht hören darf«. Dieses Gebot kommt aus der Zeit der Entstehung der Münchner Weißwurst, die man, wie es sich für ein nationales Symbol gehört, auf den Tag genau datieren kann: Der Wirtsmetzger Sepp Moser erfand sie am 22. Februar 1857. Da man damals noch keine Konservierungsmittel verwendete, war die Wurst nicht haltbar und verlor bald Geschmack und Aroma, sodass sie kurz nach der Herstellung gegessen werden musste. Und so ist es noch heute: Weißwürste isst man zum zweiten Frühstück und dazu gehören eine Halbe Bier oder ein Weißbier.

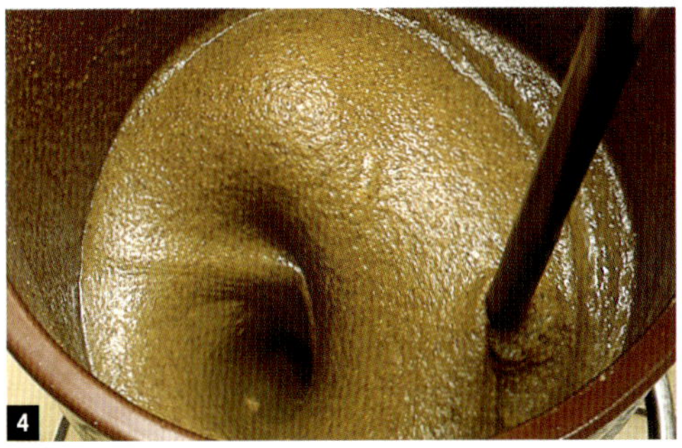

1 Zur Herstellung des typisch bayerischen süßen Senfs braucht man feines ...

2 ... und grobes Senfmehl. Beide Massen werden miteinander verrührt.

3 Beim Zusammenrühren gibt man braunen Zucker und heißen Essig dazu.

4 Die Masse muss gut durchmischt werden und eine dickflüssige Konsistenz erhalten.

5 Dann muss der Senf ruhen, und zwar eine ganze Nacht lang.

6 Am nächsten Morgen kann man dann damit beginnen, ihn abzufüllen.

Nicht verschwiegen werden soll, dass es eine Zeit gab, in der selbst die Münchner Gastronomen mit ihrem Nationalheiligtum experimentierten: Weißwurst paniert, frittiert, gegrillt, mit Beilagen zugeschüttet oder zu Salat verwurstet – all diese sträflichen Versuche der »Internationalisierung« schlugen fehl. Die Weißwurst bestrafte sie durch den totalen Verlust ihres einzigartigen Eigengeschmacks. Sie will langsam in heißem Wasser erhitzt werden, und sonst nichts. Das Wasser darf aber auf keinen Fall kochen, sonst platzt die Wurst und schmeckt nach gar nichts.

Weniger kapriziös gibt sich da der Leberkäs, der übrigens weder Leber noch Käse enthält, sondern Rind- und Schweinefleisch, Speck, Gewürze und gestoßenes Eis. 25 Kilogramm Eis kommen auf 100 Kilogramm Leberkäse, was böse Zungen mit der Behauptung kommentieren, das Höchste bei der Leberkäsherstellung sei die Wasserrechnung. Doch es sind keine ökonomischen Gründe, die den Metzger zu solcherlei Tun verleiten, sondern physikalische. Das Eis verhindert, dass bei der Zerkleinerung des Fleischs für das Leberkäsbrät das Eiweiß zu schnell gerinnt und das Brät nicht fein genug wird. Und fein muss sie sein, diese bayerische Spezialität, die in einer kastenförmigen Bratreine bei mäßiger Hitze gebacken wird. Was einst als preiswerte Mahlzeit, als »Arbeiterschnitzel« oder »Beamtenschinken« auf den Tellern der weniger gut Verdienenden lag, wird heute in allen Bevölkerungsschichten und in vielen Variationen geschätzt. Ofenfrisch, mit leichter Kruste, wird der Leberkäs in dickere Scheiben geschnitten und mit süßem oder mittelscharfem Senf und einer Brezen als Brotzeit genossen. Oder in einer reschen Semmel als bayerische Antwort auf die Burger-Invasion. Zur vollständigen Mahlzeit wird der Leberkäs, wenn eine daumendicke Scheibe in der Pfanne auf beiden Seiten angebraten, mit einem Spiegelei gekrönt und mit Kartoffelsalat serviert wird. Kalt schätzt ihn der Kenner im Biergarten und zur Brotzeit. Dünn aufgeschnitten ziert er Frühstückstische und Aufschnittplatten. Und wer ihn einmal ganz anders genießen will, schneidet den Leberkäs in schmale Streifen oder Würfel, fügt Zwiebeln, Gewürzgurken und Tomaten bei und übergießt ihn mit einer Essig-Öl-Marinade.

Leberkäs mit Kartoffel-Endivien-Salat

Senf ist nicht gleich Senf.

Weißwurst-Etikette

»Es gibt vier große Gruppen von Menschen: 1. Bayern; 2. Schwaben; 3. Preußen; 4. Ausländer.« So beschreibt der Schriftsteller Herbert Rosendorfer in »Königlich Bayerisches Sportbrevier« das Weltbild der Bayern. Die vierte Gruppe ist dabei leicht umrissen. Es sind Amerikaner, Asiaten, Afrikaner – Menschen also, von denen man nicht annehmen kann, dass sie je mit so etwas Hehrem wie der bayerischen Kultur in Verbindung kamen, und denen man deshalb alles verzeiht. Zum Beispiel, wenn sie Weißwürste mit Sauerkraut bestellen.

Weißwurst mit Sauerkraut! Da wendet sich der einheimische Tischnachbar mit Grausen oder er springt helfend ein, wenn er sieht, wie »der Ausländer« die Wurst dann auch noch mit Messer und Gabel traktiert und in kleine Stücke schneidet. »Zuzeln«, erklärt er dem Fremden, die Weißwurst müsse man »zuzeln«. Und der wird daraufhin vergeblich in seinem Taschenwörterbuch blättern, um sich diesen Begriff zu erschließen. »Zuzeln« ist Bairisch und bedeutet »auslutschen«, und es ist die einzige stilgerechte Art, eine Weißwurst zu verzehren: Sie wird mit dem Messer in zwei Hälften geteilt, in die Hand genommen, in süßen – und keinen anderen – Senf getaucht und dann aus der Haut gelutscht. Ein sinnliches Urerlebnis also – nicht umsonst erinnert »zuzeln« lautmalerisch an das Saugen an der Mutterbrust. Wer dies aufgrund frühkindlicher Störungen nicht über sich bringt, dem ist gerade noch erlaubt, die Wurst durch einen Längsschnitt aus der Haut zu lösen und sie dann mit Messer und Gabel zu verspeisen. Mit diesem Längsschnitt hört sie aber auch schon auf, die Toleranz der Bayern, wenn es um die Wurst geht.

Mach ma Brotzeit

Auch wenn es nicht in der Verfassung steht, in Bayern hat ein arbeitender Mensch das verbriefte Recht auf eine Brotzeit. Das weiß jede Hausfrau, die einen Handwerker beschäftigt, und sollte sie es nicht wissen, so verfügt der Mann über seit Generationen eingeübte Mechanismen, um seinen Auftraggebern zu bedeuten, wann er nach seinem Recht verlangt. Zum Repertoire gehören spontaner Leistungsabfall, verbunden mit lauten Klagen über Hitze und Staub, oder – bei introvertierteren Dienstleistern – stummes Leiden mit häufigem Schweißabwischen. Die Symptome sind klar: Der Mann braucht etwas zu essen, und vor allem braucht er etwas zu trinken. Denn zur Brotzeit gehört selbstverständlich ein Bier, schließlich ist Bier flüssiges Brot und gilt in Bayern als Grundnahrungsmittel.

Ursprünglich war die Brotzeit das zweite Frühstück; das erste bestand auf dem Land meist aus einer Milchsuppe mit eingebrocktem Brot, und die hielt bei der harten Arbeit auf dem Feld natürlich nicht lange vor. So brachten die Bäuerinnen oder Mägde dann am Vormittag Substanzielleres aufs Feld – in flüssiger und fester Form. In Handwerksbetrieben war es schon immer die Aufgabe des Lehrbuben, Brotzeit zu holen. Das war Brauch bis in die Sechzigerjahre, als schließlich die Gewerkschaft die Frage stellte, ob es wirklich Teil einer sinnvollen Ausbildung sei, Leberkässemmeln beim Metzger zu holen.

Heute beschränkt sich das »Brotzeit machen« längst nicht mehr auf das zweite Frühstück. Die Zwischenmahlzeit am Nachmittag, aber auch ein Abendessen kann eine Brotzeit sein, wenn man es zum Beispiel im Biergarten einnimmt. Wenn jemand »nur auf eine Brotzeit« einlädt, so heißt das, dass es nichts Warmes gibt, wohl aber Wurstaufschnitt, Käse, Radieschen, Obatztn und natürlich Brot, Semmeln, Brezen. Butter hat dabei auf einem richtigen Brotzeitteller, der stilecht aus Holz ist, nichts zu suchen. Im Gegensatz zum Norden, wo das Butterbrot »erfunden« wurde, isst man im Süden Brot traditionell ohne Butter. Die Volkskundler erklären das damit, dass das Brot im Süden reichhaltiger gewürzt wurde und es somit geschmacklich eine eigenständige Stellung erhielt und nicht nur als Träger für den Belag diente.

Rechts: Am besten schmeckt die Brotzeit, wenn man gemütlich beieinandersitzt. Im Wirtshaus, im Biergarten, vor oder nach dem »Karteln«.

Bratensülze besteht aus kaltem Schweinebraten in Aspik eingelegt.

Fleischpflanzerl macht man aus Hackfleisch, Semmeln und Zwiebeln.

Leberkäs kann man kalt oder warm zur Brotzeit genießen.

Limburger ist ein Weichkäse, dem Romadur verwandt, nur größer.

Obatzta wird aus reifem Camembert, Zwiebeln und Kümmel gemacht.

Wurstsalat, sauer mit Zwiebeln und Gewürzgurken angemacht.

Ochsenmaulsalat, fein geschnitten und mit Zwiebeln sauer angemacht.

Weißwürste isst man nur am Vormittag und mit Brezen und süßem Senf.

Presssack weiß schneidet man in Streifen und isst ihn mit Senf.

Stockwürste sind der Weißwurst verwandt, aber fester in der Konsistenz.

Presssack rot schmeckt deftiger als sein weißer Kollege.

Schweinebraten, auch kalt aufgeschnitten eine Köstlichkeit.

Regensburger werden überwiegend kalt und als Wurstsalat gegessen.

Schnittlauchbrot — für die Vegetarier unter den Brotzeitfreunden.

Simila et bracchium

Eine Semmel, gleich, ob sie nackt oder in Mohn oder Sesam gewandet daherkommt, unterscheidet sich durch nichts von dem, was man hochdeutsch ein Brötchen nennt. Sie ist ein kleines knuspriges Weißbrot aus hellem Weizenmehl. Und dem verdankt sie ihren Namen. Das Wort »Semmeln« leitet sich nämlich vom Lateinischen »simila«, »feinstes Weizenmehl«, ab. Die Römer, die 15 vor Christus erstmals über die Alpen marschierten und in den folgenden Jahrhunderten die »Via Claudia« nutzten, die nach Augusta Vindelicorum, ins heutige Augsburg, führte, brachten den Weizen aus der ägyptischen Kornkammer ins Land. Klima und der reiche Boden ließen das Getreide auch jenseits der Alpen gedeihen und so blieb nach dem Rückzug der Römer das Weizenmehl in den Backstuben.

Auch die Brezel verdankt Germanien seinen römischen Besatzern. In dem Wort steckt »bracchium«, »Unterarm, Arm«, weil sie verschlungenen Armen ähnelt. Auch wenn die Urform der Brezel, das römische Ringbrot, einen geschlossenen Ring darstellte. In der verschlungenen, heute noch üblichen Gestalt tauchte die Brezel erstmals im 12. Jahrhundert auf, bis heute ist sie offizielles Berufszeichen des Bäckerhandwerks. Obwohl auch in einigen Städten des Nordens traditionell Brezeln gebacken werden, ist sie doch ein Kind des Südens, denn auch zu ihrer Herstellung braucht man feines Weizenmehl.

Was nun die deutschen Brezeln von den bayerischen »Brez'n« oder »Brezen« unterscheidet ist, dass die Bayern die Laugenbrezen erfanden. Sagen sie zumindest. Die Schwaben behaupten dasselbe und haben ihre eigene Entstehungslegende. Aber die soll hier natürlich nicht erzählt werden. Die bayerische hingegen geht so: Der Bäcker Anton Nepomuk Pfannenbrenner machte am Morgen des 11. Februar 1839 einen Fehler: Er bestrich die Brezen, die er im Münchner Königlichen Kaffeehaus des Hoflieferanten Johann Eilles fertigte, mit Natronlauge. Die stand zum Putzen der Bleche herum und glich dem Zuckerwasser, das damals üblicherweise auf das Gebäck kam. Wir ahnen's: Der Erfolg war durchschlagend, der vermeintliche Unglücksrabe wurde zum Brezen-Heroen.

Wer heute ein Brezen-Denkmal will, müsste eine Schlingmaschine erfinden. Denn so etwas gibt es nicht: Brezen entstehen nach wie vor in Handarbeit. Bis auf die Schlingerei ist die Herstellung eine einfache Sache: Der Teig besteht aus feinem Weizenmehl, Wasser und Hefe, getaucht wird das Kleingebäck in dreiprozentige Natronlauge, garniert mit grobkörnigem Salz. Da sie frisch am besten schmeckt, hat heute schon nahezu jeder Biergarten einen eigenen Brezenbackofen.

Früher gab es Brezen nur zur Fasten- und Osterzeit oder zu bestimmten Festtagen. Die Breze gehört zu den Gebildbroten und ist fest im Jahresbrauchtum verankert. Je nach Region schenkte sie der Pate seinem Patenkind, der Verliebte seiner Auserwählten, sie soll Glück, Segen, Gesundheit bringen. Zu Martini, dem Ende des bäuerlichen Jahres, das auch mit dem Dienstbotenwechsel verbunden war, erhielt das Gesinde eine »Martinsbreze«. An den Brauch, Brezen auch mit den Letzten Dingen in Verbindung zu bringen und sie an Grabsteinen und Kreuzen aufzuhängen, erinnern die »Allerseelenbrezen«, die in Augsburg und anderen Orten noch heute hergestellt werden.

Die klassische **Semmel** aus feinem Weizenmehl.

Maurerloabi: billige Roggensemmeln für die Maurer.

Maurerloabi mit Kümmel heißen **Riemische.**

Pfennigmuggel sind aus Roggen und preiswert.

Übereinanderlegen, Schlingen, Andrücken. Einem geschickten Bäcker geht das schnell von der Hand.

Links: Damit sie ihre schöne braune Farbe erhält, wird die Breze in Natronlauge getaucht und dann mit Salz bestreut.

Rechts: Die Breze ist traditionell ein Fasten- und ein Festtagsgebäck. Daher darf sie natürlich auch beim Münchner Oktoberfest nicht fehlen, wo sie in riesenhafter Größe auftritt.

Politikum Semmeln – monarchisch und demokratisch

»›Am frühen Vormittag kam der Maxl mit erfrischtem Gesicht aus dem Haus und trug einen vollen Korb. Glänzende Wecken und knusperige Semmeln lagen darin. Hinter den Fensterscheiben standen die Dörfler und schauten ihm ungut nach. Er ging die ziemlich steil abfallende Dorfstraße, welche zum Seeufer führte, hinunter. ›Was? … Möcht' der freche Kerl vielleicht gar unserm König sein lumpiges Brot verkaufen?‹, murrten die missgünstigen Berger, doch sie irrten. Der erst siebenundzwanzigjährige Monarch hatte äußerst schlechte Zähne und pflegte nur weiches Weißbrot zu verzehren, das der reitende Bote jeden zweiten Tag aus München brachte. Der Maxl ging in die seit circa einem Jahr eröffnete ›Schlosswirtschaft‹ vom Karl Wiesmaier, wo das niedere Hofgesinde verkehrte. … Es ließ sich gut an, denn die Hofleute saßen eben beim zweiten Frühstück in der holzgetäfelten Gaststube. Jeder schaute gutwillig auf den eintretenden Bäcker, jeder nahm etliche Semmeln aus dem dargereichten Korb, und der Wiesmaier füllte die Brotteller auf den Tischen. ›Das ist ja ausgezeichnet! Prachtvoll! Und wie schön rösch! Und doch weich! Großartig!‹, rief der Leibdiener, eine Semmel verzehrend, und wandte sich herablassend an den Maxl: ›Der Starnberger Bäcker bringt so was nicht fertig. Drum hat er auch kein Glück gehabt, aber dies Brot kann man ja direkt seiner Majestät empfehlen! Prosit, Herr Bäckermeister! Auf gut Glück!‹«

So beschreibt Oskar Maria Graf (1894–1967) in »Das Leben meiner Mutter« den Beginn der Karriere seines Vaters, des ersten Bäckermeisters von Berg am Starnberger See, wo Ludwig II., der »Märchenkönig« mit den schlechten Zähnen, residierte. Dass Graf auf dem Land mit einer Bäckerei reüssieren konnte, verdankte er nur dem noblen Publikum, das sich in der Nähe des Monarchen aufhielt. Die Bauern brauchten keinen Bäcker, sie buken ihr Brot selbst und aßen keine feinen Semmeln. Denn die waren und sind aus Weizenmehl, und das war teuer und damit die Speise der Reichen, der »Großkopferten«, die davon schlechte Zähne bekamen.

Für jeden erschwinglich wurde die Semmel erst in den letzten Jahrzehnten – und damit stieg sie auch gleich zum Politikum auf. So berichtete die »Münchner Abendzeitung« am 28. Oktober 1959 unter dem Titel »Unsere Semmeln sind zu klein«: »Mit einem Dutzend Semmeln und einer Briefwaage kam Frau Dr. Hildegard Hamm-Brücher, FDP-Abgeordnete, gestern in den Landwirtschaftsausschuss des Bayerischen Landtags. Sie forderte ein Mindestgewicht für Semmeln. Vor den Augen der Abgeordneten wog sie die Semmeln auf ihrer Briefwaage. Die leichteste Semmel wog 36 Gramm, die schwerste 51 Gramm. Die meisten Semmeln wogen etwa 40 Gramm. ›Die Hausfrau erwartet für ihre acht Pfennig eine Semmel von 50 Gramm‹, sagte Frau Brücher. ›Eine Semmel mit 40 Gramm ist eine Übervorteilung des Kunden. Der Bäcker hat dann an 100 Semmeln 20 übrig. Das verdient er extra.‹« Trotz des mutigen Auftritts von Frau Hamm-Brücher bestehen für Kleingebäcke, also Broterzeugnisse unter 250 Gramm, noch immer keine gesetzlichen Gewichtsvorschriften. Nur regt sich heute, anders als in den mageren Fünfzigerjahren, anscheinend keiner mehr darüber auf.

Biergartler

Weit über 100 000 Biergarten-Sitzplätze soll es allein in München und Umgebung geben – und das ist kein Wunder. Denn jeder Wirt, der über die Minimalausstattung von Bier und etwas begrüntem Grund verfügt, auf den er Tische und Stühle stellen kann, macht ein großes Schild an seine Gaststätte und schreibt drauf »Biergarten«. Der »Verein für Förderung der Münchner Biergartenkultur« (ja, so etwas gibt es) unterstützt dieses Tun auch noch; wohl, weil er kaum Mitglieder hätte, wenn er sich auf die wenigen Stätten beschränken würde, die den Namen »Biergarten« wirklich verdient haben. Denn die müssen zweierlei erfüllen: Sitzgelegenheiten unter einem dichten Bestand alter Kastanien bieten und erlauben, dass man sich sein Essen selbst mitbringt. Alles andere sind Gastgärten oder Gartenlokale, und die gibt es überall in Deutschland. Biergärten hingegen sind eine Münchner Institution mit langer Tradition.

Der Biergarten verdankt seine Entstehung der Brauordnung aus dem Jahre 1539, die festlegte, dass zwischen dem 23. April und dem 29. September kein Bier gebraut werden durfte, da das Biersieden im Sommer mit erhöhter Brandgefahr verbunden war. Diese Durststrecke vor Augen, entwickelten die Brauer im März ungeheure Aktivitäten und stellten in großen Mengen ein Spezialbier her, eben das »Märzenbier«, das sich zwar länger hielt, aber trotzdem kalt gelagert werden musste, um nicht umzukippen. Da es zu dieser Zeit weder Kunsteis noch die segensreich kühlende Erfindung des Herrn Carl von Linde gab, behalfen sich die Brauer auf andere Weise. Sie gruben Keller, die sie aber wegen des hohen Münchner Grundwasserspiegels nicht allzu tief anlegen konnten, sodass sie zusätzlich für Kühlung von oben sorgen mussten: Kies wurde aufgeschüttet und ein Baum gepflanzt, dessen große Blätter ausreichend Schatten spendeten – die Kastanie.

Kies, Kastanien, Tische und Bänke, frisches kaltes Bier vom Fass. Der Sommer war gerettet, die schreckliche Zeit zwischen April und September überbrückt, wer dürstete, ging »auf den Bierkeller«. Der wurde bald so beliebt, dass die Wirte ihn als Konkurrenz empfanden und forderten, den Brauern den Direktverkauf ihres Biers zu verbieten. Nun reagierten die Münchner schon immer heftig, wenn's ums Bier geht. Aufstände drohten, und so entschied König Ludwig I. (er lebte von 1786 bis 1868 und ist nicht mit dem Märchenkönig zu verwechseln) schließlich um des lieben Friedens willen, dass die Brauer zwar weiterhin ihr Bier ausschenken, aber kein Essen verkaufen durften. Daher also kommt der Brauch, dass sich jeder, der »auf den Bierkeller« ging, seine Brotzeit selbst mitbrachte.

In den »richtigen« Biergärten der Stadt ist die Selbstversorgung noch immer Usus. Klassisches Accessoire des »Biergartlers« ist ein Weidenkörbchen, in dem Wurst, Käse, Radieschen, Salz, Brot, Besteck und Holzteller Platz finden, also alles, was man zu einer zünftigen Brotzeit braucht. Zu der gehört auch der »Radi«, ein Rettich, der dünn und spiralförmig geschnitten und dann gesalzen wird, bis er weint und ganz mild und köstlich schmeckt. Unter den Käsen ist der Obatzte ein Biergartenhit, er wird aus reifem Camembert, Zwiebeln und Eiern hergestellt. Wer nichts dabeihat, kann sich im Biergarten etwas kaufen. Das Speisenangebot variiert von Biergarten zu Biergarten; die Großen offerieren in ihren Selbstbedienungsständen alles, was man in einer besseren Wirtschaft auch auf der Speisenkarte findet: Grillhendl, Leberkäs, Bratwürste mit Kraut, Schweinshaxn, Schweinsbraten mit Knödeln. Alternativ angehauchte Unternehmer bieten auch Tomaten-, Schnittlauch- und Quarkbrote an, in einigen Biergärten kann man Steckerlfisch kaufen. Das ist an Holzkohle gegrillte Makrele, die man in dickes Papier eingewickelt und mit so vielen Holzgäbelchen bekommt, wie Mitesser am Tisch sitzen. Denn eine Grundregel des Sozialverhaltens im Biergarten lautet: Was man zum Essen dabeihat, teilt man. Wer einkauft und seinen Korb füllt, nimmt immer etwas mehr und ein Extragedeck mit – man weiß ja nie, wen man trifft und wer vielleicht noch Hunger hat.

Ein echtes Münchner Kindl verbringt bereits seine ersten Tage im Biergarten. Für die Größeren gibt's Spielplätze, die die Eltern übers Bierglas hinweg im Auge behalten.

Auch ein echter Münchner »Zamperl« ist biergartentauglich. Wie Benjamin Metzger, der schönste Hund der Erde, der schon viele Knochen im Biergarten gefressen hat.

In München steht ein Chinaturm

Der Chinaturm, mit seinen 7000 Sitzplätzen der zweitgrößte Biergarten in der Stadt, hat seinen Namen von dem Wahrzeichen, das in seiner Mitte thront, einer fünfstöckigen hölzernen Pagode, die 1790 hier errichtet wurde. Warum in einem bayerischen Englischen Garten ein chinesischer Turm steht, ist eine Frage, die einem sehr wohl die Denkfalten auf die Stirn treiben könnte, wenn es nicht im Wesen des Biergartens läge, so meditativ-beruhigend auf die dort Sitzenden zu wirken, dass sie sich lieber mit Problemen der Gegenwart beschäftigen. Dem Bierpreis zum Beispiel, dessen Höhe es jedes Jahr aufs Neue zu beklagen gibt. Dem Wetter, von dem der Biergartler existenziell abhängig ist. Mit dem, was man isst und sieht, und zu sehen gibt es gerade am Chinaturm viel: Penner und Punks, Mountainbikes und ihre strammwadigen Besitzer, Tätowierungen auf nackten Männeroberkörpern, Inlineskater, die geschickt zwischen Babybuggys und Hunden undefinierbarer Rassen Slalom fahren. Nicht nur, was letztere Spezies betrifft, geht es am Chinesischen Turm so bunt gemischt zu wie in keinem anderen Biergarten der Stadt, auch das Sprachengewirr ist so polyglott, dass man den Turm an manchen Tagen für den von Babel halten möchte. 7000 Leute, die in einem Ballungsraum leben, bilden bereits eine Kleinstadt, und auch die 7000, die sich an schönen Tagen an den Holztischen am Chinaturm zusammenfinden, könnten von ihrer Zusammensetzung her eine Stadt bevölkern: Es sind Menschen aller Lebensalter, Einkommensschichten, Klassen, Familienstände, Kulturen und Tischkulturen. Obwohl auch hier wie in allen Biergärten gilt, dass sich jeder zu jedem setzen darf, hat sich die Masse der einheimischen Besucher doch intern strukturiert. So trifft man die Familien mit kleinen Kindern an den Tischen, die direkt an den Sandkasten angrenzen, denn diese Lage hat den Vorteil, dass man die Kinder über den Rand des Maßkruges im Auge behalten kann und nur aufspringen muss, wenn eines hinfällt oder nachdrücklich verlangt, zum Karussell geführt zu werden – dem alten Karussell mit den Holztieren, auf denen schon Generationen von Münchner Kindern ins Leben geritten sind. Die Sonnenanbeter findet man da, wo sie ihrem Hobby frönen können, nämlich außerhalb des Schattens der Kastanien und in unmittelbarer Nähe des Turms, und dort platzieren sich auch die Exzentriker, die gesehen werden wollen. Die Schwulen haben ihr Eckchen und die biederen Familien, die Bürogemeinschaften und die Schüler. Und selbst wer zu keiner dieser Gruppen gehört, strebt immer wieder seinem persönlichen Stammplatz zu, denn der erleichtert das soziale Leben im Biergarten ungemein. Wer möchte schon in 7000 Gesichter sehen, bevor er ein bekanntes erblickt?

Wer möchte umständlich per Telefon ausmachen, wo in dem Riesenareal man sich trifft? Wenn jeder seinen festen Platz hat, lässt sich das vermeiden. Und nicht nur das: Man weiß auch, wo diejenigen sitzen, die man nicht treffen möchte ...

Das Wetteramt behauptet, dass nur 30 bis 40 Abende pro Jahr so warm sind, dass man sie im Biergarten verbringen kann; die Realität aber sieht anders aus. Fanatische Biergartler sitzen nämlich notfalls auch im Mantel an ihren Holztischen, und so kommt es vor, dass die Biergartensaison in manchen Jahren schon im Februar beginnt und sich die Zapfhähne öffnen, auch wenn die Blattknospen der Kastanien noch fest geschlossen sind.

Die Sau

»Mit Eicheln und anderen Waldfrüchten ernährt Baiern Schweine in solcher Menge, dass es damit alle anderen europäischen Länder versorgen kann«, berichtet Örtel zu seiner »Karte von Baiern« 1570. So verwundert es kaum, dass man außerhalb der Landesgrenzen neidisch von »Saubaiern« sprach, die mit dem Verkauf ihrer wohlschmeckenden Tiere jährlich Hunderttausende von Gulden ins Land brachten und ihren Exportschlager obendrein genussvoll selbst verzehrten. Das Hausschwein *(Sus scrofa domestica)* war der ideale bäuerliche Gefährte: anspruchslos, gesellig und fruchtbar. Es fraß mit Genuss die Küchenabfälle und den Getreidebruch und konnte vom Rüssel bis zum Ringelschwanz verwertet werden.

Noch im 19. Jahrhundert war Altbayern für seine Zucht- und Ferkelproduktion, Franken dagegen als Schweinemastgebiet bekannt. Diese Differenzierung erklärt sich damit, dass es in Oberbayern und Schwaben noch Schweineweiden gab, während man sich in Franken bereits auf den Pflanzenanbau spezialisiert hatte und damit – mangels Weidefläche – auf die Stallmast überging. Damals hielt man die bayerische und die schwäbische Rasse, wobei die bayerische dem Schwäbisch-Hällischen Landschwein entsprochen haben muss, das derzeit in vielen bayerischen Alternativzuchten wieder sein Comeback feiert. Heute leben laut Statistik nur noch 3,7 der insgesamt 27,1 Millionen deutschen Schweine in Bayern, das damit an dritter Stelle hinter Niedersachsen und Nordrhein-Westfalen steht. Für die Mast werden am häufigsten Hybridtiere genutzt. Das sind aus verschiedenen Rassen gezielt gekreuzte Tiere, die besonders gute Masteigenschaften aufweisen. Obwohl etwa 14 Prozent des deutschen Schweinefleisches in Bayern produziert werden, liegt der Selbstversorgungsgrad, das ist die Erzeugung verglichen mit dem Verbrauch, für Schweinefleisch in Bayern bei nur 78 Prozent.

Dennoch – geblieben ist über die Jahrhunderte die Liebe der Bayern zum Schwein in all seinen kulinarischen Variationen: Spanferkel, Bierbratl, Schweinsbraten, Haxen, gefüllte Schweinsbrust, Wammerl, Surfleisch oder Knöcherlsulz – die Liste der Küchen-»Schweinereien« ist lang und jede Köchin schwört auf ihre ganz persönlichen, überlieferten Familienrezepte. Zu allen Gerichten passen am besten ein frisch gezapftes Bier in der landesüblichen Maßeinheit und Kraut und Knödel.

Übrigens, sogar in der Sprache hat die »Sau« einen besonderen Stellenwert. Sozusagen als bairischer Komparativ: Wo man neudeutsch »echt gut drauf ist«, fühlt man sich in Bayern »sauwohl«, und umkehrt wird der »Grantige«, also einer, der übel gelaunt ist, sehr schnell »saugrantig«, wenn ihn in diesem Zustand etwa ein »Saupreiß« reizt.

Ein Hybridschwein ist eine Kreuzung aus verschiedensten Rassen.

Links: Suhlen senkt an heißen Tagen die Körpertemperatur und schützt vor Parasiten.

Unten: Deutsche Edelschweine sind sehr vital und widerstandsfähig.

Ganz unten: Schweine der deutschen Landrasse sind in Deutschland am meisten verbreitet.

Schweinsbraten & Co

Schweinsbraten und Schweinshaxn sind in Bayern immer noch die sichersten Gradmesser für die Qualität einer Wirtshausküche. Dabei ist es eigentlich ganz einfach, diese bayerischen Vorzeigegerichte tadellos zuzubereiten. Doch auch in der Küche ist das Einfache oft am Schwierigsten. Da beide Spezialitäten nur aus unverfälschten Fleischstücken hergestellt und mit einer dunklen, nicht gebundenen Soße serviert werden, kann beim Kochen nicht gemogelt werden. Taugt das Fleisch nichts, wird der Braten fasrig und zäh, bleibt die Haxe trocken und hart. Für einen saftigen Schweinsbraten nehme man also ein nicht zu mageres Stück Schulter oder Halsgrat (Schweinenacken), damit sich die Soße gut ausbraten kann. Die Schulter hat den Vorteil, dass sie dank ihrer Schwarte später sozusagen als schmackhaftes Nebenprodukt eine köstliche, knusprige Kruste mitliefert. Die Schwarte vom Schweinsbraten wird mit einem scharfen Küchenmesser rautenförmig eingeschnitten, der Braten gewürzt. In einer Reine (Bräter) brät er nun im nicht zu heißen Ofen, umringt von gehacktem Wurzelgemüse, Zwiebeln und Knöcherl, und wird ab und zu mit Wasser, Brühe oder Bier begossen. Die Gewürze und Soßenbeigaben sind regional verschieden, über die Grundform der Zubereitung ist man sich jedoch einig. Nicht so bei den Schweinshaxn. Bis heute bleibt die Frage offen: Soll man sie erst kochen und dann braten, oder soll man sie nur braten? Jede Methode hat ihre Anhänger, die sich auf altes Brauchtum und überlieferte Küchengeheimnisse berufen. Das Resultat sollte auf jeden Fall das Gleiche sein: eine knusprige Haxn mit röscher Kruste.
»Wenig brauchts net sei, wenns nur guat is« – »Wenig muss es nicht sein, wenn's nur gut ist«, nach dieser Faustregel berechnet die erfahrene Köchin die Fleischmenge für Schweinsbraten und -haxn. Mit dem Hintergedanken, dass sich aus den Resten eine vorzügliche Bratensülze zubereiten lässt.

Schweinsbraten

1 kg Schweineschulter mit Schwarte
Salz und Pfeffer
1 TL gemahlener Kümmel
1 EL Schmalz
4 Kalbsknochen
1 Zwiebel, grob gehackt
2 Knoblauchzehen, gehackt
1 Bund Suppengrün, gehackt
½ l Bier

Die Schweineschulter abwaschen und trocken tupfen. Die Schwarte mit einem scharfen Messer rautenförmig einschneiden und die Schulter rundherum kräftig mit Salz, Pfeffer und Kümmel einreiben. Das Schmalz in einem großen Bräter erhitzen und die Knochen darin bräunen. Zwiebel, Knoblauch und Suppengrün hinzufügen und anrösten. Die Schweineschulter mit der Schwarte nach oben darauflegen, mit ¼ l Wasser begießen und die Schulter im vorgeheizten Backofen bei 175 °C ca. 45 Minuten braten. Dann die Temperatur auf 220 °C erhöhen und das Fleisch noch 30–40 Minuten braten. Während dieser Zeit ab und zu mit Bier begießen. Den fertigen Braten aus dem Bräter heben und vor dem Anschneiden 10 Minuten ruhen lassen. Den Bratfond mit etwas Wasser ablöschen, durch ein Sieb gießen und mit Salz und Pfeffer abschmecken. Getrennt zum Schweinsbraten servieren, als Beilage Kartoffelknödel und Krautsalat reichen.

Schweinshaxen

2 Schweinshaxen (Hinterhaxen)
Salz und Pfeffer
2 EL Schmalz
2 Zwiebeln, gehackt
2 Bund Suppengrün, gehackt
½ l dunkles Bier

Die Haxen waschen, trocken tupfen und die Schwarte rautenförmig einschneiden. Kräftig mit Salz und Pfeffer einreiben. Das Schmalz erhitzen und die Haxen von allen Seiten gut anbraten. Zwiebeln und Suppengrün zufügen, kurz anrösten und mit ¼ l Wasser ablöschen. Im vorgeheizten Backofen bei 175 °C ca. 2 Stunden schmoren. Während dieser Zeit immer wieder mit etwas Bier übergießen. Dann die Temperatur auf 220 °C erhöhen, und die Haxen noch so lange braten, bis sie eine knusprige Kruste haben. Die fertigen Haxen auf eine vorgewärmte Platte legen und erst am Tisch das Fleisch von den Knochen lösen. Den Bratfond mit dem restlichen Bier ablöschen, mit Salz und Pfeffer abschmecken und durch ein feines Sieb passieren. Getrennt zu den Haxen reichen. Mit Semmelknödel und Kartoffel-Gurken-Salat servieren.

Krautsalat

1 kleiner Kopf Weißkraut
Salz, 150 ml Essig
¼ l Fleischbrühe
1 TL Kümmel, weißer Pfeffer
1 Prise Zucker
100 g geräuchertes Wammerl (Bauchspeck)

Den Krautkopf vierteln und den Strunk entfernen. Das Kraut fein hobeln und in Salzwasser kurz blanchieren. Dann abgießen und abtropfen lassen. Den Essig mit der Fleischbrühe, Kümmel, Pfeffer und Zucker verrühren und über das heiße Kraut gießen. Das Wammerl in kleine Würfel schneiden, in einer Pfanne auslassen und mit dem Bratfett unter das Kraut heben. Mindestens 1 Stunde durchziehen lassen.

Kartoffel-Gurken-Salat

1 kg festkochende Kartoffeln
Salz
2 Zwiebeln, fein gehackt
200 ml heiße Fleischbrühe
3–4 EL Weinessig, Pfeffer
3 EL Sonnenblumenöl
1 kleine Salatgurke, 1 EL gehackte Petersilie

Die Kartoffeln waschen und in der Schale in Salzwasser in ca. 25 Minuten gar kochen. Abschütten, kurz abschrecken, schälen und auskühlen lassen. In dünne Scheiben schneiden und mit den Zwiebeln in eine Schüssel geben. Aus der heißen Fleischbrühe, Essig, Salz, Pfeffer und Öl eine Marinade anrühren und über den Salat gießen. Vorsichtig mischen und gut 1 Stunde durchziehen lassen. Dann die Gurke schälen, fein hobeln, salzen und den Saft ausdrücken. Zum Kartoffelsalat geben. Die Petersilie zufügen, vorsichtig untermischen und servieren.

Pichelsteiner

Wenn ein Bayer von sich behauptet, er sei »nicht auf der Brennsuppn daher g'schwommen«, so will er damit sagen, dass er kein armer Leute Kind ist. Und nicht mit jener wässrigen Mehlschwitze großgezogen wurde, sondern substanziellere Nahrung bekam. Leberknödel, Pfannkuchen, Milzschöberl, Nudeln mit Rindfleisch zum Beispiel, und das alles in einer kräftigen, deftigen Fleischbrühe, auch wenn er die nicht unbedingt mit dem goldenen Löffel zum Mund geführt hat.
Rindssuppen mit schmackhaften Einlagen stellen einen wichtigen Bestandteil der bayerischen Küche dar. Wobei es natürlich auch in diesem vergleichsweise reichen Land Regionen gab, in denen Fleischbrühe eine Seltenheit war und die Leberknödel nur als Festessen auf den Tisch kamen. In den traditionell armen Gebieten der Oberpfalz und in Teilen Niederbayerns überwiegt die Anzahl der Rezepte für Mehl- und Milchsuppen; eine davon, die »Herbstmilch« hat es durch den gleichnamigen Roman, in dem die Bäuerin Anna Wimschneider ihr Leben erzählt, zu überregionalen Ehren gebracht. Literarisch, nicht kulinarisch. Denn das Rezept ist so simpel, dass nicht einmal Trendköche versuchten, daraus »das Süppchen zum Film« zu kochen. »Herbstmilch ist eine saure Milch, zu der man fast jeden Tag wieder eine gestöckelte Milch dazuschüttet. Dann rührt man um, nimmt einen Liter heraus, verquirlt sie mit etwas Mehl in einem Liter kochendem Wasser und rührt sie dann mit saurem Rahm an«, schreibt Anna Wimschneider.
Ein anderes niederbayerisches Gericht hingegen, ein Eintopf, der 1823 oder 1847 zum ersten Mal auf dem Gipfel des Büchelsteins serviert worden sein soll und daher Pichelsteiner heißt, hat sich deutschlandweit seinen Platz gesichert und wurde sogar von Wolfram Siebeck geadelt. Der bereitet den Pichelsteiner mit feinstem Filet zu und schneidet das Wurzelgemüse unterschiedlich dünn – die Karotten, die die längste Garzeit haben, »hauchdünn, wenn Sie wissen, wie dünn ein Hauch ist« –, sodass das Gericht insgesamt nur 15 Minuten auf dem Herd steht.
Dort, wo er entstand und sich nicht »von« schreibt, ist der Pichelsteiner weder so fein noch so teuer wie in der Siebeck'schen Version. Er ist ein simples Eintopfgericht mit Gemüse, insofern aber etwas Besonderes, als er drei Sorten Fleisch enthält: vom Rind, vom Schwein und alternativ entweder vom Kalb oder vom Hammel.

Pichelsteiner

300 g Schweinefleisch
300 g Kalbfleisch
300 g Rindfleisch
1 EL Butterschmalz
500 g Kartoffeln, in Würfel geschnitten
2 Stangen Lauch, in Ringe geschnitten
250 g Möhren, in Scheiben geschnitten
200 g Sellerieknolle, in Würfel geschnitten
Salz und Pfeffer
1 l Fleischbrühe
1 EL gehackte Petersilie

Das Fleisch in kleine Würfel schneiden. Das Schmalz in einem großen Topf erhitzen und abwechselnd das Fleisch, die Kartoffeln und das Gemüse einschichten. Mit Salz und Pfeffer würzen, die Fleischbrühe angießen, zum Kochen bringen und zugedeckt bei mittlerer Hitze ca. 45 Minuten garen. Vor dem Servieren mit der Petersilie bestreuen.

Beim Pichelsteiner-Fest in Regen tritt auch der Nachwuchs auf und singt das Hohelied vom deftigen Eintopf.

Suppen und Eintöpfe

Allgäuer Käsesuppe – diese Spezialität kommt aus Deutschlands wichtigster Käseregion, dem Allgäu.

Grießnockerlsuppe, kleine Knödel aus Grieß und Butter schwimmen in einer klaren Rinderbrühe.

Brezensuppe wird mit gerösteten Brezenscheiben, Fleischbrühe und einem Schuss Sahne zubereitet.

Herbstmilchsuppe besteht aus saurer Milch und kann mit Kartoffeln und Sahne verfeinert werden.

Fränkische Hochzeitssuppe mit drei Einlagen: Pfannkuchenstreifen, Grießnockerln und Lebernockerln.

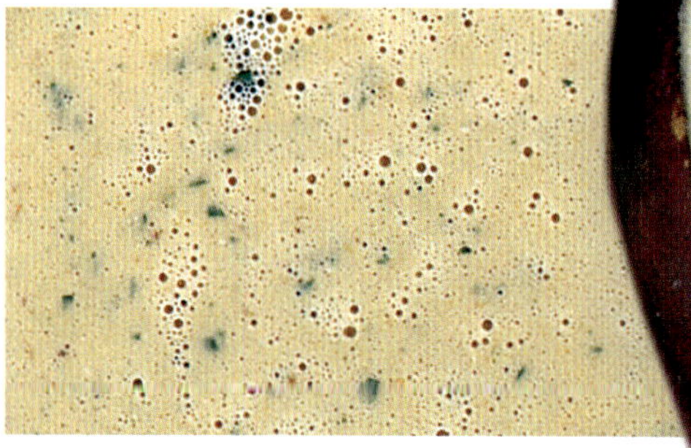

Hirnsuppe ist nicht jedermanns Sache: gekochtes und püriertes Kalbshirn in einer weißen Einbrenne.

Fränkische Krautsuppe macht man aus dünn geschnittenem Weißkraut und feinen Gemüsestreifen.

Hofer Schnitz ist ein Eintopfgericht aus Wurzelgemüse, dem man auch Rindfleisch beifügen kann.

Hopfensuppe, ein Frühlingsgericht mit den köstlichen Hopfensprossen, serviert mit geröstetem Weißbrot.

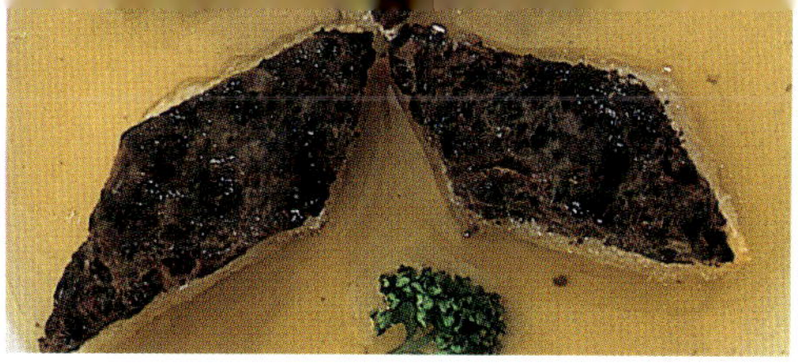

Milzschöberlsuppe, eine gute Rindssuppe und als Einlage feine Rindermilz auf Weißbrotscheiben gestrichen.

Kalbsbries-Strudelsuppe, gewürfeltes Kalbsbries wird mit etwas Brät in einen Strudel aus Pfannkuchenteig gerollt.

Oberpfälzische Butterknödelsuppe, die Knödel macht man aus schaumig gerührter Butter, Ei und Semmelbröseln.

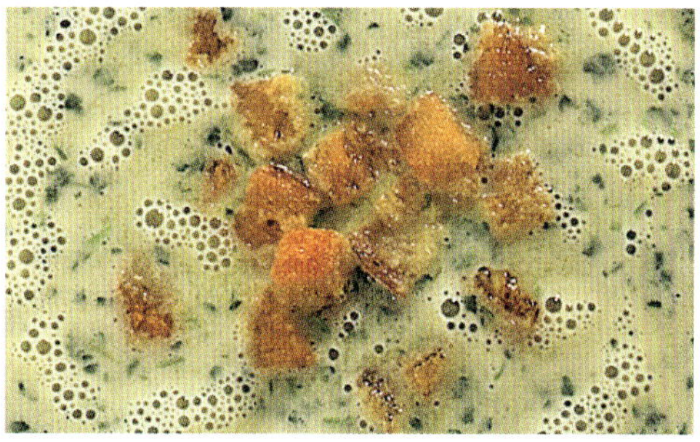

Kräutlsuppe war früher ein Fastengericht. Man gibt Kräuter in eine weiße Einbrenne aus Mehl und Butter.

Panadlsuppe, der Name dieser feinen Weißbrotsuppe kommt vom lateinischen »panis«, »Brot«.

Leberknödelsuppe, die Knödel aus Rinder- oder Kalbsleber kommen in eine kräftige Rindsbrühe.

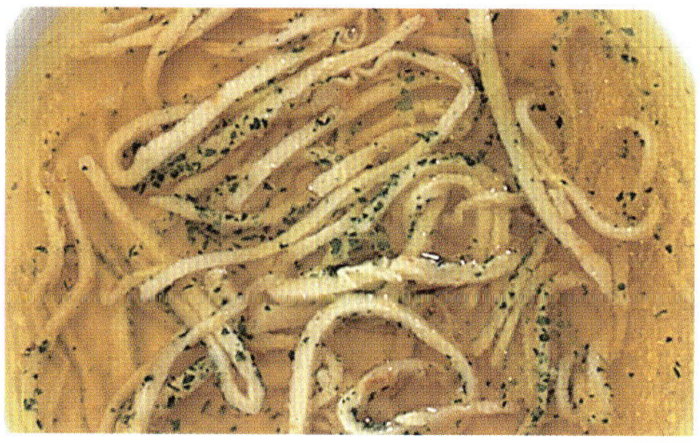

Pfannkuchensuppe, eine klare Rindsbrühe, in die man fein geschnittene Pfannkuchenstreifen gibt.

Niederbayerische Mettensuppe, eine Brotsuppe in klarer Rindsbrühe. Ideal zur Verwertung von Brotresten.

Zwirlsuppe, ein Armeleutegericht: Ein Teig aus Mehl, Ei und Wasser wird in der Suppe verquirlt.

Auf Herz und Nieren

Traditionell ernähren sich die Bayern so, wie es die Wissenschaftler heute wieder empfehlen: Mehrere Mahlzeiten werden über den ganzen Tag verteilt. Dem Frühstück folgt die Brotzeit und zwischen Brotzeit und Mittagessen ist Platz für ein leichtes Voressen. Früher ging man zu diesem Zweck zum Metzger oder ins Wirtshaus und nahm eines der typischen Schmankerl zu sich, die inzwischen auch als Hauptmahlzeit serviert werden: Innereien von Kalb und Rind, Lamm und Schwein. Der Begriff »Voressen« bezeichnete ursprünglich nur Kutteln, also die essbaren Teile vom Rinder- oder Kälbermagen. Innereien sind fettarm und leicht verdaulich, reich an Mineralien, Vitaminen und Spurenelementen und enthalten Arachidonsäure, die Herz- und Kreislaufkrankheiten vorbeugt. Schwermetallfunde in Innereien sind in den letzten Jahren rückläufig und überschreiten nur noch selten oder gar nicht mehr die vorhandenen Höchstwerte. Innereien sind preiswert und nährstoffreich – trotzdem ist der Pro-Kopf-Verbrauch in den letzten Jahren stark zurückgegangen. Nachdem sich in den Neunzigerjahren BSE-Fälle gehäuft hatten und eine Ansteckungsgefahr für den Menschen nicht ausgeschlossen werden kann, muss heute sogenanntes Risikomaterial vernichtet werden. Dazu gehört beim Rind unter anderem auch das Hirn. Zu den Innereien zählen Hirn, Zunge, Herz, Bries (die Thymusdrüse bei Kalb und Lamm), Kronfleisch (Zwerchfell), Lunge, Leber, Milz, Nieren, Kutteln und Kuheuter. All dies findet man in Bayern auf dem Teller, auch wenn das manchem Besucher aus dem hohen Norden suspekt vorkommt: Die Milz wird für die Milzwurst verwendet, die man gebraten, paniert oder in der Suppe isst. Weitere Spezialitäten sind Kalbsbries, Lungerl, fein geschnitten in einer süßsauren Rahmsoße, Kuttelflecksuppe, gebackene Leber vom Spanferkel, Schwein oder Rind, Nierchen, mit Zwiebeln geschmort, gespicktes Kalbsherz in Soße oder Rinderherz, in Scheiben geschnitten, paniertes Hirn, in Butter gebraten.

Gespicktes Kalbsherz

1 Kalbsherz, ca. 600 g
100 g grüner Speck
Salz und Pfeffer
1 EL Butterschmalz
1 Zwiebel, gehackt
1 Bund Suppengrün, gehackt
¼ l Rotwein
½ l Brühe
1 TL Thymian
1 TL gerebelter Majoran
100 g saure Sahne

Das Kalbsherz aufschneiden, gründlich waschen und die inneren Sehnen und Adern herausschneiden. Mit Küchengarn wieder zunähen, mit dem grünen Speck spicken und kräftig mit Salz und Pfeffer einreiben. In einem Schmortopf das Schmalz erhitzen und das Herz von allen Seiten scharf anbraten. Zwiebel und Suppengrün zufügen und kurz mitrösten. Mit dem Rotwein ablöschen, die Brühe angießen und mit Thymian und Majoran würzen. Zugedeckt etwa 1½ Stunden schmoren. Nach Ende der Garzeit das Herz herausheben und warm stellen. Den Bratfond durch ein Sieb passieren, die saure Sahne einrühren und die Soße mit Salz und Pfeffer abschmecken. Das Herz in Scheiben schneiden, mit der Soße und Salzkartoffeln servieren.

Saure Kutteln

600 g gekochte Kutteln, küchenfertig vorbereitet
2 EL Butter
1 Zwiebel, gehackt
1 EL Mehl
¾ l Brühe
⅛ l Weinessig
2 Lorbeerblätter, 5 Wacholderbeeren
Zucker, Salz und Pfeffer
125 g süße Sahne

Die Kutteln in feine Streifen schneiden. Die Butter zerlassen und die Zwiebel darin glasig dünsten. Das Mehl einrühren und goldgelb anschwitzen. Mit der Brühe ablöschen, den Essig, die Lorbeerblätter und die Wacholderbeeren zufügen, mit Zucker, Salz und Pfeffer würzen und die Kutteln dazugeben. 10 Minuten leise köcheln lassen, dann die Sahne unterrühren und nochmals mit Salz, Zucker, Pfeffer und Essig süßsauer abschmecken. Dazu passt ein Semmelknödel.

Saures Lüngerl

2 Zwiebeln, gehackt
2 EL Butter
2 EL Mehl
½ l Fleischbrühe
750 g gebeizte Lunge, in feine Streifen geschnitten
250 g süße Sahne
1 TL gerebelter Majoran
Salz und Pfeffer
Essig zum Abschmecken
1 EL gehackte Petersilie

Die Zwiebeln in der Butter glasig dünsten. Das Mehl einrühren und goldgelb anschwitzen. Die Fleischbrühe unter Rühren angießen und 5 Minuten köcheln lassen. Dann die Lunge hinzufügen, die Sahne angießen und mit Majoran, Salz und Pfeffer würzen. Bei kleiner Hitze 10 Minuten ziehen lassen. Vor dem Servieren nochmals mit Salz, Pfeffer und Essig abschmecken. Zum sauren Lüngerl kann man Brot oder eine Semmel essen, man kann es aber auch mit Semmelknödel in einem Suppenteller anrichten und mit der Petersilie bestreuen.

Paniertes Euter

4 Scheiben gekochtes Euter à 150 g
Salz und Pfeffer
2 Eier
4 EL Semmelbrösel
2 EL Butterschmalz

Euter mit Salz und Pfeffer würzen. Die Scheiben zuerst in den verquirlten Eiern, dann in den Semmelbröseln wenden. Das Schmalz in einer Pfanne erhitzen und die Euterscheiben bei mittlerer Hitze auf beiden Seiten goldbraun braten.

Von links nach rechts: Gespicktes Kalbsherz, Saure Kutteln, Saures Lüngerl, Paniertes Euter

Hühner

»Diesen gebühret unter den Erdvögeln die erste stelle«, schrieb Magister Elsholtz 1682 in seinem »Diaeteticon« von »Hünern«. Erstaunlich, des Magisters hohe Meinung. Denn weder im Sprachgebrauch kommt das Huhn gut weg – »dummes Huhn«, »blindes Huhn«, »kopflos wie ein Huhn« –, noch erfreut es sich großer Wertschätzung unter Naturforschern: »... ein treues, aber dürftig-prosaisches Wesen, in dem alle Romantik der Vogelnatur, ja, jeder geistige Widerschein erlischt. Beschränktheit und Unterwürfigkeit ist des Huhnes Natur ...«, so Hermann Masius in seinen »Naturstudien« von 1865.
Nun ist anzunehmen, dass des Magisters Urteil mehr auf den kulinarischen als auf den ethisch-moralischen Qualitäten des Vogels beruht. Aber auch das ist für uns heute schwer nachvollziehbar. Die trockenen, faserigen Hühnerbrüstchen, die zum Standardmenü jeder Airline gehören, die Brathähnchen, die von den Massenzuchtbetrieben auf die Stangen der Imbissbuden und Großbratereien wandern – das sind nicht gerade Produkte, nach deren »Genuss« man das Hohelied des Huhnes singen möchte. Anders, wenn man mal das Glück hat, ein Huhn zu essen, das vom Bauern aufgezogen wurde. Mit seinen Artgenossen und vielleicht noch einer ganzen Schar von Enten, Gänsen und Truthähnen aufwuchs. Nach Herzenslust scharren und rennen durfte. Mit Körnern, Eierschalen und Gemüseabfällen ernährt wurde. Denn nicht nur die Qualität der Eier hängt davon ab, was ein Huhn zu fressen bekam – wie sehr die Fütterung den Geschmack des Fleisches beeinflusst, weiß man spätestens seit den Zeiten, als Hühner auf den Markt kamen, die mit so viel Fischmehl gemästet wurden, dass sie selbst der strenggläubigste bayerische Katholik am Freitag ohne Gewissensbisse essen konnte.

Backhendl

1 frisches Brathähnchen, ca. 1,2 kg
Salz und Pfeffer
5 EL Mehl
2 Eier
5 EL Semmelbrösel
Öl zum Frittieren

Das Brathähnchen waschen, trocken tupfen und in Portionsstücke zerlegen. Mit Salz und Pfeffer würzen. Die Stücke zuerst in Mehl, dann in verquirlten Eier und zuletzt in den Semmelbröseln wenden, die Panade gut andrücken. Das Öl in der Fritteuse auf 175 °C erhitzen und die panierten Hähnchenstücke in ca. 20 Minuten goldbraun frittieren. Vor dem Servieren kurz auf Küchenpapier abtropfen lassen.

Rechts oben: Max und Moritz waren zwar böse Buben, aber keine Kostverächter. Wilhelm Busch, der die Figuren schuf, lebte lange in München und war Mitarbeiter der »Fliegenden Blätter« und des »Münchner Bilderbogens«.

Rechts: Die Hühner, die in Großbratereien landen, kommen nicht von der Wiese, sondern aus der Massenzucht.

Unten: Glückliche Hühner, die nach Herzenslust scharren dürfen, sind leider heute eine kleine privilegierte Gruppe.

Wirtshäuser

Wenn der Sommer kommt und mit ihm die Fremden, deren Verkehr das Säckel der Bayern so angenehm füllt, möchte sich so mancher Münchner den rechten Arm bemalen. »Hofbräu« auf den Unterarm, »haus« auf den Oberarm. Und dann nur noch wortlos ausstrecken und deuten, wenn sich wieder ein Gast aus Japan oder Amerika mit der Frage nach dem »Wo?« nähert.

Bei all den Schönheiten dieser Stadt – Münchens beliebteste Sehenswürdigkeit ist ein Wirtshaus. Und zwar eines, das weder kulinarische Großleistungen anbietet noch besonders gemütlich ist und in dem auch bestimmt kein repräsentativer Durchschnitt der Stadtbevölkerung verkehrt. Böse Zungen behaupten, dass die Paradebayern, die da sitzen mit ihren Lederhosen, den Hut mit dem Gamsbart auf dem Kopf, von der Brauerei bezahlt werden, um das Hofbräuhaus zu »verschönern«.

In seinen Anfangsjahren war das Hofbräuhaus durchaus nicht jedermann zugänglich. Es war das Brauhaus des Hofes, und Bier durfte damals nur an dessen Bedienstete ausgeschenkt werden. Das hatte Herzog Wilhelm V. verfügt, weil er den Zorn der Münchner Brauer fürchtete, die eine mächtige Stellung in der Stadt hatten und nicht begeistert waren, dass ihnen da Konkurrenz erwachsen sollte. Wilhelm V. entschloss sich 1589 aus Kostengründen zum Bau eines eigenen Brauhauses. Biertrinken war im 16. Jahr-

Schnupftabak

»Es war eine Schnupftabakdose, die hatte Friedrich der Große, Sich selbst geschnitzt aus Nussbaumholz. Und darauf war sie natürlich stolz«, dichtete Joachim Ringelnatz. Ob Friedrich der Große Zeit zum Schnitzen fand, mag dahingestellt sein, ein fanatischer Schnupftabakfreund war er auf jeden Fall, und damit stand er nicht alleine: Die Adligen, die Diplomaten, die Geistlichkeit und sogar die Damen des 18 Jahrhunderts gingen ohne ihre Tabatiere nirgends hin. In der Oberschicht war Schnupfen schon im 19. Jahrhundert wieder »out«, auf dem Land hat es sich länger gehalten. Obwohl in Bayern von den früher Hunderten von Produzenten nur noch zwei Firmen übrig geblieben sind, sieht man im Wirtshaus noch immer Männer, die eine Prise »Schmalzler« nehmen und dann stilecht in ein kariertes Tuch schnäuzen. Schmalzler heißt der Schnupftabak, weil ihm früher Butterschmalz beigemengt wurde. Heute ist das nicht mehr Usus. Schnupftabak wird vielmehr aus verschiedenen, unterschiedlich fermentierten Tabaken hergestellt, die fein zerrieben und mit Aromastoffen angereichert werden.

Links oben: Die Trachtenmusikgruppe lässt sich ihren Frühschoppen in einem Wirtshaus im Chiemgau schmecken.

Oben: In so einem Maßkrug wird das Bier auch auf dem Oktoberfest ausgeschenkt. Wer das kalte Bier nicht verträgt, bestellt sich einen mit warmem Wasser gefüllten Bierwärmer.

hundert wieder populär geworden und hatte den teuren importierten Wein als Getränk der feinen Welt abgelöst. In gehobenen Kreisen bezog man den Gerstensaft damals aus dem hannoverschen Einbeck. Das allerdings ging ins Geld: Denn der bayerische Hof verbrauchte 442 Eimer Winter- und 1443 Eimer Sommerbier – ein Eimer fasste etwa 60 Maß.
Eine Maß ist ein Liter. Dass die Bayern tatsächlich einen ganzen Liter Bier im Krug vor sich stehen haben und ihn auch leer trinken und dann noch einen bestellen, ist sicher eine der Attraktionen, derentwegen Menschen aus fernen Landen ins Hofbräuhaus pilgern. Was sie nicht wissen ist, dass die bayerische »Helle« mit 3–3,5 Prozent Alkohol nicht sehr stark ist und dass zudem in fast keiner Wirtschaft korrekt eingeschenkt wird. Das ist natürlich illegal und man könnte sich dagegen wehren, aber kaum einer tut's. Denn wer auf sein Recht pocht, muss damit rechnen, dass ihm die Kellnerin Bier und Essen mit derartiger Unfreundlichkeit hinknallt, dass er seines Gastseins nicht mehr froh wird. Und wer will das schon? Im Wirtshaus will man primär seine Ruhe haben, man will etwas essen oder auch nur trinken, Karten spielen oder sich am Stammtisch mit Freunden unterhalten.

Ob Kunst, ob Kitsch – den Gefäßen, aus denen die Bayern ihr Bier trinken, wandten sie schon immer Aufmerksamkeit zu. »Den Bayern kann man die Trinkgeschirr nicht groß und seltsam genug machen. Man trinkt aus Affen und Pfaffen, Mönchen und Nonnen, Bären, Eulen und Käuzen, ja aus dem Teufel selbst einander zu«, schrieb ein Chronist 1589. Hier eine Auswahl aus dem 20. Jahrhundert, darunter auch ein Jugendstilkrug (unten Mitte).

Klagelied einer Wirtshaussemmel

»Nicht jede Semmel hat ein so schweres Dasein als gerade wir Wirtshaussemmeln. Eine Privatsemmel z. B. wird beim Bäcker gekauft, heimgetragen und meistens gleich gegessen. Aber wir Wirtshaussemmeln und meine Kolleginnen, die römischen Weckerln, die Loabeln und die heruntergeschnittenen Hausbrote, wir haben meist ein ekliges Dasein, bis wir von den Menschen verspeist werden. Es hat sich ja einmal der Magistrat um uns gekümmert und hat in jeder Wirtschaft kleine Tafeln anbringen lassen mit der Inschrift: ›Das Betasten der Nahrungsmittel zum Zwecke ihrer Prüfung ist verboten.‹
Aber darum kümmert sich heute keine Sau mehr, viel weniger ein Mensch. Nicht genug, dass wir gleich nach unserer Erschaffung aus Mehl und Wasser sofort ins Krematorium kommen, werden wir, wenn wir fertig gebacken sind, von rohen Bäckerlehrbuben in die Lieferkörbe geworfen, diese Körbe werden wiederum unsanft ins Lieferauto geschwungen, und im 60-km-Tempo rasen wir armen Semmeln dem Restaurant oder Gasthof zu, in welchem wir heute noch verspeist werden sollen. ... Wir werden von den Kassiererinnen (früher Kellnerin) in aller Frühe ins Brotkörbchen gelegt und auf den Tisch gestellt. So – und nun sind wir der sogenannten Hygiene unterworfen.
Zum Frühschoppen kommt schon um 10 Uhr direkt vom Bahnhof die Familie Bliemchen aus Sachsen. Sie setzen sich alle an den Tisch, und Frau Bliemchen entnimmt gleich dem Brotkörbchen ausgerechnet ›Mich‹, drückt mir den Brustkorb ein und sagt zu ihrem Mann: ›Gustav, guck mal, fühl mal das Brötchen an, wie weich das ist. Hier in Bayern ist das Brot nicht so knusprig gebacken wie bei uns ins Leipzig.‹ Herr Bliemchen hatte keine Zeit, mich gleich zu drücken, er hatte sich mit seinem Taschentuch eben die Nase geputzt, und erst, nachdem er dieses eingesteckt hatte, nahm er mich in die Hand, drückte mich zusammen, dass ich beinahe aussah wie ein Pfannkuchen, legte mich wieder in das Körbchen und sagte: ›Du hast recht, liebes Paulinchen, die Brötchen sind hier scheinbar alle so weich.‹ – indem er sich auch davon überzeugte und eine Semmel nach der anderen zerdrückte. Mit gebrochenem Brustkorb lagen wir Semmeln im Körbchen.«
(Aus: Karl Valentin, Klagelied einer Wirtshaussemmel)

Grünes Gold

Ende September, Anfang Oktober, wenn die Besucher des Oktoberfests von Norden her über die A9 in die bayerische Landeshauptstadt fahren, passieren sie etwa eine Autostunde vor München einen merkwürdig anmutenden Landstrich: Hunderte von langen, dünnen Stangen ragen in den Himmel, als wollten sie eine Legion von UFOs am Landen hindern. »Anbau genmutierter Riesenbohnen« vermuten manche, bis sie realisieren, dass sie durch die Holledau fahren, durch das größte zusammenhängende Hopfenanbaugebiet der Welt: Auf rund 14 750 Hektar Fläche wird in der Holledau das »Grüne Gold« angebaut. Daneben verblassen natürlich die anderen Anbaugebiete, obwohl auch sie mit zum Ruf des »Qualitätshopfenlandes« Deutschland beitragen, das in mehr als 100 Staaten ausführt. Im Fränkischen zieht man die schnellwüchsige Rankpflanze um Spalt südlich und um Hersbruck östlich von Nürnberg; baden-württembergischer Hopfen gedeiht um Tettnang am Bodensee, und kleinere Pflanzungen gibt es in der Elbe-Saale-Region und im Bereich Baden/Bitburg/Rheinpfalz.

Unsere Großmütter hatten für allerlei Zipperlein noch eine Tasse Hopfentee parat, die heilenden Kräfte der Pflanze waren schon im Altertum bekannt, Babylonier wie Ägypter sollen sie auch bereits zum Bierbrauen verwendet haben. Für Deutschland wird der Anbau von Hopfen erstmals 736 bei Geisenfeld in der Holledau erwähnt; eine Urkunde aus dem 14. Jahrhundert belegt Hopfenbestände in Spalt. Damals waren es weniger Bauern als Städter, die sich den Hopfen als lukratives Hobby hielten, und deshalb hat sich selbst für großflächige Anpflanzungen die Bezeichnung »Hopfengarten« eingebürgert. Dann kam 1516 das Reinheitsgebot des Bayernherzogs Wilhelm IV. und brachte dem Doldengewächs Aufschwung gegenüber anderen aromatischen Pflanzen, die man bisher dem Bier beigegeben hatte. Initiatoren der heutigen Holledauer Hopfenkultur waren schließlich Mönche – sie fanden hier beste Bedingungen für die wichtige Zutat ihrer »flüssigen Fastenspeise«: tiefgründige Böden für bis zu vier Meter lange Wurzeln, reichlich Sonne und Regen ohne zu starke Wärmeentwicklung, Windschutz in den Tallagen. Wo zwischen Wald- und Sumpfgebieten in einer bitterarmen Region nur saurer Wein gedieh, wurden im 19. Jahrhundert, als verbesserte Verkehrsverhältnisse den Hauptumschlagplatz Nürnberg leichter erreichbar machten, immer mehr Hopfengärten angelegt. Auf die Nachfrage aus der »Biermetropole« München und den zahlreichen fränkischen Brauereien konnte man sich verlassen.

Hopfen macht das Bier haltbar und klärt es, sorgt für eine dekorative Schaumkrone, gibt den charakteristischen, mehr oder weniger bitteren Geschmack und ein volles Aroma. Man unterscheidet zwischen Bitterstoff- und Aromahopfen. *Humulus lupulus* heißt das Hanfgewächs botanisch; es ist im Wurzelstock ausdauernd und bis zu 20 Jahre lang produktiv, zweihäusig und ein Windbefruchter. Von Nutzen für das »Männergetränk« Bier sind nur die weiblichen Pflanzen, deren Dolden aber unbefruchtet sein müssen, sodass man im Bereich der Hopfengärten allen wild wachsenden männlichen Hopfen rodet. Die Vermehrung erfolgt vegetativ durch Fechser. Für den Brauer interessant ist der Inhaltsstoff »Lupulin« – dieses goldgelbe »Hopfenmehl« wird von Drüsen am Boden der Dolde ausgeschieden.

Zog man früher den Hopfen wie Bohnen an einer Stange, ist der Aufwand nun weit größer: Sieben Meter hohe Holzmasten, 165 auf jedem Hektar, werden von einem Drahtnetz überspannt; seitlich ist die Konstruktion mit Stahlseilen im Boden verankert, denn sie muss nicht nur der Belastung durch Wind und Stürme trotzen, sondern einem Hopfengewicht standhalten, das kurz vor der Ernte etwa 40 Tonnen pro Hektar beträgt. Bis dahin aber »will der Hopfen täglich seinen Herrn sehen«, wie eine alte Bauernregel sagt. Das beginnt im März mit dem heute maschinellen Abhäufeln und Schneiden der Stöcke und wird sehr arbeitsintensiv, wenn ab Ende April die »Aufleitdrähte« oben am Netz und unten im Boden fixiert werden müssen: An sie legt man – noch immer per Hand und mit meist polnischen Hilfskräften – von bis zu 60 Trieben je Pflanze nur zwei oder drei im Uhrzeigersinn an. Die anderen Triebe werden gekappt, auch das ist Handarbeit. Bei der ständigen Bodenauflockerung, dem Düngen und präventiven Spritzen in den folgenden Wochen heißt es immer ein Auge auf Krankheitsanzeichen und Schädlingsbefall zu haben.

Gegen Ende August hat der Hopfen dann seinen höchsten Brauwert erreicht: Die Drähte samt ihrer schweren Last werden unten geschnitten, oben abgerissen und zur Hopfenpflückmaschine befördert, die Blätter und Stängel sorgfältig von den wertvollen Dolden trennt. Deren hoher Wassergehalt wird dann in circa sechs Stunden in der Hopfendarre auf etwa zwölf Prozent gesenkt. So haltbar gemacht, kann man die Dolden zur Weiterverarbeitung in Säcke pressen.

Langfristige Verträge mit den Abnehmern sichern die Existenz der Hopfenbetriebe in der Holledau; mit einem gewissen Prozentsatz an »Freihopfen« kann man noch spekulieren. Doch nicht nur um einen guten Preis beten die Bauern, sondern auch um die Verschonung von Hagelsturm, denn die Versicherungen gehen ins Geld. Ansprechpartner ist dabei neben der Jungfrau Maria der Märtyrer Sankt Kastulus, den man als Patron der Holledau verehrt. Und so nahmen früher auch die berühmt-berüchtigten »Hallertauer Rossdiebe«, auf die man heute insgeheim recht stolz ist und die man in Liedern besingt, seinen Schutz in Anspruch – zu Zeiten, als man die Bevölkerung der Holledau noch verächtlich als Habenichtse bezeichnete, lange, ehe das »Grüne Gold« Wohlstand brachte.

Gut zu wissen: Hopfen, hier noch im Babystadium, wächst immer wieder nach!

Hopfensprossen zu pflücken, ist mühsame Handarbeit. Daher werden sie auch zu exorbitanten Preisen verkauft.

Nur der obere Teil der Sprossen wird in der Küche verarbeitet, meist nur kurz blanchiert und als Salat angemacht.

Diesen Salat aus exquisitem »Hopfenspargel« können sich nur die Hopfenbauern leisten.

Hopfenzupfer

Heute wie früher ist die Holledau zur Erntezeit erfüllt vom starken Duft des Hopfens, sind Wege und Straßen belebter als sonst, wandelt die Landschaft sich täglich, wenn die üppigen Hopfenreben weichen und nach und nach das kahle Gestänge freigeben. Etwas aber fehlt jetzt in diesem Bild: die Hopfenzupfer. Seit sich Ende der Fünfzigerjahre in der Holledau die Hopfenpflückmaschinen durchgesetzt haben, ist ihre Arbeit überflüssig geworden – zählte man 1953 noch rund 140 000, so wurden bereits 1958 nicht mehr als 6000 Saisonarbeiter gebraucht. Fast ein Jahrhundert lang waren sie aus dem näheren und weiteren Umland, auch aus den großen Städten, selbst aus dem Ruhrgebiet angereist; manchmal kamen ganze Familien. Bei freier Kost und Logis arbeiteten sie knapp drei Wochen hart, um sich ein Zubrot zu verdienen: Vom Tagesanbruch bis zur Dunkelheit saß man auf einem Schemel inmitten ausgerissener Reben in den Hopfengärten und zupfte unablässig Dolden in einen Korb. Oft genug musste ein Wetterschutz errichtet werden, die Hände waren wund von den rauen Pflanzen, der verkrampfte Rücken schmerzte, abends fiel man nur noch ins Bett. Es ist anzuzweifeln, dass es dort in den improvisierten Gemeinschaftsquartieren nach solch harten Tagen dann wirklich noch so munter zuging, wie die Fama es will. Altgediente Hopfenzupfer erinnern sich gern daran, dass gelegentlich mit der Ziehharmonika, der »Quetschn«, aufgespielt wurde, ehe alle die Müdigkeit übermannte. Vor dem Schlafengehen wurde gezählt, was man am Tag an Blechmarken bekommen hatte, die jeweils für einen »Metzen«, ein 60 Liter fassendes Gefäß mit Dolden, ausgegeben wurden. Bares für die Marken gab es dann zum Ernteschluss: Mit der letzten Rebe an einer Stange zog man fröhlich zum Hof, oft waren die Mädchen und auch die Lasttiere hopfenbekränzt; nach der Auszahlung tischten die Frauen des Hauses das reichlich bemessene Hopfenmahl auf – meist Schweinsbraten mit Kraut. Und lange wurde bei Musik, Gesang und Tanz gefeiert.
Ein »Durchschnittsbetrieb« in der Holledau, dessen Hopfenbestand sich nach Erhebungen von 2008 auf rund zwölf Hektar erstreckt, kann heute in etwa zehn Tagen mithilfe von Maschinen und nur vier bis fünf Arbeitern die Ernte einbringen – 120 Hopfenzupfer würden dafür das Doppelte an Zeit brauchen. Saisonale Arbeitskräfte aus dem Ausland braucht man heute nur noch zum Anlegen der Triebe im Frühjahr, denn das ist immer noch Handarbeit.

Beim Hopfenfest geht es zu wie in der guten alten Zeit: Der »Stangler« reißt die Reben von Drähten ...

... der Hopfenzupfer entfernt die Dolden. Heute machen das Maschinen in einem Bruchteil der Zeit.

Darauf kommt es an: Lupulin, das goldgelbe Hopfenmehl, das sich in der weiblichen Dolde bildet.

Hopfen aus der Holledau wird in alle Welt versandt. Ein »Hopfensiegel« bestätigt Qualität und Herkunft.

Flüssiges Brot

Zwei wichtige Daten markieren die Geschichte des deutschen Bieres: das Jahr 1516 und das Jahr 1987. Beide Marksteine haben mit dem zu tun, was deutsches Bier über die Landesgrenzen hinaus bekannt machte und für seine Qualität bürgt: dem Reinheitsgebot. Es kommt aus Bayern, dem »Land des Bieres«. Herzog Wilhelm IV. verkündete 1516 in Ingolstadt: »Wir wöllen auch sonderlichen, das füran allenthalben in unseren Stetten, Märckten und auf dem Lande zu keinem Pier, merer stückh, dann allain Gersten, Hopfen und Wasser genommen und gepraucht söllen werden.«
Gerste, Hopfen und Wasser – nur aus diesen Grundstoffen darf in Deutschland Bier hergestellt werden, und so wird es auch bleiben, trotz des vernichtenden Urteils vom 12. März 1987. Damals zogen die deutschen Brauer vor den Europäischen Gerichtshof – und kamen geschlagen zurück. Justitia und die EU hatten ihnen ins Bier gespuckt: Deutschland wurde verdonnert, auch den Import von Bier zuzulassen, das nicht nach dem hier gültigen Reinheitsgebot gebraut wurde.

Heftige Diskussionen an den Stammtischen des Landes endeten mit der übereinstimmenden Meinung, dass selbst schuld sei, wer »dieses importierte Zeug saufe«, Bier mit Kirschen, Erdbeeren, Koriander, Zucker, Honig, wie es zum Beispiel aus Belgien kommt – igitt! Die 111,7 Liter, die statistisch gesehen jeder Deutsche 2007 trank, stammten in der Regel aus der Region des Trinkers, nur wenige der mehr als 1300 Brauereien des Landes vertreiben überregional. Die meisten Brauereien hat übrigens Bayern (gut 600), wobei dort Franken eine besondere Rolle spielt: Dort gibt es rund 270 Privatbrauereien, davon noch schätzungsweise 230 Familienbetriebe. In der Gegend um Bamberg verdichten sich die Brauereien wie auf keinem anderen Fleck der Erde. Was den Biergeschmack betrifft, so ist die Nation eindeutig geteilt: Im Norden dominiert Pils, im Süden bevorzugt man Helles, Dunkles und Exportbier. Die Hochburgen des obergärigen Bieres sind Berlin (Berliner Weiße), Düsseldorf (Alt) und Köln (Kölsch), Leipzig (Gose) und Bayern (Weißbier).

1

2

Zurück zur Hausbrauerei

In Deutschland gibt es 1302 »Betriebene Braustätten«, die 2007 die beachtliche Menge von 102 161 000 Hektolitern Bier »ausstießen«, wie es im Amtsdeutsch heißt. Die Tendenz ist dabei rückläufig, 1997 waren es noch 114 800 000 Hektoliter. Nur 45 Betriebe brauten über ein halbe Million Hektoliter, 844 hingegen produzierten unter 5000 Hektoliter. Die Zahl dieser kleinen Brauereien nahm in den letzten Jahren ständig zu: 1997 waren es noch 686.

Darin lässt sich sicherlich ein Trend ablesen. Als Gegenbewegung zu den computergesteuerten Großbrauereien entstanden und entstehen in vielen Teilen Deutschlands wieder wie einst Hausbrauereien, einige Wirte brauen sogar mit alten Sudkesseln und Geräten. Spezialitäten der Wirtshausbrauer sind »Ökobier« mit Hopfen und Malz aus ökologischem Anbau und naturtrübes Bier. Einige Hausbrauereien kombinieren beides, etwa das Rathsbräu in Wiesbaden. Hier werden, wie in vielen Wirtshausbrauereien, alle paar Monate zur Jahreszeit passende Bierarten gebraut, vom obergärigen Narrenbier im Fasching bis zum Weihnachtsbock.

Warum naturtrübes Bier? Weil die feinen Hefe- und Eiweißpartikel aus dem Brauvorgang für »vollmundigen Geschmack« sorgen, sagt der Wiesbadener Braumeister Markus Lotz. Und die Nachteile? Die Hefereste können eine Nachgärung in Gang setzen, besonders in der Flasche. Und das würde den guten Geschmack zerstören, es besteht die Gefahr, dass das Bier kippt oder zu stürmisch wird. Naturtrübes Bier hält zudem nicht lange. Es muss binnen zwei Wochen getrunken werden – am besten gleich in der Hausbrauerei. Gefiltertes Bier hält hingegen vier bis sechs Wochen, gefiltert-pasteurisiertes gar ein Jahr.

4

5

6

1 Hochburg des **Altbiers** ist Düsseldorf. Das Alt ist ein obergäriges Bier, dunkel und hopfenbitter. Es wird aus dünnwandigen Gläsern getrunken.

2 Das nach obergäriger Brauweise hergestellte **Kölsch** trinkt man aus »Stangen«, die der »Köbes« im »Kranz«, einem speziellen Tablett, heranträgt.

3 **Weißbier** ist eine bayerische Spezialität. Es wird obergärig aus Weizen- und Gerstenmalz hergestellt und in speziellen Weißbiergläsern serviert.

4 **Pils** zählt zu den beliebtesten Biersorten in Deutschland. Das edelherbe Bier muss sehr sorgfältig in einem hohen, schmalen Glas gezapft werden.

5 Ein Maßkrug fasst genau einen Liter **Bier**. In diesen Mengen trinkt man den Gerstensaft in Bayern.

6 Für weniger Trinkfeste gibt es in Bayern auch das Halb-Liter-Glas, in dem das **Helle** serviert wird.

Die Kunst des Brauens

An sich ist man in Bayern gerne geneigt anzunehmen, die Kunst des Bierbrauens habe ihre Wurzeln eben hier, im weiß-blauen Freistaat. Dass das nicht stimmt, belegen archäologische Funde aus Mesopotamien, aus denen hervorgeht, dass das Bier schon etwa um 4000 vor Christus existent war. In Überresten von Tonkrügen konnte man Spuren von Maische identifizieren. Sehr wahrscheinlich ging die flüssige Errungenschaft aus der babylonischen Hochkultur hervor, das allerdings – mit noch größerer Wahrscheinlichkeit – durch reinen Zufall, und zwar beim Brotbacken. Der Zufall wird derart beschaffen gewesen sein, dass gemahlenes Getreide oder Brote feucht wurden und irgendwann anfingen, zu gären. So falsch ist es also gar nicht, wenn man den Gerstensaft »flüssiges Brot« nennt.

Es war ein langer Weg vom Tonkrug bis zum computergesteuerten Brauen, doch im Prinzip hat sich nicht viel geändert. Nach wie vor besteht der Brauvorgang darin, durch die Kombination aus Hopfen, Hefe, Malz und Wasser die Gärung einzuleiten und sie dann rechtzeitig wieder zu beenden. So die Theorie. In der Praxis sieht es weitaus komplizierter aus. Ein hohes Maß an Fachwissen und handwerklichem Geschick ist nötig, um schmackhaftes Bier zu erzeugen.

Zuerst muss im Sudhaus der Brauerei das geschrotete Malz mit Wasser vermischt und anschließend im Maischbottich auf verschiedene Temperaturen erhitzt werden. Dabei verflüssigen sich die Bestandteile des Malzschrotes, dessen Enzyme somit aktiviert sind. Beim Mälzen und Maischen werden die Stärkekörner freigelegt, und bei rund 60 Grad Celsius setzt der Abbau durch die Malzenzyme ein, wobei erst die vergärbaren Zucker entstehen. Nun gelangt die Maische in den Läuterbottich, eine Art Sieb, in dem sich die unlösbaren Partikel, die sogenannten Treber, auf dem Boden ablagern. Sie dienen als natürlicher Filter, durch den die Würze abläuft und geklärt wird. Von dort läuft die Bierwürze in die Sudpfanne, wo sie unter Zugabe von Hopfen gekocht wird. Je mehr Hopfen, desto herber ist der Geschmack, je weniger, desto süßlich-malziger die Note.

Nach ein bis zwei Stunden Kochzeit bleibt die gewünschte Konzentration von Extrakten, die »Stammwürze«, übrig. Damit sind die Anteile von Malzzucker und Eiweißsubstanzen gemeint. Dann wird die Würze durch ein Hopfensieb geleitet, geklärt und gekühlt. Die abgekühlte Würze fließt jetzt in den Gärbehälter, und erst hier wird die Hefe zugesetzt. Die Aufgabe der Hefe besteht darin, den Malzzucker in Alkohol und Kohlendioxid umzuwandeln. Damit entwickelt sich die biereigene Kohlensäure, die nicht zuletzt für den so wichtigen Schaum im Bierglas sorgt. Die Gärung dauert bei Verwendung von untergäriger Hefe, die sich am Boden absetzt (daher der Name), ungefähr acht Tage, mit obergäriger Hefe, die an die Oberfläche steigt, rund fünf Tage. Das so entstandene Jungbier muss jetzt noch, um die volle Reife zu erhalten, für einige Wochen lagern und dabei nachgären.

Nach diesem Grundschema verfahren heute sämtliche Brauereien, sie alle stellen auf dieselbe Weise Bier her. Aber nicht eines gleicht dem anderen. Und eben darin liegt die hohe Kunst des Brauens.

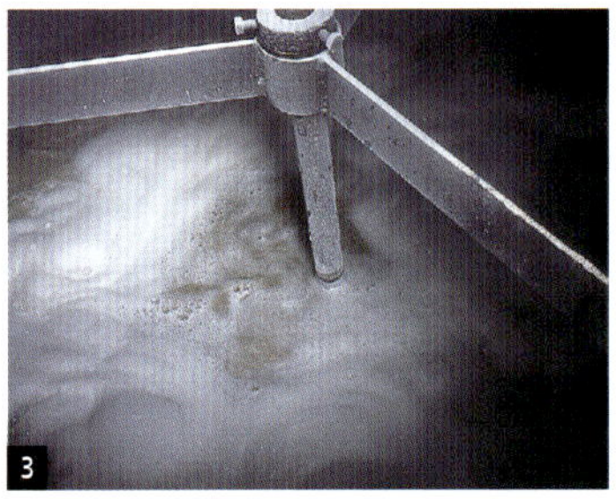

1 Hopfen (links) verleiht dem Bier Aroma. Die Gerste (Mitte) muss vor dem Brauen erst in Gerstenmalz (rechts) verwandelt werden.

2 Die Qualität des Bieres hängt auch vom Wasser ab, in dem das geschrotete Malz langsam erhitzt wird.

3 Das Erhitzen findet in der Sudpfanne statt. Dabei werden die Enzyme des Malzschrots aktiviert.

4 Aus der Sudpfanne gelangt die Maische in den Läuterbottich, die unlösbaren Partikel lagern sich ab.

5 Beim Abläutern wird eine Probe genommen, um den Stammwürzegehalt des Bieres zu prüfen.

6 Eine Auftriebswaage zeigt den Stammwürzegehalt (den Anteil von Malzzucker und Eiweißsubstanzen) an.

7 In der Würze- oder Sudkühlung wird die Flüssigkeit auf 6 Grad Celsius abgekühlt; die Gärung erfolgt im Keller.

8 Inventar der Hausbrauerei Rathsbräu: hinten der Kühler, in der Mitte der Läuterbottich, vorne die Sudpfanne.

Oben: Nach dem Abläutern kommt das Filtrat in die Sudpfanne zurück, wo es mit dem Hopfen gekocht wird.

Links: Im Keller der Hausbrauerei Rathsbräu in Wiesbaden gärt die Hefe in einem offenen Holzbottich.

Bier ist Wasser

Es gibt zweifellos mehrere Gründe für die Qualität des bayerischen Bieres. Ein ganz wichtiger aber ist das Brauwasser. Jene Substanz also, die zu etwas mehr als 90 Prozent im Bier enthalten ist. Das Brauwasser ist im Regelfall nicht identisch mit gewöhnlichem Trinkwasser. Während Trinkwasser, etwa im Raum München, aus den pleistozänen (eiszeitlichen) Aufschüttungen, den Schotterebenen, gefördert wird, stammt das Brauwasser aus anderen, älteren geologischen Schichtfolgen, denen des Tertiärs.

Im Tertiär, das vor etwa 65 Millionen Jahren begann und 63 Millionen Jahre dauerte, entstand im Zuge der tektonischen Auffaltung und anschließenden Hebung der Alpen das sogenannte »Molassebecken«. Darunter versteht man eine großräumige Ablagerung von Sedimenten im Alpenvorland. Diese Schichten bestehen aus Ton, feinen Sanden und Kiesen, sie können eine Mächtigkeit von bis zu 5000 Metern und mehr erreichen. Nördlich von München werden die Schichten dann zunehmend geringmächtig, nur einige Hundert Meter tief reicht die Molasse hier noch in den Untergrund. Keilförmig »streicht« sie nach Norden hin aus.

Aus der oberen Süßwassermolasse, die in Tiefen zwischen 100 und 300 Metern anzutreffen ist, beziehen alle Münchner Großbrauereien ihr Brauwasser. Dieses weiche Hydrogenkarbonatwasser eignet sich zum Brauen sehr viel besser als das harte Quellwasser aus dem Voralpenland. Als hart bezeichnen die Hydrologen ein Wasser, das eine hohe Konzentration an gelösten Kalzium- und Magnesiumsalzen aufweist. Und das taugt nun mal nicht viel für ein gutes Bier.

Brauen und Fasten

In Bayern ist die Kunst des Bierbrauens aufs Engste mit den Klöstern verbunden. Die ersten bayerischen Brauhäuser wurden von Mönchen, insbesondere des Benediktinerordens, betrieben. Das Braurecht lag damals bei den Landesherren, die es vornehmlich an die Kirche, später auch an den Adel vergaben. Die erste urkundlich erwähnte Braustätte war das Benediktinerkloster St. Gallen, das Mitte des 9. Jahrhunderts mit der Herstellung von Bier begann. Als älteste gewerbliche Klosterbrauerei gilt Weihenstephan, denn im Jahr 1040 erteilte der Freisinger Bischof den frommen Brüdern nicht nur das Recht zu brauen, sondern auch die Lizenz, das Bier zu »verleitgeben«, also zu verkaufen. Kurz darauf erhielten immer mehr Klöster das Braurecht, so auch 1048 das Kloster Benediktbeuren. Die älteste noch heute unter klösterlicher Leitung betriebene Brauerei ist Kloster Weltenburg, dessen Gründung auf das Jahr 1050 datiert wird.

Bier, das heute als mönchisches Getränk schlechthin gilt und auch während der Fastentage »als flüssiges Brot« genossen werden darf, war übrigens nicht immer der Trunk der frommen Männer. In der Benediktinerregel, der ältesten Ordensregel, ist jedenfalls vom Bier nicht die Rede, wohl aber vom Wein. Der gehörte damals zur täglichen Verpflegung der Diener Gottes so selbstverständlich wie das Salz zur Suppe. Das Bier avancierte wohl hauptsächlich deshalb zum Hauptgetränk der Mönche, weil der Wein zu teuer wurde. Vor allem war der Transport kostspielig, hinzu kamen Qualitätsverluste auf den langen Transportwegen.
Die heute zu Recht hoch geschätzten Klosterbiere waren in den ersten Jahrhunderten der Braugeschichte keineswegs von wirklich berauschender Qualität. Ganz im Gegenteil: Die Mönche brauten fast ausschließlich mit Hafer, der nur ein eher minderwertiges Gesöff entstehen ließ. Erst im 13. Jahrhundert setzte sich die Verwendung von Gerste durch. Das führte zwar einerseits zu einer Verbesserung des Bieres, andererseits aber auch zum vorübergehenden Niedergang der Brauereien. Der Gerstenertrag war zu gering, die Preise schnellten in die Höhe, der Bierabsatz ging stark zurück. Von dieser Entwicklung profitierte der Weinbau, den wiederum die Klöster betrieben. Teils auf ihren Gütern an der Donau zwischen Kehlheim und Regensburg sowie an der Isar in Landshut, teils auf ihren Besitzungen in Weingegenden wie Franken, Österreich und Tirol. Erst als der Weinbau durch Kriegswirren und Klimaveränderungen litt und der Import zu kostspielig wurde, wandte man sich seit dem 15. Jahrhundert zunehmend wieder dem Bier zu. Nun zeigten auch die Landesherren Interesse, die aus dem Bieraufschlag Gewinne zogen und sich darum kümmerten, wie das Bier gebraut wurde und was hinein gehörte. Auf diese Weise entstand im Jahr 1516 das berühmte Reinheitsgebot: Der bayerische Herzog Wilhelm IV. beschloss, dass Bier »allein Gerste, Hopfen und Wasser« enthalten darf.

Klosterlikör

Mit Likör assoziiert man eher ältere Damen, die sich ein oder auch mehrere Gläschen zum Kaffee oder – so sie Figuren eines englischen Krimis sind – abends vor dem Kamin genehmigen. Sich gestandene Mönche vorzustellen, wie sie spitzmündig an dem süßen Trank nippen, fällt eher schwer. Und doch war die Likörherstellung, ebenso wie das Bierbrauen oder die Fischzucht, eine Kunst, die die Klöster entwickelten und vollendeten. Mönche und Nonnen waren gebildete Leute, sie verfügten über das Wissen, Kräuter zu ziehen und sie auch als Medizin anzuwenden. Dass sich die ätherischen Öle der Pflanzen in reinem Alkohol lösen und sie damit ihre heilsame Wirkung entfalten, war ihnen ebenso bekannt, wie sie die Kunst des Destillierens beherrschten.
Die Kräuteressenzen in Alkohol wurden damals in homöopathischen Dosen verabreicht – damit die bittere Medizin genießbar wurde, süßte man sie wohl irgendwann einmal, und so entstand der »Likör«. Noch heute ist es die spezielle Kräuterzusammensetzung, die einen guten Klosterlikör auszeichnet – und die ist natürlich streng gehütetes Geheimnis der frommen Brüder.

Links und unten: Qualitativ hochwertiges Bier kommt noch immer aus der Klosterbrauerei Ettal: Hier prüfen Pater Johannes und der Braumeister Prummer die Stammwürze.

Ganz unten: Kloster Ettal in Oberbayern wurde im 14. Jahrhundert gegründet. Während der Barockzeit wurde das Kloster um- und (nach einem Brand) wiederaufgebaut. Die Kirche zählt zu den schönsten Barockwerken Bayerns.

Die Löcher im Käse

»Mama! Wo kommen die Löcher im Käse her?« Mit dieser Frage bringt ein kleiner Junge in Kurt Tucholskys gleichnamigem Sketch eine ganze Abendgesellschaft durcheinander. Papa behauptet: »Also, die Löcher im Käse, das ist bei der Fabrikation; Käse macht man aus Butter und aus Milch, da wird er gegoren und da wird er feucht.« Der Onkel meint, es läge am Kasein, einer sagt, der Käse dehne sich bei Gärung durch die Wärme zu schnell aus, ein anderer glaubt, er ziehe sich »bei der Gärung vor Kälte zusammen«.
Die sichtlich erhitzte Gesellschaft stürmt zum Lexikon, doch da fehlt genau die Seite mit dem Stichwort »Käse«, und so bricht ein Streit los, der mit Beleidigungsklagen und umgestoßenen Testamenten endet. »Auf dem Schauplatz bleiben zurück ein trauriger Emmentaler und ein kleiner Junge, der die dicken Arme zum Himmel hebt und, den Kosmos anklagend, weithin hallend ruft: ›Mama! Wo kommen die Löcher im Käse her – ?‹«
Um die Frage gleich vorweg zu beantworten: Die Lochung beim Emmentaler entsteht durch Propioni-Bakterien, die dem Käse beigegeben werden und bei der Reifung die Entstehung von Gasen verursachen. Dies ist jedoch nur eine der vielen Variationsmöglichkeiten bei der Herstellung von Labkäsen. Unter dem Begriff »Labkäse« fasst man alle Käse zusammen, die im Unterschied zu den Sauermilchkäsen unter Beigabe von »Lab«, einem Gerinnungsmittel, das meist aus dem Kälbermagen kommt, gefertigt werden. Die Herstellung von Labkäse läuft in vier Hauptphasen ab:
Die erste besteht aus dem Vorsäuern und Dicklegen der Milch. Dabei gerinnt das in der Milch enthaltene Eiweiß Kasein durch Säureeinwirkung. Diese spontane Gerinnung wird durch Zugabe von Lab zur warmen Milch gesteuert. Die Gerinnung kann schon ab 20 Grad Celsius beginnen, das anschließende Dicklegen dauert je nach Käsesorte zwischen 30 Minuten und 36 Stunden. So wird die Labgallerte gewonnen.
Diese Gallerte wird nun mit »Käseharfen« in kleine Körner zerschnitten. Dabei entsteht der Bruch. Bei der Verarbeitung des Bruchs gilt: Je härter ein Käse sein soll, um so kleiner zerstückelt muss der Käsebruch sein. Nun folgen das Abscheiden der Sirte, der nicht entrahmten Molke, und das Ausrühren des Bruchs. Dabei kann der Abscheidungsvorgang durch Pressung beschleunigt werden. Soll aus dem Bruch-Molke-Gemisch Weichkäse entstehen, wird es sehr vorsichtig behandelt; ist Hartkäse als Endprodukt gewünscht, erhitzt und rührt man das Gemisch. Der Käse wird in Formen umgefüllt, wenn nötig gepresst und regelmäßig mit der Form gewendet.
In der dritten Phase wird der Käse gesalzen und gewaschen. Das Salzen, sei es durch Salzlake oder Trockensalzen, beschleunigt die Trocknung, trägt zur Rindenbildung bei und intensiviert das Aroma. Da Salz die Ansiedlung schädlicher Mikroorganismen hemmt, wird der Käse durch diese Behandlung haltbarer. Je nach Sorte dauert dieser Prozess zwischen zwei und vier Tagen. Abhängig vom Käse variiert der Salzgehalt der Salzlake zwischen 250 Gramm und 350 Gramm Salz pro Liter Wasser. In der letzten Phase ruht der Käse in Trockenräumen, wobei Flüssigkeit aus der Rinde verdunstet. Die Käselaibe werden regelmäßig gewendet. Der Reifeprozess selbst erfolgt in Kellern bei einer konstanten Temperatur von circa 12 Grad und einer Luftfeuchtigkeit von 75 bis 78 Prozent. Auch hier ist es von der Sorte abhängig, wie lange die Reifung dauert. Nach ihrer Herstellungsart unterscheidet man beim Labkäse im engeren Sinn drei verschiedene Käsesorten: Weichkäse, Schnittkäse und Hartkäse.
Weichkäse verdanken ihre Geschmeidigkeit ihrem hohen Wasseranteil. Das Erkennungsmerkmal von Weichkäsen sind ihre Rinden, die man in Weißschimmelkäse und Käse mit Rotkultur oder gewaschener Rinde unterscheidet. Bei den halbfesten Schnittkäsen ist der Wassergehalt viel niedriger, während die Schnittkäse ihre Trockenheit dem zusätzlichen Auspressen der Molke verdanken. Die Hartkäse verlieren aufgrund der langen Reifezeit viel Flüssigkeit. Während ihrer Reifung nehmen Hartkäse eine Fülle von verschiedenen Aromastoffen auf.

Rechts: Stolz präsentiert der Käser den datierten Laib.

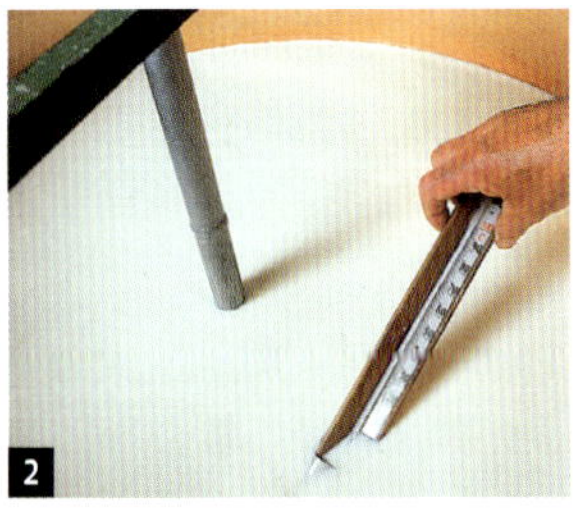

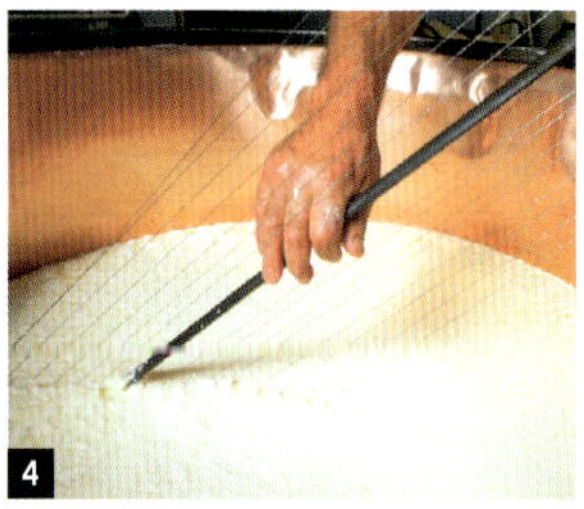

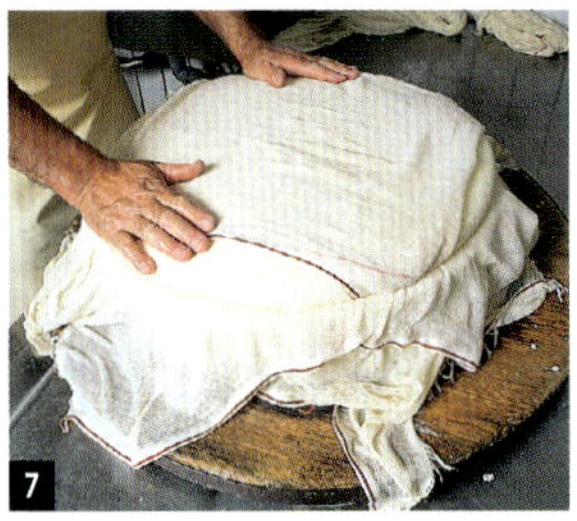
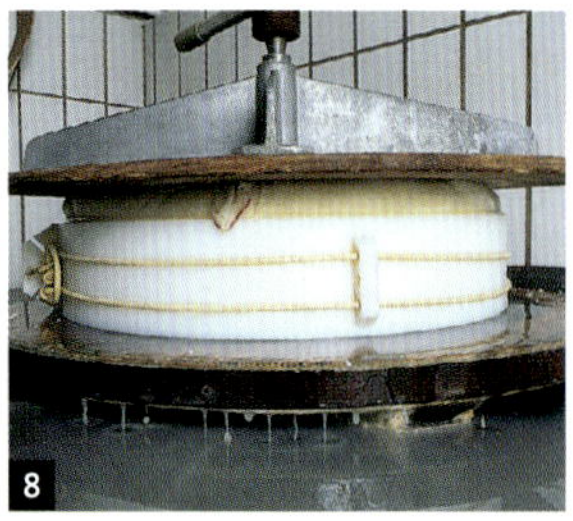

1 Käseherstellung auf der Alm: Morgen- und Abendmilch werden zusammengegossen.

2 Im Käsekessel wird die Milch langsam auf 50 Grad Celsius erhitzt.

3 Das in Wasser aufgelöste Labpulver (ein Gerinnungsmittel) wird zugegossen.

4 Nach der Ruhezeit wird die Gallerte mit der »Käseharfe« zerschnitten.

5 Der Bruch wird mithilfe eines Tuches aus dem Käsekessel gehoben.

6 Der Bruch hängt über dem Kessel, wobei ein Teil der Molke abtropft.

7 Nun wird der Käse in mehrere große Tücher geschlagen.

8 In der Presse wird der Abscheidungsvorgang der Molke beschleunigt.

9 Der Käse wird datiert und muss nun mehrere Tage in der Salzlake ruhen.

10 Ein Jahr alter Käse im Lagerraum der Alpe Mitterhaus.

Alles Käse

Die Geschichte des Käses reicht bis in graue Vorzeit zurück: Irgendwann wird wohl einmal Milch in der Wärme stehen geblieben sein und sich in einen festen, säuerlichen Klumpen verwandelt haben: Sauermilchkäse. Irgendwann wird ein Jäger im Magen eines jungen Wiederkäuers, der gerade Muttermilch getrunken hatte, die Wirkung des Labs entdeckt haben. Beweise für eine über 5000 Jahre alte Käsekultur finden sich im Zweistromland Mesopotamien, die Griechen und die Römer schätzten Käse, die Kelten, die viel von Viehwirtschaft verstanden, hatten bereits eine hoch entwickelte Käserei. Auch am Hof Karls des Großen ließ man sich regelmäßig Käse schmecken, die Alpe Gelchenwang im Gunzesrieder Tal lieferte bereits im Jahre 820 Käse an den fränkischen Hof in Kempten. »Käsedienste« waren jahrhundertelang eine Zahlungsform an den kirchlichen oder adligen Grundherrn.
Das Klosterwesen hatte speziell in Deutschland einen großen Einfluss auf die Entwicklung der Käseproduktion. Alte Klosterrechnungen und Verpflegungszettel belegen genau, welch wichtige Rolle Käse in der Ernährung spielte. Dörfliche Kooperationen stellten Käsesorten her, die sich schon früh von Tal zu Tal unterschieden. In den Alpenländern verliehen die Klöster Käsekessel an die Bergbauern. Die Bezahlung bestand aus einer festgesetzten Menge Käse. Das Kloster in St. Gallen erhielt so 1400 bereits 5000 Stück Käse und hatte sich damit zu einem richtigen Großbetrieb entwickelt. Unter Wilhelm V. (1579–1597) wurde in Bayern bereits »Kaeß auf Parmasanarth« hergestellt. Maximilian, Kurfürst von Bayern, ließ sogar Käsereifachleute aus der Schweiz und aus Lothringen nach Bayern kommen.
Oft waren es die Einflüsse von außen, die die Käserei in Deutschland in ihrer Entwicklung vorantrieben. Holländische Herstellungstechniken beeinflussten die Entstehung des wohl bekanntesten deutschen Käses: des Tilsiters. Seinen Namen verdankt er der Stadt Tilsit an der Memel, die 1406 vom Deutschen Orden gegründet wurde. Auch der Limburger hat eine lange Tradition, denn selbst zu Zeiten Karls des Großen war er schon fester Bestandteil des Speiseplans. Milder schmeckt der Rotschmierekäse Romadur. In Bayern erfreut sich der Weißlacker, ein würziger rechteckiger Hartrindenkäse, auch als Bierkäse bekannt, großer Beliebtheit.
Bayern mit dem wichtigen Milchwirtschaftsgebiet Allgäu – auch als »Käseküche Deutschlands« bezeichnet – ist der größte Käseproduzent Deutschlands. In Bayern stellt man circa 15 000 Tonnen Käse pro Woche her. Das ist bei einer wöchentlichen Gesamtproduktion im Bundesgebiet von 38 000 Tonnen mehr als ein Drittel. Niedersachsen steht mit etwa 8000 Tonnen an zweiter Stelle.
Bergwelt und Weiden in Oberbayern und dem Allgäu bieten ideale Voraussetzungen für die Milchwirtschaft. Denn jeder Käse ist nur so gut wie die Milch, aus der er gemacht ist. Und deren Qualität hängt wiederum vom Gras ab, das die Kühe fressen. Auf einer natürlich belassenen Weide können bis zu 50 Pflanzenarten wachsen. Eine ältere Weide verleiht dem Käse einen reichhaltigeren Geschmack und Duft. Zusätzlich ergeben artenreichere Weiden die Milch für einen lagerfähigeren Käse. Berühmt für seine Qualität ist daher der Allgäuer Emmentaler. Dieser Hartkäse bringt 80–90 Kilogramm auf die Waage. Sein kleiner Bruder, der Allgäuer Bergkäse, wiegt nur 20–30 Kilogramm. Er besteht ausschließlich aus Sommermilch, die ihm seinen reinen und milden Geschmack verleiht.

Almen wie die Alpe Mitterhaus im Allgäu spielen eine wichtige Rolle im Allgäu und in Oberbayern.

Almwirtschaft

So, wie die Almhütten daliegen, malerisch in die Gebirgslandschaft gesetzt, Wanderern und Skifahrern Einkehr bietend, könnte man sie für die Erfindung eines cleveren Tourismusdirektors halten. Doch weit gefehlt: Die Almwirtschaft ist Jahrtausende alt. Sie machte das Überleben der Menschen in den Alpen überhaupt erst möglich. Die Bergbauern in ihren abgelegenen Gehöften waren teils bis in das 20. Jahrhundert hinein autark, das heißt, sie mussten alle Lebensmittel, die sie für den in dieser Region extrem langen Winter brauchten, selbst produzieren, und das in einer wiederum extrem kurzen Vegetationszeit. Um dies zu schaffen, arbeiteten sie sozusagen auf verschiedenen Stockwerken: In den kleinen, intensiv genutzten Talräumen wurde Ackerbau betrieben, die weiten Hochflächen nutzte man für die Viehwirtschaft. Ein Teil der Arbeitskräfte zog daher im Sommer für etwa 100 bis 120 Tage mit dem Vieh auf die höher gelegenen Betriebsstufen, lebte dort und kehrte dann wieder auf den Heimathof zurück.

Bis zum Ende des Mittelalters hielten die Bergbauern hauptsächlich Ziegen und Schafe, die mit den rauen klimatischen Bedingungen auf den Almen ausgezeichnet zurechtkommen; Rinder kamen nur in geringer Zahl vor. Die Milch wurde auf der Alm verarbeitet und zwar in der Regel zu Sauermilchkäse, der einfach und auch aus geringen Milchmengen rentabel herzustellen ist.

Einen Umschwung in der traditionellen Almwirtschaft brachte das 14./15. Jahrhundert. Damals nahm die Bevölkerung zu, die Städte wuchsen und in ihrem Umkreis konzentrierte sich die Landwirtschaft auf den Ackerbau. Die Vieh- und Milchwirtschaft wurde in die Randgebiete abgedrängt, die ihrerseits den Ackerbau einschränkten, um die gesteigerte Nachfrage nach Käse zu befriedigen. Qualitativ hochwertig sowie lager- und transportfähig aber war nur der Labkäse, für dessen Herstellung man bestimmte Geräte und Fachleute brauchte. Daher waren es vor allem die Almen von Adligen und Klöstern, die sich auf die Großproduktion umstellten.

Im Allgäu, heute dem wichtigsten Käseproduzenten Deutschlands, begann die Herstellung im großen Stil übrigens erst relativ spät. Die Bauern dort betrieben Ackerbau und Viehzucht hauptsächlich für den Eigenbedarf und um den Zins an den Grundherrn zahlen zu können. Wichtigste Einnahmequelle war über Jahrhunderte der Flachsanbau und damit die Leinenherstellung. Mit der Erfindung der mechanischen Webstühle ging diese Epoche Ende des 18. Jahrhunderts zu Ende. Das Gebiet wäre in bitterste Armut verfallen, hätten nicht einige innovative Geister Fachleute aus der Schweiz und Holland in die Region gebracht und mit der Produktion von Limburger und Emmentaler begonnen. Binnen 50 Jahren wurde vor allem im südschwäbischen Raum aus dem Ackerland Grünland, die Milchwirtschaft nahm ihre führende Rolle ein. Wie überall, wo Labkäse zum Verkauf produziert wurde, stellte man männliche Fachleute an, die einen Arbeitsbereich übernahmen, der seit alters zum Haus und damit zur weiblichen Domäne gehörte: die Milchverarbeitung. Noch heute dominieren auf der »Alpe«, wie die Alm im Allgäu heißt, die Senner, während zwei Drittel der rund 700 oberbayerischen Almen von Sennerinnen geleitet werden.

Ein Charakteristikum der alten Almhütten ist die offene Feuerstelle im Raum mit der hölzernen und drehbaren »Kesselschwing«, an der der große Käsekessel hängt. Der Dachraum dient als Vorratsraum für Heu bei verfrühtem Schneefall und ist oft Schlafplatz für die Kuhhirten. Um den Käse von den Almen herabzutransportieren, verwendete man im unwegsamen Gelände Traggeräte, ansonsten griff man auf die »Schnecke«, ein Zwischending zwischen Schlitten und Wagen, zurück.

Bis Ende des 18., Anfang des 19. Jahrhunderts wurde Käse ausschließlich auf der Alm hergestellt. Erst durch die Einführung von Klee und Luzerne erhöhte sich die Futtermittelproduktion im Tal gewaltig. Man konnte nun auf derselben Fläche eine größere Zahl von Kühen halten, die Milchmenge stieg an und musste verarbeitet werden.

So entstanden Mitte des 19. Jahrhunderts die Talkäsereien. Dieser Konkurrenz waren die Almkäsereien auf Dauer nicht gewachsen, und so wurden die meisten »Sennalpen« in »Galtalpen« umgewandelt, also Alpen, auf denen vor allem »Galtvieh« (Jungvieh) weidet. Auch wenn der Almkäse seine wirtschaftliche Bedeutung verloren hat, so spielt die Almwirtschaft in Oberbayern und vor allem im Allgäu noch immer

eine wichtige Rolle. Im südlichen Oberallgäu nehmen die Alpweiden über die Hälfte der Landwirtschaftsfläche ein. Die Höhenlagen des Oberallgäus erstrecken sich von 622 Meter an der nördlichen Landesgrenze bis auf 2649 Meter auf der Hochfrottspitze. In den Sommermonaten werden im südlichen Allgäu für rund 100 Tage jährlich circa 24 000 Stück Jungvieh, 3000 Kühe, 250 Mutterschafe und 480 Pferde auf insgesamt 623 anerkannte Alpen aufgetrieben. In dem Almbereich unterscheidet man zwischen Niederleger (bis 1000 m), Mittelleger (1000–1400 m) und Hochleger (über 1400 m), die im Laufe des fortschreitenden Sommers stufenweise von unten nach oben beweidet werden.

Dass man die Tiere noch immer auf die Alm treibt, hat seinen guten Grund: Je höher es wächst, desto besser wird die Qualität des Grases. Die Pflanzen auf den hoch gelegenen Matten haben einen höheren Protein- und Fettgehalt und sind damit nahrhafter und leichter verdaulich. Die Almtiere werden zwar weniger fett als ihre Kollegen im Tal, Jungtiere, die auf der Alm aufgewachsen sind, entwickeln aber eine wesentlich höhere Resistenz gegen Krankheiten und sind insgesamt kräftig und durchtrainiert: Auf der ungeregelten Standweide, auf der das Vieh sich frei bewegen kann, legt ein Tier in der Regel etwa 10 Kilometer am Tag zurück. Für die Friederalm am Südhang des Kaunermassivs wurde errechnet, dass die Tiere bei einer Weidezeit von 100 Tagen insgesamt einen Weg von 1200 Kilometern laufen. Daher erscheint es wenig verwunderlich, dass das Vieh beim farbenprächtigen Almabtrieb im September zwar mager wirkt, vor Vitalität jedoch nur so strotzt.

Links: Zum Almabtrieb werden die Kühe geschmückt.

Unten: Die Flachsblume in diesem fast hundert Jahre alten Buttermodel erinnert daran, dass das Allgäu früher überwiegend vom Flachsanbau und der Leinenherstellung lebte.

Kraut und Rüben

»Baierland hat die Freiheit, isst Kraut mit Löffeln allezeit, all Tag zwei Kraut, macht im Jahr fleißig siebenhundert Kraut, darzu dreißig«, dichtete Hans Sachs, der Nürnberger Schuhmacher und Poet des 16. Jahrhunderts. Ob die bayerische Vorliebe für Kraut allerdings wirklich etwas mit der »Freiheit« des Freistaats zu tun hat, mag dahingestellt sein. Kraut und Rüben waren vielmehr, in Bayern wie in anderen Landesteilen, vor der Einführung der Kartoffel das Gemüse der Armen. Zum »Kraut«, gemeint ist damit Sauerkraut, gehört etwas, das es »fett« macht, also Wammerl (Bauchspeck), Schweinernes oder Bratwürste. So begleitet, ist Kraut das einzige Gemüse, das die Bayern traditionell auf ihren Tellern dulden. Nördlich von Würzburg liegen die Gemeinden Unterpleichfeld, Oberpleichfeld und Bergtheim. Dort hat man beim bayerischen Lieblingsgemüse lange schon die Nase vorn – 113 Hektar Weißkraut werden hier angebaut und gleich industriell verarbeitet, beim »Blaukraut« (Rotkraut) sind es sogar 144 Hektar Kohlköpfe, die denselben Weg gehen. Eine andere Domäne der Region sind die »Kümmerli«, bei denen allerdings auch Niederbayern mitreden kann: Die kleinen Gurken werden ab Juli eingelegt und lassen sich außerdem zu einer Suppe verarbeiten, die im Sommer gern kalt gegessen wird. Zwiebeln zieht man in großem Maßstab um Landshut, und Forchheim am Westrand der Fränkischen Schweiz ist ein Zentrum des Meerrettichanbaus, denn gerade in Franken isst man die Bratwürste mit Senf oder mit »Kren«. Die fränkischen »Krenweiberl« kommen noch heute nach München, um die Landeshauptstadt mit Meerrettich zu versorgen. Dass Petersilie, fränkisch »Peterla«, nicht nur Salzkartoffeln und Suppen Pfiff gibt, zeigt sich im Schweinfurter Raum, wo speziell Schwebheim für seine Heil- und Gewürzkräuter Abnehmer findet – hier hat man in Anlehnung an den beliebten Zwiebelkuchen einen »Petersilienplootz« kreiert.

Neben solchen Alltagsgenüssen kann das Bayernland aber auch mit Edlerem aufwarten: Schrobenhausen im Westen der hopfenbestückten Holledau ist berühmt für seinen Spargel, und in Unterfranken im Gebiet um Volkach und Kitzingen bekommt man die zarten Stangen, deren Anbau sich über rund 404 Hektar erstreckt, gleich mit dem passenden Wein serviert, der an den umliegenden Hängen so üppig wächst. Das »Knoblauchsland« bei Nürnberg versorgt nicht nur die Dürerstadt mit Spargel, sondern auch Fürth und Erlangen; darüber hinaus aber ist es seit je eine Region für fast alle Gemüsearten – wobei der Name etwas irreführt, denn die würzige Knolle wird heute vorwiegend importiert. Als klassisches Anbaugebiet für Freiland- und Unter-Glas-Gemüse darf keinesfalls Kitzingen vergessen werden, dessen Großmarkt traditionell nicht nur München, sondern auch Berlin beliefert und Ware sogar bis nach Schweden schickt. Jeder zweite der vielen Rettiche, die in Bayern zur Brotzeit gegessen werden, stammt aus Kitzingen.

Schwarzwurzeln in Béchamelsoße

1 EL Essig
3 EL Mehl
1 kg Schwarzwurzeln
Salz
2 EL Butter
1/4 l heiße Brühe
200 g süße Sahne
weißer Pfeffer
1 Msp. gemahlene Muskatnuss
2 EL Weißwein
1 EL gehackte Petersilie

Auf dem Münchner Viktualienmarkt hat heimisches wie importiertes Gemüse das ganze Jahr Saison.

Schwarzwurzeln

Franken hat eine lange Tradition als Anbaugebiet von Intensiv- und Sonderkulturen: Schon im 12. Jahrhundert wird der »Gartenbau« beschrieben. Das milde Klima machte vor allem im Maintal schon früh eine zwei- bis dreifache jährliche Nutzung verschiedener Gemüsearten möglich. In ein und demselben Beet wurden dabei mehrere Sorten gleichzeitig gezogen. Zu den beliebten Gemüsen zählte und zählt auch die Schwarzwurzel, die sich, im Winterbeet gelagert, hervorragend für die Vorratswirtschaft eignet. Schwarzwurzeln, auch »Winterspargel« genannt, haben einen herbwürzigen Geschmack und sind sehr eiweißreich. Das Putzen ist allerdings recht mühsam: Man schabt die Wurzeln, um die schwarzbraune äußere Schicht zu entfernen. Der austretende Saft oxidiert sehr schnell, und wenn man die Wurzeln nicht sofort in Essigwasser legt, verfärben sie sich braun.

Essig und 1 EL Mehl in einer Schüssel mit 1 l Wasser verrühren. Die Schwarzwurzeln unter fließendem Wasser abbürsten, schälen und in 3 cm lange Stücke schneiden. Sofort in Essigwasser legen, damit sie weiß bleiben. Die Schwarzwurzeln in leicht gesalzenem Wasser in 15–20 Minuten bissfest garen. Dann abgießen und abtropfen lassen. Die Butter in einem Topf schmelzen und das Mehl darin goldgelb anschwitzen. Heiße Brühe angießen, die Sahne einrühren und die Soße 10 Minuten unter Rühren köcheln lassen. Mit Salz, Pfeffer, Muskatnuss und Wein abschmecken und die Schwarzwurzeln in der Soße wieder erhitzen. Vor dem Servieren mit der Petersilie bestreuen.

1 Schwarzwurzeln kann man auch im Garten ziehen. Sie lieben tiefgründigen und nährstoffreichen Boden.

2 Im Winterbeet gelagert, eignen sich Schwarzwurzeln hervorragend für die Vorratshaltung.

3 Das Putzen von Schwarzwurzeln ist eine mühsame Arbeit, bei der die Hände braun werden.

4 Die geputzten Schwarzwurzeln muss man vor dem Kochen in Essig legen, damit sie weiß bleiben.

1

2

3

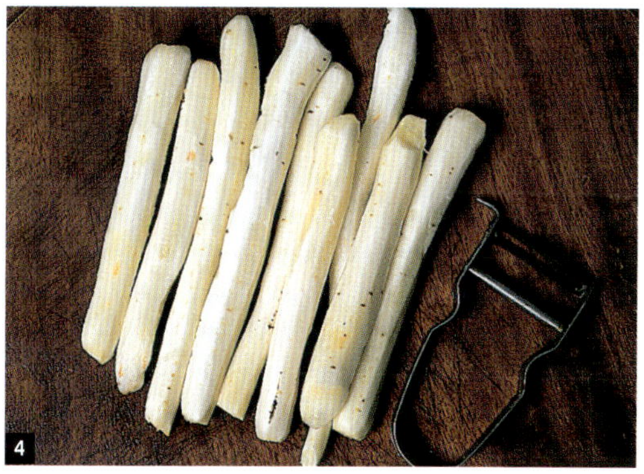

4

Wirsingkraut

1 Kopf Wirsing
Salz
1 kleine Zwiebel, fein gehackt
2 EL Butter
Pfeffer
1 Messerspitze gemahlene Muskatnuss
½ l Fleischbrühe
150 g süße Sahne
1 TL Speisestärke

Den Wirsing putzen, vierteln und den Strunk entfernen. In leicht gesalzenem Wasser 2 Minuten blanchieren, dann abgießen, gut abtropfen lassen und in Streifen schneiden. Die Zwiebel in der Butter glasig dünsten, die Wirsingstreifen hinzufügen und kurz anbraten. Mit wenig Pfeffer und Muskat würzen, mit der Fleischbrühe aufgießen und zugedeckt 20 Minuten garen. Die Sahne mit der Speisestärke verquirlen und unter das Gemüse rühren. Nochmals einige Minuten kochen, eventuell mit Salz und Pfeffer nachwürzen. Wirsing in eine vorgewärmte Schüssel füllen und mit Bratwürsten und Kartoffelpüree servieren.

So soll er sein, der Rettich zur Brotzeit: Dünn in eine Spirale geschnitten und dann gesalzen, bis er »weint«. Das Schneiden ist eine Kunst, die nur wenige von Hand beherrschen. Zum Glück gibt es Hilfsmittel.

Fränkische Würste

Franken und Thüringen sind sich nicht nur nachbarschaftlich-landschaftlich verbunden, sie haben auch beide eine allseits anerkannte Bratwurstkultur. Vor allem die Nürnberger Bratwürste haben Weltruf erlangt: Nur kleinfingerlang sollen die Delikatessen aus Brät vom Schwein sein und 23 Gramm wiegen; schön braun werden sie über offenem Buchenholzfeuer, und stilgerecht serviert man sie im halben oder ganzen Dutzend auf einem Zinnteller. Wer sich nicht mit Kren dazu begnügen will, für den gibt's Kraut- oder Kartoffelsalat. In Nürnberg sind Bratwurstküchen seit dem 14. Jahrhundert nachweisbar, 1658 produzierten die städtischen Metzgergesellen eine 658 Ellen lange Bratwurst für bedürftige Mitbürger. Ein Kochbuch von 1721 empfahl Bratwurstsuppe, pikant abgeschmeckt mit Ingwer, Pfeffer und Muskatblüte – und sogar ein Rezept für Bratwürste in Dunkelbier hat man im brauereireichen Franken kreiert.

Auch Coburg mit seiner mächtigen Veste, »Fränkische Krone« genannt, hält in Sachen Bratwurst mit, die hier daumendick und spannenlang ist und durch Tannen- oder Kiefernzapfen im Feuer ihr unvergessliches Aroma erhält. Originell präsentiert sich speziell im Maindreieck die Bratwurst vom Meter, säuberlich zu einem imponierenden Rund aufgerollt; in Sulzfeld südlich von Kitzingen kann man beim Weinfest am ersten Augustwochenende davon probieren. Besonders stolz ist man auf die »Blauen Zipfel«, die trotz des etwas verfänglichen Namens auch von zartbesaiteten Fränkinnen ohne Erröten bestellt und verzehrt werden: Rohe Bratwürste gart man behutsam in einem Sud, in dem sie dann auch serviert werden und zu dem auf jeden Fall Essig als »Blaumacher« sowie Zwiebeln, Lorbeerblätter und ein Schuss Frankenwein gehören. Dazu wird Brot gereicht. Zur Brotzeit lässt man sich speziell im Nürnberger Raum »Nackerte« schmecken: rohes Bratwurstgehäck (Brät) mit Zwiebeln, Salz, Pfeffer und Paprika auf Schwarzbrot mit Butter. Auch mit einer Scheibe »Gelegtem« lässt sich die Zeit bis zum Mittagessen überstehen – er heißt so, weil in den Darm mit einer Grundmasse aus fein gemahlener Schwarte mittels eines Trichters stattliche Stücke von gekochtem Schweinefleisch, auch vom Kopf, sowie Innereien eingelegt werden. Man bekommt diesen Presssack weiß und rot, wobei Letzterem Blut zugegeben ist. Morgens wie abends isst man gern einige Zentimeter der dicken, im Ring angebotenen Stadtwurst; sie wird mal fein, mal eher grob aus Schweinernem gekuttert, und ein Kenner Frankens hat sie von der Form her mit den Ringmauern der alten Städte verglichen. Eine andere Spezialität ist das »Knäudele«, eine kurz abgebundene Blut- oder auch Leberwurst.

Fränkischer Leberpresssack – Presssack gibt es in roter und weißer Form.

Kulmbacher Bratwürste sind länger als die Nürnberger Bratwürste.

Nürnberger Bratwürste – im halben oder im ganzen Dutzend serviert.

Saure Knöchla, Schweinekopf, -schnauze und -füße in Aspik.

Saure Zipfel sind rohe Bratwürste, die im Essigsud gegart werden.

Roter Gelegter besteht aus Schweinekopffleisch und Innereien.

Gerichte mit Wurst

Blut- und Leberwürste mit Sauerkraut

2 Zwiebeln, gehackt
200 g geräuchertes Wammerl
(geräucherter Bauchspeck), gewürfelt
2 EL Schmalz
1 kg frisches Sauerkraut
$^1/_8$ l Brühe
1 Lorbeerblatt
5 Wacholderbeeren
1 TL Kümmel
4 Blutwürste
4 Leberwürste
1 große Kartoffel
Salz und Zucker

Die Zwiebeln und das Wammerl im Schmalz glasig dünsten. Das Sauerkraut zugeben und die Brühe angießen. Mit Lorbeerblatt, Wacholderbeeren und Kümmel würzen und zugedeckt bei mittlerer Hitze ca. 40 Minuten kochen. Inzwischen die Würste in kaltes Wasser legen und langsam darin erhitzen, nicht kochen. Die rohe Kartoffel schälen und zum Kraut reiben. Noch einmal aufkochen lassen und das Kraut mit Salz und Zucker abschmecken. Portionsweise auf vorgewärmten Tellern mit je 1 Blut- und Leberwurst anrichten, dazu Kartoffelpüree servieren.

Milzwurst in aufgeschmalzter Brotsuppe

1 l Fleischbrühe
1 Knoblauchzehe, gehackt
1 kleine Möhre
Salz und Pfeffer
1 TL gerebelter Majoran
1 Messerspitze gemahlene Muskatnuss
1 TL gemahlener Kümmel
4 Scheiben Milzwurst à 120 g
3 EL Schmalz
3 EL Butter
250 g Zwiebeln, in Scheiben geschnitten
400 g altes Brot, in feine Scheiben geschnitten
2 EL gehackte Petersilie oder Schnittlauch

Die Fleischbrühe mit der Knoblauchzehe und der fein geriebenen Möhre zum Kochen bringen. Mit Salz, Pfeffer, Majoran, Muskat und Kümmel kräftig abschmecken. Die Milzwurstscheiben einlegen und bei kleiner Hitze in der Suppe erwärmen, nicht mehr kochen. Schmalz und Butter in einer tiefen Pfanne erhitzen und die Zwiebeln darin dunkelbraun aufschmelzen. Das Brot in eine tiefe Schüssel legen und die Suppe mit den Milzwurstscheiben darüber geben. Zugedeckt kurz durchziehen lassen, dann die Zwiebeln samt Bratfett unterrühren. Mit Petersilie oder Schnittlauch bestreuen und sofort servieren.

Regensburger Wurstsalat

600 g Regensburger
2 große Zwiebeln, in feine Ringe gehobelt
3 EL Essig
Salz und Pfeffer
3 EL Öl
2 Schalotten, fein gehackt
Radieschen, Schnittlauchröllchen
und Cornichons zum Garnieren

Die Regensburger häuten und in dünne Scheiben schneiden. Auf einer großen Servierplatte mit den Zwiebelringen anrichten. Aus Essig, 3 EL Wasser, Salz, Pfeffer, Öl und Schalotten eine Marinade anrühren und über die Regensburger verteilen. Etwas ziehen lassen.
Mit Radieschen, Schnittlauch und Cornichons garnieren und mit Bauernbrot servieren.

Wollwürste

12 Wollwürste
$^1/_4$ l Milch
1 EL Butterschmalz

Die Wollwürste 5 Minuten in die Milch legen und darin wenden. Herausnehmen, trocken tupfen und im heißen Butterschmalz auf beiden Seiten bei mittlerer Hitze ca. 3 Minuten goldgelb braten. Mit Kartoffelsalat servieren.

Blut- und Leberwürste mit Sauerkraut

Milzwurst in aufgeschmalzter Brotsuppe

Regensburger Wurstsalat

Wollwürste

Es geht um die Wurst

In Deutschland geht's den ganzen Tag lang »um die Wurst«: Sie belegt Frühstücks- und Pausenbrote, wird warm oder kalt als Hauptmahlzeit gegessen, zu Wurstsalaten verarbeitet und steht überall da zur Verfügung, wo es den Eiligen nach schneller Sättigung verlangt: am Bahnhof, in Autobahnraststätten, in den Fußgängerzonen, auf Volksfesten. Diese Form des Fast Food hat übrigens lange Tradition: Die erste Würstelbude entstand in Regensburg, als zwischen 1135 und 1146 die Steinerne Brücke gebaut wurde. Die Arbeiter, die dazu anreisten, hatten weder Weib noch Herd bei sich und griffen begeistert zu, als einer auf die Idee kam, heiße Würste anzubieten.

Wurst wird in der Regel aus Muskelfleisch, Speck, Innereien, Salz und Gewürzen hergestellt. Die Zutaten werden zerkleinert, gut gemischt und in Wursthüllen abgefüllt. Die Herstellung unterliegt strengen gesetzlichen Bestimmungen. So ist zum Beispiel vorgeschrieben, wie viel mageres Fleisch in den jeweiligen Wurstsorten mindestens enthalten sein muss. Beim Würzen und bei den anderen Feinheiten der Zubereitung hat dagegen jeder Metzger freie Hand, und so hat jede Region, jede Fleischerfamilie ihre eigenen Rezepturen.

1700 Wurstarten und -sorten hat einer gezählt, 1564 ein anderer. Wurst, wie viele es wirklich sind – fest steht, dass es in keinem anderen Land eine derartig bunte Wurstpalette gibt wie in Deutschland. Eigentlich seltsam, dass man bei der zentralen Bedeutung, die das Produkt hierzulande einnimmt, sagt, etwas »sei einem Wurst«, wenn es einen wenig bekümmert. Auch die »Wurstigkeit« ist in den Sprachgebrauch eingegangen, als »Gleichgültigkeit«. Die Etymologen haben zu diesen Begriffen nichts zu sagen, außer: »Herkunft unklar«. Die Wurst ist ihnen wohl Wurst.

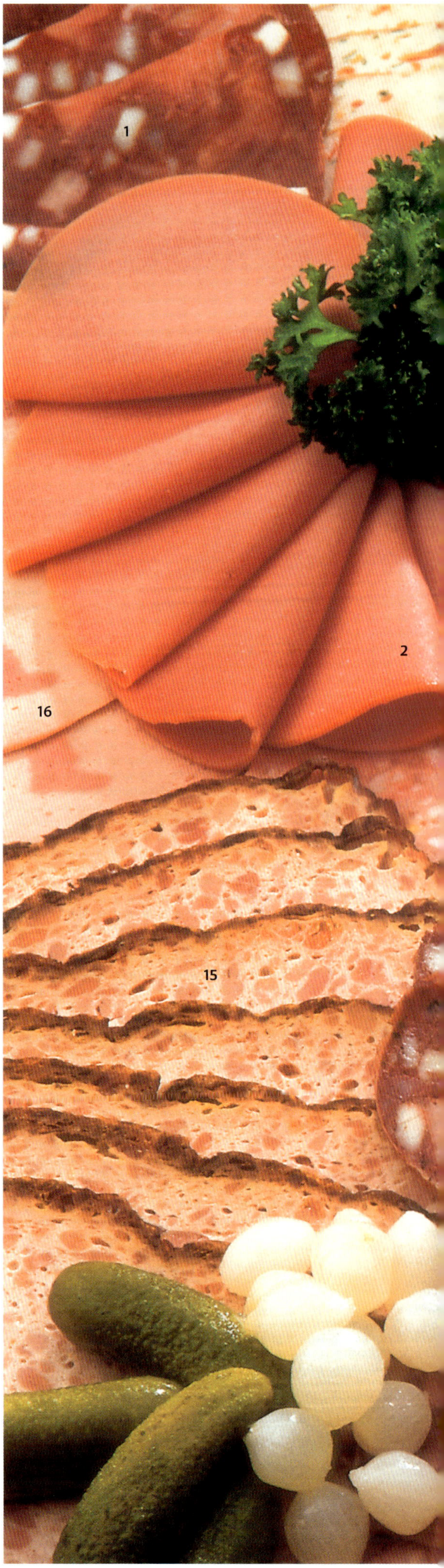

Kleine Auswahl aus der Vielfalt

1 Zungenwurst
2 Cervelatwurst
3 Pastete
4 Salami
5 Blutwurst
6 Schinkenfleischwurst
7 Feldkieker
8 Paprikawurst
9 Mettwurst
10 Weißgekochte
11 Champignonpastete
12 Zungenpastete
13 Feine geräucherte Leberwurst
14 Thüringer Rote
15 Grober Leberkäse
16 Kinderwurst
17 Bierwurst
18 Bierschinken

3
4
5
7
6
8
17
9
18
14
10
12
11
13

Schwammerl

In Bayern heißen sie »Schwammerl«, und das ist eine sehr treffliche Bezeichnung. Denn Pilze saugen Wasser auf wie trockene Schwämme. Jeder Pilzsucher weiß, dass er nach einem Regen, dem ein warmer Tag folgt, die beste Chance hat, seinen Korb zu füllen. Und wer sich ans Zubereiten macht und überlegt, ob er nun ein feines Gemüse oder eine Schwammerlsuppe auf den Tisch stellt, sollte die hydrophile Eigenschaft der Pilze nicht vergessen: Beim Reinigen darf man nur ein Minimum an Wasser verwenden. Am besten entfernt man Erde und Nadeln mit dem Messer und schwenkt nur sehr sandige Pilze kurz in Wasser. So bleiben Eigengeschmack und Aroma erhalten, die frische Waldpilze zu einer Delikatesse machen.

Schwammerlgemüse

500 g frische Waldpilze,
z. B. Rotkappen, Pfifferlinge, Maronen
1 kleine Zwiebel, fein gehackt
2 EL Butter
1/4 l Kalbsfond
1 Bund Petersilie, fein gehackt
Salz und Pfeffer
1 Msp. gemahlene Muskatnuss
150 g süße Sahne

Die Pilze putzen und klein schneiden. Die Zwiebel in der Butter glasig dünsten, die Pilze zufügen und 5 Minuten im eigenen Saft ziehen lassen. Den Kalbsfond angießen, die Petersilie untermischen und mit Salz, Pfeffer und Muskatnuss würzen. Die Sahne angießen und das Gemüse noch einige Minuten köcheln lassen.

Reherl mit Rührei

350 g Reherl (Pfifferlinge)
1 kleine Zwiebel, fein gehackt
2 EL Butter
4 Eier
4 EL Milch
Salz und Pfeffer
2 EL gehackte Petersilie

Die Pfifferlinge putzen, größere Pilze halbieren. Die Zwiebel in einer Pfanne in der Butter glasig andünsten, die Pfifferlinge zufügen und 7 Minuten im eigenen Saft ziehen lassen. Die Eier mit der Milch verquirlen, mit Salz und Pfeffer würzen und über die Pfifferlinge gießen. Bei kleiner Hitze stocken lassen, nur leicht verrühren. Mit der Petersilie bestreuen und sofort servieren.

1 Brätling, wie der Name sagt, ein Pilz, den man nicht kocht, sondern brät.

2 Birkenpilz, wird beim Kochen grau und eignet sich nicht zum Trocknen.

3 Frauentäubling, nur wenige kennen diesen Pilz, der aber ein sehr guter Speisepilz ist.

4 Hallimasch, verfeinert Schwammerlgemüse, Suppen und Pilzsoßen.

5 Heide-Rotkappe, wächst unter Birken und wird beim Kochen schwarz.

6 Mairitterling, wächst in der ansonsten recht pilzarmen Zeit von Mai bis Juni.

7 Maronenröhrling, gut in allen Pilzgerichten, getrocknet würzt er Soßen.

8 Perlpilz, ein hervorragender Speisepilz, zum Trocknen nicht geeignet.

9 Pfifferling, das Putzen macht viel Mühe, der Geschmack aber belohnt.

10 Reifpilz, hervorragender Speisepilz, fast zu schade für Mischpilzgerichte.

11 Samtfußrübling, ein Pilz, der sogar in milden Wintern an Laubholz wächst.

12 Schopftintling, schmeckt trotz seines abschreckenden Aussehens sehr gut.

13 Speisemorchel, eignet sich für alle Gerichte und zum Trocknen.

14 Steinpilz, der König unter den Pilzen, fest im Fleisch, ergiebig und köstlich.

15 Stockschwämmchen wachsen auf Holz, verfeinern Suppen und Soßen.

16 Ziegenlippe, ein Röhrenpilz, den man kochen, braten und trocknen kann.

5

6

7

8

9

10

11

12

13

14

15

16

Rinderland

Mag das Schwein auch das Lieblingstier der bayerischen Küche sein, rein ökonomisch gesehen ist der Freistaat ein Land der Rinder. 64 460 Rinderhalter mit insgesamt 3,4 Millionen Tieren, darunter gut 1,2 Millionen Milchkühe, zählt die Statistik. Stolz können die Bauern bei Rindfleisch auf einen Selbstversorgungsgrad von über 200 Prozent verweisen. Nur 12,4 Prozent der Rinder werden in Betrieben mit mehr als 100 Tieren gehalten, knapp 40 Prozent hingegen in Betrieben mit weniger als 29 Tieren.

Begünstigt wird die Rinderzucht im Freistaat durch große Grünlandbereiche. Boden und Klima eignen sich außerdem hervorragend zum Anbau von Mais für die Winterfütterung. Meist hält man hier die »Zwei-Nutzungsrasse« Fleckvieh, eine Rinderart, die sich sowohl zur Mast als auch für Milchkuhhaltung eignet. Wo extensiv reine Bullenmast betrieben wird, sind inzwischen auch Charolais und Deutsche Angus-Rinder zu Hause.

In der gutbürgerlichen Küche schätzt man Rindfleisch vor allem in gekochter Form. Erstens, weil es schmackhaft ist, und zweitens, weil als Nebenprodukt eine kräftige Rindsbrühe entsteht, die man mit Leberknödeln, Leber- oder Grießnockerln, Milzschöberl oder Pfannkuchenstreifen isst.

Böfflamott

1/2 Stange Lauch
1 große Möhre
1 Petersilienwurzel
100 g Sellerieknolle
1 kg Rindfleisch von der Schulter
1 Zwiebel, gespickt mit
  1 Lorbeerblatt und 2 Nelken
5 Wacholderbeeren
1/8 l Weinessig
1 l Rotwein
50 g Speck zum Spicken
Salz und Pfeffer
2 EL Butterschmalz
2 EL Zucker
75 g süße Sahne

Das Gemüse putzen und in Würfel schneiden. Mit dem Fleisch, der gespickten Zwiebel und den Wacholderbeeren in eine Schüssel legen und mit Essig und Rotwein übergießen. Wasser zugießen, bis das Fleisch ganz bedeckt ist. Zugedeckt an einem kühlen Ort 2–3 Tage beizen, dabei gelegentlich wenden. Das Fleisch aus der Beize heben, mit dem Speck spicken, trocken tupfen und mit Salz und Pfeffer einreiben. Die Beize durch ein Sieb seihen. Das Schmalz in einem Schmortopf erhitzen und das Fleisch darin von allen Seiten anbraten. Das Beizgemüse hinzugeben, kurz mitbraten lassen, mit einem Schuss Rotwein ablöschen. Die Beize angießen und das Fleisch bei kleiner Hitze ca. 2 Stunden schmoren. Den fertigen Braten aus dem Topf heben, die Soße durch ein Sieb abgießen. Gespickte Zwiebel und Wacholderbeeren herausnehmen und das Gemüse pürieren. Fond passieren, die Soße damit binden, mit Zucker, Salz und Pfeffer abschmecken und die Sahne einrühren.

1 Neben Wurzelgemüse, Zwiebel, Lorbeerblatt und Nelken gehören Essig und Rotwein in die Beize für Böfflamott.

2 Das gebeizte und mit Speck gespickte Rindfleisch wird im heißen Schmalz angebraten.

3 Nachdem man das Gemüse aus der Beize kurz mitgebraten hat, löscht man mit Rotwein ab und gießt die Beize an.

Beliebte Gerichte vom Rind

1

2

3

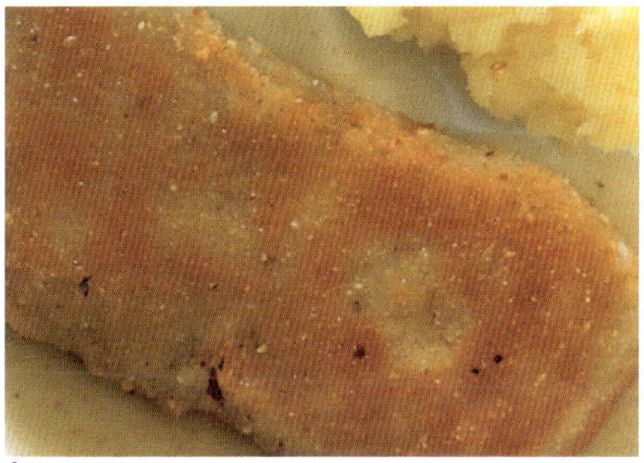
4

5

6

7

8

9

Nichts bleibt ungenutzt

1 Kalbsbries: Vor der Verarbeitung müssen die groben Häute und die innere Röhre entfernt werden. Das Bries wird in Mehl gewendet und in Butter knapp zehn Minuten gebraten. Mit Salz, Pfeffer und Zitronensaft gewürzt, schmeckt es am besten zu Kartoffeln und Blattsalaten.

2 Kalbsbrust füllt man vor allem im Allgäu und in Oberbayern mit einem Semmelknödelteig. Dazu wird eine Tasche in die Kalbsbrust geschnitten. In der Reine im Backofen circa eineinhalb Stunden gebraten, wird die Brust anschließend in nicht zu dünne Scheiben geschnitten und mit Kartoffelsalat und Blattsalaten serviert.

3 Kalbshaxn werden wie die Schweinshaxn entweder im Rohr gebraten oder gegrillt und mit Knödeln oder mit Kartoffel-Gurken-Salat gegessen. Mit Kartoffeln und Gemüse in einem Topf geschmort, wird aus der Kalbshaxe ein köstliches Gericht, das nicht viel Arbeit macht.

4 Kalbskopf schätzt der Bayer vor allem in gebratener Form. Dazu wird ein halber Kalbskopf mit Wurzelgemüse zwei Stunden in Salzwasser gesotten, anschließend das Fleisch ausgelöst, paniert und in heißem Butterschmalz goldbraun ausgebraten. Ebenso werden auch Kälberfüße kulinarisch veredelt: halbiert, gesotten und paniert brät man sie in reichlich Fett.

5 Kalbsniere: Man kann sie sauer zubereiten oder, wie hier abgebildet, als Kalbsnierenbraten. Den Nierenbraten mit Niere kann man beim Metzger bereits vorbereitet und gerollt kaufen. Man brät ihn scharf an und stellt ihn mit etwas Wasser, einer Zwiebel und einer Gelben Rübe (Möhre) in der Reine ins Rohr. In nicht zu dünne Scheiben geschnitten, wird er mit Kartoffelsalat serviert.

6 Leber von Kalb oder Rind findet in der bayerischen Küche in den Leberknödeln Verwendung, die man nicht nur in der Suppe, sondern auch zu Kraut, Speck und Schweinernem isst. Saure Leber macht man auch aus Schweineleber. Man schneidet die Leber in Streifen, brät sie mit Zwiebeln an, gießt Brühe, Essig und Sahne auf. Als Beilage schätzt der Bayer Kartoffelpüree.

7 Kronfleisch nennt man in Bayern das Fleisch des Zwerchfells vom Rind, weil es sich beim Kochen wie eine Krone kräuselt. Es wird mit Suppengrün circa 30 Minuten leise gekocht und mit frisch geriebenem Kren (Meerrettich) und kräftigem Bauernbrot oder Salzkartoffeln serviert.

8 Kalbs- oder Ochsenzunge wird gut eine Stunde mit Wurzelgemüse gegart, dann noch warm gehäutet, in fingerdicke Scheiben geschnitten und mit Kapern- oder Schnittlauchsoße serviert. Zu der abgebildeten gepökelten Ochsenzunge reicht man Bratensoße.

9 Ochsenschwanz – sogar der Schwanz des Ochsen findet in der bayerischen Küche eine schmackhafte Verwendung: Gesotten serviert man ihn mit Krensoße, geschmort kommt das Fleisch ausgelöst oder noch am Knochen, wie hier abgebildet, als deftiges Ragout auf den Tisch.

Prächtig geschmückte Rösser vor Brauereifuhrwerken ziehen am ersten Wiesnwochenende ein.

Die Wiesn

Noch ragt das Riesenrad bewegungslos in den weißblauen Himmel. Die Karussells stehen so still wie die gusseiserne Bavaria, die über der Festwiese thront, die Wägelchen der Achterbahnen parken in den Talstationen. Doch die Besucher des größten Volksfests der Welt sind schon da, das Münchner Kindl in Gestalt einer schönen, jungen Bürgerstochter ist bereits vom Pferd gestiegen, und die prächtigen, schweren Rösser haben die Brauereifuhrwerke mit Bierfässern und den Wirten der Münchner Großbrauereien sicher auf die Festwiese gebracht. Es sind nur noch Minuten.

Dann, pünktlich um zwölf Uhr mittags an diesem wie jedem letzten Samstag im September rollen zwölf Böllerschüsse über die »Wiesn«: »Ozapft is!« Und schlagartig setzen sich die Fahrgeschäfte in Bewegung, ertönen die ersten Schüsse in den Schießbuden, fließt das Bier aus den Hähnen.

»Ozapft is«, das heißt, dass das erste Fass Oktoberfestbier angestochen ist, also dass der Hahn, vom hölzernen Schlägel getrieben, sicher im Spund sitzt und das Bier in die Krüge läuft. Dies zu bewerkstelligen, ist seit 1950 die Aufgabe des Münchner Oberbürgermeisters. Wie viele Schläge er dabei braucht, wird jedes Jahr zum Lokalpolitikum. Wenn einer, wie Christian Ude, es mit dreimal draufhauen schafft, wird dieser Rekord in allen Münchner Zeitungen gefeiert und trägt mehr zum Ansehen des OBs bei als so manche kluge Entscheidung, die er im Rathaus fällt.

Während der 16 Wiesntage konzentriert sich das gesamte Leben der bayerischen Landeshauptstadt auf das Großereignis. Firmen laden ihre Belegschaft ins Bierzelt ein oder verteilen zumindest Bier- und Hendlgutscheine, Stammtische ziehen in die Festzelte, und die Münchner Kinder geben keine Ruhe, bis sie nicht wenigstens einmal auf der Wiesn waren. Wobei Eltern oder Großeltern gerne mitgehen, denn für jeden echten Münchner gehören die Erinnerungen an die Wiesnbesuche zu den bleibenden Kindheitserinnerungen, auch wenn heute viele schimpfen, es sei zu voll und es ginge nur noch ums Geschäft. Das freilich floriert: 2006 rannen 68 617 Hektoliter Bier durch die durstigen Kehlen der Besucher, knapp 500 000 Hendl drehten sich auf den Grillspießen, die Ochsenbraterei verarbeitete 102 ganze Ochsen, an die 891 Zentner Fisch endeten als Steckerlfisch über der Holzkohle. 6,5 Millionen Menschen aus dem In- und Ausland drängten sich in den Bierzelten,

Hochzeitsessen fürs Volk

Als Bayern 1806 Königreich wurde, spielte dabei ein selbst ernannter Kaiser eine wichtige Rolle: Napoleon. Bayern hatte sich ein Jahr zuvor für die Seite Frankreichs und gegen eine Koalition mit Österreich entschieden – die Königswürde gehörte mit zum Lohn. Eine feierliche Krönung Maximilian Josephs fand nie statt, und so war das erste große Ereignis, mit dem die Wittelsbacher sich und ihre Dynastie feiern und legitimieren konnten, die Hochzeit des Kronprinzen Ludwig mit Therese Charlotte Louise von Sachsen-Hildburghausen.

Die Trauung fand am 12. Oktober 1810 statt. Die Hochzeitsfeierlichkeiten sollten fünf Tage dauern. München war prächtig geschmückt, die Bürger und Adeligen übertrumpften einander mit disneyhaften Dekorationen ihrer Häuser, und Volk von überall her strömte in die Stadt, um dem Paar Ovationen entgegenzubringen, den Glanz mitzuerleben und die öffentliche Ausspeisung zu genießen, die dem Anlass entsprechend besonders großzügig ausfiel: Für »die herbeygeströmten Volkshaufen« hatte man in der Innenstadt Tische und Bänke bereitgestellt, wo das Königshaus am 13. Oktober für die Untertanen auftischte: 32065 »Laibln Semmelbrod«, 3992 Pfund Schweizer Käse, über 80 Zentner gebratenes Schaffleisch, 8120 Cervelatwürste und 13300 Paar geselchte Würste. Dazu gab's natürlich Bier: 232 Hektoliter und knapp vier Hektoliter österreichischen Weißwein. Sogar die Gefangenen hatten Grund, sich über die Hochzeit zu freuen: Sie bekamen bereits am Tag der Tauung eine gesonderte Ausspeisung.

»wo ungeheure Blechmusiken den Lärm durch Rauch und Bierdunst schicken«, wie Eugen Roth reimte. »Das ist die hoch gerühmte Zeit der Münchner Urgemütlichkeit, wo an den bunt besetzten Tischen die Unterschiede sich verwischen.«

Die Kellnerinnen, die sich in den Zelten den Weg durchs Getümmel bahnen und dabei virtuos Tablette mit halben Hendln oder gebratenem Ochsen balancieren, sind die wahren Matadore der Veranstaltung. Sie verdienen so gut, dass sich viele für diese Zeit Urlaub nehmen, um auf der Wiesn zu arbeiten. Freilich kann man nur erfahrene, gestandene Kräfte einsetzen, die in der Lage sind, acht bis zwölf Maßkrüge auf einmal zu schleppen, und nervlich damit fertig werden, dass die Kapelle an jedem Tag an die hundert Mal ihr »oans, zwoa, drei g'suffa« intoniert, um die angeheiterte Menge zu noch extensiverem Bierkonsum zu animieren. Das Geschäft mit dem Bier machen ausschließlich in München ansässige Brauereien – Bewerber aus dem Umland beißen sie erfolgreich weg. Besonders erbost über dieses Biermonopol ist Prinz Luitpold von Bayern, ebenfalls ein Brauherr, aber keiner, der in der Landeshauptstadt sitzt. Durch spektakuläre Aktionen versucht er immer wieder, auf sich und darauf aufmerksam zu machen, dass es immerhin seine Familie war, der die Münchner die Wiesn verdanken: Das erste »Oktober-Fest« fand 1810 anlässlich der Hochzeit des wittelsbachischen Kronprinzen Ludwig statt. Damals veranstaltete man außerhalb der Stadt »vor dem Sendlinger Thore, seitwärts der Straße, die nach Italien führt,« ein Pferderennen, das ein riesiger Publikumserfolg wurde und im Jahr darauf aus politischen Gründen wiederholt wurde: Auf einem Volksfest konnte sich die junge Monarchie aufs Angenehmste darstellen und die Huldigung ihrer Untertanen entgegennehmen. Zudem verband man damit eine Ausstellung, die Anregungen zur Verbesserung der Landwirtschaft geben sollte. Das Pferderennen wird seit 1938 nicht mehr durchgeführt, das »Zentrallandwirtschaftsfest« findet in dreijährigem Turnus noch immer statt. Auch wenn sich die Wiesn im Lauf ihres Bestehens – sie fiel nur vierundzwanzigmal wegen Cholera, Krieg oder Inflation aus – gründlich verändert hat, für die Münchner ist sie noch immer »ihr« Volksfest.

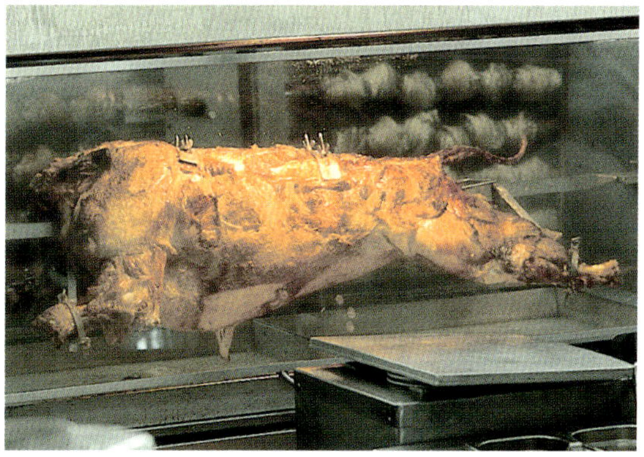

Von oben nach unten: In den Bierzelten finden Menschen aller Klassen und Altersgruppen zusammen.

In jedem Zelt spielt eine Kapelle, die die Stimmung aufheizt, zum Mitsingen und zum Trinken animiert.

Berühmt und alteingesessen: Die »Fischer Vroni«, bei der es »Steckerlfisch« gibt, über Holzkohle gegrillte Makrele.

In der Ochsenbraterei drehen sich ganze Ochsen am Spieß. Etwa 80 Stück werden pro Fest verzehrt.

Die Fünfzigerjahre

»Wohlstand für alle«, propagierte Ludwig Erhard und verkörperte allein durch sein Erscheinungsbild den Erfolgsmenschen der frühen Adenauer-Ära: Gut im Futter, im runden Gesicht die Zigarre. Von »Anti-Raucher-Kampagne« damals kein Wort – der Aschenbecher gehörte zum Inventar wie der Nierentisch, und »Abspecken« war ein Fremdwort in einer Zeit, in der man froh war, nach den Nachkriegs-Hungerjahren endlich wieder etwas zu beißen zu haben.
Die Auslagen der Schaufenster hatten sich schlagartig wieder gefüllt nach der Währungsreform am 20./21. Juni 1948, die offizielle Abschaffung der Lebensmittelkarten in den alliierten westlichen Zonen Anfang 1950 war nur noch eine Formalität. »Wirtschaftswunder« und »Fresswelle« kennzeichnen das Westdeutschland der Fünfzigerjahre ebenso wie der Wiederaufbau der zerbombten Städte und ein Lebensgefühl, das von zukunftsorientiertem Optimismus einerseits, Kaltem Krieg und der latenten Angst vor der Atombombe andererseits bestimmt war.

Autos waren Luxus. Man fuhr Fahrräder mit Hilfsmotor, Lieferanten, wie Bäcker, besaßen dreirädrige Tempotransporter. Als die Industrie mit Volkswagen, Isetta, Goggomobil und dem Messerschmitt-Kabinenroller auch erschwinglichere Produkte auf den Markt brachte, tuckerten einige Wohlhabendere dann schon bald in den Süden in den Urlaub, wo sie erstmals mit der mediterranen Küche Bekanntschaft schlossen. Zu Weihnachten 1952 nahm das Fernsehen seinen Betrieb auf. Den teuren Apparat konnten sich nur wenige leisten, aber wo er denn, deckchenbehängt und in altdeutschem Eichenfurnier verwahrt, an zentraler Stelle im Wohnzimmer stand, versammelten sich Nachbarn und Freunde zum gemeinsamen Fernseherlebnis, das durch den Verzehr von Käsestücken, die mittels einer Salzstange mit einer Traube verbunden waren, noch gesteigert wurde. Zu den Stars des neuen Mediums gehörte auch der Fernsehkoch Clemens Wilmenrod, der die deutsche Hausfrau in die Finessen der feineren Küche einführte, à la »Das Päpstliche Huhn«, »Italienisches Omelett« und »Chicoree anonym«. Zur Zubereitung empfahl er wärmstens den »Heinzelkoch«, ein Back- und Bratgerät, das »an jeder Steckdose anzuschließen ist« und dem »die Zukunft gehört, weil sie ihm gebührt«.

Über elektrische Geräte verfügten freilich die wenigsten Hausfrauen, und Huhn, ob päpstlich oder ketzerisch, galt noch als etwas Besonderes, ebenso wie Toast Hawai mittels der Ananas aus der Büchse einen Hauch von Luxus verbreitete. Hoch im Kurs stand Fett: Sahne- und Buttercremetorten, Mayonnaise, mit der man Salate zubereitete, die dann, in Tomaten oder Gurken gefüllt, den Gästen serviert wurden. Nicht fehlen bei einem Partybuffet durften die Plastikspieße mit Häppchen, denn Plastik war neben Nylon der Werkstoff der Fünfzigerjahre. Plastik bürgte für Hygiene – es ließ sich vortrefflich mit »Sagrotan«, ebenfalls einem Hit dieser Zeit, desinfizieren, aus »Nyltest« waren die begehrten bügelfreien Hemden für die Herren, aus Nylon die teuren Strümpfe für die Damen. Ein Paar Nylonstrümpfe galten denn auch als respektables Gastgeschenk, über das sich die Hausfrau ebenso freute wie über einen Piccolo. Manche Gastgeber waren auch schon glücklich, wenn sie ein Brikett für den Ofen bekamen, das immerhin garantierte, dass man den gemeinsamen Abend nicht in der Kälte verbringen musste.

1

7

1953: Die Auslagen waren zwar voll, aber für viele, wie diese zwei Münchner Buben, blieb nur der Blick ins Paradies. Ein paar Orangen – davon konnten sie nur träumen.

Ludwig Erhard, der Wirtschaftsminister und »Vater des deutschen Wirtschaftswunders«, am 28. Januar 1957 mit dem von ihm herausgegebenen Buch »Wohlstand für alle«.

Rechts: Gefüllte Forelle (**1**), Käsehäppchen (**2**), Knabbergebäck (**3**), Toast Hawaii (**4**), Gefüllte Eier (**5**), Meerrettichsoße mit Mayonnaise (**6**), Schinkenbananen auf Reis (**7**), Hering in Gelee (**8**) und Schinkenröllchen (**9**).

2
3
6
4
5
8
9

Knödel und Nockerl

Der Schwandorfer Caspar von Schmid, in der zweiten Hälfte des 17. Jahrhunderts ein einflussreicher Mann am Münchner Hof, muss ein Mensch gewesen sein, dem es im wahrsten Sinn des Wortes um Leib und Seele der Untertanen ging. »Bayerische Landeskinder«, so schrieb er, »sind besonders deswegen mit der Landesverweisung zu verschonen, weil sie ihnen Nudl und Knödel halber unverschmerzlich fällt.«
Damit haben wir es also schwarz auf weiß: Lange bevor es die Weißwurst und damit einen Äquator um die bayerische Weltkugel gab, bestand die aus einem Knödel. Oder besser gesagt aus vielen Knödeln. Das bayerische Weltall ist voller Grieben-, Speck-, Leber-, Zwetschgen-, Kartoffel- und vor allem Semmelknödel, die die Bayern sogar zum Teil selbst auf die Umlaufbahn geschossen haben. Wie Helmut Winter aus Pasing bei München, der 1967 mit einer selbst gebauten Katapultanlage über sein Haus hinwegbrausende Starfighter mit Knödeln beschoss. Übrigens mit Erfolg: Nicht dem des Absturzes – dazu brauchten die Starfighter Helmut Winter nicht, das schafften sie selbst –, nein, der Pasinger erreichte mit seiner humorvollen Ein-Bürgerinitiative, dass die Einflugschneise der Tiefflieger verlegt wurde.
Auch die Deggendorfer können auf eine militante Knödelgeschichte zurückblicken: Die Sage erzählt, dass sich die Stadt einmal mit Knödeln gegen die Truppen des böhmischen Königs Ottokar verteidigt hat. Anlässlich der Niederbayerischen Festwochen 1961 wurde das alte Rezept für die Deggendorfer Knödel rekonstruiert, das besonders raffiniert ist: Einem Teig aus Mehl, Ei, kräftiger Fleischbrühe und etwas Milch wird fein geschnittenes Schwarzbrot beigemengt. Dieser Knödelteig wird dann um eine in Milch eingeweichte Semmel ohne Rinde geschlagen und in Wasser gegart.
Als urbayerischer Knödel gilt der Semmelknödel, dessen Erfindung die Altbayern gerne für sich reklamieren. Die Kartoffel genoss in den wohlhabenden Gebieten, in denen Getreide in Fülle wuchs, nie das rechte Ansehen. Selbst den Dienstboten servierte man Knödel aus Roggen, also minderem Getreide, aber immerhin Getreide. Bekannt sind die »Rottaler G'wichsten«; sie sollen so hart gewesen sein, dass man sie über ein Hausdach werfen konnte, ohne dass sie zerbrachen.

Knödelvariationen

1 **Brezenknödel** werden statt aus Semmeln aus Laugenbrezen hergestellt.
2 **Böhmische Knödel,** ein Gruß vom Nachbarn, sie werden mit Hefe gemacht.
3 **Grammelknödel** – Grammeln sind Grieben, die man in den Semmelknödelteig gibt.
4 **Oberpfälzer Griebenknödel,** die Grieben werden in Teigtaschen gewickelt.
5 **Grießnockerl,** ovale Klößchen aus Grieß, isst man vor allem in der Suppe.
6 **Halbseidene** macht man aus gekochten und rohen Kartoffeln.
7 **Käsnockerl,** aus einem Mehl-Salz-Wasser-Teig bereitet und mit Käse angerichtet.
8 **Kartoffelknödel gekocht** passt zu nahezu jedem Fleischgericht mit Soße.
9 **Kartoffelknödel roh** – auch sie passen zu Fleischgerichten mit Soße.
10 **Milzknödel,** Semmelknödel mit Milz- statt, wie beim Leberknödel, Leberzugabe.
11 **Leberknödel** schmecken gut in der Suppe oder zu Sauerkraut und Schweinernem.
12 **Schinkenknödel,** der Semmelknödel wird mit Schinkenstückchen verfeinert.

Alltags Semmel-, sonntags Leberknödel

»Auch sonst war [der Großvater] oft in der Küche draußen und half der Großmutter Rüben schälen oder Semmeln schneiden für die Alltagskost, die Knödel; denn diese durften keinen Tag fehlen. Auch am Sonntag kamen sie, freilich viel größer und schwärzer, als Leberknödel auf den Tisch.
Das Wasser, in dem die Knödel, die neben ihrer Schmackhaftigkeit auch noch den Vorzug der Billigkeit hatten, gesotten wurden, wurde bei uns nie weggeschüttet, sondern in einer großen bemalten Schüssel aufgetragen. Dazu stellte die Großmutter ein Pfännlein mit heißem Schmalz und braunen Zwiebeln und im Sommer auch ein Schüsselchen voll Schnittlauch. Der Großvater langte dann den von der Mutter selbst gebackenen Brotlaib, der mittels unseren großen Hausschlüssels ringsum mit einem Kranz von ringförmigen Eindrücken verziert war, aus dem Wandschränklein und begann langsam und bedächtig Schnittlein um Schnittlein in die Brühe zu schneiden. Danach goss er die Schmelz darüber, würzte gut mit Salz und Pfeffer und rührte mit seinem Löffel etliche Male um. Alsdann sagte er: ›So Muatta, jatz ko'st betn.‹ Fleisch kam bei uns nur zu ganz besonderen Gelegenheiten auf den Tisch, und selbst am Sonntag genügten meinen Großeltern die Leberknödel mit dem Tauch, einem Gemüse von Dotschen, Rüben oder Kohlraben. Nur der Großvater erhielt als Feiertagsmahl ein Stück gesottenes Rindsfett, das er gesalzen und gepfeffert nur mit einem Stücklein Brote aß.«
(Aus: Lena Christ, Erinnerungen einer Überflüssigen, 1912)

1 Für die Semmelknödel übergießt man 300 g geschnittene Semmeln vom Vortag mit 200 ml heißer Milch.

2 Dazu gibt man zwei Eier, eine fein gehackte, geröstete Zwiebel, frische Petersilie, Salz und etwas Muskat.

3 Die Masse wird verknetet. Dann gibt man etwas Mehl dazu, bis der Teig die richtige Konsistenz hat.

4 Mit nassen Händen schöne Knödel formen, in siedendes Wasser legen, die Hitze reduzieren, gar ziehen lassen.

1

2

3

4

5

6

7

8

9

10

11

12

Erwildert

Auch wenn beileibe nicht alle Bewohner des Freistaats im Gebirge leben – das Klischeebild des Bayern zeigt ihn als »Homo alpiniensis«: Er trägt eine hirschlederne kurze oder knielange Hose, die von bestickten ledernen Hosenträgern gehalten wird, auf seinem Kopf thront ein Hut und auf diesem – unübersehbar und ganzer Stolz des Trägers – prangt ein mächtiger Gamsbart.
Den kann man heute in einschlägigen Trachtengeschäften kaufen, und somit können sich sogar »Neubayern« mit einem Attribut schmücken, das früher nur den erfahrenen Hochgebirgsjäger auszeichnete. Denn der musste schon einige Böcke geschossen haben, um einen veritablen Gamsbart sein eigen nennen zu können. Zu dessen Fertigung taugen nämlich nur die Haare, die im Nacken und auf der Rückenlinie eines älteren Gamsbocks wachsen und im Winter besonders lang sind. Ein weiteres Schmuckstück, das von Waidmannsheil zeugte und seinen Träger zudem vor Gefahren schützen sollte, war das Charivari, ein silberner Anhänger, meist in Form einer Uhrkette, in den die Zähne, manchmal auch Vogelkrallen oder Schnäbel des erlegten Wilds eingearbeitet waren.
Selbstverständlich konnte sich mit solchen Insignien nur zeigen, wer ein Mann von Stand war; allein der Adel hatte das Jagdrecht, Wild war die Speise des Hofes. Bei Schauessen, wie zum Beispiel dem Leichenschmaus beim Tod Albrechts IV. von Bayern 1509 oder bei der Hochzeit von Herzog Wilhelm V. von Bayern mit Renata von Lothringen 1568, bildete Wildbret einen wichtigen Bestandteil. Höchstes Ansehen bei diesen Repräsentationsessen genoss der Wildschweinkopf, und zwar der des Keilers. Obwohl dessen Fleisch einen ranzigen Beigeschmack hat, der von den Geschlechtshormonen kommt, gab man dem männlichen Tier als Statussymbol den Vorzug. Der Kopf wurde enthäutet und mitsamt den Hauern gekocht. Dann zog man die präparierte Haut wieder über und servierte den Schädel. Genuss kann das keiner gewesen sein, aber es machte zweifellos was her in Sachen Show und Männlichkeit.
Da hatten die anderen, die sich an Hase oder Reh nur dann laben konnten, wenn sie ein Tier erwildert hatten, schon schmackhaftere Methoden der Zubereitung. Erna Horn berichtet in »Bayern tafelt« von der »Brotzeit« derer, die in den Porzellanmanufakturen arbeiteten: »Die Porzelliner in Nordostbayern hatten ebenfalls ihre Spezialität. Arm, wie sie waren, weitab von leicht zugänglichen Nahrungsquellen, haben sie so ab und zu selbst für sich gesorgt und eine echte Porzelliner->Brotzeit< veranstaltet. So wenig >Brot< dabei zu tun hatte, so sehr stimmt die Veranstaltung, denn ein Jungschwein, ein Reh, ein gefangenes Haserl, ein Kaninchen oder eine fette Gans, die wollten schon >derwischt< werden. Dann ging's schnell, damit keiner dahinterkam. Aufgebrochen, gehäutet oder gerupft, gesalzen und dick in Lehm oder Porzellanerde gepackt, wanderte die >Brotzeit< in den Brennofen. Kein Bruzzeln, kein Düfterl hat sie verraten, denn die steinhart werdende Lehmkruste hat das Geheimnis bewahrt, bis es so weit war.«

Gämsen stellt man nicht nur des Fleisches wegen nach. Die älteren Böcke liefern auch die Haare für den Gamsbart, eine begehrte Jagdtrophäe.

Kriminelle Volkshelden

»Ich bin der Fürst der Wälder, und keiner ist mir gleich. So weit der Himmel blau ist, so weit geht auch mein Reich. Das Wild auf weiter Erde ist freies Eigentum, drum lass ich mich nicht hindern, und wer's nicht schießt ist dumm.« Das ist, in hochdeutscher Version, das Lied des »Bayerischen Hiasl«, oder besser gesagt, eines der vielen Lieder, in denen er glorifiziert wird: Matthias Klostermayer, geboren 1736, war der berühmteste Wilderer der bayerischen Alpen, und dabei eine durchaus zwielichtige Figur. Sosehr er vom Robin-Hood-Mythos umgeben ist, war er doch auch ein veritabler Krimineller, Räuber und Mörder, der sich nicht allein auf die Wilddieberei beschränkte. Der Sympathie und tatkräftigen Unterstützung der Bauern konnte er trotzdem sicher sein. Einmal, weil sie es leid waren, ihre Felder vom herrschaftlichen Wild verwüstet zu sehen, und zum anderen, weil der Wilderer einer war, der sich gegen die Obrigkeit stellte: Das Jagdrecht hatte allein der Adel. Und der strafte hart, wenn ihm einer das Wild wegschoss: Bei kleinen Delikten drohte Zwangsarbeit, Haft oder der Verlust der rechten Hand, bei »Erzbösewichten« wie Matthias Klostermayer schritt man zu drakonischen Strafen: Klostermayer wurde 1771 in Dillingen in eine Kuhhaut gewickelt, durch die Stadt geschleift, erdrosselt und mit dem Rad zerschmettert. Seine Verurteilung soll er mit den Worten kommentiert haben: »In fuffzg Jahr seids ös aa hi. Und da Kurfirscht aa!« »In fünfzig Jahren seid ihr auch hin, und der Kurfürst auch.«
Der »Bayerische Hiasl« war der berühmteste, aber beileibe nicht der einzige Wilderer seiner Zeit: Im 18. und 19. Jahrhundert wurde im bayerischen Bergland derart extensiv gewildert, dass vermutlich mehr Wild illegal als legal zur Strecke gebracht wurde. Das Volk war arm, und die Herrschaftswälder quollen über vor Wild – dass sich da einer sein Fleisch aus dem Wald besorgte, hielt nicht nur das gesunde Volksempfinden für gerecht, es wurde teilweise sogar von der Kanzel verkündet, dass Gott das Wild als Nahrung für alle Menschen geschaffen habe. Der Wilderer war ein Volksheld, ein Rebell, der den Reichen nur nahm, was sie im Überfluss hatten. Als solcher tritt er auch in Volksstücken und in der Literatur auf – ein gerechter, einfacher Mann, stets in Gefahr, von den Schergen der Obrigkeit ertappt und in der Konfrontation mit dem Jäger erschossen zu werden, aber immer ein bisschen schlauer als die Wildhüter.
So, wie der Niederegger, den der Dachauer Rechtsanwalt und Schriftsteller Ludwig Thoma (1867–1921) in seiner Erzählung »Der Wilderer« beschreibt: »Aus dem verwitterten Gesichte, das durch die vorspringende, scharf geschnittene Nase einen fast martialischen Ausdruck erhält, blicken ein paar listige graue Augen, die ebenso wie ein Zug um den Mund große Schlauheit verraten. Mit einem kurzen scharfen Blick mustert er die Gendarmen; dann schaut er sie unbefangen an, und keinen Augenblick zeigt er auch nur die geringste Überraschung.« Die Gendarmen durchsuchen sein Haus, finden natürlich nichts und ziehen wieder ab. Da steht der Niederegger »mit einem vergnügten Schmunzeln im Hof«, und dann zieht er umgehend wieder los, um ein paar Schlingen auszulegen …

Rehragout

750 g Rehfleisch aus der Keule ohne Knochen
2 EL Butterschmalz
2 Zwiebeln, gehackt
1 Möhre, in kleine Würfel geschnitten
1 Stange Lauch, in dünne Ringe geschnitten
Salz und Pfeffer
$^1/_8$ l Rotwein
$^1/_8$ l Fleischbrühe
60 ml Schweineblut
1 Prise Zucker
1 EL Weinessig
125 g saure Sahne

Das Fleisch abspülen, trocken tupfen und in Würfel schneiden. Das Schmalz erhitzen und das Fleisch darin von allen Seiten anbraten. Zwiebeln, Möhre und Lauch hinzufügen und 5 Minuten mitrösten. Mit Salz und Pfeffer würzen, Rotwein, Fleischbrühe und Schweineblut angießen. Zugedeckt bei mittlerer Hitze 1 Stunde schmoren, dabei gelegentlich umrühren. Mit Zucker, Essig, Salz und Pfeffer abschmecken, die saure Sahne einrühren und das Ragout in eine vorgewärmte Schüssel umfüllen. Dazu Semmelknödel oder Nudeln und Selleriesalat reichen.

Wildschweinfilet in Rotweinrahmsoße

1 kg Wildschweinfilet
1 große Zwiebel, grob gehackt
1 große Möhre, in Würfel geschnitten
$^1/_2$ Stange Lauch, in Ringe geschnitten
100 g geräuchertes Wammerl
(Schweinebauch), gewürfelt
200 ml Wildfond
Salz
$^1/_4$ l Rotwein
150 g süße Sahne
1 EL Rapsöl
Pfeffer
100 ml Sherry
100 g Crème fraîche

Das Wildschweinfilet von Haut und Sehnen befreien. Haut und Sehnen mit dem Wurzelgemüse und dem Wammerl anbraten, mit dem Wildfond ablöschen und einkochen lassen. Mit etwas Salz abschmecken, Rotwein und Sahne angießen, einmal aufkochen und die Soße durch ein Sieb passieren. Das Filet im Öl von allen Seiten scharf anbraten, dann die Hitze reduzieren und das Filet zugedeckt englisch braten. Mit Pfeffer würzen, kurz weiterbraten, dann mit Sherry ablöschen. Die Rotweinsoße angießen und zum Kochen bringen. Das Filet aus der Soße nehmen und in Scheiben schneiden. Die Crème fraîche unter die Soße ziehen, getrennt zum Filet servieren. Als Beilage Spätzle und Preiselbeerbirnen reichen.

Ruhpoldinger Hirschziemer

Für 6 Personen

Beize:
2 kleine Zwiebeln, gehackt
2 Möhren, in kleine Würfel geschnitten
1 Petersilienwurzel, in Würfel geschnitten
$^1/_4$ Sellerieknolle, in Würfel geschnitten
$^3/_4$ l Rotwein
Salz und Pfeffer
$^1/_2$ TL gerebelter Majoran
1 Lorbeerblatt, 5 Wacholderbeeren

Braten:
1,5 kg Hirschrücken mit Knochen,
küchenfertig vorbereitet
75 g getrocknete Steinpilze
100 g fetter Speck
Salz und Pfeffer
3 Wacholderbeeren
2 EL Butter
3 kleine Zwiebeln
2 Möhren,
in Stücke geschnitten
200 g saure Sahne
1 EL geriebenes
Schwarzbrot

Für die Beize Zwiebeln, Möhren, Petersilienwurzel und Sellerie mit dem Rotwein und den Gewürzen zum Kochen bringen und 10 Minuten köcheln. Vom Herd nehmen und abkühlen lassen. Den Hirschrücken in eine Schüssel legen, mit der Beize übergießen und zugedeckt an einem kühlen Ort 3–4 Tage ziehen lassen, dabei gelegentlich wenden. Vor dem Braten die Steinpilze 20 Minuten in lauwarmem Wasser einweichen. Den Hirschrücken aus der Beize heben, gut abtropfen lassen und abtrocknen. Speck in schmale Streifen schneiden und mit einer Spicknadel in Faserrichtung tief durch das Fleisch ziehen. Mit Salz, Pfeffer und den zerdrückten Wacholderbeeren einreiben. Die Butter in einem Bräter erhitzen und das Fleisch darin von allen Seiten anbraten. Die Zwiebeln abziehen und halbieren. Mit den Möhren und den abgetropften Steinpilzen zum Fleisch geben und kurz anrösten. Die saure Sahne zufügen und die Beize durch ein Haarsieb angießen. Zugedeckt im vorgeheizten Backofen bei 220 °C ca. 1 ½ Stunden garen. Nach Ende der Garzeit den Braten aus dem Bräter nehmen und warm stellen. Die Schwarzbrotbrösel in den Bratfond einrühren und etwas einkochen lassen. Mit Salz und Pfeffer abschmecken. Den Braten von den Knochen lösen. Auf einer vorgewärmten Platte auf den Knochen wieder anrichten, die Soße getrennt dazu reichen. Mit Kartoffelknödel und Blaukraut servieren.

Ruhpoldinger Hirschziemer

Rehragout

Wildschweinfilet
in Rotweinsoße

Ludwig II.

Romantischer Märchenkönig, fanatischer Bauherr, menschenscheuer Herrscher, platonischer Verehrer von Sissi, der Gattin des österreichischen Kaisers Franz Joseph – Mythos und Legende um den Wittelsbacher Ludwig II., den »einzig wahren König dieses Säkulums«, wie ihn der französische Dichter Paul Verlaine nannte, sind noch heute lebendig. Dazu trug sicher auch sein mysteriöser Tod bei: In der Nacht des 13. Juni 1886 fand man den wegen »Paranoia« entmündigten König und seinen Begleiter Dr. von Gudden tot im Starnberger See. War er, der ausgezeichnete Schwimmer, ertrunken? War er gar ermordet worden? Die Frage ist bis heute nicht geklärt.

Als der achtzehnjährige Ludwig 1864 die Thronfolge antrat, zählte Bayern vier Millionen Einwohner. Sie huldigten einem jungen, schönen König, der sich im Jahrhundert des Biedermeier und Bismarcks, der Industrialisierung und Technikbegeisterung schwärmerisch der Musik Richard Wagners verschrieb und die absolute Monarchie des französischen Sonnenkönigs Ludwig XIV. für die höchste Form des Königtums hielt. Der im Lauf seiner zweiundzwanzigjährigen Regentschaft drei Schlösser – Neuschwanstein, Linderhof und Herrenchiemsee – baute, für die er allein im Jahr 1883 mehr als drei Millionen Euro ausgab und die ihn fast in den persönlichen finanziellen Ruin trieben. (In dieser Zeit musste eine fünfköpfige Familie, in der Vater und Mutter in der Fabrik arbeiteten, jährlich mit umgerechnet 562 Euro auskommen.) Auch wenn Ludwigs Bausucht bei seinem Finanzminister und dem Parlament auf wenig Verständnis stieß – das Volk liebte ihn, vielleicht nicht zuletzt auch deshalb, weil seine unpolitischen Träume keinen Tropfen Blut auf den Schlachtfeldern kosteten, auf die andere Herrscher ihre Untertanen trieben.

So märchenhaft und prunkvoll seine Bauten waren, so feinsinnig und sensibel sein Gespür für Poesie und Musik – in die Reihe der königlichen Gourmets kann man Ludwig II. auch mit größtem lokalpatriotischem Wohlwollen nicht einordnen. Ganz der wittelsbachischen Tradition entsprechend unterlag das Essen während seiner Regentschaft einem strengen Hofzeremoniell. Doch im Gegensatz zu seinem Vater, der den Mahlzeiten wenig Bedeutung beigemessen hatte, waren sie für Ludwig II. prunkvolle Demonstrationen seines Königtums. Ein Tross von Dienern musste für den rastlosen Regenten kostbares Silber, Porzellan und Tafelzeug innerhalb von Stunden von einem Schloss zum nächsten, sogar auf entlegene Berghütten transportieren und jederzeit bereit sein, eine große Speisenfolge zuzubereiten und zu servieren. Ein komplettes Menü umfasste beispielsweise: Hühnersuppe mit Reis, Rheinlachs auf holländische Art, Rinderschmorbraten mit Gemüse, Hammelkotelett mit Kohl Brüsseler Art, Kapaun mit Nudeln, Gänseleberpastete, Fasanbraten, Kastanien-Pfannkuchen à la Lyon, Preußische Torte und Gefrorene weiße Johannisbeeren in Champagner.

Stets wurden Menü, Tafelgeschirr und Kleidung des Hofstaats dem Ort angepasst. Im Marokkanischen Haus des Parks von Schloss Linderhof gab man sich arabisch, in der Hundingshütte bäuerlich. Auf den »inneren Gehalt« der Schüsseln legte der König jedoch wenig Wert. Nur warm sollte das Essen sein. In der Münchner Residenz war die Küche von den »allerhöchsten Wohnräumen« allerdings so weit entfernt, dass die Speisen, wie der königliche Stabskontrolleur für die Küche 1884 schrieb, im Vorzimmer seiner Majestät erkaltet ankamen, wieder erwärmt werden mussten und oft stundenlang auf dem Ofen des Vorzimmers herumstanden, wodurch sie an Güte sehr verloren. In seinen Schlössern zumindest wollte Ludwig den Weg von der Küche zur Tafel auf ein Minimum verkürzt wissen und ließ sich in Neuschwanstein einen Speiseaufzug über drei Stockwerke einbauen. In Linderhof wurde auf seinen Befehl eines der ersten Elektrizitätswerke Bayerns errichtet, und die Vorstellung der ersten Personenhebemaschine, eines Aufzugs, auf der Pariser Weltausstellung inspirierte ihn zu seinem »Tischleindeckdich«, damit er auch beim Servieren keine Diener um sich haben musste. Der Esstisch wurde ein Stockwerk tiefer komplett gedeckt und fuhr dann elektrisch getrieben ins Speisezimmer.

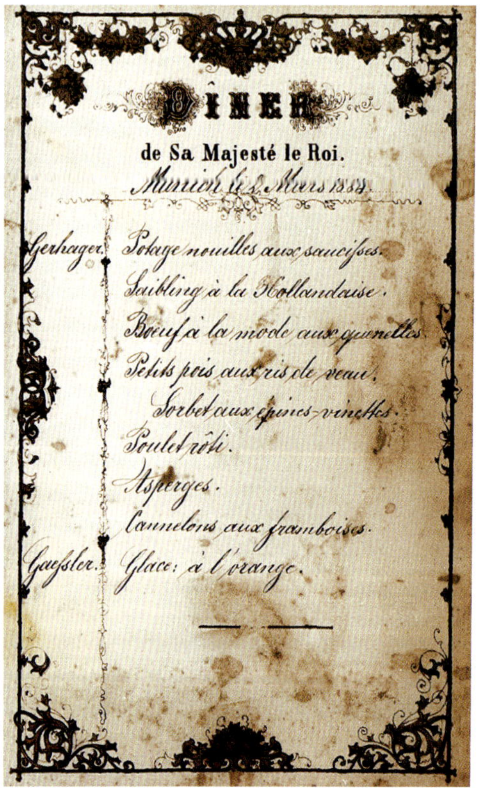

Dîner
de Sa Majesté le Roi.
Munich le 2 Mars 1884.

Gerhager. Potage nouilles aux saucisses.
Saibling à la Hollandaise.
Boeuf à la mode aux quenelles.
Petits pois aux ris de veau.
Sorbet aux épines-vinettes.
Poulet rôti.
Asperges.
Cannelons aux framboises.
Gaeßler. Glace: à l'orange.

Schloss Neuschwanstein, das Märchenschloss Ludwigs II.

Entenleberpastete

Teig:
500 g Mehl
1 Ei, 1 TL Salz
2 EL Cognac
225 g kalte Butter

Füllung:
2 große Entenlebern
Salz und weißer Pfeffer
1 TL Pastetengewürz
2 Trüffelknollen aus der Dose
250 g mageres Kalbfleisch
250 g frischer Speck
50 g gewürfelter Räucherspeck
2 Schalotten, gehackt, 6 Champignons, gehackt
1 EL gehackte Petersilie
1/2 TL provenzalische Kräuter
50 g gekochter Schinken, fein gehackt
2 EL Cognac
1 Eigelb, mit 1 EL Sahne verquirlt
4 Blatt Gelatine
1/4 l Madeira

Für den Teig Mehl, Ei, 1/8 l Wasser, Salz und Cognac verkneten und dünn ausrollen. 1/3 der Butter in dünnen Scheiben darauflegen, den Teig darüber zusammenschlagen und erneut ausrollen. Vorgang noch zweimal wiederholen. Teig zugedeckt über Nacht im Kühlschrank ruhen lassen. Entenlebern mit Salz, Pfeffer und Pastetengewürz bestreuen, mit einigen Trüffelscheiben spicken und zugedeckt über Nacht im Kühlschrank aufbewahren. Am nächsten Tag Kalbfleisch und frischen Speck zweimal durch den Fleischwolf drehen. Räucherspeck in einer Pfanne auslassen, Schalotten, Champignons und Petersilie darin dünsten, mit Salz und provenzalischen Kräutern würzen und zur Fleischfarce passieren, gekochten Schinken und Cognac untermischen. Pastetenteig fingerdick ausrollen. Eine Pastetenform damit so auslegen, dass der Teig über die Ränder reicht. 1/3 der Farce einfüllen, 1 halbierte Entenleber und Trüffelscheiben darauflegen. Mit einem weiteren Drittel der Farce bestreichen, die zweite halbierte Leber und Trüffelscheiben darauflegen und mit der restlichen Farce bestreichen. Aus den Teigresten einen Deckel formen und auf die Pastete legen, an den Rändern zusammendrücken, in die Mitte eine kleine Öffnung schneiden. Mit Eigelbsahne bestreichen und im vorgeheizten Backofen bei 180 °C ca. 1 1/2 Stunden backen. Fertige Pastete aus der Form heben, erkalten lassen. Gelatine in kaltem Wasser 5 Minuten einweichen. Madeira erwärmen und ausgedrückte Gelatine darin auflösen. Einen Teil in die Pastetenöffnung gießen, den Rest in eine flache Schüssel. Erstarrtes Gelee gewürfelt zur Pastete reichen.

Ganz links außen: Der bayerische Märchenkönig Ludwig II. (1845–1886).

Links Mitte: Königliche Speisekarte aus dem Jahre 1878. Der König legte mehr Wert auf Pomp als auf gute Küche.

Links oben: Entenleberpastete, wie sie am 10. Mai 1866 auf dem Speiseplan König Ludwigs II. stand.

Links unten: Bayerisch Creme, eine köstliche Kreation der höfischen Küche, in der Zubereitung allerdings etwas aufwendig.

Bayerisch Creme

Für 8 Personen

8 Blatt Gelatine
1/2 l Milch
1 Vanilleschote, aufgeschlitzt
6 Eigelb
125 g Zucker
500 g Sahne

Gelatineblätter in kaltem Wasser einweichen. Milch mit der Vanilleschote zum Kochen bringen, vom Herd nehmen, etwas abkühlen lassen. Eigelb mit dem Zucker schaumig schlagen und heiße Vanillemilch über einem heißen Wasserbad langsam einrühren So lange schlagen, bis sie eindickt. Ausgedrückte Gelatine darin auflösen, vom Herd nehmen und auskühlen lassen, dabei gelegentlich umrühren. Die Sahne steif schlagen. Wenn die Vanillecreme zu gelieren beginnt, die Sahne vorsichtig unterheben und die Creme mindestens 3 Stunden im Kühlschrank erstarren lassen.

Frankenwein

In Bayern, dem Land des Biers, wächst ganz oben am Nordrand, in Franken, wo der Main eigentümlich verschlungen dem Rhein zufließt, auf vielgestaltigen Triasböden auch ein guter, oft sogar vorzüglicher Wein. Die besten deutschen Silvaner kommen von dort und eine Reihe beachtlicher Varianten der Kreuzung Riesling x Silvaner: Ein blumig-weicher, angenehmer Müller-Thurgau, seine Rebstöcke stehen auf 43,4 Prozent der rund 6200 Hektar großen Anbaufläche Frankens; ein spritziger, fruchtig-eleganter Rieslaner, früher auch »Main-Riesling« geheißen. Stark vertreten in Franken sind auch der vornehm-feine Silvaner mit seinem verhaltenen Bukett und der aromatisch-würzige Bacchus.

Dass der Riesling mit einem Anteil von vier Prozent in der fränkischen Rebsortenstatistik auf einem der hinteren Plätze rangiert, liegt an der kontinentalen Witterung Frankens. Die ist mit heißen Sommern und kalten Wintern, einer kurzen Vegetationsperiode und überraschenden Früh- oder Spätfrösten für die deutsche Erfolgsrebe eher ungeeignet. Allein im Kleinklima südlich Würzburgs wächst ein Riesling, der sich nach Rasse, Eleganz und Feinheit an den besten deutschen Vertretern dieser Sorte messen darf. Seit dem 18. Jahrhundert ist er, zusammen mit den anderen Weinen der Gegend, als »Stein-Wein« berühmt. Er verdankt seinen Namen den Würzburger Lagen »Stein« und »Steinharfe«, die zu den größten zusammenhängenden Lagen Deutschlands zählen. Am Würzburger Stein begann man in der Rokokozeit erstmals mit dem deutschen Brauch, statt eines Eigennamens oder einer Weingutsbezeichung obenan den Lagennamen auf dem Flaschenetikett darzubieten. Seit 1718 füllt man den Stein-Wein in eine Flasche ab, die sich durch absonderliche Gestalt und pikierlichen Namen vom Üblichen unterscheidet: Bocksbeutel, angeblich benannt nach der Form des Hodensacks eines Ziegenbocks. Auf die Idee mit der besonderen Flaschengestalt kamen die Kellermeister des Würzburger Bürgerspitals, eines 1309 als wohltätige Stiftung gegründeten Weinguts, das mit 140 Hektar Rebfläche bis heute zu den größten Deutschlands zählt. Man wollte sich – ins Glas eingeprägt war zusätzlich das Siegel des Spitals – mit dem typischen Markendesign schützen gegen die damals überhandnehmenden Raubkopien der beliebten Frankenweine.

Bürgerspital, Staatlicher Hofkeller und Juliusspital mit seinen riesigen Kellergewölben unter dem gleichnamigen, 1576 vom Fürstbischof Julius Echter von Mespelbrunn errichteten Krankenhaus (mit 160 Hektar Rebfläche das drittgrößte deutsche Weingut) markieren mit ihren ehrwürdigen Gründungsdaten die lange Tradition des fränkischen Weinbaus. Dessen Zentrum Würzburg mit der prachtvollen Residenz und dem zum Hauptverkehrsweg ausgebauten Main zählte im 18. Jahrhundert zu den berühmtesten Weinorten Deutschlands. Im 17. Jahrhundert waren die Lagen nördlich und südlich der bayerischen Windungen des Mains mit rund 40 000 Hektar Rebfläche gar das größte Weinanbaugebiet des damaligen Reiches. Die Beliebtheit fränkischer Weine mit ihrer erdigen Kraft und einem gewissen hemdsärmeligen Charme hat seit Goethes Tagen nicht nachgelassen. Der schrieb 1806 von Jena an seine Frau: »Sende mir noch einige Würzburger, denn kein anderer Wein will mir so schmecken, und ich bin verdrießlich, wenn mir mein gewohnter Lieblingstrank abgeht.«

Gegenüber: Weinernte oberhalb der unterfränkischen Stadt Würzburg; die Stadt am Main zählte im 18. Jahrhundert zu den berühmtesten Weinorten Deutschlands.

Links: In Deutschland handelsübliche Weinflaschenformen. Links der Bocksbeutel, das berühmte und einzigartige Markenzeichen für Frankenweine.

Unten: Im Maintal gedeiht ein vorzüglicher Wein. Vor allem der Silvaner ist von herausragender Qualität.

Weinkauf

Erster und zumindest im Supermarkt und in den meisten Läden einziger Anhaltspunkt beim Weinkauf ist das Etikett. Was auf ihm steht, ist für jeden und jede ersichtlich. Was es dagegen besagt, wissen nur wenige.
Über den Inhalt eines Etiketts entscheiden europäische, Bundes- und Landesgesetze. Was gesetzlich sein muss: die Gruppenzugehörigkeit (zum Beispiel Tafelwein, Prädikatswein), Namen und Firmensitz des Erzeugers sowie die Mengenangabe – bei Qualitätsweinen auch der Jahrgang, die amtliche Prüfnummer, das Anbaugebiet (zum Beispiel Franken, Pfalz) und der Alkoholgehalt.
Was sein darf: Bezeichnung des Herkunftsgebietes, also der Name des Weinbaubereichs (zum Beispiel Markgräfler Land, Hochheim), der Gemeinde oder der Großlage (zum Beispiel Geisenheim, Gutes Domtal) oder einer Einzellage (zum Beispiel Assmannshäuser Höllenberg). Nicht obligatorisch, aber sehr wünschenswert und oft auch vorhanden: die Rebsorte (zum Beispiel Riesling, Spätburgunder) und die Geschmacksangabe (zum Beispiel trocken, lieblich).
Die Etikettenangaben sind freilich mit Vorsicht zu genießen. Berühmte Lagennamen wie Ürziger Schwarzlay oder Wehlener Sonnenuhr sagen kaum noch etwas über die Qualität des Weins, seit viele Spitzenlagen nach Verabschiedung des deutschen Weingesetzes 1971 stark erweitert und auf Flächen ausgedehnt wurden, die für den Weinbau erheblich schlechter geeignet sind als die Namen gebende einstige Einzellage. Prädikate wie »Kabinett« oder »Trockenbeerenauslese« verraten über die wirkliche Qualitätsstufe nur etwas im Zusammenhang mit der Qualität der verwendeten Trauben; so kann ein Kabinett von einem edlen Riesling viel besser sein als eine Trockenbeerenauslese von einem flachen Silvaner. Auch die vollmundige Bezeichnung »Gutsabfüllung« besagt nur, dass ein Wein auf einem bestimmten Gut abgefüllt wurde, keineswegs aber, woher die Trauben kamen. Und wer wissen will, ob ein Wein trocken oder lieblich ist, sollte nach dem Alkoholgehalt sehen: Je höher der liegt, desto ausgegorener und folglich trockener müsste der Wein sein – vorausgesetzt, man hat ihm nicht nachträglich einige Restsüße zugesetzt. In die Irre führt oft auch ein hochstaplerisches Design bei Flasche oder Etikett: So schmeckt ein Rheingauer Riesling aus einer alten Traditionsflasche mit Familienwappen und gotischer Schrift sicher eleganter und moderner als ein dünner Chardonnay aus einer hyperchic gestylten Designerflasche.
Eine Flasche Wein nur nach dem äußeren Eindruck zu kaufen, ist, obschon meistens die einzige Möglichkeit, immer riskant. Garantie für guten Weinkauf bietet darum nur kompetente Beratung, am besten in Verbindung mit der Möglichkeit, den Wein im Glas zu schnuppern und zu verkosten.

Glühwein & Lebkuchen

Sonderzüge werden eingesetzt, zahllose Busse, ja sogar Flugzeuge gechartert, damit alle Welt ihn erleben kann, den Christkindlesmarkt in Nürnberg, der die alte Reichsstadt vom Freitag vor dem ersten Advent bis zum Heiligen Abend für Touristen noch anziehender macht als selbst die sommerliche Ferienzeit. Die erste Erwähnung eines »Kindlesmarck« findet sich 1628; eine Stadtgeschichte von 1697 nennt das vorweihnachtliche Treiben dann »Christkindleinsmarck«. Ihren Ursprung haben Entstehung und Name des Marktes in der Reformation: Die Oberschicht des früh protestantisch gewordenen Nürnbergs ahmte nach, dass die Reformatoren ihre Kinder nicht mehr vom »Nikolaus«, sondern vom »Heiligen Christ« bescheren ließen. Gegen Mitte des 18. Jahrhunderts durften 140 Personen auf dem Markt ihre Waren anbieten; alle Handwerkszweige der Stadt waren dabei vertreten – darunter natürlich auch jene, die Nürnberg seit dem 15. Jahrhundert zu einem Zentrum der Produktion und des Handels mit Spielzeug gemacht hatten. Als dann im ausgehenden 19. Jahrhundert die familiäre Feier um den Tannenbaum immer populärer und zu einem Höhepunkt des Jahres wurde, boomte auch der bis dahin vergleichsweise bescheidene Christkindlesmarkt.

Vieles, was heute das Gesicht des Marktes prägt, geht auf die Zeit des Dritten Reichs zurück, als Nürnberg über einen Oberbürgermeister verfügte, der die Veranstaltung, deren Standort mehrfach gewechselt hatte, wieder auf den Hauptmarkt zurückholte. Seit dem ersten Nachkriegsmarkt 1948 steht das »Christkindlein« mit seinem Prolog auf der Empore der Frauenkirche im Mittelpunkt der Eröffnungsfeierlichkeiten: Zuerst wurde es von der überaus beliebten Stadtschauspielerin Sophie Keeser verkörpert, ihr folgte eine Kollegin, und inzwischen wählt man ein hübsches Mädchen »aus dem Volk« für jeweils zwei Jahre. Alle bisherigen Repräsentantinnen des Marktes wurden übrigens von einer großen Lebkuchenfirma eingekleidet.

Wer über festlich dekorierte Zugangsstraßen den Hauptmarkt mit dem eindrucksvollen »Schönen Brunnen« erreicht hat, der steht auf historisch interessantem Boden, denn hier war einmal das jüdische Viertel der Stadt, das 1349 bei einem Pogrom zerstört wurde; die gotische Frauenkirche nimmt nun den Platz der Synagoge ein. In den tannen- und laternengeschmückten Buden locken Christbaumschmuck, Kunsthandwerk, Zwetschgenmännla mit Walnussköpfen und Rauschgoldengel, von denen der Erste vor etwa 300 Jahren für eine Mutter angefertigt worden sein soll, deren Kind in der Adventszeit gestorben war. Appetitmachend erfüllt der Geruch gegrillter Bratwürste die Luft, an manchen Stellen sind gebrannte Mandeln dominant, aber auch feinere Düfte kann man ausmachen: den von anisgetränktem, bunt bemaltem Eierzucker etwa oder von kardamomgewürztem Spekulatius, von Hutzelbrot aus gedörrten Früchten und natürlich von den berühmten Nürnberger Lebkuchen.

Wer nach den Einkäufen dann noch entspannt an seinem Glühwein mit Zimt und Nelken schnuppert, hat mit all diesen Düften auch ein Stück Nürnberger Vergangenheit in der Nase – denn in der spielten Gewürze keine unwesentliche Rolle. Hier, am Kreuzungspunkt wichtiger

Oben links: Auf dem Christkindlesmarkt kann man sich auch mit Weihnachtsschmuck, wie Strohsternen, eindecken.

Oben rechts: Zwetschgenmänner und -weiber – Partner, die einen »nicht ärgern können«, wie das Schild verkündet.

Links: Auf dem Hauptplatz vor der Frauenkirche findet alljährlich der Nürnberger Christkindlesmarkt statt. Besucher aus aller Welt kommen angereist, um Weihnachtsschmuck zu kaufen und bei Lebkuchen und Glühwein die einzigartige Vorweihnachtsstimmung zu genießen.

Handelsstraßen, waren es die Kaufleute, deren Familienverbände jahrhundertelang das mächtige »Patriziat« bildeten und die im Rat das Sagen hatten; dazu trug bei, dass die städtischen Handwerker wenig Einfluss nehmen konnten, da ihnen nach einem Aufstand 1348 per kaiserlichem Dekret die Bildung von Zünften untersagt war. Ein Standbein vieler Kaufleute war der Gewürzhandel. Bis 1499 der Seeweg nach Indien gefunden war, verdienten die Araber ein Vermögen als Zwischenhändler mit den »Gewürzländern«, die Seestädte Venedig und Genua sorgten dann für den Weitertransport. In Planwagen kam die kostbare Fracht von dort über die Alpen und erreichte nach wochenlanger Fahrt über Stationen wie Salzburg, Linz, Passau und Regensburg schließlich auch Nürnberg. Für etwas, das wir heute mit leichter Hand beim Backen und Kochen verwenden, mussten nach Tausenden Kilometern Landweg schwindelerregende Preise gezahlt werden. Dem Nürnberger Patrizier Tucher diente sich ein Astronom als Helfer beim Spekulieren an, indem er behauptete, ein System zur Voraussage des Marktwertes gewisser Gewürze gefunden zu haben. Wo's um viel Geld geht, kannte man kein Pardon: In Nürnberg, das zur Dürerzeit eine Hochburg des Safranhandels wurde, verbrannte man 1444 einen Bürger samt seiner minderwertigen Ware wegen Verfälschung von Safran, die so ungewöhnlich nicht war.

Unermesslichen Reichtum konnte man gut durch Verschwendung der teuren Gewürze dokumentieren – wie etwa Anton Fugger in Augsburg, dessen Familie als »Bankiers der Kaiser« in den Fürstenstand aufstieg und sich auch im Gewürzhandel engagierte. 1535 ließ er mit Zimt ein wohlriechendes Kaminfeuer speisen. Er stand dabei allerdings an Protzerei noch Kaiser Nero nach, auf dessen Anweisung hin man beim Tod seiner Gattin Poppea Roms gesamte Zimtbestände in duftende Asche verwandelte.

Was heute an Gewürzen wie auch an anderen Zutaten in Nürnbergs Lebkuchen enthalten ist, bleibt wohlgehütetes Geheimnis eines jeden Produzenten. Obwohl er lange schon als unnachahmlich gelobt wird, ist die Herkunftsbezeichnung »Nürnberger Lebkuchen« erst seit 1927 gesetzlich geschützt. Doch schon Ende des 14. Jahrhunderts sollen Bäcker sich auf seine Herstellung spezialisiert haben. Der Reichswald mit seinen »Zeidlern«, den Waldimkern, lieferte reichlich Honig für die süßen Kuchen.

Wo heute eine runde Lebkuchendose vom Christkindlesmarkt mit dem Porträt Albrecht Dürers oder einer Ansicht der Burg auch landet, ob auf dem heimischen Gabentisch oder bei Verwandten im fernen Australien – wann immer man sie öffnet, selbst wenn sie lange schon Aufbewahrungsort für Briefmarken ist, haftet ihr stets noch der anheimelnde Duft weihnachtlicher Vorfreude an.

Rührstück mit Rauschgoldengel

Vor vielen Hundert Jahren »lebte in Nürnberg ein sehr armes Ehepaar. Der Mann war ein Bildschnitzer, doch weil er nicht in der Lage war, seine Kunst zu verwerten, und weil der Hunger wehtat, schnitzte er Holzlöffel. … Die beiden Bildschnitzerleute hatten einen großen Schatz, das war ihr Töchterlein Mariechen. Das Mädchen war so fein und zart, dass die Leute auf der Straße sagten, es passe besser hinauf in die stolze Kaiserburg als in die arme Schnitzerstube.« Da kam die Pest und »eines Tages mussten auch die Bildschnitzerleute sehen, wie ihr Töchterchen« starb. »Da war ihnen denn jegliche Freude ihres armen Lebens genommen, sie saßen betrübt in ihrer Behausung, und die Mutter weinte immerzu still vor sich hin. Der Vater aber vermochte keinen Löffel mehr zu arbeiten … Schließlich versuchte er, aus einem Stückchen Lindenholz ein Kinderköpfchen zu schnitzen und ihm die Züge seines Kindes zu geben.« So wird die Geschichte vom Rauschgoldengel in »Für Dich. Ein Jahrbuch für Mädchen«, erschienen 1956, erzählt. Das Weitere im etwas knapperen heutigen Stil: Die Mutter zeigt das Bildnis überall herum, alle sind in Tränen aufgelöst und werden mildtätig: Der Perückenmacher fügt die blonden Locken Mariechens hinzu, von anderen Handwerkern erhält die Mutter Blattgold, Seide, Bänder und Spitzen, sodass die arme Bildschnitzerfrau »das kleine Bildnis« so einkleiden kann wie eine Nürnberger Patriziertochter. Da das Kind ja nun ein Engel ist, gibt sie ihm Flügelchen und eine Krone. Rauschgoldengel fertig, Rührstück zu Ende.

Süßes vom Christkindlesmarkt

1

2

3

4

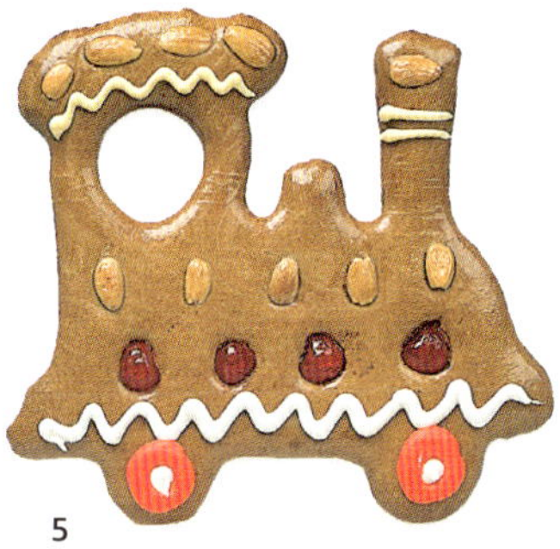
5

6

7

8

1 **Elisenlebkuchen** mit Schokoladenüberzug – eine Spezialität aus der Lebkuchenstadt.

2 Die berühmten **Nürnberger Lebkuchen** gibt es auch mit Mandeln und Zuckerguss.

3 **Kokosmakronen** – die Plätzchen gehören zu Weihnachten und damit auf den Markt.

4 **Früchtebrot,** in Bayern auch »Kletzenbrot« genannt, enthält Dörrobst und Nüsse.

5 Zwischen der Lebkuchenstadt und Fürth fuhr 1835 die erste deutsche Eisenbahn.

6 **Magenbrot** – eine Leckerei mit feinen Gewürzen, die dem Magen gut tun soll.

7 Die großen **Nusslebkuchen** werden ohne Glasur hergestellt und mit Nüssen oder Mandeln verziert.

8 **Zwetschgenweibla** und **Zwetschgenmännla** – ein ideales Paar aus Dörrobst.

Kuchen und Torten

Gugelhupf

Für 16 Stück

500 g Mehl
60 g Zucker
1/4 l lauwarme Milch
1 Prise Salz
40 g Hefe
60 g Butter
2 Eier
Mehl für die Arbeitsfläche
100 g Rosinen
Fett für die Form
Puderzucker zum Bestäuben

Aus Mehl, Zucker, Milch, Salz, Hefe, Butter und Eiern einen Hefeteig herstellen und bis zum doppelten Volumen gehen lassen. Auf einer bemehlten Arbeitsfläche nochmals kurz durchkneten. Rosinen hinzufügen und einkneten. Den Teig in eine gefettete Gugelhupfform geben und zugedeckt 20 Minuten gehen lassen. Dann im vorgeheizten Backofen bei 200 °C ca. 1 Stunde backen. Den fertigen Gugelhupf aus der Form auf ein Kuchengitter stürzen, abkühlen lassen und vor dem Servieren mit Puderzucker bestäuben.

1 Den Vorteig bereitet man aus etwas Mehl, Hefe, Zucker und lauwarmer Milch.

2 Wenn der Vorteig gegangen ist, fügt man die restlichen Zutaten hinzu.

3 Den Teig durchkneten, die Rosinen hinzugeben und in den Teig einarbeiten.

4 Den Gugelhupf in der Form noch etwas gehen lassen, dann in den Ofen schieben.

Glasierter Apfelkuchen

Für 12 Stück

250 g Mehl
100 g Zucker
1 Päckchen Vanillinzucker
1 Prise Salz
200 g Butter
1 Ei
1,5 kg Äpfel
Mehl für die Arbeitsfläche
Fett für die Form
2 EL Semmelbrösel
125 g flüssige Butter
4 Eigelb
200 g Sahne
2 EL Speisestärke
1 Päckchen Tortenguss, klar
2 EL gehackte Mandeln

Aus Mehl, Zucker, Vanillinzucker, Salz, Butter und Ei einen Mürbeteig kneten und 30 Minuten im Kühlschrank ruhen lassen. Inzwischen die Äpfel schälen, vierteln, entkernen und in schmale Spalten schneiden. Eine gefettete Springform mit Mürbteig auslegen, den Teigboden mit einer Gabel mehrmals einstechen und mit Semmelbröseln ausstreuen. Die Äpfel darauflegen und mit der flüssigen Butter bestreichen. Eigelb, Sahne und Speisestärke verquirlen, über die Äpfel gießen. Im vorgeheizten Backofen bei 200 °C ca. 1 Stunde backen. Den Tortenguss nach Packungsanleitung herstellen und über den noch warmen Kuchen gießen. Kuchen am Rand mit den gehackten Mandeln bestreuen.

Dobostorte

Für 16 Stück

Teig:
6 Eier, getrennt
150 g Zucker
1 Päckchen Vanillinzucker
100 g Mehl
2 EL Speisestärke
Fett für die Form

Füllung:
125 g Blockschokolade
250 g zimmerwarme Butter
125 g Zucker
2 Eigelb

Karamell:
1 EL Butter
150 g Zucker

Eigelb mit dem Zucker und dem Vanillinzucker schaumig schlagen. Eiweiß steif schlagen. Beides in einer Schüssel mischen, Mehl und Speisestärke dazusieben und unterheben. 1/6 des Teigs in eine gefettete Springform geben und im vorgeheizten Backofen bei 200 °C ca. 7 Minuten backen. Aus der Form lösen und nacheinander 6 Böden backen. Die Böden erkalten lassen. Für die Creme die Schokolade schmelzen. Butter, Zucker und Eigelb schaumig schlagen und die Schokolade unterrühren. 5 Böden mit der Creme bestreichen und übereinanderlegen. Die Butter in einer Pfanne zerlassen und den Zucker darin karamellisieren. Auf den restlichen Tortenboden streichen und in 16 Tortenstücke zerschneiden. Auf der Torte wieder zusammensetzen und im Kühlschrank aufbewahren.

Prinzregententorte

Für 16 Stück

Teig:
250 g Butter
250 g Zucker
4 Eier, getrennt
200 g Mehl
50 g Speisestärke
1 TL Backpulver
Fett für die Form

Füllung:
1/8 l Milch
200 g zartbittere Schokolade
200 g Butter
150 g Puderzucker
125 g Schokoladenfettglasur

Butter, Zucker und Eigelb schaumig schlagen. Das Eiweiß steif schlagen und unter die Eimasse heben. Mehl, Speisestärke und Backpulver dazusieben und unterheben. Eine Springform ausfetten und 1/5 des Teigs einfüllen. Im vorgeheizten Backofen bei 200 °C ca. 7 Minuten backen. Boden aus der Form lösen und weitere 4 Böden backen. Die Böden erkalten lassen. Für die Füllung die Milch erhitzen und die Schokolade darin auflösen. Unter häufigem Rühren erkalten lassen. Die Butter schaumig rühren, Puderzucker und die Schokolade unterziehen. 4 Tortenböden mit der Creme bestreichen und übereinander setzen, den letzten Boden darauflegen und mit der Schokoladenglasur bestreichen.

Das Schmalz der Reichen

Wenn in bayerischen Rezepten von »Schmalz« die Rede ist, so ist damit keineswegs ausgelassenes Schweinefett gemeint, sondern Butterschmalz. Also reines Milchfett, das man durch Auslassen der Butter gewinnt und das den Vorteil hat, dass es sich sehr viel länger hält als Butter. Sogar bei Temperaturen von bis zu fünf Grad kann man Schmalz etliche Jahre aufbewahren. Insofern war dieses Fett wichtig für die bäuerliche Vorratshaltung und nimmt dementsprechend auch einen besonderen Stellenwert in der bayerischen Küche ein.

Schmalzgebackenes stellt man aus diversen Teigen her, in die man auch Rosinen oder Nüsse mengen kann, man isst es süß oder auch nicht, mal gefüllt mit Marmelade, mal nicht. Auch Blüten können im Schmalzgebackenen enthalten sein, wie bei den Hollerküchерln. Die bereitet man im Frühjahr, wenn der Holunder blüht. Man pflückt die Dolden des Strauches, braust sie gut ab, tunkt sie in einen Pfannkuchenteig und backt sie in heißem Schmalz heraus. Schmalzgebäck in seinen mannigfachen Formen ist eng mit dem Brauchtum verbunden. So isst man zum Beispiel in ganz Bayern zu Fasching Krapfen, in einigen katholischen Gegenden Frankens ist es heute noch üblich, zur Kommunion »Küchla« zu backen, die dann an die Nachbarn und Freunde verschenkt werden, wenn sie gratulieren kommen. Zum Kirchtag gab es früher Schmalzgebäck, nach der Ernte oder dem Flachsbrechen tischte es die Bäuerin auf. Zur großen Freude der Mägde und Knechte, denn Schmalz war beileibe nicht in jeder Küche verfügbar. Nur reiche Bauern, die genug Weideland fürs Vieh und ein paar Dutzend Kühe besaßen, konnten es sich leisten, aus Rahm Butter und aus Butter Schmalz zu machen. Und das dann auch noch verschwenderisch zu verwenden.

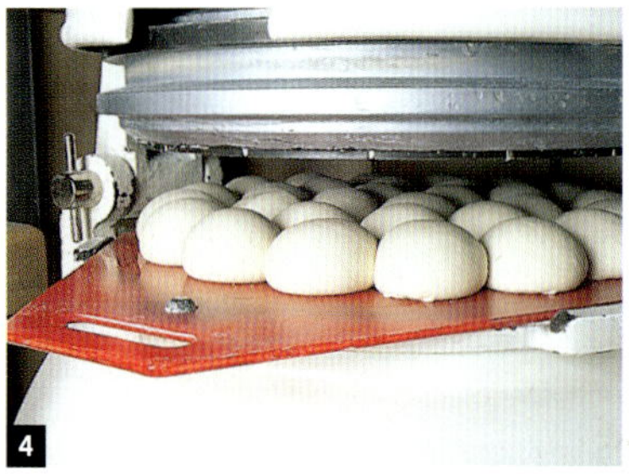

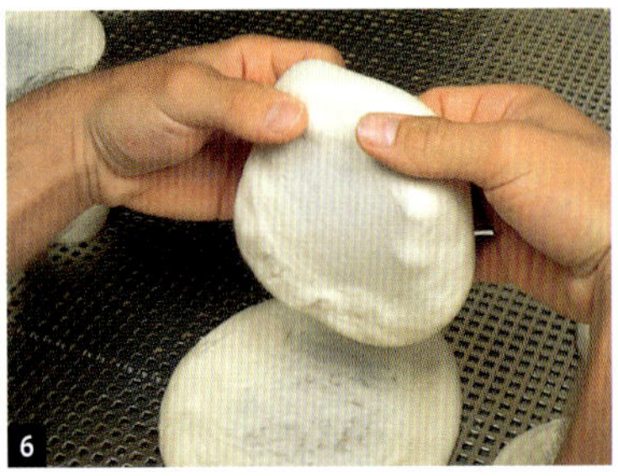

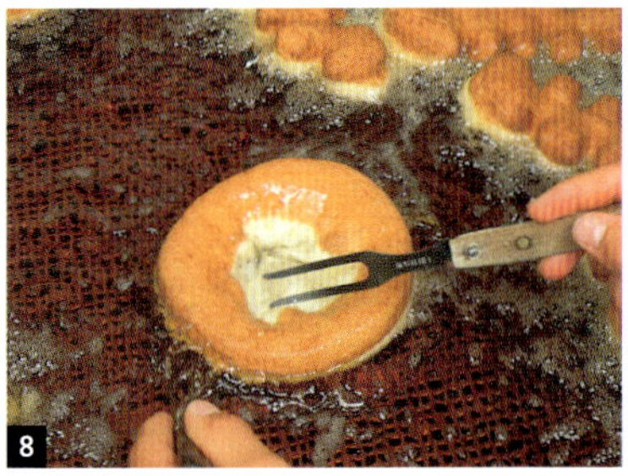

1 Der Grundteig für Ausgezogne, Stritzerln und Krapfen ist ein eierreicher Hefeteig.

2 Zum Abwiegen des Teigs benutzt man in der »Schmalznudel« noch die alte Waage.

3 Die portionierten Stücke werden auf ein Brett gelegt, der Teig muss gehen.

4 Maschinell erfolgt heute die Einteilung des Teigs in kleine Portionsstücke.

5 So bekommen die Bäcker, die direkt im Laden arbeiten, den Teig zugeliefert.

6 Ausgezogne zu machen ist eine Kunst: Sie müssen innen dünn, außen wulstig sein.

7 Der Teig für die länglichen Stritzerln wird an den Seiten eingeschnitten.

8 Vorne eine Ausgezogne, hinten ein paar Stritzerln im heißen Schmalz schwimmend.

9 Krapfen, noch blass, wie sie gerade ins heiße Schmalz eingelegt werden.

10 Bevor sie weiterverarbeitet werden, müssen die Krapfen auf einem Blech abkühlen.

11 Dann werden sie zu zweit auf eine Maschine gespießt und mit Marmelade gefüllt.

12 Krapfen werden immer gezuckert, Stritzerln oder Ausgezogne nur auf Wunsch.

Links: Krapfen werden in heißem Schmalz goldgelb herausgebacken. Dabei müssen sie gewendet werden.

Unten: Im Münchner Café »Schmalznudel«, in dem sich in aller Früh die Nachtschwärmer treffen, gibt es nur Schmalzgebäck: Ausgezogne, Stritzerln, Krapfen und Rohrnudeln.

Schmalz wie ein goldener See

»›Klipp, klapp, klapp, klipp, klapp, klapp‹, klang es von etwa zwölf Brechern, und die flott geschwungenen Flachsbüschel ächzten unter ihnen, das Feuer im Heizkammerl knisterte und schnalzte. Dazwischen gingen die Zungen der Brechweiber mit einer Geläufigkeit und Ausdauer, die in Anbetracht der atemberaubenden Arbeit bewundernswert war.
Der Flachs der Christlbäuerin sollte heute noch fertig werden ... Aber man hatte ja noch die ganze Nacht vor sich, und diese ist die eigentliche Zeit des ›Brechelns‹. Auch der weltberühmte Brechelbrei der Bäuerin war es schon wert, dass man seinetwegen die paar Stunden Schlaf opferte. Die große Dirn (erste Magd) war es heute noch nicht müde, von dem ferdigen (vorjährigen) zu erzählen, in den ›ihr Weib‹ vierzig Eier geschlagen und so viel Schmalz darauf geschüttet hatte, dass es wie ein goldener See in der Schüssel herumgeschwommen. Und erst die Strauben und Krapfen zum Nachtisch! Ja, wie ihr Weib, so konnte keine kochen und backen in der ganzen Pfarrei. ›Na, mein Gott, sie hat's ja!‹ sagte die Infrau mit schief gezogenem Munde. ›Wo so viel Sach da ist, da kann ma leicht aufkochen.‹«
(Aus: Emerenz Meier, Der Brechelbrei, 1897)

Gebildbrote

Seit der Sesshaftwerdung des Menschen bedeutet Brot Leben und Überleben, und so ist es nicht verwunderlich, dass es auch im Brauchtum eine wichtige Rolle spielt. Vielfach symbolbelastet, als das Symbol der Fruchtbarkeit schlechthin, als Zauberbrot gegen Hexen und Dämonen, strukturierte Brot den Jahres- wie den Lebenslauf. Weihnachtsbrot kam im Frühjahr in die erste Furche des Ackers; die Bäuerin teilte einen Laib über dem Pflug und gab eine Hälfte den Ochsen, die das Gespann zogen, die andere dem Pflügenden; man warf Brot ins Wasser, um den Fluss zu besänftigen. Zu besonderen Festen gab es spezielle Brote, die sehr oft auch an die Armen verteilt wurden.
Besonders geformte Brote mit einer symbolhaften Bedeutung, die im Jahres- und Lebensbrauchtum eine Rolle spielen, nennt man Gebildbrote. Sie wurden im Frühling, zu Ostern oder zum Jahresende gebacken. Noch heute ist es zum Beispiel in Bayern üblich, das Osterlamm am Ostersonntag mit in die Kirche zu nehmen und es – neben anderen Speisen – segnen zu lassen. Zur Geburt bekamen die Kinder früher ein Gebildbrot von ihren Paten, in das oft Geld gebacken war. Zur Hochzeit wie zur Taufe wurden spezielle Brote verschenkt. Unter den häufig vorkommenden Formen sind Zopfgebäcke, die »Statthalterfunktionen« erfüllten: Statt in großer Not ihren Haarzopf zu opfern, brachten die Frauen einen gebackenen Zopf dar. Brezen, die es als Fasten-, Hochzeits-, Palm-, Segens- und Seelenbrezen gibt, sollten Glück und Segen bringen, das Rad, auch als Sonnenrad gedeutet, war ein Neujahrssymbol.
Die meisten dieser alten Bräuche sind heute nicht mehr lebendig. Wer sich beim Bäcker einen Laugenbrezenzopf kauft, hat vorher nicht in Erwägung gezogen, sein Haar zu opfern. Und wer zum Frühstück einen viergeteilten Wecken aufschneidet, sieht ihn nicht mehr als Symbol der Zeit, auch dann nicht, wenn die ihm davonläuft und er schon längst im Büro sein müsste. Allenfalls in bestimmten Familien haben sich gewisse Formen erhalten, wie zum Beispiel der Brauch, jemandem zum Einzug Brot und Salz zu schenken.

Kleine Bilder rechts von oben nach unten:
Doppelzopf, Ehestandsjubiläumsbreze, Geburt des Frühlings, Osterlamm

Großes Bild rechts:
Typisch bayerische Kirche mit Zwiebelturm und Schoss Neuschwanstein im Hintergrund.

Von oben nach unten:
Muttertagsherz
Neujahrsrad
Sonnenrad
Sonnenzeichen

Mehlspeisen

Während die Bayern die Abgrenzung nach Norden, wo bekanntlich die »Preußen« leben, mit allen Mitteln betreiben, haben sie mit ihren südlichen Nachbarn überhaupt keine Probleme. Zu Österreich bestehen historische, sprachliche und kulturelle Bindungen. Große Teile des heutigen Österreich, wie die Steiermark, Tirol und Salzburg, waren im Lauf der Geschichte mal in bayerischem Besitz. Man versteht sich im wahrsten Sinne des Wortes: Fast alle österreichischen Mundarten sind Formen des Baierischen. Ein Steirer und ein Oberpfälzer können sich problemloser miteinander unterhalten als ein Bayer und ein Norddeutscher. Der Spruch eines Münchner Taxifahrers, der einen Linzer Gast mit den Worten begrüßte: »Mia Bayern und d' Österreicha gemma zam, und d' Schweiz nehm ma ois Kolonie« mag das alpine Nachbarschaftsverhältnis verdeutlichen, denn auf Hochdeutsch schlug der Mann nichts anderes vor als eine Vereinigung der beiden Länder mit gleichzeitiger Kolonienahme der Schweiz.
Derartige Gemeinsamkeiten machen sich natürlich auch in der Küche bemerkbar, besonders bei den Mehlspeisen. Der Strudel, der in Bayern als Apfel-, Topfen- oder Millirahmstrudel – die beiden Letzten enthalten eine Quarkfüllung – beliebt ist, kommt aus Österreich, wohin ihn vermutlich die Türken brachten. Die Kunst beim Strudelmachen besteht darin, den Teig aus Mehl, Ei, Wasser und Öl möglichst dünn zu ziehen. Dampfnudeln aus Hefeteig gibt es hier wie dort, ebenso wie den Kaiserschmarrn. Wobei all diese Speisen ursprünglich kein Nachtisch, sondern Hauptgerichte waren, an denen sich die Familie sattessen musste – Fleisch gab es früher ja nur sehr selten.

Kaiserschmarrn

80 g Sultaninen
3 EL Rum
8 Eier, getrennt
250 g Mehl
1/4 l Milch
Salz und Zucker
Butter zum Braten
Puderzucker und Mandelblättchen
zum Bestreuen

Die Sultaninen waschen, gut abtropfen und 30 Minuten im Rum quellen lassen. Das Eigelb mit dem Mehl verquirlen, nach und nach die Milch einrühren und den Teig mit je 1 Prise Salz und Zucker würzen. 30 Minuten quellen lassen. Das Eiweiß steif schlagen und vorsichtig unter den Teig heben. In einer großen Eisenpfanne reichlich Butter zerlassen und die Teigmasse einfüllen. Sultaninen zugeben. Bei kleiner Hitze so lange braten, bis die Unterseite goldbraun ist. Wenden, die andere Seite goldbraun braten. Mit dem Puderzucker und dann mit den Mandelblättchen bestreuen. Den Pfannkuchen mit zwei Gabeln in der Pfanne in nicht zu kleine Stücke reißen. Den fertigen Kaiserschmarrn auf eine vorgewärmte Platte geben. Sofort servieren.

1 Für den Teig des Kaiserschmarrns verquirlt man Mehl, acht Eigelb und Milch.

2 Dann hebt man den steif geschlagenen Eischnee unter den Teig.

3 In einer Pfanne wird Butter zerlassen, dann füllt man die Teigmasse ein.

4 Nun gibt man die in Rum gequollenen Sultaninen hinzu.

5 Nach dem Wenden fügt man Puderzucker und Mandelblättchen hinzu.

6 Der Kaiserschmarrn wird in der Pfanne mit zwei Gabeln in Stücke gerissen.

1

2

3

4

5

6

7

8

1 Zwetschgenknödel macht man aus einem Kartoffelteig. In die Mitte des Knödels kommt je eine halbe entkernte Zwetschge.

2 Millirahmstrudel, ein dünn gezogener Strudelteig, der mit einer Topfen- (das ist Quark) Vanille-Mischung gefüllt wird.

3 Zwetschgenbavesen, Semmelscheiben gefüllt mit Zwetschgenmus, die man in Mehl und Ei wälzt und herausbäckt.

4 Regenwürmer werden aus einem Nudelteig hergestellt und in Milch gegart. Man serviert sie mit einer Rahmsoße.

5 Rohrnudel mit Vanillesoße; Rohrnudeln werden aus Hefeteig gemacht und mit entkernten Zwetschgen gefüllt.

6 Rupfhauben; aus einem Nudelteig werden Teigflecke geformt, die man wie Hauben aufstellt und langsam in Milch gart.

7 Scheiterhaufen besteht aus in Milch eingeweichten Semmelscheiben sowie Äpfelschnitzen und Rosinen.

8 Topfenpalatschinken; Palatschinken sind Pfannkuchen, Topfen heißt auf Hochdeutsch Quark, der die Füllung bildet.

9

9 Topfennudeln; aus einem Quark-Hefeteig werden Nudeln geformt, die man in Schmalz herausbrät.

Schnaps aus Wurzeln

»Blau, blau, blau blüht der Enzian«, dröhnt es durch die Skihütten des Alpenlandes, und der Wirt schenkt aus: klare, hochprozentige Flüssigkeit aus einer Flasche, die die blaue Blume der Bergromantik ziert. Beim ersten Schluck beuteln sich die meisten Gäste. Doch das kennen die Einheimischen schon. Sie versichern mit leicht gekränktem lokalpatriotischem Stolz, dass das »g'sund« ist und »Natur«. Und überhaupt, dass er immer erst beim zweiten Glas schmeckt, der Enzian. Nach dem dritten aber, so sagen sie, da könne man nicht mehr aufhören. Was ein rechter Hüttenwirt ist, der hört dann auch nicht mehr auf mit dem Nachschenken, und so verlassen die Skifahrer die gastliche Hütte erst am Abend und rasen »blau, blau, blau« die Piste hinunter. In den Krankenhäusern im Tal rühren die Ärzte inzwischen schon den Gips an ...

Wenn man im Streckverband liegt, ist es müßig, sich darüber Gedanken zu machen, dass man da eigentlich einem Etikettenschwindel aufgesessen ist: Der Schnaps der Berge wird gar nicht aus dem Blauen Enzian gemacht, sondern aus den Wurzeln des Gelben Enzians *(Gentiana lutea)*. Der wird sehr viel größer als sein blaublütiger Verwandter und hat längst nicht so dekorative Blüten. Dafür aber besitzt er die kräftigeren Wurzeln, und auf die kommt es an. Heute wird der Gelbe Enzian auch feldmäßig im Tal angebaut, früher konnte man ihn nur oberhalb einer Höhe von 1000 Metern stechen. Je höher die Pflanze wächst, desto dicker werden ihre Wurzeln, sodass die »Wurzelgraber« von Anfang August bis zum ersten Schneefall in Höhen von bis zu 1500 Metern und mehr unterwegs waren. Um die Transportwege zu verkürzen, verarbeitete man die Wurzeln gleich dort, wo sie wuchsen, und errichtete Brennhütten, in denen die Wurzelgraber und die Brenner den Sommer verbrachten. Die Firma Grassl, die älteste, 1602 gegründete Enzianbrennerei Deutschlands, unterhält noch immer ihre Brennhütten im Berchtesgadener Land. Heute ist die Firma Produzent von mehr als 20 Gebirgsspezialitäten. Bei einer Betriebsbesichtigung können sich Besucher über das noch auf urtümliche Art und Weise ausgeübte Herstellungsverfahren informieren.

Die Graber bringen die Wurzeln zur Hütte – ein guter Mann kann 80 Kilogramm pro Tag stechen –, die grob gehackt und mit Hefe und Wasser zur Maische angesetzt werden. Nach drei bis fünf Wochen hat sich der Alkohol gebildet, und dann wird der Ofen geheizt und das Brennen beginnt. Nach dem zweiten Brand kommt das Destillat ins Tal und wird dort, mit Quellwasser verdünnt, bis zu fünf Jahren in Eschenholzfässern gelagert. Esche nimmt man deshalb, weil sie kaum Farbe abgibt, der Enzian soll ja ein ganz Klarer sein, wenn er dann in die Flaschen mit den blauen Blüten abgefüllt wird. Neben dem Enzian, der im ganzen Alpengebiet hergestellt wird, kennen die Berchtesgadener noch eine andere Spezialität aus Wurzeln: die Meisterwurz. Die hat allerdings, wie auch die in Niederbayern bekannte Bärwurz, nicht genug Fruchtzucker, um vergoren zu werden, und wird dem reinen Alkohol als Geschmacksträger beigegeben.

Gegenüber: Heute wird der Gelbe Enzian feldmäßig im Tal angebaut. Früher waren die »Wurzelgraber« im Sommer in Höhen zwischen 1000 und 1500 Metern unterwegs.

1 Mit der »Wurzenhack« legt der Wurzelgraber die Enzianwurzel frei.

2 Dann hilft er mit den Händen nach, die Wurzel muss unverletzt bleiben.

3 Je höher der Gelbe Enzian wächst, desto dicker sind seine Wurzeln.

4 Zwölf Kilogramm Wurzeln braucht man für einen Liter Reinalkohol.

5 Auf einem Holztisch vor der Brennhütte werden die Wurzeln gehackt.

6 Wurzeln, Wasser und Hefe werden zur Maische angesetzt.

7 Die Brennblase, in die die Maische kommt, fasst 150 Liter.

8 Nach dem ersten Brennvorgang tropft klarer Alkohol in eine Kanne.

Unten: Klares Bergwasser und die Wurzel des Gelben Enzians sind die Bestandteile dieses Brandes.

Ganz unten: Für die Wanderer, die an der Enzianhütte vorbeikommen, steht ein gut gekühlter Schluck bereit.

Text- und Rechtenachweis

Die Gliederungen der Kapitel Thüringen, Sachsen und Sachsen-Anhalt wurden unter Mitarbeit von Oda Tietz, Leipzig, erstellt.

Thüringen
S. 16: Textauszug aus: Thomas Mann, Essays, Goethe als Repräsentant des bürgerlichen Zeitalters, S. Fischer Verlag, Frankfurt
S. 16: Rezept Rotkohlwickel, CMA Bonn

Sachsen
S. 35: Text »Armes Preußen ...«, Christa Wachenfeld, Berlin
S. 39: Textauszug aus: Erich Kästner, Als ich ein kleiner Junge war, Atrium Verlag, Zürich

Berlin
S. 69: Text »Am Puls des Zeitgeists«, Claudia Boss-Teichmann
S. 77: Text »Aus fremden Töpfen«, Claudia Boss-Teichmann

Brandenburg
S. 84: Text »Warenkunde ...«, Christine Metzger, München
S. 85: Text »Rund um die Knolle«, Christine Metzger
S. 87: Text »Kartoffelsalat«, Christine Metzger

Mecklenburg-Vorpommern
S. 111: Text »Ganz Weihnachten, Gans festlich«, Christine Metzger
S. 112: Text »Heringsprodukte«, Christine Metzger

Schleswig-Holstein
Alle Texte außer den folgenden von Justus Steidle:
S. 124: Text »Fischgründe«, Christine Metzger
S. 128: Text »Brachyura«, Verena von Funcke, München
S. 129: Rezept Helgoländer Hummer mit Schnüsch aus: Josef Thaller, Die Meisterküche Schleswig-Holsteins, Matthaes Verlag, Stuttgart
S. 130: Rezept Gefüllter Kohlkopf, CMA, Bonn
S. 133: Rezepte Lammrücken mit Kräuterkruste und Salzwiesenlamm, Ministerium für ländliche Räume, Landwirtschaft, Ernährung und Tourismus des Landes Schleswig-Holstein
S. 136: Text »Die hohe Kunst des Räucherns«, Verena von Funcke
S. 138: Text »Federwild«, Christine Metzger
S. 140: Texte »Zum Tanken aufs Feld?« und »Raps«, Verena von Funcke
S. 144: Text »Geistige Speise«, Renate Schober, München
S. 148: Text »Rum«, Verena von Funcke
S. 149: Text »Rumtopf« Christine Metzger, Text »Rumterminologie«, Verena von Funcke

Hamburg
S. 158/159: Rezepte für Teegebäck von Obermeister Bernd Besch, Konditoren-Innung Hamburg

Bremen
S. 174/175: Rezepte Schaffermahl, Küchenmeister Ernst August Rotter, Bremen

Niedersachsen
S. 197: Text »Bregen und Pinkel«, Christine Metzger
S. 201: Rezept Gefüllte Heidschnuckenhaxe..., CMA, Bonn

Nordrhein-Westfalen
S. 223: Textauszug aus: Heinrich Böll, Das Brot der frühen Jahre, Kiepenheuer und Witsch Verlag, Köln
S. 225: Text »Essen nach Noten«, Stefan Siegert, Hamburg
S. 226: Text »Das Butterbrot«, Christine Metzger
S. 242: Text »Fix und fertig«, Christine Metzger

Hessen
S. 252: Text »Riesling«, Stefan Siegert
S. 270: Text »O Tannenbaum«, Christine Metzger

Rheinland-Pfalz
S. 280: Text »Weinbau«, Stefan Siegert
S. 282: Text »Pfälzer und Moselwein«, Stefan Siegert
S. 284: Texte »Weinprobe« und »Die Süße im Wein«,Stefan Siegert
S. 298: Text »Mineralwasser« Christine Metzger, Text »Wasserarten«, André Dominé, Culinaria Naturkost, Köln
S. 302: Text »Klostermedizin«, Claudia Boss-Teichmann

Saarland
S. 314: Texte »Das Ei«, André Dominé, Culinaria Naturkost, Köln
S. 317: Text »Der Rha ... der Barbaren«, Christine Metzger
S. 318: Text »Obst auf Kuchen«, Christine Metzger

Baden-Württemberg
S. 332: Text »Brot«, Christine Metzger
S. 334: Text »Dinkel und Grünkern«, André Dominé, Culinaria Naturkost, Köln
S. 368: »Wein«, Stefan Siegert
S. 376: Text »Marmelade«, Christine Metzger

Bayern
Alle Texte, außer den folgenden, von Christine Metzger
S. 390: Text »Weißwurst und Leberkäs«, Ingeborg Pils, München
S. 395: Textauszug aus: Oskar Maria Graf, Das Leben meiner Mutter, Paul List Verlag, München 1994
S. 398: Text »Die Sau«, Ingeborg Pils
S. 400: Text »Schweinsbraten und Co«, Ingeborg Pils
S. 404: Text »Auf Herz und Nieren«, Ingeborg Pils
S. 407: Textauszug aus: Karl Valentin, Klagelied einer Wirtshaussemmel, Piper Verlag, München 1985
S. 408/409: Texte »Grünes Gold« und »Hopfenzupfer«, Barbara Schnabel, Arnstein
S. 410: Text »Zurück zur Hausbrauerei«, Klaus Viedebantt, Frankfurt
S. 412/413: Texte »Die Kunst des Brauens« und »Bier ist Wasser«, Florian Mikorey, München
S. 414: Text »Brauen und Fasten«, Florian Mikorey
S. 416/417: Texte »Die Löcher im Käse« und »Alles Käse«, Verena von Funcke
S. 418: Text »Almwirtschaft«, Verena von Funcke
S. 420: Text »Kraut und Rüben«, Barbara Schnabel
S. 422: Text »Fränkische Würste«, Barbara Schnabel
S. 428: Text »Rinderland«, Ingeborg Pils
S. 430: Text »Die Wiesn«, Ingeborg Pils
S. 434: Textauszug aus: Lena Christ, Erinnerungen einer Überflüssigen, Süddeutscher Verlag, München
S. 438: Text »Ludwig II.«, Ingeborg Pils
S. 440/441: Texte »Frankenwein« und »Weinkauf«, Stefan Siegert
S. 442: Text »Glühwein und Lebkuchen«, Barbara Schnabel

Bibliographie

Allkemper, Gisela: Das Kochbuch aus Niedersachsen, 7., überarbeitete Aufl. Münster 1998

Arnim, Bettine von: Dies Buch gehört dem König, Frankfurt 2008

Arnim, Elizabeth von: Elizabeth auf Rügen, Berlin 2001

Auf die Spargel – fertig, los! Die 90 besten Spargelrezepte von Rhein, Main, Mosel und aus der Pfalz. Hrsg. v. Angelika Schulz-Parthu. Ingelheim 2007

Badorrek, Johanna: Gaumenfreunde zwischen Iller und Lech. Prominente aus Bayerisch-Schwaben präsentieren ihre Lieblingsrezepte. Hamburg 2008

Bangert, Elisabeth/Mahrle, Christine: Kaffee. Fränkisch-Crumbach 2007

Başer, Leyla: Als der Döner nach Deutschland kam. Rezepte und Anekdoten eines kulinarischen Kulturaustauschs. München 2006

Bertschi, Hannes/Reckewitz, Marcus: Von Absinth bis Zabaione: Wie Speisen und Getränke zu ihrem Namen kamen und andere kuriose Geschichten. Frankfurt 2003

Boldt, Klaus-Jürgen: Berlin & Mark Brandenburg kulinarisch. Leipzig 2005

Braungart, Margarete: Gekocht und gebacken in Südthüringen. Eine Küchen- und Backhausreise. Leipzig 2007

Buchholz, F. H.: Rathgeber für den Menagebetrieb bei den Truppen. Berlin 1882

Chronik der Deutschen. Gütersloh 2007

Dietze, Gudrun: Thüringer Allerlei. Leipzig 2007

Dippel, Horst (Hrsg.): Das Weinlexikon. Frankfurt 2005

Donderski, Manfred: Alkoholfreie Mixgetränke. Wuppertal 2004

Dörner, Claus S./Dörner, Ilse-Sibylle: Das Hamburg Kochbuch. Husum 1998

Drees, Margret: Sagenwelt des Hunsrückraumes. Simmern 2007

Eichelmann, Gerhard: Eichelmann Deutschlands Weine 2008. Das unabhängige Standardwerk. Heidelberg 2007

Englert, Klaus: Spargel. Düsseldorf 1990

Einige Hamburgische Hausfrauen: Hamburgisches Kochbuch – Anweisungen zum Kochen für angehende Köche, Köchinnen und Haushälterinnen. Hamburg 1830

Essen. Eine Kulturgeschichte des Geschmacks, hrsg. v. Paul Freedman. Darmstadt 2007

Fleischhauer, Steffen Guido: Enzyklopädie der essbaren Wildpflanzen: 1500 Pflanzen Mitteleuropas. Aarau 2003

Fontane, Theodor: Das erzählerische Werk, Bd. 17, Der Stechlin. Berlin 2001

Fontane, Theodor: Das erzählerische Werk, Bd. 16, Die Poggenpuhls. Berlin 2006

Freudenberg, Frank P.: Stollen-Büchlein. Leipzig 2006

Goethe, Johann Wolfgang von: Dichtung und Wahrheit. Frankfurt 2008

Gorys, Erhard: Das neue Küchenlexikon. Von Aachener Printen bis Zwischenrippenstück. München 2001

Grimmelshausen, Hans Jakob Christoph von: Der abenteuerliche Simplicissimus. Düsseldorf 2007

Gutmann, Hermann: Kohl- und Pinkelgeschichten... und warum Männer so gern ohne ihre Frauen auf eine Kohlfahrt gehen. Bremen 2004

Habermas, Jürgen: Strukturwandel der Öffentlichkeit: Untersuchungen zu einer Kategorie der bürgerlichen Gesellschaft. Frankfurt 2001

Hajesch, Angelika/Wolf, Carola: Die Bergische Kaffeetafel. Rezepte, Bilder, Geschichten. Wiehl 1992

Haslinger, Ingrid: Es möge Erdäpfel regnen. Eine Kulturgeschichte der Kartoffel. Wien 2007

Heise, Ulla: Kaffee und Kaffeehaus. Die Geschichte des Kaffees. Frankfurt 2002

Heise, Ulla: Reisen durch die Küchen von Brandenburg & Berlin. Leipzig 2007

Herzog, Alexander: Genießen in Bayern. Essen, trinken, zünftig feiern. Weyarn-Großseeham 2007

Hessler, Doris-Katharina (Hrsg.): Traditionelle hessische Küche. Rezepte gesammelt und erprobt von hessischen Landfrauen. Mainz 2002

Hildebrandt, Irma: Zwischen Suppenküche und Salon, Achtzehn Berlinerinnen. München 2002

Hilgard, Peter: Sage mir, welchen Wein Du trinkst... Die neue Gesellschaft der Weintrinker im Spiegel der Kulturgeschichte. Dreieich 2008

Horn, Erna: Bayern tafelt. München 1980

Horn, Erna: Bayrische Kuchl. Alte bayrische Originalrezepte. 6. Aufl. München 2008

Houdret, Jessica: Die große Enzyklopädie der Kräuter. Anbau, Pflege, Verwendung. Stuttgart 2008

Johnson, Hugh: Der große Johnson. Die Enzyklopädie der Weine, Weinbaugebiete und Weinerzeuger der Welt. 17., überarbeitete u. aktualisierte Aufl. München 2004

Jordan, Peter/Wheeler, Steven: DuMont´s großes Pilzbuch. Köln 1996

Kluge, Friedrich: Etymologisches Wörterbuch der deutschen Sprache, bearbeitet von Elmar Seeboldt. Berlin/New York 2002

Knott, Anja: Die Tafelfreuden der preußischen Könige. München 2005

Kochen & Genießen im Schwäbisch Gmünd des ausgehenden Rokoko und der Biedermeierzeit. Das historische Gmünder Kochbuch. Mit neu interpretierten Rezepten von Vincent Klink. Zusammengestellt v. Brigitte Mangold u. Klaus J. Herrmann. Schwäbisch Gmünd 2007

Krauß, Irene: Gelungen geschlungen. Das große Buch der Brezel: Wissenswertes, Alltägliches, Kurioses, hrsg. v. Museum der Brotkultur, Ulm. Tübingen 2003

Krift, Willi: So kochten wir in Westfalen. Münster 1996

Kux, Auguste: Die Feldküche. Gründliche Anleitung für Jedermann. Berlin 1878

Lämmel, Reinhard: Das Sachsen-Kochbuch. Ein Gang durch die Historie der sächsischen Essgewohnheiten. Husum 2007

Lappe, Werner/Lauer, Alfred: Burger Brezeln und die Bergische Kaffeetafel. Remscheid 1995

Lau, Katja/Schütterle Renate/Roscher, Ernst: Speisen wie ein König. Das königliche Kochbuch von der Tafel Max II. und Ludwig II. München 2006

Lindau, Paul: Briefe aus der Neuen Welt. Berlin 1884

Löbell, Gertrud/Löbell, Eberhard/Kray Iversen, Björn: Eine kulinarische Entdeckungsreise durch Pfalz, Kurpfalz und Odenwald. Neustadt/Weinstraße 2007

Mecklenburg, Jens/Wandmacher, Ingo: Schleswig-Holstein mit Genuss. Spitzenköche aus dem Norden präsentieren ihre leckersten Rezepte. Hannover 2004

Morris, Sallie/Mackley, Lesley: Das Handbuch der Gewürze. Würzkunst, Warenkunde und 100 Rezepte. München 2008

Müller, Klaus E.: Nektar und Ambrosia. Kleine Ethologie des Essens und Trinkens. München 2003

Muus, B. J./Nielsen, Jorgen G.: Die Meeresfische Europas in Nordsee, Ostsee und Atlantik. Stuttgart 1999

Neidhart, Christoph: Die Nudel. Eine Kulturgeschichte mit Biss. Wien 2007

Nerée, Av.: Die Militär-Dampfküche und Bade-Anstalt. Berlin 1880

Neubert, Andreas/Liebich, Angela: Eine kulinarische Entdeckungsreise durch Mecklenburg-Vorpommern. Neustadt/Weinstraße 2005

Peter, Peter: Kulturgeschichte der deutschen Küche. München 2008
Poggenpohl, G.: Hopfen und Malz. Papas leckere Bierrezepte. Fränkisch-Crumbach 2003
Politt, Anke: Käsestraße Schleswig-Holstein. Winzer des Nordens. Neumünster 2008
Reinhardt, Thomas: Das Saarland kocht. Rezepte, Restaurants, Ratschläge. Merzig 2005
Richter, Louise/Hommer, Sophie Ch.: Illustrirtes Hamburger Kochbuch. Hamburg 1879
Ringlein, Birgit: Apfelkiechla und Zwiebelblootz. Die besten fränkischen Spezialitäten. Husum 2007
Root, Waverly: Alles, was man essen kann. Eine kulinarische Weltreise von Aakerbeere bis Zwiebel. Frankfurt 2003
Rümpler, Theodor: Erfurt´s Land- und Gartenbau in seinen wichtigsten Entwickelungs-Momenten. Erfurt 1865
Schad, Martha/Epp, Annette/Reinhardt, Gerd: Königlich Bayerisches Bier-Kochbuch. Die besten Rezepte aus Schloss Kaltenberg. 2. Aufl. Rosenheim 2008
Schäfer, Dagmar: Reisen durch die Küchen von Sachsen. Ein kulinarischer Streifzug durch Städte und Landschaften Sachsens. Leipzig 2008
Schivelbusch, Wolfgang: Das Paradies, der Geschmack und die Vernunft. Eine Geschichte der Genussmittel. Frankfurt 2005
Scholze, Dietrich (Hrsg.): Die Sorben in Deutschland. Sieben Kapitel Kulturgeschichte. Bautzen 1993
Schultz, Uwe (Hrsg.): Speisen, Schlemmen, Fasten. Eine Kulturgeschichte des Essens. Frankfurt 1995
Schuma, Ludwig : Reisen durch die Küchen von Sachsen-Anhalt. Leipzig 2006
Sieben, Karl: Fair Trade und ökologischer Landbau — zwei zukunftsweisende Visionen: Bio, Öko alles Fair? Saarbrücken 2008
Siegert, Werner: Der kleine, aber absolut unentbehrliche Currywurst-Knigge. München 2005
Solche Düfte sind mein Leben. Literarisches und Kulinarisches aus Baden-Württemberg. Badische u. württembergische Autoren inspirierten Meisterköche u. Bäckermeister des Landes zu 102 Rezepten. Stuttgart 1998
Stegmann, Friedrich H.: Der Pfefferkuchenbäcker und Lebküchler oder Anweisung, alle Sorten feiner und ordinärer Pfeffer- und Honigkuchen zu fertigen: nebst genauer Angaben des Verfahrens. Reprint der Originalausgabe Weimar 1875. Leipzig 1989
Stier, Karl-Heinz/Viering, Claus: So esse die Hesse. Pfannkuchen, Frikadellen, Kartoffelsalat. Nidderau 2007
Storl, Wolf-Dieter: Heilkräuter und Zauberpflanzen: zwischen Haustür und Gartentor. München 2007
Strank, Karl J./Meurers-Balke, Jutta: ... dass man in den Gärten alle Kräuter habe... — Obst, Gemüse und Kräuter Karls des Großen. Mainz 2008
Tietz, Oda: Das Blütenkochbuch. Münster 2005
Tietz, Oda: So kochten wir in Thüringen. Münster 1999
Vogler, Hans-Jörg/Schneider, Mechthild: Eine kulinarische Entdeckungsreise durch Eifel, Saar-Hunsrück und Pfälzerwald. Neustadt/Weinstraße 2005
Vom Acker auf den Teller. Impulse der Agrar- und Ernährungsforschung für eine nachhaltige Entwicklung. Hrsg. v. Benjamin Nölting u. Martina Schäfer, Ergebnisse Sozial-ökologischer Forschung, Bd.8. München 2007
Wimpffen, Hans Hermann von: Sauerkraut. Die besten Kochrezepte. Wirksame Heilanwendungen. Geschichte und Anekdoten. Wien 2000
Witteler, Waltraud/Meier, Andreas: Kochen mit Wildkräutern. Neue Aromen — 80 Rezepte. Blumen & Blüten, Wurzeln, Pilze, Früchte & Beeren. München 2008

Fotonachweis

Herausgeber und Verlag haben sich bis Produktionsschluss intensiv bemüht, alle Inhaber von Abbildungs- und Textrechten ausfindig zu machen. Personen und Institutionen, die möglicherweise nicht erreicht wurden und Rechte an verwendeten Abbildungen beanspruchen, werden gebeten, sich nachträglich mit dem Verlag in Verbindung zu setzen.

li. = links; re. = rechts; o. = oben; u. = unten

© Agentur für Presse- und Öffentlichkeitsarbeit, wpr communication, Königswinter: 86 (Nr. 1–17, 20, 21, 23, 24)
© aid Bonn: 398 (li.), 399 (re. o. und re. u.); Dittrich: 201 (u. li.)
© akg-images, Berlin: 42 (o.), 104 (u.), 145 (o.), 225, 271 (u.), 415 (o.); Jürgen Raible: 64 (li.), 77 (o. re.)
© Architektur Bilderservice Kandula, Witten: 48
© Archiv der Stiftung Deutsche Kinemathek Berlin/Foto: ringpress-Brünjes/Filmaufbau/Europa: 144/145
© Archiv Gebhardt/Foto: Rudi Dix, München: 269 (o.), 432 (li.)
© Atelier Osterholz, Bremen: 173
© Franz Bagyi, Weil der Stadt: 294
© Bayerisches Hauptstaatsarchiv, Geheimes Hausarchiv, Aktenzeichen III/233/93/1 Nr. III/22/97, München: 438 (Mitte)
© Bayerische Verwaltung der staatlichen Schlösser, Gärten und Seen, Ludwig II. – Museum Herrenchiemsee: 438 (li.)
© Derentzen AG: 194/195 (gr. Foto Mitte)
© Berlinse/Werner Hallatschek: 77 (o. li. und u.)
© Bildarchiv Halloren und Salinemuseum Halle: 53, 54, 55
© Bildarchiv Preußischer Kulturbesitz, Berlin, Lutz Braun: 85 (re.)
© Bilderberg, Hamburg/Georg Knoll: 69; Wolfgang Kunz: 155 (u. re.); Reinhart Wolf: 381 (u. re.), 388; Angelika Jakob: 406 (o. li.); H. & D. Zielske: 448/449
© Faber und Partner Fotografie, Düsseldorf: 195 (7 Flaschenfreisteller u.)
© Fauser Vitaquellwerk: 141 (re.)
© Peter Feierabend, Köln: 269 (u. li.)
© Fotolia/I-pics: 15; herb: 33; Clemens Haselböck: 41 (u.); Pixeljäger: 49; merc: 62; Kenneth Kan: 81; aidasonne: 103; Peer Frings: 121; Norbert Gunn: 134; claudio calcagno: 135; Michael Homann: 153; wiw: 171; m.schuckart: 213; Brian Eberle: 247; Markus Monreal: 279; 303 (Nr. 1, 2, 4, 8, 9), Path: 307; Jens Hilberger: 325; Marcus Kästner: 389
© Getty Images/Alex Mares-Manton: 303 (Nr. 5)
© Gerald Große, Halle: 44
© HB Verlag, Hamburg: 212, 278
© Helga Lade Fotoagentur, Frankfurt a. M.: 270 (u. re.); Ingrid Rangnow: 326 (u. re.: Hafer); E. Bergmann: 397 (u.); S. K.: 326 (u. li.: Weizen); H. R. Bramaz: 218 (o.); Werner H. Müller: 326 (u. Mitte: Roggen)
© iStockphoto: 187
© Gerrit J. Keizer: 426 (Birkenpilz, Hallimasch), 427 (alle Pilze außer Steinpilz)
© R. Kiedrowski, Ratingen: 32
© Achim Knebel, Weinhaus Marktschenke: 285 (3 Flaschenfreisteller u. re.)
© Landesbildstelle/Henry Ries: 70
© Landesverband Rheinland-pfälzischer Tabakpflanzer e. V., Speyer: 300 (u.)
© Löbl-Schreyer, Bad Tölz: 419 (li.)
© LOOK/Heinz Wohner: 270/271
© Mari Senf: 391 (u.)
© mauritius images/Hans-Peter Merten: 154/155 (gr. Foto Mitte); Rossenbach: 170; Torino: 256 (re.); pepperprint: 299; D. Weber: 301 (o.); Bernd Römmelt: 396/397
© Jochen Mönch, Bremen: 176/177, 193 (u.)
© Museum für Hamburgische Geschichte: 161 (re.)
© Okapia/Christa Becker: 303 (Nr. 10)
© Manfred Paul, Laubach: 138 (Rebhuhn), 139 (Fasan), 209, 436
© Klaus Paysan, Stuttgart: 426 (Frauentäubling)
© Picture Alliance/Eising: 237 (o.); Frank Teigler: 303 (Nr. 3, 7); Lange/Helga Lade: 303 (Nr. 6); Rolf Haid: 369
© Privatbrauerei Gaffel: 234 (re.)
© Presse- und Informationsamt der Bundesregierung (Bundesbildstelle), Bonn: 226, 432 (re.)
© Rheinisches Landesmuseum, Bonn, Fotograf Thomas Zühmer: 288/289
© Rotkäppchen-Mumm Sektkellereien GmbH: 57
© Ruhrlandmuseum, Essen: 312 (u. li.)
© Sammlung Deutsches Brotmuseum Ulm: 327
© Jens Schulz, Berlin: 65
© SOPEXA: 126 (Europäische Auster, Pazifische Felsenauster, Portugiesische oder Felsenauster)
© A. Sperber, Hamburg: 155 (u. Mitte)
© Foto Lothar Sprenger, Copyright Meissen®: 37
© Staatliche Landesbildstelle Hamburg: 155 (o. re.)
© Stadtgeschichtliches Museum Leipzig: 34 (o.)
© Stadt Soest – Stadtmarketing, Fotograf Ehrich: 221 (li.)
© Tandem Verlag GmbH: 18, 19, 24, 52 (li.), 63, 64 (re.), 68, 74, 76, 82/83, 88 (Nr. 2, 4, 5.), 89 (Nr. 7, 8, 11), 93 (Nr. 1–8), 113 (außer Bismarckhering), 165 (Nr. 1–3), 177 (o.), 182, 183, 188, 189, 197 (Eichsfelder Stracke, Knappwurst, Harzer Schmorwurst, Bregenwurst), 201 (u. re.), 203 (o. li. und o. re.), 204, 205, 208, 214, 215 (li.), 218 (u. li. und u. re.), 219 (re.), 221 (re.), 220, 222, 228, 229 (li.) 232/233, 233 (Nr. 1–4), 238 (li. und u.), 240, 246, 248, 249, 260, 261 (Nr. 1–4), 267 (o.), 268, 274 (Nr. 1–10), 283, 291, 320, 321, 324, 328, 329, 330, 331, 336, 337, 338, 339 (u.), 341, 342/343, 343 (Nr. 1–6) 346, 347, 350, 351 (außer u. re.), 352, 355, 358/359, 359 (re.), 360, 361, 364, 365 (außer 7, 11), 366, 367, 368, 272 (außer Rotfeder, Schuppenkarpfen), 373 (außer Blei), 374, 375, 377 (Apfel, Birne, Mirabelle, Blaue Traube, Weiße Traube), 378, 379, 380, 381 (außer u. re.), 382 (o.), 383, 392 (Bratensülze, Fleischpflanzerl), 392/393, 395, 401 (o.), 402, 403, 404, 406 (u.), 408, 422, 427 (li.), 428 (Nr. 1–3), 429, 434, 435, 438 (re. o. und re. u.), 444 (Nr. 1–4), 450 (Nr. 1–6), 451
© Tandem Verlag GmbH/Günter Beer: 85 (re.), 94 (Bleichsellerie), 122, 123 (o.), 146, 147, 156 (außer Sternfrucht, Passionsfrucht, Physalis), 157 (re.), 166, 238 (o. re.), 252, 253 (re.), 267 (u.), 280, 281, 441
© Tandem Verlag GmbH/Christoph Büschel: 14, 20, 25 (Nr. 1–4), 27, 28, 29, 36, 38, 39, 40, 41 (o.), 42 (u.), 45 (u.), 50, 51 (o.), 52 (re.), 56, 57, 58, 59, 72, 73, 80, 90, 93 (o.), 95 (Gelbe Rübe, Spitzkohl, Grünkohl, Wirsing), 96, 97 (o.), 102, 104 (o.), 105, 106, 107 (li.), 109 (außer o. re.), 116, 113 (Bismarckhering), 120, 123 (u. li., Mitte und re.), 124, 125 (außer Makrele, Rotbarbe), 126 (Nr. 1–5), 127, 128, 129 (Nr. 1–6), 132, 136 (Mitte), 140 (li.), 140/141, 142, 143 (Nr. 4–6), 144 (u.), 145 (u. li., Mitte und re.), 148, 152, 154 (u.),

155 (u. li.), 157 (li.), 160 (Nr. 1–5), 161 (li.), 178, 179, 181 (u.), 186, 190, 191 (u. li. und re.), 192, 194 (Nr. 1—4), 195 (2 kl. Fotos o. re.), 200, 201 (o.), 223, 224, 227, 234 (li.), 236, 237 (Mitte und 3 Fotos u.), 241, 243 (Backin, Tortenguss, Aroma-Fläschchen), 253 (Nr. 1—4), 257, 262, 263 (u.), 264, 265, 269 (u. re.), 270 (u. li.), 272, 273, 284, 288 (u.), 290, 296, 297, 298, 300 (o.), 301 (u.li., Mitte und re.), 306, 309, 310 (re.), 312 (o. und u. re.), 313 (außer u. re.), 317, 334, 335, 376, 382 (u.), 390 (Nr. 1—6), 392 (Leberkäs, Limburger), 393, 394, 406 (o. re.), 407, 412, 413, 414, 415 (li. und u. re.), 421 (Nr. 1—4), 440, 442, 443, 445, 448 (li.), 449 (re.)

© Tandem Verlag GmbH/Food-Foto Köln, Brigitte Krauth und Jürgen Holz: 17, 22 (li.), 23 (u.), 43, 66 (o.), 67, 87, 88 (Nr. 1, 3, 6), 89 (Nr. 9, 10, 12), 98, 111, 115, 117, 137 (o.), 158, 159, 206/207, 229 (re.), 255, 256 (li.), 258, 259, 274/275, 285 (o. li. und re.), 286, 292, 293, 308, 314, 315 (u.), 318, 319, 340, 344, 345 (u.), 353, 356/357, 363 (u.), 384 (li.), 385, 391 (o.), 400, 410/411, 423, 426 (re.), 432/433

© Tandem Verlag GmbH/Saša Fuis: 51 (li.), 89 (o.), 130, 131, 143 (o.), 167 (außer Sternanis), 377 (Kirsche, Erdbeere, Himbeere, Rote Johannisbeere, Blaubeere, Stachelbeere weiß, Stachelbeere rot,), 397 (o. li. und re.), 405 (Mitte), 409, 416, 417, 418, 419 (re.), 420, 430, 431, 439, 446, 447, 452, 453

© Tandem Verlag GmbH/Ruprecht Stempell: 11, 25 (gr. Foto li.), 94 (außer Bleichsellerie), 95 (außer Gelbe Rübe, Spitzkohl, Grünkohl, Wirsing), 97 (Nr. 1–5), 110, 125 (Makrele, Rotbarbe), 156 (Sternfrucht, Passionsfrucht), 167 (Sternanis), 191 (Nr. 1, 2, 9, 10, 12), 197 (Feldkieker, Göttinger Bierwurst, Pinkel, Hannoversche Weißwurst), 199, 230, 235, 242 (Knorr Klare Suppe, Knorr Soße, Maggi Würze, Maggi Fette Brühe), 266, 310 (li.), 317 (o.), 326 (o. Freisteller), 332/333, 351 (u. re.), 354 (Nr. 1–6), 358 (li.), 363 (Nr. 1–8), 365 (11), 370, 371, 377 (Quitte, Aprikose, Pflaume, Zwetschge), 398/399 (gr. Foto Mitte), 405 (u.), 421 (u.), 424/425

© Tandem Verlag GmbH/TLC Fotostudio GmbH: 1–3, 21, 23 (o.), 35, 45 (o.), 51 (re. u.), 66 (u.), 71, 75, 86 (Nr. 18, 19, 22), 87 (u. li.), 91, 92, 99, 107 (re. o. und re. u.), 109 (o. re.), 111, 113 (o. re.), 129 (o. li. und o. re.), 133, 136 (o.), 138 (o. re.), 139 (o. li.), 149, 156 (Nr. 14), 160 (o. li.), 162/163, 164, 165 (o. re.), 174, 175, 180, 191 (Nr. 3–8, 11), 193 (o.), 198, 202 (Nr. 2, 3), 203 (Nr. 4, 5), 215 (re.), 216–217, 219 (li.), 231, 239, 250–251, 261 (o. re.), 263 (o.), 287, 295, 311, 313 (u. re.), 316, 339 (o.), 340, 345 (o.), 348–349, 354 (o. li.), 365 (7), 384 (re.), 390 (o.), 401 (u.), 428 (u. li.), 437, 444 (o.), 450 (o. li.)

© Transglobe Agency © Index/Stock Intern Inc.: 243 (li.)

© Tourist-Information Einbeck: 196

© Thomas Roetting/transit-Archiv: 34 (u.)

© Uwe Walz GDT, Wohltorf: 138 (Ringeltaube), 139 (Stockente)

© WILDLIFE, Hamburg/D. Harms: 22 (re.), 427 (Steinpilz); M. Harvey: 138 (Perlhuhn); L. + D. Bouchy: 139 (Wachtel); G. Czepluch: 372 (Rotfeder), 373 (Blei); C. Galasso: 372 (Schuppenkarpfen); O. Diez: 426 (Brätling)

Danksagung

Der Verlag dankt für die freundliche Unterstützung und Mithilfe. In diesen Dank mit eingeschlossen sind jene Personen und Institutionen, die bei der Realisierung des Projekts mithalfen, ohne dem Verlag namentlich bekannt zu sein.

Fotopraktikant Christian Pompetzki, Berlin
Josef Thaller, Leinfelden, für die Bildrecherchen Baden-Württemberg

Bayern
Hans Bader, Burgberg
Bäckerei Manfred Franzen, Köln
Bäckerei Rischart, München
Benediktinerabtei Ettal, Pater Johannes, Frater Nikolaus und Braumeister Josef Prummer
Cafe Schmalznudel, München
Maria Christ, Nürnberg
Hannelore Ditter, Marktheidenfeld
Irina Ditter, Bayreuth
Enzianbrennerei Grassl, Berchtesgaden-Unterau
Hans Fischer, Nürnberg
Ludwig Freisinger, München
Gasthof Waller, Reisach
Werner Hedler, Küchenchef vom Hotel Eisvogel, Bad Gögging, Holledau
Maria Hörning, Marktheidenfeld
Fa. J. + R. Kiefhaber, Senfherstellung, Mammendorf bei Fürstenfeldbruck
Christoph Oberle, Erlangen
Firma Pöschl, Landshut
Gusti Schwarz, München
Charlotte Stegmuller, Munchen

Baden-Württemberg
Robert Baur, Restaurant Posthalterei, Gammertingen
Besenwirtschaft Lotte, Stuttgart-Obertürkheim
Roland Böhler, Reichenau
Hartmut Böhner, Lichtenau
Cafe-Konditorei Fromme, Köln
Deutsches Brotmuseum Ulm, Doris Schäfer und Inge Bachmaier
Alfons Eckart
Eberhard Fries, Lonsee
Karl Gebhard
Werner Hafendörfer, Bäckerei, Stuttgart
Hans Hartmann, Gasthof-Restaurant Bahnhof, Leinfelden-Echterdingen
Karl Hauser
Lena und Josef Heinzelmann, Trochtelfingen
Walter Höfling, Forellenhof, Lohr
Hans und Friedel Jäckle
Katholische Kirche St. Peter, St. Peter/Schwarzwald
Karl und Margit Kizele, Leinfelden-Echterdingen
Georg Mayer, Bermaringen
Karl Reich, Villingen-Schwenningen
Paul Rinderle
Alfred Schweizer, Restaurant Hahnen, Filderstadt
Hubert Treyer, Stadtverwaltung Pfaffenweiler/Breisgau
Erika Wiedmann, Amstetten

Bremen
Karl-Josef Krötz, Bremer Ratskeller

Hamburg
Fisch-Informationszentrum, Hamburg

Hessen
Fa. Asbach GmbH & Co., Frau Behrens und Herr Claßen, Rüdesheim/Rhein
Herr Berger, Restaurant Dippegucker, Frankfurt/Main
Thea Büschel, Gronau/Leine
Cafe-Konditorei Fromme, Köln
Kelterei Fink, Ehrenberg/Rhön
Metzgerei Pröscher, Schotten
Restaurant Pöttgen, Köln
Restaurant Zum gemalten Haus, Frankfurt/Main
Sektkellerei Schloss Vaux, Eltville
Wiesbadener Rathsbräu, Braumeister Herr Holz und Herr Finke, Wiesbaden

Rheinland-Pfalz
Deidesheimer Hof, Deidesheim/Weinstraße
Herr Kost, Gleisweiler
Landhotel Hunsrücker Fass, Kempfeld
Marksburg, Braubach/Rhein
Prinz zu Salm-Dalberg'schen Weingut, Herr Eckes, Wallhausen/Nahe
Restaurant in der Kauzenburg, Bad Kreuznach
Weingut A. Knebel, Winningen/Mosel
Weingut Dieter Sünner, Winningen/Mosel
Weinstube zum Domstein, Trier

Saarland
Margarete Bacher, Neunkirchen-Kohlhof/Saar
Alfons Kratz, Metzgerei, Merzig-Brotdorf

Rezeptregister nach Gerichtarten

Fett gesetzte Seitenzahlen verweisen auf Abbildungen.

Suppen und Soßen

Eintöpfe

Fleischgerichte

Wildgerichte

Geflügelgerichte

Gerichte mit Fisch und Meeresfrüchten

Eier- und Mehlspeisen

Gemüse- und Kartoffelgerichte

Süßspeisen und Gebäck

Getränke

Schlagwortregister